마사 너스바움   Martha C. Nussbaum

세계적으로 영향력 있는 지식인이자, 2014년 인터넷(영어)에서 가장 많이
인용, 검색, 링크된 사상가(노엄 촘스키와 공동) 22위에 선정되었다.
법철학자, 정치철학자, 윤리학자, 고전학자, 여성학자로서,《포린 폴리시》가
선정한 '세계 100대 지성'에 두 차례(2005, 2008년)나 뽑힌 석학이다.
시카고대학교 로스쿨과 철학과의 법학·윤리학 석좌교수이며, 고전학과, 신학과,
정치학과에도 소속된 교수이다. 미국철학회 회장을 역임했고, 비교헌법센터를
설립하였으며 인권프로그램 위원이다. 유엔대학 직속 세계개발경제연구소
자문위원으로서 노벨경제학상 수상자인 아마티아 센과 함께 UN인간개발지수(HDI)를
만드는 데 기여했다. 뉴욕대학교에서 연극학과 서양고전학을 공부하고,
하버드대학교에서 고전철학으로 박사학위를 받았다.
주로 고대 그리스·로마 철학, 정치철학, 페미니즘, 윤리학에 관심을 갖고
깊이 있는 연구를 바탕으로 독창적인 저서들을 발표하여 화제가 되고 있다.
특히 그리스 비극을 통해 인간의 취약성과 윤리적 딜레마를 다룬
『선의 연약함(The Fragility of Goodness)』(1986)으로 학자적 명성을 얻었으며,
『열망의 치유(The Therapy of Desire)』(1994), 『시적 정의(Poetic Justice)』(1995),
『성과 사회 정의(Sex and Social Justice)』(1998), 『사고의 격변(Upheavals of Thought)』(2001)
에서는 현대 자유주의 사회에서 감정의 역할과 이를 둘러싼 법적 문제를 다루었다.
또한 『인간성 함양(Cultivating Humanity)』(1997), 『공부를 넘어 교육으로(Not for Profit)』(2010)
등을 통해 인문교양 교육의 중요성을 주장하고 있다.

혐오와 수치심

Hiding from Humanity:
Disgust, Shame, and the Law

혐오와 수치심

Hiding from Humanity:
Disgust, Shame, and the Law

인간다움을
파괴하는
감정들

마사 너스바움
조계원 옮김

민음사

오, 나의 몸이여! 나는 다른 남성과 여성에게서
너와 같은 것을, 너의 일부와도 같은 것을 지우지 못한다.
나는 너와 같은 것이 영혼과 같은 것과 부침을 같이한다고
(그리고 그것이 영혼이라고) 믿는다.
나는 너와 같은 것이 나의 시와 부침을 같이할 것이라고,
그리고 그것이 나의 시라고 믿는다.

월트 휘트먼, 「나는 몸의 흥분을 노래한다」,
9.129-131

평등에 관한 놀라운 사실은, 우리 모두가 아이라는 점입니다.

그래서 질문이 있는데, 아버지는 어디 있죠?

우리 중에 아버지가 있다면 우리가 어디 있는지 알 텐데요.

도널드 위니콧의 『안아주기와 해석』에 실린

환자 B의 말

인간은 날 때부터 왕이거나, 영주이거나, 신하이거나,
부자가 아니다. 모든 사람은 벌거벗고 가난하게 태어나며,
삶의 비참함, 슬픔, 병듦, 곤란과 모든 종류의 고통을
겪게 마련이며, 종국에는 모두 죽게 된다. ……
인간을 사회적으로 만드는 것은 바로 이러한 인간의 연약
함이며, 우리 마음을 인간애로 이끌고 가는 것은 우리들이
공유하는 비참함이다. 우리가 인간이 아니라면
우리는 전혀 인간애에 대한 의무가 없을 것이다.
모든 애착은 부족함의 표시다. 우리 각자가 다른 사람을
전혀 필요로 하지 않는다면, 그들과 함께 어울리려는
생각은 거의 하지 않을 것이다. 이와 같이 우리의 연약함
자체에서 우리의 덧없는 행복이 생겨난다. ……
나는 아무것도 필요로 하지 않는 사람이 무엇을 사랑할 수
있으리라고 생각하지 않으며, 어떤 것도 사랑하지 않는
사람이 행복할 수 있다고 생각하지 않는다.

장 자크 루소, 『에밀』 4권

서문: 감정도 분명 사고를 담고 있다

1 수치심과 혐오 : 실천과 이론의 괴리

캘리포니아의 한 판사는 절도죄를 선고받은 남자에게 "전 절도죄로 보호관찰을 받고 있습니다."라고 적힌 셔츠를 입고 다니도록 명령했으며, 플로리다에서는 음주 운전으로 유죄를 받은 사람에게 "음주 운전 유죄 판결"이라고 적힌 스티커를 자동차 범퍼에 부착하도록 조치했다. 텍사스나 아이오와와 같은 다른 주에서도 비슷한 스티커들이 정당한 것으로 인정되어 왔다.[1] 범칙자에게 공개적으로 수치심을 주는 이와 같은 처벌은 벌금형이나 금고형에 대한 대안으로 점점 더 일반화되고 있다.

제이미 베루베(Jamie Bérubé)는 다운증후군의 장애를 안고 태어났다. 장애인교육법(Individuals with Disabilities Education Act)*이 제정되면서 그는 감독자의 도움을 받아 보통의 공립학교에서 '주류화된'

수업을 받을 수 있는 개별화 교육 프로그램에 참여하고 있다. 교사와 감독자는 제이미가 수치심을 느끼거나 타인에게 낙인찍히지 않고, 모욕을 받으며 살아가지 않도록 보장하기 위해 일하고 있다.[2]

애팔래치아 트레일 근처의 숲에서 숨어 지내는 유랑자인 스티븐 카(Stephen Carr)는 야영지에서 사랑을 나누고 있는 두 명의 레즈비언을 목격하고는 그들에게 총을 쐈다. 이로 인해 한 명은 사망했으며, 다른 한 명은 심한 중상을 입었다. 일급 살인 혐의로 기소된 재판에서 그는 레즈비언 여성들의 애정 행위에 대한 주체할 수 없는 혐오와 불쾌함에 휩싸여 그러한 죄를 저지르게 되었다고 밝히면서 과실치사로 자신의 죄를 경감해 달라고 주장했다.[3]

외설법을 명확히 하라는 여론이 일기 시작한 1973년, 연방대법원 판사 워런 버거(Warren Burger)는 음란물에 대한 판단은 "당대의 공동체 기준을 지닌 평균적인 사람"이 문제가 되는 저작물에서 느낄 수 있는 혐오와 불쾌감을 참조하여 정의되어야 한다는 내용의 판결문을 작성했다. 혐오와의 연관성을 보다 명확히 하기 위해 버거 판사는 음란이라는 말이 '불결함'을 뜻하는 라틴어 'caenum'에

---

* 장애인에 대한 특수교육 및 관련 서비스를 위한 연방법이다. 모든 장애 학생에게 무상으로 적절한 공교육을 이행할 것을 명령하고, 그 이행 보장을 위한 절차를 규정하고 있다. 장애 학생의 완전한 사회 참여를 목표로, 학교 및 지역사회에서 분리시키지 않는 '최소 제한 환경'을 기본 원칙으로 하고 있으며, 특수교육 제공에 있어서는 각 학생의 개별적 필요에 따르는 '개별화 교육'을 명시하고 있다. 전장애아동교육법(Education for All Handicapped Children)이 1990년 장애인 교육법으로 바뀌었고, 1997년 대폭 재개정된 후, 2004년 다시 개정되었다.

서 유래했다는 어원에 관한 학문적 각주를 덧붙였으며, 혐오를 바탕으로 음란이라는 말의 뜻을 정의하고 있는 사전들을 인용하고 있다. (이에 대해서는 이 책 3장에서 논의할 것이다.)[4]

수치심과 혐오는 우리의 일상생활에서도 그렇지만 법에서도 두드러진다. 법을 제정하고 집행하는 과정에서 수치심과 혐오는 어떤 역할을 하고 있으며, 또 어떤 역할을 해야 하는가? 앞에서 말한 사례만 보더라도 이 두 가지 감정의 역할은 복잡하게 얽혀 있어서 명확하게 설명하기 어려워 보인다. 수치심을 주는 처벌들은 범법자들을 수치스러운 대상으로 바라보게 함으로써 사람들이 그들을 낙인찍도록 조장한다. 한편 베루베의 사례에서 알 수 있듯이 인간의 존엄성과 개별성을 보장하기 위해 장애인에게 수치심을 안겨주고 사회적 낙인을 초래하는 오래된 관행들을 [법으로] 차단하고 있다. 게이와 레즈비언처럼 과거에 배제되었던 다른 집단들도 사회적 낙인에 맞서 싸워 왔으며 일정한 성공을 거뒀다.

물론 이러한 두 가지 경향 사이에 명백한 모순이 있는 것은 아니다. 왜냐하면 장애인은 비난받을 면이 전혀 없으므로 수치심을 느껴서는 안 되지만 범죄자는 다르다는 생각은 일관성을 지니고 있기 때문이다. 다소 논쟁적이긴 하지만 합의 하에 성적 행위를 한 사람은 비난을 받아서는 안 되지만, 다른 사람에게 위해를 가한 사람은 비난을 받아야 한다는 생각도 마찬가지다. 그러나 모욕을 주는 처벌을 지지하는 것과 주변화되어 온 집단들이 낙인을 받지 않는 지위를 누릴 수 있도록 인간 존엄성에 일반적인 관심을 갖는 것 사이에는 여전히 깊은 긴장이 있을 수 있다. 일반적으로 법이 범인에게 수치심을 주어야 한다는 시각과 법은 시민들이 존엄성을 훼손당하지 않도록 보호해야 한다는 시각 간의 차이가 그것이다.

혐오도 마찬가지로 복잡한 방식으로 기능한다. 혐오는 때로는 어떤 행위를 불법으로 만드는 일차적인 또는 유일한 근거가 된다. 그래서 현재의 외설법 하에서는 독자나 보는 사람이 혐오를 느끼는지의 여부가 음란물을 규정하는 주된 기준이 되고 있다. 비슷한 주장이 성인 간의 동의 하에 이루어지는 동성애 관계의 불법성을 지지하는 데 이용되기도 했다. '평균적인 사람'*은 동성애 관계를 떠올리면 혐오를 느끼게 되기 때문에 불법으로 간주되어야 한다고 주장해 왔던 것이다. 혐오는 시체 성애를 범죄화하거나 인간 복제를 금지하는 근거로 사용되기도 했다. 또한 이미 불법으로 판정된 행위에 대한 가중처벌 사유가 되기도 했는데, 판사나 배심원이 살인에 혐오를 느껴서 피고인을 극히 흉악한 범죄자로 간주할 수 있기 때문이다. 다른 측면에서 혐오는 책임(culpability)**을 약화시키는 역

---

* 이 책에서 저자는 평균적인 사람 또는 이성적인 사람을 표현할 때 'person'보다 'man'을 즐겨 썼다. 이것은 법에서 외설을 판단하는 평균적인 사람의 시각이 주로 남성의 관점임을 뜻한다. 동성애에 대한 혐오도 주로 남성 동성애자에 대한 남성들의 혐오와 관련이 있다. 좀 더 자세한 내용은 이 책 3장을 참조.
** 행위자가 도덕적 또는 법률적으로 책임을 져야 할 비난 가능성의 정도를 가리킨다. 처벌의 형태와 정도는 책임의 정도에 따라 달라지며, 미국의 모범형 법전은 범죄 성립에 필요한 주관적 요소를 의미하는 범의(mens rea)에 따라 의도(intent), 인식(knowledge), 무모함(recklessness), 과실(negligence)의 4단계로 나누고 있다.

할을 하기도 한다. 비록 스티븐 카는 자신이 지닌 혐오 때문이라고 주장해서 죄를 경감받지 못하고 I급 살인죄를 선고받았지만, 다른 범죄자들은 비슷한 방식으로 항변(defense)*해서 죄를 경감받았다.[5]

여기서도 실질적인 모순은 보이지 않는다. 보는 사람이 느끼는 혐오는 분명 가해자가 지닌 혐오와 구분되기 때문이다. 시민들에게 혐오감을 주는 것을 법으로 차단해야 한다는 생각과 주체할 수 없는 혐오로 인해 발생한 폭력 사건의 경우 이러한 감정을 경감 요인으로 고려할 수 있다는 사고는 모순이 없어 보인다. 그럼에도 이러한 사례들은 혐오가 어떤 역할을 하고 있는지, 왜 그러한 역할을 해야 하는지에 관해 여전히 우리를 혼란스럽게 한다.

이론적인 문헌을 살펴보게 되면 혼란은 더 늘어나기만 하는데, 수치심과 혐오가 현재 맡고 있는 역할을 수행해야 하는지에 관한 상당한 논쟁이 존재하기 때문이다. 게다가 이러한 역할을 찬성하거나 반대하는 사람 모두 일관되지 않은 다양한 주장을 하고 있다. 수치심을 주는 처벌들은 일반적으로 공동체주의**자로 불리는 정치

---

* 상대방의 신청이나 주장을 부인하는 데 그치지 않고 이것을 배제하기 위해 그 조각 원인(阻却原因)이나 소멸 원인과 같은 별개 주장을 하는 것을 말한다.
** 인간은 필연적으로 공동체의 일원이며, 공동체를 통해서만 행복을 실현할 수밖에 없다고 보는 정치철학적 입장이다. 자유주의의 원자론적 인간관을 비판하면서 등장했다. 개인은 공동체의 구성원과 상호 의존적일 수밖에 없으며, 공동체가 부여하는 자기 정체성을 가진다고 본다. 그렇지만 공공선을 지나치게 강조하면서 개인의 자율성과 다양성을 침해할 수 있고, 전체주의화될 수 있는 경향성을 지닌다는 비판을 받아 왔다. 시민적 공화주의(civic republicanism)로 불리기도 한다. 곽준혁,

이론가들에게는 사회 규범의 소중한 표현으로 빈번히 옹호되어 왔다. 이들은 공공정책에 있어 강력하고 상대적으로 동질적인 사회 규범의 역할을 선호한다는 의미에서 공동체주의자로 불린다. 이러한 처벌을 앞장서서 지지하는 댄 케이헌(Dan M. Kahan)이나 크리스토퍼 래쉬(Christopher Lasch)와 아미타이 에치오니(Amitai Etizioni) 같은 일반적인 사회비평가들은 수치심을 주는 행위를 되살리는 것을 옹호해 왔다. 이들은 잘못된 행위에 대한 공유된 수치심을 상실함으로써 사회가 공동체주의적으로 의지할 바를 상실했다고 주장하면서, 수치심을 주는 처벌들이 공동체가 공유하는 도덕의식을 되살릴 수 있을 것이라고 말한다. 에치오니는 처음으로 붙잡힌 어린 마약 거래자의 "머리를 밀어 버리고 바지를 벗겨서 집으로 돌려보낸다면" 사회가 나아질 것이라는, 기억에 남을 만한 제안을 하기도 했다.[6] 비슷한 맥락에서 1986년 윌리엄 버클리(William F. Buckley, Jr.)는 불법을 저지르지 않았더라도 에이즈에 걸린 게이 남성은 엉덩이에 이를 나타내는 문신을 새겨야 한다고 제안했다.[7] 다른 한편에서 공개적으로 수치심을 주는 행위를 옹호한 영향력 있는 학자인 존 브레이스웨이트(John Braithwaite)는 그러한 처벌의 목적은 낙인을 찍거나 모욕을 주는 것이 아니라 범죄자를 사회로 다시 통합시키는 것이라고 주장한다. 그렇다면 브레이스웨이트는 공적으로 수치심을 주는 것에 대해 다른 시각을 가지고 있는 것인가, 아니면 법을 통해

"공화주의." 한국정치학회 편. 『정치학 이해의 길잡이: 정치학 핸드북 Vol. I』(서울: 법문사, 2008), pp. 181~185 참조.

이를 실행하는 상이한 방식을 말하고 있는 것인가?

　수치심을 주는 처벌에 반대하는 사람들도 어떠한 이론적 근거가 가장 적절한지에 대해 합치된 의견을 보이는 것은 아니다. 어떤 사람들은 이러한 처벌이 인간 존엄성을 훼손하기 때문에 부적절하다고 여긴다.[8] 반면 이러한 처벌은 인민재판과 같기 때문에 본질적으로 신뢰할 수 없고, 통제 불가능하다는 문제점을 드는 사람도 있다.[9]

　수치심을 주는 처벌을 둘러싼 이론적 논쟁은 시민들이 수치심을 느끼지 않도록 보호하고 있는 현재의 광범위한 법률적 실천의 이론적 기반을 고려하면 훨씬 더 해결하기 어려워진다. 개인 프라이버시를 보호하고 있는 법이나 장애아의 존엄한 교육을 향상시키기 위한 새로운 법이 그 예다. 일반적으로 이러한 법률적 실천들은 자유주의에 기초해서 옹호되고 있다. 각각의 개별 시민들은 존엄과 자기존중을 최대한 보장받는 삶을 살 수 있는 자격이 있다는 고전적 자유주의의 특징적 사고에 호소한다는 점에서 그러하다.[10] 이러한 사고들은 일부 이론가들이 생각하는 것처럼 수치심을 주는 처벌을 사용하는 것과 모순되는가? 아니면 수치심을 주는 것과 고전적 자유주의의 규범 간의 긴장은 표면상으로만 그래 보이는 것일 뿐인가?[11]

　혐오도 이론상으로 복잡한 건 마찬가지다. 법률상에서 혐오에 호소하는 것을 옹호한 가장 유명하고 영향력 있는 저작은 보수주의적 정치이론을 띠고 있는 패트릭 아서 데블린 경*의 『도덕의 집행

---

* 영국의 법률가, 판사, 법학자. 1948년 마흔두 살의 나이로 고등법원 판사, 1960년 항소법원의 재판관(Lord Justice), 1년 뒤 일대귀족의 작위(남작)를 받았다. 그 후 상

(*The Enforcement of Morals*)』이다. 데블린은 어떠한 행위가 다른 사람에게 아무런 해를 끼치지 않는다 하더라도 사회의 평균적인 구성원('클래펌 사람(man on the Clapham omnibus)'*)이 혐오를 느낀다면 이를 불법으로 판단할 수 있는 강력한 근거가 된다고 주장한다. 그는 모든 사회는 자신을 보호할 권리를 가지는데, 사회 구성원이 갖는 혐오에 반응해서 법이 만들어지지 않는다면 사회는 보호될 수 없을 것이기 때문이라고 말한다. (그의 관점은 2장에서 상세히 분석할 것이다.) 보다 최근에는 법이론가인 윌리엄 밀러(William Miller)가 일부 구체적인 정책 면에서는 데블린과 명확히 다른 견해를 피력하고 있기는 하지만, 데블린의 일반적인 입장을 지지하고 있다. 한 사회가 갖는 악덕과 부도덕한 행동에 대한 증오는 필연적으로 혐오를 수반하기 마련이며, 이러한 혐오 없이는 사회가 유지될 수 없다고 주장하는 것이다.[12] 혐오의 중요한 역할은 공동체주의적이지만 스스로는 '진보적'이라고 부른 관점의 지지를 받기도 했다. 「혐오의 진보적 사용」이라는 글에서 케이헌은 잔인함을 근절시키는 데 관심을 갖는 자유주

원의 재판관(Law Lord)이 된 후 1964년 은퇴했다. 자신이 맡은 소송에 관한 책을 쓴 최초의 판사다.

* 영국 민법에서 과실을 판단할 수 있는 이성적으로 교육받은 일반적인 보통 사람을 뜻하는 가설적 인물이다. 1903년 영국 항소법원에서 리처드 콜린스(Richard Collins) 판사가 처음 판결에 법률적인 용도로 사용하였다. 당시 남부 런던의 클래펌은 일반적인 런던을 대표하는 평범한 통근 교외 지역이었다. 옴니버스는 버스를 가리키는 표현이므로, 정확히 번역하면 '클래펌 통근 버스를 타는 사람'이라고 해야겠지만 이 책에서는 줄여서 '클래펌 사람'이라고 표현한다.

의적 사회는 혐오에 기초해 법을 제정할 필요가 있다고 주장했다. 그는 자신의 목적이 "평등과 연대, 그리고 다른 진보적 가치를 중시하는 사람들에게 혐오가 지니는 가치를 되살리는 것"이라고 밝히고 있다.[13] "정치적 보수주의자들에게 그러한 감정이 지니는 강력한 수사적 자본"을 빼앗겨서는 안 된다는 것이다. 혐오를 옹호해 온 저명한 사람들은 대개 자유주의적 시각에 대한 반발로 생각되는 결론을 옹호하기 위해 혐오를 이용해 왔기 때문이다.

2 감정 없는 법?

이러한 혼란을 없애는 방법 중 하나는 감정은 어쨌든 비합리적이므로 법률 규칙을 구축하는 데 있어 감정을 많이 고려하게 되면 오류를 초래할 뿐이라고 단정짓는 것이다. 열정이 아니라 이성에 근거하는 법이 갖는 효과에 대해서는 대중적인 공감대가 형성되어 있다. 영화 「금발이 너무해(Legally Blond)」에 나오는 가상의 하버드 법학전문대학원 수업에서는 이러한 시각이 아리스토텔레스에서 유래한다고 본다. 이와 같은 일반적 시각 또는 그와 비슷한 관점은 일부 자유주의 법률 사상가들의 지지를 받아 왔다. 이들은 내가 지금까지 말한 감정에 호소하는 것에 반대해 왔는데,[14] 이것을 '감정을 배제한(No-Emotion)' 제안이라고 부르자. 우리가 이러한 일반적 시각을 수용한다면, 이론적이고 실천적인 논쟁을 끝낼 수 있는 것처럼 보인다. 비록 그렇게 하는 것이 이미 확고히 뿌리를 내리고 있는 많은 실천에 어떤 영향을 끼칠 것인지는 너무나 불명확하지만 말이다.

그러나 이러한 손쉬운 선택은 잘못이다. 무엇보다 감정에 호소하지 않는 법은 사실상 생각할 수 없다. I장에서 설명하겠지만, 법은 언제 어디서든 사람의 감정 상태를 고려한다. 대부분의 형법에서 범인의 정신 상태는 매우 중요하다. (강간이나 공갈협박 등을 당한) 피해자의 정신 상태도 종종 범죄가 발생했는지, 그렇다면 그 정도는 어떠한지를 결정하는 과정에서 고려된다. 보다 깊게는 우리가 감정을 고려하지 않으면 우리의 많은 법률적 실천의 이론적 근거를 이해하기 어려워진다. 어떠한 침해가 포악한지, 어떤 상실이 인간에게 큰 슬픔을 주는지, 인간이 지닌 어떤 취약성이 두려움의 근거가 되는지에 대한 공유된 인식이 없다면, 왜 우리가 법에서 특정한 형태의 위해와 손상에 주목해야 하는지를 이해할 수 없게 된다. 아리스토텔레스는 신화 속에 그려진 그리스 신들의 삶에서는 법이 아무런 소용이 없음을 알 수 있을 것이라고 말한 바 있다. 그들은 전지전능해서 음식도 필요 없고, 육체도 손상을 입지 않기 때문이다. 아리스토텔레스는 계약을 맺고, 기탁물을 갖는 등의 행위가 신들에게 무슨 필요가 있을 것인가라고 묻는다. 우리는 여기에 살인, 폭행, 강간을 막는 법이 그들에게 어떤 소용이 있을 것인가라는 질문을 추가할 수 있다. 우리는 인간이기 때문에, 즉 여러 가지 면에서 위해와 손상을 입기 쉬운 취약한 존재이기 때문에 법을 필요로 한다.

그러나 취약성에 대한 사고는 감정에 관한 사고와 밀접하게 관련되어 있다.[15] 감정은 이러한 취약성의 영역에 대한 반응이며, 이러한 반응은 우리가 겪었거나, 겪을 수도 있거나, 다행이 지금까지는 겪지 않은 손상을 담고 있다. 이러한 사실을 이해하기 위해 완전히 자족적이고, 실제로 고통을 겪지 않는 존재를 가정해 보자. (올림포스의 신도 이 정도는 아닐 것이다. 그들도 인간들을 사랑하고, 서로 다투고 질시하면서 다양한 유형의 정신적·육체적 고통을 겪기 때문이다.) 그러한 존재들은 자신에게 일어날 수 있는 어떤 일도 실제로 나쁜 게 없기에 두려워할 이유가 없을 것이다. 또 다른 사람이 깊은 중요성을 가진 문제들을 건드려서 실제로 그들에게 심각한 손상을 줄 수도 없을 것이다. 자족적이어서 자신 외의 다른 것을 사랑하지 않기 때문에, 적어도 심각한 상실감이나 우울함을 주는 연약한 인간의 사랑은 없을 것이기에 슬퍼할 이유도 없을 것이며, 마찬가지로 시기나 질투도 그들의 삶에서는 찾아볼 수 없을 것이다.

이것은 그리스와 로마의 스토아 철학자들이 우리에게 삶에서 가능한 감정을 없애고 자기 충족적인 사람이 될 것을 요구했을 때 그렸던 모습이다. 그들은 인간이 자신이 통제할 수 있는 범위(자기 자신의 의지와 도덕적 선택 능력) 밖에 있는 것에 대해 의미를 두지 않는다면, 상상하는 완전 무결한 상태를 성취할 수 있다고 주장한다.[16] 우리가 애착을 갖고 소중하게 여기는 것을 포기함으로써 우리가 경험하기 마련인 감정도 없앨 수 있다는 것이다. 살아가면서 갖기 마련인 애착을 버리라는 스토아학파의 생각에 완전히 공감하는 사람은 드물겠지만, 이들의 사고방식을 검토하는 것은 세상사의 불확실한 측면들(다른 사람들, 물질적 재화, 사회 정치적인 조건)에 대한 애착이 우리의 감정적 삶에서 하고 있는 큰 역할을 가늠하는 좋은 방법 중 하나다. 그것은 또한 두려움, 슬픔, 분노와 같은 감정이 인간 — 완전히 통제할 수 없는 의미심장한 사건으로 이루어진 세상 속에서 살아가는 취약한 동물인 — 의 삶의 궤적을 형성하면서 행하는 큰 역할을 가늠하는 데에도 도움을 준다. 그렇지만 만약 우리가 스토아학파가 '외부적 선(external goods)'이라고 부른 이 세상과 우리를 연관시켜 주는 감정적 반응을 도외시한다면, 우리는 인간성의 상당 부분을 놓치게 될 것이다. 또한 민법과 형법이 존재하는 이유가 무엇이며, 그것이 어떤 형태를 띠어야 하는지에 대한 설명의 핵심 부분도 사라지게 된다. (다시 말해, 우리는 감정을 부정하는 것이 인간이 지닌 취약성을 부인하는 것임을 알게 됨으로써, 왜 그리고 어떻게 우리가 지닌 취약성이 감정으로 이어지는지 이해할 수 있게 된다.)

내가 이 책 책머리에서 인용하고 있는 『에밀(Emile)』의 구절에서 루소는 우리가 느끼는 불안이 [인간이 지닌] 사회성과 분리될 수 없으며, 이 두 가지 모두 감정적 애착과 결부되어 있다고 말한다. 만약 우리 자신을 자기 충족적인 신으로 여긴다면, 우리는 동료 인간들과 우리를 결속시켜 주는 유대의 필요성을 이해하지 못하게 된다. 이를 이해하지 못하면 사회적인 것을 오용하는 해로운 결과를 초래할 수 있다. 왜냐하면 자신이 삶의 영고성쇠에서 벗어나 있다고 생각하는 사람은 사회적 위계질서를 이용해 다른 사람에게 불행을 안겨 주면서도, 자신이 죄를 저지르고 있다는 사실을 인식하지 못하기 때문이다. 루소는 다음과 같이 말한다. "왜 왕들은 자신의 신민들에게 연민이 없는가? 그 이유는 그들은 자신을 결코 인간으로 여기지 않기 때문이다." 이러한 의미에서 동정심, 슬픔, 두려움, 분노와 같은 감정은 우리 모두가 지닌 인간성을 상기시켜 주는 본질적이고 소중한 신호라고 할 수 있을 것이다.

그러한 감정들은 대체로 법과 관련해 상호 연관되어 있지만 구분되는 두 가지 역할을 수행한다. 한편으로 이러한 감정 ─ 보통 사람이 가질 수 있는 감정으로 상정되었을 경우 ─ 은 일정한 부류의 행위를 불법으로 판단하는 것을 정당화하는 데 이용될 수 있다. 그래서 인명과 재산상의 범죄가 왜 보편적인 법적 규제의 대상이 되는지에 대한 좋은 설명은 이러한 범죄에 대해 시민들이 지니는 타당한 두려움과 이성적인* 사람들이 범죄를 목격했을 때 느끼는 분노, 그리고(또는) 다른 사람에게 이러한 범죄가 일어났을 때 느끼게 되는 동정심에 의지할 가능성이 크다. (『공리주의』 5장에서 밝히고 있는 법적 제약의 토대에 대한 밀**의 설명은 '정의감'이 '자기방어의 충동과

---

* 이 책에서 'reasonable'은 사람 앞에 사용될 때에는 '이성적인'으로, 특정한 판단 앞에 사용될 때에는 '타당한'으로 번역했다. 너스바움은 사실성 여부와는 별도로 감정이 담고 있는 판단의 타당성을 평가할 수 있다고 보기 때문이다.

** 존 스튜어트 밀(John Stuart Mill, 1806~1873): 19세기 영국의 대표적인 철학자로, 그의 자유 개념은 무제한적인 국가의 통제에 반대해 개인의 자유를 정당화했다. 제러미 벤담(Jeremy Bentham)과 다른 개념을 통해 공리주의 이론을 발전시킨, 자유주의 정치철학의 주요한 인물이다.

동정심'에서 기인한다고 보고 있다.)

　다른 한편으로, 이러한 감정은 범죄자의 정신 상태의 법적 적실성에 대한 설명에서도 나타난다. 물론 (부주의, 사전 모의, 의도와 같은) 다른 비감정적 요소도 고려되지만 말이다. 범죄자의 정신 상태를 평가할 때 두드러지게 나타나는 방식이며, 내가 이 책에서 관심을 갖는 것은 죄를 경감시켜 줄 때 감정을 고려하는 것이다. (1장에서는 분노와 두려움을, 이어지는 장에서는 혐오에 대해 검토하려고 한다.) 즉 어떠한 '감정적 상태' 하에서 저질러진 추정된 형사 범죄는 덜 극악하거나, 심지어 범죄가 아니라고 판단될 수 있다는 것이다. 예를 들면 살인을 저지른 사람의 분노가, 심각한 도발(provocation)*을 맞닥뜨렸을 때 '이성적인 사람'에게 생길 수 있는 감정으로 간주된다면, 그의 범죄 책임이 줄어들 수 있다고 판단된다. 법에 있어 감정의 이러한 역할이 내가 조금 전에 말한 법적 규범을 정당화하는 보다 일반적인 역할과 밀접한 관련을 갖는다는 사실은 이해하기 쉽다. 우리가 범죄 행위를 막는 법을 가지고 있지만 동시에 감정에 북받쳐 죄를 저지른 사람의 범죄 책임을 줄여 줄 수 있는 것은 바로 특정한 범죄 행위의 경우 [가해자의] 분노가 타당하다고 여기기 때문이다. 또한 타당한 두려움에 휩싸여 정당방위로 저지른 살인을 범죄로 간주하지 않고, 강요에 의해 저지른 범죄의 잘못을 경감시켜 줄 수 있는 것은 법의 주안점이 살인이나 신체적 손상을 막는 데 있기 ― 살

---

* 형법에서 격정을 불러일으켜 예상치 못한 살인을 초래하는 원인이 되는 말이나 행위를 말한다.

인이나 신체적 상해에 대한 두려움은 타당하기 — 때문이다. 혐오도 이와 비슷하게 두 가지 측면에서 이용되어 왔다. 하나는 특정한 행위의 위법성을 정당화하는 일반 대중의 감정으로 보는 것이며, 다른 하나는 죄를 경감시켜 주는 범죄 혐의자의 감정으로 여기는 것이다. 여기에서도 두 가지 역할은 밀접하게 연관된다. 특정 종류의 행위를 범죄화하는 근거로 혐오를 사용하고, 범죄 혐의자가 혐오에 휩싸여 죄를 저질렀을 경우 잘못에 대한 책임을 줄여 줄 수 있다고 생각하는 특정한 유형의 혐오는 매우 타당하다고 판단하기 때문이다.

공리주의 전통에 서 있는 일부 학자들은 법에서 감정을 배제하라는 제안을 과감히 옹호해 왔다. 이러한 학자들은 실제로 범죄자의 정신 상태 대신에 [법을 통한] 억제를 고려함으로써 감정을 배제한 순수한 법률 체계를 상상해 왔다. 예를 들면, 살인 행위를 처벌할 때 그러한 처벌이 살인을 저지른 범죄자나 다른 가능한 범죄자들이 미래에 저지를 수 있는 행위에 어떤 영향을 줄 수 있는지만 생각하는 것이다.[17] (자신의 감정을 비롯한) 범죄자의 정신 상태를 고려하거나 정신 상태를 참작해서 범죄 책임을 줄여 줄 수 있는지 검토하지는 않는다. 이러한 시각(이것은 단순히 감정의 배제에 그치지 않고 의도성이나 다른 정신 상태도 제외하게 된다는 점에 주목하길 바란다.)은 많은 면에서 문제를 가지고 있는데, 특히 공정성의 측면에서 그렇다. 자신의 아이가 살해당해서 죄를 저지른 사람은 사전에 모의해서 살인을 저지른 사람과 분명히 다를 수 있으며, 그의 행위에 내재

27

된 특성도 매우 다르다. 순수하게 억제에 기반을 둔 시각(충동적 살인은 무거운 형벌로 억제될 수 없다고 말함으로써, 이러한 사람의 처벌에 대해 같은 결론에 도달할 수도 그러지 않을 수도 있다.)은 이러한 내재적 차이를 포착하지 못할 수 있는 것이다. 의도하지 않은 행위와 의도된 행위, 과실에 의한 행위와 완전히 사전 모의된 행위를 구분하는 데 있어 억제라는 관점만이 적절하다는 생각은 설령 저질러진 결과가 유사하다 하더라도 공정성에 근거해서 보면 문제가 있어 보인다.

그러나 더 큰 문제는 그러한 시각이 자신들이 약속한 바를 실제로 달성할 수 없다는 데 있다. 이러한 시각은 한편으론 범죄자의 정신 상태를 판단함에 있어 감정을 배제한다. 하지만 형사적 제재의 필요성과 같은 보다 근본적인 문제에 있어서는 감정을 용인한다. (그래서 밀은 공리주의자이긴 하지만 감정의 측면에서 법의 토대를 설명할 필요성을 느꼈던 것이다.) 처벌에 있어 억제의 역할은 왜 어떤 행위들이 나쁜지를 말하지 않고는 설명할 수 없다. 그러한 설명은 인간의 취약성과 번영에 대한 관심을 언급하기 마련이다. 그렇다면 우리는 이미 감정을 다루고 있고 평가하고 있는 셈이다. 만약 어떠한 범죄가 인간의 생명이나 번영에 심각한 타격을 준다면, 그러한 판단 자체에 이 행위가 두려움을 낳을 수 있고, 적절한 분노의 대상이 된다는 사실이 수반된다. 나중에 I장에서 자세하게 서술하겠지만 그러한 감정 속에는 이처럼 평가적 판단이 수반되어 있다. 따라서 상응하는 감정을 갖지 않고는 이와 같은 평가적 판단을 일관되게 가질 수 없는 것처럼 보인다. (어떤 사람이 죽음이 자신에게 정말 좋지 않다고 판단하면서도, 죽음을 두려워하지 않을 수 있을까? 난 그럴 수 없다고 본다. 아무리 자신이 죽음을 넘어섰다고 생각할 수 있다 해도 말이다.) 그래서 공리주의적인 억제의 시각에서 감정을 배제하고자 하는 해석은 실제로는 감정에 호소하는 것과 분리될 수 없다. 범죄자의 정신 상태와 같은 일정 부분에서는 감정에 호소하지 않을 수 있겠지만, 이처럼 감정을 배제하는 것은 이상하며 불공평하다. 왜냐하면 우리가 죽음을 두려워하는 것이 타당하다고 판단한다면, 그래서 살인을 막는 법을 정당화하는 근거로 이를 사용하는 것도 타당하다면, 그 또는 그녀가 저지른 추정된 범죄 행위를 평가할 때 그 사람이 지닌 두려움이 타당한지를 살펴보는 것을 왜 배제해야 한단 말인가?

이는 특정한 감정적 요소와 감정 속에 담긴 타당성의 규범이 지니는 상당한 규범적 역할을 포함하지 않는 법체계를 사실상 생각할 수 없음을 시사한다. 설령 있다고 해도 적어도 현재 알려진 법체계와는 완전히 다를 것이다. 이것이 감정을 배제한 제안이 지니는 첫 번째 문제다. 게다가 모든 감정을 '비합리적인' 것으로 낙인 찍는 그러한 제안은 불명확하고, 설득력도 없다. 우리가 물고기나 유아가 '비합리적'이라고 (아마 부정적으로) 말할 때 그것은 '사고를 결여'하고 있다는 의미일 것이다. I장에서 설명하겠지만, 그러한 뜻에서 모든 감정이 '비합리적'이라고 보는 것은 설득력이 거의 없다. 실제 그러한 감정들은 사고와 상당히 결합되어 있기 때문이다. 여기에는 세상 속에서 우리 대부분이 중시하는 것에 대한 사고도 포함된다. 만약 우리가 살아 있는 생명체를 갑각류에 대해 말할 때처럼 정말 사고가 없다고 생각한다면, 슬픔, 두려움, 분노와 같은 감정은 그들에게서 찾아볼 수 없을 것이다. 우리 자신의 감정은 우리가 걱정하는 사람과 사물에 대한 사고(때로는 매우 복잡한 사고)를 담고 있다.[18] 예를 들면 슬픔은 결코 직감에서만 나오는 것이 아니다. 슬플 때 마음이 찢어질 것 같은 이유는 가 버린 사람, 우리의 일상적인 삶 속에서 중요하게 자리 잡고 있던 존재에 대해 우리가 가지고 있던 사고를 끌어들이지 않고는 설명할 수 없다. 마찬가지로 법체계에서 가장 빈번하게 사용되는 분노와 두려움과 같은 감정도 분명 사고를 담고 있다. 만약 내가 두려움 때문에 협박자의 뜻에 따른다면, 그러한 두려움은 단지 내 몸을 관통하는 자극에 따른 충동이 아니다. 이때 고통은 내가 입을 수 있는 손상을 생각하기 때문에 생기는 것이다. 만약 내 아이를 방금 강간한 사람을 폭행한다면, 이때 나의 분노도 단지 분별없는 충동이 아니다. 그 속에는 내 아이가 겪었을 끔찍한 고통에 대한 사고와 그러한 범법자의 행위가 잘못되었다는 생각이 수반되어 있다. 그래서 만약 로널드 드워킨(Ronald Dworkin, 1931~2013)*의 제안이 감정은 사고를 결여한 충동이기 때문에 이를 등한시하는 것이라면, 그러한 제안은 설득력이 없다.

그러나 '비합리성'을 일정한 규범적 의미에서 '잘못된 사고'를

---

* 미국의 저명한 법철학자이자 헌법학자다. 존 롤스 이후 대표적인 자유주의 정치철학자로 인정받았으며, '자원의 평등' 이론을 제시하여 모든 사람이 동등한 관심과 존중을 받을 수 있도록 사회 구조가 설계되어야 한다고 주장했다. 법의 통합성 이론을 제시했으며, 미국 헌법에 대한 '도덕적 해석'을 주장한 바 있다.

담고 있는 것으로 정의할 수도 있다. 그래서 반복된 학습 뒤에도 2 더하기 2는 5라고 말하는 사람은 잘못 사고했기 때문에 비합리적이다. 또한 다른 측면에서 우리는 인종주의가 잘못되고 근거 없는 믿음에 근거하기 때문에 일반적으로 비합리적이라고 간주한다. 그렇다면 우리는 드워킨의 제안이 담고 있는 의미를 다음과 같이 수정할 수 있을 것이다. 중요한 문제에 대해 우리에게 지침이 되어 주지 못하는 결함을 지닌 사고를 담고 있다는 의미에서만 감정이 항상 비합리적이라고 보는 것이다.

그리스의 스토아학파는 이와 같은 시각을 지녔다. 그들은 감정이 규범적으로 부적절한 범주에 속한다고 여겼는데, 모든 감정이 우리가 완전히 통제할 수 없는 세상의 양상에 대한 강한 평가를 수반하고 있으며, 그러한 평가는 항상 오류를 지닌다고 생각했기 때문이다. 사고를 훌륭하게 하는 사람은 어떠한 감정도 갖지 않을 것이라고 본 것이다. 그러나 내가 앞에서 말했던 대로 이는 대부분의 사람들이 납득할 수 없는 시각이다. 이 책의 목적과 관련해 보다 중요한 사실은 이것은 법체계가 기반을 둘 수 있는 타당한 시각이 되지 못한다는 점이다. 법은 상당한 취약성을 지닌 영역에서 우리를 보호하는 역할을 한다. 엄격한 스토아학파들이 믿기 바라는 것처럼 강간, 살인, 납치, 재산상의 범죄가 실제로 손상을 주지 않는다면, 형법은 사실상 의미가 없다. 그래서 모든 감정이 비합리적이라고 보는 스토아적 근거는 법률 체계(우리가 아는 모든 법률 체계의 경우)를 옹호하길 원하는 사상가들에겐 소용이 없다. 신과 같은 스토아학자들에게 법이 갖는 의미가 무엇인지는 이론적 관심 대상일 수는 있겠지만, 실제 현대 국가의 형법과 민법을 고려할 때에는 적실성이 없는 것이다.

우리의 법률 체계가 일반적으로 타당하다고 여겨 온 일부 감정 사례를 살펴봄으로써 이를 분명히 할 수 있겠다. 폭행에 대한 분노 — 자신에 대한 것이든 가족 구성원에 대한 것이든 — 는 '이성적인 사람'이 느낄 수 있는 감정의 전형적인 예로 여겨지고 있다. 자신의 생명이나 평판 또는 복리에 대한 두려움도 마찬가지다. 형법에 내재되어 있는 이러한 원칙은 I장에서 자세하게 검토할 것이다. 보다 포괄적으로 보면 형법의 전체 구조는 우리가 어떤 근거에서 분노하고 두려워하는지에 대한 하나의 그림을 함축하고 있다고 말할 수 있다. 강간에 관한 법이 강간에 대한 타당한 두려움을 반영하고 일어날 수 있는 강간에 대한 분개를 표현하고 있는 것처럼, 살인죄에 관한 법 자체는 살인에 대해 시민들이 지닐 수 있는 타당한 분개를 표현하고 있다고 말할 수 있다. 그래서 법으로 규정되었다는 사실 자체는 시민들의 이러한 태도가 실제로 타당하다는 진술을 표명하고 있다고 하겠다.

물론 많은 개별 사례에서 분노나 두려움의 표출은 규범적 의미에서 실제로 비합리적일 수 있다. 실제 범죄가 일어나지 않았는데도 (다른 사람이 저질렀거나) X가 자신의 아이를 폭행했다고 믿고 X에게 화를 내는 경우처럼 잘못된 정보에 근거하고 있을 때가 그렇다. 사소한 모욕에 대해 불같이 화를 내는 경우처럼 잘못된 가치에 근거하고 있기 때문에 비합리적일 수도 있을 것이다. (아리스토텔레스는 이러한 사례로 전에 만났던 사람이 자신의 이름을 잊어버렸다는 이유로 화내는 것을 들었다.) 법은 심각한 손상이 실제로 무엇인지, 이성적인 사람이 분노하는 근거를 찾을 수 있는지 없는지에 대해 입장을 가질 필요가 있다. 뒤에서 보겠지만 법은 다양한 방식으로 실제로 그렇게 하고 있다. 그러나 그러한 판단들은 대개 특수한 경우에만 초점을 맞추고 있다. "모든 분노와 두려움은 비합리적이다."라고 말하지 않고, "이 경우의 분노는 이성적인 사람이 갖는 분노가 아니다."라고 말하는 식이다. 그래서 그러한 판단들은 규범적 의미에서 볼 때 감정들이 때로는 타당하다는 공유된 인식에 근거해서 생긴다. 다시 말하면, 중요한 것에 대한 타당한 시각을 배경으로 해서, 발생한 일을 가지고 이러한 감정을 정당화하는 것이다. 뒤에서 언급하겠지만 법에서 합리성을 담고 있는 판단은 '이성적인 사람'이라는 가상적인 상(像)을 이용하고 있는 규범적 판단이다. 이러한 상들이 현존하는 사회 규범에 반응한다는 사실은 놀라운 일이 아니다. 이뿐 아니라 그러한 상들은 흔들리는 규범을 강화하거나 이러한 규범에 이의를 제기함으로써 보다 역동적인 역할을 할 수도 있다. 그래서 법은 단순히 현존하는 감정적 규범을 기술하는 것이 아니라 역동적이고 교육적인 역할을 함으로써 그 자체로 규범적인 기능을 한다.

그러나 만약 우리가 감정을 거의 언급하지 않는, 나아가 적어도 그러한 감정의 일부는 타당하다고 여기지 않는 법체계를 상상할 수 없다면, 우리는 출발한 지점에 다시 서 있게 된다. 단순히 감정의 측면에서 구성된 모든 법률적 분석을 포기함으로써 수치심과 혐오를 둘러싼 혼란을 없앨 수는 없으며, 그래서 이론적이고 실천적인 논쟁을 자세히 살펴보는 것 말고는 현재로서는 다른 방법이 없어 보인다.

3 문제가 있는 두 가지 감정

내가 이 책에서 따르고 있는 훨씬 더 잠재력을 지닌 진행 방식은 문제가 되는 감정의 형태를 보다 면밀하게 고찰함으로써 그러한 감정의 구조, 그것이 담고 있는 사고의 내용, 인간의 삶 속에서 그것이 할 수 있는 적당한 역할에 대해 질문하는 것이다. 이것은 판사와 배심원들이 그동안 분노와 두려움에 관해 판단할 때 줄곧 수행해 온 방식이다. 그들은 분노와 두려움에 대한 암묵적인 도식을 가지고 있는데, 분노는 손상에 대한 반응으로, 두려움은 나쁜 일이 일어날 수 있는 가능성을 상상할 때 생길 수 있는 반응으로 여긴다. 그들은 자신들 앞에 놓인 분노와 두려움의 구체적 사례를 평가하는 데 있어 이러한 도식을 이용한다. 대중이 실제 논란이 되는 문제를 인식할 수 있게 하여 이러한 도식을 좀 더 분명히 할 수 있다면, 어떠한 난점들이 있는지 살펴보는 데 도움이 될 것이다. 예를 들면, 학대받는 여성의 경우는 정당방위에 관한 전통적인 법에 효과적으로 도전할 수 있는 사례이다. 그녀는 학대하는 남편이 잠들어 있을 때처럼 심각한 위협을 받고 있지 않은 순간에도 그에 대한 두려움 때문에 살인을 저질렀음을 내세우며 정당방위를 주장할 수 있다.

마찬가지로 혐오와 수치심에 대해 좀 더 자세히 살펴보고, 그것이 담고 있는 사고의 내용, 기원, 우리의 사회적 삶에서 맡고 있는 다양한 역할에 대해 분명한 분석을 진행하는 것은 이들 감정이 법에서 수행하는 역할을 둘러싼 논쟁에 대해 발언할 내용을 결정하는 데 큰 도움을 줄 것이라 생각한다. 이것이 이 책에서 내가 진행하고자 하는 계획이다. 지난 50년 동안 이 두 가지 감정에 관한 엄청난 양의 연구가 이루어져 왔다. 이러한 연구는 철학 분야에 국한되지 않고 인지심리학이나 실증적 태도를 지닌 정신분석학자들이 진행한 환자의 임상 치료 분야에서 경험적인 연구도 축적되었다. (나는 일반적으로 실험심리학과 임상 정신분석 설명을 함께 사용하고, 다른 경험적 자료와 일관성을 가지고 있으며 귀중한 통찰력을 제공하는 정신분석학적 설명에 의존하려 한다.) 나의 분석은 인간성에 관한 최근의 과학적 연구에 의지하고 있지만, 궁극적으로 경험적 연구와의 강한 연관성 속에서 나 자신의 철학적 분석을 제시할 것이다.

이 책을 관통하는 나의 전체적인 주제는 수치심과 혐오는 분노나 두려움과 다르다는 것이다. 수치심과 혐오는 특히 규범적으로 왜곡되기 쉬우며 이런 점에서 공적 실행의 신뢰할 만한 지침이 되기 어렵다. 이러한 감들이 지니고 있는 독특한 내적 구조 때문이다. 분노는 세상 속에서 가질 수 있는 타당한 '유형'의 감정이다. 다른 사람에게 손상을 받는 것에 심각하게 염려하는 것은 타당하다. 따라서 분노를 표출한 경우에 질문해야 할 것은 [분노를 촉발한] 사실이 정확했으며, [그 속에 담긴] 가치가 균형을 이루었는가이다. 이에 반해 질투심은 항상 의심스럽고, 공공정책의 기초가 되기에는 규범적으로 문제가 있다. (살면서 질투심이 생기는 것은 불가피하고, 때로는 적절하기도 하지만 말이다.) 왜냐하면 수치심은 내가 다른 사람의 행위를 통제할 자격이 있다는 사고(수세기 동안 여성이 남성의 소유물로 여겨져 오면서 강화되어 온 사고)에 기반할 가능성이 크기 때문이다. 그것이 담고 있는 일반적인 인지적 내용과 서구 사회의 특수한 역사적 측면에서 볼 때, 질투심은 (간통과 같은) 행위에 대한 형사적 규제를 정당화하거나 (배우자의 정부(情夫/婦)에 대한 살인과 같은) 범죄 행위의 책임을 경감해 주는 데 사용되기에는 적절치 않은 감정으로 받아들여지고 있다. 이와 같은 분석이 혐오와 수치심(수치심은 보다 많은 검토가 필요하다.)에 대해 내가 진행하려고 하는 과제다.

나는 혐오와 분노가 매우 다르다고 생각한다. 혐오의 사고 내용은 전염이라는 신비적 생각과 순수성, 불멸성, 비동물성 —우리가 아는 인간 삶의 선상에 놓여 있지 않은— 에 대한 불가능한 열망을 담고 있기 때문에 전형적으로 비합리적이다. 그렇다고 해서 혐오가 우리의 진화에서 귀중한 역할을 하지 않았다거나 오늘날의 일상적인 삶에서 유용한 기능을 하고 있지 않다고 말하는 것은 아니다. 혐오는 그러한 역할을 해 왔으며 하고 있는 게 사실이다. 우리 자신의 인간성에서 생기는 어려운 측면을 숨기는 기능도 유용할 것이다. 우리 몸이 곧 부패하게 될 끈적이고 새어 나오는 물질로 구성되어 있다는 사실을 아주 생생하게 인식하면서 살아가기란 쉽지 않기 때문이다. 그러나 혐오가 담고 있는 사고 내용을 분명하게 이해하게 되면, 이 감정이 법의 기반이 되기에는 적절치 않다는 사실을 알게 될 것이다. 이와 같은 회의적인 생각은 혐오가 역사 속에서 어떻게 이용되어 왔는지를 살펴보게 되면 더욱 커진다. 지배 집단은 자신이 지닌 동물성과 유한성에 대한 두려움과 역겨움을 느끼게 하는 집단이나 사람에게 혐오를 드러냄으로써 이들을 배제하고 주변화해 왔던 것이다.

결론적으로 나는 혐오에 강하게 반대하는 입장을 취하면서 그것이 어떠한 행위를 범죄 행위로 규정하는 일차적 기반이 되어서는 안 되며, 현재 하고 있는 것처럼 형법에서 죄를 무겁게 하거나 경감시키는 역할을 해서도 안 된다고 주장한다. 내 생각에는 법에서 혐오가 유용한 역할을 할 수 있는 부분은 위해로 여겨질 수 있는 불쾌감이 정당한 지침 역할을 한다고 볼 수 있는 생활방해법(nuisance law)*이나 토지 용도 지정(zoning)**과 같은 영역으로 제한된다.

수치심은 두 가지 측면에서 훨씬 더 복잡하다. 첫째, 수치심

---

* 생활상에서 소음, 악취 등을 발생시켜 타인의 재산권 행사 또는 향유를 방해하는 부당한 행위를 막는 법이다.

** 부동산의 용도를 규제하는 조례에 따라 토지를 구획하는 것 또는 구획된 지역을 말한다. 일반적으로 미국의 거의 모든 카운티 정부는 해당 지역의 부동산을 어떻게 사용할 것인가를 조례로 정해 놓고 있다. 이를테면 주거 지역에는 사람들에게 혐오감을 줄 수 있는 시설(동물 농장이나 공장 등)이 들어설 수 없다.

은 인간 삶의 초창기에 등장한다는 점이다. 혐오에 대한 실험 연구
는 상대적으로 쉽다. 왜냐하면 아이들은 최소한 일정한 언어 능력
을 획득한 이후 혐오를 경험할 수 있기 때문이다. 반면 수치심은 좀
더 일찍 생기기 때문에 수치심을 연구하고, 죄책감이나 연관된 다
른 감정과의 관계를 기술하려면 언어를 습득하기 전 유아의 정신적
삶에 대한 가정을 세워야 한다. 다행히도 공백 상태에서 이러한 작
업을 해야 할 필요는 없다. 지금까지 유아에 관한 풍부한 실험 연구
가 축적되어 있는데, 이러한 연구들은 아이와 성인 모두에 대한 임
상 정신분석과 유익한 협력 하에 이루어져 왔다. 이러한 연구들은
세상의 모든 중요한 측면을 통제하고 싶어 하는 유아기에 수치심이
어떻게 생겨나는지에 대해 복잡하지만 설득력 있는 설명을 구성하
는 데 도움을 준다.

둘째, 다음과 같은 이유에서도 수치심은 혐오보다 복잡하다. 사
회 속에서 살아가고 성장하는 과정에서 가치 있는 이상이나 열망을
성취하는 데 있어 수치심이 긍정적 역할을 한다고 말할 수 있는 경
우가 훨씬 많이 있다. 그래서 수치심에 대한 내 설명은 매우 복잡할
수밖에 없고, 다양한 종류의 수치심을 보다 신뢰할 수 있는 것과 그
럴 수 없는 것으로 나누는 과정을 포함하고 있다. 내가 '원초적 수
치심(primitive shame)'(전지전능하길 바라고 자신이 필요 상태에 있다는 사실
을 수긍하지 않으려는 유아기의 특성과 밀접히 연관된 수치심)이라고 부르
는 것은 혐오의 경우처럼 우리가 지닌 인간성을 감추는 방편이 된
다. 원초적 수치심은 평범하지 않은 존재가 되려는 소망을 담고 있

기 때문에 규범적 의미에서 비합리적일 뿐 아니라, 다른 사람의 권리와 필요를 인정하지 않는 태도나 나르시시즘과 긴밀히 연관되어 있다는 점에서 실천적인 의미에서도 신뢰할 수 없다. 다양한 방식으로 이러한 종류의 수치심을 넘어설 수 있기는 하지만, 그러한 바람직한 결과가 항상 일어나는 것은 아니다. 게다가 모든 인간은 이를 뛰어넘은 뒤에도 일정한 방식으로 상당한 원초적 수치심을 갖고 살아가기 마련이다. 이러한 이유와 뒤에서 말할 다른 이유 때문에 수치심은 선(善)을 가져올 수 있는 잠재력을 지니고 있지만 공적 삶에서 규범적으로 신뢰하기 어렵다. 그래서 나는 자유주의적인 사회는 수치심을 억제하고, 시민이 수치심을 겪지 않도록 보호할 특별한 이유가 있다고 주장할 것이다.

비록 혐오와 수치심이라는 두 가지 감정에 주목하고 법, 특히 형법에서 이러한 감정이 어떤 위치를 차지하는지에 관심을 갖지만, 이 책의 관심과 목적은 궁극적으로 훨씬 더 폭넓다. 이 책에서 비판하는 것은 오랫동안 여러 곳에서 영향력을 지녀 온 광범위한 사회적 태도다. 이러한 입장은 현재 미국 문화에서 새롭게 주목받고 있다. 그러나 이러한 태도들은 자유주의적 정치 문화의 지속성과 안정성에 심각한 위협이 된다는 것이 내 주장이다. 이를 비판함으로써 [부족하지만] 자유주의를 지탱하는 태도에 대한 부분적인 설명도 함께 전해 줄 수 있기를 희망한다.

이런 취지에서 이 책은 궁극적으로는 자유주의의 심리적 토대와 함께 인간 평등에 대한 자유주의적 존중을 유지하기 위한 제도적·발달적 조건을 탐구하려는 시도라 하겠다. 이러한 시도는 인간성을 불안전성이라는 조건을 공유하고 있는 것으로 이해하려는 감정적 발달이 이루어질 때 정치적 평등이 유지될 수 있을 것이라는 루소의 깊이 있는 주장에서 영감을 얻었다. 그렇지만 이 책에서 주장하는 자유주의는 평등뿐 아니라 자유를 소중히 하고, 모든 사람이 괜찮은 삶을 누릴 수 있는 물질적 조건뿐 아니라 인간의 창조성을 위한 공간을 중시한다는 점에서 루소보다는 밀의 입장에 가깝다.

루소와 밀은 모두 공정한 제도가 안정되려면 시민들의 심리 상태가 뒷받침되어야 한다고 보았다. 그래서 둘 다 인간 평등에 상당한 관심을 갖는 사회를 형성하는 데 있어 교육의 역할을 중시했다. 나도 이러한 교육적 측면에 관심을 가지고 있으며, 이 책에 담긴 분석에는 자유주의 사회의 공교육이 어떤 식으로 내가 진단한 문제들을 해결해 나갈 수 있는지에 대한 다양한 제안이 담겨 있다.[19] 개인과 제도는 서로를 뒷받침한다. 시민들이 의지가 있어야 제도가 유지될 수 있으며, 제도는 합리적이고 바람직한 시민에 관한 규범을 구체화하고 교육하는 역할을 해야 한다. 제도는 실제 사람들의 심리 상태가 뒷받침될 때 유지될 수 있지만, 제도는 이성적인 시민과 그러한 시민이 법에서 맡는 적절한 역할에 대한 규범을 통해 정치적 심리 상태를 구체화하고, 교육하며, 표현하는 역할을 한다. 비록 평등한 존중의 문제와 관련한 교육적 측면의 함의도 풍부하게 담고 있지만, 이 책에서 나의 주장은 그것의 법률적·제도적 측면과 주로 연관된 다음과 같은 질문에 대한 답을 담고 있다. 어떠한 종류의 공적·법률적 문화가 자유주의 체제에 적합한 '정치적 심리 상태'를 담보할 수 있는가? 감정 속에 담긴 타당성의 어떠한 규범이 법의 기초가 되어 시민들의 적절한 감정을 표출하고 배양하는 올바른 역할을 할 수 있는가?

밀은 이러한 질문들에 대답했다. 그러나 7장에서 주장하는 것처럼 이것은 다원주의적 사회에 그다지 적합한 대답이 아니었다. 그의 대답은 탁월한 개인들의 창조적 기여에 너무 많은 역점을 두고 있으며, 낙인과 위계질서 ─ 이것이 어디에서 일어나든 ─ 를 제거하는 일의 중요성에 대해서는 거의 주목하지 못했다. 그래서 형법의 도덕적 토대에 대한 그의 설명은 내가 보기에는 대체로 기본적으로는 올바르지만, 이론적 근거 면에서는 결함이 있다. 나는 밀이 말한 '위해 원칙(harm principle)'*과 같은 이론적 근거에 비해 조금이라도 나은 점이 있는 설명을 제시할 수 있길 희망한다. 이와 더불어 자유주의 사회 특유의 일부 잠재된 위험에 대한 심리학적이고 철학적인 진단도 함께 다룰 것이다. 이와 같은 분석이 전통적으로 낙인을 받고 주변화되어 온 집단을 위한 일반적인 공공 정책에 설득력 있는 이론적 근거를 제공해 준다는 사실을 드러낼 수 있길 바

---

* 본인 자신에게만 영향을 주거나 다른 사람에게 영향을 주더라도 그것이 남에게 해를 주지 않고, 그들의 자유롭고 자발적인 동의와 참여 아래 일어난 것이라면 사회가 간섭해서는 안 되며 자신이 좋은 대로 살아가는 자유를 최대한 누려야 한다는 자유의 기본 원칙이다. 밀은 『자유론』 1장에서 이를 제시하고 있다.

란다. 그래서 성적 성향과 장애에 관한 이슈를 다루는 것은 형법을 넘어 차별금지법과 교육법과 같은 보다 광범위한 문제를 포함하는 것으로 확장될 수 있을 것이다.

내가 원하는 사회가 완전히 성취될 수 있을 것이라고 기대하지는 않는다. 그것은 자신의 인간성을 인정하고, 인간성을 감추거나 회피하지 않는 사회다. 또한 자신이 타인의 도움을 필요로 하는 취약한 존재임을 인정하고, 전능함과 완전함을 추구하는 것이 공적, 사적 측면에서 인간의 많은 불행을 초래해 왔다는 점을 인식하고 이를 과도하게 추구하지 않는 시민들로 이루어진 사회다. 이러한 점에서 내가 말하는 사회 정신은 밀보다는 월트 휘트먼(Walt Whitman, 1819~1892)*에 가깝다. 그것은 우리를 오랫동안 좌우해 온 다른 유해한 신화들을 대체하기 위해 평등한 인간성에 대한 공적인 신화를 구축한다. 불완전함은 두려움을 주고 [전능함과 완전함에 대한] 과장된 허구는 위안을 주기 때문에 그러한 사회는 이루기 어렵다. 이것은 "평등에 관한 놀라운 사실은 우리 모두가 아이라는 점입니다. 그래서 질문이 있는데, 아버지는 어디 있죠? 우리 중에 아버지가 있다면 우리가 어디 있는지 알 텐데요."[20]라고 도널드 위니콧(Donald Winnicott, 1896~1971)**의 환자가 그에게 말했을 때 담긴 의

---

* 미국의 저널리스트, 수필가, 시인. 미국의 정신을 잘 대변하는 시인으로 인정받고 있으며, 성(性)이 인간과 자연의 가장 본질적인 생명력이므로, 인간 삶의 본질을 노래하는 시인의 중심적인 주제라고 여겼다.
** 영국의 소아과·정신과 의사이자 사회학자, 정신분석학자. 대상관계 이론 분야

미다.(이에 대한 자세한 분석은 4장에서 이뤄질 것이다.) 인간은 자신의 유한성과 연약한 동물적 육체를 항상적으로 인식하면서 살아가는 것을 견딜 수 없기 때문에 그러한 사회가 성취될 수 없다는 사실은 진실일 것이다. 언제든 죽기 마련인 인생 ─ 가장 본질적인 문제는 사실상 우리 손을 벗어나 있는 ─ 을 살아가는 데 있어 일정한 자기기만은 필수적이기도 하다. 다만 내가 바라는 것은 그러한 자기기만적 허구가 법을 지배하지 않는 사회이며, 최소한 우리의 공통된 삶을 형성하는 제도를 만들 때 우리 모두는 아이와 같으며, 많은 면에서 세상을 통제할 수 없다는 사실을 인정하는 사회다.

나는 이것이 자유주의 사회가 나아가야 할 좋은 방향이라고 생각한다. 내가 생각하는 자유주의 사회는 모든 개인의 평등한 존엄과 공통의 인간성에 내재된 취약성을 인정하는 기반 위에 있는 사회다. 만약 우리가 그러한 사회를 완전히 성취할 수 없다면, 우리는 적어도 이것을 하나의 패러다임으로 봐야 하고, 우리의 법은 다름 아닌 바로 그러한 사회의 법이라는 사실을 확신할 수 있어야 할 것이다.[21]

에서 탁월한 업적을 남겼다. 유아의 대상관계 형성에 대한 그의 설명은 4장의 원초적 수치심에 대한 분석에서 중요한 역할을 하고 있다.

1장 ──────── 감정과 법

사건의 정황이 평범한 이성적인 사람에게 격정을
일으키기에 충분했다고 배심원이 판단하지 않는다면,
피고인이 격정에 휩싸여 있었다는 이유로 자신의 행위 기준을
세워 스스로의 행위를 정당화하거나 변명할 수는 없다.

'검찰 대 로건(People v. Logan)' 판결,
164 P. 1121, 1122(Cal. 1917)

반면에 다른 사람의 도발로 인해 흥분 상태에 빠지게
되었다는 주장은 모든 사건에서 [충동적 폭력의]
충분하거나 타당한 근거가 될 수 없다. 만약 그렇게 되면
[쉽게 화를 내고 흥분하는] 성마른 열정이 오래도록 습관이
된 사람은 죄를 저지르고도 좋은 성품을 지닌 사람과는
달리 자신의 죄를 경감해달라고 주장할 수 있게 된다.
잘못된 성품은 도덕 면에서나 법적 면에서 모두
죄를 무겁게 하는 요소이다.

'마허 대 검찰(Maher v. People)' 판결,
10 MIch. 212, 81 Am. Dec. 781 (1862)

1 감정에 대한 호소

　프랭크 스몰(Frank Small)은 카이저의 술집에서 자코비(C. R. Jacoby)와 말다툼을 벌였다. 자코비가 술집을 나와 아내와 함께 길을 따라 걸어 내려가고 있을 때 스몰이 다가와 머리에 총을 겨눠 발사했고 이틀 뒤 자코비는 사망했다. 살인죄의 등급을 모의 살인에서 과실치사로 낮추기 위해 스몰은 자코비와 다툰 직후부터 치명상을 입힐 때까지 자신은 줄곧 격한 분노에 사로잡혀 있었고, 폭발한 분노에 휩쓸려서 살인을 저질렀다고 주장했다. 일급 살인죄로 유죄 판결을 받은 후 항소심에서 그는 1심 법원의 판사가 다투고 난 후 다른 사람처럼 빨리 화를 누그러뜨리지 못하는 사람도 있다는 사실을 배심원들에게 설시(說示)*하지 않았다고 판사의 잘못을 주장했다. 펜실베이니아 주 대법원은 다음과 같은 판결문을 통해 그러한 주장을 기각했다. "화가 치솟아 있었고, 흥분해서 복수심에 불타고 있었다는 피고인의 증언을 우리가 받아들인다고 가정하면 어떻게 되는가? 이것이 범죄에 대한 변명이나 심지어 죄를 경감해 주는 사유가 될 수 있는가? 분명 그렇지 않다. 왜냐하면 그것은 자제력이 부족하고, 자기 수양을 등한시해 온 결과이기 때문에 변명할 여지가 없다."[22]

주디 노먼(Judy Norman)은 수년간 남편에게 물리적, 정신적으로 학대를 당해 왔다. 남편은 강제로 그녀에게 성매매를 시키기도 했으며, 죽여 버리겠다고 자주 위협했다. 어느 날 저녁 남편은 노먼을 '개'라고 부르면서 전에 없이 가혹하게 구타를 가하고, 자신은 침대 위에서 자면서 아내는 바닥에서 자게 했다. 노먼은 아이를 친정집에 맡기고 총을 휴대하고 돌아와, 남편이 잠들어 있는 사이 총을 쏴 치명상을 입혔다. 재판 과정에서 피고인 측 전문가는 노먼이 두려움 때문에 살인을 저질렀음을 증언했다. 그녀는 그를 없애지 않으면 "[자신은] 최악의 고문과 학대를 겪으며 살아가야 했을 운명"이며, "도망은 완전히 불가능했다."라고 말할 정도로 무서워했다는 것이다. 그러나 노스캐롤라이나 주 대법원은 배심원들에게 정당방위를 설시하는 것을 거부한 1심 재판부의 결정을 지지했다. 다수의견을 낸 대법원 판사들은 그러한 증거가 "긴박한 죽음의 위협이나 심각한 육체적 위해에 대한 타당한 두려움 때문에 남편을 죽였

---

* 배심원에 대한 판사의 설시(jury instruction): 배심실에 들어가기 전에 판사가 배심원들에게 이 사건의 주된 법적 쟁점이 어떤 것이며 배심원이 무엇을 결정해야 하고 그때 적용되는 법규는 무엇인지 등을 알려 주는 절차를 말한다.

다는 사실 인정을 뒷받침하지 못한다."라고 보았다. 하지만 소수의 견을 낸 판사는 남편의 "야만적 행위가 피고인의 삶의 질을 최악의 상태로 떨어뜨렸으며…… 배심원들도 비참한 생명을 유지하기 위한…… 그녀의 행위가 납득된다는 점을 알아야 할 것"이라고 주장했다.[23]

1976년 미국의 연방대법원은 노스캐롤라이나 주의 사형제도법령에 대해 위헌 판결을 내렸다. 형벌을 결정하는 과정에서 피고인에게 자신의 삶의 이력을 얘기하고, 배심원들에게 동정심을 호소할 기회를 주지 않는다는 이유에서였다. 판결문은 동정심을 구할 수 있는 가능성은 형사범에게 적절한 양형을 선고하는 과정의 본질적인 부분이라고 다음과 같이 적고 있다.

범죄자 개인의 성격과 이력 또는 범행 당시의 정황과 관련된 측면에 전혀 의미를 두지 않는 [양형 선고] 과정은 최종적인 사형을 확정함에 있어 인간이 지닌 다양한 유약함에서 기인하는 요소를 근거로 동정심이 발휘되거나 죄가 경감될 수 있는 가능성을 배제한다. 이 것은 명시된 범죄로 유죄를 선고받은 모든 사람을 고유한 개별 인간으로 대우하는 것이 아니라 사형이라는 맹목적인 형벌을 받는 개성도 없고 개별화되지 않은 집단의 일원으로만 여기는 것이다.[24]

1986년 캘리포니아 주의 한 소송에서는 이러한 판례를 인용하며 주대법원 재판부가 배심원들에게 "단순한 감상이나 추측, 동정심, 열정, 편견, 대중 여론이나 감정에 흔들려서는 안 된다."라고 주의시키는 캘리포니아 주 배심원 설시를 검토했다.[25] 그들은 이 설시가 배심원들에게 '무제한적인' 동정심을 버리도록 요구하는 것으로 이해될 때에만 헌법에 합치된다는 데 동의했다. 즉 무분별한 동정심은 형벌을 결정하는 과정에서 양형을 늘이거나 줄이는 근거가 될 수 없다는 것이다.[26] 하지만 '모든' 동정심을 배제하라고 배심원들에게 요구하는 것으로 해석된다면 이는 분명 헌법에 위배될 것이다.[27]

감정에 호소하는 일은 법에서 두드러진다. 게다가 감정은 강한지 약한지, 타당한지 그렇지 않은지, '이성적인 사람'이라는 가정상의 법률 규범에 부합하는지 그렇지 않은지 평가될 수 있다는 일반적인 합의가 존재한다. 그러나 내가 앞에서 든 예를 살펴보면, 이러한 규범은 혼란스러워진다. 스몰은 유별나게 성급하고 흥분을 잘하는 자신의 성격을 이유로 법원이 '보통의 이성적인' 시민에게만 전통적으로 부여해 왔던 인정을 얻어 내려고 했다. 자신의 생명을 잃을 수도 있다는 노면의 두려움은 검찰과 다수 의견을 낸 판사들에게는 타당하지 않은 것으로 비난받았지만, 그녀의 변호사와 소수 의견을 낸 판사들에게는 완전히 타당한 것으로 비춰진다. 연방대법원은 특정한 종류의 동정심만이 타당하다는 점을 시인했지만, 판결문에서 검사들이 완전히 감정을 배제한 입장만이 타당한 것처럼 말하면서 이 점에 관해 배심원들을 자주 오도했다는 증거를 제시했다.

흥미롭게도 [방금 예로 든 사례의] 모든 당사자는 감정이란 타당성과 적절성을 지닌다고 평가할 수 있으며, 이러한 점에서 감정은 차분하게 연마되는 인성의 일부분이라는 사실에 동의하고 있는 것으로 보인다. 그럼에도 스몰의 항소를 심리한 재판부는 그의 행위가 "변명할 여지가 없는 자기 수양의 부족"을 드러낸다고 적었다. 노먼은 자신이 겪은 삶의 특징에 많은 강조점을 두고 자신의 행위를 옹호했다. 이러한 특징들은 삶이 피폐해질 수밖에 없고 자신이 일찍 죽을 수도 있다는 그녀의 두려움이 완전히 타당하다는 점을 납득시켜 준다. 하지만 다른 측에서는 이러한 요소들이 그녀가 "긴박한 죽음의 위협이나 심각한 육체적 위해에 대한 타당한 두려움"에서 살인을 저질렀음을 보여 주지 못한다고 주장한다. 이들은 정당방위를 타당한 두려움이라는 개념과 관련해 정의해 온 전통에 따라 결정을 내리면서, 두려움이 타당성 여부를 평가할 수 없는 충동에 지나지 않을 수도 있다는 점에 대해서는 전혀 관심을 기울이지 않았다. 연방대법원은 동정심이 사고와 밀접한 연관이 있다고 가정하고 있는 것으로 보인다. 다시 말해, 동정심은 증거에 기반하며, 형사소송의 양형 단계에서 제시되는 증거에만 근거하도록 그 영역을 '제한할' 수 있다는 것이다.

이 책에 담긴 나의 전반적인 계획은 두 가지 특정한 유형의 감정에 대해 구체적이고 매우 비판적인 평가를 하는 것이기 때문에 우선 영미의 법률 전통이 감정에 대해 일반적으로 갖고 있는 태도와 이러한 태도가 암묵적으로 기반하고 있는 감정 개념에 대해 이해하는 게 중요하다. 차차 보게 되겠지만 영미 전통은 감정이 중요한 이익과 불이익에 관한 사고와 밀접한 연관성을 지닌다고 본다.

여기에 어떠한 혜택과 손해가 중요하다고 생각하는 것이 올바른지에 관한 지배적인 사회 규범과도 연관짓는다. 나는 감정을 이렇게 개념화하는 것이 기본적으로 정확하다고 믿기 때문에 이를 지지하며, 사회적 감정과 도덕 교육에 대한 상을 그리는 데 있어 이러한 개념화가 제공하는 이점을 보여 주려고 한다.

나는 감정에 대한 전통적인 시각이 지닌 장점을 설명한 후에 그러한 시각이 흥미 있는 역할을 맡아 온 법의 세 가지 영역을 상세히 고찰할 것이다. 이 세 가지 영역은 '타당한 도발'에 관한 법, 정당방위에 관한 법, 형사범에 대한 양형 선고 과정에서 동정심에 대한 호소가 갖는 역할이다. 이러한 예들은 감정에 대한 평가가 일반적으로 어떤 기능을 하는지를 보여 주기 위해 끌어온 것일 뿐이다. 비슷한 분석이 이뤄질 수 있는 영역은 형법과 민법 내에 많은 영역이 있다.[28]

내가 특징지으려고 하는 감정들은 사회적 규범을 언급하기 때문에 이 지점에서 다음과 같은 질문이 생기는 것은 자연스럽다. 다원주의를 존중하는 자유주의적 사회는 어느 정도까지 감정과 그것이 담고 있는 규범을 평가하는 일을 담당해야 하는가 하는 질문이다. 나는 정치적 자유주의 개념과 내가 선호하는 법적 정당화 방식을 간략하게 서술하고 이 장을 끝내려고 한다. 나는 감정에 대한 평가는 제한된 역할을 하지만 내가 이해한 정치적 자유주의 안에서는 여전히 중요한 역할을 담당한다고 생각한다.

우리가 감정에 대해 말할 때 우리는 무엇에 관해 얘기하고 있는가? 비록 감정을 어떻게 분석해야 하는지에 대해서는 많은 차이가 있지만, 감정의 범주에 대해서는 상당한 정도의 합의가 있다는 점이 중요하다. 오랜 서구의 전통 — 철학적 전통뿐 아니라 대중의 의식 속에서도 — 에서 사람들이 흔히 '감정' 또는 '열정'(예전에는 주로 이 말을 사용했다.)이라고 부르는 특정한 인간 경험은 많은 공통된 특징을 지니고 있기 때문에 하나로 묶는 것이 유용하다고 여겨져 왔다.[29] 철학적 전통과 이와 연관된 대중적인 문학 사상에서 [감정이라는 범주에] 일반적으로 포함되는 중요한 감정으로는 기쁨, 슬픔, 두려움, 분노, 증오, 연민 또는 동정심, 시기, 질투, 희망, 죄책감, 감사, 수치심, 혐오, 사랑 등이 있다.[30] 비서구 전통에서도 얼추 비슷한 방식으로 [이러한 인간] 경험을 분류한다.[31] 최근에 이루어진 진화생물학과 인지심리학 분야의 감정에 대한 연구도 매우 비슷한 목록을 내놓은 바 있다.

이렇게 분류한 핵심은 이러한 경험의 범주를 배고픔이나 목마름과 같은 육체적 욕구와 구분하는 것이다. 또한 이것은 짜증이나 특정한 형태의 우울과 같이 대상이 없는 기분과도 구별된다. 표준적인 목록에 올라와 있는 감정은 서로 많은 공통점을 지니며, [그것이 담고 있는] 구조 — 내가 조금 뒤에서 기술하는 방식으로 — 면에서 욕구나 기분과 구분되는 것으로 보인다. 물론 감정이라는 범주에 포함되는 항목 사이에도 많은 차이가 있고, 특정한 사례의 분류는 논쟁이 되고 있다. 그렇지만, 시간과 문화의 차이를 뛰어넘어 감정이라는 범주에 포함되는 중심 항목에 대해 합의가 존재한다는

사실은 놀라운 일이다.[32]

    나는 감정을 '인간 경험'이라고 말했고, 물론 그렇긴 하다. 하지만 대부분의 최근 연구자들과 많은 고대인들은 인간이 아닌 동물도 감정(최소한 특정한 형태의 감정)을 가진다고 보았다.[33] 종들 사이에 존재하는 인지적 능력의 차이에 따라 그들의 감정 생활에도 차이가 있는 것은 분명하며, 특정한 감정 유형은 특정 동물에서 쉽게 발견된다. 대부분의 동물은 아마 두려움을 가지고 있으며, 그보다 적은 수의 동물이 분노와 슬픔을 경험하고, 그보다도 적은 수의 동물이 동정심이 있는 것으로 보인다. 왜냐하면 동정심은 일반적으로 입장을 바꿔 사고할 수 있는 능력, 다시 말해 다른 사람이나 생명체의 입장을 머릿속에서 구상할 수 있는 능력을 요구하기 때문이다.[34] 언어를 사용하지 않는 생명체들이 어떻게 감정을 갖는지 설명하기란 어렵지만, 이러한 문제들은 감정을 이론적으로 설명할 때 경시되어서는 안 된다. 동물 행위를 설명하는 데 있어 그들이 지닌 다양한 감정을 빼놓을 수 없다는 사실은 분명한 증거가 있다. 그러나 지금은 법의 기본적인 요소로서 인간 감정에 초점을 맞추고 있기 때문에 이러한 이슈는 한쪽으로 미뤄 두려고 한다.

2 감정과 믿음, 감정과 가치

    우리는 감정을 외부로부터의 자극과 같은 것으로 생각하는 경향이 있다. 감정은 우리 자신의 사고나 평가, 계획과 연관이 없다고 보는 것이다. 그래서 우리가 감정에 대한 전통적인 이해 방식을 옹호하려면, 사고가 담겨 있지 않은 자극으로 감정을 생각하는 것이 언뜻 보기에는 직관적으로 그럴듯해 보여도 궁극적으로는 적합하지 않은지를 이해해야 한다. 감정에 대한 전통적인 상은 고대 그리스인들이 감정을 이해한 방식에 뿌리를 두고 있으며, 감정은 인성 형성에 바람직한 기여를 할 수 있다고 본다.

그럼 노먼이 지닌 두려움에 대해 생각해 보자. 그녀가 지닌 두려움에는 적어도 어떠한 강력한 느낌과 신체적 변화가 수반되었을 가능성이 매우 크다. 그럼에도 불구하고 이것이 그녀의 감정에 담긴 전부라고 생각할 수 없는 이유는 무엇일까?

무엇보다 그녀의 두려움은 '대상'을 지닌다. 두려움은 어떠한 것에 초점을 두는데, 이 경우는 남편에게 죽임을 당할 수도 있다는 (죽지 않더라도 폭력을 당해 삶이 망가질 것이라는) 예상이 그 대상이다. 그녀의 두려움은 그러한 끔찍한 일을 당할 수 있는 가능성에 '대한' 두려움이다. 만약 우리가 그녀가 경험한 느낌에서 미래에 일어날 수 있는 나쁜 일에 초점을 맞추는 그러한 특성을 제외한다면, 그것은 두려움이 아니라 단순한 고통이나 동요에 불과할 것이다. 흥미롭게도 우리는 노먼의 신체적 느낌이 정확히 무엇이었는지 — 그녀는 떨고 있었을까? 복부에 통증이 있었을까? 심장이 빨리 뛰었을까? 아니면 때에 따라 이 모든 증세가 나타났을까? — 에 대해서는 실제로 알지 못하며, 관심을 갖지도 않는다. 그녀가 느낀 두려움에 우리가 납득할 수 있는 것은 그녀가 겪을 수 있는 미래의 가능성에 주목해서 [그녀의 입장을] 상상하기 때문이다.

게다가 그녀의 감정의 대상은 철학자들이 일반적으로 '지향적 대상(intentional object)'*이라고 일컫는 것이다. 즉 감정에 있어 대상이 하는 역할은 감정을 경험하는 사람이 그러한 대상을 보고 이해하는 방식에 달려 있다. 이러한 점을 살펴보기 위해 덜 논쟁적인 사례를 살펴본 후, 다시 노먼의 사례로 돌아오도록 하자. [여기에] 너무나 사랑하는 하나뿐인 자신의 아이가 사망했다는 소식을 들은 어머니가 있다. 그녀는 강한 슬픔을 드러낸다. 이때 핵심은 그녀의 슬픔이 그녀가 자신의 상황을 '바라보는' 방식에 의존한다는 점이다. 이 경우에는 방금 사랑하는 아이를 떠나 보낸 상황이다. 자신이 처한 상황에 대한 그녀의 생각은 실제로 맞을 수도 있고 그렇지 않을 수도 있다. 예를 들어 아이는 무사하게 살아 있는데, 소식을 전한 사람이 실수했거나 거짓말을 했을 수 있다. 그러한 경우 그녀의 슬픔은 잘못된 믿음에 바탕하고 있지만 여전히 슬픔이라고 할 수 있다. 왜냐하면 이러한 감정은 그녀가 자신이 처한 상황을 바라보는 방식을 담고 있기 때문이다.

---

* 개인 의식의 주목을 받는 대상을 말한다. 사고하는 사람과 독립하여 특정한 존재론적 지위를 갖지 않으며, 지향적 상태가 향해 있는 그 무엇을 말한다. 감정에 대한 인지주의 이론은 감정이 신체적 느낌과 다르다고 주장하기 위해 그 출발점으로 감정의 경우 지향적 대상이 존재한다는 점을 강조한다. John Deigh, "Cognitivism in the Theory of Emotions," *Emotions, Values, and the Law*(Oxford: Oxford University Press, 2008), pp. 40~42 참조.

구분되는 다른 이슈는 타당성 문제다. 아이에게 일어난 일을 잘 알 수 있는 위치에 있다고 생각되는, 자신이 신뢰하는 사람에게서 소식을 들었기 때문에 그녀가 아이의 사망 사실을 믿었다고 가정해 보자. 이 경우 아이의 죽음에 대한 그녀의 믿음은 잘못되었지만, 그녀가 그러한 믿음을 갖는 것은 타당하다고 할 수 있다. 반면 그녀가 이 소식을 매우 신뢰할 수 없는 사람에게서 우연한 소문으로 들었음에도 이를 믿었다면, 사실 여부가 어쨌든 그녀의 믿음은 타당하다고 볼 수 없다. 그러한 점에서 타당성 문제는 진실성과는 다른 이슈다. 감정의 타당성은 사실 여부와 관계없이 증거와 신뢰성에 관한 문제와 연관된다고 할 수 있다.

이제 노먼의 사례로 돌아와 보자. 그녀의 두려움은 자신의 상황을 바라보는 방식에 근거한다. 그녀는 자신의 생명과 안전이 남편에 의해 위협받고 있다고 여겼다. 그러나 소송의 양측은 남편이 심각한 신체적 상해를 야기할 수 있다는 그녀의 믿음이 타당한지에 대해 의견을 달리했다. 그들은 진실에 대해서는 말하지 않았는데, 그녀의 믿음은 미래에 일어날 일을 토대로 한 것이어서 사실 여부가 규명될 수 없기 때문이다. 그들은 그녀의 과거 경험과 그녀가 사용한 증거에 근거해서 자신의 생명과 신체 안전이 위협받았다고 여긴 그녀의 믿음이 타당했는가를 묻고 있었던 것이다.

이러한 논의는 앞서 말한 사고가 담겨 있지 않은 느낌이나 신체적 자극과 감정을 구분하는 세 번째 특징을 드러나게 한다. 즉 감정은 대상에 대한 믿음(때로는 매우 복잡한 믿음)을 수반한다는 것이다. 아리스토텔레스는 『수사학』에서 젊은 대중 연설가를 대상으로 청중의 감정이 어떻게 형성되는지에 관해 조언하면서 이 점을 주장했다.[35] 그는 연설가는 청중에게 자신들이 처한 상황에 대한 특정한 사실을 믿게 함으로써 감정을 드러내거나 없앨 수 있다고 말한다. 내가 청중이 두려움을 느끼길 원한다고 가정해 보자.[36] 아리스토텔레스에 따르면, 이 경우 나는 그들 자신이나 그들이 사랑하는 사람들이 위험에 처할 수 있는 심각한 불행이 머지않아 일어날 것이며, 그들이 이러한 불행을 피할 수 있을지 확실치 않다는 점을 그들에게 납득시켜야 한다. 만약 내가 누군가 — 페르시아인이라고 해보자 — 에 대한 청중의 분노를 일으키려고 한다면, 나는 페르시아인이 그들의 복리(또는 그들이 사랑하는 사람 또는 동맹을 맺고 있는 사람의 복리)의 일정한 측면에 심각한 손상을 주었고, 그러한 손상은 무심코 일어난 것이 아니라 의도적으로 해를 끼치기 위해 일어났다는 사실을 납득시켜야 한다.[37]

이와 같이 복잡한 믿음의 집합 속에 있는 특정한 요소를 변화시켜 청중의 감정에 변화를 일으킬 수 있다. 예를 들어, 웅변가가 이제 두려움을 없애길 바란다고 해보자. 그는 어쨌든 그들이 두려워하는 손상은 실제로 심각하지 않을 것이라는 점을 청중에게 설득하려고 할 것이다. (우리는 종이 집게나 칫솔과 같은 사소한 물품을 잃어버릴까 봐 두려워하지는 않는다.) 아니면 그는 그러한 손상은 실제로 일어나지 않을 것이라고 설득할 수도 있다. (우리는 일반적으로 화성인의 침공을 받을까봐 두려워하지는 않는다.) 아니면 그는 좋지 않는 일이 일어나더라도, 분명 피할 수 있거나 그러한 일이 심각한 손상을 주기 전에 막을 수 있다는 점을 납득시킬 수도 있다. (이러한 이유에서 우리는 치아 농양 때문에 죽을까 봐 걱정하지는 않는다. 치료받지 않고 방치하면 충치가 뇌까지 파고드는 농양이 될 수 있다고 알고 있지만 말이다. 왜냐하면 실제로 그러한 일이 일어나기 전에 효과적인 조치를 취하리라 확신하기 때문이다.) 마찬가지로 웅변가는 연관된 믿음의 집합 중에서 특정 요소를 변화시켜 페르시아인에 대한 그들의 분노를 없앨 수도 있다. 그러한 피해를 페르시아인이 아니라 스키타이인이 저질렀다고 설득할 수도 있고, 그러한 피해가 심각하지 않고 사소하다고 말할 수도 있으며, 그러한 피해가 없었다는 점을 수긍하게 하거나, 그것도 아니면 페르시아인의 손해를 준 것은 고의가 아니라 우발적인 일이었다는 사실을 납득시킬 수 있다.

믿음이 감정의 본질적 기반이라는 아리스토텔레스의 설명은 설득력이 있다. 각각의 형태의 감정은 특정한 믿음의 집합과 연관되어 있어서, 관련된 집합 내의 믿음이 없거나 없어지게 되면 그 사람은 감정이 생기지 않거나 그러한 감정이 없어지게 될 것이다. 정치적 수사가 감정적으로 강력한 이유도 이 때문이다. 정치인들이 청중의 신체 상태나 기분에 직접적으로 영향을 줄 수 있는 방법은 명백히 존재하지 않는다. 정치인이 영향을 줄 수 있는 것은 사람들이 어떠한 상황에 대해 갖는 믿음이다. 그러한 믿음은 두려움이나 분노와 같은 감정이 생기는 필요조건처럼 보인다. 충분조건으로 보이는 경우도 있다. 예를 들어 자신에게 위험이 임박해 있다는 사실을 믿는 것만으로도 충분히 두려움이 생길 수 있다. 추가적인 신체적 변화나 느낌의 발생 여부와 상관없이 그 믿음 자체가 감정을 촉발시킬 수 있다. (궁극적으로 어린아이들과 인간이 아닌 동물들이 지니는 감정에 대한 적절한 설명을 내놓으려면 '믿음'이라는 개념을 X를 Y라고 여기는 어떠한 인지적 상태로 매우 포괄적이고 유연하게 이해할 필요가 있다.)

아리스토텔레스와 이 주제에 대해 글을 쓴 다른 철학자들이 강조한 다른 중요한 점은 믿음이 감정과 매우 긴밀하게 연관되어 있다는 점이다. 믿음은 감정 자체를 구성하는 일부로 보인다. 다시 말해 우리가 분노와 같은 감정을 정의하려 할 때 — 이를 위해서는 분노가 생기는 데 꼭 필요한 모든 것과, 분노를 다른 고통스러운 감정과 구분하는 것을 얘기해야 한다 — 분노가 '느껴지는' 방식만을 언급해서는 성공하지 못한다는 점을 알게 될 것이다. 이 점은 아리스토텔레스가 시사하고 있는 바다. 두려움, 연민, 시기, 질투, 분노와 같은 부정적인 감정은 상당히 비슷한 고통의 느낌을 수반한다. 각각의 감정을 특징적 형태의 느낌과 결부시킴으로써 신뢰할 수 있는 방식으로 이러한 감정을 구분할 수 있을까? 이들을 구분하기 위해서는 각각을 특징짓는 믿음도 불러올 필요가 있어 보인다. 두려움은 미래에 곧 닥칠 수 있는 나쁜 가능성들에 대한 믿음을, 분노는 부당하게 가해진 손상에 대한 믿음을 수반하고, 연민은 다른 사람의 심각한 고통에 대한 믿음을 요구한다. 이와 같은 사실은 긍정적인 감정에도 적용된다. 그러한 감정은 일정하게 유쾌한 느낌과 결부될 수도 있지만, 각각을 특징짓는 믿음의 집합을 얘기하지 않고 단순히 좋은 느낌을 가지고 사랑, 기쁨, 감사, 희망과 같은 감정을 구분하기란 정말 어려울 것이다.(아마 불가능할 것이다.)

좀 더 확실히 말하면, 우리는 아리스토텔레스보다 한걸음 더 나아가 느낌은 실제로 감정을 정의하는 데 큰 도움이 되지 않는다고 지적할 수도 있다. 왜냐하면 어떤 주어진 형태의 감정과 결부된 느낌은 너무 다양해서 사람마다 다를 수도 있고, 같은 사람이라도 시간에 따라 다를 수 있기 때문이다.[38] 노먼의 두려움에 대해 생각해 보자. 그녀는 아마 죽음의 두려움을 겪는 동안 일련의 주마등 같은 느낌을 가졌을 것이다. 그녀가 어떤 느낌을 가졌을지 상상하기란 쉽지 않다. 때론 그녀는 벌벌 떨기도 했을 것이고 심장이 벌렁거리기도 했을 것이다. 다른 때에는 정신이 멍해지거나 기진맥진해졌을 수도 있다. 보다 단순한 감정 중의 하나로 여겨지는 두려움이 그러하다면, 슬픔이나 분노를 경험하고 있는 사람들의 느낌을 구분하기란 더욱 어려울 것이다. 또한 사람들은 저마다 다르다. 끓어오르는 듯한 느낌을 가지고 분노를 경험하는 사람도 있고, 무딘 통증만 경험하는 사람도 있다. 사랑은 또 어떠한가? 친구든, 아이든, 파트너든 누군가를 사랑하는 경험은 분명 풍부한 느낌을 담고 있다. 그렇지만 구체적으로 어떤 느낌이 항상 담겨지는지 말하려면 너무 제한적일 것이다.

실제로 어떤 특정한 느낌 없이도 감정이 생길 수 있다. 우리가 지닌 다수의 믿음이 계속 의식하지 않아도 영향을 끼쳐 행위를 유발한다는 사실을 인정하기 위해 감정 억제에 관한 복잡한 설명을 할 필요는 없을 것이다. 물건이 땅으로 떨어졌다는 믿음, 강의 단상이 내 손이 통과하지 못하는 딱딱한 물체라는 믿음, 내가 강의 단상을 치우길 원한다면 그것을 들거나 밀어야 한다는 믿음, 이 모든 믿음과 무수히 많은 다른 믿음이 내가 의식하지 않아도 강의하는 동안 내 행동에 영향을 끼친다. 감정의 경우에도 마찬가지다. 돌아가신 부모님에 대한 슬픔, 죽음에 대한 나 자신의 두려움, 자식에 대한 사랑과 같은 각각의 감정은 내가 항상 자각하지 못해도, 그래서 그러한 감정과 결부된 특정한 느낌-상태를 깨닫지 못해도 많은 다양한 행위를 일으키면서 내 삶의 바탕 속에 지속하는 것이다.

그렇다면 우리는 감정에 수반된 사고를 단순히 [감정의] 부수물이나 인과적 필요조건으로 간주해서는 안 된다. 감정에 수반된 사고가 감정을 확인하거나 정의하고, 어떠한 감정을 다른 감정과 구분하는 데 필요하다면, 이는 이러한 사고들이 감정 그 자체가 '되는' 것의 일부이며, 그것의 본질을 구성함을 뜻한다. 그뿐만 아니라 이러한 것들은 변동이 심하고 쉽게 변하는 느낌-구성 요소에 비해, 감정에 수반된 사고/믿음은 보다 안정적으로 분석할 수 있는 여지가 있어 보인다. 그래서 우리는 아리스토텔레스와 [영미의] 법률 전통이 감정에 수반된 사고에 초점을 맞추며, 그러한 사고가 타당한지 여부에 대해 질문을 던진다는 점에서 올바른 사고방식을 취하고 있다고 결론 내릴 수 있겠다.

만약 대상에 대한 시각과 사고가 감정 경험에 없어서는 안 될 부분이라면, 어떠한 종류의 사고가 그렇다고 해야 하는가? 나는 대부분의 감정이 복잡한 사고의 집합을 수반한다고 생각한다. 그러나 앞에서 말한 예들을 다시 살펴보면, 그들 사이에 흥미로운 중복이 있음을 알 수 있다. 모든 감정은 대상에 대한 평가를 수반하며, 대상을 사소한 것이 아니라 중요한 것으로 평가한다는 점이다. 우리는 사소한 손실을 두려워하지 않으며, 사소한 무시에 화내지 않는다. (화를 낸다면, 그건 우리가 그것을 사소하지 않게 생각하기 때문이다.) 우리는 우리에게 전혀 중요하지 않은 어떤 것이 사라졌다고 슬퍼하지는 않을 것이다. 때로는 감정의 경험이 우리가 이전에는 인식하지 못했던 평가 양식을 드러내기도 한다. 친구의 죽음에 대한 반응을 살펴보면 그 사람의 인생에서 그 친구가 가졌던 실제 중요성을 알 수 있다. 또한 외모에 대한 모욕적인 발언에 분노하는 것을 볼 때 우리는 그녀가 자신이 생각했던 것보다 외모에 더 많은 중요성을 두고 있음을 알게 된다.

사람들은 특정한 대상에만 가치를 부여하는데, 이러한 가치는 그 사람 자신의 좋은 삶 또는 그 사람이 애착을 갖는 일부 집단의 좋은 삶과 관련되기 때문이다. 사람들은 세상에서 일어나는 모든 재앙에 죄다 두려움을 느끼면서 살아가지 않으며, 자신에게 상당한 영향을 끼치는 것만 두려워한다. 사람들은 모든 죽음을 슬퍼하지 않으며, 오직 자신의 삶에서 중요한 역할을 차지하는 사람들의 죽음만을 슬퍼한다. 그렇다고 해서 감정이 항상 이기적이라고 말하는 것은 아니다. 사람들은 자신이 아닌 다른 사람이나 사물에 큰 중요성을 부여하고 있고 또 부여할 수 있기 때문에, 그들은 이러한 사람이나 사물에 생긴 일에 대해 두려움과 분노, 슬픔을 느낄 것이다. 우리 자신의 목표와 목적의 도식 안에서 일정한 중요성을 부여해 왔던 것에 대해서만 감정을 갖는다는 게 내 주장의 요지라고 하겠다.

이제 우리는 대상을 갖지 않는 기분이나 욕구와 구별해서 감정을 하나의 범주로 나누는 것이 왜 중요한지를 알 수 있다. 감정은 배고픔이나 목마름과 같은 욕구와 다르다. 왜냐하면 감정의 경우에는 믿음이 훨씬 더 중요한 역할을 하기 때문이다. 다시 말해 감정은 대상에 대한 훨씬 더 많은 사고를 수반한다. 배고픔과 목마름은 기존의 신체 조건에 기반하고 있으며, 일반적으로 만족할 때까지만 대상을 갈구한다. 논쟁이나 믿음의 변화가 욕구에는 거의 영향을 끼치지 않는다. 이런 의미에서 섹스투스 엠피리쿠스(Sextus Empiricus, 160~210)*는 "배고픈 사람의 주장에 근거해서 그가 배고프지 않다는 확신을 만들어 낼 수는 없다."라고 말했다. 또한 이런 이유 때문에 애덤 스미스(Adam Smith)는 다른 사람의 입장에서 생각함으로써 슬픔이나 분노를 느끼는 경우는 자주 있어도, 다른 사람의 배고픔을 상상함으로써 배고픔을 느끼지는 않는다고 지적한 바 있다. 배고픔은 위에 음식이 없는 신체적 조건을 요구하므로 다른 사람의 믿음을 받아들이는 것만으로는 불충분하기 때문이다.[39] 이러한 스미스의 시각 속에는 아리스토텔레스가 쉽게 인정할 수 있는 생각이

---

* 의사이자 회의주의 철학자로, 알렉산드리아·로마·아테네에서 살았다고 전해진다. 독단주의적 확신을 비판하고 사실상 모든 믿음에 대해 판단을 유보해야 한다고 주장했다.

담겨 있다. 두려움과 분노를 끌어내기 위한 정치 연설은 있어도, 배고픔을 유발할 수 있는 정치 연설은 있을 수 없다는 것이다.

우리는 믿음과 규범이 일정한 방식으로 욕구에 영향을 끼칠 수 있다는 사실을 부인해서는 안 된다. 그래서 특정한 음식을 먹고 싶어 하는 것은 사회적 학습의 산물이라는 주장은 일리가 있다. 성적 욕구는 배고픔이나 목마름보다 훨씬 더 사회적 학습의 영향을 크게 받는다. 게다가 육체적 배고픔이나 성적 결핍이 일정 정도에 이르면, 그것에 주목하는 수사가 욕구를 상당히 증가시킬 수 있다. 성욕은 식욕보다 감정과 유사한 면이 많고, 보다 관념적이다. 이런 점에서 성적 포르노는 [사회적 삶에서] 음식 포르노보다 상대적으로 큰 영역을 차지한다. 포르노는 욕구가 지닌 관념적이고 감정과 유사한 측면을 활용하기 때문에 욕구와 감정의 경계선 위에서 작용한다. (성적 포르노가 자위를 통해 욕구에 대한 만족을 줄 수 있는 반면, 음식 포르노가 대부분의 삶에서 큰 역할을 할 수 없는 다른 이유이기도 하다.) 그래서 이러한 가능성을 무시하고 감정과 욕구 사이의 구분선이 투박하게 그어져서는 안 된다. 그럼에도 그러한 구분 자체는 여전히 의미 있다고 할 수 있다.

비애, 짜증, 내인성 우울증과 같은 기분과 감정을 구분하는 일은 보다 더 미묘하다. 우리가 도달하길 원하는 기준은 지향적 대상에 초점을 맞춘 상태와 그렇지 않은 상태를 구분하는 것이지만, 특정 사례의 경우에는 이러한 구분을 정확하게 적용하기 어렵다. 실제로 일부 감정은 극도로 애매한 대상을 가지고 있을 수 있다. 자신의 미래에 대해 일반화된 두려움을 갖거나 인생의 전망에 대해 일반화된 우울함을 느끼는 경우가 그렇다. 이것은 대상을 갖기 때문에 단순히 기분이라고 보기 어려우며, 분명 감정이라고 할 수 있다. 그래서 수반된 믿음을 변화시켜 감정 상태를 바꿀 수 있을 것이다. 그러나 구체적인 사례에서 대상이 없는지 아니면 애매하고 일반적인 대상을 갖는지를 식별하기란 쉽지 않을 것이다. 사람들이 빈번하게 자신의 감정 대상을 확인하지 못한다는 점을 인정하게 되면 문제는 더 어려워진다. 나는 방금 나에게 무례하게 대한 사람에게 화가 나 있다고 생각할 수 있다. 그러나 내 반응을 좀 더 체계적으로 들여다보면 내 분노의 강도는 다른 면을 드러내 보일 수도 있다. 나는 실제로 내 직업에 대해, 내 결혼에 대해, 아주 오래전에 당한 부당한 대우에 대해 널리 퍼져 있는 분노를 경험하고 있는 것이다.[40] 또한 나는 현재의 어떤 사람에게 사랑이나 질투를 느끼고 있지만, [그러한 감정은] 과거의 어떤 사람이 결정적으로 좌우할 수 있으며 많은 면에서 과거의 사람에 관한 것일 수도 있다. 내가 우울함을 느낄 때 이러한 우울함은 단순히 내생적이어서 주로 몸 안의 화학 작용에 의한 것인지, 아니면 내가 쉽게 포착할 수 없는 과거나 현재의 대상을 갖는 것인지는 쉽게 알 수 없다. 믿음에 의해 야기되는 우울함도 화학적 효과를 가질 수 있기에 어려움은 가중된다. 남아 있는 방법은 어떠한 형태의 치료가 효과를 보이는지 살펴보는 것이지만, 이것도 문제를 해결해 주지는 않는다. 증상을 완화시켜 주는 치료는 잠재해 있는 원인을 해소하지 않고도 좋은 효과를 낼 수도 있기 때문이다.[41] 그러나 어쨌든 우리가 추구하는 개념적 구분은 분명하다. 감정은 지향적 대상에 초점을 두며, 그러한 대상에 대한 평가적 믿음을 수반한다는 것이다.

3 감정과 평가, 그리고 도덕 교육

지금까지 우리는 감정이 평가를 수반한다고 말해 왔다. 이제 우리는 두 가지 다른 방식으로 이러한 사실을 알 수 있다. 첫째, 나의 주장처럼 감정은 그 안에 대상에 대한 평가를 담고 있다. 노먼이 느낀 두려움에는 죽음이 자신에게 일어날 수 있는 심각하게 나쁜 일이라는 평가가 담겨 있다. 또한 가족을 잃은 사람이 느끼는 슬픔에는 사랑하는 사람의 죽음은 자신에게 엄청난 상실감을 초래한다는 평가가, 페르시아인들에 대한 아테네인들의 분노에는 페르시아인들이 중요하고 끔찍한 손상을 안겨주었다는 평가가 내재되어 있다.

이것은 내가 앞에서 시사한 바와 같이 감정 자체가 평가될 수 있음을 의미한다. 우리는 믿음을 판단 근거로 해서 어떤 사람이 지닌 감정이 참인지 거짓인지, (이와는 별도로) 타당한지 그렇지 않은지 말할 수 있는 것이다. 더욱이 우리는 그러한 판단이 감정에 담긴 믿음을 구성하는 사실적 요소뿐 아니라 평가적 요소에 대해서도 내려질 수 있음을 알 수 있다. 가족을 잃은 사람의 슬픔을 예로 들어 보자. 이 사람의 감정을 평가하면서 나는 사랑하는 사람이 세상을 떠난 것이 '사실'인지, (이와는 별도로) 사망했다는 그녀의 믿음이 '타당한' 것인지, 즉 그녀의 믿음이 적절한 증거나 전거에 기초한 것인지 질문할 것이다. 그렇지만 다음과 같은 추가적인 질문을 던질 수도 있다. 사랑하는 사람의 죽음으로 안정을 잃고 흔들리는 것이 타당한가? 이러한 상실이 끔찍하고 엄청난 일이라고 생각하는 그녀의 시각은 타당한 것인가? 우리 대부분은 주저하지 않고 "물론 그렇다."라고 대답할 것이다. 반면 고대 그리스의 스토아학파는 "아니, 자신이 통제할 수 없는 것에 마음이 흔들리는 것은 올바르지 않다."라고 답했을 것이다. 요컨대, 그녀의 슬픔에 대한 평가는 일반적으로 우리가 올바르다고 여기는 규범과 가치에 대한 사고에 의존한다. 우리 대부분은 사랑하는 사람에게 큰 애착을 갖고, 그들의 죽음이 끔찍하다는 생각이 올바르다고 여긴다. 스토아학파는 의견을 달리하는데, 자신이 통제할 수 없는 사람과 사건에 애착을 갖는 것은 나약함과 결함을 의미하기 때문이다.

페르시아인에 대한 아테네인들의 분노에 대해 생각해 보자. 우리가 질문해야 하는 것의 하나는 페르시아인들이 실제로 그런 행위를 저질렀는지, 아테네인들은 사실에 대해 올바르게 판단하고 있었는지 하는 것이다. 그들이 잘못된 사실을 알고 있었다거나, 증거를 면밀히 검토할 시간을 갖지 않고 너무 성급하게 그러한 시각을 단정지었다면 아테네인들의 감정을 비판할 수 있을 것이다. 여기서 우리는 다른 종류의 질문을 던질 수도 있다. 페르시아인이 실제로 저질렀다고 알려진 나쁜 일이 무엇인지, 그것이 실제로 화낼 만한 것인지 하는 것이다. 페르시아인이 저지른 일은 아테네 식민지 중 하나에 주둔하고 있는 군대에 타격을 준 것이었다. 그렇다면 우리는 그러한 타격이 실제로 얼마나 치명적인 것이었는지, 그것이 얼마나 화낼 만한 일이었는지, 그것이 큰일(전쟁)을 벌일 만한 가치가 있는 일이었는지 질문해야 한다. 아마도 아테네의 지도자 중 적어도 한 명은 다소 무례하게 들릴 수도 있는 다음과 같은 말을 했을 것이다. 우리는 그것이 얼마나 큰일인지, 이성적인 사람들이 고무되고 분노해서 전쟁까지 치를 수 있는 그러한 일인지 우리 자신에게 질문해야 한다고 말이다.

사람들은 온갖 일을 걱정하고, 항상 자신이 걱정하는 것을 평가한다. 예를 들면, 우리는 교통 체증에 지나치게 화를 내는 사람은 비이성적으로 행동한다고 생각한다. 그런 사람에게는 "진정해요, 이건 그렇게 큰일이 아니에요."라고 말할 것이다. 세네카(BC4~AD65)*는 『화에 대하여』에서 [식사에 초대한] 주인이 자신을 식탁의 가장 명예로운 자리에 앉게 하지 않을 때 매우 화가 난다고 적고 있다.[42] 그러나 그는 이성적인 사람이라면 이를 가지고 화내서는 안 되며, 이러한 자신의 반응은 적절하지 않음을 알게 된다고 말한다. 두려움에 대해서도 비슷한 판단을 내릴 수 있다. 아리스토텔레스는 소리를 내는 쥐를 두려워하는 것은 이성적이지 않다고 말한

---

* 로마 시대의 스토아 철학자, 정치가, 극작가. 젊은 시절부터 웅변가로 명성을 날렸으며, 네로 황제의 스승과 자문관을 맡기도 했다. 네로의 과욕에 위협을 느끼자 관직에서 은퇴했으나, 역모를 의심받자 스스로 혈관을 끊고 자살했다.

다. 그럼에도 그때나 지금이나 대다수의 우리는 쥐를 무서워한다.[43] 아마 우리는 쥐를 무서워하는 친구를 비판하는 데 많은 시간을 쓰지는 않을 것이다. 그러나 종종 잘못된 두려움은 사회적으로 중요한 의미를 갖는다. 하이드파크를 산책할 때 자신을 향해 걸어오는 아프리카계 미국인* 남성을 목격할 때마다 두려움을 느끼는 동료가 있다고 하자. 나는 특정 인종의 모든 사람을 두려워하는 것이 이성적이지 않다는 사실을 그에게 납득시키고 싶다. 그럼 우선 나는 그러한 두려움이 아마도 여러 가지가 뒤섞여 있는 사실적 믿음을 반영하고 있음을 지적할 것이다. 그는 하이드파크에서 발생하는 범죄의 대부분을 아프리카계 미국인 남성이 저지른다는 사실과 하이드파크에 있는 아프리카계 미국인 다수가 범죄를 저지른다는 잘못된 시각을 혼동하고 있는 것이다. 다음으로 그의 감정은 아마도 (서문에서 밝힌 규범적 의미에서) 마찬가지로 인종에 대한 뿌리 깊은 비합리적 믿음을 반영하고 있다. 즉 흑인은 모두 공동체에 위협적인 존재이고, 나아가 범죄성은 흑인이라는 인종과 유전적 연관성이 있다는 믿음이다. 우리가 이러한 평가적 믿음을 '비합리적인' 또는 '비이성적인' 것이라고 말할 때 이 말은 근거가 없다는 뜻이다. 왜냐하면 이러한 믿음은 보다 자세하고 엄밀하게 살펴보면 잘못됐다는 점이 드러나는 부적절한 사고에 기반하고 있기 때문이다.

---

* '흑인'이라는 말에는 인종적 편견이 강하게 담겨 있기 때문에 너스바움은 이러한 편견을 드러내야 하는 곳에서만 '흑인'이라고 표현하고, 다른 부분에서는 '아프리카계 미국인'이라는 중립적 표현을 쓰고 있다.

지금까지는 문제를 너무 단순하게 풀어 왔다. 하지만 사람의 감정에 담긴 평가적 요소를 검토하려면 결국에는 사실적 믿음의 경우와 마찬가지로 진실과 타당성을 구분할 필요가 있다.[44] 예를 들면, 어떤 사람이 결함을 지닌 추론 과정을 통해 성급하게 또는 부주의하게 중요한 일에 대한 올바른 관점을 갖게 되었다면, 그러한 평가적 관점은 진실이지만 타당하지 않은(규범적 의미에서 '비합리적인') 것일 수도 있다. 반면 그녀가 신뢰할 만한 충분한 근거를 지닌 증거나 가르침에 기초해서 잘못된 관점을 형성하게 되었다면, 그러한 관점은 틀렸지만 타당할 수도 있다. 후자의 경우는 시간의 흐름에 따른 규범의 변화에 대해 생각할 때 중요한 함의를 가진다. 왜냐하면 우리는 일반적으로 자신이 속한 사회의 표준적인 규범을 수용하고 있을 때 그 사람을 이성적이라고 생각하기 때문이다. 어쨌든 법은 통상적으로 '이성적인 사람'과 '평균적인' 또는 '평범한' 사람을 동일시하는 경향이 있다. 그럼에도 우리 모두는 사회의 표준적인 규범에 잘못이 있을 수도 있다는 사실을 알고 있다. 여성과 다른 인종의 구성원들은 동등한 인간이 아니라고 판단하던 시기도 있었다. 오늘날 우리는 아마 이러한 판단이 틀렸다고 보는 관점을 지니고 있을 것이다. 어떠한 관점을 갖고 있는지 알기 어렵지만 말이다. 그리고 우리 자신에 대해 다소 관대하다면 다음과 같이 말할 수도 있을 것이다. 이성적이고 독립적이며 비판적으로 사고하는 사람이 되기 위해 성실하게 노력해 왔다면 우리가 규범적으로 잘못된 믿음을 갖는 것이 타당하지 않다고 단정할 수 없다는 것이다. 그래서 만약 고대 아테네 남성들이 여성을 열등하다고 생각했다면, 우리는 그의 관점이 틀렸지만 타당하다고 아니면 적어도 어느 정도는 타당하다고 판단할 수도 있다. 그렇지만 오늘날 미국에서 그런 믿음을 갖고 있다면 이것은 잘못되었을 뿐 아니라 타당하지도 않다.

평가적 믿음에 담긴 이러한 판단은 감정이 법에서 하는 역할의 중심을 이룬다. 또한 평가적 믿음이 아이들에 대한 도덕 교육 과정에 깊이 스며들어 있다는 사실을 깨닫게 되면 이것이 어떻게 더 나은 역할을 할 수 있는지 이해할 수 있다. 만약 감정이 믿음과 관련이 없고 전류처럼 분별이 담기지 않는 격앙에 불과한 것이라면, 부모나 교사는 행동 조건의 형성 과정을 통해서만 아이들의 감정에 영향을 줄 수 있을 것이다. 미로를 빠져나가는 방법을 쥐에게 가르치는 것처럼 어떠한 감정과 결부된 행동에 보상과 처벌을 통해 적절한 감정을 불러일으키고, 부적절한 감정을 누그러뜨리길 바라는 것이다.

적어도 아이가 일정한 나이에 이르게 되면 물론 부모들은 이런 식으로 가르치지 않는다. 아리스토텔레스가 말한 대중 연설가처럼 — [대중 연설가에 비해] 부모는 자신의 청중인 아이들에 대해 훨씬 많은 일상적인 지식을 가지고 있기는 하지만 — 부모는 [아이들이 지닌] 믿음에 영향을 주면서 감정을 형성한다. 만약 다른 아이가 자신의 장난감을 빼앗아 갔다고 아이가 몹시 화를 낸다면, 우리는 어느 선까지는 그러한 분노를 격려하면서 이것은 부당한 일이며, 부당한 일에 분노하는 것은 적절하다고 말할 것이다. '너무' 화내지 않고 어느 정도만 화를 내도록 하면서 말이다. 하지만 학교 비품인 장난감을 다른 아이가 번갈아 가며 가지고 놀자고 한다고 해서 화를 낸다면, 이것은 올바르지 않다고 말할 것이다. 이 장난감은 어쨌든 네 것이 아니고, 모든 아이가 함께 쓰는 것이기 때문에 다른 아이도 가지고 놀 권리가 있다고 말이다.

아이들이 커 감에 따라 우리는 감정과 연관된 상황에 대한 보다 정교한 평가를 가르친다. 우리는 낯선 사람이 웃으면서 차에 타라고 한다면 그러한 상황은 전혀 위험스러워 보이지 않지만 무서워해야 한다고 가르친다. 또한 무섭다고 여기지만 실제로 무섭지 않다고 가르칠 때도 있다. 예를 들어 일정한 나이가 되었는데도 어둠을 무서워한다면 이는 어리석은 일이며, 어둠 자체는 무서운 게 아니라고 알려 준다. 아이들은 자신과 피부색이 다른 사람에게 자연적인 두려움을 느끼지 않는다. 실제로 어른들이 그러한 사실을 각인시켜 주지 않으면 아이들은 피부색이 사람들의 두드러진 특징이라는 사실을 알아차리지 못한다.[45] 그러나 어떻게 하다 아이들이 검은 피부를 지닌 사람은 두렵다는 관점을 갖게 되었다면, 부모나 교사는 아이들에게 그러한 믿음이 근거가 없다는 사실을 말하고 이를 보여 주어야 할 것이다.

사회 내의 인종주의와 성차별을 해결하기 위한 방법을 고민하게 되면, 내가 기술한 아리스토텔레스적 방법으로 감정을 사고해야 하는 이유를 보다 잘 이해하게 된다. 왜냐하면 우리는 인종적 두려움과 증오를 억눌러서 막을 수 있는 비이성적인 충동으로 생각하지 않기 때문이다. 우리는 감정 속에는 [나름의] 근거가 있으며, 이러한 증오의 기반이 되는 사실과 가치와 관련한 잘못된 믿음을 없애면(더 좋게는 그러한 믿음을 습득하지 않으면) 사람들의 감정이 바뀔 것이라고 생각한다.

그러한 변화가 쉽다고 생각해서는 안 된다. 생애 초기에 학습된 믿음은 확고한 습관으로 자리 잡게 되기 때문에, 잘못 길들여진 습관을 버리려면 꾸준한 주의와 자기 변화의 노력이 필요하다. 자신이 대상을 보는 방식이 시대에 뒤떨어지고 문제가 있다는 사실을 알게 되면, 우리는 인식을 바꾸고 다른 사고방식을 지니려고 노력해야 한다.[46] 이러한 과정이 성공할 것이라는 보장은 없다. 왜냐하면 대부분의 사람들은 오랫동안 지속적으로 이를 고치려는 끈기와 결단을 갖고 있지 않기 때문이다. 특정 형태의 비이성적 감정 속에도 깊은 뿌리가 있을 수 있다. 서문에서 말한 두 명의 레즈비언 여성에게 총격을 가한 남성인 카는 자신의 어머니가 레즈비언이 되어 자신을 버렸던 유년 시절 초기에 레즈비언에 대한 증오를 가지게 되었다고 주장했다. 이러한 진술이 진실일 수도 그렇지 않을 수도 있지만, 때로는 일어날 수 있는 이야기다. 이 경우 가장 확고한 의지를 가지고 도덕적 자기 개선을 실천해 나가는 사람 — 카는 분명 이런 사람이 아니었다 — 이라고 해도 [깊이 뿌리 내린 감정을 변화시키기란] 쉽지 않다.[47] 그래서 믿음의 변화에 따라 감정이 변화된다는 관점을 지닌다고 해서 그러한 변화가 쉽고 빨리 이뤄질 것이라고 생각한다면 이는 어리석은 일이 될 것이다.[48]

게다가 인간 삶을 특징짓는 구조 자체가 비이성적 감정을 갖도록 하는 경향이 있다고 생각할 수도 있다. 바꿔 말하면, [삶 속에는] 이성적 감정을 가로막는 일정한 구조적 장애물이 놓여 있기 때문에, 적절한 감정을 성취하려는 몸부림은 모든 인간에게 힘겨운 투쟁이라는 것이다. 이것은 혐오와 수치심에 관해 이야기할 장들에서 내가 주장하려는 바다. 인간의 생애는 기묘하다. 우리는 사실상 다른 동물 종에 견줄 수 없는 육체적 무력한 상태로 유아기를 보내며, 도움 없이 자신의 육체적 필요를 충족시킬 수 있는 능력 면에서 보면 우리의 삶 전반에 걸쳐 비교적 무능력한 상태로 살아간다. 유아기와 유년기를 거치면서 정신과 지각을 통해 세상을 파악하는 능력은 성숙해지지만 우리 자신이 원하는 것을 얻을 수 있는 육체적 능력은 이에 부합할 만큼 성장하지 않으며, 오랜 시간 동안 타인에게 절대적으로 의존하며 지낸다. 게다가 다른 동물보다 훨씬 더 크게 우리의 한계를 인식하며, 일정한 나이가 되면 죽음이라는 사실을 인식하게 된다. 인간은 죽음을 두려워하고 걱정하며, 죽지 않기를 바란다. 이러한 모든 면에서 우리의 인생사는 그 안에 갈등과 모순을 내재한다. 우리가 인간의 유한성과 동물성을 부정할 수 있는 방법을 생각하는 것은 놀라운 일이 아니다. 우리가 느끼는 감정이 이러한 투쟁을 반영한다는 사실도 마찬가지다.

법은 '이성적인 사람'이 '평균적인 사람'과 일정 정도 동일하다는 가설을 가지고 운영되는 경향이 있지만, 나는 법에 대해 고찰하는 사상가들은 이러한 가정의 이면을 살피거나 이를 문제 삼는 것이 중요하다고 생각한다. 평균적인 사람도 한 사람의 인간인 이상 다양한 긴장과 모순을 드러내며, 규범적 측면에서 비이성적이기도 하다. 만약 우리가 어떠한 감정이 특별히 그러한 비이성적 특징을 담고 있을 가능성이 크다는 사실을 보여 줄 수 있다면, 우리는 회의적인 시각을 가지고 그러한 감정이 수행하는 법적 역할을 검토할 특별한 이유를 갖게 된다.

요약하면, 내가 옹호해 온 감정에 대한 아리스토텔레스적 관점(보통법 전통의 중심에 있는 관점)은 기본적으로 좋은 교육을 받으면 대부분의 사람들이 충분히 덕성 있고 이성적일 수 있다는 아리스토텔레스의 낙관적인 가정과 연결되지 않는다. 오히려 그것은 유아기와 유년기에 보다 풍부하고 정확한 시각과 결합할 수 있다. 이러한 시각은 일반적인 인간의 성장 과정에서 생기는 복잡한 모순과 긴장을 포착해 낸다. 그가 살았던 그리스 대부분의 남성들처럼 아리스토텔레스는 아이들에게 그다지 관심이 없었고, 아마 그들을 자세히 쳐다보지도 않았을 것이다.[49] 그러나 아이들을 자세히 살펴보면, 우리는 감정의 기원에 관한 일정한 사실을 배우게 된다. 이를 통해 우리는 최소한 일정 영역에서 감정에 담긴 지배적인 규범을 지나치게 떠받드는 법적 실천을 비판할 수 있을 것이다.

4 감정과 '이성적인 사람' : 과실치사와 정당방위

나는 우리의 법률 전통이 대체로 대단한 타당성과 직관력을 지닌 감정에 대한 관점을 가지고 작동하고 있다고 주장해 왔다.[50] 이러한 시각에 따르면 감정은 분별없는 정서적 격앙이 아니라 세상 속에서 일어나는 사건과 개인이 지닌 중요한 가치와 목적에 맞게 조율된 지적 반응이다.[51] 감정은 세상을 구성하는 항목에 대한 평가를 포함하고 있으며, 다른 사람들에 대한 평가를 유도한다. 이제 이러한 사고가 법률적 원리의 영역에 어떻게 배어 있는지 설명할 차례다.

4절에서는 범죄 혐의자들의 감정에 초점을 맞추려고 한다. 그렇지만 '이성적인 사람'이 지니는 감정이 일반적으로 형법의 기본적인 윤곽을 정당화하는 역할을 한다는 사실을 잊어서는 안 된다. 내가 제시한 감정에 대한 그림에서는 살인·강간 등과 같은 범죄가 인간에게 심각한 손상을 준다는 믿음과, 사람들이 이러한 범죄가 발생하는 것을 두려워하고 범죄가 발생했을 때 분노하며 이 범죄로 인해 다른 사람이 피해를 보았을 때 동정심을 느끼는 것이 타당하다고 보는 생각이 밀접한 논리적 관련성을 지닌다. 그래서 이러한 타당한 감정이 수행하는 역할 — 이런 역할이 강조되든 그렇지 않든 간에 — 을 전혀 언급하지 않으면서, 이러한 범죄가 법적으로 규제되어야 하는 이유를 설명하기란 어렵다.

충동적 과실치사(voluntary manslaughter)*에 대한 표준적인 법률적 원리는 살인 혐의로 기소된 피고인이 다음과 같은 사실을 입증할 수 있다면 과실치사로 감형을 받을 수 있다. 범죄 피해자의 도발에 대한 반응으로 살인이 발생해야 하며, 그러한 도발이 '충분해야' 하고, 피고인의 분노는 '이성적인 사람'의 분노이어야 하며, 살인이 충분한 '냉각 시간' 없이 '격정 상태'에서 일어나야 한다. 이러한 원리는 죄를 면책(exculpation)**시켜 주기보다는 경감시켜 준다. 충동적 과실치사와 정당방위를 구별하는 가장 타당한 근거는 과실치사의 경우, 당사자의 생명이 위협받고 있지 않았기 때문에 법에 도움을 청했어야 했다는 점이다. 그럼에도 불구하고 충동적 과실치사 원리는 이러한 범죄를 모의 살인보다 덜 나쁜 것으로 여기게 만드는 피고인의 상황과 감정에 관한 일정한 해석을 담고 있다. 이러한 차이를 만드는 것은 무엇인가?

앞에서 말했지만 피고인은 도발의 결과로 폭력 행위를 저질렀다는 점과 이러한 도발이 법적 요건을 충족시킨다는 점을 입증해야

---

* 사전에 죽이려는 의도 없이 이성적인 사람이 자신을 제어할 수 없을 만큼 감정적으로나 정신적으로 동요된 상황, 즉 격정 상태에서 충동적으로 저지른 살인을 말한다. 이러한 상황이 충분히 인정되면 모의 살인보다 형을 줄여 주는 것이 일반적이다.

** 범죄의 구성 요소는 존재하지만 형사적 책임은 부정되는 경우를 말한다. 정당방위, 강박(duress)과 같은 특수한 상황에서 위법성(actus reus)이 일어났기 때문에 그 책임이 부정될 수 있다고 보는 것이다. 국내 법률 용어로는 책임조각(責任阻却)이라고 하는데, 행위자가 적법행위를 할 것을 기대할 수 없는 '기대 불가능성'의 상황에서 일어난 형사상의 범죄에 대해서는 책임 비난을 받지 않는다.

한다. 또한 범죄 피해자가 도발을 일으켜야 한다. 그래서 충동적 과실치사 원리 하에서는 A가 B의 도발을 받아 C를 살해한 경우는 감형을 받을 수 없다.[52] 이 원리의 전형적인 사례는 B가 A에게 심각한 손상을 주는 행위를 저질렀을 때, A가 폭력으로 보복하는 경우다. 초기의 보통법 판례들은 '충분한' 도발을 법률 문제로 정의했다. [이 경우 폭력적인 반응을 유발하기에] 충분한 도발과 그렇지 않은 도발 사이의 차이가 매우 적을 수도 있다. 예를 들면, 얼굴을 때리는 것은 충분하지만 귀를 치는 것은 충분치 않으며,[53] 부인의 간통은 충분하지만 여자 친구의 간통은 그렇지 않다는 식이었다.[54]

현대의 판례들은 충분한 도발에 대한 정의를 확정해 놓기보다는 판사나 배심원의 결정에 맡겨 두고 있는 실정이다. 영향력 있는 판례에 따르면 그 이유는 충분한 도발에 대한 분석은 "[사건마다] 달라져야 하고, 발생하는 다양한 사건과 관련해 제시되는 거의 무한한 사실을 참조해야 하기 때문이다. 법을 통해 과거의 결정을 근거로 타당한 또는 충분한 도발을 구성하는 것으로 간주될 수 있는 모든 다양한 사실과 사실의 조합을 공정하게 목록화할 수는 없다."[55] 이러한 접근에 여전히 이견이 있고, 많은 사법 관할권에서 [충분한 도발을] 엄격하게 목록화하는 것을 선호하는 이유는 선동에 의해 편견을 갖게 되는 결과를 피하기 위해서다. 판사와 배심원에게 문제를 스스로 평가하도록 하는 것은 분명 타당해 보이지만, 그렇게 하도록 했을 때 그들이 불공평하고 일방적으로 평가할 수 있다는 우려를 불식시킬 수 있어야 한다.

그래서 사법권의 원리가 판사와 배심원에게 충분한 도발인지 아닌지에 관한 해석의 여지를 많이 허락하고 있는 경우에도 일부 도발은 법률 문제로 판결되어 왔다. 레즈비언들이 사랑을 나누고 있는 광경을 목격하고 엄청난 혐오감에 휩싸였다는 자신의 증언을 받아들여 달라는 카의 요구에 대한 펜실베이니아 주 [상급 법원] 판사의 판결이 이 경우에 해당된다. "[법은] 두 사람 간의 동성애가 불법적인 살인을…… 모의 살인에서 충동적 과실치사로 경감시켜 주기에 충분한 합법적인 도발이라고 인정하지 않는다."는 것이다. 재판부는 다음과 같이 결론 내리고 있다. "이성적인 사람은 그냥 지켜보는 것을 멈추고 그 자리를 떠났을 것이며, 연인들을 죽이지도 않았을 것이다."[56] 재판부의 판결문에는 그 여성들은 그가 있었던 곳에 있었고 레즈비언이었을 뿐 카를 도발하려는 어떠한 행위도 하지 않았다는 사실이 함축되어 있다. 그들은 그에게 위해를 가하거나 아무런 공격적 행위를 하지 않았다. 타당한 도발의 원리가 적용되려면 그러한 공격적 행위가 필수적인 것이다.

그래서 법은 피고인들에게 그들의 감정이 '실제로' 이성적인 사람이 가질 수 있는 감정이었는지(이것은 주관적이고 불확정적일 수밖에 없는 질문이다.) 입증할 것을 요구하지는 않지만, 그들이 처한 상황이 이성적인 사람에게 극도로 강한 분노나 이와 연관된 감정을 유발할 수 있는 상황이었는지 제시하도록 하고 있다. (또한 법은 피고인이 '일정하게' 강한 감정에 휩싸여 있었다는 사실을 보여 줄 것을 요구한다.) 타당한 도발을 입증하려면 피해자가 피고인에게 일정하게 공격적인 또는 유해한 행위(일정 수준의 심각성에 도달한 행위)를 가하려고 했다는 사실을 입증해야 한다. 이러한 요건의 밑바탕에는 아마 우리는 무자비한 살해를 조장하는 사회적 규범을 지지하지 않는다는 생각이 깔려 있을 것이다. 일반적으로 우리는 정당방위로 일어난 것 외에 어떠한 살인도 묵과하지 않는다. 이성적인 사람이라면 도발이 발생한 상황에서 실제로 법의 힘을 빌리지 않고 임의로 제재를 가하려고 하지 않을 것이라 여기는 것이다. 그러나 우리는 이성적인 사람이 자신이나 자신이 사랑하는 사람이 특정한 형태의 피해를 입었을 때 격노할 수 있다는 점을 공적으로나 법률적으로 인정해 주길 원한다. 그래서 그러한 상황에서 폭력 행위를 저지른 사람의 죄를 감해 주는 법률적 원리를 갖추고 있다. 살인 행위 자체가 정당화되는 것은 아니지만, 이러한 경우에 한해 보다 약한 처벌을 내릴 수 있다는 의미에서 부분적으로만 [그 죄를] 용서해 주는 것이다. 그 이유는 단순히 그 사람의 감정을 이해할 수 있기 때문이 아니라 그러한 감정 자체가 ─ 그 행위가 감정의 영향력 하에서 선택된 것이 아니라 하더라도 ─ 적절하다고 보기 때문이다.[57]

카의 소송을 담당한 판사가 그가 혐오를 느끼지 않았다거나, 그의 혐오가 극도로 강하지 않았다거나, 그러한 혐오가 살인을 부추겼다는 사실에 대해 언급하지 않고 있다는 사실에 주목할 필요가 있다. 대신 그는 살인이 이성적인 사람의 반응이 아니라고 말하고 있다. 혐오감을 느꼈든 그렇지 않든 이성적인 사람이라면 폭력으로 이어질 수 있는 감정에 그렇게 압도당하지 않았을 것이라는 견해다. 이런 식으로 법은 이성적인 사람에게 극단적인 감정을 유발할 수 있는 것과 그렇지 않은 것에 관한 하나의 모형을 갖고 있다. 이 장의 첫머리에 인용하고 있는 검찰 대 로건(People v. Logan) 판결은 이 점을 다음과 같이 말하고 있다. "사건의 정황이 평범한 이성적인 사람에게 격정을 불러일으키기에 충분했다고 배심원이 판단하지 않는다면 피고인이 격정에 휩싸여 있었다는 이유로 자신의 행위 기준을 세워 스스로의 행위를 정당화하거나 변명할 수는 없다."

이 장을 시작하면서 기술한 스몰의 사례도 비슷하다. 스몰은 자신이 일반 사람들보다 화를 잘 내는 성미라서 자신의 분노가 매우 강했다고 주장했다. 판사는 이러한 주장을 반박하지는 않았다. 대신 그는 사람들이 이런 조건에 있었다고 해서 법이 [무조건 그러한 행위를] 관대하게 대하지 않는다는 점을 밝히고 있다. 재판부는 스몰의 극단적인 감정이 "자제력이 부족하고, 자기 수양을 등한시해 온 결과이기 때문에 변명할 여지가 없다."라고 적고 있다.[58] 사소한 모욕에 도발되어 [범죄를 저지른] 사람에게 관대한 처분을 내리지 않는다는 것이다.[59]

[충동적 과실치사의] 원리가 적용되려면 충분한 '냉각 시간' 없이 '격정 상태에서' 살인이 저질러져야 한다는 요건은 어떻게 볼 수 있는가? 이것은 사법 당국이 감정을 일순간 이성을 마비시키는 제어할 수 없는 충동으로 간주하고 있다는 사실로 받아들일 수도 있다. 그러나 이것은 이 원리에 대한 올바른 이해가 아니다. 카와 스몰의 감정은 매우 강했을 수 있지만, 죄를 경감하는 근거가 되지는

못했다. 피고인이 극단적인 감정이 실제로 존재했었다는 사실을 입증한다고 해서 죄를 경감받는 것은 아니다. 중요한 것은 그러한 상황이 이성적인 사람이 극단적인 감정을 가질 수 있는 상황이었는가 하는 점이다. 그렇다면 피해자가 저지른 해로운 행위 때문에 피고인이 도발되기에 충분했고, 그의 분노가 이성적인 사람이 [그러한 상황에서 가질 수 있는] 감정이라 하더라도 상당 시간이 지난 후에 피고인이 피해자를 죽인다면 과실치사로 경감될 수 없는 이유는 무엇인가? 자신이 당한 잘못된 행위에 분노하는 것은 부적절하다고 볼 수 없으며, 이는 분명 시간이 흐른다고 해도 달라지지 않는다. 누군가 G의 아이를 방금 살해했다고 하자. G는 범죄 사실을 알게 된 직후 살인자를 찾아가 총으로 쏴 죽였다. 이 경우 [충동적 과실치사의] 원리에 따라 G는 죄를 경감받을 수 있을 것이다. 그러나 그녀가 3주가 지나 살인자를 추적해서 그를 살해했다면 죄를 경감받을 수 없다. 왜 그러한가? 이성적인 사람이라면 아마 자신의 남은 생애 내내 그 살인자에 대해 극도의 분노를 느끼며 지낼 게 분명한데 말이다.

이 질문에 대답하기 위해서는 감정뿐 아니라 다른 고려 사항과 감정의 관련성에 대해 사고해야 한다. 나는 앞에서 이 원리는 죄를 경감시켜 주는 것이지, 완전히 면책하는 것은 아니라고 말한 바 있다. 법을 거치지 않고 개인적으로 처벌하는 것은 결코 올바르지 않기 때문이다. 이러한 의미에서 G의 '분노'는 이성적인 사람이 가질 수 있는 것이지만, 그녀가 모든 면에서 이성적인 사람이라고 볼 수는 없다. 이성적인 사람은 법에 대한 존중, 예상되는 살인에 대한 죄책감, 처벌의 두려움과 같은 다른 사고와 감정을 가질 수 있기 때문이다. 많은 상황에서 이러한 다른 사고와 감정은 G가 살인자를 죽이지 않도록 끼어들 것이며, 그녀는 대신 경찰을 부를 것이다. 살인자를 발견한 직후의 당황스럽고 가슴이 요동치는 순간에 그녀가 자신이 할 일을 똑바로 알지 못하고, 자신을 억제해야 하는 이유를 깨닫지 못했다는 점에 대해서는 용서해 줄 수 있다. 그러나 우리는 잠시 후에는 그 사람이 큰 그림을 생각하고, 하나의 감정에 사로잡혀 자신이 사회에 속해 있다는 사실을 망각하지 않기를 기대한다. 그래서 나는 이 원리가 가장 적절하게 이해되고 있다고 생각한다.[60]

정당방위는 다르다. 정당방위로 인한 살인에 대해 우리는 잘못 행동했다고 느끼지 않는다. 왜냐하면 생명의 위협(또는 심각한 신체적 상해의 위협)이 닥쳤을 때에는 살인할 권리가 있기 때문이다. 그래서 정당방위는 완전한 면책 대상이 된다. 그러나 정당방위 원리도 이성적인 사람이 자신의 생명이나 안전에 두려움을 느낄 수 있는 상황에 신중한 제한을 두고 있다. 윌리엄 블랙스톤(William Blackstone, 1723~1780)*이 "정당방위에 관한 법은 불가피성에 관한 법"이라고 지적한 것처럼, 이러한 권리는 불가피한 경우에만 시작되고, 불가피한 지점까지만 연장된다. 이 원리에 대한 현대적 개요를 인용하면 다음과 같다.

---

* 영국의 법학자. 1753년 옥스퍼드 대학에서 영국법 강의를 시작한 것이 영국법 교육의 시작으로 최초의 영국법 교수다.

피고인에게 치명적인 무력이 사용될 것이라는 실질적인 또는 명백한 위협이 있어야 하며, 그러한 위협은 불법적이고 바로 당면한 것이어야 한다. [또한] 피고인은 자신이 임박한 죽음 또는 심각한 신체적 상해의 위험에 처해 있으며, 자신의 반응은 이로부터 자신을 구하기 위한 불가피한 것이었다고 여겨야 한다. 이러한 믿음은 실제로 존재해야 할 뿐 아니라 주변 여건을 통해서 볼 때에도 객관적으로 타당해야 한다. 이러한 요소가 동시에 발생한다면 [정당방위 원리가 성립하기에] 충분할 것이다.[61]

이 원리의 초기 단계에서부터 이러한 제한의 중요성은 강조되었다.

이와 같은 당연한 방어의 권리 속에 공격할 권리가 수반되어 있는 것은 아니다. 과거의 상해나 임박한 상해를 이유로 서로를 공격하기보다는 적절한 정의의 법정에 의거할 필요가 있기 때문이다. 그러므로 예방적 방위의 권리를 합법적으로 행사할 수는 없다. 단, 법의 도움을 기다리다가는 분명하고 즉각적인 고통을 겪을 수 있는 예기치 못한 폭력적인 사건은 예외로 한다. 이런 이유 때문에 정당방위를 근거로 살인을 면책받기 위해서는 살해한 사람이 살해당한 사람에게서 도망칠 수 있는 다른 가능한 수단이 전혀 없었다는 사실이 드러나야 한다.[62]

이러한 논의들의 일부(예를 들면 노먼의 사례)는 죽음이나 위해에 대한 피고인의 타당한 '두려움'을 언급하고, 다른 일부는 단순히 자신이 죽음이나 심각한 신체적 위해에 직면할 수 있다는 타당한 '믿음'을 말한다.[63] 우리의 분석은 믿음이 두려움을 구성하는 한 요소이고, 법률적 목적과 관련되어 있는 것으로 보기 때문에 이 두 가지가 쉽게 치환된다는 사실은 놀랍지 않다. (이러한 사례에서 중요한 역할을 하는 두려움 속에 담긴 또 다른 믿음은 자신의 생명이 정말 중요하다는 믿음이다. 이러한 믿음은 완전히 당연하게 여겨지고, 이것의 타당성은 전체 원리의 바탕이 된다.)

정당방위 원리에 대한 일반적인 시각은 자신의 생명이나 신체적 안전에 대한 강한 두려움 자체만으로는 치명적인 무력의 사용을 정당화하기에는 불충분하다는 것이다. 추가적으로 그러한 두려움이 타당해야 하고, 그 상황에 대한 타당한 믿음에 기초해야 한다. 우리는 여기서 진실성이 아닌 타당성이 적절한 범주라는 사실을 쉽게 알 수 있다. 침입자가 총을 들고 나를 위협한다면, 그 총이 장난감 총이 아니고 실탄이 장전되어 있다고 생각하는 것은 일반적으로 타당하다. 얼마의 시간이 흐른 후 그 총이 장난감 총이었고, 장전되지 않았다는 사실이 밝혀진다고 해도 말이다. 나의 믿음이 거짓으로 드러날 수도 있지만, 나는 정당방위로 항변할 수 있는 것이다.

타당성이라는 기준을 어떻게 보다 자세하게 정의할 수 있는지에 관한 많은 질문이 있다. 예를 들면, 그 믿음은 누구든 타당하다고 여길 수 있는 것이어야 하는가? 아니면 당사자의 인생사와 경험에 비추어 타당한 것이어야 하는가? 이 문제는 뉴욕 지하철에서 네 명의 청년 중 한두 명이 자신에게 다가와 5달러를 요구하자, 그들 네 명에게 총을 쏴 부상을 입힌 후 살인미수로 재판에 회부된 고츠(Bernard Goetz) 사건에서 논쟁된 사안이다.[64] 버나드 고츠는 생명이 위험에 처했다는 자신의 믿음은 과거에 폭행을 당했던 특별한 개인사에서 보면 타당했다고 주장했다. 이러한 주장은 뉴욕 주 항소법원에서 기각되었다. 재판부는 타당성의 기준은 객관적이어야지 주관적일 수 없으며, 개인사를 통해 보면 이러한 믿음이 진실일지 모르지만 그렇다고 해서 이러한 사실이 반드시 타당성의 기준을 충족시키는 것은 아니라고 판단했다.[65] 질문은 또한 다양한 법률적 전거가 서로 다르게 그 기준을 정립하고 있기 때문에 생기기도 한다. 예를 들면 모범형 법전(Model Penal Code)*은 '타당한'이라는 중요한 단어를 생략하고 이 원리를 재정립하고 있다. 과실로 이루어진 믿음으로 살인을 저지른 피고인은 [일급 살인보다 낮은] 과실치사죄를 선고받을 수 있다는 규정이다. 뉴욕 주는 모범형 법전의 일반적 접근을 따르지만 관련 법령에 '타당한'이라는 말을 다시 집어넣었다. 어찌 됐든 이러한 전통은 피고인의 두려움과 이러한 두려움의 밑바탕이 되는 믿음이 지니는 타당성에 대한 평가를 수반하는 것으로

---

* 미국 주(state) 형법의 기본 틀을 합리화하고 통합시킨 포괄적인 모델 법률안이다. 수년간 미국법학회(American Law Institute)가 진행한 연구를 토대로 하여 1962년에 발표되었다. 이론적 토대, 전반적인 접근 양식, 정확한 용어 등의 모델로 이후 시행된 많은 형법에 기본적 틀을 제공했다.

남아 있다.

　다시 말하지만 정당방위 원리는 자신의 생명이 중요하며, 생명을 지키는 데 큰 관심을 갖는 것이 정당하다는 가정을 담고 있다. 그러나 정당방위 원리에 내재된 평가는 실제로는 훨씬 복잡하다. 생명의 위협을 느끼는 경우에만 정당방위가 성립되는 것은 아니기 때문이다. 우리가 살펴본 것처럼 일반적으로 정당방위에는 심각한 신체적 상해도 포함된다. 여기에 방어를 위해 피고인의 무력 사용이 용납될 수 있는 다른 중요한 항목도 있다. 일부 사법 관할권에서는 강간, 심지어 절도를 피하기 위해 치명적인 무력을 사용한 경우에도 정당방위를 내세울 수 있다.[66] 그러한 법령들은 암묵적으로 신체적 보전과 재산권도 중요한 재화이기 때문에 이를 지키기 위해 싸우는 것이 타당하다고 본다. 또한 [정당한 무력 행사로] 돌아서거나 싸우기 전에 도주나 도피를 의무로 규정하고 있는 관할권도 있고 그러지 않는 경우도 있다. 이러한 규정을 거부하는 사법 관할권의 경우는 19세기 식의 명예 개념에 그 뿌리를 두고 있다. "진정한 남자에게…… 자신의 생명을 빼앗거나 엄청난 신체적 상해를 주려는 악의를 가지고 갑작스럽게 폭력을 행사하는 습격자로부터 도망치도록"[67] 요구하는 것은 품위를 떨어뜨리는 일이라는 것이다. 이처럼 명예를 숭상하는 내용을 담고 있는 [정당방위 법령들이] 비난의 대상이 되어왔음에도 불구하고, 여전히 많은 사법관할권에서는 이러한 상황에서 [도망칠 때 생길 수 있는] 불명예를 걱정하는 것이 바람직하다고 평가하고 있다.[68] 자신의 집에서 습격을 받았을 때에는 도망치면 안 된다는 널리 퍼진 생각도 명예와 ['진정한 남성'으로서의] 정체성이라는 비슷한 사고를 반영한다. 남자가 "자신의 집에서 도망치는 것"은 수치스러운 행위*라는 것이다.[69] 마지막으로 다른 사람에게 생명의 위협이나 상해가 가해지는 것을 막기 위해 개입하는 경우에도 정당방위를 항변할 수 있다. 그렇지만 이러한 면책을 받기 위해 그 사람이 정확히 어떤 믿음을 갖고 있어야 하는지에 대해서는 주에 따라 의견이 갈린다. 일부 주에서는 어떤 사람이 희생자가 될 것이라는 피고인의 생각과 그 사람을 구하기 위해서는 공격할 수밖에 없다는 생각이 모두 타당하다면 무죄가 될 수 있다고 본다. 반면 다른 주들은 피고인이 대신해서 개입한 사람이 실제로 치명적인 무력을 사용할 권리를 가지고 있었던 상황이어야 한다는 보다 강한 요건을 두고 있다.[70] 그래서 이러한 원리들은 또한 우리가 지키려고 하는 관계와 [피해자를] 구하려는 사람이 지녀야 할 신중함의 형태에 관한 사회적 규범을 수반하고 있다고 볼 수 있다.

이제 노먼의 사례로 다시 돌아와 보자. 학대를 받아 온 여성들은 학대를 가한 남편을 살해한 행위를 정당방위 행위로 표현하려고

---

* 영국의 보통법 체계 하에서는 정당방위 원리를 적용할 때 공공장소와 집을 구분한다. 공공장소에서 일어난 위협 행위에 대해서는 반드시 도피의 의무가 존재한다. 반면, 자신의 집을 방어하기 위해 치명적인 무력을 사용하는 행위는 도피의 의무가 적용되지 않는다. 집을 침략자에 대항하는 남성의 성(城)으로 가정했기 때문이다. 미국에서는 다수의 주 법원에서 정당방위 원리를 공공장소에서도 도피의 의무가 없는 '진정한 남성'의 권리로 해석해 왔다. 석지영, 김하나 옮김, 『법의 재발견(At Home in the Law)』(서울: W미디어, 2011) 3장 참조.

한동안 노력해 왔다. 문제는 일시적이나마 피해자가 여성의 생명에 직접적인 위협을 부과하지 않는 순간에 살해 행위가 발생한 경우다. 무엇보다 이것이 일반적인 사례가 아니라는 사실을 짚고 넘어가고 싶다. 이것이 일반적이라는 생각은 언론이 만들어 낸 것일 뿐이다. 그러한 사례에 대한 가장 최근의 조사를 보면 학대받는 여성이 자신의 배우자를 살해한 경우의 80퍼센트는 직접적인 위협이 있는 경우에 발생했다.[71] 그래서 전통적인 정당방위 원리는 그러한 사례의 다수에 적절하게 적용될 수 있다. 그렇지만 남아 있는 사례역시 중요하다. 최근의 법률적 논의들은 이러한 사례들을 적절하게 다루기 위해 정당방위 원리를 두고 고민해 왔다. 학대하는 남편에 대한 두려움 속에서 사는 여성(일반적으로 물리적 힘이 훨씬 약한)이 배우자가 잠들어 있거나 한눈팔고 있는 경우에만 무사히 자신을 방어할 수 있다고 생각하는 것은 분명 있을 수 있으며, 그러한 믿음은 매우 타당해 보인다. 그러나 잠들어 있는 남편을 살해한 것이 정당방위라는 생각은 이 전통의 제한된 범위에는 부합되지 않는다. 다른 이슈는 도망칠 수 없었는가에 관한 것이다. 사법 당국은 실제로 남편이 잠들어 있었고, 집 밖으로 나갈 수 있었다면 학대받는 여성이 도망칠 수 없었다고 말하는 것은 매우 이상하다고 여긴다. 노먼은 집을 나와 아이를 다른 곳에 맡기고 집으로 돌아와 남편을 살해했던 것이다.

이러한 이유 때문에 재판부는 학대받아 온 여성이 정당방위에 호소하는 것을 받아들이지 않았다. 노먼 사건이 일어나기 얼마 전

캔자스 주 대법원은 잠들어 있는 남편을 쏜 노먼과 비슷한 사건에 대해 배심원에게 정당방위를 설시하는 것은 잘못이라고 결정한 바 있었다.

> 배심원에게 정당방위를 설시하기 위해서는 가해자의 명백한 행위가 수반된 임박한 위협 또는 당면 상황이 일정 정도 드러나야 한다. 피고인이 오랫동안 가정 학대를 겪어 왔고, 피해자가 학대를 해 온 사람이라 해도 이러한 요건의 예외가 되지는 않는다. 그러한 경우 쟁점은 피고인이 학대자를 살해하는 것이 그와 연관된 과거 또는 미래의 문제에 대한 해결책이라고 생각했는가의 여부가 아니다. 오히려 살인을 둘러싼 여건이 피고인에게 치명적인 무력이 꼭 필요하다는 타당한 믿음을 불러일으키기에 충분했는가의 여부다. …… 그러한 정황상 학대받는 여성이 잠들어 있는 남편한테서 임박한 생명의 위협을 느끼고 두려워하는 것은 타당하지 않다.[72]

마찬가지로 판사는 노먼의 행위가 자신의 생명이 임박한 위험에 처해 있다는 타당한 믿음에 근거했다고 보기 어려웠다. 그녀는 집을 나왔고, 실제로 집 밖을 서성거렸으며 그녀는 남편이 잠들어 있을 때 살해했다는 것이다.

이러한 사례들은 정당방위 원리가 주로 다른 남성의 폭력적인 위협을 받고 있는 남성이 처한 상황을 다루기 위해 만들어졌기 때문에 학대받는 여성의 상황이나 여건을 구제하는 데에는 매우 부적합하다는 사실을 시사한다.* 실제로 그녀는 남편의 손아귀에서 벗어나 살아갈 수 있다는 타당한 희망이 전혀 없을 수 있다. 도망친다면 남편이 쫓아올 가능성이 크고, 남편의 곁을 떠나면 일반적으로 생계가 불가능한 경우도 있다. 또한 그녀는 자신이 도망치면 자녀의 안전에 두려움을 느낄 수도 있을 것이다. 학대받는 여성들을 연구한 전문가들은 그러한 여성들의 감정 상태에 관한 심리 분석을 내놓고 있다. 항상적으로 학대를 당할 수 있는 상황에 놓인 여성들은 감정적으로 소진되고 무력한 상태가 된다는 것이다.[73] 주 검찰이 학대받는 여성에 대한 전문가의 심리학적 증언을 완전히 배제한 1980년대의 한 소송에서 뉴저지 주 대법원은 피고인에 대한 유죄 판결을 번복했다. 자신의 생명이 위험에 처해 있었다는 그녀의 믿음이 객관적으로 타당하다는 사실을 입증한 증언이 유효하다고 재판부가 받아들인 것이다.[74] 그러나 법의 이러한 영역은 여전히 논쟁거리가 되고 있다. 노먼의 소송에서 재판부의 견해가 나뉘었다는 사실은 이러한 상황에서 타당성 기준이 어떻게 이해되어야 하는가

---

* 가정 폭력에 시달리던 여성들이 남편을 살해한 사건에 대해 정당방위 항변을 주장하는 경우 두 가지 해석이 가능하다. 하나는 동거자를 침략자로 보는 것이다. 그렇게 되면 집 안에서 여성이 도망칠 필요 없이 가해자를 죽일 수 있는 권리를 갖게 된다. 다른 하나는 그녀가 도망칠 수 있는 능력을 갖고 있지 않았다는 점을 강조하는 방법이다. 이때 집을 바라보는 시각은 '남성의 성(城)'에서 '여성이 남성에게 종속된 감옥'으로 전환된다. 법적 페미니즘이 후자의 입장을 취하는 반면, 2005년부터 미국 전역으로 확장되고 있는 정당방위 관련 법 조항은 전자의 입장을 취하고 있다. 이와 관련한 자세한 설명은 『법의 재발견』 3장 참조.

에 관한 논쟁의 깊이를 보여 준다고 하겠다. 그사이 정당방위 원리에 대한 공식적 요건이 충족되지 않은 사례의 경우에도 피고인에게 배심원들이 무죄를 선고하는 경우가 점차 늘어나고 있다.[75]

5 감정과 변화하는 사회 규범

키스 피콕(Keith Peacock)은 어느 날 저녁 집에 돌아와 보니 자신의 아내가 다른 남자와 사랑을 나누고 있는 것을 목격했다. 그는 총을 쐈고 아내는 몇 시간 후에 사망했다. 충동적 과실치사죄를 항변한 피콕에 대해 로버트 케이힐(Robert Cahill) 판사는 외부 통근을 할 수 있는 18개월 금고형을 선고했다. 이 판사는 "행복하게 결혼한 사람이 배우자를 부양하기 위해 밖에서 일하고 있는 동안 개인적 삶에서 배신을 당한 경우보다 더 크게 통제할 수 없는 격노"를 일으킬 수 있는 것은 상상할 수 없을 것이라고 말하며 그에 대한 공감을 표시했다.[76] 계속해서 그는 이런 상황에서 "결혼 4, 5년차 남편 중 얼마나 많은 사람이 일정한 신체적 응징을 가하지 않고 [집 밖으로] 걸어 나갈 힘이 있을지 진정 궁금합니다."라고 말한다.[77]

이 이야기에서 유일하게 놀랄 만한 일은 누구나 이 사실을 놀랄 만한 일로 봤다는 점이다. 수세기 동안 간통은 정부나 부정한 배우자에 대한 살인죄를 충동적 과실치사로 경감해 줄 수 있는 충분한 도발로 간주되어 왔다. 또한 수세기에 걸쳐 이 죄를 선고받은 남성들은 관대한 형벌을 받아 왔다. 그러나 케이힐 판사의 선고와 말은 폭발적인 논쟁을 일으켰다. 신문은 비판적 사설을 내보냈고, 시위자들은 케이힐 판사의 퇴진을 요구하며 법원 앞에서 피켓 시위를 벌였다. 이후 공식적인 징계 절차도 시작되었다.[78]

법으로 확립되어 있는 사실 — 배우자의 부정은 이성적인 사람이 살인을 할 수 있을 만큼의 격노를 일으킬 수 있다 — 은 지금도 논쟁되고 있다. 1973년까지 아내의 정부를 살해한 텍사스 사람들은 법 규정에 따라 완전히 그 죄를 면죄 받았다.[79] 이 법이 폐지될 당시 이 법령은 "흘러간 개척 시대의 생각을 담은 시대착오"로 여겨졌으며, "주[정부]를 법적 놀림거리"로 만들었다.[80] 살인죄를 완전히 면해 주기보다는 경감해 줌으로써 관대함을 표현했던 주들도 케이힐 판사에 대한 대중적 비판이 나타내는 것처럼 비슷한 변화를 경험했다.

생각건대 대중이 배신을 당한 남편이 진정으로 크게 격노했다는 사실에 의문을 제기하고 있는 것은 아니다. 오히려 사람들은 이러한 감정이 타당하며, 이성적인 사람에게 생길 수 있는 것이라는 판단에 반대하고 있다고 할 수 있다. 왜냐하면 감정은 평가를 수반하고, 그러한 감정에 대한 평가는 사회의 규범을 반영하게 되기 때문이다. 한 사회에서 어떠한 두려움과 분노가 타당하게 여겨져야 하는지, 이성적 사람이 그러한 상황에서 가질 수 있는 감정은 무엇인지 질문된다면, 이는 암묵적으로 어떠한 감정을 깊이 존중하는 것이 타당한지 묻고 있는 것이다. 이러한 질문에 대한 대답은 일반적으로 지배적인 규범 기준의 측면에서 제시된다. 따라서 사회 규범이 변함에 따라 규범적 평가도 달라지기 마련이다. 오늘날에도 배우자의 부정은 심각한 도덕적 잘못이며 분노하는 것이 당연한 일이라고 여겨지지만, 전통적 원리, 즉 간통은 "남성의 소유권에 대한 가장 큰 침범"[81]이라는 생각을 옹호하면서 일반적으로 주장한 바를 역설하는 사람은 거의 없다. (이러한 변화는 간통을 형사범죄로 판단하는 것이 적절한지에 관한 시각의 변화와 밀접한 관련이 있을 수 있다는 점에 주목할 필요가 있다.[82]) 자신의 배우자의 정절에 대해 신경 쓰는 것은 타당하지만, 살인을 저지른 남편이 행한 '방식'은 타당하지 않다는 게 아마 현재의 시각일 것이다. 분노는 타당하다고 보지만, 살인을 가져오는 분노는 그렇지 않다는 것이다. 그의 관점에서는 얼마나 불행한 일인지 모르겠으나, 살인을 저지른 사람은 아내를 자유로운 선택을 할 수 있는 사람이 아니라 자신이 통제하고 있는 재산의 일부분으로 여기고 있기 때문이다.

질투심에 사로잡힌 남편의 사례를 통해 결혼을 새롭게 이해하게 되면서 시대에 뒤처진 타당성 기준을 적용하는 바탕이 된 남성 권위와 통제에 관한 규범이 변화되어 왔음을 볼 수 있다. 가정 폭력의 영역에서도 비슷한 변화가 진행되고 있다. 우리가 살펴본 것처럼 정당방위 원리는 남성들이 직면할 수 있는 흔한 상황(자신의 생명이 적이나 침입자에 의해 긴박하게 위협받는 상황)을 다루기 위해 만들어졌다. (물론 여성들도 때론 비슷한 위험에 직면하기는 했지만, '진정한 남자'에 대한 언급과 남자를 주택 소유주로 보는 생각은 위협받는 남성이 표준적인 사례로 간주되었음을 보여 준다.) 이러한 전형적인 시나리오에서는 생명의 위협이 임박해 있음을 주장할 좋은 근거가 된다. 그렇지만 사법 당국들은 [정당방위 원리가] 자신이 완전히 면책받을 것이라는 믿음을 심어 줘서 사람들이 몇 시간 후 적을 찾아내 살인을 저지르길 원치 않는다. 그래서 그러한 살인은 충동적 과실치사로 경감될 수 있을지는 몰라도 결코 정당방위로 항변될 수는 없을 것이다. 이것은 논리적으로 완벽해 보인다.

그러나 오늘날 우리는 이전 세대들보다 가정 폭력을 더 잘 이해하고 있고, 가정 폭력을 엄청나게 중요한 사회문제로 보고, 이것에 초점을 맞추고 있다. 이 문제에 대한 연구는 여성이 자신이 처한 입장을 치명적인 무력을 사용하는 것 외에는 피할 도리가 없는 상태로 믿을 수 있음을 시사한다. 그녀의 남편이 잠들어 있거나 아니면 어떤 특정한 순간에 무기로 그녀를 위협하지 않고 있다 하더라도 말이다. (이러한 믿음의 타당성은 배우자가 떠난 후에도 학대하던 남편들이 종종 추적해서 그들에게 폭력을 가한다는 증거에 의해서도 뒷받침된다.) 이러한 이슈들은 여전히 격렬히 논쟁되고 있는 사안이다. 예를 들면, 어떤 사람은 노먼과 같은 입장에 처한 여성들이 받은 학대는 충분한 도발이라고 볼 수 있기 때문에 정당방위로 완전히 면책받지는 않더라도 충동적 과실치사로 경감받을 수는 있다고 그럴듯하게 생각할지도 모른다. 이처럼 어려운 이슈들은 오랜 시간에 걸쳐 풀어 나가야 한다. 그러나 [가정 내에서 일어나는] 생명, 신체적 보전, 존엄에 대한 위협이 가정 폭력 문제로 제기되면서 우리의 시야에서 눈에 띄게 증가해 왔고, 사회가 이전보다 이러한 문제에 훨씬 더 많은 중요성을 부여하고 있다는 사실은 분명해 보인다. 우리는 가정 학대가 가져오는 해악에 대해 보다 잘 이해하고 있고, 어떠한 의미에서든 더 이상 여성을 남편의 부수적인 존재로 생각하지 않는다. 이러한 규범의 변화는 학대받는 여성이 지니는 분노와 두려움에 대한 평가를 바꾸고 있다.

6 타당한 공감: 양형 선고 과정에서의 동정심

앞에서는 형사 피고인이 지니는 감정에 초점을 맞춰, 분노와 두려움이 범죄로 추정되는 행위를 평가하는 과정에서 중요한 역할을 하고 있다고 주장했다. 그러한 감정에 전혀 오류가 없는 것은 아니다. 그래서 이 원리 자체는 이러한 감정이 다양한 면에서 부적절할 수 있다고 주장하지만, 사실에 대한 정확한 평가와 중요한 가치에 대한 이성적인 설명에 기반하는 경우에는 '타당할' 수도 있다고 여긴다. 이러한 감정이 타당할 때에는 죄를 경감해 주거나 정당방위의 경우와 같이 폭력적 행위에 대한 완전한 면책을 줄 수도 있다는 것이다. 형사 판결 과정에서 감정이 이와 같은 역할을 하고 있는 이유는 이러한 감정은 심각한 위해나 손상에 대한 반응이며, 위해와 손상은 법률로 적절히 규제해야 하는 영역이라는 일반적 합의가 존재하기 때문이다. 앞서 말했듯이 이러한 판단은 일반적으로 대중의 감정에 대한 일련의 판단과 밀접하게 관련되어 있다. 시민들은 특정한 종류의 손상에 대해 두려움과 분노를 느끼는 것을 일반적으로 타당하다고 보는 것이다. 이러한 생각은 형법을 정당화하는 과정에 깊숙이 내재되어 있다.

다음은 관찰자가 갖는 감정에 대해 살펴볼 차례다. 이를 위해 형사범에 대한 양형 선고 과정에서 동정심이 하는 역할을 검토해 보도록 하자. 양형 선고 과정에서 동정심이 역할을 '할 수 있다'는 사실은 자명해 보인다. 특별한 개인사 — 예를 들면 유년기의 성적 학대와 같은 — 로 인해 개인이 불안정한 성격을 갖게 되었다면 그 사람이 저지른 범죄는 보다 잘 이해될 수 있고, 이러한 점에서 [범죄를] 보다 덜 흉악한 것으로 볼 수 있기 때문에 이 당시 피고인의 삶을 고려해서 형벌을 조절하는 것은 당연하다고 할 수 있다. 오늘날에는 정신 이상 기준을 매우 엄격하게 적용하고 있기 때문에 한정 책임 능력(diminished capacity 또는 diminished responsibility)*을 항변할 수는 없겠지만 말이다. 널리 공론화된 사례에 대해 대중이 비공식적으로 평가하거나, 판사나 배심원들이 실제로 심의하는 과정에서 이러한 판단은 일상적으로 이뤄지고 있다. 예를 들면 오랫동안 자녀들을 성적으로 학대한 후에 살해한 여성인 수전 스미스(Susan Smith)는 일급 살인죄로 유죄 판결을 받았지만, 사형이 아닌 무기징역을 선고받았다. 이 판단은 개인사를 고려해서 양형 선고 과정에

---

* 정신장애로 인한 판단력 감퇴 상태를 말하며, 감형 대상이 된다.

서 일정 정도 관대함을 보여 주길 원했던 광범위한 대중적 감정을 반영한 것이었다.[83]

그러나 제기할 필요가 있는 질문은 동정심이 이러한 역할을 하는 것이 우리의 법률 전통에서 타당하고 적절한 것으로 간주될 수 있는가다. 이러한 역할에 반대하는 주장은 쉽게 생각할 수 있다. 사람들의 공감은 예측할 수 없고 일정하지 않으며, 사건에 앞서 특정 형태의 피고인에게 불리하고 다른 피고인에게는 유리한 편견을 갖고 있어서 피고인에 관한 얘기를 들을 때 영향을 받을 수 있다는 것이다. 그러나 이러한 위험에도 불구하고 영미의 오랜 형법 전통에서는 타당한 분노와 두려움이라는 법 개념과 유사하게 '제한된' 또는 타당한 동정심이라는 개념을 통해 양형 선고 과정에서 동정심이 차지하는 자리를 인정해 왔다.

이러한 전통을 검토하기 전에 동정심 자체에 대해 좀 더 얘기할 필요가 있다.[84] 우리가 살펴본 다른 감정처럼 동정심은 사고를 수반한다. 아리스토텔레스로부터 이어진 이 감정에 대한 표준적인 분석은 동정심이 생기기 위해서는 다른 사람이 심각하게 좋지 못한 일을 겪고 있다는 사고가 필요하다는 점을 강조한다. 이 감정 자체에는 다른 사람의 곤경이 심각하다는 평가가 담겨 있다. 아리스토텔레스는 이 감정이 '크기'를 갖는다고 표현했다. '크기'에 대한 판단은 고통을 겪고 있는 당사자의 평가를 반영할 수도 있지만 항상 그런 것만은 아니다. 우리는 그러한 곤경으로 인해 의식을 잃거나 정신적 손상을 입어서 자신이 겪은 손실의 심각성을 파악할 수 없는 사람에게도 큰 동정심을 갖기 때문이다. 우리는 또한 실제로 그렇게 나쁘지 않은 일에 한탄하고 신음하는 '망가진' 사람이라고 생각하면 동정심을 느끼지 않는다. 다른 사람에게 동정심을 갖는 과정에서 우리는 이미 그 사람이 겪는 불행을 최선을 다해 평가하면서 '공평한 관찰자(judicious spectator)'*의 자세를 취하기 시작한다. 물론 우리는 성급하거나 잘못 판단을 내릴 수도 있고, 스미스가 이 용어를 만들었을 때 그렸던 완전한 '공평한 관찰자'가 되지 못할 수도 있다. 그렇지만 동정심에 담긴 관찰자적 속성은 이미 최소한의 성찰적 평가를 불러일으키고 있다고 볼 수 있다.

일반적으로 동정심에 담긴 두 번째 사고는 아리스토텔레스가 비극과 동정심을 연결시킬 때 강조했던 것으로 어떠한 사람이 겪고

---

* 공적 합리성의 관점을 지닌 판단자의 모델로 너스바움이 애덤 스미스의 『도덕감정론(A Theory of Moral Sentiments)(1759)』에서 가져온 용어다. 공평한 관찰자는 상상력을 통해 자신이 직접 관련되지 않은 사건에 대해서도 자신을 타인의 입장에 놓고 공감할 수 있지만, 그러한 감정이 자신의 안전이나 행복 또는 개인적 이익과 직접적인 연관을 갖지 않기 때문에 이 사건을 일정하게 거리를 두고 바라볼 수 있다. 너스바움은 공평한 관망자가 대상이 지닌 감정이 담고 있는 인식에 대한 '생생한' 통찰력을 지니면서도, 동시에 그러한 감정에서 떨어져 행위의 타당성을 외부적·객관적으로 평가할 수 있다고 보고 있다. 이에 대한 보다 자세한 설명은 Nussbaum(1995) 3장 참조. 스미스가 사용한 정확한 표현은 '중립적 관찰자(impartial spectator)'이며, '공평한 관찰자'는 흄(David Hume)의 용어다. 너스바움은 종종 혼용해서 사용하지만 이 둘은 다소 다른 생각을 담고 있다. 스미스의 공감에 대한 생각은 관망자의 거리 두기를 강조했다는 점에서 흄의 생각과 일정한 차이가 있다.

있는 곤경이 완전히 그/그녀의 책임이 아니라는 생각이다.[85] 일정한 책임이 있을 수는 있겠지만, 우리가 동정심을 느낄 때에는 그러한 곤경이 본인이 책임져야 할 몫보다 크다고 판단한 것이다.

또한 [영미의 형법] 전통은 동정심이 일반적으로 우리 자신이 비슷한 측면에서 취약하다는 사고를 포함한다는 점을 강조한다. 동정심은 고통을 겪고 있는 사람과 이에 공감하는 사람을 연결시키는데, 자신도 유사한 상황에 처할 수 있으며 취약한 존재라고 여기기때문이다. 동정심 — 남을 돕는 동기가 되는 — 이 지닌 가장 큰 힘 중의 하나는 이처럼 [상대방을] 취약성이라는 [특징을 공유하는] 공동체의 구성원으로 바라보게 하는 것이다. 이것은 또한 자신에게 이러한 일이 일어날 가능성이 거의 없다고 생각하는 사람들이 고난을 겪은 다른 이들에게 동정심을 갖기 어려운 이유를 말해 준다. 루소는, 프랑스의 왕과 귀족들이 하층 계급에 대해 동정심을 결여하고 있는 이유는 그들은 자신을 삶의 영고성쇠 아래 놓인 "인간이라고 절대 생각하지 않기" 때문이라고 말했다. 일반적으로 이러한 유사성에 대한 사고는 다른 사람의 입장에서 생각하는 상상을 통한 감정이입 행위를 통해 강화된다.

그렇다고 해서 자신도 유사한 가능성이 있다고 판단하고, 상상을 통해 감정을 이입하는 것이 동정심을 갖는 데 꼭 필요하다고 주장하려는 것은 아니다. 왜냐하면 우리는 동물의 경우 우리 자신이 비슷한 상황에 처할 수 있는 가능성을 생각하거나 그들의 입장이 되어 상상할 수는 없지만 — 물론 어떻게든 그들의 곤경을 이해할 필요는 있다 — 그들의 고통에 대해 동정심을 가질 수 있기 때문이다. 또한 우리는 가능성 면에서는 완전히 다르지만 인간의 고통에 대해 동정심을 느끼는 전지전능한 신을 상상해 볼 수도 있다. 많은 종교적 전통은 상상력을 위해서는 육체가 필요하다고 여겨 왔고, 그래서 신이 인간의 고통을 상상하는 것에는 한계가 있다고 보았다. (예를 들면, 아퀴나스는 신(아버지 하나님)은 개별자를 상상하지 않고도 관련 개념을 만들 수 있었다고 말한다.) 그럼에도 우리는 유사성에 대한 인정과 상상을 통한 감정이입이 결함을 지닌 인간들이 타인에 대해 동정심을 느낄 수 있는 강한 심리적 자원이라는 점을 분명하게 시인해야 한다. 대니얼 베이트슨(C. Daniel Batson)의 감정에 대한 실험 연구는 동정심의 발생과 남을 돕는 행위 속에는 다른 사람이 겪는 곤경을 생생하게 서사적으로 재연할 수 있는 능력이 담겨 있음을 명확히 보여 준 바 있다.[86]

나는 동정심을 가지려면 한 가지 사고가 추가되어야 한다고 생각한다. 이러한 사고는 내가 '행복론적 판단(eudaimonistic judgment)'*이라고 부르는 것으로 동정심을 느끼는 대상이 본인에게 중요하다

---

* 행위자의 번영과 좋은 삶과 연관된 평가를 말한다. 일반적으로 '행복'으로 번역되는 그리스어인 'eudaimonia'에서 가져왔다. 감정이 행복론적이라는 것은 그 사람이 지닌 중요한 목표와 관련이 있다는 것을 뜻한다. 행복은 행위자가 내재적 가치를 지니고 있다고 여기는 모든 것을 포함하며, 나와의 관계에서 가치 있는 것이어야 한다. 사랑하는 사람이 죽었다는 사실을 알았을 때 감정의 격변이 일어나는 것은 그 사람이 나의 행복에 있어 중요한 위치를 차지하는 존재라는 판단이 수반되기 때문이라는 것이다. 이에 대한 자세한 설명은 Nussbuam(2001a) I장 참조.

고 여기는 생각이다. 감정은 우리가 가장 중요하게 여기는 관심사의 측면에서만 나름의 태도를 수반한다. 우리는 우리가 관심을 갖는 사람에 대해서는 마음 아파하지만, 관심을 갖지 않는 사람에겐 그렇지 않다. 또한 우리 자신이나 관심 갖는 사람에게 생길 수 있는 재난에 대해서는 두려워하지만, 멀리 떨어진 사람을 내가 돌보고 관심을 가져야 할 범위의 사람으로 여기지 않는 한 동떨어진 사람의 재난에 대해서는 두려워하지 않을 것이다. 이러한 점에서 동정심은 인간이라는 보다 큰 집단으로 우리를 묶어 줄 수 있는 잠재력을 갖기는 하지만, 적어도 이와 동시적인 도덕적 성취 없이는 확장되기 어렵다. 고통받는 사람(들)을 우리의 중요한 목표와 목적 중의 하나로, 우리의 관심 범위 내에 있는 존재로 여기고 주목해야 한다. 그러한 관심은 동시적으로 일어날 수도 있다. 베이트슨은 낯선 사람이 겪는 곤경의 생생한 이야기가 그 사람에 대한 깊은 관심을 유발할 수 있으며, 이것이 감정과 도움 행위로 이어질 수 있음을 보여 주기도 했다. 그러나 이러한 관심은 변하기 쉽다. 스미스는 중국에서 발생한 지진 희생자들에게 동정심을 느끼는 사람은 손가락에 작은 통증만 느껴도 흐트러져서 금세 이 감정을 완전히 잊게 될 것이라고 삐딱하게 적고 있다. 이 때문에 도덕 교육과 윤리학에서는 동정심의 불균등하고 자기 주관적인 특성에 대해 문제를 제기하고 있다.[87]

지금까지 [동정심이 수반하는] 네 가지 판단을 제시했기 때문에 우리는 동정심이 어떤 이유와 방식으로 잘못 경도될 수 있는지 알 수 있다. [우선] 실제로 일어난 일에 대한 잘못된 정보를 갖고 있거나 좋지 않은 사건의 심각성을 혼동했을 경우, 곤경의 심각성에 대한 잘못된 이해에서 동정심이 생길 수 있다. (사회학자 캔디스 클라크(Candace Clark)는 많은 미국인이 교통 체증을 질병, 임종과 함께 동정심을 갖는 주요한 경우로 열거하고 있음을 보여 준 바 있다.)[88] 또한 동정심은 잘못에 대한 오류, 즉 자신이 초래한 일이 아니거나 일어난 일에 대해 책임이 없는 사람에게 그 탓을 돌릴 때 잘못될 수 있다. (클라크는 납득할 만한 근거로 뒷받침되기 어려움에도 불구하고 미국인들은 빈곤을 가난한 사람 탓으로 여기는 경향이 있다고 말한다.) 마지막으로 관심 범위 안에 있는 사람(그리고 다른 동물들)의 수가 너무 적을 때 동정심은 문제가 될 수 있다.

대부분의 사회는 어떤 경우의 동정심이 타당하고 적절한지에 대해 심각한 의견 차이가 있기 마련이다. 가난한 사람은 자신의 빈곤에 책임이 있는가? 실업은 얼마나 심각한 고난인가? 다른 나라 사람의 복리에 대해 얼마나 관심을 가져야 하는가? 이러한 문제를 비롯한 많은 다른 문제에 대해서는 논쟁이 지속될 수밖에 없기 때문에 이처럼 논쟁적인 사안에 대한 분명한 답을 법 규범으로 정하려는 시도는 아마 현명하지 않을 것이다. 그렇지만 핵심적인 사례의 경우에는 동정심을 갖는 것이 타당하다고 여겨지고 있으며, 양형 선고 과정에서 적어도 일정한 동정심이 발휘되고 있다는 사실은 분명해 보인다. 가령 유년 시절에 경험한 특정 형태의 학대는 당사자의 잘못이 전혀 없는 심각한 해악이라고 여겨진다. 만약 판사나 배심원이 이 사람의 운명에 관심을 가질 수 있는 법적 절차가 마련되어 있다면 동정심이 생길 수 있을 것이라 기대할 수 있으며, 이러한 동정심은 타당하다는 데 일반적으로 동의할 수 있을 것이다.

이제 양형 선고에 대해 검토하기 위해 앞에서 언급한 '캘리포니아 대 브라운' 판결에 초점을 맞춰 보도록 하자. [이 사건은] 배심원들에게 "단순한 감상이나, 추측, 동정심, 열정, 편견, 대중 여론이나 감정"에 흔들리지 않도록 주의시키는 캘리포니아 주의 배심원 설시가 중심 이슈였다. 이러한 설시가 적절한 양형을 결정하는 과정에서 재판 중인 범죄와 관련이 있든 없든 "피고인의 성격이나 이력 중에서 [공감을 일으키는] 어떠한 측면"을 고려하도록 하고 있는 헌법적 의무를 배심원이 도외시하도록 하기 때문에 헌법에 위배된다는 문제 제기였다.[89] 피고인은 양형 결정 과정에서 동정심을 유발하는 증거를 제시할 수 있는 헌법적 권리를 지니며, 이러한 권리를 박탈하는 것은 헌법 — 잔인하고 비정상적인 형벌을 부과하지 못하도록 규정한 수정헌법 제8조 — 에 위배된다는 일반적 합의가 애초부터 존재한다는 사실에 유념해야 한다. 그래서 사형 선고가 헌법에 합치되려면 양형 결정 과정에서 제시된 증거에 기반한 동정심이 이러한 사형 선고 과정의 일부로 작용해야 한다.

앨버트 브라운(Albert Brown)은 15세 소녀를 살해해 강압에 의한 강간과 일급 살인죄로 유죄가 인정되었다. 양형 결정 단계에서 검찰은 이전 범죄의 증거를 제시했고, 피고인 측은 그가 일반적으로 온화한 천성을 가졌다는 가족들의 증언과 "성적 장애에 대한 수치심과 두려움 때문에 그가 피해자를 살해했다."는 정신과 의사의 증언을 제시했다. 브라운 자신은 자신의 행위가 부끄럽다고 말하고, 배심원들의 자비를 바랄 뿐이라고 발언했다.[90] 이러한 증언이 그의 죄를 사형에서 무기징역으로 감형해 주기에 적절한지에 대해서는 소송에서 문제가 되지 않았다. 양측은 모두 이러한 '종류'의 증언이 소송과 관련이 있다는 점에 동의했고, 배심원은 이를 고려해서 스스로 결정을 내릴 수 있었다.

논란이 된 사안은 배심원 설시가 배심원들이 자신들의 헌법적 의무를 다하는 과정에서 이와 같은 연관된 증거를 충분히 고려하는 것을 방해하거나 가로막았는가 하는 점이었다. 다수 의견을 낸 [연방대법원] 판사들은 설시에 나오는 '단순한'이라는 형용사는 '감상'뿐 아니라 그 뒤에 있는 모든 단어를 수식하기 때문에 배심원들에게 양형 결정 과정에서 실제로 제시되지 않은 증거에 기초하는 '무제한적인' 동정심을 뜻하는 '단순한 동정심'만을 배제하도록 권고한 것으로 보았다. 또한 이들은 평균적인 배심원들은 설시가 담고 있는 이러한 의도를 이해할 수 있었을 것이며, [배심원 설시로 인해] 오도되지 않았을 것이라고 다음과 같이 주장했다. "이성적인 배심원들은 이의가 제기된 설시를 위헌으로 볼 수 있는 방식으로 해석하지 않았을 것이라고 여긴다."[91] 그러나 반대 의견을 낸 판사들은 이 설시가 표면상 혼란을 준다고 (내 생각에는 타당하게) 반박한다. 배심원들은 '단순한'이라는 형용사가 '감상'만 수식하고 있다고 보고, 모든 공감을 배제해야 한다는 권고를 받은 것으로 쉽게 판단할 수 있다는 것이다. (이러한 혼란은 '단순한 편견'에 대응되는 좋은 형태의 편견이 없다는 사실에 의해서도 커질 수 있다.) 게다가 검사들의 특정 행위는 이러한 문구상의 혼란을 더욱 가중시켰다. 검사들은 배심원들에게 설시에 대한 혼란스러운 독해를 제시하여 동정심을 유발하는 증거를 무시하도록 압력을 가했다. "판사님께서 여러분에게 설시하시겠지만, 여러분은 동정심에 휘둘려서는 안 됩니다."[92]라는 발언이나, "동정심은 흥미로운 것입니다. 왜냐하면 이를 고려하려 애쓰지 않아도 여러분이 내릴 결정은 감정적 어감을 갖고 있기 때문입니다. 합리적인 결정을 내리기 위해 우리가 가진 모든 감정을 완전히 걸러 내는 것은 무척 어려울 것입니다. 설시가 말하고 있는 바는 [여러분이] 그렇게 하도록 노력해 달라는 것이지만 말입니다."[93]와 같은 검사의 발언은 이를 전형적으로 보여 주는 예다. 반대 의견을 낸 판사들은 피고인은 동정심을 일으킬 수 있는 증거를 제시할 수 있으며 이러한 증거를 충분히 고려하는 배심원을 가질 헌법적 권리를 가진다는 점과 이러한 증거가 유발하는 동정심이 자비를 끌어낼 수도 있다는 점에 대해서는 다수 의견을 낸 판사들과 의견을 같이한다. 그렇지만 [캘리포니아 주의] 설시는 배심원들에게 자신들의 헌법적 의무를 도외시하도록 쉽게 혼란을 줄 수 있기 때문에 브라운의 헌법적 권리가 침해되었다고 결론내린다.

그렇다면 '제한된' 또는 '타당한' 동정심이 양형 선고 과정의 일부라는 사실은 모두가 동의하는 바라고 할 수 있다. 이때 동정심은 양형 선고 과정과 관계없는 특징이 아니라 그 과정에서 제시되는 증거에 기반하며, 이에 대한 이성적인 배심원의 평가에 기초한다. 예를 들면 브라운의 소송에서 이성적인 배심원들이 모든 증거를 듣고 동정심을 발휘하지 않았을 수 있다. 성적 마비가 살인을 할 수 있을 만큼의 분노를 격앙시켰다고(죄를 경감해 주는 방식으로) 설명할 수 있을 정도로 충분히 심각한 곤경이라고 볼 수 없다는 생각은 완전히 타당하기 때문이다. 하지만 브라운이 유년 시절에 심각한 성적 학대를 당한 경험이 있었다면, 동정심을 유발할 수 있는 가능성은 더 커질 수 있다. 모든 피고인은 어떤 경우든 동정심을 이끌어 낼 '수도 있는' 증거를 제시할 기회와 권리를 지닌다. 이것은 우드슨 판결*이 1976년에 이러한 과정은 피고인을 "고유한 개별 인간으로" 대우하는 방식의 일부라고 주장했을 때 말하려고 했던 바다.

'제한된 동정심'의 이러한 역할에 대해 풀리지 않은 채 남아 있는 중요한 이슈도 있다. 예를 들면 이러한 동정심이 헌법으로 보장

---

* 우드슨 대 노스캐롤라이나 판결(Woodson v. North Carolina, 1976): 양형 결정 과정에서 재량이 허용된다면 사형이 선별적이고 자의적으로 이루어질 수 있다는 이유에서 노스캐롤라이나 주는 일급 살인죄로 유죄를 선고받은 모든 사람에 대한 강제적 사형 규정을 두고 있었다. 일급 살인죄가 인정되어 자동적으로 사형을 선고받은 제임스 우드슨(James Woodson)은 이 법(노스캐롤라이나 주 대법원도 지지했다.)이 위헌이라고 연방대법원에 소송을 제기했으며 5 : 4로 위헌 결정이 내려졌다. 사형 선고의 경우는 개인의 특성을 적절히 고려하는 것이 다른 형벌의 경우보다 훨씬 중요함에도 불구하고 선고 기관이 피고인의 성격이나 경력, 범행 당시의 정황 등을 고려치 못하도록 한다면 이는 수정헌법 제8조 및 제14조 위반이라는 이유에서였다. Gregg v. Georgia, Jurek v. Texas, Proffitt v. Florida, Roberts v. Louisiana와 함께 사형 제도와 관련된 다섯 개의 중요한 판례 중 하나다.

된다고 해도 [판사와 배심원의] 재량이 허용될 때 사형을 결정하는 과정에서 인종에 따라 편견이 작용할 가능성이 있음을 보여 주는 다른 증거가 있다면, 이는 사형을 헌법에 부합하게 집행할 수 있는 방식이 존재하지 않음을 의미하지는 않는가? (나는 이 질문에 '그렇다.'라고 답할 것이다. 사형 제도가 위헌이라고 보는 몇 가지 이유 중에서 이것은 보다 직접적인 도덕적 주장을 펼치지 않고 (사형 제도를) 지지하는 사람들을 설득할 수 있는 주장 중의 하나다.)

대면해야 하는 다른 질문 중 하나는 양형 선고 과정에서 피해자에 대한 동정심이 어떠한 역할을 해야 하는가다. [최근에는] 양형 선고 단계에서 '피해자 영향 진술서(victim-impact statement)'*를 제출하도록 하는 추세가 강화되어 왔다. 또한 동정심을 옹호하는 일부 법률가들은 우드슨 판결의 주장을 지지하는 사람은 피해자 영향 진술도 지지해야 일관성을 갖는다고 주장해 왔다.[94] 바꿔 말하면 피고인이 배심원에게 공감을 호소할 기회를 가지려면, 피해를 겪은 사람에게도 같은 기회가 주어져야 한다는 것이다. 다른 한편에서는 양형 결정 단계는 (이미 유죄가 확정된) 피고인에 관한 것이며, 그 사람을 살릴 것인가 죽일 것인가의 여부에 관한 것이라고 주장할 수 있다. 내 생각에는 이 주장이 적절해 보인다. 피고인이 저지른 범죄의 수위에 대한 증거는 이미 공판 과정의 주요 부분에서 제시되었기 때문이다. [피해자를 비롯한] 연관된 사람들에게 영향을 주었다

---

* 범죄가 피해자에게 미친 영향에 관한 진술서다. 유죄로 인정된 피고인에 대해 형량을 결정하는 데 참고할 수 있도록 판사에게 제출된다.

는 추가적인 증거는 관련성이 불확실하지만, 피고인이 성장 과정에서 겪은 심각한 손상의 증거는 인정되고 있고 또 분명한 관련성을 지닌다. 또한 피해자 영향 진술은 피고인에게 적절한 관심을 갖고 정확한 '행복론적 판단'을 내리기 어려운 상황을 악화시킬 수도 있다. 피고인들보다는 피해자들이 배심원들과 유사할 가능성이 크고, 배심원들은 피해자에게 동정심을 느끼기가 쉽기 때문이다. 그렇지만 이러한 동맹은 배심원과 피고인 사이의 관계에 장애가 될 수 있다.[95] 마지막으로 피해자 영향 진술을 사용하는 것은 피해자들을 불평등하게 대우할 수 있다. 왜냐하면 관련된 사람이 살아남은 경우는 대변될 수 있지만, 그러지 못한 경우는 대변되지 못하기 때문이다. 이러한 이유에서 피해자 영향 진술에 대해서는 회의적인 시각을 지니면서도 피고인에게 '제한된 동정심'을 갖는 '우드슨' 판결의 전통을 지지하는 것은 완벽하게 일관성을 지닌다고 할 수 있을 것이다.

타당한 동정심이란 '무엇'이고, 정확히 어떤 역할을 해야 하는지에 대해서는 여기서도 논쟁이 된다. 그렇지만 타당한 동정심이 존재하는 '것인지', 그러한 감정이 양형 선고 과정에서 중요한 역할을 하고 있는지에 대해서는 이견이 없다.

동정심이 공적 삶에서 할 수 있는 잠재적 역할은 다양하다. 동정심은 사회복지 프로그램이나 지구적 차원의 정의를 위한 해외 원조와 같은 노력을 뒷받침하는 중심적 지주가 될 수 있으며, 취약한 집단이 겪고 있는 억압과 불평등을 다루기 위한 다양한 형태의 사회 변화의 동력이 될 수 있다. 나는 이 절에서 동정심이 형법에서 수행하는 중요한 기능의 단지 일부에만 초점을 두었다. 나는 가장 신중한 법률가들도 동정심이 양형 선고 과정에서 작용하고 있으며, 이를 제거하려는 시도는 헌법적 권리의 침해(뒤에서 나는 혐오와 수치심의 경우는 그렇지 않다고 주장할 것이다.)를 초래한다는 사실에 동의할 것임을 보여 주고자 했다.

7 감정과 정치적 자유주의

우리가 사람의 감정을 평가하고 그중 어떠한 것은 다른 것보다 중요한 선(善)에 대한 보다 타당한 평가에 근거하고 있다고 판단하게 되면, 이에 뒤따라 이러한 생각에 우려가 생기는 것은 자연스럽다. 이로 인해 생기는 법 개념은 어떤 사람들이 지닌 선에 대한 관점을 다른 사람에게 부과하게 됨으로써 자유주의적이지 않게 될 것이라고 생각할 수 있기 때문이다. 이러한 우려는 일반적으로 법은 다수자의 시각을 준수한다는 사실을 인정하게 되면 더욱 강해진다. 그렇다면 우리는 소수자의 가치가 다수자의 가치보다 정당성이 적다거나 중요하지 않다고 말하면서 소수자에 대한 다수자의 압제를 불러내고 있는 것은 아닐까?

이러한 우려는 공동체주의적 정향을 지닌 정치사상가들에게는 걱정스러울 게 없을 것이다. 공동체주의적 입장(예를 들면, 에치오니의 「공동체주의자 선언」과 그의 다른 저작에서 드러나는 것처럼)은 일반적으로 동질성을 매우 중요한 사회적 선의 하나로 높이 평가하기 때문이다.[96] 공동체주의자들은 종종 사회적 동질성을 추구하기 위해 다양성과 일정 정도의 자유를 희생할 수 있다고 여긴다. 법에 관해서도 비슷하다. 에치오니는 가치의 동질성을 높일 수 있다면 다양성을 축소시키고, 심지어 일부 사람들의 자유를 억제하는 것도 법의 측면에서는 이익으로 여겨질 수 있다는 확고한 생각을 가지고 있다. 이것은 '단색 사회'(그가 쓴 최근의 책 제목)라고 볼 수 있는데, 우리를 갈라놓는 것보다 우리가 공통으로 가지고 있는 것에 일체감을 갖는 사회를 말한다. 이러한 사상가들은 공유된 가치의 이름으로 자유가 얼마나 축소될 수 있는지에 관한 질문을 던지기는 하겠지만, [사회적으로] 법을 통해 공유되는 규범을 적용하려는 일반적인 계획은 전혀 문제될 게 없다고 여길 것이다.

자유주의자들은 매우 상이한 입장을 취한다. 일반적으로 자유주의자들은 개인이 선택하고 주창할 수 있는 자유, 자신이 선택한 사회적 규범에 따라 살 수 있는 자유가 매우 중요한 사회적 선이라는 밀의 생각을 따른다. 밀의 주장에 따라 일부 자유주의자들은 개인의 자유에 대한 존중이 다른 선도 만들어 낸다는 사실을 강조한다. 예를 들면 밀은 대중적이지 않은 의견의 표현을 보호할 때 더 많은 진실을 얻을 수 있다고 주장했다. 왜냐하면 자유로운 토론 분위기 속에서만 각각의 입장이 지닌 이점이 분명하게 드러날 수 있기 때문이다. (7장에서 이 입장을 검토할 예정이다.) 한편 다른 자유주의자들은 한 사람의 정체성의 일부로서 개인의 선택이 지니는 내재적 중요성에 초점을 맞춘다. 그래서 자유에 대한 존중을 사람에 대한 존중이라는 보다 일반적인 규범과 연결시킨다. 이런 점에서 개인 스스로 중요한 문제에 대해 생각하고 말하기 전에 [답을] 알려 주는 사회는 각 개인이 삶의 의미를 추구하는 과정에서 핵심이 될 만한 존중이 부족하다고 할 수 있다.[97] 그러나 이러한 두 부류의 자유주의자들 모두 법이 이것은 지녀야 하는 (그리고 감정의 기초가 되는) 좋은 규범이고 저것은 그렇지 않다는 식으로 특정한 규범을 지지해야 한다는 생각에 우려를 표할 것이다.

이 책은 이러한 자유주의적 입장 중 어느 하나를 적어도 직접적으로 또는 체계적으로 옹호하지는 않는다. 그러나 이 책에 담긴 관점은 사람을 존중한다는 것은 각자가 삶에서 소중하다고 여기는 것에 대해 상당한 존중과 경의를 보여 주는 것이라고 믿는 자유주의자의 시각이다. 밀과 존 롤스* 두 사람 모두의 입장을 따르고 있는 나는 다른 글에서 소수자의 견해에 대한 다수자의 압제는 정치적 삶에 큰 위험 요소로 작용하며, 고전적 자유주의 전통이 지닌 힘은 자신이 가장 중요하다고 생각하는 목적을 선택할 수 있는 자유 영역을 존중하는 데 있다고 주장한 바 있다.[98] 이러한 점에서 나는

---

* 존 롤스(John Rawls, 1921~2002)는 도덕철학과 정치철학 분야에서 두드러진 업적을 남긴 미국의 철학자이다. 『정의론(A Theory of Justice)』, 『정치적 자유주의(Political Liberalism)』, 『공정으로서 정의(Justice as Fairness)』 등의 저서를 통해 사회 정의에 대한 현대적 해석을 주도했으며, 20세기의 가장 뛰어난 정치철학자로 꼽는다.

법에서 감정의 역할에 대한 나의 시각에 제기될 수 있는 자유주의자들의 예상되는 반론에 대응할 필요가 있다.

이러한 반대에 대한 응답으로 법은 가해자와 피해자의 감정 속에 담긴 평가를 인지할 수밖에 없고, 어떤 것이 다른 것보다 타당한지 판단할 수밖에 없다고 간단히 말할 수도 있을 것이다. 예상할 수 있는 반대에는 감정에 대한 호소를 배제해야 한다는 주장도 있을 것으로 보인다. 이들은 모든 정신 상태 — 특히 내적으로 지향성과 가치 판단을 지닌 것 — 에 내려지는 평가적 판단에 반대할 것이다. 그래서 분노와 두려움뿐 아니라 의도, 동기와 다른 비감정적 정신 상태도 거부된다. 이에 대한 대안 — 지금은 형법에만 초점을 맞춰 보자 — 은 모든 범죄 행위에 대해 엄격 책임(strict-liability)* 기준을 세우는 것이겠지만, 이것은 현재의 관행에 급격하고 다소 상상할 수 없는 변화를 주는 것을 의미한다. 이것은 어떤 정신 상태가 살인을 가져오는 신체적 동요를 수반하는가를 고려하지 않고 살인을 규정하는 것을 말한다. 이러한 법 하에서는 정당방위로 벌어진 살인도 고의로 사전 모의한 살인과 다르게 취급되지 않는다. 그래서 이러한 접근은 형법의 일대 전환을 의미하게 될 것이다. 우리가 사기

---

* 형법적인 의도 없이도 처벌받는 범죄를 말한다. 일반적으로 영미법 계통에서는 범죄에 대한 책임의 근거로 일정한 범의(犯意)를 요구해 왔다. 이에 반해 엄격 책임은 범죄의 구성 요소로 범의를 필요로 하지 않는 범죄를 말한다. 엄격 책임 범죄로 인정되면 사실의 착오 및 법률의 착오가 항변으로 허용되지 않는다. 김슬기, 「미국 형법상의 범의와 엄격 책임의 고찰」, 《법학연구》 제19권 2호(2009). pp. 419~443 참조.

·절도·협박이나 살인·강간과 같은 범죄를 생각할 때 우리는 항상 이에 대한 가치 판단을 내린다. 중대성을 고려하여 범죄를 다양한 수준으로 나누고, 같은 범죄라도 범죄자에 따라 다양한 수준의 형벌을 제시하는 것이다. 종종 이러한 평가는 감정과 정신 상태에 대한 평가를 수반하기도 한다. 사실상 이러한 평가를 배제한다면 범죄 자체를 기술하기조차 어려워진다. 살인·강간·협박이라는 용어 자체에 이미 정신 상태에 대한 평가가 포함되어 있기 때문에 우리가 그러한 판단을 계속해서 회피하려면 이러한 행위를 기술할 수 있는 새로운 언어를 찾아내야 한다. 그래서 우리는 [법에 있어 감정의 역할을 거부하는] 자유주의자들에게 그들은 이미 감정에 대해 가치 판단을 내리고 있는 법률 체제 속에서 살아가고 있으며, 다른 식으로 살 수 있는 현실적 전망은 전혀 없어 보인다고 대답할 수 있겠다.[99] 게다가 이러한 법률 체제는 동정심이 발휘될 수 있는 영역을 헌법적으로 보장해 왔다.

법이 의도, 동기, 부주의, 사전 모의와 같은 정신 상태를 평가하고 언급하는 것에는 찬성하지만, 감정을 평가하거나 그러한 감정이 담고 있는 가치를 평가하는 데에 반대하는 비판자를 생각해 볼 수도 있을까? 분명 형법은 많은 영역에서 이러한 방식으로 진행되고 있다. 그러나 문제는 우리가 조금 전에 논의했던 영역을 포함한 모든 영역에서 이런 식의 접근을 옹호할 수 있는가 하는 것이다. 어떤 영역에서는 충분히 가능할 것이다. 그러나 이렇게 구분하는 근거가 무엇인지는 다소 이해하기 어려울 것이다. (또한 평가를 둘러싼 까다로운 이슈를 피할 수는 없을 것이다. 내적으로 지향성과 가치 판단을 지닌 정신 상태에 내려지는 평가도 마찬가지다.) 서문에서 언급했던 것처럼, 오늘날 감정에 반대하는 가장 일반적인 형태는 정신 상태에 호소하는 것을 완전히 거부하는 공리주의적 입장이다. 그럼에도 우리는 공리주의적 입장이 형법 내의 많은 원리를 변화시키게 될 것이라고 말할 수 있을 것이다. 사전 모의와 정당방위의 원리, 양형 선고 과정에서의 동정심에 대한 호소뿐 아니라 여기에서 논의하지 않은 다른 원리들 — 예를 들면 강박의 원리(doctrine of duress)* — 이 그 대상이 된다. 이러한 원리 — 현재와 같은 형태의 — 없이 형법에 대한 일관된 설명을 제시하는 것은 비판자의 몫이 될 것이다.

더구나 서론에서 강조했던 것처럼 범죄 혐의자의 정신 상태에 대한 평가를 거부하는 주장도 일반적으로 형법의 기초를 정당화하는 과정에서는 감정과, 감정이 수반하는 평가에 상당한 역할을 부여하고 있다. 그래서 형사 피고인에 대한 평가 과정에서 두려움과 분노의 역할을 배제한다 하더라도 절도·폭행·살인 등과 같은 범죄를 막는 법 자체를 정당화하고, 법률 규제의 내용을 기술하기 위해서는 타당한 두려움과 분노라는 개념을 상당 부분 사용하지 않을 수 없다. 반대자가 [감정에 대한] 호소 자체를 배제하게 되면, 그는 사람들이 손상에 대해 지니는 태도를 언급하지 않고 이러한 범죄가

---

* 생명의 위협 또는 심각한 신체적 위해의 위협 속에서 강요에 의해 비정상적으로 저질러진 범죄의 경우, 피하고자 하는 위협보다 더 큰 위해를 주려는 의도가 없었다면 형사상의 책임을 지지 않는다.

왜 나쁜지 설명해야 하는 더 힘든 일을 안게 되는 것이다. 다시 말하지만 이것은 전통적인 이해 방식을 대폭 수정해야 하는 엄청난 일이라 할 수 있다. 나는 살인·폭행 등과 같은 행위가 왜 나쁜지를 일관되게 설명하려면 최소한 시민들이 그러한 범죄를 두려워하고, 이러한 범죄가 발생했을 때 분노하는 것이 타당하다는 사실을 '수반해야' 한다고 생각한다. 이러한 함축이 강조되든 그렇지 않든 말이다. 그렇다면 범죄자의 정신 상태를 평가하면서 '이성적인 사람'에 대한 이러한 사실을 언급하지 않는 것이 오히려 다소 이상해 보이지 않겠는가?

전통적인 이해에 기대고 있는 이와 같은 대답은 [이 책에 담긴] 현재 계획 속에서는 완전히 만족스럽지 않을 것이다. 왜냐하면 나는 기존 법률 관행에 의미심장한 변화를 줄 수 있는 제안을 내놓을 생각이기 때문이다. 한편으로 이러한 변화를 제시하면서, 다른 한편으로 내 목적에 부합하는 선에서 현재의 실행 방식으로 되돌아온다면 이는 모순일 것이다. 내가 제안하는 변화가 형법과 형법을 정당화하는 과정에서 감정에 대한 평가를 완전히 제거하려는 급진적인 변화에 비하면 작고 미묘한 것이라 해도 말이다. 그러나 다행스럽게도 우리는 자유주의적 시각에서 이러한 반대에 대해 훨씬 더 강한 대답을 내놓을 수 있다.

선택의 자유를 매우 중요한 선으로 여기는 자유주의는 가치의 문제에 대해 완전한 중립성이나 불가지론의 태도를 취하지 않는다. 실제로 선택의 자유를 매우 중요한 선으로 간주한다는 사실 자체가 가치에 대해 중립적이지 않음을 보여 준다. 그리고 일반적으로 자유주의 사회의 정치 문화는 가치 판단과 무관하지 않다. 자유주의는 도덕이 없는 개념이 아니라 부분적인 도덕 개념으로 가장 잘 이해할 수 있다.

이러한 생각을 명확하게 하기 위해, 최근에 나온 자유주의 주장 가운데 가장 설득력 있는 찰스 라모어[100]와 존 롤스[101]의 '정치적 자유주의'를 검토해 보자. 정치적 자유주의는 사람에 대한 존중이라는 규범에 기반한다. 사람에 대한 존중이란 삶에서 좋고 소중한 것에 대해 [개인이 지니는] 다양한 생각을 존중하는 것을 뜻한다. 현대 사회에서 어떻게 살아야 하는지에 대해서는 많은 종교적·세속적 시각이 존재하고, 이러한 시각 간의 불일치는 없어지기 어렵기 때문에 정치적 자유주의자들은 궁극적인 가치 — 예를 들면, 영혼 불멸 사상이나 무엇을 개인적 덕성으로 볼 수 있는가와 같은 — 를 담고 있는 문제에 대해 사람들 사이에 일정 정도 '타당한 불일치'가 존재한다고 여긴다. [그렇다고] 정치적 자유주의자들이 어떤 입장도 다른 것보다 낫지 않다고 보는 회의주의자는 아니다. 그들은 많은 경우 이러한 불일치가 이성적인 사람들 사이에 생길 수 있는 타당한 불일치라고 생각한다. 이 경우, 정치 사회는 그러한 차이를 사람에 대한 존중을 위해 필요하다고 여기는 게 바람직하다. 그러나 이러한 차이를 존중한다고 해서 정치적 자유주의자가 가치 중립적이어야 하는 것은 아니다. 반대로 사람에 대한 존중은 하나의 매우 기본적인 '가치'이며, 이런 점에서 정치적 자유주의자들은 전혀 중립적이지 않다. 그리고 이것은 정치 사회의 많은 다른 측면에도 함의를 지닌다.

예를 들면, 우리가 사람을 존중하고, 그들을 동등한 가치를 지닌 존재로 여긴다면 — 이것은 일반적으로 정치적 자유주의자들이 옹호하는 상호 존중에 대한 해석이다 — 우리는 자연스럽게 모든 사람에게 기본적인 종교적·정치적·시민적 자유를 부여하는 정치 사회의 형태를 지지하게 될 것이다. 또한 우리는 그러한 자유가 광범위하고 어떤 의미에서는 평등하길 바랄 것이다. 우리가 모두를 위한 자유와 양립할 수 있는 가장 광범위한 자유를 선택할 것이라는 롤스의 견해는 이러한 사실을 언급한 것이다. 그는 우리가 어떠한 삶의 계획 — 그러한 계획이 무엇이든 간에 — 을 진행해 나가는 데 꼭 필요한 다른 '기본적 재화(primary goods)'*가 모든 시민에게 공급되길 바랄 것이라고 주장한다. 롤스의 제안에 담긴 세부 항목은 논쟁이 되고 있지만, 여기서 우리가 이에 대해 관심을 가질 필요는 없다. 우리가 관심을 가져야 하는 것은 모든 시민은 자유와 다른 기본적 재화를 고려하는 사회 제도를 지지하고, 이러한 제도를 평화적 공존을 위해 견뎌야 하는 단순한 잠정 협정이 아니라 '좋은 것'으로 받아들이도록 요구받을 것이라는 생각이다. 그래서 시민들

---

* 자신의 삶의 계획이나 좋음에 대한 개념에 상관없이, 누구에게나 유용한(적어도 해롭지 않은) 것으로 가정되는 가치다. 롤스는 기본적 재화를 기본적 권리와 자유, 이전의 자유, 직업 선택의 자유, 수입과 부, 자존감 등을 포함하는 것으로 구체화했다.

은 좋고(바람직하고) 소중한 것에 대한 부분적 개념을 공유하도록 요구받는다는 것이다.

혹자는 이러한 생각이 얼마나 자유주의와 양립 가능한지 의문을 제기할지도 모르겠다. 자유주의는 항상 어떤 것 — 사람의 동등한 가치와 그들의 자유 — 을 편들어 왔고, 사람들은 항상 이를 지지하도록 요구받아 왔다는 게 내 대답이다. 롤스는 미국과 같은 복잡한 현대 사회에는 다양한 시각이 존재하지만, 이러한 시각을 지닌 사람들이 핵심적인 규범의 집합에 동의하지 못할 만큼 차이가 크지 않다고 주장한다. 다양한 종교와 서로 다른 인생관을 지니면서도 여전히 자유와 기회라는 정치적 가치를 그들의 전체적인 인생관의 '일부로' 지지할 수 있다는 것이다. 그는 정치문화의 가치를 가톨릭교도, 기독교도, 유대교인, 불교도, 무신론자 그 밖에 누구나 [자신이] 믿는 종교의 기댈 수 있는 부분에 부착할 수 있는 '모듈(module)'이라는 놀라운 비유를 들어 설명한다. 그것은 (영혼의 속성과 같은) 논쟁적인 종교 문제에 입장을 취하지 않기 때문에 이처럼 부착될 수 있다. 게다가 다양한 관점을 지닌 사람들은 모듈처럼 정치적 가치를 자신의 시각에 결부시키길 원할 것이다. 왜냐하면 이것이 자유와 상호 존중이라는 바탕 위에서 함께 살아가려는 그들의 열망에 잘 부합하는 시각임을 알 수 있기 때문이다. 이를 통해 롤스는 다원주의 사회에 널리 퍼진 모든 주요한 가치 개념을 포괄하는 '중첩적 합의'를 형성하게 될 것이라고 밝힌다.

이러한 합의에 동의을 거부하는 시각도 있을 수 있다. 흑인이나 여성은 평등한 정치적·시민적 권리를 가져서는 안 된다는 생각이나 불관용을 설파하는 종교가 그 예다. 그렇지만 이러한 시각을 가졌다고 해서 박해받지는 않을 것이다. 왜냐하면 강력한 언론 자유의 규범은 모든 시민에게 적용되기 때문이다. 그렇지만 그들의 생각은 기본적인 사회적 합의와 충돌하기 때문에 '타당하지 않은' 것으로 적절히 여겨질 것이다. 또한 이러한 합의와 갈등 상태에 있는 한 그들의 제안이 직접적인 다수결 투표에 회부되지는 못할 것이다. 그러한 합의에 담긴 기본적 자유와 권리를 지키는 헌법적 원칙으로 인해 (그들이 지금 하고 있는 것처럼) 미국 의회가 노예제를 복원한다거나 여성의 투표권을 박탈는 발의를 토의하지 못할 것이기 때문이다.

지금까지 정치적 자유주의에 대한 사고를 조금 자세히 살펴보았다. 이를 살펴봤기 때문에 우리는 여기서 논의한 감정과 가치에 대한 평가의 형태가 정치적 자유주의와 충돌하지 않는다는 점을 쉽게 이해할 수 있다. 정치적 자유주의를 위해서는 모든 시민이 지니는 일정한 기본적 권리와 자유를 소중히 여겨야 한다. 또한 일정한 '기본적 재화'가 삶의 번영을 위한 선결 조건이라는 점을 존중해야 한다.[102] 그래서 정치적 자유주의를 지지하는 사람은 모든 시민에게 그러한 권리와 자유를 보장하고, 소유권과 같은 다른 기본적 재화를 보호하는 법에 큰 관심을 가질 것이다.[103] 살인·강간·절도를 막기 위한 법은 이러한 중첩적 합의의 자연스러운 표현이다. 의도적인 범죄와 부주의로 저지르거나 단순 과실로 인한 범죄를 구분하는 판단도 마찬가지다. 실제로 사람을 존중하기 위해서는 사람들의 권리가 침해받지 않도록 방지할 필요가 있다. 우리가 형법을 응보적·억제적 측면에서 생각하든 아니면 표출적 측면에서 생각하든,* 범죄의 수준에 대한 표준적인 구분을 세우는 것은 분명 타당해 보인다.

　우리가 살펴본 형법의 세 가지 영역은 이러한 자유주의적 측면에 잘 부합된다. '타당한 도발' 원리로 죄를 경감받은 사람은 피해자의 부당한 행위에 의해 침해된 (자신이 사랑하는 사람의) 생명과 신체 보전과 같은 가치를 소중하게 여길 것이다. 이러한 가치를 존중하는 것이 [정치적 자유주의에서 말하는] 정치관의 일부다. 그녀가 자신의 폭력적 행위에 대한 책임을 경감받을 수 있는 것은 피해자가 먼저 그녀의 정치적 권리 — 모든 시민에게 부여되어 있다고 우리 모두가 동의하는 권리 — 를 침해했기 때문이다. 또한 정당방위로 살인을 저지른 사람은 비슷하게 정치관의 중심에 있는 하나의 중요한 가치 — 생명 또는 신체적 안전 — 를 지키기 위한 것이다. 이 두 사례에 관련된 가치는 자유주의자와 공동체주의자가 공유하고 있는 것으로, 이 지점까지는 전통적인 법률 원리를 지지하는

---

* 형사 처벌에 대한 이해 방식은 이론적 입장에 따라 다양하게 나뉜다. 처벌에 대한 응보주의 이론(retributive theory)은 일반적으로 어떠한 범죄가 처벌을 받을 만하기 때문에 처벌받아야 한다는 생각이다. 처벌 결과에 초점을 맞추는 억제 이론(deterrence theory)은 처벌이 유사한 범죄의 재발을 억제하여 범죄 예방에 도움이 된다고 본다. 표출 이론(expressive theory)은 처벌을 한 사회에 범죄에 대한 비난을 공적으로 표현하는 수단으로 이해하며, 처벌이 한 사회의 규범을 확인하고 도덕의식을 높일 수 있다고 여긴다.

데 영향을 끼칠 수 있을 정도로 그들 사이의 차이가 존재하지 않는다. 동정심에 대해서는 [나의 이전 저서인] 『사고의 격변(*Upheavals of Thought*)』에서 자유주의 사회는 일련의 기본적인 복지 혜택을 지지하는 것과 관련해 동정심을 다양하게 활용할 수 있다고 주장한 바 있다.[104] 우리의 현재 관심사와 관련해서는, 잔인하고 비정상적인 형벌을 부과하지 못하도록 규정한 수정헌법 제8조에 의거해 양형 선고 과정에서 형사범에 대한 동정심이 보장된다고 이해되고 있다.

그러나 자유주의는 이러한 원리의 일부 측면에 대해서는 우리의 사고에 차이를 만들어 낼 수도 있다. 아내를 소유물로 보는 생각에 기반하고 있는 충동적 과실치사 원리에 대한 한 가지 해석은 모든 시민의 평등을 정치적 개념의 핵심 부분으로 보는 정치적 자유주의자들에게는 거부될 것이다. 또한 죄에 대한 경감이나 면책을 요구하는 학대받은 여성들의 항변은 최소한 일부 공동체주의자들보다는 자유주의자들에게서 보다 우호적인 발언 기회를 얻을 수 있을 것이다. 법의 이러한 변화가 여성들이 시민으로서 갖는 완전한 평등을 보장하는 데 중요하다고 주장할 수 있다면 말이다. 정당방위의 다른 측면에 담긴 남성다운 명예에 대한 전통적인 규범에 대해서도 정치적 자유주의자들은 적어도 다소 회의적인 시각을 가지고 바라볼 가능성이 크다. 우리는 다른 사람에 대한 폭력적 행위를 허락하는 명예에 대한 이러한 시각이 정치적 목적을 위해 우리가 지지해야 하는 핵심적인 가치의 일부가 되길 정말 원하는가? 시민들이 실제로 지니고 있는 가치관 중에는 남성다운 명예에 대한 생각을 지지하는 것도 많이 있다. 그렇지만 우리가 여기에서 던져야 하는 질문은 그러한 생각이 우리가 공유하는 정치 공동체에 대한 평등주의적 사고와 잘 부합하느냐는 것이다. 만약 그렇다면 그러한 생각은 정치관의 제한된 '모듈'에 결부되어야 하는 충분히 중심적인 사고인가 아니면 시민에 따라 의견이 다를 수 있는 선택의 문제에 불과한 것인가? 실제로 이 원리의 역사는 이성적인 시민들은 그러한 명예 규범의 가치에 대해 '정말' 크게 의견을 달리한다는 점을 보여 주기 때문에 자유주의자들은 이러한 생각을 [정치적] 원리의 핵심에 두지 않을 것이다.

일반적으로 자유주의는 문제가 되는 평가들이 정치관의 핵심 — 모든 시민에게 공유하도록 요구하는 — 에 놓여 있는지 아니면 핵심이 아닌 타당한 불일치의 영역에 놓여 있는지 질문한다. 공동체주의자와 달리 자유주의자에게 이것은 근본적인 구분이라고 할 수 있다. 자유주의자들은 핵심 부분이 아닌 영역에서 가치의 동질성을 증진하거나 강요하는 것은 정당하지 않다고 생각한다. 반면 공동체주의자들은 대개 일률적으로 동질성이 좋은 것이라고 여긴다. 예를 들어 명예와 [사회적] 지위에 관한 평가들은 미국이나 다른 정치 문화에서는 정치관의 핵심에 놓여 있지 않다. 그러나 정당방위 원리의 역사가 보여 주듯 이러한 평가들은 큰 영향력을 발휘할 수도 있다. 자유주의자들과 공동체주의자들은 그러한 평가들과 마주하고 있는 법의 역할에 대해서도 생각을 달리할 것이다.

보다 일반적인 면에서, 자유주의적 정치관은 사람들이 법에서 감정이 행하는 역할에 대해 내릴 수 있는 판단에 영향을 준다. 직접적으로 밀의 '위해 원칙'에 근거하지는 않지만 자유주의자들은 이 원칙에 상당히 공감할 가능성이 크다. 밀은 동의하지 않은 타인에게 위해를 가하는 행위의 경우에만 법으로 규제할 필요가 있다고 보았다. 즉 스스로 자신에게 해로운 행위를 하거나 해로울 수 있다는 것을 알고 있는 상대방의 동의 하에 자유롭게 이러한 행위에 동참한 경우는 법으로 제한해서는 안 된다는 것이다. 밀은 도박꾼과 성 노동자의 자유를 옹호하고 있기는 하지만 행위가 간접적인 해악을 끼칠 수 있다고 말할 수 있는 사례에 대해서는 양면적인 태도를 취했다. 그는 성매매 알선 포주와 도박장을 갖고 있는 사람들은 일반적으로 다른 사람의 약함을 이용하고 결국에는 위해를 초래하기 때문에 이들에 대한 법률적 처벌을 허용하는 쪽으로 자신의 원칙을 확대하는 것을 고려했다. (도박꾼은 마땅히 가족 몫인 돈을 탕진해서 가족들에게 해를 끼칠 수 있으며, 포주는 여성들을 고용하고 착취함으로써 해를 가한다.) 그래서 이 원칙의 범위는 논쟁으로 남아 있으며, 현대의 정치적 자유주의자들은 이러한 사례에 대해 계속해서 논쟁하고 있다. 논란이 되고 있는 자유가 사소해 보이는 경우도 있다. 많은 정치적 자유주의자들은 안전벨트를 매거나 오토바이 헬멧 착용을 요구하는 법에 대해서는 신경 쓰지 않을 것이다. [이러한 법이] 선택의 자유를 침해하기는 하지만 자유의 중요한 영역을 건드리지는 않으며, 이를 통해 사회의 많은 의료 비용을 줄일 수 있기 때문이다.[106]

그렇지만 일반적으로 정치적 자유주의자들은 밀의 생각에 공감을 표시하는 편이다. 자유가 가장 중요한 가치라고 생각하고, 사람들은 다른 사람의 자유와 충돌하지 않는 한 최대한의 자유를 누릴 자격이 있다고 믿기 때문이다. 다른 사람에게 해를 끼치는 자유는 분명 피해받는 사람의 자유를 제약한다. 물리적 힘과 빼앗을 수 있는 능력의 차이로 인해 그러한 자유 자체가 불평등하기도 하다. 그래서 강간과 절도를 허용하는 것은 단순히 [다른 사람이 누릴 수 있는] 자유를 제약하는 것이 아니라, 불평등한 방식으로 자유를 제약하는 것이 된다. 게다가 해악을 가하는 행위는 의미 있는 삶을 살아가는 데 필수적인 기본적인 권리와 자유를 침해한다. 설령 강간이 모든 시민의 자유를 평등하게 제약한다고 해도, 그러한 행위는 여전히 자신의 삶을 영위해 가는 모든 사람의 능력에 부정적으로 작용할 것이다. 그래서 자유주의자들은 타인에게 위해를 가하는 행위에 대한 제한을 쉽게 정당화할 수 있다. 타인에게 해를 끼치지 않는 행위를 제약하는 것은 자유주의 입장에서는 정당화하기가 훨씬 어렵다.

밀의 원칙을 정확하게 이해하는 것은 많은 어려움이 따른다. 그러한 위해는 얼마나 임박해 있어야 하고 일어날 가능성은 얼마나 커야 하는가? 무엇을 위해로 간주할 수 있는가? 위해와 불쾌감은 구분 가능한가? 아마도 밀은 임박해 있고 매우 가능성이 큰 대상이 위해이며, 근본적인 "법으로 부여받은 권리"로 이미 명시되어 있는 영역에 해를 주는 것이라고 답했을 것이다.[107] 그래서 밀이 말하는 위해는 단순한 불쾌감과 분명히 구분되는 개념이며, 그의 정치관에서 근본적인 위치를 차지하는 기본적 권리의 목록을 바탕으로 정의되는 매우 협소한 범주라 하겠다.[108] 『자유론』에 담긴 그의 전체적 계획의 근간은 무신론자, 도박꾼, 성매매 여성들과 같은 사람을 보호하는 것이었다. 이들의 행위는 다수의 사람들에게는 분명 눈에 거슬렸지만, 밀이 사용한 제한된 의미에서는 아무런 위해를 끼치지 않았다고 할 수 있다. 이들은 절도나 폭행, 강간 등을 저지르지 않았다는 것이다.

법에서 감정이 하는 역할에 대해 고민하는 자유주의자는 밀의 원칙에 기초해서 일정한 입장을 취해야 할 것이다. 그녀는 일반적인 측면에서 이 원칙 자체를 지지해야 하는가? 그렇다면 어느 정도 밀이 정의했던 방식으로 위해를 해석해야 하는가 아니면 위해를 보다 큰 범주로 이해해야 하는가? 더 큰 범주로 이해한다면 이는 어떻게 정의해야 하는가? 그녀가 볼 때 이 원칙의 보호를 받는 가장 중요한 형태의 자유는 무엇인가? 너무 근본적이지 않으면서, 자기 본위적 행위*를 규제할 때 거리낌 없는 다른 종류의 자유가 있을 수 있을까?

나는 근본적으로 밀의 주장을 출발점으로 삼아 주장을 전개해 나가려 한다. 또한 정치관의 중심에 있는 제한된 권리의 목록을 바탕으로 위해를 정의하는 밀의 방식을 어느 정도 따라 그의 원칙을

---

* 동의하지 않은 다른 사람에게 영향을 주지 않고, 행위자 자신과 이에 동의한 당사자에게만 관련되는 행위를 말한다.

해석할 것이다. 비록 3장에서 직접적인 신체적 불쾌감을 주는 것의 일부도 위해와 마찬가지로 충분히 법률적 규제의 대상이 될 수 있음을 주장하고 있기는 하지만 말이다. 나는 밀의 입장을 전적으로 옹호하지는 않을 것이며, 7장에서는 밀이 자신의 원칙에 대해 제시하고 있는 주요 주장을 비판할 것이다. 그렇지만 다양한 영역에서 밀의 원칙이 자유를 하나의 가치로 여기는 사람에게 매력적인 출발점이 되는지도 보여 주려 노력할 것이다.

형법의 토대에 대한 밀의 생각은 논란의 중심에 서 있다. 미국의 법률 전통은 결코 그의 생각을 완전히 지지해 오지는 않았다.[109] 우리의 법률 체계의 가장 높은 수준에서는 동의하지 않은 제3자에게 전혀 해를 끼치지 않는 행위에 대한 규제가 거부되지 않고 있다. 비록 주 법원과 항소법원은 동성애 행위나 나체 춤과 같은 영역에서 밀의 이론적 근거를 활용해 밀의 판단을 따라왔지만, 연방대법원은 이들 영역을 규제하는 법의 합헌성을 지지해 왔다. 알몸으로 춤을 추는 행위를 제한하는 인디애나 주의 법령을 위헌으로 판결한 제7연방 순회 항소법원*의 결정을 파기한 의견에서 연방대법원장 렌퀴스트는 '도덕적 불승인'이라는 사고 자체는 완벽하게 법의 적절한 기반이 된다고 주장했다.[110] 그리고 신랄한 비판을 담은 보충

---

* 연방 순회 항소법원(Circuit Court of Appeals): 지방 법원(District Court)의 1심에 대한 항소 사건을 다루는 법원으로, 미 전역을 열두 개 지역으로 나누어 설치했다. 2심 항소만 다루는 항소법원은 3인 합의부로 구성되는데, 사실 심리는 하지 않고 법률 심사만 한다.

의견*에서 스캘리아 판사는 이 나라에서는 결코 밀의 원칙(그는 이러한 생각을 밀이 아닌 소로**에게 전가하고 있다.)이 법의 한계에 대한 사고의 적절한 기반으로 간주되지 않았다고 ── 정확하게 말하면 역사적 기술과 관련된 한에서 ── 적고 있다.

반대자들은 공적 장소에서 나체 상태를 제한하는 [법의] 취지는 일반적으로 동의하지 않는 제3자가 모욕을 받지 않도록 하기 위한 것이라고 확신에 차서 말한다. 그래서 동의하에 입장료를 낸 손님이 피고인의 춤을 본 경우에는 [이 법의] 취지가 적용되지 않으며, 이러한 취지는 퍼포먼스가 지닌 전염적 요소에만 관련되어야 한다고 주장한다. 아마 반대자들은 "타인에게 주는 피해"가 일반적으로 공적 장소에서 나체 상태를 제한하는 유일한 이유가 되어야 한다고 믿고 있는 것 같다. 그러나 우리 사회가 "다른 사람에게 피해를 주지 않으면 하고 싶은 대로 할 수 있다."라는 소로적인 멋진 이상을 공유해 왔다고

---

* 보충 의견(concurring opinion): 재판관 과반수의 찬성을 얻어 재판의 결론인 주문으로 표시되는 의견을 이른바 법정 의견(court opinion)이라고 하며, 법정 의견의 결론과 다른 의견을 반대 의견(dissenting opinion), 결론에서는 법정 의견과 동일하지만 그 이유를 달리하는 의견을 보충 의견이라고 한다. 별도의 지지 의견으로 이해하면 쉽다. 반대 의견과 보충 의견을 모두 소수 의견이라고 한다.
** 헨리 데이비드 소로(Henry David Thoreau, 1817~1862): 미국의 작가이자 시인이며, 초월주의를 이끈 철학자. 월든 호숫가에 오두막을 짓고 지낸 2년 2개월 2일 동안의 생활을 그린 『월든 혹은 숲 속의 생활(Walden, or Life in the Woods)』로 잘 알려져 있다. 수필인 『시민 불복종(Civil Disobedience)』은 부당한 정부에 대한 도덕적 반대와 개인적 저항에 대한 주장을 담고 있다.

생각할 수 있는 근거는 전혀 없다. 헌법에 그렇게 나와 있다고 생각할 근거는 더더욱 없다. 6만 명의 성인들이 동의하여 자신의 생식기를 다른 사람에게 보여 주기 위해 후지어 원형경기장에 운집했다면, 그 군중 가운데 무고하게 피해를 받은 사람이 없다 하더라도 인디애나 주의 나체제한법(nudity law)의 취지를 위반한 것이다. 어떠한 행위가 다른 사람에게 해를 끼치지 않아도, 전통적인 말로 '좋은 도덕에 반하는(contra bonos mores)' 부도덕적인 것으로 여겨진다면 우리 사회는 그러한 행위를 금지하고 있으며, 모든 인간 사회가 이를 금지해 왔다. 인디애나 주의 법령 취지는 나체 상태의 사람들을 본 사람이 피해를 입었는지 그렇지 않았는지에 상관없이 무턱대고 자신의 사적인 부위를 노출해서는 안 된다는 전통적인 도덕적 믿음을 집행하는 것이다. 그렇기 때문에 반대자들이 완전히 계몽된 성인들이 있는 곳에는 이 법의 취지가 전염을 막는 것으로 국한되어야 한다고 단정하는 것은 전혀 근거가 없다.

내가 말하려는 혐오와 수치심의 일부는 법의 한계에 대한 밀의 일반적인 견지를 따르고 있다. 하지만 이러한 관점을 이 책을 읽는 독자들이 공유하고 있다고 가정하지는 않으며 또 가정하지도 않을 것이다. 그래서 내 주장 중에서 밀의 사고에 기반하고 있는 것과 그렇지 않은 것을 가능한 한 분명히 밝히려고 한다. 그러나 밀의 생각에 회의적인 태도를 지닌 독자들이 [이 책을 통해] 이를 지지할 수 있는 몇 가지 추가적인 이유를 찾을 수 있길 희망한다. 왜 사람들이 위해 없는 행위를 범죄화하려고 그렇게 열심인지 그 이유의 일부를 보다 완전히 이해하게 되고, 그러한 법과 분리할 수 없는 보다 일반적인 사회 태도의 일부를 알게 되면, 이전에는 밀의 원칙을 받아들이지 않았다 하더라도 최소한 밀의 입장을 따르지 않는 법에 대해 회의적일 수밖에 없는 몇 가지 이유를 갖게 될 것이다. 그래서 나는 처음에는 혐오가 법에서 하는 역할 — [이에 대해서는] 서론에서 언급한 바 있고, 다음 장에서 보다 상세히 논의할 것이다 — 에 대해 데블린 경의 입장에 공감한 사람도 혐오가 담고 있는 인지적 내용과 그것이 사회생활에서 하는 일반적인 역할에 대해 보다 충분히 성찰하게 된다면 그에 대한 공감을 다시금 생각할 수 있으리라 믿는다.

8 감정은 어떻게 평가해야 하는가

지금까지 내가 제시해 온 도식에 따르면 감정의 발생에 있어 중요한 역할을 하는 규범에 대한 평가는 서로 다른 다양한 수준에서 일어나야 한다. 이를 살펴보기 위해 분노가 작용한 한 가지 사례를 살펴보도록 하자. 자신의 아이를 죽인 사람을 (바로 또는 지체 없이) 살해한 부모의 경우다. 이에 대해 우리는 그녀의 분노가 '이성적인 사람'이 가질 수 있는 감정인지, 그래서 그녀의 죄의 수준을 일급 살인죄에서 과실치사로 낮춰 줘야 하는지 질문할 것이다.

[이에 답하기 위해서는] 우선 이 행위의 자세한 내용과 정황을 질문해야 한다. 부모는 아이를 죽인 사람에 대한 정보를 올바르게 알고 있었는가? 그렇지 않다면 피해자가 살인자라는 그녀의 믿음은 진실하다고 할 수 있는가? 진실하거나 공정하지 않다면, [그 믿음이] 타당한가? 또한 그녀가 아이에 대한 살해를 일정한 보복을 하기에 충분한 도발이라고 여긴 것은 타당한가? 아이를 죽인 일은 심각한 중요성을 가진 일인가? 이것은 전통적인 원리 내에서 일반적으로 이해 가능한 사례인가 아니면 사회적 규범이 변했다고 생각해야 하는 사건인가? 이러한 질문들은 우리가 [부모가 지닌] 분노가 타당한 도발의 원리에 따라 타당하다고 여길 수 있는 분노였는지 말하기 전에 대답해야 하는 것들이다.

이것은 모두 만약 우리가 그러한 소송의 배심원이라면 답하게 될 질문들이다. 이 원리가 존재하고, 배심원의 역할은 이를 적용하는 것이기 때문이다. '충분한' 것으로 여겨지는 도발은 법 문제로 고정되어 있지 않기 때문에 우리는 구성적 역할을 하게 되며, 우리가 하는 역할 중 하나는 우리 앞에 놓인 사건이 일반적인 기준을 충족시키는지 결정하는 일이 될 것이다. 이 과정에서 우리는 사회적 규범이 타당성과 충분한 도발에 대한 객관적 판단에 영향을 끼칠 수 있다고 여긴다면 그러한 사회적 규범의 변화를 예민하게 감지할 것이다. 여기서 우리의 질문은 끝나게 된다.

그렇지만 만약 우리가 좀 더 초연한 시각을 가지고 이 사례를 평가하려면 추가적인 질문을 던져야 한다. 우선 우리는 살인을 초래한 감정을 '타당'하다고 보는 전반적인 시각에 의문을 던질 수 있다. '이성적인 사람'이 과연 살인을 저지를 것인가? 우리 모두는 살인을 저지를 수 있는 정도의 폭력으로 보복하려는 충동을 억누를 수 있다는 사실을 알고 있다. 그렇다면 이것은 이성적인 사람이 정말 해야 하는 행동이라고 할 수 있는가? 이 원리 전체가 케케묵은 개척 시대의 사고방식을 되살리는 것 아닌가? 바꾸어 말하면, 우리는 그들 사례에 수반된 '분노의 형태'와 피고인의 책임을 경감시켜 줌에 있어 그러한 분노가 하는 '역할'을 평가하게 된다.

일반성의 수준을 한 단계 더 올리면, 분노가 종종 타당한 감정일 수 있다는 사고에 질문을 던지게 된다. 여기서 우리는 분노에 대한 일반적인 설명을 찾아야 하고, 아마 아리스토텔레스의 설명과 같은 것을 생각해 내야 할 것이다. 그는 분노는 다른 사람(들)의 부당한 행위로 일정 정도 심각하게 위해나 손상을 받았으며, 그러한 행위가 의도치 않게 일어난 것이 아니라 고의로 저질러졌다는 믿음을 수반한다고 보았다. 이것이 우리가 지지할 수 있는 설명인지 말해 보자. 이 설명을 고찰하기 위해서는 위해와 위해의 심각성에 대한 사실이 모두 정확하다면, 이것이 충분히 타당하다고 여겨질 수 있는 종류의 감정인지 질문해야 할 것이다. 고대 그리스의 스토아학파의 생각에 동의하는 사람들은 이 지점에서 그러한 분노가 결코 타당하지 않다고 말할 것이다. 다른 사람이 손상시킬 수 있는 것은 실제로 우리 삶에서 심각한 중요성을 갖지 않는다고 생각하기 때문이다. 실제로 중요한 것은 오직 우리 자신의 덕성이며, 이는 결코 다른 사람이 손상시킬 수 없다고 보는 것이다. 그러나 우리 대부분은 인간의 삶 속에는 다른 사람이 손상시킬 수 있는 중요한 것이 많이 있기 때문에 분노는 종종 타당할 수 있다고 판단할 것이다.

마지막으로 우리는 분노가 우리가 우연히 갖게 된 어떠한 인생관이 아니라 정치적이고 법률적인 원리를 채우고 있는 핵심적인 개념의 측면에서 종종 타당하다고 여겨질 수 있는 종류의 감정인지 질문해야 한다. 만약 우리가 6절에서 기술한 롤스 식의 정치적 자유주의 관점에서 답을 구한다면, 분노는 대체로 타당한 감정이라고 대답할 것이다. 왜냐하면 정치적 자유주의는 일정한 권리·자유·기회뿐만 아니라 다른 기본적 가치가 매우 중요하다고 인식하고, 이러한 것들이 분명 다른 사람의 부당한 행위로 손상될 수 있다고 여기기 때문이다. '법으로 부여받은 권리'의 영역에서 발생하는 위해가 법률적 규제를 위한 필요조건이라는 밀의 주장에 대해서는 동의할 수도 있고 그렇지 않을 수도 있다. 그렇지만 일반적으로 이러한 위해가 법률적 규제의 충분조건이 된다고 생각할 것이다. 국가가 해야 할 다른 일도 생각할 수 있겠지만, 우리는 국가가 일정한 핵심 영역에서 인간의 권리를 보호해야 한다고 생각한다.

[어떠한 감정에 수반된] 사실이 모두 정확하다면 법적으로 적절한 범주에 해당하는 감정이 존재할 수 있다는 점은 명백하므로 법률 문제를 둘러싸고 상대적으로 구체적인 질문이 가능하다. 예를 들어, 분노와 두려움은 법률적으로 적절한 범주에 해당되는 감정으로 볼 수 있다. [따라서] 질문해야 하는 것은 분노와 두려움이 법률

적으로 중요한 영역에서 '이성적인 사람'을 움직일 수 있는가의 '여부'가 아니다. 오히려 법의 다양하고 구체적인 영역에서 어떤 '종류'의 분노와 두려움을 타당한 것으로 인정해야 하는가이다.

그러나 때로는 전체적인 감정의 범주에 대해 의문을 가질 수도 있다. 옳든 그르든, 질투심은 종종 관계를 맺고 있는 사람을 소유하고 싶어 하는 부적절한 태도에 기반한 감정으로 여겨져 왔다. 질투심에 찬 사람은 단순히 사랑이 사라질까 봐 두려워하는 것만은 아니다. 이에 더해 그는 연적에게 사랑을 빼앗길 수 있는 위험성을 없애 애인의 행위를 통제하는 것이 바람직하다고 생각한다. 반면 사랑에 대해 균형적인 시각을 지닌 사람은 이처럼 상대방을 소유하려는 사고를 갖고 있지 않기 때문에, 질투심은 '이성적인 사람'이 지니는 감정이 아니라고 생각할 것이다. 여기에 우리는 이러한 소유적 사고가 여성과 남성의 관계에서 특히 유해한 역할을 해 왔으며, 여성을 남성의 소유물로 보는 시각의 일부였다는 점을 덧붙일 수 있다. 물론 질투심이 인간 삶에 편재해 있지 않다고 말하려는 것은 아니다. 그러나 만약 그것이 다른 사람에 대한 부적절한 태도의 집합임이 드러난다면, 질투심이 법과 공공 정책을 형성하는 과정에 작용하는 것에 의문을 제기할 수 있는 근거를 갖게 될 것이다. 그래서 이런 생각을 지닌 사람은, 예를 들면 연적이나 간통을 저지른 배우자를 죽인 사람에게 '타당한 도발'을 근거로 죄를 감해 주는 것에 반대할 가능성이 크다.

내가 혐오에 대해, 그리고 제한된 범위에서 수치심에 대해 주장하려고 하는 바도 질투심에 대한 이러한 가설적 주장과 유사하다. 나는 혐오가 담고 있는 인지적 내용에 심각한 문제가 있다고 주장하며, 최소한 내가 '원초적 수치심'이라고 일컫는 기본적 형태의 수치심의 경우도 마찬가지다. 그렇다고 혐오와 수치심을 인간 삶에서 완전히 제거할 수 있다거나 아니면 그래야 한다고 주장하는 것은 아니다. 질투심과 마찬가지로 혐오와 원초적 수치심은 인간 삶의 구조에 깊숙이 뿌리내리고 있어서 이를 근절하는 것은 아마 불가능할 것이다. 뒤에서 제시하겠지만, 이러한 두 가지 감정은 인간으로서 살아간다는 사실 자체에 내재된 깊은 긴장을 삶 속에 담긴 높은 열망과 가혹한 한계에 대한 인식을 통해 헤쳐 나가는 방식이기 때문이다. 그러나 이러한 감정은 인지적 내용에 문제를 지니고 있으며, 이런 점에서 사회적으로 작동할 경우 공정한 사회에 위험을 초래할 수 있다.

2장 ————— 혐오와 우리의 동물적 육체

산부인과 교수인 그는 다음과 같은 말로 자신의 강의를
시작했다. "여러분, 여성은 하루에 한 번 소변을 보고,
일주일에 한 번 변을 보며, 한 달에 한 번 생리를 하고,
1년에 한 번 출산하며, 기회가 있을 때마다 교미하는
동물입니다." 나는 이 말이 적절하게 맞아떨어진다고 생각했다.

서머싯 몸, 『작가 노트』

어떤 형식이든, 특히 문화생활의 형식에서 불결하거나
파렴치한 일이 일어났다면, 적어도 거기에 유대인이
관련되지 않았던 적이 있었던가? 이러한 종기를 조심스레
절개하자마자 사람들은 썩어 가는 시체 속의 구더기처럼
돌연히 비친 빛에 눈이 부신 듯이 끔벅거리고 있는
유대인들을 종종 발견했던 것이다.

아돌프 히틀러, 『나의 투쟁』[111]

만약 당신이 어릴 적 사랑에 빠졌을 때 "당신이 똥을 싸고
오줌을 눈다 해도 난 기쁠 것이오. 똥도 오줌도 쌀 수 없는
여자를 난 원하지 않소."라고 말해 준 남성이 있었다면,
분명 당신의 가슴을 따뜻하게 해 줄 수 있었을 텐데요.

『채털리 부인의 연인』을 인용하며
D. H. 로렌스가 오톨라인 모렐에게 보낸 편지

1 혐오와 법

혐오는 대부분의 인간 삶에 큰 영향을 끼치는 감정 가운데 하나다.[112] 혐오는 우리에게 친밀함을 형성해 주며, 일상생활 구조의 많은 부분을 제공해 준다. 우리가 샤워를 하고, 배뇨를 위해 사적인 공간을 찾으며, 양치질로 입 냄새를 제거하고, 누가 보지 않을 때 겨드랑이 냄새를 맡아 보고, 코털에 코딱지가 붙어 있지는 않은지 거울을 보며 확인하는 것처럼 말이다. 또한 많은 면에서 우리의 사회적 관계는 혐오스러운 것과 이를 피하려는 다양한 시도로 이루어져 있다. 배설물과 시체, 썩은 고기와 같은 불쾌한 동물적 물질을 처리하는 방식은 사회적 관습 속에 스며들어 있으며, 대부분의 사회들은 사회를 건강하게 유지하기 위해 혐오감을 주는 특정 집단이나 오염물을 지닌 사람들을 기피하도록 가르친다.

또한 혐오는 법에서도 중요한 역할을 한다. 먼저 혐오는 특정한 행위를 불법적인 것으로 정당화할 때 우선적으로 고려되거나 유일한 근거로 작용한다. 그래서 소도미법(Sodomy Law)*은 이른바 올바른 생각을 지닌 사람들이 그러한 행위에 혐오감을 느낀다는 단순한 이유로 옹호되어 왔다. 오스카 와일드(Oscar Wilde, 1854~1900)**의 두 번째 형사 재판을 담당한 판사는 "이 끔찍한 두 차례의 재판의 상세한 내용들이 모든 명예로운 남성의 가슴속에 불러일으키는 감정"을 기술하지 않기를 바란다고 말했지만, 그가 전염성이 강한 피고인의 죄에 대해 혐오감을 느낀 것은 분명했다.[113] 데블린 경은 이러한 사회적 혐오가 특정 행위를 금지시키는 강력한 근거가 된다고 주장한 것으로 유명하다. 설령 그러한 행위가 동의하지 않은 타인에게 아무런 위해를 주지 않더라도 말이다. 그는 자신의 결론을 쌍방의 동의 아래 이루어지는 동성애 행위를 금지시키는 것에 분명하게 적용했다.[114] 혐오에 관한 최근의 연구자 중에서는 법 이론가인 밀러가 데블린의 일반적 입장을 지지하고 있다. 밀러는 데블린의 구체적인 권고안을 따르지는 않지만, 한 사회의 문명화 정도는 정상적인 것과 혐오를 불러일으키는 것 사이에 놓인 장벽을 통해 적절히 평가될

---

* 특정한 방식의 성행위를 '비자연적'인 것으로 간주하여 범죄로 규정하는 법. 주로 성인들 간의 합의하에 이루어지는 동성애 행위를 금지하기 위해 사용되어 왔다.
** 아일랜드 출신의 극작가·소설가·시인. '예술을 위한 예술'을 모토로 하는 탐미주의를 주창했다. 1895년 동성애적 성벽(性癖)으로 인해 퀸즈베리 후작과의 소송에서 패소하여 2년의 실형을 치른 뒤 영국에서 추방당해 파리에서 생을 마쳤다.

수 있다고 주장한다.[115] 이러한 시각에서 볼 때 법률적 장벽은 문명화 과정을 추동하는 동인으로 쉽게 간주할 수 있었다. 최근에는 부시 대통령의 임명을 받아 줄기세포 연구와 관련한 도덕적 이슈들을 검토하는 위원회를 이끈 보수주의적인 생명윤리학자 레온 카스(Leon Kass)가 일반적으로 사회가 새로운 의학적 가능성을 숙고할 때에는 "혐오가 담고 있는 지혜"에 의지하는 편이 좋을 것이라고 주장했다. 인간 복제 금지를 지지하는 글에서, 카스는 혐오가 "인간성의 핵심을 옹호하기 위해 내세울 수 있는 유일하게 남겨진 목소리일 수도 있다."라고 말했다.[116]

혐오에 대한 판단이 분명하게 그 중심에 자리하고 있는 법의 영역 중 하나는 현재의 외설법이다. 당대의 공동체 기준을 적용하는 사회의 평균적인 구성원이 지닌 혐오는 일반적으로 음란물을 정의하는 중요한 요소로 여겨져 왔다. 연방대법원은 '음란'이라는 단어의 어원이 불결함을 뜻하는 라틴어 'caenum'에서 기원했다는 점을 판결문의 각주에 명기하고 있으며, 두 권의 저명한 사전은 정의하면서 '혐오감을 주는'이라는 뜻풀이를 포함시켰다.[117]

사회가 지닌 혐오는 다른 근거에서 이미 불법으로 간주되고 있는 행위의 범주에 대한 법률적 주장에서도 나타난다. 동성애자에게 살인을 저지른 범죄자가 지닌 혐오는 죄를 경감시켜 주는 요소로 간주되기도 한다.[118] 또한 살인에 대한 판단에서 판사나 배심원이 지닌 혐오는 자주 잠재적인 가중 요소로 고려될 수 있는 것으로 여겨져 왔다.

이들 문제를 둘러싼 시각 중 하나는 혐오라는 감정은 법과 매우 관련되어 있고, 법적 절차의 귀중한 부분이라는 입장이다. 데블린의 견해에 따르면, 모든 사회는 자신을 보존할 권리를 지니며, 공동체 구성원의 혐오에 반응해서 법을 제정하지 않으면 사회가 유지될 수 없다.[119] 그러므로 모든 사회는 그 구성원의 혐오 반응을 법으로 제정할 권한이 있다. 카스에게 혐오는 "우리에게 말로 다할 수 없는 심원한 것들을 위반하지 않도록 경고하는" 깊은 지혜를 담고 있는 감정이다.[120] 그래서 만약 우리가 그러한 지혜를 유념하지 않는다면, 인간성을 상실하게 되는 위험에 처하게 된다고 말한다. 또한 밀러는 악덕과 상스러움에 대해 사회가 느끼는 증오는 혐오를 수반하며, 혐오 없이는 [사회가] 유지될 수 없다고 본다. 혐오는 "우리가 손상시킬 수 없는 도덕적 문제를 구분"짓는다는 것이다.[121] 따라서 그의 입장에서는 혐오가 형법이나 법의 다른 영역에서 정당한 역할을 하고 있다는 결론이 따르게 된다. 비록 그 자신이 이러한 추가적인 함의를 말하고 있지는 않지만 말이다.

혐오를 지지하는 이러한 주장의 대부분은 보수적이다. 그러나 최근에 케이헌은 혐오의 감정이 진보적인 법사상에서도 중요한 위치를 차지하며, 대부분의 법률 이론가들이 현재 기대하는 것 이상으로 [혐오가] 형법에서 보다 큰 역할을 할 수 있도록 허용되어야 한다고 주장했다. 혐오는 "단호하고 강경한 판단을 드러내"며,[122] 실제로 "잔인함을 인지하고 이를 비난하는 데 있어 본질적"이라는 것이다.[123]

이것은 타당한 명제이며 간단히 일축해서는 안 되는 주장이다. 또한 I장에서 말한 것처럼, 법에서 감정에 호소하는 모든 것을 싸잡아 비난하거나, 법 이론가들이 동정심, 분개 또는 불가항력적인 두려움에 대한 호소를 검토할 때 매우 자주 듣게 되는 '감정 대 이성'이라는 강력하면서도 잘못된 대조를 사용해서 [이러한 주장을] 기각해서도 안 된다. 만약 모든 감정이 복잡한 평가적 인지를 포함하고 있다면 — 이는 실제로 타당해 보인다 — 그러한 요소를 한 묶음으로 '비합리적'이라고 단정해서는 안 된다. 그 대신 우리는 어떠한 종류의 믿음을 수반하는지 그러한 감정이 담고 있는 인지적 요소를 평가해야 한다. 이는 이러한 감정이 특정한 주제와 관련해 볼 때, 그리고 그러한 감정의 일반적인 형성 과정을 고려해 볼 때 얼마나 신뢰할 수 있는지 질문함으로써 가능하다. 감정에 수반된 인지적 요소가 일반적으로 전혀 신뢰할 수 없다고 생각하는 것은 근거가 없어 보인다.

나의 주장처럼, 일반적으로 감정에 대한 평가는 구체적인 사례에 초점을 맞춰, 어떠한 사람이 특정한 상황을 어떻게 평가하는지, 그리고 그 속에 담긴 가치가 무엇인지 질문해야 한다. [구체적인 상황에 따라 포함된 평가가 다를 수 있는] 분노의 감정을 하나로 묶어서 신뢰할 수 있다거나 없다거나, 타당하다거나 그렇지 않다거나 하는 식으로 말할 수는 없다. 특정한 대상에 대해 특정한 사람이 지니는 특정한 분노의 경우에만 논리적으로 타당하지 않다고 볼 수 있다. 그러나 내가 주장해 온 것처럼 특정한 감정 형태의 경우는 그러한 감정이 짐작되는 원인과 구체적인 인지적 내용, 그리고 인간 삶의 질서 속에서 수행하는 일반적인 역할을 고려해 볼 때 항상 미심쩍거나 문제가 있어서 특별한 심사를 필요로 한다..1장에서 나는 질투심에 대해 이러한 의문을 제기한 바 있으며, 여기에서 혐오에 대해 말하려는 바도 마찬가지다. 나는 혐오가 담고 있는 특정한 인지적 내용을 고려하면 [이러한 감정이] 사회적 삶에서 신뢰성을 갖기 어려우며, 특히 법률 생활의 경우에는 더욱 그러하다. 혐오라는 감정 속에는 동물적인 것에서 벗어나려는 인간의 욕구와 결부된, 오염에 대한 두려움이 담겨 있기 때문에 자주 다양한 형태의 의심스러운 사회적 실천과 연결된다. 우리 인간이 동물적 육체를 갖고 있다는 사실에 대해 느끼는 불쾌함은 이러한 사회적 실천을 통해 취약한 사람들과 집단을 대상으로 투영되는 것이다. 이러한 반응은 규범적인 의미에서 비합리적이다. 왜냐하면 그러한 반응은 될 수 없는 존재가 되려는 열망을 담고 있을 뿐 아니라 그러한 열망을 추구하는 과정에서 다른 사람을 표적으로 해서 심각한 위해를 가하기 때문이다.

법과 관련한 영역에서 다원주의적 민주 사회는 이러한 투영적 반응이 사회에 영향을 주지 못하도록 막는 것이 특히 중요하다. 이러한 투영적 반응은 여성 혐오, 반유대주의, 동성애에 대한 강한 거부와 같이 역사 속에서 자행된 심각한 위해의 근원이 되어 왔기 때문이다. 그래서 공적으로 공유될 수 있는 근거에 바탕하고 있는 분개는 법의 영역에서 선량한 시민들의 적절한 도덕적 반응으로 정당하게 인정될 수 있을지 모르지만, 혐오의 경우는 쓰레기 더미(혐오 감정은 우리 중 많은 사람을 이러한 쓰레기 더미에 빠뜨릴 수도 있다.) 위에 두는 편이 더 나을 것이다.

구체적으로 (3장에서) 나는 피고인이 피해자에 대해 지닌 혐오는 형법에서 결코 적절한 증거가 될 수 없다고 주장할 것이다. 예를 들면 포르노그래피 법의 경우 혐오에 기초함에 따라 위해라는 핵심적인 이슈가 부각되지 않거나 관심을 완전히 다른 곳으로 돌리게 함으로써 오히려 위해를 지속시키는 역할을 하고 있다. 또한 혐오는 특정한 행위(예를 들면, 동성애)를 불법으로 단정짓는 적절한 근거가 될 수 없다. 어떠한 유형의 살인은 비정상적으로 혐오스러워서 다른 살인보다 더 나쁜 범죄라로 여겨질 수 있지만, 이러한 혐오 반응은 우리 자신도 그러한 죄악을 저지를 수 있음을 부인하는 사고를 담고 있기 때문에 불신되어야 한다는 것이다.

2 혐오 지지자들: 데블린, 카스, 밀러, 케이헌

우리는 혐오를 지지하는 입장을 보다 상세히 이해하는 데에서부터 시작해야 한다. 이러한 입장은 실제로는 하나가 아닌 여러 갈래의 주장으로 이루어져 있기 때문에 혐오가 풍부한 법률적 역할을 할 수 있다는 입장을 펼치면서 제시된 주요 주장을 하나씩 검토하는 것이 필요하다.

혐오를 지지하는 가장 영향력 있는 주장은 데블린 경의 유명한 강연인 「도덕의 집행」(1959)에서 제시되었다. 판사였던 그는 1957년 발간된 「울펜덴 보고서(Wolfenden Report)」가 계기가 되어 강연을 하게 되었다. 이 보고서는 쌍방 동의 아래 이루어지는 성인 간의 동성애를 범죄화하도록 권고하는 내용과 당시는 불법이 아닌 성매매를 범죄화하는 것에 반대하는 내용을 담고 있다. 이러한 권고안을 지지하면서 [보고서를 발간한] 위원회는 '사적인 비도덕성'에 대한 규제에 반대하는 좀 더 일반적인 논거를 펼쳤다. 기본적으로 사회는 다른 사람에게 위해를 주지 않는 개인적 행위를 규제하는 데 법을 사용할 권리가 없다는 밀의 입장을 취한 것이었다. [이에 대한] 데블린의 반대 의견은 복잡하다. "사회의 보전과 모순이 없는 개인적 자유를 극대화하는 것은 허용되어야 한다."[124]라는 말에서 알 수 있듯이, 그는 일반적으로 개인적 자유가 확대되어야 한다는 것에 대해서는 위원회와 의견을 같이한다. 그러나 그는 사회가 광범위하게 공유되는 '확립된 도덕성'을 유지하려 하지 않는다면 사회는 지속될 수 없다고 주장한다. 비록 데블린이 이러한 도덕성이 절대로 변하지 않는다고 생각하지는 않았지만,[125] 그는 "공통의 도덕성이 조금도 지켜지지 않으면 [사회] 해체가 일어나게 되고, 역사가 보여 주듯이 도덕적 결속이 느슨해지는 것은 흔히 [사회] 해체의 첫 단계이기 때문에 사회가 정부와 다른 필수적인 제도를 유지하려고 하는 것과 마찬가지로 도덕적 규범을 유지하기 위한 조치를 취하는 것이 정당하다."라고 말한다.[126]

밀의 원칙을 지지하는 사람들(그리고 울펜덴 보고서의 저자들)은 사회에는 공유된 도덕성이 있어야 한다는 이러한 대답을 분명 수용할 수 있을 것이다. 그러나 [그들에게] 공유된 도덕성은 시민의 기본적인 헌법적 권리와 자격을 정의하는 핵심적인 정치적 가치의 집합과, 이와 같이 "법으로 부여받은 권리"(이는 밀의 용어다.[127])와 관련해 시민들이 위해를 당하지 않도록 막기 위한 다른 원칙 속에서 발견될 수 있다. 그러므로 자유주의자들은 공유된 도덕 없이도 사회가 유지될 수 있다고 여길 필요도 없고 그래서도 안 된다. 그 대신 공유되는 도덕성은 오직 정치적이고 자유주의적인 도덕성이어야 한다고 말해야 한다. 이러한 도덕성은 공유되는 정치적이고 헌법적인 가치와 좋은 삶에 대한 사람들의 포괄적인 개념의 다른 측면을 구분해 준다.* 이러한 다른 측면에는 종교의 문제, 성적 행위와 욕구의 문제 — 동의하지 않은 사람에게 위해를 가하는 것은 제외하고 — 가 포함될 것이다. 깊은 개인적 중요성을 지니는 영역에서의 자유의 보호는 자유주의자들에게는 그 자체로 하나의 도덕적 규범이자 공유되는 가치 — 대부분의 사회에서 가장 소중히 여기는 가치 중 하나 — 라는

---

* 정치적 자유주의자들은 사람들 각자가 좋은 삶이라고 여기는 것은 다를 수 있기 때문에 합당하지만 상충하는 포괄적 교리의 사회적 다원성을 인정한다. 따라서 민주 사회에서는 모든 시민이 수긍할 수 있는 단일한 종교적·철학적·도덕적 교리란 존재할 수 없으며, '정치적인 것의 영역'에서만 헌법적 가치를 중심으로 '중첩적 합의(overlapping consensus)'를 구성할 수 있다고 본다. 이를 통해 다원성 속에서도 공정한 협력 체계로서의 사회를 형성할 수 있다는 것이다. 보다 자세한 내용은 존 롤스, 장동진 옮김, 『정치적 자유주의』(동명사, 1998) 참조.

점을 부연할 수도 있겠다. 데블린은 다음의 두 가지 대안밖에 없는 것처럼 말하면서 처음부터 잘못된 방향으로 문제를 설정했다. 하나는 개인적인 성적 도덕성과 개인적 차원의 도덕적 행위의 다른 영역에서 도덕적 규범을 집행하기 위해 법을 사용하는 것이고, 다른 하나는 법을 이용해 도덕적 규범을 집행하려는 계획을 완전히 포기하는 것이다. 우리에게는 분명 제3의 대안이 있다. 그것은 자유주의적 사회의 핵심 가치 ── 개인적 자유의 영역을 보호하는 것은 중요하게 포함된다 ── 만을 집행하기 위해 법을 이용하는 것이다.

이런 점에서 데블린은 핵심적인 자유주의적 가치만으로는 사회를 결속시키기에 불충분하며, 이러한 핵심적인 자유주의적 가치를 뛰어넘은 ── 그리고 어떤 면에서는 이러한 가치와 직접적으로 충돌하는 ── 가치를 보호하지 않으면 사회가 붕괴될 것이라는 점을 자유주의자들에게 보여 줄 필요가 있었다. 실제로 데블린은 자신의 주장을 옹호하기 위해 사회 해체의 매우 구체적인 모습을 서술한다. 그는 이 글(『도덕의 집행』)을 비롯한 다른 연관된 글에서 사적인 비도덕성의 구체적 형태에 초점을 맞추고 있다. 그는 정상적이지 않은 성적 행위, 만취, 마약 복용을 예로 들면서 [이러한] '악덕'이 사회에 만연했을 때 초래될 수 있는 위험에 대해 매우 구체적인 그림을 제시한다. 만약 사람들이 제 역할을 수행하지 못할 만큼 '악덕'에 빠져 있다면 중요한 활동이 실행될 수 없다는 것이다. 그는 비정상적인 성적 행위를 중독된 상태로 서술하며(그는 동성애자들을 사실상 '중독자'라고 적고 있다.), 그러한 행위가 개인이 정상적인 업무를 실행할 수 없게 만든다고 본다. 그래서 그는 "항상적으로 술에 취해 있고, 약에 빠져 살며, 방탕한 생활을 하는 사람들은 공동체의 유용한 구성원이 되기 어렵다."라고 적고 있다.[128] 좀 더 생생하게 "방탕자들로 이뤄진 나라는 1940년에 있었던 피와 수고, 땀과 눈물을 보내 달라는 윈스턴 처칠의 외침*에도 충분히 응답하지 않았을 것이다."라고 주장하기도 했다.[129] 그래서 그는 밀의 입장을 따르는 사람들에게 비도덕성은 중대한 사회적 해악을 가져온다는 점을 납득시키려고 한다. 사회의 주요한 활동이 실행되기 위해서는 평균적인 시민들에게서 자기통제와 목적성을 기대할 수 있어야 하는데, 비도덕성은 이를 침식한다는 것이다.

알코올 중독이나 약물 중독의 경우는 적어도 이러한 근거에서 주장할 수 있는 사례라고 볼 수도 있다. 비록 이러한 물질을 합법화하는 것이 데블린이 생각하는 것처럼 사회적 위험 — 이러한 물질의 남용이 '전염'되어 광범위한 사회적 쇠퇴를 불러오는 — 을 초래할지는 너무나 불명확하지만 말이다. 그러나 동성애와 관련한 그의 주장은 우리가 5장에서 고찰하게 될 일종의 '도덕적 공황'의 기미를 보인다.[130] 동성애를 대중적으로 용인하게 되면 어떤 애매하고 불특정한 방식으로 사회 구조가 침식될 것이라는 생각은 결코 새로운 것이 아니다. 그렇다고 낡은 생각도 아니다. 2001년 9월 11

---

* 1940년은 2차 세계대전이 발발한 해다. 체임벌린을 대신해 영국의 총리가 된 윈스턴 처칠은 1940년 5월 13일 하원에서 첫 연설을 하면서 "피와 수고, 눈물과 땀"이라는 표현을 썼다.

일 직후 제리 폴웰 목사는 세계무역센터 폭발의 책임은 '게이와 레즈비언들'에게 있다(아마도 그들의 존재가 미국을 약화시킨다고 데블린처럼 생각하면서)는 성명을 전국적으로 발표했다.[131] 비록 우리는 [주위에서] 이러한 주장을 여전히 들을 수 있지만, 이는 부당하고 완전히 받아들일 수 없는 것이다. 우리는 데블린의 주장 속에 있는 이러한 특징을 기억해 둘 필요가 있다. 그가 말한 많은 부분이 동성애 행위와 이러한 행위가 인성에 미치는 효과에 관한 잘못된 사실적 가정에 근거하고 있는 것처럼 보이기 때문이다. 그는 분명 이성애자를 '중독자'로 기술하지도 않았고, 그들의 성적 선호를 사회의 중요한 힘을 약화시키는 중독으로 표현하지도 않았다.[132]

데블린은 개인적 자유의 중요성을 고려해서 사회의 도덕적 규범에 위협이 되는 모든 행위가 법적 간섭을 정당화할 만큼 충분히 심각하다고 여기지는 않는다. 그래서 비도덕적 행위가 그 사회가 허용해서는 안 되는 지점을 넘어섰는지를 판단할 수 있는 시험을 제안한다. 적절한 기준을 제시하기 위해 그는 '이성적인 사람'(그가 '클래펌 사람'이라고 말하는)이라는 잘 알려진 법률적 가설로 돌아온다.[133] 이러한 사람들이 다른 사람의 자기 본위적 행위에 대해 매우 강한 형태의 비난을 보인다면, 그러한 행위는 법으로 금지될 수 있다는 것이다. 데블린은 이러한 강한 감정을 '불관용, 분개, 혐오'라고 일컫는다. 그는 이러한 감정은 "도덕적인 법을 뒷받침하는 힘"이며, [어떠한 행동이] 이러한 감정을 불러일으키지 않는다면 사회는 사람들의 선택의 자유를 빼앗을 권리가 없다고 말한다.[134] 비록 데블린이 세 가지 다른 감정을 제시하고 있지만, 그의 주장은 내가 정의하려는 혐오에 초점을 두고 있는 것으로 보인다. 뒤에서 주장하겠지만 분개는 일반적으로 부당하게 가해진 위해나 손상에 대한 반응으로 이해할 수 있다. 그러나 데블린은 [반드시] 어떠한 위해가 있어야 한다고 주장하지 않으며, 그의 전체 주장은 위해가 있는 경우에만 법률적 규제가 정당화된다는 밀의 견해를 겨냥하고 있다. 그는 자신의 주장의 뒷부분에서 혐오에 대해서만 언급하는데, 동성애에 대해 물어야 하는 질문은 "차분하고 냉정하게 살펴볼 때 그러한 행위는 너무 혐오스러워서 그것의 존재만으로도 범죄가 될 수 있는 악덕으로 간주할 수 있는가다."라고 말한다.[135] 그래서 그는 확실하지는 않지만 두 단계의 질문을 제시한다. 첫째, '이성적인 사람'은 동성애 행위에 혐오감을 느끼는가다. 둘째, 거리를 두고 생각할 때 그렇게 느끼는 것이 진정 올바른 것인지 스스로에게 차분히 묻는 것이다.

왜 데블린은 혐오가 법 제정을 위한 신뢰할 수 있는 근거가 될 수 있다고 생각했을까? 널리 퍼지게 되면 사회의 기능을 약화시킬 수 있는 악덕이 존재한다는 견해는 인정한다 하더라도, 왜 우리는 혐오가 어떠한 행동이 악한 속성을 갖는지를 평가하는 신뢰할 수 있는 지표라고 가정해야 하는가? 인종 간 결혼은 [지금까지] 광범위한 혐오의 대상이 되어 왔다. 그러나 (이성애자 간의 결혼이라면 어떤 형태든 만족했을지 모르는) 데블린조차도 이러한 혐오가 신뢰할 수 있는 방식으로 사회적 위험을 감지하고 있다고 주장하지는 않았을 것이다. 일상생활 속에서 공동체 내의 지적장애자나 장애인은 종종 혐오를 일으키기도 한다. 그러나 그들이 사회 구조에 위험을 초래한다고 주장하기는 어렵다. 반대로 혐오를 유발하지 않지만 사회 구조에 분명 위험을 초래할 수 있는 행위의 형태도 있다. 그러한 행위들은 널리 퍼져 있거나 심지어는 대중적이기 때문에 혐오를 일으키지 않는다. 인종주의와 성차별은 많은 사회에서 이러한 모습을 보여왔다. 탐욕과 가혹한 사업 방식은 감탄을 일으키기도 한다. 데블린의 주장은 이러한 중요한 지점에서 우리를 혼란스럽게 하며, 추가적으로 그의 입장을 평가하는 데 도움이 되도록 혐오가 담고 있는 내용이나 그것의 가능한 대상에 대한 분석을 제시해 주지 못한다. 그러므로 우리는 이 시점에서 데블린에서 벗어나 이러한 질문의 일부에 답할 수 있는 다른 저자를 살펴봐야 한다.

레온 카스는 데블린과 매우 비슷한 입장을 취하고 있지만, 혐오라는 감정과 그 사회적 역할에 대해 좀 더 다양한 고찰을 제공해 준다. 법 규제에 관한 일반적인 이론을 발전시키지 않았지만, 그는 밀의 입장을 따르지는 않았다. [그는] 동의하지 않는 타인의 "법으로 부여받은 권리"에 부정적인 영향을 준다면, 어떠한 행위가 밀의 의미에서 "타인과 관련"되는지 확인*하지 않고도 사회가 그 행위를 금지시킬 수도 있다[고 보았다]. 사회에서 일어날 수 있는 위험에 대한 카스의 시각은 데블린과 차이가 있다. 혐오가 왜 중요한지

---

* 동의하지 않은 타인에게 영향을 주는지 확인하는 것을 말한다.

에 대한 그의 주장도 마찬가지다. 카스가 걱정하는 위험은 '방탕함'이 널리 퍼지게 되면 행위하고 계획하는 사회의 능력이 파괴된다는 점이 아니다. 이보다 그는 인간을 다른 사람의 수단으로 여기는 관행이 점차 받아들여지게 되면, 모르는 사이에 핵심적인 인간 가치가 침식될 수 있음을 우려한다. 그가 두려워하는 것은 "자유롭게 행해진다면 모든 것이 허용될 수 있다고 생각해서, 우리가 부여받은 인간 본성이 더 이상 [다른 사람에 대한] 존중을 필요로 하지 않는" 세상이다.[136] 여기까지 카스는 바로 자유주의적 전통 내에서 주장을 펼치고 있는 것으로 보인다. 왜냐하면 인간 존엄에 대한 존중은 분명 실행 가능한 어떤 형태의 정치적 자유주의든 핵심적인 정치적 가치로 삼아야 하는 것이기 때문이다. (그러나 '부여받은 인간 본성'이라는 말은 인간성에 대한 일종의 형이상학적 또는 종교적 시각을 시사하고 있기 때문에 인간 존엄에 대한 정치적 사고를 뛰어넘는다.) 자유주의 사회가 막아야 할 중요한 위험 중의 하나는 인간성이 목적이 아닌 수단으로 이용되는 것이라는 주장을 자유주의자는 분명 쉽게 받아들일 수 있을 것이다. 만약 우리가 혐오가 인간 존엄의 훼손과 분명하게 연관된다는 사실을 납득할 수 있다면, 최소한 혐오를 법률적 규제와 관련된 것으로 바라볼 수 있게 될 것이다.[137]

카스는 모든 합리적 주장의 밑바탕에 '지혜'가 깔려 있는 것처럼 '혐오'라는 감정에도 이러한 지혜가 담겨 있다고 본다. 어떤 것을 떠올렸을 때 혐오감을 느꼈다면, 이는 "우리가 올바르다고 여기는 것을 위반했음을 논증 없이 바로 직관적으로 느꼈기 때문"이라는 것이다. "이루 말할 수 없이 심오한 것을 위반하지 않도록 경고하면서, 인간의 과도한 의도성 있는 죄(willfulness)에 대해 반감을 일으킨다."[138] 카스는 "불쾌감은 논증[을 통해 생기는 것]이 아니"라고 인정하지만, 어떠한 점에서는 논증보다 더 깊고 신뢰할 수 있는 방식으로 일정 수준의 인격에 도달할 수 있게 해 준다고 여긴다. "중요한 사례에서…… 혐오는 심오한 지혜를 담고 있는 감정적 표현이다."[139]

카스는 불쾌감을 논증하려는 시도 자체에 의문을 품고, "우리가 느끼는 끔찍함을 합리화하려는"[140] 것은 피상적인 시도에 그치고 말 것이라고 주장하면서 우리가 이미 반감을 지니고 있는 여섯 가지 행위를 열거한다. 아버지와 딸 사이의 근친상간(동의하에 이루어지는 것이라 하더라도), 동물과의 수간, 시신 절단, 인육 풍습, 강간, 살인이 그 예들이다. 그러나 이들 행위의 대부분은 동의하지 않은 타자에게 위해를 주기 때문에 [굳이 혐오에 호소하지 않더라도] 밀의 원칙을 통해 충분히 문제를 드러낼 수 있다. 강간과 살인은 [타인에게 위해를 준다는 점이] 명백하고, 아버지와 딸 사이의 근친상간의 경우 어린 딸은 올바로 동의를 표현할 수 없다고 간주할 수 있다. [성관계를] 부추긴 사람이 아버지라면 더욱 그렇다. 동물과의 수간은 동물을 인간의 변덕스러운 생각의 도구로 이용하면서 일반적으로 동물에게 엄청난 고통과 모욕을 준다. (동물이 지니는 합법적 권리를 옹호했고, 동물학대방지협회(SPCA)에 많은 돈을 기부한 밀은 이 점에 분명 동의할 것이다.) 그리고 먼저 살인을 저지르지 않으면 인육을 먹는 일이 생길 수 없다. 아무런 강제 없이 자연적 원인으로 죽은 사람의 인육을 먹은 경우를 생각해 볼 수 있겠지만, 그것은 섬뜩한 시신 절단 행위의 다른 형태로 볼 수 있을 것이다. 시신 절단의 경우는 이러한 행위가 금지되어야 하는지, 어떤 근거에서 금지되어야 하는지에 관해 실질적인 도덕적 문제를 제기한다. 3장에서 이러한 질문을 다시 다루겠지만, 시신은 살아 있는 인간이 아니라 활동성이 없는 물건 더미라는 점을 분명하게 언급하게 되면, 이 문제가 복잡한 이슈라는 점이 드러날 것이다. 카스는 이 이슈에 대해 아무런 주장도 제시하지 않고 있다. 그러나 이 사례는 그가 밀의 원칙의 범위를 넘어선다고 추정할 수 있는 유일한 예다. 이 사례와 관련하여 우리는 단순히 혐오가 어느 정도 합리적 지혜를 담고 있다고 가정하는 것이 아니라, 이러한 가정을 반성하고 이를 논증해야 한다.

게다가 카스가 피상적인 합리화에 지나지 않는다고 주장하면서 제시한 예는 가장 불공평한 사례다. 근친상간은 "근친 교배가 초래하는 유전적 위험성" 때문에 잘못되었다는 주장이 그것이다. 친사촌 간이나 성인이 된 오누이 간의 성관계의 법률적 지위에 관심을 지닌 사람은 이러한 주장을 충분히 펼칠 수 있다. 그러나 이것은 딸이 겪는 위해가 중심이라고 볼 수 있는 아버지와 딸의 관계에 대해 자연스럽게 처음으로 제기할 수 있는 주장이 아니다. 게다가 성인이 된 친사촌 간이나 오누이 간의 성관계는 대개 혐오를 불러일으키지 않는다. 실제로 우리가 가장 소중하게 여기는 낭만적 사랑 — 예를 들면, 바그너의 오페라 「발퀴레(Die Walküre)」에 나오는 지글린데에 대한 지그문트의 사랑 — 에 대한 문화적 전형의 일부는 오누이 관계의 심원한 매력에 근거하고 있다. 이 연인들은 혈연에도 불구하고가 아니라 바로 그 혈연 때문에 서로에게 끌리게 된다. 그들은 상대방에게서 자신의 얼굴을 보고, 자신의 목소리를 듣는 것처럼 생각한다. 그래서 만약 우리가 합의에 의한 성인 간의 근친상간을 불법으로 단정할 수 있는 근거를 찾으려 한다면, 혐오는 별다른 도움이 되지 않는다. [오히려 유전으로 인한] 건강 문제를 주장하는 것이 아마 우리에게 정말 필요한 것일 수 있다.

이러한 점에서 볼 때 카스는 혐오가 인권이나 인간 존엄의 심각한 위반과 상당히 연관되어 있다는 점을 인식하지 못했다. 또한 그는 혐오라는 감정이 충분한 지침이 될 수 없는 사례들을 전혀 고려하지 않고 있다. 그는 "어제에는 혐오의 대상이었던 것이 오늘날에는 담담하게 받아들여지고 있는(누군가는 그것이 항상 더 좋아진 것은 아니라고 말하겠지만)"[141] 방식에 대해 말한다. 동성애에 강한 부정적 시각을 지니고 있는 그가 이러한 관계를 염두에 두고 이 말을 했다고 추측하는 것은 무리가 없어 보인다. 그는 데블린이 말한 동성애에 대한 감정이 이러한 행위에 대한 좋은 지침이 '되었다고' 본다. 우리가 그러한 감정이 제공하는 지침을 상실한 것은 매우 잘못된 일이라는 것이다. 많은 독자들은 이에 대해 강하게 부정할 것이다. 유대인, 인종 간 결혼, 제임스 조이스와 D. H. 로렌스의 소설과 같이 과거에 광범위한 혐오의 대상이었던 것에 대해서는 어떻게 말할 수 있을까? 카스는 과거의 이러한 혐오의 사례가 지혜를 담고 있다고 말할 수 있을까? 공공장소에서 지적장애자나 기형 또는 과체중인 사람을 보았을 때 심지어 오늘날까지도 많은 사람들이 느끼는 혐오의 경우는 어떠한가? 여기에서 카스는 일종의 딜레마에 봉착한다. 그는 이러한 모든 경우에 혐오는 좋은 지침이 되어 왔고, 현재도 그러하다고 말할 수도 있을 것이다. 그렇지만 이와 같은 비상식적이고 도덕적으로 흉악한 주장은 대부분의 독자들을 충격에 빠뜨릴 것이다. 아니면 그는 일정한 경우에 혐오는 좋은 지침이 되지 못한다고 말해야 하는데, 이렇게 되면 그는 혐오가 작용하는 나쁜 사례와 좋은 사례를 구별하는 기준이 필요하다는 점을 인정해야 할 것이다. 카스는 이러한 딜레마를 해결하려 하지 않았는데, 그래서 우리에게 언제 혐오를 신뢰할 수 있는지, 얼마나 혐오를 신뢰해야 하는지에 대해 아무런 정보를 주지 못한다. 그러나 그의 주장은 혐오가 매우 신뢰할 만하다는 강한 주장을 필요로 한다. 그의 전체적인 의도는 추가적인 고찰이나 주장을 펴는 것이 아니라 인간 복제의 가능성에 대해 우리가 현재 갖고 있다고 알려진 혐오를 근거로 복제 행위를 금지해야 한다고 우리를 설득하는 것이기 때문이다.

어쨌든 혐오가 법의 영역에서 좋은 지침(합리적인 논증보다 더 깊고 신뢰할 수 있는 지침)을 제공한다고 믿으려면 다른 근거가 필요하다. 그러한 주장을 옹호하는 한 가지 방법은 혐오는 문화적 산물이며, 우리가 사회적으로 우려해 온 것을 드러내는 좋은 지표라는 데블린의 주장을 따르는 것이다. 그러나 문화 자체가 타락해 있다고 보는 카스는 결코 이러한 주장을 받아들일 수 없다. 문화를 신뢰할 수 없다는 바로 그러한 이유 때문에 그는 우리가 혐오에 의지한다고 여긴다. 그의 입장은 혐오에 초문화적인 권위를 부여하는 것이다. 그렇다면 어떤 근거를 가지고 혐오에 권위를 부여할 수 있는가? 혐오가 진화적 유산의 일부라는 시각이 있을 수 있는데, 이러한 근거에서는 혐오에 '도덕적' 권위를 부여하는 것이 불가능해 보인다. 또한 카스의 깊은 종교적 성향을 고려하면, 그가 이러한 입장을 취할 것 같지도 않다. 카스는 혐오에는 신성한 기원이 있거나, 아니면 유대교-기독교 전통에서 원죄와 등치시키는 "의도성 있는 죄"를 억누르기 위해 현명한 목적(wise teleology)을 지닌 자연이 어떤 면에서 다행히 [인간에게] 이식해 놓은 것이라고 생각해야만 할 것이다. 그가 이 입장에 놓여 있다면, 이는 놀랍고 새로운 목적론이라고 하겠다. 그러나 특정한 종교적 목적론을 수용하지 않는 사람들이 설득될 수 있는 용어로 다시 표현될 수 없다면, 정치적 자유주의를 추구하는 국가에서 이러한 입장은 전혀 비중을 차지할 수 없을 것이다. 카스의 주장에서는 그러한 표현을 전혀 찾아볼 수 없다.

혐오에 대한 밀러의 입장은 데블린과 카스의 주장보다 좀 더 복잡하다. 두 저자들과 달리, 밀러는 혐오를 가지고 광범위한 분석을 행한다. 이 분석은 뒤에 이어지는 내 분석에서도 자주 언급된다. 그는 혐오가 분명한 인지적 내용을 가지고 있으며, 논증에 깔려 있거나 논증과 동떨어진 비밀스러운 힘에 의해서가 아니라 이러한 [인지적] 내용을 통해 지침을 제공해 준다고 생각한다. 비록 그는 일정한 '원초적 대상'(신체 배설물, 부패한 음식, 시신)에 대한 혐오는 진화론적 기원을 가지고 있으며 매우 광범위하게 확산되어 있다고 생각한다. 하지만 원초적 대상에서 다른 대상으로 혐오가 확장되는 과정은 사회에 따라 상당한 차이가 있다고 여긴다. 밀러에 따르면 (나도 이 입장을 지지한다.) 혐오 속에 담긴 핵심적인 관념은 전염에 대한 사고다. 누군가 어떠한 실천을 금지시키는 근거로 혐오를 제시한다면, 그 사람은 그러한 실천이 자신이나 자신이 속한 사회에 전염되는 것을 막으려는 생각이 있다는 것이다. 이러한 분석은 아마 데블린이나 카스의 입장과 양립할 수 있지만, [그들의 주장보다] 상당히 구체적이다. 마지막으로 밀러는 혐오가 사회적 위계의 전통과 밀접하게 관련되어 있다는 점을 상당히 길게 주장하고 있다. 전부는 아니더라도 대부분의 사회는 인간을 서열화해서 특정 계층을 오염되어 있고 혐오스러운 집단으로 단정한다는 것이다. 그러한 계층의 밑바닥에는 자주 유대인이나 여성이 있어 왔다. 밀러는 위계를 세우는 것은 혐오에 내재된 속성이라고 생각했다. 혐오는 사람이나 대상을 서열화해서 특정한 대상을 저열하고 천한 것으로 간주한다는 것이다.[142]

이와 같이 밀러의 주장을 개략적으로 살펴보면 혐오가 잘못된 지침을 줄 수 있다는 사실을 그가 잘 인식하고 있음을 알 수 있다. (밀러는 혐오를 구성하는 그러한 위계질서에 대해 비판적이기 때문이다.) 그럼에도 그가 혐오를 조건부로 지지하는 이유는 무엇인가? 밀러의 책에서 규범적 측면은 간략하고 빈약하기 짝이 없다. 따라서 책 속에서 법적 규제에 관한 얘기는 거의 아무것도 찾아볼 수 없다. 그래서 이 질문에 대한 대답은 추측에 의지할 수밖에 없는데, 그는 두

가지 핵심적인 주장을 펼치고 있다. 첫째, 그는 문명화에 따라 혐오가 진보의 지표로 이용될 수 있다는 일반적인 주장을 제시한다. 혐오의 대상이 많은 사회일수록, 진전된 사회라는 것이다. 나는 이러한 주장을 다음 장에서 상세히 검토할 예정이다. 이것이 법률 규제와 어떻게 연관되는지 명확하지는 않지만, 일단 두 번째 주장으로 넘어가자. 두 번째는 케이헌이 밀러의 "도덕적 필수 불가결 명제"라고 적절하게 표현한 주장이다.[143] 이것은 혐오가 잔인함에 대한 반대를 유발하고 강화하는 데 있어 없어서는 안 된다는 주장이다. 우리가 혐오를 통해 드러나는 반응에 주목하지 않고, 혐오가 법 제정 과정에서 영향력을 발휘할 수 없다면, "잔인함을 모든 악덕 중 가장 나쁜 것으로 제시"할 수 없다는 것이다.[144]

이러한 주장은 데블린과 카스가 관심을 가진 행위, 즉 밀의 원칙의 적용을 받지 않는 자기 본위적 행위에 대한 법률적 규제를 지지하지 않는 것으로 보일 수도 있다. 데블린과 카스도 동성애가 잔인하다고 생각하지는 않을 것이다. 만약 그렇게 생각했다면, 동성애의 불법화를 정당화하기 위해 굳이 밀의 원칙을 따르지 않는 방법을 찾는 데 그렇게 많은 시간을 할애하지 않았을 것이다. 밀러에 따르면, 혐오는 대체로 오염 물질로 여겨질 수 있는 것이 있을 때 생긴다. 그러나 그가 주장하듯 위해를 주지 않거나 심하지 않은 오염 물질도 많이 있다. (그는 혐오의 두 가지 중요한 물질로 남성의 정액과 여성의 체액을 들고 있으며, 취약하고 무고한 사람들과 집단을 대상으로 혐오가 투영되어 왔다는 역사적 증거를 강조한다.) 또한 밀러는 잔인성이 항상 혐오를 유발한다는 주장을 전개하지도 않는다. 그는 사회가 힘 없는 사람이나 집단을 잔인한 방식으로 예속시키면서 기쁨을 얻는 다는 사실을 보여 주는 증거를 들고 있는데, 이를 보면서 그러한 주 장을 펴기는 어려울 것이다. 그래서 혐오는 잔인한 행위에 대해 신 뢰할 수 있는 신호를 보낸다는 주장은 그가 지지하는 명제가 될 수 없다. 좀 더 간접적인 명제여야 하는데, 혐오는 우리가 지닌 도덕적 장치의 일부로 그것 없이는 잔인성에 잘 대응할 수 없다는 주장을 예로 들 수 있다. 그러나 타당성 여부에 상관없이 이 명제는 법률적 규제의 근거로 혐오의 사용을 지지하지 못한다. 인간성 안에는 항 상 혐오가 내재되어 있기 때문에 법률적 규제에 대한 명분을 세우 기 위해서는 다른 요소를 근거로 제시해야 한다.

그래서 혐오에 대한 밀러의 주장은 불완전하다. 그리고 그는 우 리가 관심을 갖고 있는 법률적 규제에 관한 이슈에는 거의 관심이 없어 보인다.[145] 그러나 케이헌은 밀러의 책을 검토하면서 그의 주 장을 법률적 문제로 확장시켰다.[146] 케이헌은 일반적으로 전통적 가 치를 지키려는 보수적인 법 이론가들이 혐오를 주장해 왔다는 점을 인정하면서 시작한다. 그러나 그는 꼭 그래야 한다는 필연성이 있 는 것이 아니라고 타당하게 지적한다. 혐오의 대상은 시간에 따라 변화한다는 밀러의 명제를 고려하면, 새로운 사회적 질서의 주창자 들이 그들이 저열하거나 비천하다고 생각하는 사람들을 비하하고, 비전통적인 사람들과 가치를 내세우기 위해 혐오에 호소하는 것도 가능할 것이다. 그래서 케이헌은 진보적 법 사상가들이 조급하게 혐오를 팽개쳤다고 말하면서, 혐오는 널리 퍼진 도덕적 감정이며, 진보주의자들도 자신들이 주창하는 대의를 위해 혐오의 힘을 사용할 수 있을 것이라고 결론짓는다.

그렇다면 왜 일차적으로 혐오에 호소해야 하는가? (밀러의 입장을 따르는) 케이헌의 말에 의거한다면 혐오는 사람이 지닌 가치에 대한 불평등한 서열화와 위계와 관련되어 있는데, 왜 우리는 법을 제정할 때 다른 무엇이나 다른 감정이 아닌 혐오에 귀를 기울여야 한다는 말인가? 이러한 지점에서 케이헌의 주장은 다소 불명확해진다. 왜냐하면 그는 데블린이나 카스와는 달리 '자기 본위적' 행위를 불법으로 간주하기 위해 혐오의 사용을 옹호하지 않기 때문이다. 그렇다고 해서 그가 '도덕법'에 반대하지도 않는데, 그는 마약사용, 유혹, 도박과 같은 일정한 형태의 '자기 본위적' 행위를 규제해야 한다고 보면서 하나의 기준으로 혐오의 사용을 지지한다. 그러나 들고 있는 예들을 검토해 보면 그의 초점은 전적으로 밀의 원칙을 쉽게 충족시키는 범죄에 맞춰져 있다. 글 전체에서 그는 살인에 초점을 두고 있으며, 잔인함을 가장 큰 해악으로 보는 밀의 입장을 수용하고 있다. 그렇지만 살인과 잔인함이 나쁘다는 사실을 알리기 위해 혐오에 호소할 필요는 없다.

케이헌은 같은 살인이라도 죄질의 차이가 있으며, 혐오감을 일으키는지의 여부를 살펴보는 것은 살인, 특히 살인자의 등급을 나누는 좋은 방법이라는 입장이다. 법적으로 의미 있는 가중 요소를 확인하거나 어떠한 살인자의 경우 특히 저열하거나 비열하다고 판단할 때 혐오에 의지할 수 있다는 것이다. 이 경우 혐오는 양형 판정 과정에서 일정한 역할을 하게 되며, 이러한 방법으로 잔인함에 대한 우리의 비난과 반대를 강화하게 된다. (3장에서 이 주제를 상세하게 검토할 예정이다.) 나는 이러한 주장을 받아들이지 않지만, 이 주장은 일정하게 제한된 타당성을 가진다. 왜냐하면 케이헌은 다른 근거(보다 밀의 입장을 따르는 근거)에 의해 불법으로 정의된 행위를 대상으로만 혐오의 역할을 허용해 왔기 때문이다.

지금까지의 모든 주장을 정리해 보자. 우리는 혐오를 긍정하는 주장에 다양한 입장이 있음을 알게 되었다. 그러나 이러한 저자들은 모두 혐오가 특정한 행위 형태에 대한 법률적 규제와 관련된 정보를 우리에게 전해 주기 때문에 [모든 경우는 아니더라도] 적어도 경우에 따라서는 유용한 법률적 기준이 된다고 여긴다. 여기서 우리는 하나의 중요한 구분을 해볼 수 있다. 이들 네 명의 저자는 모두 혐오가 단순히 다른 사람에게 제한된 형태의 위해(일반적으로 생활방해법에서 다루는 위해)를 준다고 생각하지 않는다. 생활방해법은 주로 혐오감을 줌으로써 다른 사람에게 특별히 고통스러운 피해를 준 사람을 처벌하고 있는데, 혐오스러운 악취로 근처에 사는 이웃에게 피해를 준 사람의 경우를 예로 들 수 있다. 이것은 혐오가 법과 관련되어 있는 하나의 방식이라고 하겠다. (3장에서 이에 대해 검토할 예정이다.) 네 명의 저자는 모두 혐오가 훨씬 광범위하고 근본적인 중요성을 지닌다고 여긴다. 이들에게 혐오 자체는 규제해야 할 해악이라기보다는 나쁜 것, 정말로 매우 나쁜 것을 규명하기 위해 활용해야 할 하나의 기준이며, 그래서 규제할 수 있는 것이다. 우리는 법으로 규제할 수 있는(또는 규제해야 할) 행위를 확인하기 위해 '이성적인 사람'이 지니는 혐오라는 관념을 활용한다. 그 행위가 벌어진 당시 실제 그곳에 있던 사람에게 고통스러운 피해를 입혀 혐오스러운 감정이 일어났는지에 상관없이 말이다. 실제로 데블린과 카스가 고찰한 대부분의 사례들은 생활방해법이 명시하고 있는 종류의 혐오를 발생시키지 않을 수 있다는 점에 유념할 필요가 있다. 왜냐하면 그러한 사례들은 사적으로 이루어지기 때문이다. 그러한 행위를 좋아하지 않는 사람들은 [직접적으로] 불쾌감을 경험할 만큼 가까이에 있지 않다. 대신 혐오는 그러한 행위가 얼마나 비도덕적인지 물었을 때 우리가 따르는 도덕적 줄기 또는 기준이 된다. 즉 비도덕성에 대한 그러한 판단(네 명의 사상가 모두에겐 사회적 위험에 대한 판단)만을 가지고 행위를 법률적으로 규제하는 것이다.

이러한 공통분모를 넘어서면 네 명의 저자는 가장 긴급한 사회적 위험은 무엇인지, 혐오가 이러한 사회적 위험에 대처하는 데 어떻게 도움을 주는지에 대해 서로 견해를 달리한다. 밀러는 분명한 규범적 입장이 없기 때문에 여기서부터는 다른 세 명의 저자에게만 초점을 맞추려고 한다. 케이헌의 관점 — 최소한 혐오에 관한 글의 목적 측면에서 볼 때 — 은 밀이 주장하는 자유주의적 관점으로 인정받을 수 있어 보인다. 일차적으로 다른 사람에게 위해를 끼치는 행위를 법률로 규제해야 한다고 보기 때문이다. 그는 매우 유해한 행위와 관련해서만 혐오에 호소한다. 그러나 이러한 맥락에서 혐오는 어떠한 행위의 유해성 수준을 가늠하기 위해 활용되지 않는다. 이보다는 그러한 범죄가 얼마나 저열하고 비열한가와 관련된다. 이 지점에서 케이헌은 밀[의 입장]에서 벗어난다. 데블린이나 카스보다는 덜하지만 말이다.

데블린과 카스의 주장에서 혐오는 훨씬 더 광범위한 역할을 한다. 비록 혐오를 주는 행위라고 카스가 든 사례의 대부분은 사실 다른 사람에 대한 위해를 수반하지만, 그가 밀의 제한된 원칙을 수용하지 않으며 다른 사람에게 위해를 주지 않는 행위도 규제할 용의가 있다(이 점은 데블린도 마찬가지다.)는 사실은 분명하다. 그러나 그가 규제를 옹호하면서 주장하는 내용은 데블린과 매우 상이한데, 그는 왜 혐오를 신뢰할 수 있다고 생각해야 하는지에 관해 그와는 다른 그림을 사용한다. 데블린은 혐오는 사회적으로 형성되기 마련이며, 혐오가 깊이 자리 잡고 있는 사회적 규범을 우리에게 알려 주기 때문에 소중하다고 여긴다. 반면 카스에게 혐오는 전(前)사회적 또는 초(超)사회적인 것으로, 사회가 타락하면서 초래되는 인간성에 대한 위험을 경고해 주기 때문에 소중하다고 여긴다. 그러나 두 사람 모두 혐오가 그것 없이는 알 수 없었을 정보를 우리에게 제공한다고 결론 내린다. 그들은 또한 혐오의 표현이 합리적 논증의 여부와 상관없이 법률적 규제와 관련된다는 점에 동의한다.

지금까지 살펴본 바와 같이 이들 입장은 내재적 문제점을 안고 있다. 이들 주장은 모두 결함을 갖고 있으며, 반대 근거로 들 수 있는 사례를 다루기에는 너무 미약하다. 그러나 이러한 주장들은 영향력이 있어 왔고, 또 지속되고 있기 때문에 그들이 제기하는 이슈들은 상세히 고찰할 만한 가치가 있다. 이에 대한 고찰은 혐오와 그것의 작동에 대해 신뢰할 만한 설명을 내놓고 있는지에서부터 시작해야 함이 분명하다. 왜냐하면 그러한 설명만이 혐오의 신뢰성과 사회적 역할에 관한 우리의 질문에 답을 줄 수 있기 때문이다.

3 혐오의 인지적 구성 요소

혐오는 특히 본능적인 감정처럼 보인다. 혐오는 종종 육체적 특징을 드러내는 자극에 대한 강한 신체적 반응을 수반한다. 이것의 전형적인 표현은 구토이며, 이를 자극하는 전형적인 요인은 넌더리나는 냄새와 메스꺼움을 유발하는 외양을 지닌 대상이다.[147] 그럼에도 심리학자 로진(Paul Rozin)이 수행한 연구에 따르면, 혐오는 오염물의 체내화라는 관념에 초점을 둔 복잡한 인지적 내용을 지니고 있는 것이 분명하다.[148] 혐오에 대한 그의 핵심적인 정의는 "역겨운 대상의 (입을 통한) 체내화 가능성에 대한 불쾌감이다. 역겨움의 대상은 오염물이다. 즉 오염물이 우리가 먹으려 하는 음식물에 살짝이라도 닿게 된다면, 그 음식은 먹을 수 없게 된다." 비슷한 입장에서 윈프리드 메닝하우스(Winfried Menninghaus)는 혐오를 "동화될 수 없는 타자성을 거부하는 자기 주장의 고조"라고 말하는데, "오염물로 평가되며 자신과 극심하게 동떨어져 있는" 대상과의 "원치 않는 가까움"에 대한 거절로 표현된다.[149] 이때 혐오의 대상은 단순히 먹기에 부적절한 것이 아니라 오염물로 여겨져야 한다. 그래서 종이, 금잔화, 모래는 우리가 먹기에 부적절하다고 여겨지지만 혐오를 유발하지는 않는다.[150]

로진은 혐오의 밑바탕에 진화적 근거가 있다는 주장을 반박하지는 않는다. 실제로 그는 혐오는 본래 강하게 부정적인 감각 경험과 밀접하게 관련된, 일차적으로 원치 않는 음식에 대한 거부의 형태라는 다윈의 주장을 수용하고 있다.[151] 그러나 그는 혐오가 감각 요소에 의해 유발되는 부정적 반응인 '기피'나 해로운 결과가 예상되어 거부하는 '위험'(에 대한 지각)과 구별된다는 점을 보여 준다. 혐오는 당사자가 지닌 대상에 대한 인식에 따라 같은 냄새라도 다른 혐오 반응을 이끌어 낼 수 있다는 점에서 단순한 기피와는 다르다.[152] 그는 [실험] 대상에게 실제로는 같은 물질이 담겨 있는 두 개의 서로 다른 유리병에서 나는 냄새를 맡게 했다. 그리고 그들에게 하나에는 배변이, 다른 하나에는 치즈가 담겨 있다고 말한다. (실제로 냄새는 헷갈릴 수 있다.) 자신들이 치즈 냄새를 맡고 있다고 생각한 사람은 그 향기를 좋아했지만, 배변 냄새를 맡고 있다고 생각한 사람은 역겹고 불쾌하다고 여겼다. 그래서 "일차적으로 쾌락적 가치를 결정하는 것은 대상이 지닌 감각적 요소라기보다는 그 대상에 대한 주체의 인식이다."[153] 대개의 경우 혐오는 주로 관념적 요소에 의해 유발된다. 대상이 지닌 속성 또는 기원, 그리고 그것의 사회적 역사(예를 들면 그것을 만진 사람)가 관념적 요소를 구성한다. 건조시켜 가루로 만든 바퀴벌레가 설탕과 똑같은 맛을 지닌다는 점에 수긍한다 해도, 사람들은 여전히 그것을 먹길 거부할 것이며, 이를 먹으면 메스껍다고 말할 것이다.

또한 혐오는 (인지된) 위험과도 다르다. (독버섯과 같이) 위험한 대상은 그것을 섭취하지만 않는다면 같이 있어도 아무렇지 않지만, 혐오스러운 대상은 그렇지 않다. 또한 독을 제거한 독버섯처럼 위험이 제거되면 위험한 대상은 먹을 수 있지만, 혐오스러운 대상은 모든 위험이 제거된다 할지라도 여전히 혐오스러운 것으로 남아 있다. 사람들이 살균시킨 바퀴벌레가루를 먹기를 거부하는 것처럼 말이다. 많은 이들은 소화되지 않는 플라스틱 캡슐에 바퀴벌레 가루가 담겨 있어서 그대로 배변으로 나온다고 해도, 이 캡슐을 삼키는 것조차도 싫어할 것이다.

혐오는 자신의 몸 안과 밖이라는 경계와 관련이 있다. 혐오는 문제가 있는 물질이 자신의 체내로 들어올 수 있다고 여길 때 생긴다. 다른 많은 동물이나 인간에게 입은 [이물질을] 수용하는 주된 경계이다.[154] 혐오스러운 것은 이질적인 것으로 여겨져야 한다. 우리 몸의 부산물이 신체에서 떨어져 나오면 혐오를 유발할 수 있지만 우리 몸 안에 있는 경우에는 혐오스럽다고 여기지 않는다. 대부분의 사람들은 자신의 입 안에 침이 고여 있을 때는 무감하지만, 자신이 침을 뱉은 잔으로 음료를 마시게 되면 혐오감을 느낀다. 혐오가 담고 있는 관념적 내용은 역겨워 보이는 물질을 섭취함으로써 자신이 저열해지거나 오염될 수 있다는 생각이다. 로진과 그의 동료들이 수행한 몇 가지 실험은 혐오에 "먹는 것이 곧 당신이 된다. 저열한 것을 섭취하면 당신의 가치도 저하된다."라는 사고가 수반되어 있다는 사실을 보여 준다.[155]

혐오의 대상은 광범위하게 퍼져 있지만, 초점은 동물과 그것의 부산물에 맞춰져 있다. 앵기알(Angyal)은 보다 구체적으로 혐오의 중심이 우리의 가치를 떨어뜨린다고 여겨지는 (인간을 포함한) 동물의 배설물에 있다고 주장했다.[156] 로진은 우리가 동물적 물질에 집착한다는 점을 실험을 통해 입증해 냈지만, 여기에 혐오가 동물 또는 동물의 부산물과 접촉했던 대상에게로 전이될 수도 있음을 덧붙인다. 이 경우 주된 원천은 "싫어하거나 불쾌하게 여기는 사람"과의 접촉이다. 이러한 확장에 대해서는 짧게 얘기하고 넘어가려고 한다. 로진(밀러도 같은 입장이다.)은 또한 혐오가 부산물뿐 아니라 부패에도 초점을 둔다고 주장한다. 배설물만큼이나 시체도 혐오의 중심에 있다는 것이다.[157] (썩거나 곰팡이가 핀 표본을 제외한) 식물의 부산물이 왜 일반적으로 혐오를 유발하지 않는지는 설명하기 어렵다. 그러나 앵기알과 로진, 그리고 밀러는 모두 혐오를 자극하는 사고는 우리 자신과 인간이 아닌 동물, 또는 우리 자신과 우리가 지닌 동물성 간의 경계를 정돈하려는 관심과 연결되어 있다고 결론짓는다.[158] 그래서 인간의 신체 분비물 중에서 눈물만이 혐오를 유발하지 않는 이유는, 추정컨대 눈물이 유일하게 인간적인 것으로 생각되기 때문일 것이다. 우리는 눈물을 통해 우리가 동물과 같은 존재라는 사실을 떠올리지 않는다는 것이다.[159] 반면 배설물, 콧물, 정액, 그리고 다른 동물적 신체 분비물은 [우리를] 오염시킨다고 여겨진다. 그래서 우리는 이것들을 섭취하길 바라지 않으며, 이것들과 일상적으로 접촉하는 사람들은 오염되어 있다고 본다. (인도의 카스트 제도에서 '불가촉 천민'은 매일 화장실을 청소했으며, 대부분의 문화권에서 구강이나 항문으로 정액을 받는 사람은 오염되어 있어서 저열하거나 천한 지위의 대명사로 여겨지고 있다.) 우리가 혐오를 느끼지 않고 고기를 먹을 수 있는 것은 피부와 머리를 잘라 내고 작은 조각으로 썰어서 그것의 동물적 기원을 위장하기 때문이다.[160]

앵기알과 로진, 그리고 밀러는 모두 혐오는 우리 자신이 지닌 동물성에 불편함을 느끼는 것과 관련된다고 결론 내린다. 혐오에 담긴 핵심적인 사고는 동물성을 간직한 동물의 분비물을 섭취하면, 우리 자신이 동물의 지위로 격하될 수 있다는 생각이다. 마찬가지로 부패하고 있는 것과 섞이거나 이를 흡수한다면, 우리 자신의 죽음을 초래하며 부패될 것이다. 그래서 혐오는 기본적으로 우리가 지닌 동물성을 숨기고, 우리 자신의 동물성을 꺼려할 때 현저히 드러나는 유한성에서 벗어나고자 하는 감정이다. 실제로 우리가 지닌 동물성의 몇 가지 측면(예를 들면, 힘이나 민첩성)이 혐오스럽다고 여겨지지 않는 이유를 설명하기 위해서는 이러한 제한을 추가할 필요가 있다. 혐오감을 주는 부산물은 부패하고 있고 노폐물로 되어 가고 있는 우리 자신이 지닌 취약성과 연결된 것들이다. 밀러는 이를 다음과 같이 적고 있다. "궁극적으로 모든 혐오의 기반은 '우리 자신'이다. 우리가 살아가고 죽는 것은 우리 자신을 불신하고 이웃을 두려워하게 만드는 물질과 냄새를 내뿜는 지저분한 과정이다."[161]

　이러한 분석으로 미루어 보면, 모든 문화권에서 인간 존엄의 본질적인 표시가 배설물을 씻어 내거나 처리하는 능력이라는 사실은 놀랍지 않다. 로진은 감옥과 수용소의 조건에 대한 분석에서, 샤워나 화장실 이용이 제한된 사람들은 곧 다른 사람에게 인간 이하의 사람으로 취급받을 수 있으며, 그래서 고문하거나 죽이기 쉽다고 여겨질 수 있음을 보여 준다.[162] 그들은 동물이 되었던 것이다. 이와 같은 인식은 브리지워터 주 감옥의 조건이 재소자의 헌법적 권리, 즉 '잔인하고 비정상적인' 처벌을 받지 않을 권리를 규정한 수정헌법 8조를 위반했다는 1955년 매사추세츠 지방 법원의 판결을 이끌어 냈다. 재소자들의 원성을 산 일차적인 조건은 정기적으로 넘쳐서 혐오를 유발하는 광경과 냄새를 피할 수 없게 만드는 간이 화장실이었다.[163]

　혐오에 대한 이러한 분석은 현대 심리학 연구의 결과이지만, 프로이트의 고전적 분석 ―『문명 속의 불만』을 비롯한 다양한 구절과 편지들 속에 담긴 ― 에서 두드러지는 앞선 시기의 고찰과도 잘 들어맞는다.[164] 프로이트에게 혐오의 역사는 직립 보행의 역사와 결부되어 이해되어야 하는 것으로 여겨졌다. 대부분의 동물은 냄새(냄새는 다른 동물과의 성적 상호 작용과 밀접하게 연관되어 있다.)에 특히 민감한 지각을 지니고 있는 반면, 인간은 분비, 냄새, 섹슈얼리티의 동물적 세계와 단절된 생활을 해 왔으며 코가 인간의 신체 중에 높은 곳에 있다는 것이다. 이러한 점에서 인간이라는 동물은 생식기에서 나는 냄새에 불편함을 느낀다. 이러한 냄새에 끌리면서도, 문명화를 위해 억눌러야 하는 것이다. 그래서 어린아이들은 이러한 냄새에 혐오를 느끼도록 배운다. 이러한 발육의 역사에 대해서는 뒤에서 다시 얘기하도록 하고, 여기서는 프로이트의 정신분석학적 논의가 최근에 인지심리학 분야에서 발전된 논의와 상당 부분 중첩된다는 점을 보여 주는 것으로도 충분할 것이다.

혐오에 대한 프로이트의 해석은 '열등한' 동물과의 육체적 공통성 외에 유한성과 퇴화에는 큰 관심을 기울이지 않는다. 그러나 심리학자 어닛스트 베커(Ernest Becker)는 적어도 일정한 나이가 지나면 인간의 혐오 반응은 일반적으로 죽음과 퇴화에 대한 인식의 영향을 크게 받는다는 점을 신빙성 있게 주장하고 있다. 신체 배설물에 대한 혐오를 키우는 과정에서 젊은이는 "모든 신체적인 것뿐만 아니라 퇴화와 죽음이라는 운명"에 맞서고 있다는 것이다.[165] 조너선 스위프트(Jonathan Swift, 1667~1745)*의 혐오에 대한 시를 둘러싼 논의를 보여 주면서, 베커는 "배설은 광기를 위협하는 저주다. 왜냐하면 인간에게 자신의 절망적인 유한성과 육체성, 희망과 꿈을 갖는 것의 비현실성을 보여 주기 때문이다."라고 결론지었다.[166] 이 지점에서 다시 한 번 혐오에 대한 정신분석학적 해석은 최근에 이루어진 실험심리학의 발견들과 일맥상통한다.[167]

---

* 영국의 풍자작가이자 시인, 정치 평론가. 주요 저서로는 『걸리버 여행기(Gulliver's Travels)』를 비롯하여, 정치·종교계를 풍자한 『통 이야기(A Tale of Tub)』, 『책의 전쟁(The Battle of the Books)』 등이 있다.

로진의 연구는 실험 조사와 다른 경험적으로 제시된 이론들을 통해 광범위하게 입증되고 있다. 혐오에 대한 그의 이론은 가장 잘 알려진 대안적 이론 — 메리 더글러스(Mary Douglas)의 순수함과 위험에 관한 이론[168] — 보다 분명 선호할 수 있는 것으로 보인다. 더글러스에 따르면, 혐오와 불순함은 사회 맥락적인 개념으로 그 중심에는 비정상(anomaly)에 대한 생각이 자리 잡고 있다. 하나의 사물은 한 맥락에서는 순수하지만, 다른 맥락에서는 불순할 수 있다. 사회적으로 부과된 경계를 위반하고 있다는 사실이 어떤 사물을 불순하고 혐오스럽게 여기도록 만든다는 것이다. 더글러스의 이론은 우리에게 혐오를 둘러싼 사회적 요소를 인식하게 해 주므로 중요한 연구라고 할 수 있기 때문에 좀 더 언급하려 한다. 의문의 여지 없이, 혐오감을 결정하는 한 가지 요소는 놀람일 것이다. 그녀의 이론은 [사회적] 금기와 금지의 작동에 관해서는 뛰어난 통찰력을 보여 주지만, '혐오'에 대한 설명에서는 문제가 되는 많은 결함을 지니고 있다.[169] 첫째, 그녀의 이론에는 서로 다른 개념인 순수함에 대한 사고와 혐오에 대한 사고가 뒤섞여 있다. 분명 어떠한 대상은 혐오를 유발하지 않으면서도 순수하지 못할 수 있다. 둘째, 더글러스는 혐오와 위험을 통합하고 있다. 그래서 그녀는 혐오를 유발하는 음식이나 음료와 함께 마법을 사회적 경계를 위반한 것으로 분류하고 있다. 셋째, 그녀의 설명은 '너무' 맥락적이다. 배설물, 시체, 대부분의 체액은 어느 곳에서나 혐오의 대상이 된다. 전염에 대한 관념이 다른 대상에게 확대되는 과정은 사회에 따라 크게 다르지만, 이러한 원초적인 대상을 혐오스럽지 않은 것으로 만들 수 있는 정도는 아니다. 넷째, 비정상에 대한 관념은 왜 우리가 어떤 물건들을 혐오스럽다고 여기는지를 설명하기에는 너무 불충분하다. 배변과 시체들은 혐오스럽다고 생각되지만, 비정상이어서가 아니다. 반면에 바다에 사는 포유동물인 돌고래는 [일반적인 포유동물과는 다르다는 점에서] 사실상 비정상이지만, 아무도 돌고래가 혐오스럽다고 생각하지는 않는다. 혐오를 불러일으키기 위해서는 단순히 사회적 규범에서의 이탈 또는 놀라움이라는 관념 이상의 것이 필요하다. 로진은 이것을 비정상에 대한 불안이라는 관념으로 타당하게 잡아내고 있다.

그러나 로진의 이론도 문제점을 안고 있는데, 지금부터 이를 검토하려고 한다. 나는 그의 설명이 지닌 일반적인 의도에 완전히 부합되는 방식으로 이러한 문제들이 개선될 수 있다고 생각한다. 우선, 그가 경계로서 입에 초점을 둔 것은 너무나도 협소해 보인다. 혐오와 연관된 전염은 코, 피부, 생식기를 통해서도 일어날 수 있다. 내가 로진의 이론에서 이 부분을 처음부터 덜 중요하게 여긴 것은 이 때문이다. 데이비드 킴(David Kim)의 정교한 연구를 통한 제언은 로진의 일반적 의도와 잘 부합하며, 훨씬 더 그럴듯하다. [혐오에 담긴] 핵심적 사고는 세상과 자아 사이의 경계를 가로지른다는 생각이며, 그래서 혐오는 철학적 전통에서 매개되거나 거리를 지닌 감각보다는 '접촉적인' 감각으로 간주되는 세 가지 감각(시각이나 청각보다는 촉각, 후각, 미각)과 밀접하게 연관된다는 것이다. 킴이 말하는 것처럼 세 가지 접촉 감각은 닿는 느낌이 있는데, 혐오를 유발하는 악취가 코에 자극을 주어 접촉하고 있다는 사고를 통해 냄새가 혐오를 일으키게 된다는 의미에서 그러하다.

'동물 연상' 사고 또한 작용한다. 모든 동물 또는 우리에게 남아 있는 모든 동물성이 우리를 불쾌하게 하는 것은 아니다. 내가 앞에서 말한 것처럼 힘과 속도, 이러한 특성을 보여 주는 동물은 혐오를 일으키지 않는다. 그래서 우리는 로진이 일관되지는 않지만 경우에 따라 추가한 것을 덧붙여야 한다. 우리가 두려워하는 것은 다른 동물과 공유하고 있는 일정한 형태의 취약성이며, 우리 자신이 퇴화되거나 폐기물이 되어 가는 경향이라는 사실이다. 알다시피 베커는 이미 이 점을 언급했으며, 그의 통찰은 혐오의 근거에 대한 로진의 애매한 설명을 보충하기 위해 끌어올 필요가 있다. 일단 우리가 확고하게 이 점을 지지한다면, 킴이 로진의 이론에 제기한 두 가지 다른 질문에 답할 수 있다. 킴은 왜 곤충이 너무 빈번하게 혐오를 일으키는지 질문하면서, '동물 연상' 이론은 그러한 집중을 충분히 설명해 주지 못한다고 느낀다. 그러나 곤충은 특히 부패를 신호하는 혐오 속성 — 점착과 점액성, 그리고 동물의 유한성과 취약성을 드러내는 다른 표시들 — 과 연관되어 있을 가능성이 있다.

두 번째, 보다 어려운 질문은 왜 비장애자가 장애자에게 혐오나 반감을 느끼는가 하는 것이다. 대부분 이러한 혐오는 사회적으로 구성되므로, 이에 대한 논의는 뒤에서 혐오의 사회적 확장을 다룰 때 논의할 것이다. 그러나 (실제로는 알지 못하지만) 다리 대신 의족을 한 사람이나 외양이나 태도에서 발달 장애의 징후를 지닌 사람을 보았을 때 약간의 원초적 혐오가 존재할 수도 있다. 물론 이러한 장애들은 우리 자신의 취약성을 상기시킨다. 우리는 손상 불가능한 합리적 영혼의 소유자가 아니라 성장이 멈출 수 있는 정신적 기능을 가지고 있으며, 죽기 전에도 얼마든지 사고로 신체의 일부분을 잃을 수 있다는 것이다.[170] 충분히 제기될 수 있는 질문에 좋은 대답을 내놓기 위해서는 더 많은 연구가 이루어져야 하겠지만, 나는 로진의 이론이 지닌 의도는 유지될 수 있다고 생각한다.

혐오는 오염물로 간주되는 일군의 핵심 대상에서 시작한다. 왜냐하면 이러한 대상은 인간의 유한성과 동물적 취약성을 연상시키는 것으로 여겨지기 때문이다. 이러한 대상에 대한 혐오는 [개인이 지니는] 개념에 의해 매개되며, 그런 면에서 [사회적으로] 학습된다고 할 수 있다. 하지만 이러한 혐오는 모든 인간 사회에 편재하는 것으로 보인다. 혐오는 복잡한 연계망을 거쳐 다른 대상에게로 확장된다. 로진의 연구처럼, 이러한 확장의 두드러진 특징은 '심리적 오염'이라는 개념으로 설명된다. 기본적인 생각은 유해하지 않은 물질과 혐오 물질 간의 과거 접촉이 받아들일 수 있는 물질을 거부하게 만든다는 것이다. 이러한 오염은 로진이, 충분히 그럴듯하게, '교감적 마법'의 법칙이라고 불렀던 것에 의해 매개된다. 그러한 법칙의 첫 번째는 '전염'의 법칙이다. 과거에 접촉했던 사물은 이후에도 서로에게 영향을 끼친다는 것이다.[171] 죽은 바퀴벌레가 주스잔에 떨어지면, 사람들은 이후로 같은 잔에 담긴 주스를 마시길 거부한다. 전염병이 있는 사람이 입었던 옷은 깨끗이 세탁한 후에도 입으려 하지 않으며, 많은 사람들은 옷을 통해 간접적으로 접촉하게 되는 것을 두려워한다.[172] 로진과 그의 공동 저자들은 말한다. "혐오에 적용된 전염의 법칙은 잠재적으로 [어떠한 대상을] 무력화시킨다. 우리가 먹거나 만진 모든 것은 잠재적으로 오염되어 있다." 또한 이들은 [사회적] 금기를 표현하는 복잡한 관습을 통해 우리가 이러한 문제를 해결하고 있으며, 이는 오염이 인식될 수 있는 적절한 영역을 정의 내리는 역할을 한다고 결론짓고 있다.[173]

이러한 방식으로 로진의 핵심적 분석을 더글러스의 사회적 분석이 갖는 유용한 측면과 결합할 수 있다. 더글러스는 오염시키고 있다는 생각이 일반적으로 경계의 위반, 수용되고 있는 범주의 침범, 또는 "제자리를 벗어난 문제"라는 관념을 수반한다고 주장한다. 하지만 그녀의 이론은 혐오에 내재된 핵심적인 개념에 대한 설명으로는 부적절하다.[174] 혐오의 핵심적 또는 일차적 대상은 동물의 취약성과 유한성을 상기시킨다. 그러나 전염의 법칙에 따르면 모든 종류의 다른 대상도 잠재적인 오염물이 되어 버린다. 오염의 확장은 사회적 경계 긋기를 통해 매개되며, 그 결과 혐오를 유발하는 것은 오직 이러한 경계를 위반한 것이라고 할 수 있다.[175]

혐오가 확장되는 두 번째 법칙은 '유사성'의 법칙이다. 두 가지 사물이 서로 비슷하면, 그중 하나에 영향을 준 행위(예를 들어, 그것을 오염시키면)가 다른 것에도 영향을 준다고 생각한다. 그래서 사람들은 실제 어떤 것으로 만든 것인지 알고 있지만 개똥 모양으로 만든 초콜릿 퍼지 조각이나 (살균한) 변기에 음식물을 주거나 (살균한) 파리채로 휘저은 수프를 먹길 꺼리며, 새로 산 빗으로 휘저은 애용 음료를 마시길 거부한다.[176] 그러나 유사성에 대한 생각은 [사회에 따라] 큰 편차를 보일 수 있기 때문에 사회적 규칙과 경계는 이 법칙이 전달되는 데 큰 영향을 끼친다.

혐오는 세 살 이전의 유아에게는 나타나지 않는 것처럼 보인다. 영아는 태어나면서부터 쓴맛을 싫어하는데 입을 크게 벌리는 얼굴 표정으로 이를 드러내며, 이러한 얼굴 표정은 나중에 혐오의 특징이 된다. 그러나 이 연령대에서 혐오는 단순한 기피와 구분되지 않으며, 아직 위험[에 대한 지각]도 생겨나지 않는다. 위험이라는 범주는 생애 초기 몇 년에 걸쳐 생기는 것처럼 보이며, 완전한 혐오는 네 살경 이후로 자리 잡게 된다. 영·유아기에는 배변이나 토한 것에 거부 반응을 보이지 않으며, 오히려 자신의 배변에 마음을 빼앗기고 매료된다. 나중에 학습된 혐오는 [이러한] 매료를 반감으로 바꾸는 강력한 사회적 힘이다.[177] 서너 살이 되기 전에는 실제 자극성을 지닌 것을 제외한 냄새에 [아이가] 거부 반응을 보인다는 증거를 찾을 수 없다. 이런 점에서 혐오는 부모와 사회에 의해 학습된다고 할 수 있다. 그렇지만 이것이 혐오가 진화적 기원을 갖고 있지 않음을 뜻하지는 않는다. 선천적으로 타고난 많은 요소는 성숙되는 데에 시간이 필요하기 때문이다. 그럼에도 언어와 마찬가지로 혐오의 경우에도, 선천적으로 타고난 것이 형태를 잡아 가는 과정에 사회적 교육이 큰 역할을 한다는 점을 보여준다.

일반적으로 이러한 교육은 배변 훈련에서 시작한다. 정신분석학자들이 배변 훈련 과정에 많은 관심을 기울여 왔음에도 불구하고 우리는 여전히 이것의 작용에 대한 보다 자세한 경험적 연구가 필요하다.[178] 특히 비교문화 연구에 관심을 기울여야 한다. 모든 사회는 아닐지라도 대개의 경우 부모가 아이들에게 자신의 배변을 기피하고 혐오하도록 강력한 메시지를 전달한다는 사실은 분명하다. 이러한 메시지가 [자신의 배변에 대한] 매료를 반감으로 바꾸어 주며, 반감 이면에 지속적으로 존재하는 매료를 강하게 억압하는 역할을 한다. 그러나 아이들이 어떤 단계에서 완전히 성인이 지닌 혐오를 갖게 되는지는 분명하지 않다. 잠정적으로 로진은 아이들이 자신의 배변에 대해 곧바로 완전한 혐오를 갖게 되는 것이 아니라, 부모의 신호에 반응하면서 먼저 기피를 배우게 된다고 주장한다. 부모와 다른 사람들이 드러내는 혐오를 반복해서 경험한 후에야 마침내 아이들은 완전한 혐오를 공유하게 된다.[179] 아이들이 지닌 혐오의 수준은 부모가 지닌 혐오의 수준과 강한 상관관계를 지닌다. 그리고 로진의 경험적 연구가 보여 주듯 원초적 대상에 대한 혐오의 수준은 개인에 따라 상당한 편차를 보인다.[180]

그렇다면 아이들이 자신의 신체 배설물에 혐오를 갖지 않도록 키우는 것이 가능할까? 이것을 어렵게 만드는 진화적 경향이 작동하고 있음은 분명하며, 이를 시도하는 것이 반드시 현명한 것도 아니다. 혐오는 위험에 대한 지각을 키우는 역할을 하는데, 이를 통해 실제로 많은 위험한 항목을 피할 수 있게 된다. 혐오스러운 것과 위험한 것이 정확하게 일치하지 않을 수도 있지만, 혐오스러운 것을 위험하다고 보는 것은 일상생활 측면에서는 충분히 유용한 지침이다. 모든 세균과 박테리아가 우리의 환경 속에서 위험한지 시험해 볼 수는 없기 때문이다. 이러한 진화적 고리를 뛰어넘어 원초적 대상에 대한 혐오가 자리 잡게 되며, 죽음과 퇴화에 대한 개인의 이해가 성숙해져 감에 따라 더욱 깊어진다. [혐오를 통해 우리는] 실제로 견뎌 내기 어려운 삶의 문제를 보다 잘 회피할 수 있게 된다. 우리는 자신의 죽음과 몸의 퇴화에 불안을 느끼기 마련이다. 혐오는 자신의 몸이 퇴화하고 있으며 유한하다는 것을 자각할 때 생기는 불안감과 관련 있기 때문에 [삶의 과정에서] 늦든 이르든 생겨날 수밖에 없는 감정이며, 살아가기 위해 필요하기도 하다.

대답하지 않은 한 가지 질문은 일차적 대상에 대한 혐오가 어느 정도나 같은 대상에 대한 매료를 수반하는가 하는 것이다. 프로이트는 아이는 자신의 배변에 매료되며, 혐오를 통해 이를 억누르더라도 그 이면에 이러한 매료는 남아 있다고 그럴듯하게 주장한다. 그러나 남아 있는 애착의 강도는 개인마다, 좀 더 확실히 말하면 사회마다 큰 차이가 있을 수 있다. 이는 배변 훈련의 영향을 받는데, 이 과정에서 부모는 배변을 보는 아이들을 칭찬하고, 아이들은 배변을 부모에게 주는 선물로 여기게 된다. 이러한 현상에 대해서는 더 많은 연구가 필요하다. 다른 원초적 대상에 대한 혐오와 관련해서는 최초의 매료됨을 가정해야 하는지는 분명하지 않다. 구토물, 코딱지, 점액성을 지닌 동물들, 썩어 가는 물질들, 시신들은 우리를 매혹시키는가, 아니면 단순히 우리에게 혐오를 일으키는가? 그리고 이러한 물체들이 매료나 매혹의 대상이라면, 이러한 물체들이 단순히 금지의 대상이기 때문인가, 아니면 금지되기 전에 존재한 매료됨 때문인가?

이러한 질문들은 간단하거나 단일한 답변을 내놓기 어렵다. 아이들은 분명 점액성을 지닌 물질들이 혐오스럽다는 것을 알고 있으면서도 이를 좋아한다. 그러나 때때로 아이들은 부모가 혐오스럽다고 알려준 대상만을 좋아한다. 일반적으로 대부분의 사람들은 시체에 아무런 매력을 느끼지 못하지만 시체에 매력을 느끼는 사람도 있다. 플라톤은 자신의 글에서 욕구에 이끌린다는 것을 보여주는 중요한 예로 그러면 안 된다고 생각하면서도 죽은 군인들의 노출된 시체를 보고 싶어 하는 레온티오스*를 언급하고 있다.[181] 그렇지만 대부분의 현대 미국인 독자들은 이 단락을 의아하게 여기면서, 플라톤이 욕구와 도덕적 분개가 상충하는 경우를 설명하면서 왜 우리에게 완전히 익숙한 욕구를 선택하지 않았는지 질문할 것이다. 하지만 플라톤은 썩어 가는 시신들을 바라보고 싶어 하는 욕구가 강

---

* 아글라이온의 아들 레온티오스는 피레우스로부터 북쪽 성벽의 바깥쪽 아랫길을 따라 시내로 들어가다가, 사형 집행자 옆에 시체들이 누워 있는 것을 목격하고 한편으로는 보고 싶어 하고, 다른 한편으로는 언짢아하며 외면하고 싶어 한다. 그러다가 보고 싶은 욕구에 압도되자 두 눈을 부릅뜨고 시체 쪽으로 가 자신의 두 눈을 가리키며 "보려무나, 너희들 고약한 것들아! 그래, 저 좋은 구경거리를 실컷들 보려무나."라고 말한다. 플라톤은 『국가』 4권에서 분노와 욕구가 별개라는 사실을 설명하기 위해 이 예를 들고 있다.

한 독자들을 염두에 두었을 수도 있었을 것이다. 그리스의 전통은 노출된 시체들을 너무나 불명예스럽게 여겼기 때문이다. 그래서 여러 가지 사례를 살펴보면, 혐오스러운 행위가 [사람을] 매료시키는 정도, 특히 사회적으로 금기시되기 때문에 매료되는 정도는 개인과 사회에 따라 상당한 편차가 존재하는 것처럼 보인다.

원초적 대상에 대한 혐오가 어떻게 형성되는지에 관한 완전한 설명이 무엇이든 간에 혐오에 대한 성인의 경험에서 분명하게 두드러지는 간접적이고 심리적인 전염이란 사고는 훨씬 뒤에 형성된다. 아이들은 보다 복잡한 형태의 인과적 사고를 수반할 수 있다. 예를 들면 전염과 유사성에 대한 사고이다. 부모와 사회의 교육은 모두 혐오의 발전에 영향을 끼친다. 그래서 로진의 말처럼 혐오는 사회적 교육의 강력한 전달 수단이다. 혐오와 그것의 대상에 관한 교육을 통해 사회는 동물성, 유한성, 그리고 이와 연관된 젠더와 섹슈얼리티의 측면에 대한 태도를 강하게 전달한다. 비록 혐오가 담고 있는 인지적 내용과 원인이 모든 사회에서 원초적 대상들(배변, 다른 체액, 시체들)이 비교적 일정하게 존재할 것임을 시사하기는 하지만, 그러한 혐오가 원초적 대상과 충분히 유사하다고 생각할 수 있는 다른 대상에 대한 혐오 반응으로 얼마나 확장될 수 있는지에 대해서는 사회가 상당한 역할을 하게 된다. 그래서 '자연적'으로 혐오를 유발하는 대상이 존재한다는 말은 어떠한 의미(원초적 대상에 대한 혐오 경험과 관련하여 광범위하게 공유되고 깊이 뿌리내린 인간의 사고가 존재한다는 의미)에서만 맞는 말이다. 혐오 대상은 다양한 형태의 사회적 교육과 전통의 결과이기도 하기 때문이다. 그러나 사회적 차이와 무관하게 혐오는 자신이 유한하며 퇴화/부패하기 쉬운 동물적 존재라는 사실을 강하게 상기시키는 대상을 섭취하기를 거부하고, 이러한 대상에 의해 오염되지 않으려는 감정적 표현이라고 할 수 있다.

이러한 거부는 긴급성을 갖는데, 원초적 대상에 의해 생길 수 있는 전염으로부터 한층 더 자기 자신을 절연시키려고 노력하는 가운데 혐오는 불안하게 다른 대상으로 확장된다. '동서남북 놀이'로 알려진 종이접기를 가지고 놀 수 있는 때(대략 7, 8세경)부터 아이들은 싫어하거나 외집단으로 생각하는 친구들의 피부에서 더러운 벌레를 잡는 시늉을 한다. 아이들은 불결하고 냄새나고 전염과 같이 혐오를 일으키는 특성을 지니고 있는 집단을 만들어 내면서 모든 사회에 존재하는 혐오에 기반한 사회적 예속의 방식을 실행에 옮긴다. 이렇게 예속된 사람들은 지배적인 인간과 그들을 불편하게 만드는 동물적인 측면 사이의 '완충지대'를 형성하게 된다.

그러나 혐오의 사회적 확장에 대해 더 많은 것을 말하기 전에 혐오와 분노 또는 분개 사이의 관계에 대해 짚고 넘어갈 필요가 있다. 그런 다음에야 우리는 명백히 도덕화된 맥락에서 혐오의 이용을 고찰할 수 있으며, 이러한 도덕주의와 인간 완충지대의 형성 사이의 관계를 상세히 분석할 수 있게 될 것이다.

지금까지 나는 혐오를 하나의 보편적인 문화적 실재 — 심리학 연구들은 문화적 경계를 뛰어넘어 혐오 속에는 굳건한 공통성이 존재한다는 사실을 보여 준다. — 로 간주해 왔다. 그러나 나는『사고의 격변』에서 감정에 대한 일반적인 설명을 발전시키면서, 어떠한 감정에 적합한 대상은 사회마다 달라진다고 말한 바 있다. 또한 그러한 감정 자체와 이 감정과 다른 감정과의 관계에 대한 보다 정밀한 이해의 경우도 어느 정도까지는 사회마다 편차가 있다. 혐오는 [사회적 영향을 받는] 인지적 구성 요소를 지니고 있기 때문에 이러한 규칙의 예외는 아니다. 다음의 예는 혐오가 단일한 것이 아니라 중첩된 집합이라는 사실을 잘 보여 준다. 로버트 카스터(Robert Kaster)는 고대 로마의 'fastidium'이라는 감정에 대한 중요한 연구에서 이 감정이 영어의 '혐오'와 상당 부분 중첩되며, 어느 정도까지는 로진의 분석에 잘 부합한다고 주장한다.[182] 그래서 사람들은 일련의 유사한 '원초적 대상'에 대해 '파스티디움'을 표현하며, 이러한 감정을 원초적 대상과 꽤 유사하다고 여겨지는 사람들에게 확장한다. 그러나 상당한 차이도 존재하는데, 파스티디움이라는 같은 용어를 사용하지만 (로마인들에게) 혐오와는 다소 다른 것으로 인식되는 경험을 가리키기도 한다. 이것은 천하게 인식된 것과 거리를 두면서 미묘하게 거만한 태도로 어떠한 사람을 낮추어 보는 행위를 수반한다. 이러한 파스티디움은 모욕과 밀접한 관련이 있으며, 적절한 지위와 위계질서에 대한 귀족적 의식과 연관된다.

이어 카스터는 하나의 용어가 명백하게 다른 두 개의 경험을 지칭한다는 사실이 각각의 [경험이 지닌] 역사와 무관하지 않음을 설득력 있게 상술한다. 두 가지 범주의 경험은 서로 중첩되기도 하고 교차되기도 하기 때문에 파스티디움이 지닌 위계 의식 속에서

천하게 여겨진 사람들은 혐오적 특성을 지닌 사람으로 쉽게 전가되었던 것이다. 그리고 혐오적 특성들과 결부된 사람들은 낮은 지위를 지닌 사람으로 경시받는다. 영어 표현인 혐오의 경우도 사회적 위계를 함축하고 있기 때문에 이러한 사실이 완전히 생소한 것은 아니다. 그러나 혐오가 귀족적인 경멸과 섞여 이 둘이 혼재되어 사용되는 독특한 모습은 다른 사회와는 미묘하게 다른 경험과 판단을 보여 준다는 점에서 로마의 고유한 특징이라고 할 수 있다.

정밀한 문화적 분석을 담고 있는 이와 같은 좋은 연구는 다른 감정과 마찬가지로 혐오의 경우도 해당 문화의 특징에서 분석과 비판을 시작해 인간과 불결함에 대한 구체적인 이해로 깊이 파고들어야 함을 보여 준다. 그런데도 혐오는 문화적 차이를 뛰어넘는 현저한 공통성을 지닌 감정으로 볼 수 있다. 혐오는 시간과 장소를 뛰어넘어 그 자체로 상당한 유사성을 확보해 온 영향력 있는 서구 문화적 구조를 지녀 왔다. 그러므로 [혐오에 대한] 모든 일반화는 불완전하다는 인식을 가지고 혐오를 하나의 현상으로 계속해서 다뤄 나갈 수 있을 것이다.

4 혐오와 분개의 차이점

우리가 지금까지 살펴본 것처럼 혐오는 위험에 대한 두려움과 구분되며, 분노나 분개와도 다르다. 혐오에 담긴 핵심적인 사고는 자신이 오염될 것이라는 생각이며, 혐오의 감정은 자신을 오염시킬 수 있는 것에 대한 거부를 표현한다. 혐오의 중심적 대상은 인간에게 오염 물질로 여겨지는 것으로 이는 인간에게 자신의 동물성과 유한성을 상기시킨다. 이와 달리 분개는 부당함 또는 위해에 대한 사고가 중심을 이룬다. 분노에 대한 철학적 정의는 일반적으로 성이 난 당사자나, 그가 중요하게 여기는 사람이나 사물에 부당한 일이 행해졌다는 생각을 수반한다. 그래서 세네카의 『화에 대하여』에서 제시되고 검토된, 이에 대한 고대 그리스의 표준적인 정의들은 "부당함에 복수하려는 욕구", "자신이 부당한 대우를 받아 왔다고 생각하는 사람이 어떤 사람을 처벌하려는 욕구", "적절한 수위를 넘어 자신이 부당한 대우를 받아 왔다고 생각하는 사람이 누군가에게 보복하려는 욕구"[183]로 기술되어 있다. (이에 앞서 아리스토텔레스가 내린 설명도 이와 매우 유사하다.[184]) 부당함에 대한 사고는 매우 중요하기 때문에 후기 스토아학파의 [분노에 대한] 정의는 "부당한 대우를 받은"이라는 말에 "적절한 수위를 넘어"라는 말을 덧붙여 이를 두 번이나 언급하고 있다. 서양 철학 전통에서 등장하는 분노와 분개에 대한 후대의 정의들은 이러한 생각을 따르고 있으며,[185] 심리학도 유사한 입장을 취해 왔다.[186]

위해 또는 손상에 대한 개념은 분노의 인지적 구성 요소의 핵심적 부분을 차지하고 있기 때문에, 분노가 공적으로 표명되고 형성될 수 있는 추론에 근거하고 있음은 분명해 보인다. 손상과 위해는 공적 문화와 법체계가 다루어야 하는 중심적 부분이며, 그러므로 공적 설득과 논증의 한 요소라고 할 수 있다. 이것은 철학사에서 흔히 발견되는 사실이다. 그래서 I장에서 언급한 것처럼 아리스토텔레스의 「수사학」에는 포부를 지닌 연설가가 우리 모두가 부당한 일을 겪었다고 추정할 만한 근거를 청중 일반에게 제시하여 공분을 일으킬 수 있는 정교한 방법이 담겨 있다. 또한 분개하는 청중들에게 실제로 그들이 생각하는 만큼 부당한 일을 겪지 않았음을 납득시킴으로써 이들의 화를 누그러뜨릴 수 있는 방법도 나와 있다.[187]

　I장에서 주장했듯이 한 사람이 분노하게 되는(또는 분노하지 않는) 근거는 거짓이거나 사실무근일 수도 있는데, 여기에는 여러 가지 경우가 있을 수 있다. 손상이 전혀 없었을 수도 있고, 손상이 있었더라도 현재 분개의 대상이 되고 있는 사람이 아닌 다른 사람이 이를 저질렀을 수도 있다. 또 손상이 있었고, 그 사람이 저질렀다 해도, 그 행위는 당사자가 생각하는 것처럼 부당한 행위가 아니었을 수도 있다. (예를 들면 정당방위 행위였을 수 있다.) 더 미묘하긴 하지만 손상을 입거나 멸시를 당했다고 하는 문제가 당사자가 생각하는 것처럼 중요하지 않을 수도 있다. 그래서 아리스토텔레스는 만난 적이 있는 사람이 자신의 이름을 기억하지 못한다는 사실에 역정을 내는 사람이 많지만 이는 그들이 생각하는 만큼 중요한 문제가 아니라고 적고 있다. [또] 앞에서 언급했듯, 세네카는 [식사를 초대한] 주인이 손님인 자신을 식탁의 상석이 아닌 자리에 자신을 앉게 했다고 생각해서 화가 났지만, 하찮은 명예의 표시에 너무 큰 의미를 두었다고 스스로를 자책했다고 기술한 바 있다. 좀 더 상세히

말하면, 대부분의 그리스와 로마의 철학자들은 사람들이 일반적으로 명예와 돈과 같은 특정한 형태의 '외부적 선(善)'을 과대평가한다고 생각한다. 많은 경우 그들의 분노 반응은 이 과대평가에 기초하고 있으며, 그러한 분노는 신뢰할 수 있는 공적 이성의 원천이 될 수 없다. 또한 사람들은 중요한 것을 과소평가할 수도 있다. 아리스토텔레스는 자신의 친척이 모욕을 당하고 있으면 마땅히 분노해야 함에도 불구하고 성내지 않는 사람들을 예로 들었다. 멀리 떨어져 살고 있는 사람이나 우리와 다른 사람에게 가해진 부당함에 화를 내지 않는 경우도 여기에 덧붙일 수 있다. 경우에 따라서는 부당함을 부당하다고 생각하지 못할 수도 있다. 그래서 노예들은 대부분의 노예를 부리는 사람들이 잘못됐다고 생각하지 못했으며, 아내에 대한 강간은 수세기 동안 단순히 남성이 자신의 소유권을 행사하는 것으로 여겨져 왔다.

이러한 모든 경우에 분노(와 분노하지 않음)는 잘못되었을 수 있다. 그러나 관련된 모든 사고가 [사실에 대한] 심사를 통과한다면, 우리는 친구들과 동료 시민들이 이러한 생각과 분노를 공유할 수 있을 것으로 기대할 수 있다. 이러한 점에서 애덤 스미스는 분개는 낭만적 사랑과 다르다고 다음과 같이 적고 있다. "만약 우리의 친구가 피해를 입었다면 우리는 쉽게 친구의 분노에 공감하면서, 친구에게 화를 초래한 사람에게 같이 화를 내게 된다. …… 그러나 친구가 사랑에 빠지면 그가 지닌 열정이 타당하다고 생각한다 하더라도, 우리는 같은 사람에게 같은 종류의 사랑에 빠져야 한다고 여기지 않는다."[188] 사랑은 일반적으로 전혀 말로 옮겨질 수 없고, 다른 사람과 훨씬 공유하기 어려운 개인 특유의 반응에 기초하고 있기 때문에 친구들이 나와 사랑을 공유할 수 있을 것이라고 기대할 수는 없다. 그렇지만 스미스의 말처럼, 친구들은 내 연인이 지니는 두려움과 미래에 대한 희망을 공유할 수는 있다.[189] 스미스는 공평한 관망자가 다른 사람의 편에서 사랑이 아닌 분노를 경험할 것이라고 주장함으로써, 에로틱한 사랑과 달리 분노는 이성의 공적 교환에 기초해 판단을 내리는 사회에서 공적 행위의 토대로 잘 기능할 수 있음을 시사하고 있다.

혐오는 분노와는 다르며, 중요한 측면에서 에로틱한 사랑과 보다 더 유사하다. 혐오 반응 중에는 진화적 기반을 가지고 있으며 사회적 차이를 뛰어넘어 광범위하게 공유될 수 있는 것도 있을 수 있다. 또한 보다 매개된 형태의 혐오는 한 사회 내에서 광범위하게 공유될 수도 있다. 그러나 이러한 사실이 혐오가 사람들에게 공적 설득을 위해 사용될 수 있는 이성적 근거를 제공해 주고 있음을 의미하지는 않는다. 여러분은 부모의 강한 반응과 다른 형태의 심리학적 영향력을 통해 어린아이가 어떤 물체에 혐오를 느끼도록 가르칠 수 있다. 그러나 박쥐에 대해 혐오를 느끼지 않는 사람에게 박쥐가 혐오스럽다는 사실을 납득시키려 한다고 상상해 보자. [이 경우] 공적인 표명을 통해 상대방을 설득시킬 수 있는 근거는 존재하지 않는다. 여러분이 할 수 있는 일이란 박쥐의 일반적인 특성을 길게 묘사해서 상대방이 이미 혐오스럽다고 여기고 있는 것 — 축축하고 탐욕스러운 입, 설치류의 몸통과 같은 —— 과의 일정한 연관성이나 반향을 불러일으키려고 애쓰는 것이 전부일 것이다. 그럼에도 그 사람이 그러한 것들에 혐오를 느끼지 않았다면, 그것으로 그만이다.[190]

게이를 혐오스럽다고 여기지 않는 사람에게 그들이 혐오스럽다는 사실을 납득시키려 한다고 상상해 보자. 여러분은 무엇을 해야 하는가? 콜로라도 주의 주 헌법 수정조항 제2조*를 지지하는 캠페인이 보여 주듯, 두 가지 일을 할 수 있을 것이다.[191] 하나는 [상대방을 설득시키는] 근거를 혐오가 아니라 두려움(동성애자들은 당신의 아이들을 빼앗아 갈 것이다.)이나 분개(동성애자들은 '특별한 권리'를 부여받고 있다.)와 같은 보다 이성에 기초하는 감정으로 바꾸려 시도하는 것이다. 다른 하나는 여전히 혐오에 기초한다면, 혐오를 고취시키는 게이의 일반적인 속성에 초점을 맞추는 것이다. 실제로 [주 헌

---

* 콜로라주 주의 아스펜, 볼더, 덴버 등의 도시들은 주거, 교육, 고용, 건강 그리고 복지 서비스 등에서 인종, 종교, 성별 등과 마찬가지로 성적 성향에 근거한 차별을 금지하는 반차별 법안을 제정했다. 이에 보수주의적 기독교인들은 '가족의 가치를 위한 콜로라도(Colorado for Family Values)' 같은 단체를 결성하여, 이러한 법에는 동성애가 정당한 생활 방식이라는 생각이 함축되어 있다고 주장하면서 법 개정을 요구했다. 또한 이들은 향후 입법 자체를 막기 위해 1991년 주 헌법에 대한 수정조항을 발의했다. 1992년 주 전체 주민의 직접 선거에서 54퍼센트의 지지를 얻어 수정조항 2조("동성애, 레즈비언, 양성애적 성적 성향에 근거해서는 보호되지 않는 지위")로 채택되었다. 동성애자들은 이 수정조항이 미국 헌법(수정조항 14조의 평등 보호 조항)에 위배된다고 덴버 법정에 소송(Romer v. Evans)을 제기했고, 최종적으로 1996년 연방대법원에서 위헌 판결(6 : 3)이 내려졌다.

법 수정 법안에 대한] 주민 투표의 주창자들은 게이들이 배변을 먹고 인간의 피를 마신다고 적은 선전물을 배포했다.[192] 그러나 불쾌감을 준다는 사실이 법적인 차등 대우를 정당화할 수 있는 공적 근거가 되지는 않는다. 수정조항 제2조의 지지자들은 이 점을 잘 알고 있었던 것처럼 보이며, 그래서 자신들이 사용했던 전술을 인정하길 거부했다. 그들의 직접적인 진술은 '특별한 권리'와 사회에 초래할 위험에 초점을 맞추고 있었으며, 반대 심문 과정에서 이 캠페인의 혐오에 대한 호소를 증거로 제시한 사람은 원고 측이었다.

혐오는 여러 가지 면에서 문제가 있으며, 이러한 점에서 분개와 다르다. 우선, 분개는 모든 사람에게 법률적 규제의 기초로 일반적으로 수용되고 있는 위해 또는 손상과 관련이 있다. 반면 혐오는 법의 원천이 될 수 있는지 훨씬 많은 논쟁을 일으키고 있는 오염에 대한 사고와 연관된다. 또한 분개는 일반적으로 발생한 위해를 야기한 사람에 대한 평범한 인과적 사고와 위해의 심각성에 대한 일상적인 평가에 기초한다. 로진의 말처럼, 이와 달리 혐오는 대개 실제적 위험보다는 [자신이 오염될 수 있다는] 신비적 사고에 바탕한다. 마지막으로 분개는 일반적인 속성상 우리가 쉽게 상처를 입을 수 있는 취약한 존재이며, 우리가 가장 마음 쓰는 대상이 다른 사람의 부당한 행위로 해를 입을 수 있다는 사실에 대한 반응이다. 이러한 사실은 인간 삶의 두드러진 특징이며, 이를 부인할 사람은 거의 없다.[193] 반면 혐오는 우리가 될 수 없는 어떤 존재, 즉 동물성을 갖지 않는 불멸의 존재가 되려는 소망을 중심으로 움직인다. [혐오에 담긴] 오염에 대한 사고는 우리 자신을 인간이 아닌 존재로 만들려는 야망을 드러내며, 이러한 야망은(어느 곳이나 존재한다 할지라도) 자기기만과 헛된 열망을 수반한다는 점에서 문제가 있으며 비합리적이라고 할 수 있다.

역사상 존재한 모든 사회는 혐오와 같은 강한 감정을 통해 인간의 동물성이 드러나는 경계를 단속해 온 것이 사실이다. 또한 인류의 진화 역사는 이러한 단속 과정이 한 집단을 다른 집단과 구분짓고, 집단 내의 연대감을 높이는 데 유용한 역할을 했음을 보여주기도 한다. 아마 현대 사회도 번영을 위해서는 이러한 단속이 필요할지도 모른다. 왜냐하면 우리 자신의 퇴화해 가는 육체를 매일 대면하는 것은 견딜 수 없기 때문이다. 그러나 [혐오와 같은 감정이] 사회적으로 확장되는 과정에서 그러한 단속 자체가 공적 이성의 심사를 이겨 내지 못할 것이라는 점은 부정할 수 없다. 혐오는 단순히 실행상에 있어서가 아니라 원칙적으로 법의 기초가 되기에는 문제점을 지니고 있다.

이러한 점에서 [법적 규제를 위한] 기준으로서의 혐오와 사실상 위해로서의 혐오를 구분하는 것은 중요하다. 때때로 심하게 불쾌한 대상은 위해나 손상과 매우 유사한 상황을 초래한다. 이런 이유 때문에 악취와 역겨운 대상은 일반적으로 다른 사람에게 '공적인 방해'를 유발하는 것으로 간주된다. 그래서 앞에서 말한 것처럼 수시로 넘치는 간이 화장실 곁에서 지내야 했던 재소자들은 "잔인하고 비정상적인 처벌"을 받고 있음을 주장할 수 있었다.[194] 이러한 경우의 혐오는 중요하며, 나는 3장에서 이러한 영역에서 일정한 법률 규제가 이뤄지는 것을 지지할 것이다.

그러나 여기에서 우리가 주로 다루고 있는 내용은 다른 방식으로 혐오에 호소하는 것이다. 즉 법적으로 규제할 수 있는 행위의 기준으로 혐오를 사용하는 것이다. 혐오는 동의하지 않은 당사자들에게 어떠한 것을 강요할 수도 있고 그러지 않을 수도 있으며, 그들은 혐오를 인식할 수도 있고 인식조차 하지 못할 수도 있다. 밀은 이것을 '단지 추정상의' 상해라고 일컬었는데, 자신이 어떠한 행위를 접한다면 느꼈을 것이라고 스스로 상상하는 상해를 말한다.[195] 이와 같은 방식으로 혐오에 호소하는 것은 데블린과 카스의 주장에서 찾아볼 수 있었다. 물론 그러한 행위를 상상하는 것만으로도 실제적인 고통을 야기할 수 있을 것이다. 그러나 이러한 경우는 어떤 사람이 본의 아니게 자신이 혐오스럽다고 생각하는 대상의 영향을 받게 된 경우와 주의 깊게 구분되어야 한다. 그러한 경우가 모두 법률적 규제의 충분한 근거가 되는 것은 아니다. '단지 추정상의' 경우는 전체적으로 문제가 있으며, 법률 규제의 근거를 제공해 주지 못할 것이다.

혐오와 분개 사이의 경계는 혐오가 도덕화된 형태 속에 담겨질 수 있다는 점 때문에 경우에 따라 불명확해지기도 한다. 오스카 와일드의 재판을 담당했던 판사는 자신을 소도미의 나쁨에 대한 도덕적 감정을 표출하는 존재로 상정하며, 그러한 점에서 자신이 일종의 공적 이성을 제시하고 있다고 여겼다. 로진과 다른 심리학자들은 '혐오스러운'이라는 말이 '끔찍한'이나 '잔악한'과 같은 손상을 가리키는 말로 바꿔 사용할 수 있다고 여기면서 종종 도덕적 현상에도 사용된다는 점을 알아냈다. 로진은 처음에는 이러한 영어의 우연한 표현 방식을 부주의한 어법의 형태로 생각하는 경향이 있었다.[196] 그러나 후속 연구에서 다른 언어들에서도 같은 형태의 확장이 일어난다는 사실을 밝혀냈다. 그렇다면 이러한 현상은 어떻게 이해할 수 있는가? 이와 같이 도덕화된 경우에도 혐오와 분개를 구분하는 것이 여전히 가능한가?

나는 여전히 몇 가지 차이점은 유지된다고 생각한다. 일부 사례들은 아마 느슨하거나 부주의한 관용 표현으로 설명 가능하며, 영어에는 분노를 표현할 수 있는 정서적으로 강한 형용사가 없다는 사실로도 최소한 어느 정도는 설명 가능하다. ("정말 잔악하군!"이라는 말은 다소 신경질적이면서도 냉담한 표현으로, "정말 혐오스럽군!"이라는 말로 때로는 바꿔 쓸 수 있다.) 와일드의 소송과 같은 경우는 공동체의 도덕성이라는 구실로 혐오를 드러내는 익숙한 형태이다. 이는 상스러운 동물, 즉 다음 5절에서 검토할 인간 완충지대를 이루는 존재들로 인한 오염[의 두려움]을 표현하는 것이다. 순수한 도덕적 판단이 혐오 판단과 연관되어 있는 다른 경우도 있다. 그래서 소름끼치는 살인은 피해를 주었다는 점에서 매우 잘못된 것으로 여겨질 수 있는 동시에 응혈과 피 때문에 혐오스러운 것으로 여겨질 수 있다. (이러한 사례는 3장에서 다룰 예정이다.) 또 다른 사례는 아마 실제로 확장이 일어난 경우인데, 오염물을 자신에게서 멀리하려는 사고가 여전히 중심을 이룬다. 그래서 부패한 정치인들을 '혐오'스럽다고 표현하는 사람들은 같은 대상에 대해 분노나 분개를 표현할 때와 다른 것을 표현하고 있다고 할 수 있다.[197] 그들은 정치인들이 위해를 저질렀다고 말하는 것이 아니라 우리가 단순히 쓸어버리고 싶어 하는 더러운 민달팽이처럼 공동체를 오염시키는 존재라고 말하는 것이다. 비슷한 감정은 인종주의자나 성차별주의자 등에 대해서도 표현할 수 있다.

　마지막으로 말한 혐오의 형태는 내가 호의적으로 탐구할 필요가 있는 몇 가지 흥미로운 질문을 제시한다. 이 장에서 나는 혐오에 대해 매우 비판적인 입장을 취하고 있기 때문에 공정성을 위해 진심으로 나를 움직이고 있고, 내가 공감하고 있는 사례를 통해 이 점을 설명하려고 한다. 구스타프 말러의 「교향곡 2번」* 3악장에 나오는 유명한 '혐오의 절규'가 그것이다. 이러한 음악적 경험을 말로 완전히 설명할 수는 없지만, 말러 자신의 프로그램을 인용하면 [3악장에 담긴] 생각은 '존재의 번잡함'과 사회의 천박성과 양떼 같은 이기심을 응시하는 것이다. 그러한 삶의 번잡함은 "무서움으로

---

* 말러가 라이프치히에서 지휘자로 일하던 1888년 초 '장례식'이라는 제목의 교향시를 작곡했는데, 이 곡이 「교향곡」 2번 '부활' 1악장의 원형이 되었다. 3악장(악몽 같은 현실)은 모순과 허위로 가득 찬 현실에 대한 실망과 회의, 그로 인한 '혐오의 절규'를 표현하고 있다. 4악장(영원한 평안과 행복을 향한 갈망)은 미련과 혐오에 지친 주인공이 태초의 빛, 지고지순한 구원의 빛을 부르고 있다. 뒤에서 너스바움이 인용하고 있는 4악장에 등장하는 가곡은 말러 자신의 가곡집 『어린이의 이상한 뿔피리(Des Knaben Wunderhorn)』에서 가져온 것이다.

다가올 때가 있는데, 그것은 마치 밝게 비춰진 무도회장에서 무용수들이 추는 춤동작을 어두운 밤 밖에서 지켜보는 것과 흡사하다. …… 삶은 소름끼치는 유령처럼 무의미하게 닥쳐오며, 당신은 아마 혐오의 절규와 함께 뛰쳐나갈 것이다."[198] 이러한 혐오는 사회적 상호 작용의 각박함에 대한 소중한 도덕적 반응이라고 볼 수 있으며, 위선과 숨 막히게 경직화된 관습, 그리고 진정한 동정심의 결여로 인해 생기는 부당함에 대한 분개의 감정과 매우 가깝다. 다음 악장에 나오는 혐오에 대한 말러의 반응은 인간의 고통에 대한 순수한 동정심에 초점을 맞추고 있으며, 민담에서 유래한 가사와 주로 바흐를 떠올리게 하는 음악으로 구체화되고 있다.[199] 그렇다면 이것은 어떠한 사회적 형태와 제도를 비판하는 바람직한 공적 근거를 제공해 주는 혐오의 형태가 존재할 수 있음을 뜻하는 것이 아닐까?

나는 그렇다고 생각하지 않는다. '혐오의 절규'가 분개와 가까이 있다고는 하지만 그것의 내용은 [어디까지나] 반사회적이다. 이 속에는 "나는 이 추악한 세상을 나 자신의 일부로 받아들이길 거부한다. 그러한 바보 같은 제도에 나는 토할 것 같고, 그것들이 나의 (순수한) 존재의 일부가 되도록 놔두고 싶지 않다."라는 내용이 담겨 있다. 이와 달리 분개는 구성적 기능을 가진다. 즉 "이 사람들이 부당한 대우를 받아 왔다면, 더 이상 그러한 취급을 받아서는 안 된다."라는 생각을 담고 있다. 분개는 그 자체로 부당함을 바로잡고자 하는 동기를 제공하며, 실제로 부당함을 바로잡고자 하는 욕구를 수반한다. 반면, 혐오 속에서 세상을 내팽개치는 예술가들은 바로 그 순간 정치적 존재가 아니라 그저 낭만적인 반사회적 존재가 된다.

그래서 「교향곡 2번」의 다음 악장에서 말러가 동정심으로 돌아선 것은 그가 지닌 혐오에서 직접적으로 도출된 결과가 아니다. 그가 동정심을 단순히 이 감정을 결여하고 있는 어린아이의 마음속에 구현된 것으로 묘사하면서 극적으로 표현하고 있는 것처럼, 사실 그가 동정심을 갖기 위해서는 혐오를 극복해야 했다. 4악장은 "오, 작은 붉은 장미여, 인간은 큰 고난 속에 있고"로 시작하는데, 가냘픈 꽃은 앞서 생긴 혐오에 대한 자신의 해독제를 상징한다. 여기서 우리는 인간을 가냘프고, 취약하며, 꽃과 같은 존재로 바라보고 있다. 인간의 불완전함에 대해 구토하고 싶은 순간적인 유혹을 이겨 낸 것이다. 그래서 나는 말러가 표현한 도덕화된 형태의 혐오의 경우도 문제가 많은 감정이라고 생각한다. 진실하고 구성적인 사회적 공감으로 나아가려면 그러한 혐오는 억제되거나 극복되어야 한다.

나 자신이 경험한 도덕화된 형태의 혐오는 다음과 같다. 정치가 너무 추잡하고 상스러워 보일 때면, 나는 UN 산하 연구소에서 일하면서 여름을 여덟 차례나 보냈던 나라, 그래서 비교적 잘 알지만, 아주 잘 알지는 못하는 나라인 핀란드로의 이주를 상상해 보고, 때때로 진지하게 생각해 보기도 한다. 나는 핀란드를 담청색의 투명한 호수와 더럽혀지지 않은 숲을 지닌 나라이자, 동시에 탐욕, 공격성, 부패로 얼룩지지 않은 사회민주주의적 가치를 지닌 나라로 마음에 그리는데, 이는 완전히 틀린 생각은 아니다. 요컨대 나의 환상은 일종의 도피 환상이다. 이것은 핀란드 사회에 대한 건설적 참여

보다는 현재의 불만에 대한 반작용으로 만들어진 것과 관련이 있다. 미국 정치인들에 대한 분노는 저항과 건설적인 참여라는 목표를 향하는 경향이 있는 반면, 미국 정치인들에 대한 혐오는 도피와 방기로 이어지기 쉽다.

도덕적 개선과 생산적으로 연관되면서 자기 자신과 자신이 살고 있는 사회를 향하는 혐오의 형태가 존재할 수 있을까?[200] 예언적 수사(修辭)는 때때로 현재의 잘못된 측면에 대해 분노뿐 아니라 혐오를 일으키기도 한다. 현재의 자기 자신에 대한 혐오 심상을 이용하는 것은 더럽혀진 자신에서 벗어나는 데 있어 적게나마 도움이 될 수 있다. 그러나 나는 [이에 대해] 회의적이다. 왜냐하면 그러한 심상이 혐오에 관한 것이라면, 자기 자신이 불결하다는 진술이 만들어지기 때문이다. 이것이 과연 자기 자신에게 도움이 되는 태도라고 할 수 있을까? 그러한 진술은 자신의 잘못된 행실을 속죄하고 자신이 지닌 선[한 행위]의 잠재성을 키워야 한다는 건설적 사고보다는, 자신을 희망 없는 존재로 보고 포기하려는 생각으로 이어질 수 있지 않을까? 그러한 생각을 너무 종교적이고 정치적으로 이용하는 것이 자신에 대한 건설적 개선보다는 자기혐오와 자기 비하에 관한 사고와 훨씬 많이 연관되고 있는 것은 아닌지 의문이 든다. 게다가 그러한 사고를 수반하기도 하는 자기 초월에 대한 환상은 불가능한 힘이나 순수함 — 인간 그 자체의 중요한 측면을 결여하고 있는 — 에 대한 환상으로 너무 쉽게 이어질 수 있다.[201]

그러나 케이헌의 주장처럼 혐오가 지닌 부인할 수 없는 힘을 선을 위해 사용하는 것은 어떠한가?[202] 만약 모든 사회가 혐오를 지니고 있고, 모든 사회에서 혐오가 강력한 도덕 감정이라면, 사람들이 학습을 통해 인종주의와 성차별주의 등에 대해 혐오를 느끼도록 교육시켜서 혐오를 이용하는 것은 어떨까? 이러한 제안이 지닌 첫 번째 문제는 혐오가 특정 행위에만 국한되지 않는다는 점이다. 어떠한 나쁜 행위에 대한 분노는 범죄자를 회복시키려는 소망이나 가해자의 인권에 대한 존중과 양립할 수 있다. 이와 달리 혐오는 오염에 대한 사고가 중심을 이루기 때문에 기본적으로 그 사람이 사라져 버리길 원한다. 그리고 나는 인종주의자와 성차별주의자에 대해 그런 태도를 가져서는 안 된다고 생각한다. 우리는 사람들과 그들의 행위를 주의 깊게 구분해서, 그들이 저지른 나쁘거나 유해한 행위를 비난해야 한다. 그렇지만 그들이 성장하고 변화할 수 있다는 점에서 인간으로서 그들에 대한 존중은 유지되어야 한다. 그래서 나는 "저 혐오스러운 쥐들을 여기서 몰아내자."라고 말하는 것은 자유주의 사회에서는 도움이 되지 않는다고 생각한다. 그러한 혐오가 나쁜 동기와 의도를 가질 수 있는 사람들을 대상으로 하는 경우라도 말이다.

앞에서 말한 핀란드 얘기가 예증하듯이, 순수함에 대한 환상 속에는 건설적인 것이 존재하지 않는다. [비현실적인 환상을 갖기보다] 우리는 인종주의자와 부패한 정치인들이 바람직한 행위를 하도록, 나이가 생각을 고치도록 요구해야 한다. 잘못된 행위를 저질렀으면 처벌을 받아야 한다. 그러나 그들을 토사물이나 배변 같다고 생각하는 게 [현실을 개선하는 데] 얼마나 도움이 되는가? 우리는 분명 그들을 추방시킬 수 없으며, 설령 할 수 있다 하더라도 그래서는 안 된다. 혐오는 우리가 사회적 순수함에 대한 비현실적인 낭만적 환상에 사로잡히게 하며, 인종 관계와 정치인들의 행위를 개선하기 위해 우리가 취할 수 있는 현실적인 수단에 대한 사고에서 멀어지게 한다. 어떠한 집단이 비도덕적이라 하더라도 그들을 오물처럼 취급해서는 아무것도 얻을 수 없다. 또한 다음 절에서 주장하는 것처럼 그러한 취급은 전염과 유사성에 대한 신비적 사고를 통해 특정 집단이나 해를 끼치지 않는 사람들까지 희생시키는 태도로 이어지기 쉽다. 미국인들이 테러리스트들에게 혐오를 느끼는 것이 바람직한가? 나는 그렇지 않다고 주장한다. 무엇보다 그러한 혐오는 너무 쉽게 외부로 확산될 수 있어서, 모든 이슬람교도와 아랍계 미국인들을 수용소에 가두거나 국외로 추방시켜야 한다는 사고를 형성할 수 있기 때문이다. 분노와 이러한 상황을 교정하려는 결정은 적절한 감정이라고 할 수 있다. [이에 비해] 혐오는 문제가 많다. 단일 국가에 대한 환상은 매우 위험하고 공격적인 제노포비아(xenophobia)와 매우 가까이에 있다.

5 혐오는 특정 집단을 배척하기 위한 사회적 무기

혐오는 원칙상 문제점을 지니고 있다. 이에 더해 역사 속에서 혐오가 특정 집단과 사람들을 배척하기 위한 사회적 노력의 강력한 무기로 이용되어 왔다는 사실을 알게 되면 혐오를 더욱 의심의 눈초리로 바라보게 된다. 우리 자신이 지니는 동물성을 우리로부터 차단하려는 욕구는 매우 강력하기 때문에 우리는 배변, 바퀴벌레, 점성을 지닌 동물들이 있는 곳에 멈추려 하지 않는다. 우리는 우리 자신을 구별할 수 있는 집단을 필요로 하는데, 그들은 진정한 인간과 저열한 동물 사이의 경계선을 예시하게 된다. 그러한 유사 동물이 우리와 우리 자신의 동물성 사이에 존재한다면, 우리는 우리 자신의 동물성과 유한성에서 한층 더 멀어지게 된다. 그래서 유사 이래 특정한 혐오의 속성들(점액성, 악취, 점착성, 부패, 불결함)은 반복적이고 변함없이 일정한 집단들과 결부되어 왔으며, 실제로 그들에게 투영되어 왔다. 특권을 지닌 집단들은 이들을 통해 자신들의 보다 우월한 인간적 지위를 명백히 하려고 한 것이다. 유대인, 여성, 동성애자, 불가촉천민, 하층 계급 사람들은 모두 육신의 오물로 더럽혀진 존재로 상상되었다.

이러한 놀라운 해석의 일부를 좀 더 자세하게 살펴보도록 하자. 중세 이후 반유대주의 선전에서 살펴볼 수 있는 유대인에 대한 삼투적 이미지는 스며나오는 점액성을 지닌 여성처럼 혐오스러울 만큼 유동적이고 끈적이며, 연하고 잘 스며드는 존재로 그려진다. 19세기와 20세기에 그러한 이미지는 널리 퍼져 있었고, 유대인이 건강한 독일인 남성의 깨끗한 몸 내부에 있는 더러운 기생충처럼 여겨지면서 좀 더 정교화되었다. 특히 동성애와 유대인에 대해 자기 혐오를 지녔으며, 1903년 자살로 생을 마감한 오토 바이닝거(Otto Weininger, 1880~1903)*의 저서 『성(性)과 성격』은 큰 영향을 끼쳤다. 바이닝거는 유대인은 본질적으로 여성적이라고 주장한다. "몇 가지 점을 고찰하면 유대교에는 여성성, 내가 남성성과는 정반대에 있음을 보여 준 바로 그러한 특성이 배어 있다는 놀라운 결론에 도달하게 될 것이다." 바이닝거가 탐구한 유대인적이고 여성적인 특성 중에는 민족국가를 남성적 노력의 대상으로 이해하지 못하는 것도 포함되어 있다. 그래서 그는 유대인과 여성이 마르크스주의 사상과 친화성이 있다고 주장한다. 이들은 또한 계급 간의 차이를 이해하지 못했는데, 이런 점에서 "사람들 사이의 경계를 유지하는 것을 중심에 두고 사고하는 귀족주의자들과 정반대에" 위치한다.[203]

그러한 사고들은 이미 19세기 말에 영향력을 끼치고 있었지만, 1차 세계대전이 가져온 황폐화의 결과로 더욱 극심해졌다. 당시는 분명 죽음과 파괴의 두려움을 강하게 느낄 수밖에 없는 상황이었고, 이로 인해 많은 독일인은 여성뿐 아니라 유대인을 대상으로 여성 차별적 내용을 지닌 혐오적 특성 —— 그들이 두려워하고 질

---

* 오스트리아의 철학자. 과학과 철학이 혼합된 연구 결과물인 『성과 성격』에서 모든 생물은 남성적 요소와 여성적 요소를 다양한 비율로 겸비하고 있다고 주장했다. 이때 남성적 요소는 적극적·생산적·도덕적인 반면, 여성적 요소는 소극적·비생산적·비도덕적으로 구분된다. 독일 민족을 남성적인 민족으로, 유대 민족을 여성적인 민족으로 보는 듯한 표현으로 인해 반유대주의 선전가들의 지침서로 쓰이기도 했다. 이 책의 출간 직후, 자신이 최고의 음악가로 평가한 베토벤이 사망한 곳에서 권총으로 자살했다.

색했던 — 을 투영했다. (강철과 기계 이미지로 칭송되던) 순수한 독일 남성의 깨끗하고 안전한 건장함은 여성-유대인-공산주의자의 유동적이고, 악취 나는 더러움과 대비되었다.[204] 클라우스 테벨라이트(Klaus Theweleit)는 1차 세계대전 기간 동안의 엘리트 독일 장교들로 구성된 집단인 자유군단(Freikorp)*의 편지와 회고록에 대한 인상적인 연구에서 다음과 같이 주장한다. "강철 사나이들이 지닌 가장 시급한 과제는 자신들을 살, 머리카락, 피부, 뼈, 창자로 이루어진 끔찍하게 무질서한 뒤범벅으로 바꿔 놓을 수 있는 위험성을 지닌 어떠한 힘과 자신이 인간 — 과거의 인간 — 임을 떠올리게 만드는 감정을 추적해, 억누르고 억제하는 것이었다." 너저분하고, 끈적이는 인간성에서 벗어나려는 열망은 에른스트 윙거(Ernst Jünger, 1895~1998)**의 소설 『내적 체험으로서의 전투(Kampf als inneres Erlebnis)』에 잘 기술되어 있다.

구름을 가르는 회전하는 프로펠러 사이로 날카로운 시선을 던지는 강철 인간들이 있다. 그들은 탱크 엔진[소리]의 혼란 속에서 움켜쥔

---

* 1차 세계대전이 종결된 후 제대 군인 및 우익 장교에 의해 조직된 의용병 단체로 주로 좌익 세력과 시가전을 벌였다. 전시에 입던 군복과 철모, 무기로 무장했으며, 예비역 및 현역 장교들이 지휘하였다. 이들 구성원들은 자유군단이 해체되면서 기존 우익계 정당의 폭력 조직에 가담하는 경우가 많았다. 나치 돌격대 역시 그들을 받아들였다.

** 독일의 작가. 1차 세계대전의 경험을 담은 『강철폭풍(In Stahlgewittern)』이라는 책으로 잘 알려져 있다. 1차 세계대전 이후 보수 혁명 운동을 주도했다.

채 탄공(彈孔)들이 포효하는 전장을 가로질러 지옥의 나락에 도전한다. ······ 남성들은 전투의 정신이 차갑게 충만해 있으며, 그들이 성화같이 원하는 것은 에너지를 한 번에 응축해서 결연하게 방출하는 것이다.

철조망 사이를 잘라 좁은 길을 내고, 밖으로 돌진할 수 있는 디딤판을 파고, 빛을 비추는 감시조와 호흡을 맞추는 그들을 소리 없이 지켜보고 있을 때, 이들은 새로운 남성이라는 생각이 섬광처럼 지나갔다. [이들은] 폭풍처럼 돌진하는 선봉이며, 중부 유럽의 선민이다. 완전히 새로운 인종이자, 지적이고 강한 의지의 남성들은······ 에너지를 힘껏 발휘하는 유연성 있는 약탈자들이다. 그들은 황폐화된 세상의 토대 위해 건물을 짓는 건축가들이 될 것이다.[205]

인용한 구절에서 윙거는 기계의 이미지와 동물적 삶의 이미지를 결부시키고 있는데, 이를 통해 새로운 남성은 어떤 의미에서는 강력한 짐승이자 신이어야 하며, 약탈자이자 불사신이어야 한다. 새로운 남성이 결코 되어서는 안 되는 것은 인간이다. 그의 남성다움은 결핍과 수용성이 아니라 "응축되고 결연한 에너지의 방출"로 특징지어진다. 그는 두려움도 모르고, 슬픔도 모른다. 왜 새로운 남성은 이러한 특성을 가져야 하는가? 그것은 세상의 토대가 무너졌기 때문이다. 윙거는 죽음과 파괴 속에서 살아남은 남성들이 할 수 있는 유일한 선택은 이루 헤아릴 수 없고 피할 수도 없는 슬픔에 굴복하는 것이거나, 아니면 불편하게 고통을 부과하는 인간성 자체에서 벗어나는 것임을 시사한다. 그러한 남성들에게 유대인과 여성에 대한 혐오는 유한한 존재와 자신의 차이점을 역설할 수 있는 한 가지 방식이 되었다.

그러므로 우리가 알 수 있는 것처럼 혐오는 취약성과 수치심의 경험과 밀접하게 연관되어 있다. 강철과 금속의 이미지에 강박적일 정도로 집착을 보이는 것은 인간의 유한성은 수치스러운 것이고, 숨겨야 하는 것이며, 더 나아가 완전히 초월할 필요가 있다는 인식이 밑바탕에 깔려 있기 때문이다. 이와 같은 복잡한 감정이 I차 세계대전의 참화 속에서 발현되었다는 점은 놀랄 만한 일이 아니다. 물론 인간이 자주 불사신이라는 이룰 수 없는 존재가 되려 한다는 점을 고려하면 이러한 감정은 많은 다른 환경에서도 생겨날 수 있을 것이다. 혐오는 인간의 유년기에 경험하는 무기력함과 이러한 무기력함이 안겨주는 수치심으로 되돌아가는 경향이 있다. 4장에서 언급하겠지만, 원초적 수치심과 이에 대한 공격적 반응은 대부분의 인간 역사에서 깊고 오래된 특징이다. 물론 문화적이고 가족적인 역사에 따라 다른 곳보다 온건하고 조화로운 형태를 지닐 수도 있지만 말이다. 테벨라이트의 연구와 이와 연관된 다른 연구는 당시 사회와 가족을 통해 독일 남성의 자아가 형성되는 과정이 일종의 병리적이고 자아도취적인 수치심과 밀접한 관련을 지녔다는 점을 보여 준다. 뒤에서 계속 주장하겠지만 그러한 수치심은 다른 사람과의 관계 면에서 문제점을 안고 있다.[206]

내가 이 장의 첫머리에 인용하고 있는 히틀러의 주장 — 유대인은 명백히 깨끗하고 건강한 독일 민족의 몸속에 숨겨진, 썩어 가는 시체 속의 구더기라는 — 의 기원은 유동적이고 끈적이며 여성화된 혐오스러운 유대인과 깨끗하고 건강한 독일 남성을 대비시키는 것에서 찾을 수 있다. 유대인을 유약하고 혐오스럽게 보는 것과 연관된 이미지들은 아이들의 동화 속에도 담겨 있을 정도로 당대에는 도처에 퍼져 있었다. 동화 속에서 유대인들은 일반적으로 혐오적 속성을 지닌 혈통의 혐오스러운 동물들로 그려졌다.[207] 또한 당시에는 유대인(과 공산주의자)들을 암세포, 종양, 세균, '균상 증식'으로 묘사하면서 이들을 탈인간화시키는 의학적 담론이 보편적으로 유행했다. 그리고 아예 뒤집어서 암 그 자체가 건강한 몸 안에 있는 사회적으로 파괴적인 집단 — 정확하게는 '볼셰비키'와 (유대인을 가리키던 상투적 표현인) '기식자' — 으로 묘사되기도 했다.[208]

유대인의 사례는 특정 집단에 대한 혐오가 주로 정교한 사회공학을 통해 이루어진다는 점을 보여 준다. 이러한 사회공학은 굳이 광범위하게 공유되는 인간의 반응에 의존할 필요가 없다. 비록 유대인에 대한 혐오가 수치심, 두려움, 황폐화의 경험 속에 깊은 뿌리를 두고 있는 것처럼 보이지만, 유대인을 특정한 대상으로 삼았다는 사실은 유대인의 사회적 성공이 가져온 인위적 결과라고 할 수 있다. [유대인에 대한 혐오는] 그들을 격하시키려는 목적을 지닌 정교한 이데올로기적 조작과 결합되어 있다. 특정 집단을 격하시키는 한 가지 확실한 방법은 그들을 완전한 인간과 단순한 동물 사이의 지위에 위치시키는 것이다. 유대인이 혐오스러운 존재의 전형과 결부된 것은 본질적인 면에서 그들이 실제로 '원래' 또는 '처음부터' 혐오스럽게 여겨졌기 때문이 아니다. 오히려 인과관계는 그 반대다. 유대인이 혐오스럽게 여겨져 왔다는 식으로 얘기되고 표현되었던 이유는 그들을 지배 계급에서 떼어놓기 위해 유대인들 ── '어떤 다른' 집단이었을 수도 있었겠지만, 여러 가지 이유에서 유대인을 쉽게 떠올릴 수 있었다 ── 과 동물적인 것의 전형을 결부시킬 필요가 있었기 때문이다.

이러한 인과 고리가 어떻게 작동했든 간에 유대인들의 신체는 중요한 측면에서 '정상인'의 신체와는 실제로 다르다는 생각이 널리 받아들여졌다.[209] 19세기 이후 일단의 유사 과학적 문헌은 이른바 유대인의 발, 유대인의 코와 같은 독특한 특성들, 병든 유대인의 피부, (유전 매독과 같은) 유대인 질병에 대해 기술하고 있다.[210] 유대인의 코는 동물성(후각은 감각 중에서 가장 동물적인 것으로 여겨졌다.), 여성의 냄새, 심지어는 생리와 널리 연관되었다. 또한 유대인들은 독특하고 불쾌한 냄새를 뿜어 낸다고 폭넓게 생각되었으며, 생리 중 여성의 냄새와 유사하다고 여겨졌다.[211]

실제로 특정 집단을 겨냥해 투영되는 혐오의 가장 대표적인 대상은 여성의 몸이다. 여성 차별적 혐오는 이러한 형태의 투영이 거의 모든 사회에서 변화 없이 규칙적으로 나타나는지를 설명해 주는 경험적 출발점이 된다. 여성은 출산을 하기 때문에 동물적 삶의 연속성, 몸의 유한성과 밀접하게 연관된다. 또한 여성은 정액을 받아들이기 때문에 (혐오에 관한 연구가 시사하듯) 남성의 몸에서 빠져나간 정액이 남성에게 혐오를 유발한다면, 남성들은 (여성의 몸 안에 있는)

혐오 물질로 인해 여성들이 오염되었다고 생각할 수 있다. 반면 남성 자신은 여성과의 접촉 시를 제외하고는 오염되지 않았다고 생각할 것이다. 이러한 사실로 볼 때 여성은 유약하고, 끈적거리며, 유동적이고, 냄새나는 존재로서, 여성의 몸은 오염된 불결한 영역으로 상상되어 왔다. 밀러는 여성 혐오가 혐오에 담긴 핵심적인 관념과 매우 밀접하게 관련된다고 주장한다. 유대인이 아닌 다른 소수자들도 점액성을 지닌 냄새나는 존재로 여겨질 수 있었을 것이다. 그러나 여성이 어느 곳에서나 그렇게 생각되었다는 사실은 우연이 아니다. 왜냐하면 남성들은 출산에 대해, 특히 자신의 섹슈얼리티와 체액에 대해 불안을 느끼기 때문이다. 밀러는 남성이 정액을 괴로움을 주는 동시에 매우 혐오스러운 것으로 여긴다고 주장한다. 정액을 받아들이는 존재는 오염된다고 생각한다는 것이다. 그래서 밀러는 프로이트를 따라 남성들은 항상 자신의 성적 대상을 타락하지 않은 존재로 생각하는 데 큰 어려움을 겪으며, 순결한 존재를 타락시켰다는 죄책감 없이 자신의 욕구(자신의 체액을 받아들인 대상을 타락시킨다고 이해되는)를 만족시켜 줄 수 있는 이미 타락한 대상을 찾는 경향이 있다고 주장한다. 밀러는 사랑이 이러한 혐오를 이완시켜 주기는 하지만 이는 오직 짧은 시간에 제한된 범위 내에서만 생긴다고 말한다.[212] 대개 여성은 남성의 정액을 받아들이기 때문에 여성은 "그녀가 먹는 물질이 된다."(구강이나 질을 통해 체내화한다는 의미에서 말이다.) 이를 통해 여성은 남성이 거리를 둘 필요가 있는 그 자신의 끈적이는 유한한 일부가 된다는 것이다.[213]

혹자는 밀러가 보편적인 현상을 발견한 것인지 의아하게 여길 수도 있겠다. 분명 정액이 혐오스러운 것의 전형이라는 생각은 보편적인 동의를 얻지 못할 것이다. 그러나 일반적인 틀에서 남성의 혐오에 대한 그의 설명은 오래되고 널리 퍼진 결혼 혐오 형태에 대해 다루고 있다. 대부분의 문화권과 역사 속에서 여성은 오물과 더러움, 유혹하는 오염의 원천으로 표현되어 왔으며, 그러므로 어떻게든지 접근하지 못하게 하고 응징해야 하는 존재로 여겨져 왔다.[214] 섹슈얼리티에 대한 톨스토이 자신의 고투를 담고 있는 소설 『크로이체르 소나타』에서 살인자인 남편*은 성교는 그러한 욕구를 불러일으키는 여성에 대한 불쾌감과 필연적으로 결부되어 있다고 말하면서, 성적 관계에 내재된 욕구의 원인에 대한 격노와 증오를 드러낸다. 그는 자신이 아내를 살해한 것은 그러한 성적 행위의 자연적인 귀결이며, 성교를 단념하는 것이 남성과 여성 사이의 관계가 증오와 혐오에 의해 손상되지 않을 수 있는 유일한 희망이라고 표현한다. 아르투어 쇼펜하우어(Arthur Schopenhauer)도 비슷한 시각을 가졌는데, 그는 여성이 동물적 본성의 힘을 간직하고 있고, 그 자체를 보존하기 위해 애쓴다고 보았다. 여성의 유혹이 관조와 초연함을 이루고자 하는 남성의 계획을 가로막는 주된 장애물이

---

* 주인공 포즈드니셰프를 말한다. 1889년 톨스토이는 이 소설을 끝내기도 전에 소설에 대한 후기를 썼으며 거기서 자신이 포즈드니셰프와 같은 의견임을 선언했다. 순결에 관한 생각은 미국 셰이커교도들과 여성 의학자 앨리스 B. 스토컴의 『산부인과학』에서 영향을 받았다. 이 책은 결혼한 부부도 성을 자제할 것을 권하고 있다.

며, 그래서 여성이 지닌 동물성에 대한 혐오는 격노, 증오와 밀접하게 관련되어 있다는 것이다. 바이닝거는 이러한 생각들을 보다 정교하고 자세하게 발전시켰다. 그는 남성과 달리 여성은 섹스 그 자체이자 완전히 성적인 존재이며, 사실상 남성이 지닌 동물성이라고 생각했다. 남성들은 한결같지는 않지만 혐오와 죄책감으로 반응하면서 자신이 간직한 동물성에서 멀어지고자 한다는 것이다. "그래서 여성만이 죄를 지니는데, 이는 남성의 잘못을 통해 이루어진다. ······ 여성은 오직 남성의 일부이며, 그의 다른 근절할 수 없는 열등한 부분이다."[215] 유대인은 혐오스러운 존재인 여성으로 치부되기 때문에 바이닝거에 따르면 유대인 여성은 이중으로 혐오스러운 존재, 즉 피해야 하는 치명적인 유혹을 일으키는 극도의 동물적인 존재가 된다.[216]

여성이 육체적이고 부패할 가능성이 있는 대상에 대한 남성의 혐오를 표출하는 수단이 됨에 따라 거의 대부분의 사회에서 이와 유사한 사고들을 찾아볼 수 있다. 성교, 출산, 생리를 둘러싼 금기는 모두 너무 육체적인 것, 신체 분비물을 너무 많이 간직하고 있는 것을 피하려는 욕구를 표현한다. 이 장의 첫머리에서 서머싯 몸(William Somerset Maugham, 1874~1965)*이 인용하고 있는 산부인과 교수를 생각해 보자. 그에게 여성은 모든 신체 기능을 상징한다. 사실

---

* 영국의 극작가이자 소설가. 런던의 세인트토머스 병원에서 의사 자격을 얻는 과정에서의 경험은 이후 그가 작가로서 성장하는 데 큰 영향을 끼쳤다. 대표작으로 『인간의 굴레(Of Human Bondage)』, 『달과 6펜스(The Moon and Sixpence)』 등이 있다.

상 여성은 남성의 몸이며, 그녀의 수용적인 성적 열망은 여성이 지
닌 수많은 혐오적 특징의 정점에 있다. 맞춤복의 역사에 관한 앤 홀
랜더(Anne Hollander)의 재치 있는 설명에서 여성의 치마가 혐오스러
움을 유발하는 불결하고 더러운 곳을 숨기기 위해 고안되었다는 설
득력 있는 이야기를 들을 수 있다. 그러한 곳과 안전하게 거리를 두
려면 길이가 길고 폭이 넓고 풍성한 치마가 안성맞춤이라고 생각되
었던 것이다. 여성이 체액을 담은 더러운 구덩이가 아니라 남성과
인체 해부학적 구조가 같다는 사실이 드러난 최근에 와서야 여성이
자신의 다리를 드러내는 것이 허용되었다.[217]

마지막으로 오늘날 미국에서 중심적인 혐오의 대상에 대해 생
각해 보자. 다름 아닌 남성 동성애자에 대한 남성의 혐오다. 여성 동
성애자의 경우도 두려움이나 도덕적 분개 또는 일반화된 불안의 대
상이 되기도 하지만, 혐오의 대상이 되는 경우는 보다 적다. 비슷하
게, 이성애자인 여성들이 남성 동성애자들에게 부정적인 감정, 즉
두려움, 도덕적 분개, 불안을 느낄 수는 있지만, 혐오의 감정을 느
끼는 경우는 거의 없다. 혐오를 일으키는 것은 일반적으로 남성 동
성애자에 대한 남성의 사고이고, 그 속에는 항문으로 침투될 수 있
다는 상상이 스며 있다. 남성의 몸 안에서 정액과 배설물이 함께 혼
합된다는 생각은 상상 가능한 가장 혐오스러운 사고 중의 하나다.
남성에게 침투되지 않는다는 생각은 끈적임, 분비, 죽음을 막아 주
는 신성한 경계가 된다. 이웃에 사는 남성 동성애자의 존재는 자신
이 깨끗한 안전을 잃어버리고 동물적인 부산물의 저장고가 된다는

생각을 불러일으킨다. 이런 점에서 혐오는 궁극적으로 자신이 상상한 침투성과 분비성에 대한 혐오라고 할 수 있으며, 남성 동성애자가 혐오를 일으키는 존재인 동시에 약탈자처럼 다른 모든 사람을 혐오스럽게 만들 수 있는 두려움을 주는 존재인 것은 이러한 이유 때문이다. 군대에서의 샤워에 대한 이례적인 논쟁에서 볼 수 있듯, 그러한 남성은 바라보는 것만으로도 오염시킬 수 있다고 간주된다. 동성애 남성의 응시는 "너는 침투될 수 있어."라는 뜻을 담고 있기 때문에 오염시키는 것으로 여겨지는 것이다. 그리고 이것은 당신이 깨끗한 플라스틱 육체가 아니라 배설물과 정액과 피가 섞인 존재가 될 수 있음을 의미한다. (그리고 당신이 곧 죽게 됨을 뜻한다.)[218]

여성 차별주의적이고 동성애 공포적인 혐오는 신체 부산물과 인간의 취약성 및 죽음 간의 연관성에 대한 (특히 남성의) 양가성에 깊은 뿌리를 두고 있다. 이러한 반응은 분명 학습을 통해 사회적으로 형성되지만, 유대인에 대한 혐오와 달리 다른 문화권에서 광범위하게 공유되는 것처럼 보인다. 반유대주의적 혐오와 마찬가지로, 이들 사례에서 우리는 그 집단이 지닌 실제 육체적 속성이 혐오 대상으로 그들이 선택되는 것과 다소 완전히 무관하다고 생각하지 않는다. 즉 체액에 대한 광범위한 불안은 그러한 체액을 받아들이는 사람들을 대상화하는 과정에서 표현되는 것이다. 다른 한편으로, 이들 사례에서 나타나는 혐오에는 분명 반유대주의적 혐오를 특징짓는 의도적인 [사회적] 구성의 요소가 혼합된다. 특정한 집단을 동물과 유사한 지위 ── 이러한 지위를 지닌 집단은 그들 자신의 동물성으로 인해 지배 집단에서 멀어지게 된다. ── 로 격하시키려는 관심은 혐오스럽다고 생각되는 한층 더한 속성을 여성이나 게이에게 전가함으로써 그들을 혐오스러운 존재로 만들려는 시도로 이어진다. 악취, 점액성, 배설물 섭취 등은 일정한 정치적 목적을 위해 특정 집단의 특징으로 투영되는 것이다.

정치적 목적을 위해 혐오가 이용된 최근의 한 가지 예는 2002년 3월 인도 구자라트에서 힌두교도들이 이슬람교도들에 대한 폭력을 부추기기 위해 혐오를 사용한 것이다.[219] 이 사례에서는 [혐오에 관한] 이러한 모든 영역이 함께 나타났는데, 여기에 민족적 순수성에 대한 불안한 이미지까지 결합되었다. 힌두 민족주의자들은 일반적으로 순수함과 오염이라는 사고를 수사적(修辭的)으로 사용하면서, 이슬람교도들을 자신들 민족의 육체를 더럽히는 외부자로 묘사했다. 순수함에 대한 이러한 일반적 사고는 일관되게 육체적 형태를 띠는데, 이슬람교도 남성과 여성은 그들이 지닌 신체 번식력 때문에 순수한 힌두교도 남성의 통제력을 위협하는 성욕 과잉의 동물적 존재로 그려진다.[220] 폭동 중에 배포된 선전물은 강박관념에 사로잡힌 듯 이러한 성적 이미지를 퍼뜨렸으며, 불이나 금속물로 이슬람교도 남성과 여성의 성적 부위(항문과 질)를 유린함으로써 그들의 육체에 보복한다는 생각을 갖게 했다. 이러한 고문들은 여성의 신체를 대상으로 자행되었는데, 집단으로 여성을 강간했으며, 커다란 금속물을 질 속에 집어넣기도 했고, 산 채로 불태우기도 했다.[221] 다른 경우처럼 이 사례는 민족을 오염시킬 수 있는 존재를 제

거한다는 도취된 환상 속에 담긴 공격성과 혐오가 연관되어 있음을
분명하게 보여 준다고 하겠다.

6 혐오, 배척, 문명화

사회학자 노베르트 엘리아스(Norbert Elias, 1897~1990)*의 주장에
따라 밀러는 보다 많은 것을 혐오스럽다고 인지하는 사회가 보다
문명화된 사회라고 주장한다.[222] 그는 혐오와 실제 위험을 구분해서
보는 로진의 입장을 인정한다. 또한 내가 조금 전에 말한 동물적인
것의 상징이 된 유대인, 여성, 동성애자나 다른 집단에 대한 증오
와 혐오와의 연관성에 대해서도 전부 인정한다. 그럼에도 그는 이
러한 명제를 유지하고 있다. 게다가 그는 내가 예로 든 말러와 같이
도덕화된 혐오의 경우로 자신의 주장을 제한하지도 않는다. 사람들
이 인종주의와 다른 형태의 사회적 부정의에 혐오를 느끼도록 배운
정도에 따라 사회적 진보를 측정할 수 있다는 주장은 적어도 논쟁
의 여지는 있다. 그러나 밀러는 단순히 육체적인 것에만 초점을 두
고 있다. 그는 우리가 깨끗함에 더 신경 쓰고, 점액성의 불결한 것

---

* 유대인 출신의 독일 사회학자이며, 나치 정권을 피해 영국으로 망명했다. 그의
주저 『문명화 과정』은 식탁에서의 행동 규칙, 코 풀고 침 뱉는 방식에 관한 행동 지
침을 수록한 예법서 조사를 통해 서구인의 일상 의례가 12세기에서 19세기에 이르
는 동안 점점 변해 왔음을 보여 주고 있다.

과 우리 자신의 신체 배설물에 견디지 못할수록 좀 더 문명화에 가깝다고 주장하는 것이다.

이러한 주장은 기술적(記述的)인 면이나 역사적인 면 모두에서 전혀 설득력이 없다. 이 주장은 혐오의 영역에서의 단선적인 진보를 가정하고, 신체 부산물이나 다른 혐오 물질을 드러내는 것에 대한 허용의 측면에서 볼 때 오랜 시간에 걸쳐 사회에 큰 변화가 있었음을 무시하기 때문에 기술적으로 문제가 있다. 또한 엘리아스와 밀러는 유럽 역사의 좁은 시기에만 초점을 맞추고 있기 때문에 지금은 아닐지 모르지만 최근까지도 위생 관습 면에서 고대 로마가 영국보다 앞서 있었다는 사실을 지적하지 못하고 있다. 영국 북부의 노섬벌랜드(로마제국에서 가장 멀리 떨어진 전초 기지 중 하나)에 주둔한 로마의 일반 병사들은 흐르는 물 위에 좌식 변기를 놓고 볼일을 본 후 엉덩이를 닦는 데 사용한 스펀지를 이 물에 세척했다. 주요 도시의 로마인들은 대수층에서 끌어낸 풍부한 유수를 이용했으며, 그들의 토목 기술은 놀랍게도 요리와 식수에 사용되는 물과 수세식 화장실에 사용되는 물을 분리할 수 있을 정도였다.[223] 본토와 해외 식민지에서 다양한 종류의 욕조가 널리 사용되었으며, 문헌상의 자료와 고고학적 증거로 추정해 보면 신체 청결의 평균적인 수준은 매우 높았던 것으로 보인다. 이와 달리 엘리자베스 시대 영국의 궁정인들은 궁전의 구석진 곳에서 소변과 배변을 처리했고, 이로 인해 악취가 심해지면 한동안 거주하는 곳을 옮겨야 했다. 또한 모든 계급의 영국인들에게 주마다 한 번씩 하는 목욕이 널리 알려진 것은 극히 최근의 일이었다.

일반적으로 청결을 둘러싼 관습은 오늘날에도 매우 다양하다. 미국인들은 그릇을 씻었던 비누투성이의 물에 다시 그릇을 헹구는 영국의 관습과, 자신이 씻었던 욕조 물로 몸을 헹구면서 흡족해하는 영국인들의 모습에 충격을 받는다. 모든 신분의 인도인들은 배변을 본 뒤에 비누와 물로 씻기 때문에 미국과 유럽 화장실에 휴지가 비치되어 있는 것을 표준 이하라고 여긴다. (비슷하게, 핀란드에서는 청결을 위해 보통의 화장실 칸 안에 분무기 노즐이 달린 세면대를 갖추고 있다.) 그래서 신체 분비물에 대한 민감성이 커지는 것을 단일한 진보[의 척도]로 여길 수는 없다.

규범적 측면에서 보더라도 밀러가 주목하는 것처럼 [한 사회가] 혐오에 민감해진다고 해서 그 사회가 정말 진보하고 있다고 보기는 어렵다. 사회가 진보함에 따라 보다 많은 것을 신체에 위험한 것으로 규정하는 것은 세균과 박테리아의 확산을 막기 위한 것이라는 주장은 충분히 그럴듯하다. 과도한 소독은 잠재적으로 천식이나 면역 결핍과 관련된 다른 질병을 초래할 수 있다는 점에서 그러한 정책이 반드시 현명한 것은 아니라는 점을 우리가 알아야 하지만 말이다. (그래서 아이들이 더러운 것을 혐오스럽다고 여기지 않도록 하는 것이 건강상 좋을 수도 있다.) 그러나 밀러의 규범적 주장은 위험에 관한 것이 아니다. 그는 혐오의 특징인 신비적 사고 자체가 사회적 진보의 표시라고 주장하는 것이다.

만약 그러한 포괄적인 명제를 받아들인다면, 보다 그럴듯한 명제는 분명 다음과 같을 것이다. 사회의 도덕적 진보는 위험과 분개로부터 혐오를 '분리시키는' 정도에 따라 측정될 수 있다는 주장이다. 위험과 분개는 어떠한 대상이 동물성과 유한성에 대해 불안해하는 상징적 관계에 기초하는 것이 아니라 실제적 위험과 위해를 바탕으로 법과 사회적 규범의 토대를 구성한다. 이런 점에서 인도의 카스트 제도는 마하트마 간디의 행위보다 덜 문명화되었다. 그는 우리가 [배설과 같은] 천한 기능으로 오염되지 않는 인간 존엄성을 공유하고 있다는 점을 표현하기 위해 변소를 청소했다.[224] 마찬가지로, D.H. 로렌스*의 소설 『채털리 부인의 연인』에서 멜러즈가 채털리 부인에게 보여 준 행위도 그녀 주위의 모든 상류층 남성의 행위보다 훨씬 더 문명화된 것이다. 그들은 그녀의 몸과 분비 작용에 혐오를 느꼈지만, 멜러즈는 자신은 똥도 오줌도 싸지 않는 여성은 결코 사랑하지 않을 것이라고 말한다. 로렌스는 오톨라인 모렐**에게 그런 태도가 "가슴을 따뜻하게 하는" 데 도움이 될 것이라

---

* 영국의 소설가·시인·극작가·비평가. 여기서 인용하고 있는 『채털리 부인의 연인』은 그의 성철학을 펼친 작품이며 외설 시비로 오랜 재판을 겪은 후 미국에서는 1959년에, 영국에서는 1960년에야 비로소 완본 출판이 허용되었다. 주인공 콘스탄스(코니)는 참전으로 인해 하반신 불수가 된 남편과 자신의 쾌락만을 구하는 이기적인 남성인 마이클리스에게서 만족을 느끼지 못하다가, 산지기 멜러즈를 만나 그에게서 따뜻하고 충만한 애정을 느끼고 삶의 즐거움을 알게 되어 새로운 삶에 눈뜨게 된다.
** 오톨라인 모렐(Lady Ottoline Morrell, 1873~1938)은 자유당 하원의원 필립 모렐과 결혼했고, 버트런드 러셀의 연인이었다. 유명한 블룸즈버리 만찬의 주최자였다.

고 말한다. 그런 태도는 남성과 여성 간의 관계를 자기혐오와 그에 뒤따르는 여성 폄하가 아닌 보다 상호적이고 문명화된 관계로 만드는 데 도움을 준다는 것이다.

휘트먼과 더불어 우리는 여기서 더 나아갈 수 있다. 그는 진정으로 문명화된 나라는 혐오의 힘에 맞서기 위해 맹렬히 노력을 기울여야 하며, 모든 시민의 완전한 평등과 상호 존중의 보루가 되어야 한다고 말한다.[225] 이를 위해서는 육체와 우리 자신과의 관계 전체를 재형성해야 한다. 육체와 그것의 부산물에 대한 혐오는 부정한 사회적 위계질서를 지속시키는 역할을 해 왔기 때문이다. 그러므로 건강한 민주주의를 위해서는 그러한 사회적 형태를 비판하고 거부해야 한다. 따라서 민주주의를 추구하는 시인의 과제는 '몸의 흥분(the body electric)'을 노래하는 것이 된다. 이것은 근본적으로 보통 사람의 필요와 열망을 수용하고 기뻐하는 입장을 세우는 것이다. 더 나가면 그것이 곧 영혼이요, 개인이 지닌 고유성과 존엄의 중심이 된다. 노예의 몸, 여성의 몸, 남성의 몸은 존엄성과 아름다움의 측면에서는 모두 평등하다.

남자는 영혼보다 못하지도 더하지도 않으며, 그의 자리도 마찬가지.

(……)

남자의 몸도 신성하며 여자의 몸도 신성하다네.

어느 누구의 것이든 몸은 신성하다네. 노동자 집단의 몸이라고 비천할까?

(⋯⋯)

모든 이는 당신이나 부자들처럼 이 땅 어딘가에 속하리라.

모든 이는 행렬 속에 자신의 자리를 갖고 있으리.

— 월트 휘트먼, 「나는 몸의 흥분을 노래한다」 6.75, 83-84, 87-88

휘트먼은 이러한 생각이 실현되기 위해서는 우리가 대개 문제가 있다고 여기는 몸의 부분에 대한 혐오를 정교하게 없애 나가야 한다고 본다. 그래서 이 시의 놀랍도록 긴 결론에서 그는 몸의 각 부분을 머리에서 발끝까지, 밖에서 안쪽으로 열거하면서 신체의 모든 부분을 영혼의 일부로 그려 낸다. 영혼을 '벌거벗은 몸의 육신을 손으로 만졌을 때 느껴지는 묘한 공감'과 만나게 되는 깨끗함과 아름다움으로 묘사하는 것이다. 묘한 공감은 혐오의 자리를 차지하고, 몸의 횡단은 승리로 끝난다.

오, 나는 이것을 몸의 일부분, 몸의 시가 아니라 영혼의 그것이라고 말하리라.

오, 나는 지금 이것이 바로 영혼이라 말하리라!

— 월트 휘트먼, 「나는 몸의 흥분을 노래하네」 9. 164-65

휘트먼은 이러한 몸의 회복이 여성의 정치적 평등과 밀접한 관련이 있음을 분명히 한다. 일반적으로 여성 혐오는 여성의 몸을 혐오스러운 장소로 여겨 왔기 때문에 몸을 오염된 곳으로 바라보지 않는 것은, 특히 성적인 측면에서, 성에 기초한 불평등(그리고 이와 밀접하게 연관된 동성애자 남성에 대한 불평등)을 없애기 위한 본질적인 부분이다. 휘트먼의 시가 출간되었을 때의 반응은 이러한 문제의 심각성을 보여 준다. 당시 미국의 일반적인 청교도주의적인 서평자들은 휘트먼의 시가 성적인 것에 초점을 맞추고 있다고 기술하면서, 성적인 것이 혐오스럽지 않다고 적을 수 없었다. 그래서 그의 시를 옹호하는 사람들은 불결하다는 비난에 맞서 그의 시들이 성적인 내용을 담고 있음을 부정하는 방식을 취했다. 패니 페른(Fanny Fern)은 휘트먼의 시들을 "관능의 뱀이 수사적인 꽃들 속에 똬리를 틀고 있는" 대중적 연애 소설과 비교하면서, 나는 "나는 이 풀잎들[휘트먼이 1855년 자비로 출판한 시집 『풀잎』]에서 아무런 독을 추출할 수 없다."라고 평했다. 또한 이 시집의 '신선함과 단순함'을 칭찬한 에드워드 에버렛 헤일(Edward Everett Hale)은 "그 속에 독자에게 불쾌함을 유발할 수 있는 내용은 한 단어도 없다."라고 주장했다.[226] 이러한 서평들의 놀라운 점은 혐오라는 말 이외의 다른 언어로 성적인 갈망에 대해 말하는 내용이 전혀 없다는 사실이다.

전 생애에 걸쳐 휘트먼의 응답은 섹슈얼리티의 수용적이고 '여성적인' 측면을 기쁘고 아름다운 것으로 표현하는 것이었다. 동시에 오늘날 미국에서 이러한 기쁨은 오직 환상 속에서만 실현될 수 있을 것임을 말했다. 그래서 「나 자신의 노래(Song of Myself)」 11번에서 그는 자신이 '우화'라고 부르는 것을 제시했다. 노예의 몸에 대한 설명(「나 자신의 노래」 10번의 마지막은 도망친 노예에 관한 내용이다.) 바로 뒤에 이 시를 두어 그는 우리에게 정치적 평등이라는 주제와의 연관성을 생각해 보도록 하고 있다.

> 28명의 젊은이가 해변에서 멱을 감는다.
> 28명의 젊은이는 모두 사이가 좋다.
> 28년간의 여자의 생애는 모두 고독하다.
>
> 그녀는 둑의 우뚝 솟은 곳에 있는 좋은 집에 산다.
> 그녀는 곱고 화려하게 차려입고 창문의 블라인드 뒤로 숨는다.
>
> 그녀는 그 젊은이들 중 누구를 제일 좋아할까?
> 아, 그녀에게는 그중 가장 평범한 남자가 아름답다.
>
> 부인, 어디로 가시나요? 내겐 당신이 보입니다.
> 당신은 거기 물속에서 물장난을 하기도 하고 방에 가만히 있기도 하는군요.
>
> 해변을 따라 춤추고 웃으며 29번째의 여자가 수영하러 온다.
> 다른 사람들은 그녀를 보지 않았지만, 그녀는 그들을 보았고 그들을 사랑했다.

젊은이들의 턱수염이 물에 젖어 번쩍였고, 그들의 긴 머리에서
물이 흘러내렸다.

가는 물줄기가 그들의 전신에서 흘러내렸다.

보이지 않는 손 하나도 그들의 몸에서 흘러내렸다.

그 손은 떨면서 관자놀이에서 가슴으로 내려갔다.

젊은이들은 등을 대고 두둥실 떠 있다. 그들의 하얀 배가 태양을
향해 부풀어 있다. 그들은 누가 그것을 꽉 붙잡아 주는지 묻지 않는다.

그들은 누가 몸을 부풀리고 있는지, 몸을 구부려 가라앉는지를
모른다.

그들은 누구에게 물을 끼얹을지를 생각하지 않는다.

— 월트 휘트먼, 「나 자신의 노래」 II, 199-216

　　이 시구들은 여성의 성적 갈망을 묘사하고 있으며, 도덕과 관습
으로 인해 여성이 완전한 성적 만족을 이루지 못하고 성적인 존재
로 공적으로 인정받지 못하고 있음을 표현하고 있다. 이 시구들의
배치는 여성을 배척받은 흑인과 같은 존재로 보게 만든다. 이때 흑
인은 백인 세계로부터 자신의 욕구를 숨겨야 하고, 성적인 것의 무
서운 침입을 암시하는 하나의 메타포로 사용될 수 있는 위험을 안
고 있는 존재다. 그러나 커튼 뒤에 숨어 있어야 하는 또 다른 배척
된 부분도 있다. 여성의 상상된 성적 행위 — 실상 남성의 몸이 지

닌 매력을 말하고 있는 다른 시 속의 구강 수용적(oral-receptive) 심상과 연결되어 있는──를 표현하면서 휘트먼은 또한 남성 동성애자들에 대한 배척을 이야기하고 있다. 남성 동성애자들의 젊은 남성들에 대한 욕구는 여성의 욕구보다 더욱더 감춰져야만 하는 것이다. 젊은 남성들은 누군가 성적 갈망에 찬 눈으로 그들을 바라보고 있음을 알지 못할 때 편안히 기쁨을 느낄 수 있다. 이것은 사회 속의 남성 동성애자들의 경우에는 사실이며, 백인 여성을 에로틱하게 바라보는 흑인 남성이나, 남성을 에로틱하게 바라보는 여성의 경우도 마찬가지다. 「창포(Calamus)」라는 제목으로 묶인 시들 중 「여기 나의 가장 연약한 잎들」에서 휘트먼은 "여기서 나는 나의 생각을 가리고 숨기며, 스스로 이를 드러내지 않네. / 그럼에도 그것은 나를 드러낸다네……"(2-3)라고 말하고 있다. 그래서 [앞선 시에 등장하는] 여성은 또한 실제 삶에서 그의 시선을 회피하는 환상 속의 몸을 쓰다듬는 시인 자신이다.

시인의 상상 속의 시선처럼 [젊은 남성의] 몸을 쓰다듬는 앞선 시 속의 여성의 시선은 부드럽고 에로틱하다. 이러한 어루만짐을 통해 그들의 벌거벗은 취약성과 태양을 향해 부풀어 있는 배가 드러난다. 그리고 동시에 여성은 무엇인가를 더 어루만진다. 28이라는 숫자는 음력 한 달의 날수이며 여성의 생리 주기를 의미한다. 여성의 몸──휘트먼은 여성의 리듬을 자연 그 자체의 리듬으로 본다.──은 남성의 몸과 정신이 때때로 뒷걸음질하는 방식으로 유한성과 덧없음 안에 젖어든다. (이 구절에 대한 설득력 있는 글을 쓴 해블록 엘리스(Havelock Ellis)는 "세상에서 여성의 생리 중 체액보다 끔직하고 혐오스러운 것은 없다."라고 한 플리니우스의 말을 인용하고 있다.[227] 스물여덟 명의 남성을 쓰다듬으며 그 여성은 자신의 덧없음과 유한성을 어루만지고 있다. 동시에 인간의 유한성을 외면하면서 혐오를 가지고 그들을 보기보다는 그들 속에서 유한성을 바라보고, 그들이 지닌 유한성을 사랑하는 것이다.

휘트먼은 자발적으로 욕구를 드러내는 것은 자신의 유한성과 덧없음에 기꺼이 동의하는 것이며, 스스로 갱생하면서 앞으로 흘러가는 자연의 흐름의 일부임을 받아들이는 것임을 암시한다. 섹스가 심원하고 위대한 아름다움의 원천인 이유는 우리 자신의 유한성과 만나게 하기 때문이다. 『풀잎』의 마지막 시「안녕!(So Long!)」에서 그는 남성 동료를 껴안는 것을 상상하면서 "죽음이 나를 불렀네."라고 말한다. 휘트먼의 미국이 지닌 깊은 결함, 그에게는 증오와 배척의 맨 위에 놓여 있는 결함은 태양빛에 드러난 복부에 대한 혐오, 즉 자기 자신의 부드러움과 유한성에 대한 혐오다. 욕구를 담은 시선은 그러한 부드러움을 건드리기 때문에 오염의 원천으로 거부되어야 한다는 것이다. 이러한 결함을 지닌 미국에 직면해 휘트먼은 혐오의 자기 회피가 치유된, 그래서 진정으로 자유와 평등을 추구할 수 있는 시인의 상상 속의 미국을 세운다.

휘트먼의 미국은 하나의 허구다. 실제 사회는 여기서 표현된 방식으로 혐오를 이겨 내지 못했다. 그러한 사회가 우리가 장려해야 할 이상적인 규범이라고 성급하게 결론 내려서도 안 된다. 인간은 우리 삶의 구조의 모든 측면에서 가능한 한 혐오를 없애려고 노력해야만 하는가? 다음과 같은 몇 가지 점을 고려해 보면 그다지 좋은 생각이 아닐 수도 있다.

첫째, 우리가 언급한 것처럼 혐오는 진화적인 유산 면에서 귀중한 역할을 해 왔을 가능성이 매우 높다. 우리에게 실제적 위험을 피할 수 있게 해 준 것이다. 혐오[의 대상]이 실제 위험과 완벽하게 부합하지 않는다 해도, 혐오는 위험을 인식하는 데 부가적인 역할을 한다. 그래서 우리는 삶의 일부분에서 위험을 확인하는 것이 어렵고 불확실한 경우 혐오에 의존하길 바랄 수도 있다. 처음에 우리를 혐오스럽게 했던 모든 음식을 먹어 보려고 시도하는 것은 잘못일 가능성이 매우 크다. 배변과 시신에 대한 혐오를 아이들에게 인식시키는 것은 바람직한 일이다. 이것은 위험을 예측할 수 없는 나이의 아이들이 실제 위험을 피할 수 있는 도구가 되기 때문이다. 어른들이라고 해서 항상 손을 잘 씻는 것은 아니다. 손을 씻는 것은 조심성 있는 행위이므로, 배변이 혐오스럽기 때문에 손을 씻는 것은 이를 보완해 주는 좋은 동기가 될 수 있을 것이다.

둘째, 적어도 다양한 시기의 다양한 문화에서 또는 최소한 같은 문화 속의 여러 사람에게, 혐오스러운 것과 매력적인 것은 복잡하게 얽혀 있다. 혐오스럽다는 생각이 전혀 없는 섹슈얼리티를 상상할 수 있으며, 과연 가능한 것일까? 설령 많은 사람들이 그럴 수 있다고는 해도, 모든 사람에게 해당되지는 않을 것이다. 휘트먼의 몸에 대한 위생학적 그림은 매우 섹시해 보이지는 않는다. 그래서 우리는 혐오에서 벗어난 태도가 너무 많은 것을 없애 버린 것은 아닌지 질문해 볼 필요가 있다.

이것은 세 번째의 가장 중요한 문제로 우리를 안내한다. 휘트먼이 우리에게 요구하는 것은 결국에는 우리 자신의 유한성과 그것의 육체적 실현 사이의 단순한 관계다. 우리는 인생의 덧없음과 퇴화를 두려워하거나 싫어하지 않고 껴안아야 한다는 것이다. 그러나 인간에게 퇴화해 감을 조금도 겁내지 말고, 죽음을 조금도 두려워하지 말라고 요구하는 것은 인간이 아닌 다른 존재(아마 훨씬 더 인간 같지 않은 존재)가 되라고 말하는 것이나 다름없다. 인간의 삶은 하나의 기묘한 신비와 같아서 열망이 한계와 결합되어 있고, 힘이 가혹한 약함과 연결되어 있다. 그러한 신비스러움, 기묘함, 또는 가혹함을 알지 못하는 존재가 되라는 것은 어떤 면에서는 인간 이하의, 아니면 인간이 아닌 존재가 되라는 것과 같다. 그리고 이는 또한 인간 삶의 일정한 가치와 아름다움을 상실하는 것을 의미할 수 있으며, 그럴 가능성이 매우 크다. 적어도 우리는 그것이 이러한 효과를 갖지 않을 것이라고 확신할 수 없다. 그러나 만약 우리가 삶의 유한성과 벌이고 있는 복잡한 투쟁의 자연적인 결과로 혐오를 갖는 것이라면, 우리 삶에서 혐오를 완전히 없앨 수 있다고 기대해서는 안 될 것이다.

이들 이유 때문에 우리는 혐오를 근절시키는 휘트먼의 포괄적인 생각을 북돋기에 앞서 고심해 봐야 한다. 어떠한 동기가 아마 인간 삶의 구조에 확고히 뿌리내리고 있을 것이라고 말한다고 해서 그러한 동기가 정치적·법률적 목적을 위한 바람직한 지침이 된다고 말하는 것은 아니다. 나는 몇 가지 이유를 들어 혐오가 잘못된 지침을 제공한다고 주장해 왔다. 혐오는 실제 위험에 잘 부합하지 않으며, 비합리적인 신비적 사고를 수반하고, 무엇보다 사회적으로 쉽게 영향을 받을 수 있어서 취약한 사람들과 집단을 대상으로 자주 사용되어 왔기 때문이다.

이러한 주장이 동의하지 않은 상대에게 실제적인 신체적 불쾌감을 주는 경우에도 혐오에 근거한 법을 제정할 수 없는 강력한 근거를 제공해 주는 것은 아니다. 우리는 그러한 불쾌감이 어떻게 형성되는지, 얼마나 나쁜지를 질문함으로써 이 사례를 검토할 것이다. 바꿔 말하면, 생활방해법의 영역에서 혐오를 사용하는 것은 내가 제시한 비판을 이겨 낼 수 있을 것으로 보인다. 3장에서 우리는 어느 정도까지 그러한지 살펴볼 것이다. 그러한 비판이 이의를 제기하는 것은 데블린과 카스가 제시한 불투명하고 포괄적인 주장이다. 혐오는 우리의 인성(데블린의 경우에는 사회적 질서)에 뿌리내리고 있는 하나의 감정적 기준이며, 한계를 넘어섰기에 금지되어야 하는 행위의 형태를 식별해 주는 신뢰할 수 있는 지침을 제공해 준다는 입장이다. 그러한 행위가 설령 동의하지 않은 당사자들에게 아무런 위해를 주지 않는다 하더라도 말이다. 그러나 혐오는 결코 신뢰할 수 없어 보인다. 혐오는 공동체의 지배 집단이 대면하고 싶지 않은 자신들의 모습을 표상하는 대리 동물 집단을 구성하기 때문이다.

물론 I장에서 주장한 것처럼 모든 감정은 그 자체로 법의 근거가 되기에는 신뢰할 수 없[는 면이 있]다. 분노는 잘못 알고 있는 위해에 대한 판단을 수반할 수도 있다. 아내의 부정(不貞)이 살인을 정당화할 수 있는 위해라고 알고 있는 남편이 그 예다. 그러나 적어도 매우 심각한 위해, 부당하게 가해진 위해의 경우는 분노가 적절한 주장을 담고 있다고 할 수 있다. 이것은 분명 우리가 행위에 대한 법률적 규제를 숙고하는 맥락에서 타당하게 주장할 수 있는 것이다. 만약 분노가 심사를 이겨 낸다면, 법이 이것을 매우 진지하게 고려할 것이라고 기대할 수 있을 것이다.

혐오를 가지고 어떠한 주장을 펼 수 있는가? 우리가 직시하고 있는 경우, 즉 혐오가 위해가 없는 행위에 대한 금지를 지지하는 기준으로 이용되고 있는 경우에는 다음과 같은 주장이 등장할 것으로 보인다. "이러한 행위는 (또는, 더 자주 그리고 일반적으로 분리될 수 없이, 이 사람은) 오염물이며, 그/녀는 우리 공동체를 타락시킨다. 이러한 오염물을 멀리 두는 편이 더 좋을 것이다." 그러나 우리가 살펴본 것처럼 이것은 매우 애매한 주장이다. 만약 그것이 말 그대로 되었다면, 예를 들어 만약 누군가 이웃이 사용하는 시냇물에 해로운 물질을 넣어 실제로 오염시켰다는 주장이라면, 다음 장에서 주장하겠지만 우리는 위해의 영역으로 이동한 것이라고 할 수 있다. 그러나 단지 "나는 그들을 만나거나 그들의 행위를 마주치지는 않았지만, 자신들의 침대에서 성행위를 나눈 이 남성들은 우리 사회의 오염물이다." 또는 "우리에게 아무런 해로운 행위를 가하지 않았지만, 우리 도시의 길거리를 돌아다니는 이 유대인들은 해로운 오물이다."라고 말하는 것이라면, 이러한 경우의 오염에 대한 사고는 지극히 애매하고 불투명하다고 하겠다. 밀은 이것을 "단지 추정상의" 것이라고 말했다.

우리는 정확히 무엇을 말하고 있는가? 그러한 사람의 존재와 그들의 행위가 공동체의 몰락을 야기할 것인가? 왜 우리는 이렇게 생각해야 하는가? 우리가 그들을 좋아하지 않기 때문인가? 그것은 결코 법률적 규제의 충분한 근거가 되지 못한다. 그리고 우리가 실제로 그 배경에 있는 사실, 즉 "우리가 질색함을 느끼는 동물성과 유한성의 측면에 거리를 두기 위해 우리는 이러한 사람들을 대리 동물로 선택했다."는 점을 밝혀내고 진술한다면, 일단 드러나게 된 그 이유는 결코 법률적 규제의 아무런 근거도 제공해 주지 못할 것이다. 대신 그것은 다음과 같은 추가적인 질문을 자극할 것이다. "왜 우리는 어떠한 집단의 사람들을 그렇게 대놓고 차별적으로 대우하는 우리 자신을 비판하지 않는가?" 요컨대 [혐오가 담고 있는] 실제 내용은 자신들이 지니는 혐오의 명분을 구성해 주기보다는 혐오스러워하는 사람들에 대한 비판을 자극할 것이다.

이제 구체적인 법률적 이슈로 넘어가, 그 속에서 우리가 찾아낸 문제의 징후를 발견할 수 있는지, 그리고 우리의 비판적 태도가 유용한 법률적 지침을 제공해 줄 수 있는지를 살펴보자.

3장 —— 혐오와 법

[법은] 두 사람 사이의 동성애 행위가 불법적 살해를…… 살인에서 충동적 과실치사로 줄여 주기에 충분한 법률적 도발이라고 인정하지 않는다. 이성적인 사람은 단순히 그만 보고 그 자리를 떠날 것이며, 그 연인들을 죽이지 않았을 것이다.

'주정부 대 카(Commonwealth v. Carr)' 판결,
펜실베이니아, 1990년

자신의 것을 원하는 대로 할 수 있다는 일반적 명제는 의심의 여지가 없다. 그러나 이러한 권리는 다음과 같은 익숙한 격언으로 표현되는 것에 종속된다. "다른 사람의 재산을 손상하지 않는 방식으로 자신의 재산을 사용하라." (Sic utere tuo alienum non laedas)…… 알드레드 판결 이후…… 이 나라와 영국에서는 혐오스러운 냄새, 시끄럽거나 유별난 소음, 심한 연기, 유해한 수증기, 기계의 삐걱거리는 소리, 또는 공인되지 않은 파리 떼로 인해 인접한 소유물을 점유[하고 있는 사람]을 위험에 빠뜨리고 참을 수 없게 만드는 경우, 또는 그것의 임차인을 불편하게 하는 경우에 자신이 소유한 땅에 건물을 유지할 수 있는 권리가 상실된다는 사실이 법으로 확립되어 왔다. 누구도 그러한 생활방해를 일으키면서 사적 재산의 신성함 뒤로 숨을 수는 없다.

'캠필드 대 미국(Camfield v. U.S.)' 판결,
1897년

"짜증나는 불결함 덩어리……."

월트 휘드먼의 『풀잎』에 대한 초기 서평

1 불쾌감으로서의 혐오, 법적 기준으로서의 혐오

지금까지는 행위를 법적으로 규제하는 지침으로서 혐오를 특히 믿을 수 없는 이유를 살펴봤다. 혐오가 매우 강한 감정이라는 점은 분명하다. 그렇지만 혐오의 인지적 내용과 사회적 역사에 대한 분석은 혐오가 도덕적 문제에서 우리를 충분히 이끌어 줄 수 있는 지혜를 담고 있다는 카스의 주장을 뒷받침하지 않는다. 혐오는 신비적 사고의 경향을 지니며, 특정 집단을 대상으로 한 편견과 연결되어 왔다는 점에서 각별히 불신의 눈으로 바라볼 수밖에 없다. 데블린은 혐오가 사회적 규범에 기초하고 있다고 가정해 왔기 때문에 지금까지 분석은 그의 입장에 비교적 영향을 주지 않았다. 그는 사회적으로 통용되는 의견에 기초하거나 이를 뛰어넘는 도덕적 지혜가 혐오 속에 담겨 있다고 주장하지 않는다. 그러나 사회적인 혐오가 완전한 비합리성을 드러내고 다른 사람에게 이유 없이 위해를 가해 왔던 증거는 분명 그의 입장에 문제를 제기한다. 혐오가 잔인함에 반대하는 동기를 제공해 준다는 밀러와 케이헌의 입장도 마찬가지다. 우리는 도덕화된 형태의 혐오조차도 오염에서 벗어난 순수함을 추구한다는 점을 살펴보았다. 이를 추구하는 것은 비호감 집단과 개인을 멸시하는 행위로 이어지기 쉬우며, 구체적으로 어떠한 잘못을 저질렀는지 증거를 제시하고 검토하는 과정은 거의 거치지 않는다.

　이러한 우려를 가지고 법의 구체적 영역을 살펴볼 때, 우리는 2장에서 제시한 구분을 염두에 둘 필요가 있다. 실제로 불쾌감을 주기 때문에 손상이나 위해의 형태로 볼 수 있는 혐오와, 행위 — 그러한 행위가 동의하지 않는 사람에게 위해를 주느냐의 여부와 상관없이 — 를 규제하는 기준으로 사용되는 혐오를 구분하는 것이다. 물론 이를 항상 쉽게 구분할 수 있는 것은 아니다. 경우에 따라 사람들은 어떠한 행위에 대해 선입견이 있어서 자신이 손상을 입었다고 느낀다. 그래서 소도미를 법적으로 금지해야 한다는 믿음을 지니고 있는 사람은 동성애자들이 자신을 유혹했을 때 손상을 입었다고 느낄 수도 있다. 마찬가지로, 음란한 자료를 읽는 것도 실제적인 불쾌감을 유발할 수 있다. 비록 외설법은 문제가 되는 자료의 음란함을 평가하기 위해 평균적인 또는 이성적인 사람이라는 가설적인 기준을 사용하고 있지만 말이다. 공개적인 장소에서 알몸을 드러내는 행위는 특히 판단하기 어려운 사례다. 그러한 행위는 (적어도 아이들에게는) 위해를 야기한다고 주장할 수도 있지만, [이를 목격한 사람은] 자신들이 상상하는 것 때문에 해를 입었다고 느낀다고 주장할 수도 있다. (이 사례는 혐오보다는 수치심의 범위에 더 많이 포함되는 것으로 보이기 때문에 다음 장에서 검토할 것이다.)

그러나 두 가지 형태의 분명한 사례가 있다. 이 장의 첫머리 인용문 중 두 번째 글에 명시된 생활방해의 사례는 명백히 위해를 가하는 혐오 범주에 해당된다. 5절에서는 이러한 사례에서 나타나는 위해와 혐오 사이의 관계를 검토할 것이며, 이와 연관된 혐오와 위험 사이의 관계도 살펴볼 것이다. 사생활에서 일어나는 합의에 의한 동성애적 행위를 규제하는 법을 지지하기 위해 혐오를 사용하는 것은 이 스펙트럼상의 다른 한쪽 극단에 위치한다. 이때 혐오는 분명 '단지 추정상의' 또는 가설적인 형태를 띤다. 실제로 불쾌감을 느끼고 자주 그러했다면, 이는 동성애 행위가 동의하지 않은 사람에게 어떠한 직접적인 불쾌감을 주었기 때문이 아니라 일어나는 일을 '상상해서' 또는 법이 동성애 행위를 방치하고 있다고 생각해서 발생한다. 이런 이유에서 나는 법적 기준으로 혐오의 사용은 가치가 없으며, 혐오에 호소하기보다는 다른 개념, 특히 손상이나 위해와 같은 개념으로서 그러한 위해의 증거를 조사하는 편이 낫다고 주장할 것이다. 위해라고 볼 수 있는 혐오에 대한 나의 입장은 좀 더 복잡해진다. 나는 위해를 수반하는 혐오의 다양한 사례가 실제 법으로 올바르게 규제되고 있으며, 영미의 생활방해법은 일반적인 틀에서 볼 때 법적 규제를 위한 신뢰할 수 있는 기준을 담고 있다고 주장할 것이다. 그러나 어떤 부류의 사람이나 어떤 사람의 행위가 공동체에 불쾌감을 주어 사람을 도발시킨다는 주장은 때때로 그 자체가 2장에서 분석한 비합리적인 집단 편견의 원천이 된다. 그러므로 우리는 직접적으로 혐오에 호소하는 경우라도 혐오가 강한 기피 그리고(또는) 위험과 매우 밀접하게 연관되어 있는 사례로 국한해야 할 것이다.

2 혐오와 범죄자: '동성애적 도발'이라는 항변

한 사람이 폭력적인 범죄를 저질렀다고 하자. 그때 그의 혐오 반응은 [범죄를 저지르게 된] 정당한 이유로 받아들여져야 하는가? I장에서 살펴본 것처럼 '타당한 도발'이라는 항변은 살인죄의 수준을 [일급] 살인에서 충동적 과실치사로 낮추기 위해 범죄자의 감정에 호소하는 것을 말한다.[228] 그러나 일반적으로 [범죄를] 유발한 감정 상태는 분노이며, 이 경우 분노는 피해자가 피고인에게 저지른 심각한 잘못 또는 공격과 관련된 매우 구체적인 내용을 수반해야 한다. 죄를 경감받으려면 피고인들은 자신들이 저지른 범죄가 피해자의 도발 이후 '격정 상태'에서 일어났으며, 그러한 도발은 [충동적인 범죄를 일으키기에] 충분했고, 자신이 드러낸 감정은 '이성적인 사람'이 표출할 수 있는 것이었다는 점을 입증해야 한다. 피고인이 감정적으로 강렬한 흥분 상태에 있었다는 사실만으로는 죄를 경감시켜 주기에는 충분치 않으며, 자신의 '성마른 열정'에 대한 대가를 치르도록 방침을 세워야 할 것이다.[229] "잔인하고, 적대적이며, 공격적인 성향을 지닌 사람은 가장 경미한 도발에도 자신의 제어 불가능한 열정을 만족시키기 위해 살인을 저지르려는 계획을 세울 것"[230]이기 때문이다.

이러한 이유 때문에 우리가 살펴본 것처럼 도발이 타당하다고 여겨지는 표준적인 법적 기준을 충족하지 못할 경우, 일반적으로 피고인의 감정 상태는 증거로 받아들여지지 않는다. '이성적인 사람'이 폭력을 저지를 수 있을 정도의 도발에 대한 설명은 시간이 지남에 따라 바뀌어 왔지만, 여기에는 항상 피해자가 피고인에게 저지른 어느 정도 심각한 공격과 위해가 수반된다. 신체적 폭행, 아내와의 간통, 가정 폭력은 세 가지 두드러진 예다. 위해가 저질러졌다는 타당한 믿음이 일반적인 법률 기준을 충족시킨다 하더라도, 죄를 경감받으려면 대체로 문제가 된 위해가 실제로 일어났다는 사실이 입증되어야 한다. 이처럼 항변 대상인지 판단하는 것은 [살인죄를 저지른 사람이] 분노하게 된 이유가 충분히 적합하다는 광범위한 공적 합의가 만들어진다면 정당하게 범죄 수준을 낮춰줄 수 있다고 보기 때문이다.

앞에서 살펴본 것처럼, 예전에는 충분한 도발에 대한 설명이 법률상으로 정의되어 있었다. 어떠한 형태의 항변은 법적으로 적절하고, 다른 것은 법적으로 부적절하다는 식이었다. 그러나 최근으로 오면서 배심원들에게 항변을 판단할 수 있는 일정한 재량이 주어

저 왔다. 그렇지만 법정은 여전히 경우에 따라 특정한 형태의 도발을 법률상 불충분한 것으로 정의할 수 있으며, 배심원들이 이러한 감정적 증거를 고려하지 못하게 할 수 있다.[231] 이제 우리 앞에 놓인 질문은 피고인의 피해자에 대한 강한 혐오가 도발 항변의 법률 요건을 충족시킬 수 있느냐 하는 것이다.

이 질문에 대해서는 두 가지 측면의 주장이 있을 수 있다. 하나는 혐오는 매우 강력한 반응으로, 혐오감을 주는 것은 경우에 따라 폭행이나 공격과 마찬가지로 일종의 위해가 될 수 있다는 견해다. 혐오스러운 대상은 침입받거나 오염됐다는 신체적 반응을 느끼게 한다는 것이다. 그래서 뒤에서 좀 더 자세히 살펴보겠지만, 생활방해법에서는 다른 사람의 생활에 혐오스러운 악취를 풍기는 것이 소송을 제기할 수 있는 위법 행위가 된다. 악취를 만들어내는 것은 다른 사람이 자신의 소유물을 [충분히] 향유하지 못하게 방해하므로 일종의 위해를 가하는 것으로 볼 수 있기 때문이다. 앞에서 언급한 것처럼, 악취가 나고 통이 흘러넘치는 간이 변기 옆에서 지내야 했던 재소자들은 이처럼 혐오스러운 환경 속에서 심각한 위해를 받았다고 주장할 수 있었다. 이 처벌은 잔인하고 비정상적인 형벌을 부과하지 못하도록 규정한 수정헌법 제8조에 위배된다고 여겨졌던 것이다. 잔인하고 비정상적인 형벌은 분명 사람에 대한 위해 또는 공격이라고 할 수 있다.

다른 하나는 혐오는 분노와 다르다는 주장이다. 혐오는 어떠한 사람의 공격적 또는 부당한 행위에 대한 반응이 아니라 어떠한 사람에 대한 또는 그 사람이 지닌 특성에 대한 일반화된 반응이라는 점에서 그러하다. 피해자가 먼저 피고인 또는 피고인이 사랑하는 사람에게 심각한 위해 또는 공격을 가해서 피고인이 도발된 경우에는 죄를 경감해 줄 수 있는 충분한 근거를 찾을 수 있다. 그러나 피해자가 혐오스러웠는지 모르지만, 피고인에게 아무런 잘못된 또는 공격적인 행위를 저지르지 않았는데 단지 그가 자기 근처에 있었다는 이유만으로 피해자에게 해로운 행위를 가한 사람의 죄를 경감시켜 줄 필요는 없다. 혐오스러워 보인다는 사실이 [자동적으로] 폭력을 초래하지는 않는다. 게다가 2장에서 말했듯, 사회적으로 학습된 편견은 빈번하게 혐오를 일으킨다. 그래서 혐오를 근거로 죄를 경감해 주는 것은 증오범죄위원회(Commission of Hate Crimes)*의 의욕을 꺾을 수 있다.

이러한 딜레마에 적절하게 대응하기 위해서는 몇 가지를 구분할 필요가 있다. 중요하다고 생각되는 첫 번째 구분은 '원초적 대상'에 대한 감각상의 혐오(기피나 위험과 유사하다고 볼 수 있는 혐오)와 유대인, 여성, 인종적 소수자, 동성애자들과 같이 비호감 집단의 구성원들에게 흔히 느끼는 사회적으로 매개된 혐오를 구별하는 것이

---

* 증오 범죄(또는 편견 유발 범죄)란 인종, 종교, 성적 성향, 장애, 계급, 민족, 나이, 성별, 사회적 지위, 정치적 소속 등을 이유로 특정 사회 집단에 속한 사람에게 증오심과 편견을 갖고 다양한 형태의 폭력을 행사하는 범죄 행위를 말한다. 미국의 경우, 주마다 형태와 역할은 다르지만 증오범죄위원회를 두고 지역과 학교에서 발생하는 증오 범죄와 법 집행에 관한 기록을 수집하고, 이를 예방하기 위해 노력하고 있다.

다. 교육을 통한 사회화 과정이 전혀 없다면, 넘치고 악취가 나는 화장실에도 혐오를 느끼지 않을 것이라고 생각할 수도 있겠다. 그러나 배변에 대한 혐오가 학습을 통해 이루어지기는 하나 이는 알려진 모든 사회에 존재하는 보편적인 특징이며, 배변이 지니는 불쾌한 감각상의 속성 그리고(또는) 위험에 대한 타당한 반응이라고 할 수 있다. 이와 달리 비호감 집단에 대한 혐오는 오염과 순수함에 대한 신비적 사고에 의해 매개된다. 그리고 이러한 혐오는 우리가 살펴본 것처럼 어떠한 특징을 지니고 있다고 여겨지는 집단을 대상으로 투영된다. 그렇지만 이러한 특징은 다른 사람들과 마찬가지로 그들에게 해당되지 않는다. 비호감을 사는 사람들은 오염 — 실제로는 우리 모두가 가지고 있는 — 을 나타내는 수단이 된다. 그러한 투영은 비합리적일 뿐 아니라 그러한 사람들과 집단을 체계적으로 예속시키는 과정의 일부이기 때문에 반대할 만한 것이기도 하다. 그래서 우리는 법은 투영적 형태의 혐오보다는 원초적 대상에 대한 혐오를 지지해야 한다고 생각하는 편이 나을 것이다.

관련된다고 생각되는 두 번째 구분은 공격적 행위와 단순히 함께 있는 것을 나누는 것이다. 도발 항변이 완전히 타당하다고 여겨진다면, 그것은 다음과 같은 이유에서다. 피해자가 피고인에게 어떠한 폭력적인 일(일반적으로 어떠한 범죄)을 저질렀다면, (법에 의거해야 한다는 생각이 들기 전) 격정 상태에서 [발생한 피고인의] 유사한 폭력적 반응은 정당화될 수 있다는 것이다. 그러나 단순히 어느 곳에 있다는 사실 자체가 공격적 행위는 아니다. 그러므로 피고인이 격정 상태에서 원인 제공자에 대한 폭력 외에 다른 선택지를 전혀 고려할 수 없었다는 생각은 분명 신빙성이 떨어진다. 이 경우는 피고인이 공격적 행위를 한 첫 번째 사람이 되며, 일반적으로 불리한 입장에 놓이게 된다. (정당화의 근거를 상대국이 저지른 선제공격 행위에서 끌어오는 정당한 전쟁 이론(Just War Theory)*에 견주어 보기 바란다.)

첫 번째 구분이 법이 '원초적 대상'에 대한 혐오 때문에 손상을 받았다고 주장하는 사람들에게 보다 호의적으로 주목해야 한다는 점을 생각하게 한다면, 두 번째 구분은 그러한 원초적인 혐오라 할지라도 피해자가 저지른 공격 행위가 없다면 도발 항변을 입증하기 어렵다는 점을 깨닫게 해 준다.

마지막으로 관련된 세 번째 구분은 자리를 떠나 불쾌함을 피할 수 있는 경우와 피하기 어려운 방식으로 가해진 경우를 나누는 것이다. 표준적인 도발 항변이 성립하려면 피고인에게 가해진 적대적 또는 공격적인 행위가 있어야 하며, 이러한 행위의 대상이 되는 것을 피할 수 없었다고 생각되어야 한다. 술집에서 누군가가 다른 사람을 치기 위해 팔을 뒤로 빼다가 엉뚱한 사람을 친 경우처럼 단순히 우연히 자신에게 일어난 경우이거나, 자신의 딸이 강간당한 경

---

* 전쟁의 수행 이유와 방법에 대한 정당화를 다루는 이론이다. 이론적 측면은 전쟁 결정 시 충분조건(Jus ad bellum)과 전쟁 수행조건(Jus in bello)에 관한 윤리적 내용을 다루며, 역사적 측면은 다양한 전쟁에 적용된 역사적 규칙과 합의를 다룬다. 너스바움이 언급한 것은 개전의 합당한 사유 중 하나인 부당한 외부의 침략에 대항하여 자국이나 다른 국가를 방어하기 위한 전쟁을 말한다.

우처럼 해당 관계[부모-자식 관계]의 속성상 피고인이 그러한 공격적 행위를 의심의 여지 없이, 돌이킬 수 없을 만큼 자신의 삶의 일부로 여기는 경우가 그러하다. (정당방위 항변에서 불가피성의 역할과 비교할 수 있을 것이다. 정당방위에서는 도피할 수 있는 경우라면 도피의 의무가 존재한다. I장에서 살펴본 것처럼 두드러진 예외가 있다면 자신이 소유한 집에서 일어난 경우다.) 그래서 실제 기피할 만한 특성을 지닌 사람(예를 들면, 소변과 오물로 범벅이 된 사람)이 있다 해도, 일반적으로 그 사람 쪽을 피해 가면 그만이다.

이러한 세 가지 구분을 염두에 두면서, 최근의 소송에서 혐오에 기초한 도발 항변이 실제로 고려된 영역을 살펴보기로 하자. 그러고 나서 보다 일반적으로 공식화된 견해를 제시해 볼 것이다. 어떤 사람이 단순히 동성애자의 존재에 대해 혐오를 느꼈다는 사실은 도발 항변의 법률적 기준을 충족시킬 수 있을까? 앞에서 제시한 나의 추론이 옳다면, 그렇지 않다고 생각할 것이다. 동성애자들은 단지 세상 속에서 살아갈 뿐, 혐오감을 느낀 사람에게 공격적이거나 해로운 행위를 저지르지 않았기 때문이다. 만약 어떤 사람이 동성애자가 단순히 물리적으로 가까이 있다는 사실만으로도 심리적으로 공격을 받는다고 느낀다면(그런 일이 있을 수 있다면!), '이성적인' 사람의 해법은 동성애자를 죽이는 것이 아니라 그 자리를 떠나 피하는 것이다. 어떤 사람의 얼굴이나 인종, 피부색, 신체적 결함(사람에 따라 실제로 혐오감을 일으킬 수 있는 모든 특성)이 자신의 마음에 들지 않는다고 그 사람에게 총을 쏜 사람을 용서할 수 없는 것처럼,

폭력은 결코 용서받을 수 없다. 동성애자들은 생활방해법이 규정하는 좁은 의미의 방해를 안겨 주는 실제적인 물리적 특성을 갖고 있지 않다. 또한 그들의 존재 자체가 공격적 행위를 내재하고 있는 것도 아니다.

이 책을 읽고 있는 여러분은 서문에서 얘기했던 스티븐 카의 사례를 떠올릴 것이다. 애팔래치아 트레일 근처의 숲에서 숨어 지내는 유랑자였던 그는 야영지에서 사랑을 나누고 있는 두 명의 레즈비언을 보고 그들에게 총을 쏴서, 그들 중 한 명을 살해했다. 재판에서 그는 레즈비언들이 사랑을 나누는 모습을 보고 혐오가 생겨나 그와 같이 행동했다고 말하면서, 타당한 도발로 볼 수 있다는 점에서 과실치사로 죄를 경감해 달라고 주장했다. 그는 유년 시절에 겪은 경험을 토대로 자신이 지닌 비정상적으로 강한 혐오 반응을 뒷받침하는 정신의학적 증거를 제시하려 했다. 그러나 판사는 그러한 증거의 인정을 거부했다. "[법은] 두 사람 사이의 동성애 행위가 불법적 살해를…… 살인에서 충동적 과실치사로 줄여 주기에 충분한 법률적 도발이라고 인정하지 않는다. 이성적인 사람이라면 단순히 그만 보고 그 자리를 피할 것이며, 그 사람들을 죽이지 않았을 것이다."[232] 카의 혐오는 해롭고 공격적인 행위라는 법률적 요건을 충족시키지 못했기 때문에 법률상 인정될 수 없었다.

다시 앞에서 말한 세 가지 구분으로 돌아와 보면, 우리는 카가 지닌 혐오는 순전히 추정적인 것이었음을 알 수 있다. 이 사례에서는 혐오의 원초적 대상에 속하는 기피할 만한 속성이 전혀 눈에 띠지 않는다. 단순히 존재하는 것과 공격적 행위를 나눈 두 번째 구분과 관련해, 카의 존재를 의식조차 못 했던 피해 여성들은 분명 그에게 아무런 공격적 행위도 하지 않았다. 그리고 세 번째 구분도 그의 주장에 반대한다. 판사가 말한 것처럼 그는 언제든 그 자리를 피할 수 있었던 것이다.

피해 여성들이 그에게 아무런 행위도 하지 않았고, 그가 거기 있다는 사실조차도 몰랐기 때문에 카의 사례는 매우 자명하다.[233] 법률적으로 보다 문제가 되는 사례는 피해자들이 동성애적 구애를 시도해 왔다는 근거로 피고인들이 죄의 경감을 요구하는 경우다. 동성애적 구애가 혐오를 불러일으켜, 그러한 폭력을 저지르게 되었다고 증언하는 것이다. 판사들은 때때로 도발이라고 주장하는 증거를 인정하길 거부했지만, 매우 소수의 피고인들은 이러한 항변을 제시할 수 있었고, 살인죄가 경감되어 충동적 과실치사나 매우 가벼운 선고를 받았다.[234] 그러한 구애가 과연 죄를 정당하게 경감시켜 줄 수 있을까? 법은 구애가 들어왔을 때 '이성적인 사람'이 폭력적인 반응을 보일 수 있다는 생각을 인정해야 할까?

그러한 항변이 지닌 첫 번째 문제는 관련 사실을 일반적으로 입증하기 매우 어렵다는 점이다. 신체적 폭행이나 가정 폭력 내력은 많은 목격자가 있을 수 있다. 이와 달리 피고인들이 주장하는 동성애적 구애는 일반적으로 목격자 없이 일어나며, 피고인이 죄를 경감받기 위한 편리한 근거로 동성애적 구애를 주장하면서 피해자의 성적 성향을 이용한다는 의심의 눈초리를 보내고도 남음이 있다. 그렇지만 성적 접근이 비강제적이고 비위협적인 형태를 띠고 있음에 주의를 기울이면서, 피고인들의 진술이 모두 사실이라고 해보자. 동성애적 유혹에 대한 혐오가 죄를 경감해 줄 수 있는 법적으로 적절한 근거가 될 수 있을까?

제리 볼크와 친구인 존 해밀턴은 무일푼으로 미니애폴리스에 도착했으나 지낼 곳이 없었다.[235] 그래서 그들은 게이 매춘부 행세를 해서 동성애자 남성을 낚아 돈을 털기로 계획했다. 그들은 트래터우 씨를 골랐고, 몇 시간 후 그는 자신의 아파트에서 살해된 채 발견됐으며, 손과 발은 테이프로 감겨 있었다. 방바닥에 깨진 보드카 병 위에서 볼크의 엄지손가락 지문이 채취되었고, 그는 자신이 그 자리에 있었으며 최소한 살인 공범자였음을 인정했다. (실제로 그들 중 누가 트래터우에게 총을 쐈는지는 의견이 엇갈렸다.) 그는 트래터우가 동성애적 구애를 해 와서 "불쾌감을 느꼈고" 이로 인해 살인을 저질렀다고 항변했으며, 해밀턴도 볼크가 "상당히 혐오스러워"했다고 진술했다. 항소심에서 볼크는 1심법원이 배심원들에게 격정 상태에서 일어난 충동적 과실치사라는 항변을 설시하지 못하게 한 것은 부적절한 처사라고 주장했다.

항소심 재판부는 [다음과 같이 판결하며] 이를 인정하지 않았다. "주장되는 이러한 상황이 진실이라고 가정하더라도 여기에는 격정 상태를 일으키기에 충분한 도발이 존재하지 않는다. 자기 통제력을 지닌 일반적인 사람이 같은 상황에 있었다면 그냥 그 자리를 피했을 것이다." 바꿔 말하면, 협박이나 강박이 없다면 유혹 자체는 폭행이나 심한 위해가 아니라는 것이다. 동성애적 구애에 혐오를 느낀다면, 그 사람을 살해하는 것이 아니라 그 자리를 뜨면 된다.

앞에서 말한 세 가지 구분을 가지고 다시 생각해 보자. 이 사건의 경우도 혐오가 추정적인 것임을 알 수 있다. 피고인에게 실제로 어떤 일이 일어나거나 가해진 것이 아니라, 단지 동성애 행위에 대한 생각에 혐오를 느낀 것일 뿐이다. (그리고 혐오감을 느꼈다는 피고인들의 주장은 자신들이 게이 매춘부 행세를 하며 적극적으로 꼬드겼던 사실과 일치하는 점을 찾기 어렵다.) 단순히 존재하는 것과 공격적 행위를 나눈 두 번째 구분은 카의 사건보다 이 사건에 적용하기가 좀 더 어렵다. 트래터우가 볼크에게 일정한 행위(섹스에 대한 요구)를 했기 때문이다. 그러나 구애 과정이 강제적이거나 폭력적이거나 괴롭힘을 수반하지는 않았다. 어떻게 보아도 그것은 단순한 유혹 또는 제안이었으며, 그들이 게이 매춘부 행세를 하며 유혹했던 것과 비슷한 행위였다. 그래서 이를 고려하면 트래터우의 행위는 공격보다는 단순히 존재하는 것에 더 가깝다.[236] 그리고 불쾌한 상황을 피할 수 없었던 것도 아니었다. 판사가 말한 것처럼 그들은 그냥 그 자리를 피할 수 있었다.

이 소송에서 판사는 혐오가 법률상 부적절하다고 판단했지만, 다른 소송에서는 다른 방향으로 전개되기도 했다. '쉬크 대 주(州)' (Schick v. State) 판결[237]을 예로 살펴보자. 밖에서 친구와 술을 마셨던 한 청년은 피해자인 다른 남성의 차를 얻어 타고 집으로 오는 길이었다. 둘은 섹스할 여성을 찾아 돌아다녔다. 잠시 후 청년이 "어디서 내가 펠라치오를 받을 수 있을까?"라고 묻자, 피해자는 "내가 해 줄 수 있어."라고 답했다. 그들은 좀 더 돌아다니다가 지역 학교에 있는 야구장으로 갔다. 피해자가 그의 바지를 내리자 청년은 그를 차고 짓밟았다. 그리고 죽은 그를 야구장에 팽개쳐 두고 그의 돈을 가지고 자리를 떠났다.[238] 그 자리를 뜨기 전 그는 피해자의 차에 자신의 지문이 남아 있지는 않나 조심스럽게 닦아 냈다. 재판에서 피고인 측은 동성애적 구애가 살인을 설명하기에 충분한 도발이라고 주장했으며, 검사는 이에 반대하지 않았다. 판사는 이러한 항변을 인정했다. (절도와 지문 지워 내기는 나중에 든 생각이라고 기술했다.) 결국 배심원들은 청년에게 충동적 과실치사로 유죄를 선고했다.[239]

'주(州) 대 볼크(State v. Volk)' 판결처럼 이 사건에서도 피고인이 동성애적 구애를 적극적으로 조장했으며, 강제성이나 괴롭힘은 없었다. 피해자가 한 일은 피고인의 바지를 내리고, 상대방이 자신의 바지를 내려 주길 기다린 것이 전부였다. 피고인이 그러한 '구애'에 혐오를 느꼈다면 이는 원초적 혐오 대상이 지닌 감각적 속성과 관련이 없는 순전히 추정적인 혐오에 해당된다. 마지막으로 피고인은 언제든 그곳을 피할 수 있었다. 여기에 다음과 같은 사실도 추가할 수 있다. 그는 처음에는 불쾌감을 드러내지 않았기 때문에 명백히 성행위에 동의한 것이라고 볼 수 있으며, 범죄 후 침착하게 생각하고 행동했기 때문에 격정으로 통제력을 잃었다고 보기도 어렵다. 사정이 이러한데도 도발 항변이 받아들여졌다는 사실은 오늘날 미국 사회의 많은 사람들이 동성애적 행위를 생각할 때 느끼는 비이성적 혐오의 수준을 보여 주는 것이라 하겠다.

비록 최근의 일부 사례들은 그렇지 않지만, 전통적인 충동적 과실치사 원리는 기본적으로 합리적이고 일관되게 적용되고 있다. 이 원리는 다른 것과 달리 어떠한 감정 반응이 죄의 경감과 관련되는지 완벽하게 분명한 이유를 제시하고 있다. 가해자가 지닌 감정이 '이성적인 사람'이 느낄 수 있는 것일 경우, 이 항변은 범죄를 정당화해 주는 것이 아니라 부분적인 면죄부를 주고 있다.[240] [피고인이 느낀] 분개가 충분한 도발에 대한 타당한 반응일 때, 특정한 상황에서 분개는 죄의 경감과 관련된다.[241] 혐오는 완전히 이와 다르다. 어떤 사람 때문에 오염되었다거나 '불쾌'하다고 느꼈더라도, 이것은 그 사람에게 저지른 폭력적 행위를 용서해 줄 수 있는 '이성적인 사람'의 감정이라고 볼 수 없기 때문이다. (그 자리를 피하는 것이 이성적인 행위였을 것이다.) 두 가지 감정에 대한 나의 설명에 기초해서 보면 가야 하는 방향으로 진행되어 왔다. 현명하게도 사회는 혐오를 근거로 폭력을 정당화할 수 없다는 점을 대체로 인정해 왔던 것이다. 로버트 미슨(Robert Mison)은 다음과 같이 결론 내리고 있다. "게이를 살해할 정도의 개인적 반응은 피고인의 비이성적이고 특이한 성격 탓으로 봐야 하며, 피고인이 저지른 행위의 타당성을 뒷받침하도록 허용되어서는 안 된다."[242] '이성적인 사람'은 단순히 [사회 속의] 평균적인 사람이 아니라 사회의 규범적 이상을 대변하기 때문에, 우리는 동성애자에 대한 공격성을 내재한 혐오를 이러한 가설적 인물이 지닐 수 있는 감정으로 인정해서는 안 된다.

유대인, 여성, 흑인, 장애인을 대상으로 한 혐오를 생각해 보면, 이러한 판단이 지혜를 담고 있음을 알게 된다. 오늘날 미국에 사는 우리는 어떠한 경우에도 이러한 집단의 구성원과 그들의 낭만적 구애 행위가 혐오스럽다는 이유로 격정 상태 항변을 주장할 수 있다고 생각하지 않을 것이다. 물론 시대와 장소에 따라서는 다를 수도 있을 것이다. 실제로 유대인의 구애에 대한 불쾌감을 너무나 쉽게 생각해 볼 수 있다. 이는 볼크가 트래터우의 구애를 주장했을 때 이용했던 것과 같은 방식이다.[243] 한 사회의 구성원으로서 우리는 동성애자들에게 적용된 혐오 이슈를 놓고 갈등하고 있다. 이는 오늘날 이 집단이 너무나 동물적인 점액성의 것을 우리 자신으로부터 차단하고 싶어 하는 욕구의 대상이 되고 있음을 보여 준다. 나는 이러한 사실이 우리가 그러한 감정적 반응에 회의적인 태도를 갖고, 그것을 법률상의 증거로 인정하는 것에 반대해야 하는 훨씬 더 강력한 근거라고 생각한다.

3 혐오와 '평균적인 사람': 외설

혐오는 어떤 행위를 불법으로 단정지을 수 있는 중심적인 요소가 되어야 하는가? 이는 정확하게 데블린과 카스가 주장하는 바다. 오늘날 혐오는 법이 처방을 제시해야 하는 실제적인 범죄로 여겨지지 않고 있다. (어떠한 책을 읽고 개인적으로 혐오를 느낀 독자들이 손상을 받았다는 이유로 외설법에 근거하여 소송을 제기할 수는 없다.) 대신 혐오는 하나의 기준으로 작용한다. '이성적인' 또는 '평균적인' 사람이 문제가 된 자료에 혐오를 느끼는지 질문하는 것은 그 자료가 얼마나 유해한지, 그러므로 실제로 이를 좋아하는 사람들을 멀리하는 것이 얼마나 중요한지 가늠하는 잣대가 된다. 일반적으로 이 과정은 순전히 가설적인 형태를 띤다. '클래펌 사람'은 포르노 영화나 소도미, 시체 성애 행위를 찾아다니는 부류의 사람과는 완전히 다른 존재로 여겨진다. 이러한 자료나 행위를 적극적으로 추구하는 사람이 아니라 품행이 바른 존재로 상정되는 사람의 반응이 [문제가 되는 자료를] 법적으로 허용할 수 있는지 여부를 판단하는 신뢰할 수 있는 지표료 여겨지는 것이다.

외설법으로 논의를 시작해 보자. 이는 두드러진 이슈 가운데 일부를 더욱 분명하게 해 줄 것이다. 음란물에 대한 법률적인 설명은 가설상의 '평균적인 사람'이 지닌 감각과 관련하여 일반적으로 해당 작품의 혐오적 속성을 언급하고 있다. 1973년 '밀러 대 캘리포니아(Miller v. California)' 판결로 확립된 법률적인 기준[밀러 기준 심사(Miller test)]은 "그러한 작품이 전체적으로 섹스에 대한 호색적인 관심에 호소하고, 적용 가능한 주(州)의 법에 구체적으로 명시된 성적 행위를 명백히 불쾌한 방법으로 묘사하고, 전체적으로 보아 진지한 문학적, 예술적, 정치적이거나 사회적인 가치가 부족한 경우"[244]에 주정부의 규제를 받을 수 있다고 판결하고 있다. 이러한 결정은 "동시대의 사회 기준을 적용하는 평균적인 사람"의 관점에서 만들어진다. 혐오는 두 가지 방식으로 이 그림 속에 들어간다. 하나는 "명백히 불쾌한"이라는 개념을 표현하는 과정이고, 다른 하나는 "호색적인 관심"에 대해 사고하는 과정이다. 이때 호색적인 관심은 "알몸, 섹스, 배설물에 대한 수치스럽거나 병적인 관심"[245]으로 이해된다.

이러한 연관성을 보다 분명히 하기 위해 재판부는 아주 흥미롭고 의미심장한 각주를 통해 외설 개념을 분석하고 있다. 재판부는 이전의 판결이 음란물에 대한 정확한 정의를 제시하지 않았음을 비판하면서, 음란이라는 말이 '불결함'을 뜻하는 라틴어 'caenum'에서 기원했다는 어원을 끌어온다.[246] 그리고 나서 대법원 판사 버거는 '음란한'에 대한 정의로 『웹스터 신국제사전 3판(Webster's Third New International Dictionary)』에 실린 "혐오스러운 느낌을 주는…… 적절하다고 일반적으로 받아들여지는 개념에 완전히 거슬리는…… 불쾌하거나 역겨운"과 『옥스퍼드 영어사전(Oxford English Dictionary)』의 "감각이나 취향 또는 고상함에 거슬리는, 혐오스럽고, 불쾌하며, 불결하고, 더러우며, 지긋지긋하고, 메스꺼운"이라는 내용을 인용한다.[247]

그러나 이것이 이 문제의 끝이 아니다. 또한 이 각주는 이 사건에서 검토하고 있는 작품은 '포르노그래피' 또는 '포르노적인 자료'로 "보다 정확하게 정의"한다고 덧붙이고 있다. 바꿔 말하면, '음란한'이라는 개념은 이제 '포르노적인'이라는 개념을 통해 좀 더 세밀하게 분석되는 것이다.[248] 그러면서 '포르노그래피'라는 말의 어원은 '창녀' 또는 여성 '매춘부'를 뜻하는 그리스어에서 유래했다는 설명이 나오고, 포르노그래피는 (『웹스터 사전』을 바탕으로) "음탕하고 음란한 묘사, 즉 성적 흥분을 불러일으키기 위해 계획된 에로틱한 행위에 대한 묘사"로 정의된다.

이 설명 속에 혼재된 관념은 정말 흥미롭다. 로스 판결*에 담긴 "호색적 관심"이라는 개념에 대한 '정확한' 설명을 제공하기 위해 재판부는 음란함을 정의하기 위해 이용된 혐오스러운 것이라는 개념을 사전에서 끌어온다. 이 개념은 다시 여성 매춘부라는 개념과, 이와 연관된 "성적 흥분을 불러일으키기 위해 계획된 에로틱한 행위에 대한 묘사"라는 사고를 통해 "보다 정확하게" 표현된다. 바꿔 말하면, 호색적 관심에 호소하는 것이란 혐오스러운 것을 말하고, (적어도 성의 영역에서) 혐오스러운 것은 (여성의 섹슈얼리티를 드러냄으로써) 성적 흥분을 야기하는 것이다. 포르노적인 것은 혐오스러운 것의 하위 범주이며, 여성의 섹슈얼리티를 통해 흥분을 야기하는 것을 말한다. 그러나 왜 혐오와 성적 흥분이 연관되어야 하는가? 이 둘은 큰 차이가 있지 않을까?

이러한 연관성은 실제로 일정한 법률적 수수께끼를 초래해 왔다. 1987년 동물과의 성교를 묘사한 영화에 관한 제4연방 순회 항소법원의 소송에서 피고인 측은 문제의 자료가 '평균적인 사람'에

---

* 1957년에 내려진 '로스 대 미국(Roth v. U. S.)' 판결을 가리키며, 수정헌법 1조에 의해 보호되지 않는 음란물을 결정하는 헌법적 평가를 정의한 역사적 판결이다. 1973년 '밀러 대 캘리포니아' 판결 이후 이 판결에 담긴 음란물 판단 기준(밀러 기준 심사)으로 대체되었다.

게 분명 성적 흥분을 야기하지 않을 것이라는 이유로 음란하지 않다고 주장했다. 실제로 '평균적인 사람'은 「뱀과 놀아난 자들(Snake Fuckers)」, 「마력(Horsepower)」, 「성난 수퇘지(Horny Boar)」와 같은 영화들이 꽤나 역겹다고 생각할 것이다.[249] 이러한 어려움에 굴하지 않고 세 명의 재판부는 전원 합의로 이 음란물은 혐오스러운 '것이라고' 대응한다. 평균적인 사람에게 성적 흥분을 일으키는 덜 자극적인 자료들은 음란물로 판정하면서 이보다 훨씬 더 큰 혐오감을 안겨주는 역겨운 자료들을 규제하지 않는 것은 법의 정신에 위배된다고 본 것이다.

그러나 해당 자료에 불쾌감과 혐오를 느끼는 사람의 수가 더 많아지면, 밀러 기준 심사에 담긴 불쾌함의 요건은 최소한으로 충족되는 것을 넘어서게 된다. 이 영화들을 본 대부분의 사람들의 반응은 성적 흥분이 아니라 구토와 혐오일 것이라는 루이스 구글리엘미(Louis Guglielmi)*의 주장은 옳다. 그렇다고 해서 이보다 덜 불쾌한 자료도 그렇지 않은데, 가장 불쾌한 자료가 헌법적 보호를 받는다는 결론으로 이어질 수는 없다.[250]

바꿔 말하면, 평균적으로 흥분을 일으키는 것과 평균적으로 혐오를 일으키는 것이 서로 일치하지 않을 때, 밀러 평가에 대한 해석

---

* 이 소송의 항소자이며 피고인이다. 볼티모어에 있는 창고의 운영자였으며, 성인 서점에 자료를 공급하다 기소되었다.

에서는 혐오를 일으키는 것이 우선한다는 말이다. 더 나쁜 것이 덜 나쁜 것보다 보호받을 수 없음은 자명하고, 혐오스러운 것은 단순히 흥분시키는 것보다 분명 더 나쁘기 때문이다.

밀러 평가에 제시된 두 가지 기준은 분명 항상 일치하지 않으며, 법원이 해결해야 할 많은 해석상의 문제를 남겨 둔다. 그러나 우리는 왜 이와 같은 두 가지 관념이 일치할 것이라고 가정했는지를 질문할 수도 있다. 혐오스러운 것에 성적인 것이 어디 있으며, 여성 매춘부의 활동에 혐오스러운 것이 어디 있다는 말인가? 지금쯤이면 답은 너무나 분명해진다. 이처럼 혼재된 개념의 관계 속에서 우리는 섹스 그 자체가 혐오감을 느끼게 하는 것, 죄책감을 느끼게 하고 자기를 오염시키는 것을 지니고 있다는 오래된 시각을 발견하게 된다. 욕구를 일으키는 대상이 (수없이 많은 남성의 정액을 받아들이는) 여성 매춘부의 몸이라 특히 그렇다. 버거 판사는 2장에서 내가 검토한 여성 혐오와 인간 혐오의 오랜 전통 —— 밀러와 드워킨 (Andrea Dworkin) 같은 저자들은 전혀 다른 입장에서 이 전통에 대해 뛰어나게 기술한 바 있다.[251] —— 속에서 형성된 개념적 연계 고리를 기록하고 장려하고 있는 것이다. 여성의 몸은 점착성과 점액성이 있으며, 오염되고 더러운 곳으로 여겨진다. 남성이 [여성의 몸에] 혐오를 느끼는 것은 그것이 남성 자신의 구현이자 동물성과 유한성의 증거이기 때문이다. 자신의 동물성에 대한 혐오는 '여성 매춘부'에게 투영된다. 버거 판사에게 그녀의 활동은 성적으로 흥분시키는 것, 그래서 혐오스러운 것의 전형인 것이다. 애덤 스미스는 이것을

"식사를 마치고 나면 우리는 식기를 치우라고 명한다."*라고 표현했다. "우리 자신"(남성을 의미)의 섹슈얼리티를 떠올리게 하는 것의 존재는 그것이 우리가 자주 다니는 공동체 주변에 남겨져 있을 때 혐오를 일으키는 것이다.

　이러한 개념적 연계는 성적으로 노골적인 내용을 담고 있는 예술 작품에 대한 빅토리아 시대 이후의 비판 속에서 널리 찾아볼 수 있다. 조이스의 『율리시스(Ulysses)』**에 대한 초창기 서평 중 하나인 다음이 그 전형이다.

　　나는 이 책을 읽었고, 이것이 고대나 근대의 문학 작품 중 가장 지독하게 음란한 책이라고 말하겠다. 프랑수아 라블레(François Rabelais, ? 1483~1553)***의 외설은 이 책의 타락하고 호색적인 지독함에 비하면 순

* 애덤 스미스의 『도덕 감정론』 I권 2부 1장 "육체에서 기원하는 각종 격정들" 3번에 있는 문장이다. "우리는 육체에서 기원하는 모든 욕망에 대하여 이처럼 혐오하므로, 이런 욕망의 강렬한 표현은 모두 사람을 역겹고 불쾌하게 한다. (……) 그 욕망을 느꼈던 사람에게도 그 욕망이 채워지자마자 그것을 불러일으켰던 대상은 더 이상 유쾌한 것이 될 수 없고, 심지어 그 대상을 보는 것만으로도 흔히 불쾌해질 수 있다." 박세일·민경국 옮김, 『도덕 감정론』(비봉출판사, 2009), 44~45쪽에서 인용.
** 아일랜드 작가 제임스 조이스(James Joyce, 1882~1941)의 대표작이다. 1918년부터 미국 잡지에 연재되던 중 1919년 외설물로 기소되어 1921년 음란물 판결을 받아 미국에서는 판매 금지당했고, 1934년에 음란물이 아니라는 판결을 받았다. 영국에서도 1930년대까지 금지되었으나, 아일랜드에서는 판매 금지되지 않았다.
*** 프랑스의 르네상스 작가이자 의사. 수도사 생활을 한 후 성직을 포기하고 몽펠리에 의대에서 수학하였다. 『가르강튀아와 팡타그뤼엘』은 외설과 이단성이 문제

진하다. 숨겨진 모든 악덕의 하수구에서는 상상할 수 없는 사고, 이미지, 포르노적인 단어가 흘러넘친다. 부정하고 정신 나간 이 책은 기독교와 신성한 예수의 이름을 겨냥한 소름끼치고 역겨운 신성 모독으로 꾸며져 있다. 이것은 가장 타락한 악마 숭배자의 향연과, 악마의 미사와 연관된 신성 모독 중 최고다.[252]

이 소설에 대한 공격은 몰리 블룸의 독백에 초점이 맞춰졌다. 처녀 시절의 성적 욕구 — 이러한 욕구는 생리 기간에 대한 반추, 남성 성기에 대한 수축된 사고, 사랑의 기억과 결합되어 있다. — 를 솔직하게 담고 있는 내용*은 내가 약술한 여성 혐오에 사로잡혀 있는 사람들에게는 실로 충격적이었다.[253] 실제로 그가 읽었다고 주장하는 이 작품에 대한 (결코 유별나지 않은) 이 독자의 매우 이상한 반응 속에서 우리는 여성 혐오가 작동하는 모습을 살펴볼 수 있다.

조이스는 우리의 신체 작용에 대한 혐오가 민족주의, 광신주의, 여성 혐오를 포함한 다양한 사회적 해악의 뿌리에 놓여 있다고 믿었다. D. H. 로렌스처럼 그는 우리 자신의 유한한 몸의 특성을 이해

되어 금서 처분이 내려졌다.

*『율리시스』 18장에 등장하는 내용이다. 남편인 리오폴드 블룸이 잠들어 있는 동안의 몰리(마리언 블룸)는 생각에 잠긴 채 깨어 있다. 때마침 생리가 시작되어 잠시 침대에서 일어난다. 처녀 시절 지브롤터에서 경험한 사랑을 떠올리고, 블룸이 청혼하던 순간에 대한 회상으로 그녀의 독백은 끝난다.

하고, 혐오 속에서 이를 회피하지 않을 때 건강한 사회가 될 수 있을 것이라 여겼다. 물론 제임스의 소설은 저자가 의도한 대로 읽은 사람에게는 혐오스러움을 주지 않는다. 로렌스의 『채털리 부인의 연인』처럼 이 책은 몸을 욕구, 유머, 부드러운 사랑, 차분한 수용과 같은 감정의 대상으로 표현한다. 그러나 두 작가 모두에게서 (그리고 그들이 독자에게 보내는 초대장에서) 두드러지게 결여된 감정은 다름 아닌 혐오다. 조이스와 로렌스의 소설을 읽는 사회가 자신의 동물성에 대한 혐오에 너무 깊이 사로잡혀 있었기 때문에 독자들은 실제로 이들의 작품을 읽을 수 없었다. 혐오 없이 몸을 표현하고자 한 작가들은 대체로 이러한 반응에 부딪혀야 했다.[254] 그들은 독자들에게 몸을 바라보라고 요구했기 때문에 위험하다고 여겨졌다. 독자들이 전에 지니고 있던 몸에 대한 혐오(특히 여성의 몸에 대한 혐오)가 이 책이 제기하는 도전을 차단하는 방편으로 그들의 작품에 역투사된 것이다.

그러므로 '평균적인 사람'이 지닌 혐오가 예술의 영역에서 법적 규제 대상을 판단할 수 있는 신뢰할 수 있는 근거인지 충분히 의심할 수 있다. 실제로 혐오가 자주 벌거벗은 몸 — 특히 몸이 혐오스럽지 않게 표현될 때 — 을 대면하길 두려워해서 생기는 방어적 투영의 모습을 띤다면, 우리는 섹슈얼리티와 동물성에 대한 혐오가 예술 작품에 대해 신뢰하기 어려운 많은 판단을 내리게 할 수 있음을 우려할 수밖에 없다. 성적 평등을 추구하는 사회는 이러한 개념적 연계에 진실로 회의적이어야 하고, 흥분과 혐오를 구분하고자 하는 작품을 보호해야 한다. (흥분과 혐오의 개념적 연계를 비판적으로 탐구한 현대 퍼포먼스 예술가 캐런 핀리(Karen Finley, 1956~)*의 작품과 같은 경우도 표현의 자유를 보호받아야 한다.) '평균적인 사람'이 이러한 작품에 실제로 혐오를 느낀다면, [성적] 평등에 헌신하는 사회는 이러한 작품을 우려하기보다는 [예술 작품이 추구하는 가치를 보지 못하고 혐오스럽다고 단정짓는] '평균적인 사람'과 그가 받은 교육에 문제가 없는지 걱정해야 하는 것이다.

한마디로 말하면, 외설에 대한 법률적 정의는 실제로 여성 혐오와 결합되어 있으며, 여성 혐오의 핵심 개념이 그 속에 확고히 뿌리 내리고 있다고 할 수 있다.

포르노적 자료들이 제기하는 심각한 도덕적 이슈는 성적 노골성과 그것의 혐오스러운 자극성이 아니라는 캐서린 매키넌(Catharine MacKinnon)과 드워킨의 주장은 전적으로 옳다고 생각한다.[255] 자유주의 사회의 일부 시민들은 여전히 섹스가 혐오스럽다고 여길지 모르지만, 성적으로 노골적인 자료는 자신의 신앙과 다른 종교를 옹호하는 글과 마찬가지로 사회에 해롭지 않다. 시민들은 간단히 그러한 자료들을 피할 수 있고, 아이들이 이를 쉽게 접하지 못하도록 요구하거나 공공연히 드러나 원치 않는 사람들이 보게 되지 않도록 요구할 수 있다. (마찬가지로 부모들은 당연히 종교를 개종시키려는 교육에

---

* 미국의 퍼포먼스 예술가. 섹슈얼리티, 학대, 선거권 박탈 등에 관한 시각적 묘사 때문에 공연과 녹음이 외설로 간주되기도 했다. 여성에 대한 강간과 성폭행을 상세히 묘사하여 관객으로 하여금 폭력적 이미지가 성적 현실이 되는 세상에 대해 의문을 제기하도록 했다는 평가를 받는다.

아이들을 참여시키지 않을 수 있고, 공교육이 특정 종교에 대한 편향성을 지닌 자료들로 아이들을 유도해서는 안 된다고 주장할 수 있다.)

여성의 평등에 헌신하는 사회가 진지하게 다루어야 하는 이슈는 [여성에 대한] 폄하와 예속, 그리고 이것과 연관된 해악을 둘러싼 문제다. 포르노그래피의 이러한 측면은 자유주의 사회의 핵심적 요소 —— 종교나 삶에 대한 포괄적 시각의 차이에 상관없이 모든 시민이 동의할 수 있는 —— 를 위협한다. 대부분의 포르노그래피가 여성을 저열하고 학대받을 만한 존재, 학대를 원하고 요구하는 존재, 모욕을 주고 학대하고 싶은 남성 욕구의 배출구로 묘사함으로써 여성 혐오적인 고정관념을 강화하려는 의도로 섹슈얼리티를 기술하고 있음은 결코 새삼스러운 일이 아니다. 우리가 진지하게 다뤄야 하는 것은 바로 이러한 부분이며, 이는 여성 평등과 매우 직접적으로 상충하는 도덕적 진술이라고 할 수 있다. 이러한 의미에서 포르노그래피는 반유대주의나 인종주의 문학과 유사하다. 이것은 모든 인간은 동등한 가치를 지니고 있고, 동등하게 보호받아야 한다는 자유주의적 사회 질서의 기본적 관념과 직접적으로 상충하는 의사를 표명하기 때문이다. 그러나 포르노그래피를 여성을 예속시키는 내용을 담고 있는 것으로 보는 여성주의적 시각은 음란물에 대한 법률적 개념과 큰 충돌을 일으킨다. 법률적 개념은 '우리의' 사고를 단순히 재교육하는 것이 아니라, '우리'의 이전 사고 속에 내재된 여성 혐오를 암묵적으로 드러내기 때문이다.

법이 얼마나 이러한 재교육적 효과를 가져야 하는지는 논쟁 가능한 문제다. 유사한 입장에 있는 반유대주의 문학의 사례를 살펴보면, 자유주의 사회가 이러한 작품에 언론과 표현의 자유를 보장하는 것에 대해 다양한 입장을 취해 왔음을 알 수 있다. 독일은 그러한 자료들이 금지되어 마땅하다고 보고, 특별 문서 보관소에 소장되어 있는 과거 시기에 출간된 자료에 대한 접근을 차단해서 복사본이 유출되지 못하게 하고 있다. 미국은 당장 공적 질서에 위험을 초래할 수 있는 경우를 제외하고는 언론과 표현의 자유를 보호해 왔다. 롤스는 이러한 자유를 더욱더 확대할 것을 제안한다. 그는 (자유주의 사회의 헌법에 반하는 인생관을 지지하는) '비이성적인' 사람의 발언도 헌법 질서의 안정성 자체를 마비시켜 심각한 헌법적 위기를 초래하는 경우를 제외하고는 보호되어야 한다고 말한다.[256] 다른 한편으로, 미국의 전통은 때때로 다른 형태의 표현보다 정치적 발언을 보다 더 강하게 보호해 온 것으로 해석되기도 한다.[257] 만약 우리가 그러한 방침을 지니고 있다면, 폭력적이고 여성을 예속시키는 내용을 담은 포르노그래피를 정치적 발언으로 간주할 수 있는지, 만약 그렇지 않다면 그것이 어느 수준의 보호를 누려야 하는지 질문해야 할 것이다. 다른 결론에 도달하는 주장도 충분히 고려할 필요가 있겠지만 매키넌과 드워킨의 분석을 고려하면, 반유대주의적이고 인종주의적인 발언을 범주화하듯이 포르노그래피를 범주화해야 한다고 생각하는 것이 처음에는 타당해 보인다. 그러면 우리는 각각의 사례에서 여성을 예속시키는 발언을 정치적 발언으로 간주할 수 있는지, 그렇지 않다면 그것이 어느 수준의 보호를 누려야 하는지 질문해야 할 것이다.

　이어지는 분석을 통해 이유가 분명해지겠지만, 미국의 여성주의자들은 여성을 예속시키는 내용을 담은 포르노그래피에 대한 무제한적인 검열을 지지하지 않는다. (이러한 사실은 많이 오해되어 왔기 때문에) 매키넌과 드워킨이 검열을 지지하지 않는다는 점을 거듭해서 강조할 필요가 있을 것이다. 그들이 지지하는 것은 포르노그래피와 결정적으로 연루되어 있는 남성들 때문에 위해를 입어 왔음을 개별 여성들이 입증할 수 있다면, 그러한 손상에 대해 민사상의 소송을 제기할 수 있는 법령이다.[258] 그들은 두 부류의 원고를 염두에 두고 있다. 포르노그래피를 만드는 과정에서 학대를 당한 여배우와 모델이 하나이고, 그러한 포르노그래피 때문에 흥분한 남성들 또는 거기에 묘사된 시나리오를 따라하는 남성들에게 학대를 당한 여성들이 다른 하나다. 물론 이러한 여성들은 학대한 사람들을 형사고발할 수는 있지만, 매키넌-드워킨 법령은 포르노 자료의 제작자와 배급자를 상대로 피해 소송을 제기하고, 강제 명령을 내릴 수 있도록 하는 내용을 담고 있다. 강제 명령은 일부 포르노 자료를 [발매] 금지시키는 것으로, [이 과정에서] 검열과 같은 것이 개입하게 된다. 그러나 강제 명령 전에 검토하는 내용은 해당 포르노그래피가 위해를 초래하는 위험한 작품인가의 여부이며, 개별 원고는 자신이 입은 위해를 항상 입증해야 한다. 이 법은 술이 중요한 원인으로 작용해 남성들에게 학대를 당했음을 입증할 수 있으면, 피해 여성들이 술을 만들고 배급하는 사람들을 대상으로 소송을 할 수 있게 한 금주령 이전에 통과된 법을 모델로 하고 있다. 또한 최근에 진행된 담배와 총기 산업을 대상으로 한 피해 소송과도 큰 유사성을 지닌다. 매키넌과 드워킨은 포르노그래피 때문에 입은 위해를 타당하게 보여 줄 수 있는 다양한 사례가 존재함을 충분히 증명해 왔다.[259] [이 법을] 비판하는 사람들은 해당 인과 관계에 대해 비이성적 수준으로 증거를 요구해서는 안 된다. 우리는 위험한 다른 항목들 탓에 손상을 입었음을 주장할 때, 일반적으로 필요조건이나 충분조건을 입증하라고 요구하지는 않기 때문이다.[260]

그러한 법령이 효과가 있을지, 현명한 방법인지에 대해서는 여전히 논쟁이 있을 수 있다. 법원은 이 법을 잘 해석할 수 있을까? 법원은 레즈비언과 게이에 관한 자료처럼 대중적이지 않은 자료를 대상으로 이 법을 사용하지는 않을까? 포르노적인 것에 대한 법원의 설명이 너무 광범위해서 부적당한 자료들을 표적으로 삼지는 않을까?[261] 한 작품을 만들고 배포한 사람이 이 작품의 내용을 모방한 행위에 책임이 있다면, 살인과 자살을 글로 쓴 작가들은 모방 살인과 모방 자살 — 이는 괴테와 도스토예프스키처럼 저명한 작가의 경우에도 분명 존재했을 것이다. — 에 법적으로 책임을 져야 하는 것일까? 매키넌과 드워킨은 이러한 질문을 인식하고 있으며, 이에 대해 설득력 있는 대답을 내놓은 바 있다. 여기서 이를 검토하는 것은 내 관심사가 아니다. 나의 요지는 간단하다. 그들이 도덕적이고 정치적인 논쟁을 매우 건설적인 방향으로, 즉 말하는 섹스(그리고 여성)에 내재된 혐오성에서 평등과 예속, 그리고 이와 연관된 위해와 손상으로 관심을 전환시켰다는 점을 인정한다면, 이 법령의 구체적 내용과 이것이 담고 있는 일반적 지혜에 대해서는 이견을 보일 수도 있을 것이다.

그러나 이쯤에서 혐오를 옹호하는 진보적 입장을 살펴볼 필요가 있다. 케이헌은 분명 [포르노그래피를] 심사하는 수정된 여성주의적 프로그램에서도 혐오가 귀중한 역할을 할 수 있다는 입장을 취할 것이다. 문제가 된 포르노 자료들이 여성주의자들에게 명백히 불쾌감을 주고, 여성 평등을 공격하는 내용을 담고 있는 사례를 생각해 보자. 우리는 2장에서 살펴본 보다 풍부한 도덕적 의미에서 그러한 자료들이 '혐오'스럽다고 말할 수 있을지 모른다. 케이헌은 이처럼 보다 풍부한 의미의 도덕적 혐오는 진보적이고 생산적이라고 말할 것이다. 그러나 그러한 경우에도 혐오의 감정은 일반적으로 우리가 고려해야 하는 심각한 도덕적 이슈에 혼란을 야기하게 된다. 1984년 드워킨은 자신을 경멸적으로 묘사하는 특집을 게재한 《허슬러》를 상대로 소송을 제기했다.

원고 측의 첫 진술에 기술되어 있는 것처럼 2월 특집은 구강 성교를 하고 있는 두 명의 여성을 묘사하고 있는 만화다. 거기에는 "넌 안드레아 드워킨을 너무 생각나게 해, 에드나. 이런 개가 개를 먹는 세상"이라는 설명문이 달려 있다. 3월 특집은 동성애 또는 자위 행위를 하고 있는 여성들의 사진으로만 구성된 10쪽짜리 화보다. 그 사진들의 일부는 폭력과 피를 거짓으로 꾸민 명백하게 각색된 장면들이다.

유대인 여성을 찍은 것으로 추정되는 한 사진에는 다음과 같은 설명문이 붙어 있다. "내가 [유대인이 아닌] 이 어린 소녀에게 이디시어의 즐거움을 가르치고 있는 동안, 안드레아 드워킨의 팬클럽은 정말 진지하게 쪼그려 앉아 핥기 시작하지. 너희들은 이제 마초(Matzoh)*의 성체를 포기할 준비가 됐는가?" 12월 특집은 이 잡지의 "과거로부터의 포르노" 섹션에 실려 있는데, 자위하면서 어느 살찐 여성에게 구강 성교하고 있는 남성을 보여 주고 있다. 여기에 달린 설명문의 일부는 다음과 같다. "우리 편집자 중 한 명이 황홀경에 빠져 있는 이 여성이 급진 여성주의자 안드레아 드워킨의 엄마라고 하는데, 우린 전혀 믿을 수 없어."[262]

이 소송의 주요 법률적 이슈 — 비방과 명예훼손법이 다루고 있는 공인(公人) 개념을 정의하는 문제와 사실 진술과 [정치적 표현으로] 면책되는 의견 진술을 구분하는 문제 — 에 대해서는 여기에서 언급하지 않겠다. 나의 관심을 끄는 것은 법원이 외설 여부를 고찰하면서 제시한 부가적인 주장이다. 판사는 해당 자료는 정치적 발언을 포함하고 있기 때문에 밀러 평가의 기준에서 볼 때 외설로 볼 수 없다고 결론내린다. "이 특집들은 공적 관심사가 되고 있는 문제에 대한 의견을 표현했기 때문에 '진지한 문학적·예술적·정치적·사회적 가치'가 부족한 경우로 볼 수 없다. 따라서 이것들은 음란하

---

* 유월절에 유대인이 먹는 누룩이 들어 있지 않은 빵이다. 이스라엘이 이집트에서 양을 희생함으로써 재앙을 면하고, 구원을 받아 나온 것을 기념하기 위한 것이다.

지 않다." 내 주장에 집중하기 위해 [이 특집들이] 정치적 가치를 지니고 있다는 주장이 타당한가 하는 문제도 제쳐 두도록 하자.

나의 관심사는 판사가 그러한 결론을 내리게 되는 과정이다. 드워킨을 공격한 특집에 대해 기술하기에 앞서, 홀(Hall) 판사는 이 소송의 증거로 제시된 자료와 이 잡지 전반에 대한 자신의 혐오를 표현하는 것이 중요하다고 생각하면서 다음과 같이 말한다. "《허슬러》는 포르노 정기 간행물입니다. 이 잡지의 많은 부분은 우리가 최근에 '혐오스럽고 불쾌한 학대'라고 표현한 내용으로 이뤄져 있습니다." 드워킨을 공격한 이 특집들은 '혐오스러운' 것이며, 정치적 발언이라는 이슈가 개입되지 않았다면 음란물로 규정되었을 것이라는 뜻이다. 그렇다면 이것은 무엇에 관한 혐오이며, 이 경우에 혐오는 [이 소송에 담긴] 중요한 이슈와 관련이 있을까?

한 가지 해석 방식 ─ 우리는 이것을 케이헌 식 독해라고 부를 수 있겠다 ─ 은 《허슬러》와 드워킨 특집에 대한 판사의 혐오는 단오하고 강경한 도덕 감정이며, 표현에 대한 법률적 규제와 큰 관련이 있기 때문에 존중받아야 한다고 보는 것이다. 비록 이 소송의 경우에는 다른 주장이 개입되어 혐오 반응이 결론으로 이어지지 못했지만 말이다. 케이헌의 전반적인 관점을 고려하면, 나는 이것이 논리적으로 그가 취해야 하는 입장이라고 생각한다. 그러나 나는 이러한 입장이 미덥지 않다. 내 생각에 이 소송에서 도덕적으로 두드러진 이슈는 위해, 모욕, 예속과 같은 것이다. 드워킨은 모욕과 지배라는 환상에 사로잡힌 남성의 노리개가 되었다. 여성주의적 시각에서 남성을 비판한 것에 대한 보복으로 《허슬러》는 그녀를 혐오스럽고 경멸할 만한 존재로 묘사하고 있으며, 이를 즐기고 있는 것이다. 드워킨은 이런 식의 표현으로 자신이 위해를 입었다고 주장한다. 그러한 위해에 대한 적절한 반응은 격분과 분개이지, 혐오가 아니다. 우리는 예속과 불평등을 경험했을 때 화가 나지, 구토가 밀려오지 않는다. 다른 경우와 마찬가지로 이 경우에도 혐오는 어떠한 대상이 자신을 오염시키고 있으며, 그 대상을 기피해야 한다고 생각한다. 이에 비해 위해가 실제로 발생했다는 생각은 충분히 드러나지 않는다. 한마디로 말하면, 혐오는 이 사건과 그다지 연관된 감정이 아니다. 위해를 입었다는 주장 — 증거는 이를 잘 뒷받침한다. — 에 혐오는 응답하지 않는다.

[이 사건에서] 오염이라는 이슈가 완전히 부적절하다는 사실과 함께 또 다른 이슈가 존재한다. 그러한 혐오는 실제 무엇에 관한 것이며, 그것이 표현하는 것은 보다 엄밀히 말하면 어떠한 감정인가? 홀 판사가 혐오스럽다고 여긴 것은 묘사된 내용의 육체적 불쾌함이라고 생각된다. 이것은 묘사된 행동에 대한 남성들의 불쾌함이며, 떠올리지 않을 수 없는 드워킨 어머니의 묘사된 이미지에 대한 불쾌함이다. 요컨대, 뚱뚱한 사람들이 성교하는 모습을 보여 줌으로써 비만에 대한 혐오를 끌어내기 때문에 《허슬러》는 혐오스러운 것이 된다. 그러한 혐오 반응은 바로 이 정기 간행물이 끌어내고 강화하려고 한 것(비만으로 표현된 드워킨 어머니의 몸에 대한 남성들의 혐오)이며, 이러한 점에서 《허슬러》를 거부하는 것과는 거리가 멀다.

그 특집이 의도한 전체적인 생각은 드워킨 어머니의 몸 ─ 이는 필시 드워킨 자신의 몸으로 확장된다. ─ 이 전통적인 여성 혐오적 의미에서 혐오스럽다는 사실을 넌지시 비추어, 여성주의자와 여성주의를 모욕하는 것이다. 그래서 판사가 '혐오'스럽다고 말하면, 그녀는 최소한 부분적이나마 그 잡지의 기획에 공모하게 된다. 그녀가 《플레이보이》처럼 덜 저속한 잡지에 대해서도 같은 말을 했으리라 생각하기는 어렵다. [혐오스럽다는 생각에] 이 잡지와 거리를 두려고 하면, 그 과정에서 그녀는 《허슬러》에 묘사된 하층 남성들에 대한 계급적 경멸을 표현하게 된다. 이들 남성의 외모와 행동을 혐오스럽다고 여기는 것이다. 그리고 이것은 또한 이 잡지의 기획에 부합하는 것이기도 하다. 이 잡지는 일반적으로 스스로를 '보통 사내들' ─《플레이보이》와 같은 고급 포르노 독자들이 혐오스럽다고 생각하고 멸시할 ─ 을 위한 섹스 잡지라는 자부심을 표현하고 있기 때문이다. 어느 경우에도 그녀의 혐오는 이 소송에서 실제 벌어지고 있는 일과 도덕적으로 연관된 감정이라고 말하기 어렵다. 최악의 경우 그녀는 드워킨에 대한 모욕에 동참하게 되며, 최상의 경우에도 그녀는 자신 앞에 놓인 법률적 이슈와 완전히 무관한 하층 남성들에 대해 다소 경멸적인 언급을 하게 되는 것이다.

요컨대, 혐오가 우리가 존중하는 가치를 지지하는 것처럼 보이는 경우라 하더라도, 우리는 이 감정을 보다 면밀히 검토해야 한다는 것이다. 혐오는 오염과 불결함에 초점을 둔 감정이므로 성차별적 내용을 지닌 외설물이 [여성에게] 위해를 주고 있는지의 문제와 같은 핵심적인 사안과 무관하며, 이 문제를 판단하는 근거가 되기에 부적절하다. 또한 혐오는 전통적인 여성 혐오와 강한 연관성이 있기 때문에 여성주의적 감정을 표현하기에는 불안정하고 양면적인 수단이라고 할 수 있다.

영미에서 포르노그래피를 분석할 때에는 혐오가 중요한 역할을 하고 있지만, 독일에서는 최근까지도 내가 선호하는 방식과 유사한 접근 방법을 취해 왔다는 점이 흥미롭다. 그것은 존엄, 예속, 대상화라는 이슈에 초점을 두는 접근 방법이다. 우선 "도덕성에 반하는 범죄(Straftaten wider die Sittlichkeit)"로 불렸던 형법 부분이 지금은 "성적 자율성에 반하는 범죄"로 이름이 바뀌었다. 이에 따라 분석의 초점도 공동체의 도덕성에 대한 우려에서 개인의 존엄성에 반하는 범죄에 대한 우려로 바뀌었다.[263] 이렇게 강조점이 바뀌면서 흥미로운 결과들이 도출되고 있는데, 특히 강간, 성매매, 아동 학대와 같은 영역에서 그러하다. 우리가 지금 다루고 있는 문제로 논의를 국한하면, 1973년 법률 개정은 성인들을 대상으로 한 포르노그래피 유통을 합법화하면서 아이들이 이를 손에 넣거나 이용하지 못하도록 하는 데 초점을 맞췄다. (예를 들어, 독일은 인터넷을 통한 아동 포르노 유통을 강하게 규제하는 법을 두고 있다.)

이것이 다가 아니다. 독일의 경우, 포르노 자료 속에서 성인 여성이 대상화되는 것에 법이 관여하고 있다. 이 이슈에 적용된 근거가 형법에 적용되지는 않지만, 1981년 독일 연방 행정법원의 결정은 이 점에서 매우 흥미롭다. 법원은 여성이 고객의 쾌락을 위해 알

몸 연기를 하는 핍쇼(peep show) 클럽의 영업 면허를 취소한 정부의 결정에 손을 들어주었다.[264] 독일 헌법 I장 I조*를 근거로 인간 존엄의 이슈에 주목했으며, 핍쇼가 이 쇼에 등장하는 여배우의 존엄성을 훼손한다고 결정한 것이다.[265] 특히 흥미를 끌었던 것은 법원이 전통적인 스트립쇼와 핍쇼를 구분했다는 사실이다. 법원은 스트립쇼는 오랜 전통을 지닌 에로틱한 공연에 속하며, 이를 연기하는 여성이 무대를 돌아다닐 수 있고, 관객을 볼 수 있으며, 관객 전체와 관계하면서, 다양한 시각에서 보일 수 있기 때문에 그녀가 일종의 생생한 인간성을 지닌다고 주장했다. 이 경우 그녀의 존엄성은 "훼손되지 않은 채 유지된다."라는 것이다.[266] 이와 달리 핍쇼에서는 여성이 하나의 사물, 기계적인 대상, 개인 구매자의 용도를 위한 단순한 상품으로 변화된다. 작은 방 속에서 보는 남성과 여성 모두 고립된다는 점을 지적하면서, 법원은 여성이 활동적인 배우에서 단순히 "성적 욕구의 자극과 충족을 위한 대상(Anregungsobjekt zur Befriedigung sexueller Interessen)"으로 전락했으며, 이런 점에서 그녀의 존엄성이 손상되었다고 결론내렸다. 또한 법원은 여성들이 쇼에 서는 것에 동의했다는 주장을 기각했다. 존엄성은 주관적인 문제가 아니라 객관적인 문제이기 때문에 개인의 뜻에 따라 양도될 수 없다는 것이다.[267]

나는 이러한 판단 전부를 옹호하고 싶지는 않다. 특히 스트립쇼

---

* 독일 헌법 I장(기본권) I조(인간 존엄의 보호)는 "인간의 존엄은 불가침이다. 인간의 존엄성을 존중하고 보호하는 것은 모든 국가 권력의 의무다."라고 규정하고 있다.

와 핍쇼의 구분은 너무 성급하며, 법원이 자유주의 사회가 잠재적으로 자존감 상실을 초래하는 활동을 어느 정도까지 선택할 수 있게 해야 하는지에 대해 설득력 있게 성찰하지 못했다고 생각한다. (비록 우리가 형사 처벌이 아니라 단순히 허가에 대해 말할 때 밀의 주장이 더 많은 중요성을 갖는지는 확실하지 않지만) 나는 인간의 존엄성을 양도하는 선택이었는지의 여부와는 상관 없이, 여성 모델의 결정이 법률적 형벌의 대상이 되어서는 안 된다고 생각하는 경향이 있을 것이다.[268] 그러나 내가 말하고 싶은 것은 독일의 법원이 분석해야 할 범위를 올바르게 파악하고 있다는 점이다. 독일의 법원은 인간 존엄, 대상화, 예속과 같은 도덕적으로 중요한 이슈를 인식하고 있었으며, 혐오는 그러한 이슈와는 전혀 관련이 없다.

포르노그래피는 모든 시민의 평등을 추구하는 어느 자유주의 사회에서나 두드러지는 이슈들 — 평등, 예속, 모욕과 같은 — 을 제기한다. 또한 이것은 도덕적이고 종교적인 사고방식에 따라 개별 시민 또는 시민 집단에 두드러질 수 있는 개인적 도덕성이라는 문제를 제기한다. 그러나 성적 노골성 때문이든 종교적 또는 정치적 교의 때문이든 간에 어떤 책이나 영화의 도덕적 내용에 반대하는 시민들은 문제가 되는 저작들을 보지 않음으로써 이 문제를 해결할 수 있다. 그리고 그러한 저작들이 공공장소에서 시민들에게 노출되지 않고, 감수성이 예민한 아이들 앞에 버젓이 유통되지 않도록 하기 위한 노력이 필요하다. 이것은 다원주의를 지지하는 민주주의 국가가 조이스와 로렌스의 소설이 초래하는 도덕적 차이에 대처하는 방법이 될 수 있다고 생각한다. 그렇지만 예속과 같은 문제는 다르다. 왜냐하면 이 문제들은 다원주의 사회의 핵심에 있는 가치들, 그러한 사회의 기본적 원칙의 토대가 되는 정치적 합의에 해당되는 가치를 건드리기 때문이다. 예를 들면, 독일과 같은 일부 나라들은 반유대주의적 발언의 경우에 해당 발언을 완전히 금지함으로써 이러한 차별에 대응하고 있다. 미국은 정치적으로 흉악한 발언도 보호한다는 점에서 다른 입장을 취해 왔다. 매키넌과 드워킨의 접근이 이러한 원리에 직접적으로 이의를 제기하는 것은 아니다. 오히려 문제가 되는 발언으로 피해를 입은 개별 원고들이 구제될 수 있는 방법을 찾으려는 시도라고 할 수 있다. 이러한 구제책이 적절하다거나 현명하다고 생각하는지에 상관없이, 우리는 이러한 방법이 발전된 자유민주주의 국가들이 오늘날 논의하고 이행하고 있는 구제책에 충분히 포함된다는 점을 인정해야 할 것이다.

폭력적이고 성차별적 내용이 담긴 포르노그래피가 제기하는 딜레마를 해결하기 위해 선호하는 법률적 대응은 다를 수 있다. 그렇지만 이것이 제기하는 이슈가 단순히 성적 노골성과 이른바 이러한 자료들이 지닌 혐오스러운 자극성이 아니라는 점은 인정해야 한다. 사실 혐오는 이 문제와 아무런 관련이 없어 보인다. 동료 시민이 평등을 침해받을 때 이에 대한 적절한 반응은 혐오가 아니라 분노다. 진보적 입장에서 혐오를 옹호하는 주장을 펴는 케이헌은 혐오 없이 유지되기에는 이러한 분노가 너무 연약하다고 생각할 것이다.[269] 그렇지만 나는 이런 입장에 끌리는 사람들은 혐오 반응이 모호성을 지니며, 혐오 반응이 분노가 반응하는 바로 그러한 위해를 강화하는 경향을 지니고 있음에 대해 심각하게 고민해야 한다고 생각한다.

4 불법성의 근거로서의 혐오: 소도미, 시체 성애

카스와 데블린은 옳다고 할 수 있을까? 특정한 행위에 대해 '이성적인 사람'이 느낀 혐오는 그러한 행위를 불법으로 규정할 수 있는 충분한 근거가 될 수 있을까? 특정한 음식이나 동물에 대한 혐오가 그러한 음식이나 동물을 피해야 할 충분한 이유를 제공해 주는 것처럼, 이러한 혐오(오염과 불결함이라는 사고를 수반하는)는 이를 느낀 사람에게 문제가 되는 행위나 사람을 피해야할 충분한 근거를 제공해 준다고 일견 생각할 수도 있다. 그렇지만 특정한 음식이나 동물에 대해 사람들이 혐오를 느낀다는 이유만으로 해당 음식을 금지하거나 특정한 동물을 도살이나 검역하지 않는 것처럼, [혐오의 대상이 된] 행위나 사람에게 조치를 취해야 할 명백한 근거가 있는 것은 아니다.

이 지점에서 데블린은 자신이 말하는 것은 모든 종류의 혐오가 아니라 '이성적인 사람'이 느끼는 강한 혐오라고 응답할 것이다. '이성적인 사람'은 평균적이고 정상적 — 일정한 규범적 의미에서 — 인 존재이며, 일상적인 일을 수행하는 사회의 생산적인 구성원('클래펌 사람')으로 가정된다. 그는 이러한 사람이 느끼는 강한 혐오는 사회 구조를 파괴하는 행위를 드러내기 때문에 법적 규제의 충분한 근거를 제공해 준다고 주장한다. 이러한 행위들은 단순히 개인의 삶을 타락시키는 것이 아니라 이러한 개인이 지니는 상징성을 통해 전체 공동체를 오염시킨다고 여겨진다. 혐오는 우리가 사는 공동체를 유지하기 위해 우리가 뿌리 뽑아야 하는 것을 보여 준다는 것이다.

앞에서 주장한 것처럼, 혐오를 유발하는 행위가 어떻게 공동체를 위협한다고 생각할 수 있는지 정확히 말하기는 쉽지 않다. 데블린은 '이성적인 사람'이 혐오스럽다고 여기는 것과 '방탕함'을 보여 주는 행위 — 너무 극단적이어서 시민으로서의 역할을 수행할 수 없음을 보여 주는 — 는 강한 상관관계가 있다고 주장한다. 그러나 이러한 주장은 입증하기가 쉽지 않으며, 사실에 부합하지도 않을 것이다. 유대인, 여성, 인종 간 결혼을 한 사람들, 동성애자들은 모두 책임 있는 시민으로서의 역할을 완벽하게 수행해 왔고, 지금도 그러하다. 그럼에도 이들은 부패하거나 탐욕스럽거나 자기중심적인 사람보다 더 혐오의 대상으로 여겨져 왔다. 민주적인 사회 구조에 위협이 된다면 아마 부패하고, 탐욕스럽고, 자기중심적인 사람이 중대한 문제를 초래할 것이다.

카스의 주장은 비판하기 좀 더 어렵다. 그는 어떤 혐오를 고려해야 하는지, 이유는 무엇인지에 대해 얘기하지 않기 때문이다. 카스에게 혐오는 '인간 본성'과 연관된 도덕적 규범이 훼손되고 있다는 신호다. 그러나 어떤 조건에서 이러한 훼손이 일어나는가? 혐오가 이러한 신호 역할을 하려면 얼마나 확산되어 있어야 하는가? 인종 간 결혼에 대한 혐오는 분명 넓게 확산되어 있었고, 인종 간 결혼이 본성에 내재된 도덕 규범을 훼손하는 신호로 널리 받아들여졌음은 분명하다. 실제로 다른 인종끼리 결혼한 리처드와 밀드레드 러빙* 부부에 대한 소송을 심리한 1심 판사는 단순히 이러한 전(前)문화적 규범에 호소하면서 버지니아 주의 인종간결혼금지법을 옹호했다. "전능하신 하나님은 인류를 흰색, 검정색, 황색, 말레이색, 붉은색으로 창조하셨고, 이들을 각각 다른 대륙에서 살게 했습니다. 그래서 신께서 만들어 놓은 것에 간섭이 없었다면, 그러한 결혼을 주장할 이유도 없었을 것입니다. 신께서 인류를 나눠 놓았다는 사실은 그가 인종이 섞이길 원치 않았음을 보여 줍니다."[270] 이것이 카스가 지지하려는 도덕적 규범의 종류라고 생각되지는 않는다. 그리고 그는 인종간결혼금지법 이면에 존재하는 혐오와 자신이 유전자 복제 — 동성애 관계도 넌지시 비추고 있다. — 사례에 적용할 수 있는 바람직한 법률적 기준으로 지지하는 혐오를 구분할 수 있는 방법을 전혀 제시하지 않고 있다.

---

* 밀드레드 러빙(Mildred Loving)과 그녀의 남편 리처드 러빙(Richard Loving)은 인종 간 결혼을 금지한 버지니아법에 따라 고발당했다. 이들 부부는 미국자유인권협회의 도움을 받아 이 법에 대한 소송을 제기했고, 1967년 대법원은 이 법이 수정헌법 14조에 위배된다고 판결했다. 이 소송(Loving v. Virginia)은 인종 간 결혼을 금지한 모든 주의 법을 위헌으로 만든 역사적인 판결이다.

그래서 특정한 형태의 행위를 불법으로 규정하는 일차적인 근거로 혐오가 등장하고 있는 일부 사례를 면밀히 살펴보는 것이 우리가 할 수 있는 일의 전부다. 이를 금지시키는 결정에 깔린 추론이 타당한지 그렇지 않은지, 그러한 사례들이 얼마나 데블린과 카스의 입장을 지지하는 것처럼 보이는지 질문하는 것이다.

먼저 소도미법을 검토해 보자. 미국에는 불륜, 간통, 동성애 행위를 포함한 다양한 형태의 합의 하에 이루어지는 성관계를 규제하는 많은 법이 있다.[271] 소도미는 때때로 어떠한 행위의 동성애적 성격을 언급하면서 정의된다. 다른 경우에는 성행위의 형태 — 일반적으로 모든 구강-성기, 성기-항문 행위를 포함하는 — 를 언급하면서 정의되기도 한다. 두 번째 방식으로 정의되는 소도미법은 이성 간 섹스와 동성 간 섹스에 동일하게 적용되기 때문에 외견상 중립적인 모습을 취한다. 그러나 '바우어스 대 하드윅(Bowers v. Hardwick)' 소송에서, 처음 이 소송에 참여한 이성애자 커플은 기소될 위험이 없다는 이유로 주의 법에 이의를 제기할 수 있는 지위를 갖지 않는다고 선고받았다.[272] 그래서 말로 어떻게 표현되든 간에 이 법들은 동성애 행위를 대상으로만 발동될 가능성이 있었다. 그러한 법들은 많지 않은 주에서 2003년 6월 20일*까지 법령집에 남

---

* 미 연방대법원이 텍사스 주의 소도미법의 효력 정지를 결정한 판결(Lawrence v. Texas)을 내린 날짜다. 재판부는 6 : 3 판결로 사적인 성행위는 미국 헌법의 적법 절차 조항에 담긴 자유권의 보호를 받는다고 결정했다. 이 판결은 소도미법의 합헌성을 지지한 1986년 '바우어스 대 하드윅' 결정을 뒤집는 것으로, 동의한 성인들 간의

아 있었고, 일부 기소가 일어나기도 했다.

　그러한 법들에 반대하는 이유는 비교적 쉽게 제시할 수 있다. 동성애 관계를 강하게 거부하는 많은 사람조차도 소도미법이 너무 드물게 집행되기 때문에 그러한 행위가 생겼을 때 자의적이고 선별적으로 법 집행이 이뤄진다는 이유에서 이 법에 반대한다. 경찰들은 추행 행위와 관련해서만 이 법을 끌어온다는 것이다. 밀의 견해에 보다 가까운 입장을 취하는 사람도 있다. 원치 않는 사람에게 강제되는 것도 아니고, 동의하지 않는 사람에게 위해를 주지도 않는 사적인 공간에서 이루어지는 행위를 도덕적 이유를 들어 금지할 수는 없다고 본 것이다. (밀의 원칙의 측면에서 종종 논의되는 두 가지 다른 사례 — 공공장소에서 알몸을 드러내는 것과 성행위를 하는 것 — 는 5장에서 검토할 것이다. 이러한 사례들은 혐오보다는 수치심에 관한 이슈를 제기하기 때문이다.)

　나는 동성애 관계를 경멸하는 법에 반대하기 위해 밀의 원칙을 전제로 삼지는 않을 것이라고 밝힌 바 있다. 그래서 나는 위에서 말한 두 번째 형태의 응답에서 멈출 수 없다. 그럼에도 소도미법을 옹호하는 사람들에게 간통과 불륜을 포함해 평판이 나쁜 다양한 형태의 성행위를 막기 위해 민주적으로 통과된 모든 법을 옹호할 것인지 질문하는 것은 분명 공평해 보인다. 만약 그렇지 않다면 동성애적 소도미를 계속 불법으로 간주하는 것은 어떤 근거에

비상업적인 사적 행위에 적용되는 모든 주의 소도미법을 무효화시켰다.

서 실제로 옹호될 수 있는가? 특히 특정 집단과 종교는 그러한 행위를 지지하고, 다른 집단과 종교는 그러한 행위를 지지하지 않는 다원적이고 종교적으로 다양한 사회에서 어떻게 옹호될 수 있는가? 대부분의 미국인들은 다수가 지닌 감정에 호소하면서 섹스나 종교와 같이 매우 중요한 개인적 영역을 침해하는 것에 대해 당연히 조심스러운 태도를 지니고 있다. 그래서 특정한 개인적 행위를 규제하는 것에 대해 유권자의 지지를 모았다고 해서 [이를 규제하는 법이] 정당화될 수는 없다. [이러한 개인적 행위가] 실제로 무엇이 나쁘고, 어떤 손상을 일으키는지에 대한 보다 강력한 주장이 요구되는 것이다.

그렇다면 소도미법을 옹호하는 사람들은 소도미의 해악에 대해 어떤 설득력 있는 주장을 펼쳐 왔는가? 데블린은 전쟁을 수행할 수 있는 나라가 필요하다고 호소한다. 그러나 우리는 지금까지 전 세계 많은 정예 부대에서 게이와 레즈비언들이 군인으로서 뛰어난 모습을 보여 왔음을 잘 알고 있다. 다른 사람들은 동성애 행위에서 위해와 유사한 속성을 찾아내려고 노력해 왔다. 동성에 행위를 제한하려고 할 때마다 이른바 동성애 행위의 해악을 입증하기 위한 일련의 증언이 제시된다는 사실은 흥미롭다. 콜로라도 주의 주헌법 수정조항 제2조에 대한 공판[273]에서, 주정부는 심리적 측면에서의 자기 위해, 아동 학대, 다양한 형태의 이른바 사회 구조의 파괴에 관한 증언을 제시했다. 이는 모두 동성애자들이 차별금지법의 보호를 받지 못하게 함으로써 주정부가 얻을 수 있는 가능한 '중차대한 이익(compelling interest)'*이 무엇인지 보여 주기 위한 것이었다.[274] 마찬가지로 '베르 대 르윈(Baehr v. Lewin)' 소송에서도 게이의 결혼을 막는 것이 주 전체의 중차대한 이익임을 주장하기 위해 게이 커플들이 아이들에게 심리적 위해를 초래한다는 사실을 보여 주려고 했지만 성공하지 못했다.[275] 두 소송 모두에서 제출된 증언은 다른 전문가들에 의해 설득력 있게 반박되었으며, 이 소송을 심리한 판사들은 이들이 더 훌륭하고 신뢰할 만하다고 여겼다. 위험을 초래한다는 주장이 공감을 얻기 힘들다는 점이 드러나자, 이슈는 혐오로 바뀌었다. 실제로 수정조항 제2조에 대한 선거 승리의 이면에 혐오가 작용했다는 사실이 공판에서 드러났다. 2장에서 살펴본 것처럼 [수정조항의] 지지자들은 게이들이 똥을 먹고 사람의 피를 마신다 ─ 이는 중세 시대부터 있어 왔던 반유대주의 선전과 매우

---

* 미국 연방대법원은 제정된 법에 대한 위헌 여부를 심사할 때 판례를 통해 형성된 단계적 심사 기준(합리성 기준 심사, 중간 심사, 엄격 심사)을 적용하고 있다. 이러한 심사 기준은 주로 수정헌법 14조의 자유 또는 적법 절차, 평등 보호에 관한 소송에서 법률의 합헌성 여부를 결정하는 데 적용된다. 이때 각 기준에 따라 입증 책임의 문제와 최소 제한 요건의 충족 여부 등이 달라진다. 세 가지 기준 중 심사 대상 법률이 위헌으로 판단될 가능성은 엄격 심사가 가장 높고, 합리성 기준 심사가 가장 낮다. 엄격 심사를 통과하기 위해서는 법률이 세 가지 기준을 통과해야 하는데, 그중 하나로 법률이 정부의 '중차대한 이익'을 위해 필수적임을 입증해야 한다. 또한 그 목적을 달성하기 위한 수단 또한 그 이익의 실현에 '엄밀하게 맞는 것'이어야 하며, 정부의 목표가 다른 어떤 '덜 차별적인 대체 수단'으로는 달성될 수 없음을 증명해야 한다. 이상경, 「미국 연방대법원의 헌법 재판권의 범위와 삼중 위헌 심사 기준론에 관한 소고」, 《세계 헌법 연구》 13권 2호(2007), 128~138쪽 참조.

유사하다. — 고 주장하는 자료들을 배포했다는 사실을 선서 때문에 마지못해 인정했던 것이다.[276]

동성애 행위의 제한을 옹호하는 사람들은 실제적 위해에 대한 증거를 제시하면서, 밀의 위해 원칙이 지니는 가치를 인정하지 않는다. 그들이 일반적으로 주장하는 위해의 형태는 자기 자신에게 해를 준다는 것으로, 이를 둘러싸고 벌어지는 논쟁은 밀이 지지하는 입장으로 기울지 않는다. 하지만 (사람들이 자신의 이익을 스스로 해치지 못하도록 보호하는) 온정주의와 완전한 혐오는 다르다. 수정조항 제2조의 주창자들은 자기 위해 — 밀은 자기 위해의 경우는 온정주의적 입장에서 법적으로 규제하기에 부적절하다고 여겼다. — 의 사례만 가지고는 설득력 있는 증거를 제시할 수 없었다. 정신 의학 분야에서는 동성애가 정신병이 아니라는 점을 오래전부터 인정해 왔으며, 다른 종류의 자기 위해가 초래된다는 사실을 설득력 있게 보여 주는 증거는 아무것도 제시하지 않았다.[277] 수정조항의 주창자들이 실제로 제시한다고 여겼던 것은 혐오가 전부였다. 그들이 혐오를 내세우길 꺼려했다는 점은 그들 스스로 혐오가 법적 규제의 근거가 되기에는 약한 요소라는 사실을 인식하고 있었음을 말해 준다. '어떠한 형태의' 심각한 위해가 발생한다는 점을 보여 줄 필요가 있는데, 실질적인 동기가 혐오였다면 사람들이 다른 것이었다고 착각할 수 있게끔 쇼를 연출해야 한다.

이제 다시 오스카 와일드에 대한 세 번째 공판으로 돌아가 보자. 이 재판은 이러한 점을 흥미로운 방식으로 보여 준다. 윌스 판사는 유명한 선고 발언에서 다음과 같이 말했다.

> 오스카 와일드와 앨프리드 테일러, 당신들에게 유죄가 선고된 범죄는 너무나 좋지 않기 때문에 모든 명예로운 남성들이 두 차례의 끔찍한 공판에서 상세한 얘기들을 들었을 때 생겨났을 감정을, 제가 차마 입에 담고 싶지 않은 말로 기술하지 않는 편이 좋겠습니다. …… 판사는 편견 없이 자신이 맡은 사건을 처리하기 때문에 품위와 도덕성을 잃지 않고 냉정할 것이라고 생각하시는 분들도 계실 겁니다. 여하튼 저는 이렇게 생각하시는 분들이 이러한 판사의 경우에도 두 사람이 깊이 자각하고 있는 끔찍한 혐의에 대해 극도의 분개감을 가질 수 있다는 점을 모순 없이 이해하실 수 있게 되길 바랍니다.
>
> 나는 당신들에게 처분을 내리고 싶지 않습니다. 이러한 일들을 처리할 수 있는 사람은 죽을 만큼 수치스러울 것이며, [이 사건이 그에게] 아무런 영향도 주지 않을 것이라고 기대할 수 없습니다. 이것은 내가 다룬 최악의 사건입니다…….
>
> 이러한 정황에 따라 저는 법이 허락하는 가장 엄중한 처벌이 내려지길 기대할 것입니다. 제가 판단하기에 이와 같은 사건은 완전히 부적절합니다. 법정은 당신들에게 2년간의 징역과 노역을 선고합니다.[278]

윌스 판사는 품위 때문에 자신의 실제 감정 — '명예로운 남성'이라면 누구나 느꼈을 — 을 표현하지 않는다고 주장한다. 이를 기술하려면 "차마 입에 담고 싶지 않은 말"을 사용해야 하기 때문이다. 이를 통해 그는 자신이 느낀 감정이 말하면서 토할 것 같은 품위 없는 말로만 적절히 표현될 수 있는 강한 혐오라는 사실을 넌지시 비춘다.[279] 그는 재소자들을 혐오의 대상, 상스러운 오염물로 여긴다. 이들은 실제로 사람이 아니며, 그래서 사람에게 하는 방식으로 대할 필요가 없다는 것이다. (선고 발언이 끝나자 와일드는 "저는요? 재판장님, 전 아무 말도 할 수 없는 겁니까?"라고 외쳤다. 재판장은 아무런 대답도 하지 않고, 교도관에게 죄수들을 데려가라고만 손짓했다.) 이와 동시에 윌스 판사는 자신이 사법적 불편 부당성과 "두 사람이 깊이 자각하고 있는 끔찍한 혐의에 대한 극도의 분개감"을 결합했다고 주장하면서 공적 이성에 호소했다. 그는 분개가 지니는 도덕적 힘을 주장하려고 노력하지만, 그의 선고는 분개가 혐오를 가려 주는 공적 가면에 불과하다는 점을 강력하게 시사하고 있다.

우리는 이제 판사가 느낀 분개가 신뢰할 수 있는 근거가 될 수 있는지 질문해야 할 것이다. 와일드는 '저속한 행위(gross indecency)'라는 죄명으로 유죄를 선고받았다.[280] 그는 동의를 표할 수 있는 법적 연령 이상의 노동자 계급 남성들 여러 명(가장 어린 사람이 열여덟 살이었고, 대부분 20대였다.)과 구강 성교를 가졌다. 모든 남성들은 적극적으로 그와의 관계를 추구했다. 그중에는 문학과 연극 분야에서 자신의 경력을 쌓으려는 의도로 그를 만난 사람도 있었다. 와일드는 그들과 여행에 동행하여 값비싼 선물을 사 주기도 하면서 친절을 베풀었다.[281] 윌스 판사가 누구든 분개할 수 있는 근거들을 보여주려고 했다면, 이러한 행위로 생긴 죄악을 구체적으로 말하기란 무척 어려웠을 것이다. "내가 다룬 최악의 사건"임을 보여 주는 것은 더더욱 어려웠다. 선고를 이끌어 낸 것은 위해에 대한 분개가 아니라 분명 그가 느낀 혐오였다. 분개라는 장막 뒤에 혐오가 숨어 있는 것이다.

게다가 기소 내용을 보면 동성애 행위에 대한 혐오가 하층 계급에 대한 혐오와 강하게 연결되어 있었다. 젊은 남성들이 하층 계급 출신이라는 점이 문제가 된 관계가 부적절하고 혐오스럽다는 증거로 자주 언급되었던 것이다. 다음은 [재판 중에 있었던] 질의 응답 중 하나다. "파커 씨가 귀족의 시종이고, 또 다른 사람은 마부라는 사실을 알고 있었습니까?" "알지 못했습니다. 하지만 알았다 해도 신경 쓰지 않았을 겁니다. 전 그들이 무엇이었든 조금도 개의치 않았습니다. 전 그들을 좋아했고, 그러한 공동체를 문명화하려는 열정을 가지고 있습니다." 이런 점에서 동성애에 대한 혐오는 인종 간 결혼에 대한 혐오와도 연관되었다. 상층 계급 사람과 하층 계급 사람은 사랑을 나눌 수 없다는 것이다.

요컨대, 판사가 와일드와 테일러에게 표현한 감정 속에서 [그들의 행위가] 다른 사람에게 위해를 주었다는 판단은 찾아볼 수 없으며, 자기 위해에 대한 온정주의적인 생각도 엿볼 수 없다. 그가 실제로 말하고 있는 것은 다음의 말 속에 담겨 있다. "이들은 두 명의 더러운 밥버러지입니다. 이러한 종자는 우리 몸에 스며들기 전에 뭉개 버려야 합니다."

그래서 전통적으로 혐오에 기초한 법 제정의 초점이 되어 온 소도미법은 [법률의 합헌성에 대한] 엄격 심사를 통과하지 못했다. 일반적으로 소도미법을 지지하는 사람들조차도 혐오를 법적 근거로 삼기에는 너무 빈약하다고 느껴 왔으며, 위해에 근거한 보다 더 신뢰할 수 있는 근거를 제시하려고 노력해 왔다. 그러나 법적 근거가 되지 못하고 혐오가 적나라하게 드러나는 경우, 이 감정은 보다 공적으로 존중할 만한 것보다는 젠더나 계급 등과 엮인 미신과 연관되면서 특히나 변덕스러워진다. 혐오에 호소하는 것은 단순히 "나는 그게 싫어."라고 말하는 것이며, 누군가의 발을 격렬하게 짓밟는 것과 같다. 그러한 법들이 실질적인 공적 설득의 단편이 될 수 있게 해 주는 근거는 아무것도 제시되지 않는 것이다.

'로렌스 대 텍사스' 소송에 대한 최근의 연방대법원의 판결은 이러한 점을 놀랍도록 분명하게 드러내고 있다. 대법원은 '바우어스' 판결에 담긴 역사적이고 근대 사회적인 분석을 비판하면서, 성인들 간 합의 하에 이루어지는 개인적인 성적 관계는 "범죄로 처벌받지 않고 선택할 수 있는 개인의 자유 범위 내에" 있다고 주장한다. 그러므로 국가는 "다른 사람에 대한 상해 또는 법이 보호하는 제도의 남용이 없을 때" 그러한 행위를 규제해서는 안 된다. 그러나 미성년자의 경우나 강제가 있는 경우, "동의한 사실을 쉽게 바꿀 수 없는" 관계의 경우는 이 판결에 포함되지 않는다. 유럽인권재판소의 판결과 그 이후에 있었던 다양한 유럽 국가에서의 판결을 인용하면서, 대법원은 동의 하에 성적 관계를 가질 수 있는 권리를 "인간 자유의 반드시 필요한 부분"으로 인정하는 방향으로 최근 합의가 이루어지고 있음을 확인하고 있다. 미국의 경우에만 국가가 특별히 그러한 관계를 규제하는 데 강력하거나 긴급한 관심을 가져야 할 이유는 없다는 것이다.

자신이 원하는 대로 사적인 성적 활동을 할 수 있는 자유와 존엄과 존중이라는 이슈가 연관되어 있음을 대법원이 인정했다는 사실은 특히 의미심장하다. 재판부는 소도미법이 실제 집행되든 그렇지 않든 간에 고용이나 자녀 양육과 같은 다양한 사회적 이슈에 함의를 지닌다고 보았다. 사람들이 선택하는 특정한 형태의 성적 행위를 범죄로 규정하게 되면 그러한 사람들의 "품위를 떨어뜨리게" 된다는 것이다. "원고는 자신의 사적인 삶을 존중받을 권리가 있습니다. 국가가 사적인 성적 행위를 범죄로 단정함으로써 그들의 존재를 비하하거나 그들의 운명을 관리할 수는 없습니다."

대법원이 이해하는 도덕성과 법의 관계는 존 롤스가 말하는 정치적 자유주의 —— 이 책 전체를 통해 내가 옹호하고 있는 —— 의 입장과 매우 가깝다. 종교적인 측면에서 동성애를 비난하는 것은 많은 시민들에게 "사소한 관심사가 아니라 마음에서 우러나는 깊은 신념이며, 자신들이 동경하고 그래서 자신들의 삶의 과정을 결정하는 윤리적이고 정치적인 원칙으로 받아들인 것"이다. 대법원은 이러한 점을 인정하지만 "선에 대한 포괄적인 개념"(롤스의 표현)과 다원적 사회에서 법의 기초가 될 수 있는 정치적 원칙을 구분한다. "[한 사회의] 다수가 형법의 집행을 통해 사회 전체에 이러한 시각을 강요하기 위해 국가 권력을 이용할 수 있는지가 [여기서의] 이슈입니다. '우리의 의무는 모든 사람의 자유를 정의하는 것이지, 우리 자신의 도덕적 규범을 명령하는 것이 아닙니다.'" 그래서 데블린과 같은 관점에 반대하는 사람들은 다음과 같은 두 가지 원칙에 기초하게 된다. 하나는 모든 사람의 존엄과 자유를 존중하는 것이고, 다른 하나는 사회적 다원주의와 이러한 다원주의로 인해 형법이 지닌 한계를 인정하는 것이다.

이제 소도미법은 적어도 미국에서는 과거의 유물이 되었다. 그러나 혐오에 호소하면서 금지되고 있는 행위는 남아 있다. 우리는 이를 보다 자세히 고찰할 필요가 있는데, 모든 사례가 우리가 지금까지 살펴본 소도미 사례처럼 설득력이 떨어지는 것은 아닐 수 있기 때문이다. 특히 대부분의 사람들이 너무나 혐오스럽고 지독하다고 생각해서 곧바로 불법적인 행위로 간주해야 한다고 (이 행위에 반대하는 근거로 혐오밖에 제시할 수 없다 하더라도) 느낄 수 있지만, 명백히 다른 사람에게 위해를 주지 않는 성행위의 사례가 있다. 다름 아닌 시체 성애다. 한 판사의 표현에 따르면 시체 성애는 "상상할 수 있는 가장 역겹고, 품위를 떨어뜨리며, 상스러운 성적 활동"[282]이다.

우선 시체 성애를 실제로 불법으로 간주해야 하는지 질문해야 한다. 시체 성애에 관한 입법의 역사는 한결같지 않다. 리처드 포스너(Richard Posner)와 캐서린 실보(Katharine Silbaugh)가 작성한 1996년 섹스법 목록을 보면 36개 주에서 이를 금지하는 법은 전혀 존재하지 않았으며, 시체 성애를 막는 법의 대부분은 최근에 생긴 것이다.[283] 대부분의 주들은 사체 오욕을 막기 위해 일정한 법을 두고 있다. 그러나 유달리 혐오스럽다고 여겨지긴 하지만 일반적으로 [사체를] 성적으로 오욕했다는 이유로 특별히 가중 처벌을 받지는 않는다. 실제로 일부 사체 오욕 법령은 이를 전혀 다루지 못할 수도 있다. 예를 들어, 캘리포니아 주의 법령은 "계획적으로 훼손"한다고 표현하고 있는데, 이 말이 시신에게 성교를 하면서 생긴 손상의 경우에도 적용되는지는 확실치 않다.[284] 그동안은 일반적으로 살아 있는 피해자가 있어야 하는 것으로 강간 법령을 해석해 왔다. 피고인이 강간 당시 피해자가 살아 있다고 오인하는 경우는 예외다. 시체 성애를 하기 위해 살인을 저지른 이른바 중죄 모살(felony murder)* 의 경우에도, 일반적으로 피고인은 강간이 아니라 강간 미수로만 유죄 선고를 받을 수 있다고 여겨져 왔다.[285] 가해자가 피해자의 죽음에 관련되지 않은 시체 성애는 많은 사법 관할권에서 법적으로 입증되기 어려워 보이며, 이러한 상황은 때때로 시체 성애가 피해자 없는 범죄라는 점에서 옹호되고 있다.[286]

이 지점에서 케이헌은 이와 관련한 논의에 개입하려 할 것이다. 혐오가 법적으로 적실하지 않다고 보는 나의 입장에서는 시체 성애가 범죄가 아니라고 결론짓는 것이 너무나 당연하지만, 범죄로 간주해야 한다고 보는 것이 우리의 도덕적인 직관에 부합하는 것도 사실이다. 그래서 시체 성애는 우리가 지닌 혐오가 불법성을 결정하는 데 있어 높은 적실성을 지니는 사례일 수 있다는 것이다.

---

* 강도·강간 등 중범죄를 저지르는 과정에서 범한 의도되지 않은 살인을 말한다.

이에 답하려면 시신에 대한 손상이라는 좀 더 일반적인 문제부터 검토해야 한다. 우리는 주로 시체 성애가 고인의 친지와 가족들에게 위해를 주기 때문에 큰 죄악이라고 여긴다. 시신은 일반적으로 유족들의 소유물이다. 시신은 귀중한 감정적 또는 종교적 유물처럼 [유족들에게는] 매우 귀중하고 친밀한 형태의 소유물이다. [시신을] 훼손하는 행위는 모두 극악하지만, 성적으로 훼손하는 행위는 특히나 유족들에게 고통을 주기 쉽다. 그러한 행위는 고인을 경시하거나, 악의적으로 잔인하게 대우한다는 인상을 주기 때문이다. 죽은 사람에게 친지나 친구가 없는 경우에도 마찬가지로 시체 성애를 고인의 삶을 모욕하는 것으로 볼 수 있다. 그리고 종교적 또는 개인적 의미에서 보면 일종의 폭행으로 볼 수 있기 때문에 그 사람의 시신을 사적 소유물로 이해해서 국가가 사체 오욕을 방지해야 한다는 것이다.

이러한 판단을 내리는 과정에서 시신이나 사람과 관련한 형이상학적 이슈에 대해 특정한 입장을 취할 필요는 없다. 시체 성애 행위는 사람들이 지닌 종교적인 믿음과 뿌리 깊은 윤리적, 감정적 믿음에 위반되며, 시신은 소유물이므로 고발할 수 있는 권리를 지닌다는 것으로 충분하다.[287] 이러한 의미에서 시신 훼손을 막는 법은 교회와 종교적 유물에 대한 신성 모독을 막는 법과 밀접하게 연관되어 있다. 신성 모독 행위는 단순한 재산 범죄가 아니다. 이것은 한 사회가 보호해야 한다고 동의한 종교적 의미를 경시한다는 표현이기 때문에 특히 심각한 형태의 재산 범죄라고 할 수 있다. 종교적 의미를 공유하고 있지 않다 하더라도, 특별히 유족들이 갖는 감정적 의미에 공감할 수는 있다. 시체 성애가 많은 사람들에게 유독 끔찍하고 포악한 것으로 여겨지는 이유는, 이처럼 종교적 의미가 충만한 대상을 성적 목적을 위해 사용한 행위는 (종교적인 성소에 대한 성적인 모독처럼) 그들이 지니는 종교적 또는 감정적 의미를 심각하게 모독한 것이라고 느끼기 때문이다.

이와 연관된 또 다른 이슈는 동의의 문제다. 형이상학적 또는 종교적 믿음에 상관없이 우리는 일반적으로 죽은 지 얼마 되지 않은 시신은 고인과 특히 밀접한 연관을 갖는다고 이해한다. 그래서 우리가 강간 — 수면 상태나 혼수상태에 있는 사람에 대한 강간을 포함해 — 을 증오하는 것처럼, 시신을 성적으로 유린하는 것을 증오할 수 있다.* (여기에는 고인과 성관계를 갖지 않았던 친인척이 시신을 유린하는 것도 포함되며, 시신을 법적으로 관리하는 사람의 시체 성애 행위도 금지할 것이다.) 위스콘신 주는 직접적으로 이런 입장을 취하고 있는데, 관련 법령에 다음과 같이 적혀 있다. "모든 성폭행 범죄는 성적 접촉 또는 성교 당시 피해자의 생사 여부와 무관하게 적용된다."[288]

이것을 옳다고 할 수 있을까? 분명 사후 강간이 고인을 욕보이는 행위일 수는 있다. 그러나 설령 그렇다 하더라도 이러한 판단에는 어떤 사람이 죽은 뒤에 일어나는 사건이 그 사람에게 위해를 준

---

* 강간은 동의하지 않은 당사자에게 억지로 성관계를 강요한 행위다. 마찬가지로 시신의 경우도 성관계에 대한 동의 의사를 표현하지 않았기 때문에 일종의 강간으로 볼 수 있다는 뜻이다.

다고 말할 수 있는 시점에 대한 어려운 질문이 뒤따르게 된다.[289] [강간 대상이] 가망이 없는 혼수상태에 있는 사람이었는지 죽은 사람이었는지 구분하는 것이 중요하다면, 시신을 강간한 사람이 범죄 행위를 저질렀는지는 불명확해진다. 물론 [시신을 강간한] 행위와 그/녀가 지녔던 성적 환상은 분명 불쾌하다고 말할 수 있다. 그러나 이러한 행위를 범죄로 규정해야 하는지는 불확실해 보인다.

[시체 성애를 한 사람이] 시신의 법적 관리인이자 죽은 사람의 배우자처럼 과거에 성적 파트너였던 사람인 특수한 경우는 어떻게 볼 수 있을까? 이 경우 똑같이 동의가 없었다고 볼 수는 없겠지만, 부부 관계에서도 강간이 있을 수 있는 것처럼 반응이 없는 대상과의 이러한 행위를 강간과 같은 행위로 볼 수도 있다. 다시 한번 강조하지만, 그러한 행위를 불법으로 규정하든 아니든 간에 이를 저지른 사람은 매우 불쾌함을 준다. ("피해자와 결혼했다고 해서 피고인에게 성폭행 조항이 적용되지 않는다고 가정하지 않는다."라고 명시적으로 선언하고 있는 위스콘신 주의 강간법은 시체 성애를 금지하는 법과 일관성을 지닌다.)[290]

내가 보기에 이들 사항을 고려하는 것이 시체 성애에 대한 법적 조치와 가장 관련된 일이라고 여겨진다. 사적 재산에 대한 훼손이 발생한 경우에는 아마 충분히 형사 처벌을 정당화할 수 있을 것이다. 여기에는 시체 성애 강간을 다른 사체 오욕 형태와 무덤 파괴보다 다소 심각한 행위로 정의하는 처벌도 포함된다. 동의가 없는 것 자체는 문제가 되지만 이것이 범죄로 규정하는 것을 정당화할 수 있을 정도인지 명확하지 않은 다른 사례도 있다. 어떤 경우든 시체 성애는 혐오에 호소하면서 금지해 온 모든 동의에 입각한 성행위와는 완전히 다르다. 소도미법은 자신의 삶과 무관한 사람의 동의에 입각한 성행위에 대해 이웃 사람이 느끼는 혐오를 법으로 제정했기 때문에 잘못되었다고 할 수 있다. 이와 달리 시체 성애에 대한 처벌은 사적 소유물에 대한 훼손이라는 점에서 옳다고 볼 수 있다. 시신에 대한 대우는 시신이 누구의 소유이든, 국가든 개인이든 간에 충분히 정당한 관심사로 볼 수 있기 때문이다. [시신의] 개별 소유주가 없거나 강간한 사람이 소유주(생존한 배우자)인 경우에는 법적으로 문제삼을 수 있는지에 대해 의문을 품을 수도 있다. 그러나 불법으로 결정하든 그렇지 않든 간에 분명 이 행위가 도덕적으로 이상하다고는 할 수 있을 것이다.

이러한 분석을 고려하면, 시체 성애를 막는 법들이 얼마나 정당화될 수 있든 간에 혐오 자체가 원동력이 되기는 어려워 보인다. 기존 법령 중 네 개는 "일반 사람의 감각에 불쾌함을 주는 방식으로 시신을 오욕하다."[291]라는 문구처럼 데블린적인 언어를 사용하면서 혐오를 넌지시 언급하고 있다. 그러나 혐오에 관한 사고는 이 이슈를 심의하는 데 불필요할 뿐 아니라 반드시 고려해야 하는 심각한 문제에 대한 관심을 잠재적으로 다른 곳으로 돌릴 수 있다. 검토해야 하는 이슈는 [시체 성애 행위가] 재산 범죄와 강간과 같은 행위처럼 유족 그리고(또는) 고인에게 분개할 만한 위해를 주는가이다. 누군가 종교적인 성소를 훼손했을 때 우리는 분개를 느낀다. 종교의 보호는 우리 사회가 깊이 간직해 온 가치이기 때문에 분개하는 것이다. 마찬가지로 누군가 가족의 시신을 탈취하여 손상시켰을 때 우리는 분노를 느낀다. 우리가 이러한 행위를 강간과 유사하다고 여기든 그렇지 않든 간에, 이 행위는 각별히 심각한 위해라고 보기 때문이다. 배우자가 자신의 남편(아내)의 시신과 섹스를 나눈다면 우리는 연민을 느낄 수도 있다. 하지만 동의를 표할 수 있는 살아 있는 존재였는지에 대해 그가 관심을 기울이지 않았다는 이유로 분노를 느낄 수도 있을 것이다. 이러한 모든 사례에서 혐오를 느낄 수도 있다. 그러나 우리가 숙고하는 법률적 규제의 충분한 근거는 [혐오가 아닌] 분개 반응 속에 담겨 있다. 일정한 형사 처벌을 정당화할 수 있는 근거는 상스러운 성행위로 우리가 오염되고 있다는 느낌이 아니라 사람들에게 저지른 잘못된 행위이기 때문이다. 실제로 시체 성애에 대한 즉각적인 혐오 반응은 중요한 차이가 있을 수 있는 사례를 모두 동일하게 다루어 이슈를 흐릿하게 만들 소지가 있다. 부당한 행위에 초점을 맞추는 것은 이처럼 어려운 영역에 더 나은 지침을 제공해 주기 때문에 혐오에 주목하는 것보다 적절하고 신뢰할 수 있어 보인다.

5 혐오와 생활방해법

이제 가장 직접적으로 혐오에 호소할 수 있다고 생각되고, 어느 정도까지는 그렇게 실행되고 있는 영역으로 넘어가도록 하자. 바로 생활방해법이다. 앞에서 말했듯, 생활방해법은 실제로 혐오감을 유발해 사적 소유물을 사용하거나 향유하는 데 방해가 되지 않도록 [정부가] 개입하도록 하고 있다. 이 법은 혐오를 일종의 위해로 본다. 내가 [생활 방해에 관한] 대표적인 판결에서 끌어와 이 장의 첫 머리에 인용하고 있는 "다른 사람의 재산을 손상하지 않는 방식으로 자신의 재산을 사용하라."는 공리에는 이러한 시각이 담겨 있다. 이 경우에 혐오는 이른바 어떠한 행위가 얼마나 나쁜지를 보여 주는 기준이 아니라 법적으로 금지되는 실제적인 '위해'이다. 생활 방해의 사례들은 분명해 보이기 때문에 내가 [혐오에 관한] 복잡한 사례들을 설명하다가 이 사례들을 다루는 것이 이상해 보일지도 모르겠다. 그러나 혐오가 투영되어 특정 집단에 대한 멸시로 이어지는 많은 다양한 사례를 연구하는 것은 생활 방해의 범주처럼 혐오를 위해로 볼 수 있는 직접적인 경우와 도덕적으로나 법적으로 보다 문제가 될 수 있는 경우를 확인하는 데 도움을 준다.

사실상 현대의 모든 생활 방해 소송이 인용하고 있는 대표적인 판례는 알드레드 판결(1610년 영국의 판결)이다. 이 판결은 "혐오스러운 냄새, 시끄럽거나 유별난 소음, 심한 연기, 유해한 수증기, 기계의 삐걱거리는 소리, 또는 공인되지 않은 파리 떼로 인해 인접한 소유물을 점유[하고 있는 사람]을 위험에 빠뜨리고 참을 수 없게 만드는 경우, 또는 그것의 임차인을 불편하게 하는 경우에 자신이 소유한 땅에 건물을 유지할 수 있는 권리가 상실된다."라고 명시하고 있다. 위에 열거한 사례들은 모두 A의 소유물에서 생긴 것이 B

의 소유물에 도달한 경우로, 단순한 상상이나 생각이 아니라 식별할 수 있는 물질(파리, 연기, 수증기)이나 음파, 냄새와 같이 실제 물리적인 요소를 수반한다. 다시 말하면, A가 그 자신의 소유물에 무언가를 하고 있다고 B가 상상해서 속이 뒤집히고 혐오감을 느끼는 부분은 해당 사항이 없다. A가 B에게 부과한 것이 실제적이고 분명해야 하는 것이다. 또한 여기에 수반되는 혐오는 범주상 모두 '원초적 대상'에 대한 혐오로, 자주 실제적 위험('유해 증기')과 결합된다.

현대의 사례들은 이와 같은 선례를 따르고 있다. 많은 사례들은 용수권과 관련되는데, 이웃에 사는 A는 B의 땅을 가로질러 흐르는 물을 오염시켜서는 안 된다는 것이다. 판례법은 다른 것 없이 실제적 위험만으로도 충분히 생활 방해가 성립된다고 밝히고 있다. 즉 강한 혐오감을 유발하는 것으로 충분하다.[292] 그래서 주거 지역에 소재한 돼지 농장은 [이 시설이] 건강에 유해한 영향을 끼친다는 사실을 입증할 수 없고, 농장에서 나는 냄새가 좋은 곡물과 야채를 먹인 돼지에게서 나는 자연적인 냄새라고 하더라도 생활 방해가 성립한다.[293] 또한 젖소 농가 근처에 돼지 사육을 위한 하수 처리 시설을 만들면 이 시설의 하수 때문에 소가 실제로 병에 걸렸다고 증명할 수 없어도 생활 방해가 성립한다.[294]

흥미롭게도 [생활 방해가 성립하는] 선은 주의 깊게 확립되어 있다. 생선기름을 추출하고 생선 찌꺼기로 비료를 만드는 공장은 그 과정에서 "유쾌하지 못한 냄새"가 발생하더라도 생활 방해가 성립하지 않는다는 판결이 내려졌다. 그렇지만 소유주가 말린 생선

조각, 인산, 황산, 콜타르 등으로 인산 비료를 생산하기 시작하면 상황은 달라진다. 인산 비료의 생산 과정에서 "메스껍고 구역질 나는 악취가 공기를 타고 확산되며, 더럽고 구역질나는 냄새가 나는 다량의 매캐한 타르 물질이 산출된다. ⋯⋯ 그래서 원고와 대다수의 밀포드 주민들은 생활 방해를 주장할 수 있다."[295] 원고 측은 불평할 수 있겠지만 강한 비린내만으로는 생활 방해가 성립하지 않았다는 점은 흥미롭게 다가온다. 그러나 여기에 유해 화학물의 악취가 더해지면 문제가 달라진다.

전통적으로 다음의 경우도 생활 방해에 포함된다. 혐오 물질이 물에 들어가면 설령 이를 감지할 수 없어도 그러한 사실을 아는 것만으로도 혐오를 일으킬 수 있다. 이 경우도 법적인 조치를 취할 수 있는 충분한 근거가 된다. 이와 관련해 우드(Wood)가 작성한 생활 방해에 관한 글이 자주 인용된다. 내용은 다음과 같다.

그러나 공기도 마찬가지이지만 [용수권]과 관련해 물에 불순물이 들어갔다고 해서 모두 물 사용에 대한 방해로 소송을 제기할 수 있는 것은 아니다. [다음과 같은 경우에는 소송을 제기할 수 있다.] 첫째, 일상생활을 하는 데 필요한 수질을 상당히 오염시킬 만큼 불순물이 첨가되어 가정용으로 부적합하다고 측정할 수 있는 경우다. 둘째, 물에서 유해하거나 불쾌한 증기 또는 냄새가 발산되어, 주변 이웃이 사적 재산을 편안하게 또는 유익하게 향유하는 것을 해치는 경우다. 셋째, 수질에 실제 감지할 수 있는 영향을 전혀 주지 않더라도 특성상 혐오감을 준다고 판단할 수 있는 경우다. 물에 죽은 동물의 사체를 투하하거나, 개울 위에 옥외 변소를 세우는 경우, 또는 일상적인 삶의 용도로 물을 사용하는 사람에게 메스꺼움이나 혐오감을 준다고 판단할 수 있는 경우가 이에 해당된다. 넷째, 제조업에 필요한 수질을 오염시킨 경우다.[296]

여기서 우리는 법률적 조치를 취하는 데 필요한 세 가지 충분 조건을 찾을 수 있다. 위험, 감각 장애, 원초적 대상에 대한 혐오가 그것이다. 적어도 이 판결문을 쓴 판사의 시각에서 보면 원초적 대상에 대한 혐오는 위험, 감각상의 충격과 구분할 수 있다. 옥외 변소와 동물의 사체는 실제로 '정말' 위험을 초래하고, 결과적으로 감각상의 충격을 주기 때문에 둘을 구분한다는 생각은 이해할 수 없다. 그러나 설령 실제 위험을 초래하거나 감각상의 충격을 주지 않더라도, 물속에 그러한 불순물이 들어 있다는 생각만으로도 혐오가 생길 수 있으므로 소송을 제기할 수 있다고 우드는 분명하게 주장했다. 이 점은 법원도 동의하고 있다. 다른 용수권 사례도 이와 비슷하다. "불순하고, 불쾌하며, 부패하고, 변질된 물질과 인간의 몸에서 나온 오물과 다양한 배설물이 날마다 상당량 호수물 속에 침전되고 있다."라는 사실은 생활 방해가 성립된다고 보기에 충분하다. "그러한 침전물의 양이 수질에 영향을 미친다고 인식할 수 있는 정도는 아니고, 지금도 그렇지 않다" 하더라도 마찬가지다. 그러한 물질이 물속에 있다는 사실을 알게 되면 "혐오를 느끼

고, 일반 사람들이 가정용으로 이 물을 사용하기 꺼려하기"때문이다.[297]

그러나 이러한 사례로 생활 방해의 범주를 확장한다면, 우리가 앞 절에서 비판한 "단지 추정적인" 혐오를 인정하는 게 되지 않을까? 그래서 시간이 흘러 충분한 양이 누적되면 강한 혐오감을 불러일으킬 수 있다는 생각에 대한 혐오만이 법적 조치를 취할 수 있는 근거로 용인된다는 점은 매우 중요해 보인다. 더구나 그러한 물질은 존재 자체만으로도 위험을 초래할 수 있다. 이러한 사례들은 아프리카계 미국인이 호수에서 수영을 했기 때문에 물이 오염되었다고 주장하는 경우 — 대다수는 아니겠지만 많은 백인 미국인은 한 번쯤 이런 생각을 했을지 모르지만 — 와는 확연히 다르다. [생활 방해가 성립한다고] 확장된 사례들은 정확히 원초적 대상의 테두리 안에 있다. 사체와 배변은 전형적인 원초적 혐오의 대상이기 때문이다. 그래서 [앞에서 말한] 일부 사례를 포함한다고 해서 "단지 추정적인" 생활 방해를 인정하는 방향으로 큰 이론적 전환이 있다고 보기는 어렵다.

물론 우리들은 혐오스럽다고 생각되는 집단이 주변에 사는 것을 좋아하지 않는다. [과거] 흑인을 차별한 남부의 다양한 법은 궁극적으로 아프리카계 미국인들과 화장실, 식수대나 다른 공공 시설을 함께 사용해야 한다는 생각에 혐오를 느꼈기 때문에 만들어졌다. 여기에 [그들로 인해] 자신이 오염될 수 있다는 인종주의적 혐오를 동반한 신비적 사고가 영향을 미쳤다. 그래서 사람들은 항상 오염시킨다고 생각하는 집단을 차단하기 위해 토지 용도 지정이나 주거 제한 방침을 사용하려고 할 것이다. 때로는 이러한 오염에 대한 생각은 생활 방해를 우려하는 정당한 목소리인 것처럼 꾸며지기도 한다. 이와 관련해 '클레번 시 대 클레번 생활회관' 판결[298]을 검토해 보자. (이 판례는 5장에서 상세하게 다룰 것이다.) 텍사스 시의 토지 용도지정법은 "정신병자, 지적장애자, 알코올중독자, 약물중독자를 위한 그룹홈(group home)*"은 허가를 받도록 하고 있는데, 시 당국은 지적장애자를 위한 그룹홈을 허가해 주지 않았다. (환자와 노인을 위한 그룹홈과 요양원은 허가를 받을 필요가 없다.) 시 당국은 이 지역이 "500년 된 범람원" 위에 있기 때문에 홍수가 나면 지적장애자들은 피할 수 없을 것이라는 이유를 들었지만, 실제로는 사람들이 지적장애자들에 대해 지니는 태도를 반영한 것이었다. 사람들이 보통 두려움과 혐오감을 갖고 지적장애자들을 바라봤기 때문에 허가해 주지 않았던 것이다. 이 사례는 법이 합리적인 근거를 갖고 있지 않다고 판결한 드문 경우 중 하나로, 연방대법원은 허가 거부가 [헌법 14조의] 동등 보호 조항에 위배된다고 선고했다. "부당한 차별", "지적장애자에 대한 비합리적인 편견", "애매하고 획일적인 두려움"에만 기초하고 있기 때문이다.

---

* 돌봄이 필요한 장애인도 일반인 거주지의 지역 사회 내에서 일상생활을 하는 것이 당연하다는 철학에 근거한 주거 형태. 그룹홈은 영구적 또는 일시적인 지역 사회 중심의 거주지로서, 주로 일반인들이 살고 있는 지역 사회 내에 있는 보통 주택에서 소수의 장애인들이 공동으로 생활하는 형태로 운영된다.

클레번 판결은 거주법, 토지 용도 지정, 생활방해법의 영역에서 혐오를 확장하려고 할 때 따를 수 있는 기준점을 제시해 준다. 비합리적인 편견에 기초해서 다른 사람과 동등하게 살아가면서 사적 재산을 향유할 수 있는 권리를 거부할 수는 없다. 전통적인 생활 방해의 범주는 소수의 정확한 사례만을 포괄하는 것으로 이해하고 있는데, 감각 장애, 건강상의 위험, 원초적 대상에 대한 몇 가지 강한 관념적 혐오의 사례에 주의 깊게 초점을 맞추고 있다. 이때 원초적 대상에 대한 혐오는 기피와 위험 양쪽 모두와 매우 가깝다. 법률 규제나 법적 조치를 취하는 데 있어 집단 편견이나 신비적 사고에 기초한 혐오의 사용은 완전히 배격되어야 한다. 토지 용도 지정이나 주택공급과 관련된 영역에서도 마찬가지다.

흥미로운 방식으로 이러한 경계선을 비춰 주는 두 가지 사례를 좀 더 살펴보도록 하자. 밀의 지적처럼 종교로 인해 돼지고기를 먹지 않는 사람들은 흔히 돼지고기에 대해 강한 신체적인 혐오를 갖게 된다. (그는 이슬람교도를 예로 들고 있지만, 이러한 현상은 유대인들에게도 매우 잘 알려져 있다.) 돼지고기를 먹는 사람이 앞에 있을 때 이들은 매우 강한 신체적 반응을 보일 수 있는데, 배변과 사체에 대한 혐오 반응에 충분히 비견될 수 있을 정도다. 그렇다면 이슬람교도들이나 유대인들이 충분히 다수를 이루는 공동체에서는 돼지고기 섭취를 금지하는 것이 옳다고 할 수 있을까? 또는 이 절에서 검토한 전형적인 사례처럼 돼지고기를 요리해서 자신의 소유물까지 냄새를 풍긴 이웃 사람을 대상으로 이슬람교도와 유대인들이 소송을 제기할 수 있게 하는 것이 적절하다고 볼 수 있을까?

문제가 된 혐오는 원초적 대상에 대한 혐오와 쉽게 구분할 수 없고, 음식은 중요한 원초적 혐오의 대상이기 때문에 복잡한 사례라고 할 수 있다. 그럼에도 밀은 이 경우의 혐오는 돼지고기를 먹어서는 안 되며, 돼지고기를 먹는 것은 잘못된 행위라고 보는 종교적 금기에서 생긴다고 주장한다. 다른 사람에게 이러한 종교적 가르침에서 나온 감정을 강요하지 않는 것이 다른 종교적 믿음을 지닌 사람을 존중하는 태도라는 것이다. 나도 여기에 동의한다. 사고방식 면에서 볼 때 돼지고기에 대한 혐오는 종교적인 일체감을 갖고 혐오하는 속성(지저분함, 역겨운 습관 등)을 지닌 특정 집단을 대상으로 이를 투영하는 것과 분리되지 않기 때문이다. 이웃집에 냄새가 풍기지 않도록 잘 살펴 조처하는 것이 이웃에 사는 민감한 유대인 또는 이슬람교도에 대한 배려이겠지만, 종교적으로 다원적인 사회에서 이웃에 돼지고기 냄새를 풍겼다는 것이 소송 사유가 되지는 않는다.

이제 채식주의자들이 육식에 대해 갖는 혐오를 이와 대비해서 생각해 보도록 하자. 좀 더 분명하게 대비시키기 위해 이웃이 식품 산업에 사용되는 대부분의 동물들처럼 잔인하고 역겨운 조건에서 자란 동물의 고기를 먹고 있다고 가정해 보자. 이러한 점에서 채식주의는 우리 사회에서 종교와 유사하다고 생각할 수 있다. 시민들이 응당 가질 수 있는 포괄적 가치 중 하나로 볼 수 있는 것이다. 그래서 옆집에서 송아지 고기를 굽는 것에 대해 채식주의자들이 갖는 혐오는 옆집 이웃이 돼지고기를 굽는 것에 유대인들이 느끼는 혐오와 전혀 다르지 않다고 여겨진다. 그러나 나는 이 두 사례가 실제로 다르며, 그렇게 인식될 수 있다고 생각한다. 채식주의자의 혐오는 어떠한 도덕적 원칙에서 생기며, 이때 도덕적 원칙이란 동물이 불필요하게 겪고 있는 고통을 좋지 않은 일로, 또는 나아가 동물이 지니는 권리를 위반하는 일로 인정하는 것을 말한다. 만약 사회가 이러한 도덕적 원칙을 일반적으로 인정하게 되면, 이것은 사회의 정치적 핵심을 구성하는 부분이 될 수도 있다. 왜냐하면 이것은 기본적 권리와 관련되기 때문이다. 그렇게 되면 채식주의자들이 지닌 혐오가 법으로 지켜질 것이고, 공장형 농장과 여기에서 불법적으로 생산되는 육류의 사용을 제한하는 다양한 법이 생기게 될 것이다. 그러나 이러한 법들은 위해에 기초한 일반적인 형법이 될 것이며, 채식주의자들의 혐오 자체는 법적으로 부각되지 않을 것이라는 점을 언급하고자 한다. 만약 우리가 현재 행해지는 방식으로 식용 동물의 사육법을 참을 수 없다는 데 동의했다면(주장을 펴기 위해 인간적인 방식으로 식용 동물을 키우는 방법이 있을 수 있는가라는 문제는 제쳐두기로 하자), 그와 같은 잘못된 동물 사육 방식은 바로 불법이 되었을 것이고, 이웃집에 사는 사람은 그냥 자신의 오븐에서 송아지고기를 굽지 않았을 것이다. 아니면 적어도 현재와 같은 방식으로 축사에서 기른 송아지고기를 굽고 있지는 않을 것이다.

이러한 두 가지 사례의 대비를 통해 우리는 유익한 사실을 알게 된다. 이 두 사례 모두에서 법적으로 두드러진 요소는 개인이 지닌 도덕적 또는 종교적 원칙에 근거한 '추정상의' 혐오가 아니라는 점이다. 법적으로 두드러지는 요소는 다음의 두 가지 중 하나일 것이다. 하나는 사회 전체가 정치적 목적의 기초가 되는 핵심적인 원리의 일부분으로 인정하기에 적합한 정치적 가치다. 이 경우 혐오가 아니라 사회의 정치적 핵심을 구성하는 부분이라는 사실에 대한 인정이 입법을 추동하게 될 것이다. 다른 하나는 시민들이 의견을 달리하기는 하지만 허용할 수 있다고 보는 원리 중 하나다. 이 경우에는 자신이 지닌 혐오를 다른 시민의 자유를 제한하는 근거로 사용하는 것은 그릇된 일이 된다.

6 혐오와 배심원: '끔찍하고 비인간적인' 살인

지금까지는 일상적인 법에서 혐오에 호소하는 대부분의 사례를 살펴보았다. 그러나 아직 한 가지 중요한 범주가 남아 있다. 이것은 케이헌이 제시한 혐오를 옹호하는 진보적 입장과 특히 연관된 사례로, 그의 분석의 핵심이라고 할 수 있다. 이것은 어떠한 살인이 "극히 흉악한, 잔혹한, 또는 잔인한" 범죄인지 결정할 때 — 많은 주의 법령에서 이러한 결정은 사형 언도의 가능성과 관련되어 있다. — 배심원들이 [스스로 느끼는] 혐오 반응을 고려케 한 사례들이다.[299] 저지른 범죄가 "잔학무도하거나 무자비할 만큼 지독하고, 끔찍하며, 비인간적일"[300] 때 사형 선고를 내릴 수 있는 조지아 주 법령이 대표적인 예다. 배심원들이 가중[처벌] 상황인지 고려할 때, 명시적으로 '혐오'라는 단어를 언급하지는 않지만 비슷한 성격의 얘기를 해서 그들이 자신들의 혐오 반응을 참조하게 하는 경우는 쉽게 찾아볼 수 있다. 이 경우는 극히 흉악한 살인들을 가려 내는 데 있어 혐오가 중요하고 귀중한 역할을 한다고 충분히 생각할 수 있고, 또 그럴듯해 보인다.

법원이 거듭 말하고 있듯, 이런 식으로 혐오를 사용할 경우 생기는 첫 번째 가장 분명한 문제는 [흉악한 범죄에 대한] 설명이 너무 모호해서, 사실상 사형 판결이 "자의적이고 선별적으로" 적용될 수 있다는 점이다. 이는 조지아 주 법규의 표현을 둘러싼 고드프리 소송*의 판결이 지적하고 있는 사항이다. 법원은 다음과 같이 적고 있다. "이러한 몇 개의 단어 가지고는 사형이 자의적이고 선별적으로 부과되는 것을 미연에 방지할 수 없다. 일반적인 감성을 지닌 사람은 누구나 거의 모든 살인을 "잔학무도하거나 무자비할 만큼 지독하고, 끔찍하며, 비인간적"이라고 상당 부분 기술할 수 있다."[301] 오클라호마 주 판례에서도 비슷한 내용을 찾을 수 있다. 재판부는 만장일치로 "극히 흉악한, 잔혹한, 또는 잔인한"이라는 표현은 모

---

* 살인으로 유죄를 선고받은 사람의 죄가 "잔인무도하거나 무자비할 만큼 지독하고, 끔찍하며, 비인간적일" 때 사형을 선고할 수 있도록 한 조지아 주의 법에 따라 내려진 사형 선고에 대해 연방대법원이 파기 환송을 결정한 판결이다. 연방대법원은 법률이 광범위한 재량을 허용하고 그러한 법률에 따라 사형이 선별적이고 자의적으로 부과될 수 있는 경우, 그러한 법률은 위헌이라고 판결했다.

호해서 헌법적 기준에 부합하지 않으며, 배심원들에게 불충분한 지침을 줄 수 있다고 판결했다. 그렇지만 배심원들에게 가중[처벌] 상황 — 예를 들면, 중죄를 저지르다가 일어난 살인과 고문을 동반한 살인 — 에 대해 훨씬 더 구체적인 설명을 제공하도록 한 '한정 해석'* 또는 그러한 해석들은 합헌으로 판결되었다.[302]

가중 상황에 대한 구체적인 기술을 듣게 되면 [자신이 느낀] 혐오를 접어 둘 수 있으며, 실제로 고문이 있었는지 우리에게 알려 줄 필요도 없을 것이다. 혐오감을 가지고는 일반적으로 가중[처벌] 상황으로 이해하는 부류의 살인을 가려내기 쉽지 않다. 중죄를 저지르는 중에 발생한 많은 살인에 대해서는 대부분 혐오 반응을 보이지 않는다. 예를 들면, 은행을 털다가 직원을 살해한 일을 보통 최악이라고 생각하기는 해도 혐오스럽다고 여기는 경우는 없을 것이다. 반면 어떠한 살인들의 경우는 적어도 다수의 배심원들이 혐오스럽다고 여기지만, 헌법이 규정하는 가중[처벌] 상황에 해당되지 않을 수도 있다. 법원은 피투성이거나 유혈이 낭자한 상황을 자세히 설명하면, 다수의 배심원들이 모든 살인자는 아니더라도 많은 살인자에게 혐오 반응을 보일 것이라는 점을 분명히 알고 있다. 피투성이가 되어 유혈이 낭자한 상황은 일반적으로 혐오를 유발하는 요인이지만, 극히 지독한 살인은 이러한 특징이 없는 경우가 많다. 이러한 특징이 있더라도 많은 살인은 살해 [방식]이 지독하다는 의

---

* 법 해석에서 법규의 자구나 문장의 뜻을 엄격히 제한하여 보통의 해석보다 좁게 해석하는 것을 말한다.

미에서만 지독하다고 볼 수 있다.

어떠한 이유 때문에 배심원이 피고인에게 냉담한 경우 그러한 왜곡이 커질 수도 있다. 예를 들어 백인 여성에게 범죄를 저지른 흑인 남성이 백인이 주를 이루는 배심원단 앞에 있는 상황을 생각해 볼 수 있겠다. 그래서 혐오에 호소할 경우 인종적으로 불평등하게 사형이 내려지는 경우보다 더 심각하게 동등 보호 이슈를 제기할 수도 있어 보인다.[303] 보다 일반적인 면에서 볼 때 범죄자가 저지른 범죄의 기괴함과 혐오스러움에 호소하는 것은 피고인과 배심원을 멀리 떼어 놓는 효과가 있다. 범죄자를 완전한 '타자'로 여기게 하는 것이다. 또한 공교롭게도 혐오에 기존에 지니고 있던 편견이 더해지면서, 더 극단적인 처벌을 요구하는 움직임을 초래할 수 있다.[304]

또한 혐오로 인해 정신 능력과 관련하여 심각한 문제를 낳을 수도 있다. 만약 기소자 측이 어떠한 형태의 혐오에 호소해서 살인범을 배심원들이 지닌 도덕적 세계관에서 얼마간 벗어나 있는 흉악한 괴물 집단으로 규정하려 든다면, 그러한 선 긋기는 어쩔 수 없이 온전한 정신 상태에 대한 질문을 낳게 된다. 우리와 살인자 사이에 거리를 두면 둘수록 살인자들이 도덕적 행위자라는 사실은 점점 더 불명확해진다. 그 결과 온전히 책임 있는 행위자이기 때문에 [자신의 잘못에 대해] 응당 정해진 처벌을 받아야 한다는 사실도 흐려진다. 법률로 비정상을 어떻게 정의하든 간에 어떤 사람을 괴물로 보게 되면, 바로 제정신이라는 문제가 제기될 수밖에 없다. 아리스토텔레스는 일찍이 어떠한 사람들(예를 들면 솥 안에 사람을 넣고 끓여 죽였다고 전해지는 팔라리스 왕*)은 너무나 기이해서 악덕의 한계 바깥에 있다고 말했다. 극단적이고 기괴한 병적인 상태는 어떤 사람이 전혀 목적을 선택할 수 없는 존재임을 보여 주기 때문이다.[305] 범행이 지니는 기괴함과 비인간성의 혐오스러움에 호소하면서 동시에 도덕적 책임을 그 사람에게 강하게 귀속시키려면, 어떤 심리학적 개념을 사용하든 비슷한 어려움을 피하기 위해 고된 시간을 보내야 한다. 아마 이러한 어려움은 해결할 수 있겠지만, 이를 똑바로 마주할 필요가 있다. 혐오는 우리 사회가 지닌 도덕적 테두리를 지탱하기보다는, 실제로 이를 단속하기가 어렵게 만든다.[306]

이러한 문제는 혐오에 담긴 인지적 내용과 직접적으로 연관된다는 점에 주목할 필요가 있다. 그러나 분개에 담긴 인지적 내용과는 관련되지 않는다. 혐오는 결국 어떠한 대상과 거리를 두고 경계선을 그으려는 것이다. [혐오를 느끼는 사람은] 그 대상에게 더 이상 자신이 속한 공동체 또는 세계의 구성원이라고 보기 어려운 속성, 즉 일종의 외래종의 특성이 있다고 생각한다. 반면 분개는 혐오와 다른 방식으로 작동한다. 분개는 대상이 비난을 받을 만하다고 생각하고, 그 사람이 저지른 행위의 부당성에 초점을 맞추며, [죄에 책임을 져야 하는 이유가] 인간성과 책임성에서 생긴다고 가정한다.[307] 또한 온전한 정신 상태에 대한 법적 정의와 매우 가까운 상태

---

* 시칠리아 섬 아크라가스의 악명 높은 참주로 16년간(BC 570~544) 통치했다고 한다. 청동으로 된 황소에 산 채로 사람을 넣고 불에 구우면서 황소 소리를 닮은 비명 소리를 즐겼다고 전해진다.

를 전제로 하며, 행위 당시 옳고 그름을 분간할 수 있었다고 본다. 그래서 혐오는 한정 책임 능력 항변에 부합하는 것처럼 보인다. 우리는 흔히 정신이 나간 살인자들의 행위에 혐오를 느낄 수 있는 것이다. 그러나 혐오가 의도적이고 완전히 제정신인 살인자들을 단호하게 대응하는 데 도움이 된다는 케이헌의 제안은 여기서 다른 문제에 봉착하게 된다.

우리가 지금부터 검토해야 하는 것은 보다 심연에 있는 문제다. 나는 특정 집단에 대한 혐오는 자주 이러한 집단이 표상하는 우리 자신에 관한 어떤 것을 우리 자신에게서 차단하려는 욕구를 반영한다고 말해 왔다. 이러한 진단은 여성 혐오와 동성애 혐오 영역에서는 유독 분명하게 드러나지만, 나는 악에 대한 반응에도 적용된다고 생각한다. 우리는 자주 흉악한 잘못을 저지른 사람을 우리 자신과는 전혀 다른 괴물이라고 스스로에게 말하곤 한다. 예를 들면, 나치와 유대인 학살에 관한 책을 읽거나 글을 쓸 때 이러한 경향은 큰 역할을 한다. 독일과 미국에서 골드하겐이 쓴『히틀러의 자발적 학살 집행자들(Hitler's Willing Executioners)』이라는 책에 보인 폭발적 반응은 이 책의 우수성이나 새로움만으로는 쉽게 설명되지 않는다.[308] 나는 나치즘의 공포를 낳았던 문화는 기괴한 변종이었다고 믿고 싶은 많은 사람들(골드하겐이 조심스럽게 죄가 없음을 밝혀낸 오늘날의 독일인을 포함)의 욕구가 이러한 반응을 설명해 준다고 생각한다. 나치 부역자들이 저지른 악의 평범성을 강조한 책들(다른 방식이지만, 아렌트와 브라우닝[309]의 저작)이나 문화적 이데올로기가 나치의 사고방식

형성에 미친 역할을 강조하는 책들(다른 방식이지만, 힐베르크[310]와 바르토프[311]의 저작)과 달리, 골드하겐의 책은 나치를 낳은 독일은 독특했으며, "미지의 해안에 상륙한 인류학자들의 비판적 눈으로" 보면 "근본적으로 다른 문화"였다고 주장한다.[312] 나치는 역사적으로 다른 곳에서 쉽게 찾아볼 수 있는 요인 때문에 생기지 않았으며, 인간 내면에 공통으로 자리 잡고 있는 파괴 능력을 실행에 옮긴 것도 아니다. 그들은 유일하고 혐오스러운 괴물들이다. 우리는 이들과 닮은 점을 전혀 갖고 있지 않으며, 이들과 같은 존재를 만들어 낼 수도 없다는 것이다.[313]

역사서든 영화든 소설이든, 나치를 이렇게 '인류학적으로' 볼 때 우리는 편안함을 느낀다. 악은 외부에 있는 생경한 것이므로 우리와 아무런 관련이 없기 때문이다. 혐오는 이렇게 경계를 만들어 낸다. 오염물과 우리의 순수한 몸은 멀리 떨어져 있으며, 또 그래야 한다는 것이다. 이러한 경우에는 도움을 얻기 위해 우리가 혐오를 불러낸다고까지 말할 수도 있다. 악한 사람들을 혐오스럽다고 보면서 우리는 편하게 우리 자신과 그들을 떼어 놓을 수 있는 것이다.

이와 반대로 혐오 없이 우리와 같은 특징을 지닌 인간 ─ 누구나 악행을 저지를 수 있다는 점을 강조할 수도 있고, 도덕적으로 문제가 있는 일을 저지르는 데 있어 동료 집단의 압력이 미치는 일반적인 역할에 주목할 수도 있으며, 왜곡된 이데올로기를 지닌 권위를 포함해 권위에 순종하는 보편적 태도를 지적할 수도 있다. ─ 으로 나치를 보게 되면 불안해진다. 왜냐하면 이러한 사실은 유사한 환경에 놓여 있었다면 우리도 같은 일을 저지를 수 있었다는 경고와 함께, 자기 자신을 유심히 감시하도록 하기 때문이다. 또한 이것은 (적극적 협력이든 소극적 협력이든) 우리 자신 안에 있는 악에 대해 주의를 주고, 우리 사회에서 비슷한 현상이 재발되는 것을 어떻게 막을 것인지 질문하게 한다.[314] 우리는 우리가 그들처럼 될 수 있다는 사실과 마주해야 한다. 그러나 이것은 어떤 중요한 의미에서는 우리가 이미 그들과 같은 존재이며, 악행을 저지를 수 있는 두려움과 유약함, 도덕적 맹목성을 지닌 존재라는 사실을 뜻한다. 악에 대한 이러한 반응은 골드하겐이 끌어내는 반응보다 심리적으로 훨씬 더 힘겹고, 정치적으로도 큰 노력을 요하기 때문에 그의 책이 따뜻한 환대를 받아 왔다는 점은 당혹스럽지 않다. [그의 책에 담긴 내용은] 미군이 베트남에서 저질렀던 잔학한 행위와 우리 자신의 역사에서 노예와 원주민들(유대인도 빼놓을 수 없다. 그들은 몰살되지는 않았지만 대우받지도 못했다.)에게 저지른 잔학한 행위를 잊게 하기 때문이다. 그러나 괴물만이 악행을 저지르는 것은 아니며, 그러한 종류의 악행이 그곳에서만 일어날 수 있는 것도 아니다.[315]

우리가 배심원으로 있든 방청객으로 있든 살인자들의 범죄 행위에 대해 억지로 혐오 반응을 보여야 한다면, 나는 비슷한 일이 일어날 것이라고 생각한다. 이것은 살인자를 우리의 도덕적 세계 밖에 있는 괴물로 보라고 촉구하는 것이며, "[하느님의 은총이] 없었다면 나도 저렇게 되었을 텐데."라는 생각을 갖지 '않도록' 부추기는 것에 다름없다. 그러나 실제로 모든 인간은 악행을 저지를 수 있어 보인다. 그리고 대부분은 아니더라도 섬뜩한 악행을 저지른 많은 사람은 사회적이고 개인적인 환경 때문에 비뚤어진다. 이러한 환경은 그들이 저지른 악행을 상당 부분 설명해 주고, 때로는 결정적인 역할을 하기도 한다. 배심원들이 다르게 태어난 비인간적이고 기이한 괴물이 죄악을 저질렀다고 생각하게 되면, 그들은 그들 자신에 대해 생각해 볼 수 없을 것이다. 또한 우리 사회가 어떻게 법을 동등하게 원칙에 따라 적용할 것인지, 그리고 악행이 줄어든 사회를 어떻게 건설할 것인지에 대해서도 생각하지 못할 것이다. (이것은 자유민주주의 사회에서는 특히 긴급한 문제일 수 있다. 일반적으로 다른 소수자들을 악한 집단으로 몰아갈 수 없다는 점을 시민들이 알고 있어서, 그러한 대상이 필요할 때 범죄자들을 보다 쉽게 대상화할 수 있기 때문이다.) 그러나 조리 정연한 설명으로 — 예를 들면, 고문과 중죄 모살과 같은 가중 조건을 열거하면서 — '가중 상황'을 수반하는 살인자들을 분류하게 되면, 유용한 생각들이 억제되지 않고 생겨날 수 있다. 왜냐하면 이렇게 분류하는 과정에서 고문을 왜 나쁘다고 생각하는지 스스로에게 질문할 수 있고, 고문을 억제하기 위해 노력해야 하는 강한 사회적 근거를 성찰할 수 있기 때문이다. (분개라는 감정은 그러한 성찰 과정과 자주 연관될 것이다.) 이와 달리 혐오를 가지고 살인자를 분류하게 되면, 이러한 생각들은 억제될 것이며, 편안함을 느껴서는 안 되는 곳에서 위로를 느낄 것이라고 생각한다.

이제 좀 더 구체적인 사례를 하나 검토해 보도록 하자. 이 사례는 혐오를 지지하는 케이헌의 주장에서 두드러져 보이기 때문이다.[316] 벨도티라는 이름의 살인자는 자신의 가학적 성욕을 충족하기 위해 명백한 살인을 저질렀다.[317] 그는 피해 여성을 목 졸라 죽인 후 젖꼭지를 절단하고, 시신을 쓰레기봉투에 쑤셔 넣었다. 경찰은 그의 집에서 죽은 여성의 성기와 항문에 인공 남근을 끼워 넣고 찍은 여러 장의 사진을 찾아냈다. 배심원들은 "극히 잔혹하고 잔인한" 범죄라고 보았고, 그에게 가석방 없는 종신형을 선고했다. 수감 중인 벨도티는 인공 남근, 피해 여성의 사진들, 시신을 담은 쓰레기봉투, 기타 다른 성적 소지품을 감옥 밖에 있는 자신의 대리인에게 넘겨 달라고 요청했다. 주정부는 벨도티 자신에게는 아니지만 이러한 물건을 돌려주는 것은 "일반 대중의 정당한 분개, 혐오, 불신을 촉발"시킬 수 있다고 밝히면서 이러한 요구를 거부했다. 일반 대중은 이 물건들을 쓰레기통에 처넣어야 한다고 촉구했으며, 매사추세츠주 항소법원도 이에 동의하면서 이 물건들을 돌려주는 것은 "문명화된 사회가 소중히 여기는 품위의 기본적 개념에 어긋난다."라고 결론내렸다.

케이헌에 따르면, 벨도티의 사례는 공동체의 도덕성을 지탱한다는 점에서 혐오가 형법에서 제거될 수 없는 역할을 하고 있음을 보여 준다. 이 소송의 결과와 이 결과가 지닌 바람직한 점은 혐오가 중심적 역할을 한다고 보지 않고는 설명할 수 없다는 것이다. 케이헌은 (벨도티에게 종신형 판결을 고려하면) 이러한 결과를 [범죄자의] 사회 복귀나 [범죄] 억제에 대한 관심으로 설명할 수 없으며, 주정부가 그의 물건을 넘겨주지 않은 것도 일반적인 억제에 대한 관심으로는 설명하지 못할 것이라고 주장한다. 그는 이를 설명해 줄 수 있는 남아 있는 요소는 혐오뿐이라고 결론짓는다. 주정부가 벨도티의 요구를 수용했다면 그의 잔재가 퍼뜨릴 수 있는 오염물이 주 자체를 "더럽혔을" 것이라는 입장이다. 그의 물건들을 "그것에 알맞은 곳인 쓰레기통" 속에 처넣으라는 [대중의] 요구는 틀림 없는 혐오의 표현이며, 이 사례는 혐오감이 사회의 도덕적 경계를 보호하는 중심이라는 사실을 보여 준다는 것이다.

우선 나는 일반적 억제에 대한 케이헌의 주장에 수긍할 수 없다. 살인자에게 그가 사용한 소지품을 돌려주는 것은 너무 관대한 조치여서 종신형이 주는 억제 효과를 상당히 감소시킬 수 있다는 점은 충분히 알 수 있다. 이것은 대리인이 자신의 모든 소지품을 안전하게 갖고 있다는 사실을 알고, 가학적 환상에 빠져 지내면서 감옥에서 좋은 시간을 보낼 수 있다는 메시지를 준다. 친지들에게 그의 열쇠나 지갑을 돌려주는 것은 이와 다르다. 다른 성범죄자들이 벨도티가 수월하게 빠져나왔다고 생각하게 할 가능성이 적기 때문이다. 이것이 제소자들에게 주는 효과란 너무나 미미할 것이며, 아마 공개적으로 여론화되거나 다른 성범죄자들의 귀에 들어가지도 않을 것이다.

그러나 이 이슈의 핵심은 분명 케이헌이 응보에 대해 잊고 있다는 점이다. 주정부가 그의 요구를 거절한 결정은 응보적 대가로 보는 것이 가장 자연스럽다. 당신은 이러한 섹스 장난감으로 여성의 생명을 유린했기 때문에 우리는 당신에게 성적 기쁨을 주는 물건들을 되돌려주지 않음으로써 당신을 처벌하겠다는 시각이다.[318] 주정부는 한 가지 반응이 아니라 세 가지를 언급했다. "분개, 혐오, 불신"이다. 케이헌은 이 세 가지 가운데 혐오와 이것에 담긴 오염이라는 사고에만 초점을 맞춘다. 그러나 첫 번째와 세 번째 반응도 분명 매우 중요하며, 이 두 가지 반응은 서로 밀접하게 연관되어 있다. 분개는 가장 엄하게 처벌받아야 하는 상황에 놓여 있는 벨도티에게 보상을 주는 것은 이성적이지 않으며, 잘못된 일이라는 생각을 표현한다. 그러한 보상은 믿기 힘들 — '불신'을 나타내는 반응 — 뿐만 아니라 고인과 그녀에게 마음을 쓴 사람들, 그리고 사회 자체에 심각한 피해와 경멸을 안겨 주는 것이다. 이러한 분개의 감정에는 공적으로 공유될 수 있는 타당한 판단을 표현하는 인지적 내용이 담겨 있다.[319] 분개의 인지적 내용은 혐오와 달리 우리 자신을 오염시킬 수 있다는 생각에 중점을 두지 않으며, 발생한 위해 또는 잘못에 주목한다. 그래서 분개는 응보적 처벌이라는 생각 — (살인 무기를 돌려 줘 그에게 보상을 주기보다는) 끔찍한 살인을 저지르는 데 사용한 도구를 접하지 못하도록 해서 그를 처벌해야 한다는 — 과 깊은 관련성이 있다.[320]

혐오는 분명 이 그림 속에 들어 있고, 그의 요구를 허락했다면 대중은 분개와 불신뿐 아니라 (오염과 모독의 감정을 표현하며) 혐오 반응을 보였을 것이라는 주정부의 판단은 분명 옳다고 할 수 있다. 그러나 케이헌이 제시하듯, 혐오에 의지할 필요 없이 분개만 가지고도 충분히 그 결과와 그 결과가 왜 옳은지를 설명할 수 있다. 그리고 분개는 혐오에 비해 법률적 판단에 훨씬 더 적절한, 신뢰할 수 있는 도덕적 감정이다. 그것은 공적으로 공유될 수 있는 추론 과정을 포함하며, 범죄자들을 우리의 도덕적 세계 밖에 있는 벌레나 민달팽이처럼 여기는 미심쩍은 움직임을 낳지도 않는다. 대신 분노는 그를 확고히 도덕 공동체 안에 포함시키며, 도덕적 기초에 근거해 그의 행위를 판단한다. 그래서 범죄자를 우리 누구도 될 가능성이 없는 괴물로 묘사하려는 경향을 피할 수 있다.

나는 실제 사례에서 분개가 벨도티에 대한 보다 더 타당한 반응이며, [이 사건의] 결과와 여론을 보다 잘 설명해 준다고 확신한다. 주정부와 법원 모두 벨도티를 "미지의 해안에 상륙한 인류학자들의 비판적 눈으로" 보면서 외계인이나 괴물처럼 여기지 않았다. 이들은 그를 너무나도 괘씸한 요구를 한 제정신을 지닌 사람으로 여겼고, 그래서 '불신'으로 반응했다. 벨도티가 괴물이 아니라 제정신을 지닌 사람이라고 가정하고, 그의 요구가 괘씸하다고 알고 있기 때문이다. 그들이 그를 민달팽이나 구토물처럼 생각했다면, 그의 요구에 분개하지도 않았을 것이고 그냥 그를 정신나간 미치광이쯤으로 여겼을 것이다. 그러나 그들은 그렇지 않았다. 그들은 분별력을 지닌 합리적인 인간임을 알고 있었고, 그래서 그의 요구에 분노로 올바르게 반응했던 것이다. 이 사례에 혐오도 존재하긴 하지만 혐오는 분개, 불신과 상당히 충돌한다. 나는 이 사례에서의 판단이 분개와 분노 —— 이것은 벨도티를 제정신을 지닌 책임 있는 행위자로 보는 시각에 보다 쉽게 부합한다. —— 라는 도덕적 감정을 올바르게 따랐다고 생각한다.

혐오는 깊이 뿌리내리고 있는 반응이다. 모든 성인은 일정한 형태로 혐오를 지니고 있으며, 모든 사회는 일정한 형태의 혐오를 가르친다. 대부분은 아닐지라도 많은 인간은 살아가는 과정에서 어느 정도 혐오를 필요로 할 수도 있다. 왜냐하면 퇴화해 가는 우리 자신과 몸에서 스며나오는 물질을 너무 일상적으로 대면하는 것은 견딜 수 없기 때문이다. 비록 실제 위험을 그다지 잘 감지하지는 못한다 하더라도, 혐오는 너무 어리거나 부주의해서 또는 잘 몰라서 해당 품목의 이점을 숙고할 수 없을 때 위험을 피할 수 있게 해 주는 상당히 유용한 장치다. 그러나 이러한 사실에서 혐오가 법적·정치적 목적에 적합한 귀중한 반응이라는 결론을 도출해서는 안 된다. 인간의 삶 속에 깊이 뿌리내린 많은 반응은 도덕적으로 문제가 있으며, 공적 행위의 지침이 될 수 없다. 나는 혐오가 육체적 기피, 위험과 관련한 소수의 법에서만 제한된 지침만을 제공해 줄 수 있다고 주장해 왔다. 혐오가 법적으로 규제할 수 있는 행위에 대한 추정상의 기준이 될 때, 그리고 특히 취약한 집단과 사람들을 정치적으로 예속하고 주변화시키는 역할을 할 때, 이는 위험한 사회적 감정이 된다. 우리는 혐오를 이용해야 하지만, 혐오가 담고 있는 인간 사회의 비전에 기초해서 우리의 법률 세계를 건설해 나가서는 안 된다.

4장 ————— 얼굴에 새기기 :

수치심과 낙인

자신이 저지른 죄 때문에 검투사 학교나 광산으로 보내지는
형을 선고받은 사람의 얼굴에 자국을 남겨서는 안 된다.
유죄 판결에 대한 처벌은 손이나 종아리에도 표시할 수
있기 때문이다. 신성한 아름다움과 같은 것이 있다고 여겨져
온 얼굴에 오명을 남길 수는 없다.

콘스탄티누스 황제의 칙령(316)

그녀의 모습이 추해지기 전[코끝의 반을 절단함],
도버 부인은 결혼한 두 딸 중 한 명과 살았는데, 여행과 쇼핑,
친지 방문을 즐기는 독립적이고 다정하며 상냥한 여성이었다.
그러나 얼굴의 모습이 흉해지자 그녀의 삶은 180도 바뀌었다.
처음 이삼 년은 딸의 집을 나서는 일도 없이 자신의 방에
틀어박혀 있거나 뒤뜰에 앉아 있기만 했다.

어빙 고프먼, 『스티그마』에서 재인용

세상에 태어나면서 우리는 완전히 자기 충족적인
나르시시즘에서 변화하는 외부 세계를 지각하고 대상을
발견하는 단계로 나아가게 되었다. 그리고 이것은 우리가
새로운 상태를 오래 견디지 못하고, 주기적으로 여기에서
벗어나 수면 속에서 자극이 없고 대상을 피할 수 있었던
이전 상태로 돌아가게 된다는 사실과 관련이 있다.

지그문트 프로이트, 『집단 심리학과 자아 분석』

1 붉게 달아오른 얼굴

혐오처럼 수치심도 사회적 삶의 어디에나 있는 감정이다. 유년 시절 나에게 충고하길 좋아했던 친척 중 한 아이가 모든 아이들에게 "너의 힘으로 날아올라 봐. 그리고 약점을 감추는 법을 배워."라고 말하곤 했다. 물론 우리 모두는 인생을 살아가면서 실제로 약점을 숨기는 법을 배운다. 다른 힘을 길러서 약점을 보완하거나 약점을 극복하는 훈련을 받거나, 아니면 약점이 드러날 수밖에 없는 상황을 피하는 것이다. 대개의 사람들은 대부분의 시간을 '정상'으로 보이려고 노력한다. '정상'이라는 개념이 얼마나 이상한지는 뒤에서 얘기하겠지만, 이 개념은 모든 현대 민주주의 사회에서 부인할 수 없는 강력한 매력을 갖고 있다. 그래도 이따금 '비정상적'인 약함을 드러내게 되는데, 그러면 우리는 얼굴을 붉히고 자신을 감추며 시선을 다른 곳으로 돌린다. 수치심은 이처럼 [자신의 약점이] 노출되었을 때 생기는 고통스러운 감정이다. 그것은 어김없이 얼굴에 흔적을 남긴다.

다른 사람이 알게 되면 어떤 면에서 자신을 '비정상'이라고 구분할 수 있는 약점은 누구나 가지고 있다. 그래서 수치심은 우리의 삶과 일상적인 교우 관계에서 항상 있을 수 있다. 어빙 고프먼*은 『스티그마(Stigma)』에서 다음과 같은 기억할 만한 글을 남겼다. "엄밀한 의미에서 볼 때, 미국에서 부끄러워하지 않아도 될 만큼 완벽한 남성은 오직 한 부류밖에 없다. 즉 젊은 기혼의 백인으로 도시에 살고 북부 출신이면서 이성애의 성향을 가지고 있고 기독교를 믿는 아버지로서, 대학 교육을 받고 완전 고용되어 있으며 적당한 몸무게와 키, 그리고 운동 경기에서 최근 기록을 보유하고 있는 사람밖에 그럴 만한 사람이 없다."[321] 그러나 그와 같은 사람은 거의 없으며, [있더라도] 그와 같은 조건이 결코 오래 지속되지는 않을 것이다. 그래서 수치심은 우리를 항상 따라다닌다. 고프먼은 다음과 같이 적고 있다. "이때 쟁점이 되는 것은 이미 낙인을 겪고 있으므로 어떠한 개인이 낙인을 경험하느냐가 아니라 그가 얼마나 다양한 낙인을 경험했느냐다. (……) 정상인과 낙인자는 서로의 일부를 구성한다."[322]

---

* 캐나다 태생의 사회학자. 연극적 접근법에 기반을 둔 상징적 상호 작용 이론을 발전시켰다. 이 책에 인용된 글의 번역은 어빙 고프먼, 윤선길·정기현 옮김, 『스티그마』(한신대학교출판부, 2009)를 참조했다.

실제로 나는 우리가 살고 있는 특정 사회적 가치 체계의 '정상적인' 관점을 습득하기 전에, 수치심이 이미 자리 잡고 있다고 주장할 것이다. 수치심은 전지전능함과 완전함, 그리고 편안함을 바라는 유년기의 욕구 속에 존재한다. 유아는 점차 성장하면서 유한성, 부분성, 거듭된 무력감을 깨닫게 된다. 그래서 수치심은 특정 사회가 지닌 규범적 정향에 상관없이 그 밑바탕에 존재하며, 인간이 지닌 인간성, 즉 자신이 유한한 존재임과 동시에 과도한 욕심과 기대가 두드러지는 존재라는 인식 안에 존재하는 일정한 긴장을 해소하는 매우 일시적인 방법이다. (다른 면에서는 아니지만 이에 한해서는 막스 셸러(Max Scheler, 1874~1928)*의 감정에 대한 고전적 설명에 동의할 것이다.)[323]

그러나 다른 사람보다 더 많은 수치심을 보이는 사람도 있을 수 있다. 실제로 모든 사회는 혐오와 마찬가지로 수치심을 통해 특정한 집단과 개인을 선택하고, 그들을 '비정상'으로 구별하며 자신이 무엇인지 누구인지에 대해 부끄러워하게 한다. 다른 사람과 달라 보이는 사람들(한눈에 질병이나 장애를 안고 있음을 알 수 있는 사람들, 정신적·육체적으로 장애가 있는 사람들)은 수치심을 얼굴에 달고 다닌다. 말하자면, 정상인과 함께 있을 때 부끄러움을 보여야 한다고 날마다 사회적으로 학습되는 것이다. 드러나 보이는 낙인이 없으면 사회는 문신과 소인(燒印) 아니면 사회적 배척과 비난을 보여 주는,

---

* 현상학, 윤리학, 철학적 인류학 연구로 알려진 독일의 철학자. 현상학을 세운 후설의 철학적 방법을 발전시켰다. 셸러는 인간의 감정적 삶을 형성하는 네 가지 구분되지만 상호 연관된 층을 구분했으며, 가치 양식과의 연관성을 분석했다.

눈에 띄는 표시를 즉각 부과한다. 범죄자에 대한 소인 ── 콘스탄티누스 황제의 칙령에서 알 수 있듯, 주로 얼굴에 찍었다. ── 은 여러 형태로 반복해서 나타났던 풍습이다. 이런 점에서 수치심은 역사상 가장 널리 퍼져 있던 처벌 방식의 일부다.

수치심이 법에서 수행해야 하는 역할에 대해서는 오늘날 두 가지 정반대되는 시각이 있다. 하나는 차이가 있는 사람에게 수치심을 주는 것은 사회적 관습의 유해한 측면이므로 이를 법률에 활용할 정도로 신성시해서는 안 된다는 관점이다. 법은 모든 시민의 존엄성을 동등하게 보호해야 한다. 법은 낙인자들이 좀 더 존엄을 누리며 삶을 영위할 수 있는 방식을 고안해야 하고, 수치심을 사회적으로 부과하는 데 동참하지 않아야 한다. [이 장의 첫머리에 인용하고 있는] 유스티니아누스 법전의 내용에서 엿볼 수 있듯, 이러한 시각은 유럽 법의 역사상 오랜 뿌리를 지니고 있다. 온갖 극단적인 형벌을 부과한 로마인들이지만 본래 인간 존엄이 내재해 있다고 생각되는 신체 부위에 소인을 찍는 것은 꺼려했다. 그래서 오늘날에도 일부 저명한 법률 사상가들은 [사람들이] 취약한 소수자들을 낙인찍지 못하도록 법으로 금지해야 한다고 생각한다. 죄를 저지른 사람에 대해서도 이러한 사상가들은 일반적으로 억제와 응보라는 근거에 따라 이들을 처벌해야 하지만, 가해자의 존엄에 대한 고려가 항상 처벌 체계 내에 확고하게 자리 잡고 있어야 하며, 궁극적으로 이들은 사회에 재통합되어야 한다는 생각을 지니고 있다. 장애인의 법적 권리에 대해 글을 쓴 다수의 저자들 ── 버루베와 미노(Martha

Minow)[324]를 포함한 — 이 이러한 첫 번째 시각을 지지하고 있으며, 처벌에 관한 최근의 글에서도 이러한 시각을 찾아볼 수 있다. 유럽에서의 처벌에 관한 제임스 휘트먼(James Whitman)의 연구, 수치심 주기에 관한 토니 마사로(Toni Massaro)의 일반적인 글, 재통합에 관한 존 브레이스웨이트의 글이 대표적이다.[325]

두 번째 시각 — 혐오에 관한 데블린 경의 시각과 무관하지 않은 — 은 수치심이 폭넓고 충분한 역할을 하지 않는 것이 현대 사회가 지닌 문제라고 본다. 우리가 수치심을 상실했기 때문에 도덕적 나침반을 잃고 표류하고 있다는 것이다. 예를 들면, 고인이 된 래슈는 미국이 "수치심을 통해 단속해 온 공유되는 사회적·법률적 경계들"을 상실한 만큼의 어려움을 겪고 있다고 보았다.[326] 마찬가지로 공동체주의 정치사상가 에치오니도 수치심을 주는 처벌을 공유된 도덕적 가치를 표현하고 강화하는 방법으로 추천하고 있다.[327]

수치심에 대한 이러한 시각은 보수적인 계보를 잇고 있으며, 견고하게 확립된 사회적 규범을 행위와 법의 좋은 원천으로 옹호하며 끝난다. 그러나 혐오의 경우처럼 스스로를 진보적이라고 생각하는 일부 사상가들(아마 래쉬가 그랬던 것처럼)도 명백히 보수적인 입장을 지지해 왔다. 표면상으로는 [사회적으로] 지배적 위치에 있는 사람들에게서 냉담한 [범죄] 행위에 대한 반대를 끌어내기 위해서다. 혐오의 경우에도 그랬지만 예일대학교 법학전문대학원의 케이 헌은 징역에 대한 다른 대안으로 벌금이나 사회봉사보다 수치심을 주는 형벌을 내려야 한다고 주장하면서 이러한 운동을 이끌어 왔다.[328] 성범죄에서 음주운전과 노상방뇨에 이르는 광범위한 법적 영역에서 케이헌은 에치오니와 마찬가지로 얼굴에 낙인찍는 형벌을 복원하길 주장했다. 범법자 표시를 소유물이나 차에 부착하고 다니게 하거나, 사람들이 보는 앞에서 분명하게 창피를 당하는 의례를 수행하게 하는 것이다. 케이헌은 수치심을 주는 형벌이 지니는 표출적인 힘 때문에 이를 선호한다. 다른 형벌 양식은 범법자에 대한 사회적 비난을 명백하고 분명하게 표현하지 않기 때문이다. 그는 이러한 시각이 진보적이라고 생각하는데, 어느 정도는 그런 식으로 설득할 수 있을 것이다. 창피를 당한 사람이 영향력을 지닌 사람인 경우의 얘기를 길게 늘어놓기는 하지만 말이다. (그는 특히 노상방뇨를 저지른 사업가에게 솔로 길바닥을 북북 문지르게 한 뉴저지 주 호보큰 시가 제정한 처벌을 지지한다.)[329]

앞에 있는 혐오에 관한 장들을 읽은 독자들이라면 지금쯤 내가 첫 번째 입장을 지지하고 두 번째 입장을 비판할 것이라고 짐작할 것이다. 그러나 수치심과 수치심을 주는 행위의 발달사를 살펴보면, 우리가 비판적 입장을 취해야 하는 새로운 이유들을 얻을 수 있다. 그리고 왜 인간 사회가 반복해서 고프먼이 '망가진 정체성'이라고 통찰력 있게 설명한 것을 안겨 줌으로써 일부 공동체 구성원의 얼굴에 소인을 찍으려고 하는지 그 이유를 보다 심도 있게 이해할 수 있을 것이다. 이를 알게 되면 어떤 형태의 수치심이 인간의 삶에서 위험할 수 있는지, 또 어떤 형태의 수치심이 실제로 염원할 수 있는 소중한 것과 연관될 수 있는지 이해할 수 있는 위치에 서게 될 것이다. 수치심의 규범적 상황은 혐오보다 훨씬 더 복잡하다. 실제로 일정한 형태의 수치심은 긍정적인 윤리적 가치를 지닌다. 그래서 수치심이 법에서 수행하는 많은 역할을 비판하려면 (나는 우리가 그래야 한다고 생각하는데) 다음과 같은 분명한 이유가 있어야 한다. 그러한 역할들이 원초적 또는 나쁜 형태의 수치심에 호소하고 있기 때문에 위험하다고 보는 것이다.

나는 이 장의 대부분을 수치심과 유아기에 형성되는 수치심의 기원을 설명하는 데 주력할 것이다. 이러한 설명은 대상관계 정신 분석,* 특히 도널드 위니콧의 연구와 밀접한 관련이 있다.[330] 나는 이러한 설명이 이제는 앤드루 모리슨(Andrew Morrison)과 컨버그와 같은 전문가들의 임상 연구를 통해 사실로 입증되었음을 보여 주려 한다.[331] 그리고 나서 몇 가지 연관된 다른 감정들 — 혐오, 죄책감, 분노, 우울 등을 포함한 — 과 수치심과의 관련성을 상세히 검토할 것이다. 마지막으로 수치심과 병리적 나르시시즘에 관한 이들 설명을 활용하여 사회적으로 수치심을 주는 행위와 그것이 지니는 병리

---

* 대상관계 이론(object relations theory)은 정신분석학 내의 주요 이론 중 하나로, 환경 속에 있는 타인과의 관계 속에서 정신이 성장해 가는 과정을 분석한다. 대상 관계 이론은 인간을 생물학적 욕구의 체계보다는 관계 속에 존재하고 발전하는 존 재로 여긴다. 대상관계는 유아기에 최초의 양육자와 관계 속에서 형성되며, 자라면 서 변할 수는 있지만 생애 전반에 큰 영향을 미친다. 이 이론의 뿌리는 프로이트까 지 거슬러 올라가며, 1940~1950년대 멜라니 클라인, 로널드 페어베언, 도널드 위 니콧 등과 같은 영국의 정신분석학자들이 초기 대상관계 이론을 발전시켰고, 그 후 오토 컨버그, 크리스토퍼 볼라스 등이 이 이론의 현대화에 기여했다.

를 분석할 생각이다.

5장과 6장에서는 나의 일반 모델을 우리가 법에서 수치심의 역할을 고려할 때 맞닥뜨리게 되는 구체적인 이슈에 적용해 볼 것이다. 처벌에서 수치심의 역할, '도덕적 공황' 현상과 소수자에 대한 차별적인 법적 조치와의 관련성, 개인 프라이버시 보호, 마지막으로 특히 교육 영역에서 장애인에 대한 법적 조치 등이 다루어진다. 이러한 이슈에 대면하면서 나는 현대 자유주의 사회가 정상적인 시민이라는 매우 일반화된 직관적인 사고에서 벗어나야만 수치심을 둘러싼 현상에 적절하게 대응할 수 있다고 주장하려 한다. 정상적인 시민이라는 사고는 유럽 사상사에서 매우 큰 영향력을 발휘해 온 사회계약 전통을 따라 전해져 왔으며, 시민을 기여하는 바를 통해 자신이 받은 혜택에 보답할 수 있는 생산적인 노동자로 보는 시각을 담고 있다.

2 원초적 수치심과 나르시시즘, 그리고 '황금시대'

인간은 자신이 만들지 않았고 통제할 수 없는 세상 속에 태어난다.[332] 욕구가 자동적으로 충족되는 자궁 속에서 일정한 시간을 보낸 후 인간은 세상으로 나오게 된다. 이 장의 첫머리에 인용한 프로이트의 말처럼 "완전히 자기 충족적인 나르시시즘에서 변화하는 외부 세계를 지각하고 대상을 발견하는 단계"[333]로 나아가게 된 것이다. 유아들은 다른 동물과 다소 비견될 수 없을 만큼 [다른 이의] 도움이 절실한 무력한 상태로 세상에 나온다. 그들은 불안함과 즐거움을 모두 만나게 된다. 로마 시인 루크레티우스*는 유아에 대한 유럽 사상의 기원을 다음과 같은 구절로 표현하고 있다. 출생의 혼란스러움 때문에 울어 대는 의지할 데 없는 유아는 "거센 파도에 난파되어 땅 위에 맨몸으로 누워 있는 선원과 같다. 제1자연이 자궁 수축으로 엄마의 배 속에서 빛의 해안가로 내던져 놓았을 때, 이 생명체는 언어도 통하지 않고 생명을 유지하기 위해 필요한 모든 도움을 받아야 한다. 그래서 그러한 괴로움이 평생 동안 남아 있는 사람처럼 애처로운 울음으로 모든 곳을 가득 채운다."(5.222-27.)

이제 '상냥한 유모'는 젖을 물리고 쓰다듬어 주면서 차분한 말로 아이를 달랜다. 이 시인은 더 사납고 더 많이 갖추고 태어난 야생동물은 이렇게 달랠 필요가 없다고 삭막하게 얘기한다.(5.229-30.) 유아의 장기적인 무력감은 유아기의 특징이라고 할 수 있는데, 유아의 초기 드라마는 대상의 세계(유아가 원하고 욕구하는 좋은 것을 약속해 주기도 하고, 이를 위협하기도 하는 세계)에 앞서 이러한 무력감으로 이루어진다. 루크레티우스가 심오하게 암시하고 있는 것처럼 [이 시기] 자신에 대한 유아의 사고는 가장 중요한 것을 향하고 있는 너무나 약하고 힘 없는 존재라는 인식이 중심을 이룬다. 같은 사실에 대해 프로이트는 "우리는 새로운 상태를 오래 견디지 못하고,

---

* 기원전 1세기 고대 로마의 시인이자 철학자. 저서에 에피쿠로스의 철학을 담은 서사시 『사물의 본성에 관하여(De rerum natura)』 여섯 권이 남아 있다.

주기적으로 여기에서 벗어나 수면 속에서 자극이 없고 대상을 피할 수 있었던 이전 상태로 돌아가게 된다."[334]라고 말하고 있다.

　그러나 유아가 전적으로 무력한 것은 아니다. 왜냐하면 처음부터 유아 혼자서는 할 수 없는 것을 제공해 주면서 아이의 필요를 돌봐주는 환경 속의 대리인*이 있기 때문이다. 그래서 이러한 대리인들은 유아의 초창기에 아직 구분되지 않은 세상에 대한 인식에 큰 영향을 끼친다. 처음부터 유아와 대리인들과의 관계는 편안함, 양육, 보호처럼 자연 세계가 저절로 제공해 주지 않는 것을 보장해 주길 바라는 [아이의] 강력한 바람에 중점을 둔다.

　루크레티우스는 이론적인 설명은 아니지만 [유아에 관한] 하나의 그림을 제시하고 있고, 우리는 여기에서 일정한 설명을 끌어낼 수 있다. 일부 정신분석학적 설명과는 다르지만 대상관계 이론에서 발전된 설명과는 유사한 루크레티우스의 그림은 고대인들이 '외부적 선' — 너무나 중요하지만 통제할 수 없는 외부적 대상 — 이라고 불렀던 것에 초점을 두고 유아의 드라마를 구성한다. 처음부터 유아는 고통스럽거나 침입한다고 느껴지는 자극을 제거하고, 더없

---

* 유아기의 아이는 자기와 환경을 구분하지 못하기 때문에 환경과 타인을 분리된 것으로 보지 못한다. '충분히 좋은 어머니'는 아이의 요구와 상태에 맞춰 아이를 보살핀다. 그러면 아이는 양육자가 완전히 분리된 존재가 아니라 자신을 감싸고 있는 존재라고 인식한다. 이런 점에서 위니콧은 어린 유아는 양육자를 '환경이라는 어머니(environment-mother)'로 경험한다고 말한다. 너스바움은 아이를 보살피는 역할을 꼭 실제 어머니만 할 수 있고 또 그래야 하는 것은 아니기 때문에 보다 광범위하게 '대리인' 또는 '돌봄 제공자'라는 일컫고 있다.

이 행복한 또는 방해받지 않는 상태를 회복할 필요성을 느낀다. 이로 인해 유아의 '대상 세계' 속에서 아이가 이러한 상태로 회복시켜 주는 대리인이라고 인식하는 대상(들)은 정말 중요해진다. 엄마, 아빠, 유모, 또는 다른 돌봄 제공자(들)가 이러한 중요한 역할을 담당하는데, 유아는 최초의 대리인을 [자신과] 구분된 대상이 아니라 유아 자신의 존재 상태가 변화해 가는 변형 과정으로 경험한다. 이러한 이유로 정신분석학자 볼라스는 돌봄 제공자를 '변형적 대상(transformational object)'*이라고 하면서, 이어지는 인간 생애의 많은 부분에 변형적 대상에 대한 초창기 열망의 흔적이 남아 있다고 통찰력 있게 말한다. 이것은 더없는 행복의 '재림'과 이를 인도해 줄 수 있는 대상에 대한 욕구 형태로 나타나게 된다.[335] 여전히 완전한 무력감 상태에 있는 유아는 변형 과정을 거의 통제할 수 없다. 변형 과정이 갑작스럽게 찾아오고 사라지면서 유아의 세계는 불확실하고 예측하기 어려운 것이 된다. [아이에게] 가장 좋은 것은 번개가 치듯 빛과 즐거움의 갑작스러운 침투와 함께 도래하는 것이다.

---

* 아이가 최초로 경험하는 주관적 대상을 말한다. 아이의 '다른' 자기로서 아이의 내적·외적 환경을 변형시키는 역할을 한다. 어머니(또는 다른 돌봄 제공자)는 유아의 욕구를 충족시키기 위해 끊임없이 유아의 환경을 바꿔 준다. 이때 유아는 공생적 앎(symbiotic knowing)을 통해 어머니를 자기의 변형으로 동일시하며, 자신을 환경-신체적 돌봄을 받는 자라고 느낀다. 아직 어머니가 타자로서 표상되기 전 단계이기 때문에 변형적 대상과의 자각적 동일시를 통해 유아는 대상관계를 형성하게 된다. 이에 대한 좀 더 자세한 설명은 크리스토퍼 볼라스, 이재훈·이효숙 옮김, 『대상의 그림자』(한국심리치료연구소, 2010), I장 참조.

고대인들이 감정을 어떻게 이해했는지 살펴보는 데 중요한 역할을 하는 신화를 하나 살펴보도록 하자. 나는 이 신화를 세계를 재창조하려는 유아적 상상의 산물로 보는 게 가장 적합하다고 생각한다. 이것은 유명한 황금시대 이야기로, 사람들이 스스로 아무것도 할 필요가 없는 시대에 관한 것이다. 사람은 노동하지도 행동하지도 이리저리 옮겨 다니지 않아도 된다. 대지는 스스로 이들이 있는 곳에 수확을 가져다주고, 젖과 꿀이 흐르는 강은 대지에서 샘솟으며, 날씨도 따뜻하여 거처를 찾을 필요도 없다. 헤시오도스*는 당대인들은 사려 깊은 합리성을 결여하고 있다고 말한다. 추정컨대, 생각할 필요가 없기 때문이다. 그들은 더없이 행복한 완전성 속에서 살아간다. 이 이야기를 되풀이하는 스토아학파들은 여기에 "범죄와 거리가 먼" 시기라는 설명을 덧붙인다. 모든 것이 완전해서 공격성이 없기 때문이다.[336] 이 신화가 묘사하고 있는 것은 [다름 아닌] 유아의 전지전능감이다. [유아가 인식하는] 세계는 아이의 욕구를 중심으로 돌아가고, 자신의 욕구를 충족시켜 줄 완전한 준비가 되어 있다는 의미에서다.

그러나 루크레티우스가 보여 주는 것처럼 물론 유아의 경험적 세계는 처음부터 황금시대의 세계와 다르다. 아마 첫머리 인용문에 있는 프로이트의 말처럼 형성기 태아 경험이 유아에게는 진정한 황금시대일 것이다. 영양 공급과 안정감의 원천에 안전하게 연결되

---

* 기원전 8~7세기경 고대 그리스의 음유시인으로 호메로스와 10~20년을 같이 활동했다.

어 있어서 유아는 실제로 더없이 행복한 완전성 속에 존재한다. 그러나 프로이트의 말처럼 출생이 모든 것을 흔들어 놓는다. 이제 대상의 세계에 놓이게 된 아이는 생존을 위해 외부적 대상과 사람에게 의존해야 한다. 그래서 때때로 아이의 세계는 황금시대의 세계가 되기는 하지만 그러한 세계가 굶주리고, 괴롭고, 불편할 때마다 이러한 시간은 엇갈리게 된다.[337] 지상은 유아에게 모든 것을 자동적으로 제공하지 않으며, 갑작스럽게 변형된 유아의 세계는 처음부터 불확실성과 위험이 가득한 믿을 수 없고 구멍이 많은 곳으로 느끼게 된다.

말을 하기 전 단계의 유아의 내적 세계를 재구성하는 일은 다소 추정에 근거한 것이기 마련이다. 하지만 언어를 습득한 성인도 자신의 내적 세계의 가장 중요한 특징을 항상 말로 표현할 수 있는 것은 아니며, 자신의 내적 세계를 완전히 알지 못할 수도 있다. 그래서 언어적 단서에 과도하게 의존하는 것은 성인의 경우에도 오류의 원인이 될 수 있다. 초기의 정신분석학자들이 유아의 행태에 대한 실험적 증거를 너무 등한시했다는 점은 분명한 사실이다. 그들은 임상의학자나 실험 연구자보다는 풍부한 상상력을 지닌 예술가에 더 가까웠다. 마르셀 프루스트(Marcel Proust, 1871~1922)*가 가장

---

* 방대한 저작인 『잃어버린 시간을 찾아서』를 지은 20세기 프랑스 소설가. 그는 인간의 심층 의식에 묻혀 있는 자아, 즉 무의지적인 기억만이 영원한 진실성을 갖는다고 보았다. 시간을 거슬러 올라가 참된 자아의 얼굴을 찾아가는 작업을 소설로 담아냈다.

분명하게 보여 주는 것처럼 이들 예술가는 엄청난 통찰력으로 아동기의 세계를 해명할 수 있었지만 말이다. 하지만 최근에는 실험 연구자와 정신분석가 간에 귀중한 의견 교환이 이뤄져 왔으며, 대니얼 스턴(Daniel Stern)이나 마거릿 말러(Margaret Mahler)와 같이 오늘날 주도적 역할을 하고 있는 유아이론가들은 실험 연구자인 동시에 정신분석가다.[338](게다가 정신분석학자이자 소아과 의사였던 위니콧처럼 말러와 스턴은 분명한 정신장애를 겪고 있지 않은 아이들을 포함하여 광범위하게 아이들을 연구했다. 그래서 그들의 연구는 평범한 가족적·사회적 이슈에 보다 분명한 적실성을 지닌다.) 존 보울비(John Bowlby, 1907~1990)*의 연구는 실험적 증거와 대상관계 이론을 유익하게 접목시킨 초기의 예라고 할 수 있으며, 그의 관점은 추가적인 실험 결과를 통해 지금까지 입증되어 왔다.[339] 페어베언, 위니콧, 컨버그, 볼라스[340]와 같은 대상관계 이론 사상가들의 임상 연구와 이와 밀접하게 연관된 전통의 모리슨의 연구[341]는 실험에 기초한 문헌이 종종 결여하고 있는 개별 환자에 대한 깊이 있는 연구를 제공해 주었다. 지금부터 내가 제시

---

* 영국의 심리학자, 정신과 의사, 정신분석학자. 대상관계 이론에서 파생되어 독립적인 이론으로 발전한 애착 이론(attachment theory)으로 유명하다. 정신분석 이론이 과학적 뿌리를 잃어 가고 있다고 주장하고, 동물 행동학과 체계 이론의 방법과 연구 결과를 채용하여 대상관계 이론의 개념을 뒷받침하는 객관적인 증거를 제시했다. 애착 이론은 인간은 관계를 만들고 유지하는 생래적인 행동 패턴을 갖고 태어나며, 이것은 환경과의 상호 작용 속에서 순차적으로 나타난다고 가정한다. 인간의 발달을 일차적 애착 대상과 다른 중요한 사람에 대해 애착을 형성하고 유지하는 과정으로 보았다.

하려고 하는 그림은 실험 결과와 일치하는 대상관계 이론에서 일부 끌어온 것이며, 대부분 자세한 임상 연구로 입증된 것이다.

생후 몇 개월간 유아는 자신은 물론 돌봄 제공자를 구분된 대상으로 인식하지 못한다. 그러나 충만함과 편안함,[342] 공허함과 고통[343] 사이를 오간다는 느낌은 경험한다. 충만함과 편안함은 아이가 요구하는 것이지만 유아 자신의 행위를 통해 거의 제어할 수 없는 방식으로 우연히 찾아오게 된다. [아이의 욕구를 충족시킴으로써] 유아와 돌봄 제공자는 때로는 하나의 더없이 행복한 공생 관계를 형성하게 된다. 그리고 때에 따라서는 공허함도 있다.[344]

유아의 인식 능력이 커 가면서 곧 자기 부분과 환경 부분을 구분할 수 있게 된다. 나는 지금은 생후 6개월 정도쯤으로 생각한다. 돌봄 제공자에 대한 초창기 동일시(생후 몇 주만 지나도 유아는 패드에 묻은 엄마의 모유 냄새와 다른 사람의 모유 냄새를 구분할 수 있다.)가 보다 분명해지면 아이는 엄마를 자신과 다소 분리된 존재로 보기 시작한다. 아이는 자신의 발가락을 꼼지락거릴 수 있다는 사실을 알기 시작하지만 엄마의 가슴에 도달할 수는 없다. 그리고 아직 이 시기 유아의 엄마에 대한 전체적인 생각은 온전히 자신의 욕구가 중심에 있다. 엄마는 자신만의 욕구를 지니고 활동하는 [분리된] 존재가 아니라 기본적으로 젖이 나오는 가슴이자 편안함을 주는 몸이다.[345]

유아의 발달 과정 중 이 시점에서 일부 초보적인 감정이 나타나기 시작한다. 배고픔이 덮쳐 오는데 구원해 줄 사람이 보이지 않을 때의 두려움, 영양과 편안함의 원천에 대한 사랑과 같은 감정이다. 성인의 감정과 달리 이들 감정은 완전히 구별된 대상에 초점을 맞추지 않으며, 감정 자체가 흐릿하고 불분명하다. 그렇지만 이러한 감정도 여전히 매우 강력하다. 유아가 수유와 안아 주기 과정에서 반복되는 규칙성을 인식하기 시작하면, 자기가 이러한 반복성의 중심이라는 자신에 대한 초보적인 생각과 자신의 욕구가 충족되어야 한다는 일련의 기대가 성장하게 된다. 프로이트와 대상관계 이론가 모두가 강조하는 것처럼 이러한 생각들은 완전히 자기중심적이다. '아기 폐하'*라는 프로이트의 유명한 말은 기본적으로 단 하나의 중심이 있고, 이를 중심으로 모든 것이 돌아간다는 사고와 느낌의 세계를 표현한 것이다. 좋은 엄마는 적절한 순간에 젖을 물리는 가슴이다.[346]

그러나 물론 이 가슴이 항상 적절한 순간에 젖을 물리는 것은 아니다. 일차적인 돌봄 제공자도 자신의 계획이 있고, 유아가 적어도 약간의 좌절을 참아 내게 하려고 의도적으로 그럴 수도 있다. 좌절은 유아가 움직이려고 애쓰게 자극하므로 발달 과정에서 중요한 부분을 차지한다.[347] 그래서 점차 자신이 욕구와 열망의 분명한 중심이라고 인식하게 된 유아는 돌봄 제공자가 항상 자신의 욕구를 만족시켜 주지 않는 세상의 일부라는 사실을 차츰 깨닫게 된다. 우리는 유아의 인지적 능력이 생후 1년(자신의 욕구를 충족시킬 수 있는

---

* 아서 드러먼드(Arthur Drummond, 1871~1951)가 그린 같은 이름의 그림 제목에서 따온 표현으로 생각된다. 그림에는 경찰관이 복잡한 길 한복판을 건너는 아이와 이를 따르는 유모를 위해 마차의 통행을 멈추게 하는 광경이 그려져 있다.

유아의 신체 능력이 기본적으로 존재하지 않는 시기) 동안 매우 급속히 성장한다는 점을 기억할 필요가 있다. 자신이 의존적인 존재임을 알게 되면 자신이 의존하는 대리인들에 대해 초보적인 형태의 사랑과 분노를 함께 갖게 된다. 유아는 편안함과 영양 공급의 원천인 돌봄 제공자를 사랑한다. 하지만 욕구가 충족되지 않고 고통이 뒤따르게 되면 돌봄 제공자를 고통의 원천이라고 보고 분노하는 것이다. 그러한 의미에서 유아는 일어났어야 하는 일이 발생하지 않아서 생긴 고통은 부당하다는 아리스토텔레스적인 생각을 가지고 있을지도 모른다. 유아는 자신이 세상의 중심에 있다고 기대한 결과로 [욕구가 충족되지 않는] 상황에 대해 당연히 자신의 소유인 어떤 것을 주지 않고 있다고 반응할 것이다.[348]

의식이 성장해 감에 따라 이러한 반응은 분명 좀 더 선명해지고, 보다 발달하게 된다. 실제로 외부의 원천이 좋은 것을 주고 주지 않는다는 사실을 인식하게 되면 사랑과 분노를 모두 느끼게 되고, 이 두 감정은 밀접한 관련성을 갖는다. 그래서 보울비는 실험과 임상 연구를 바탕으로 모든 애착-사랑은 본디 양가적이라고 주장한다. 그는 사랑과 분노는 아이 안에서 항상 함께 일어난다고 주장한다. 이러한 주장은 감정에 대한 스피노자의 통찰력 있는 철학적 설명을 떠올리게 한다. 사랑은 우리를 이롭게 하는 외부적 힘에 대한 인정을 수반하고, 분노는 우리를 해롭게 하는 외부적 힘에 대한 인정을 수반하기 때문이다.[349] 물론 유아의 자기중심적 관점에서 보면 충족을 주지 않는 것은 고통을 주는 것이다. 그래서 모든 외부적 대리인은 자신과 분리되어 있고 통제할 수 없다는 점에서 고통의 원천이 된다.

그렇다면 우리는 이러한 역사의 어디에 수치심을 위치시켜야 할까? 나는 고대 신화를 하나 더 소개하면서 이 주제에 접근하려 한다. 플라톤의 『향연(Symposium)』에서 아리스토파네스*가 말한 사랑의 기원에 관한 이야기인데, 이 이야기는 그리스의 황금시대 이야기에 기초하고 있다. 아리스토파네스는 인간은 이전에 둥글고 구형이었다고 생각했다. 구형은 인간의 전체성과 힘을 외형상으로 나타내는 이미지다. 인간은 "힘이나 활력이 엄청났고", "대단한 야망 가지고 있었다."(190B) 그 결과 인간은 전체 우주를 통제하려는 생각으로 신들을 공격하게 되었다.(190B) 제우스는 이들을 모조리 없애 버릴 수 없게 되자 '약해지게' 해서 인간으로 만들었다. 인간을 필요, 불안, 불완전이라는 조건에 처하게 해서, 인간과 신 사이에 건널 수 없는 격차를 둔 것이다. 제우스는 구형인 존재를 둘로 잘라 두 다리로 걸어 다니게 했다. 또 그들의 얼굴을 비틀어 돌려놓아서 항상 자신의 잘린 부분을 바라보게 했다. 뾰족하게 튀어나온 사지, 이상하게 벌거벗은 앞부분, 다른 사람에 대한 필요를 드러내는 생식기와 같은 우리 몸의 형태는 인간이 지닌 불완전성을 나타낸다. 배꼽은 절단된 몸을 신들이 끌어모아 묶어 놓은 것으로, "오래전에

---

* 기원전 5~4세기 고대 그리스의 희극 작가. 그의 작품은 '구 희극'이라는 희극 장르를 대표하며, 과장과 공상의 요소가 많이 들어 있다. 당대의 내로라하는 인사들을 풍자했다. 11개 작품이 전해진다.

겪은 일에 대한 기억(mnêmeion tou paliou pathous)"(191A)을 표상한다. 신화 속의 사람들은 자신들이 지금과 같이 된 것을 수치스럽게 여긴다. (실제로 생식기를 가리키는 그리스어 'aidoia'에는 'aidôs'라는 수치심에 대한 언급이 담겨 있다.)[350] 배꼽에 대한 아리스토파네스의 짧지만 상세한 설명은 이 신화가 섹슈얼리티 자체를 대상으로 한 것이 아니라 [인간이] 대상세계로 태어나면서 갖게 되는 외상을 포착하려 한 것임을 말해 준다. 배꼽이 우리에게 상기시켜 주는 것은 우리가 영양 공급과 편안함의 원천에서 떨어져 나와 [타인의 도움을] 필요로 하는 삶을 시작했다는 사실이기 때문이다.

그래서 아리스토파네스는 수치심을 자신이 전혀 전지전능하지 않고 [모든 것을] 통제할 수 없음을 인정하는 것에서 생기는 고통스러운 감정이라고 표현한다. 그리고 그것이 삶 속에서 명시적으로 드러날 때 느끼는 고통스러운 감정 아래에는 본래의 전지전능함과 완전함에 대한 기억 또는 퇴화한 의식이 자리 잡고 있음을 넌지시 말하고 있다. 우리는 완전해야 하고, 아마 예전에는 완전했다고 느낀다. 그리고 지금은 완전하지 않음을 알고 있다. 우리는 우리가 구형이 되어야 한다고 느낀다. 그렇지만 [지금은 사지가] 뾰족하게 튀어나오고, 매끄러우며, [배꼽 주위에는] 주름이 있다는 사실을 알고 있다. 이 이야기가 성(性)과 수치심을 연결시키는 방식은 깊은 통찰력을 담고 있다. 원초적 수치심은 성 그 자체가 아니라 [인간이 지닌] 보다 일반적인 필요 상태와 취약성을 보여 주는 하나의 표시인 성적 필요에 관한 것이다. 아리스토파네스가 옳다고 보는 것은 타당해 보인다. 완전하지 않은 인간이라는 사실에 대한 일종의 원초적 수치심은 우리가 [성장한] 후에 장애인과 지적장애자에게 느끼는 구체적인 형태의 수치심의 기저를 이루고 있는 것이다.

다른 식으로 표현해 보자. 모든 유아의 전지전능함은 무력감과 쌍을 이루고 있다. 유아가 자신이 다른 사람에게 의존하고 있다는 점을 알게 되고, 이때쯤 세상의 중심이고 중심이 되어야 하는 분명한 존재로 자신을 인식하게 되면, 그 결과 원초적이고 초보적인 수치심이 뒤따르게 될 것을 예상할 수 있다. 수치심은 자신이 충분하길 기대하는 어떤 면에서 자신이 약하고 불충분하다는 깨달음을 수반하기 때문이다.[351] 아이의 반응은 이를 감추기 위해 자신의 부족함을 알 수 있는 사람들의 시선을 피해 숨는 것이다.

그렇다면 얼마나 조기에 수치심이 생겨나는가? 중요한 정서 이론(Affect theory)*으로 인지심리학 분야에서 수치심에 관한 연구에 큰 기여를 한 톰킨스는 수치심을 일차적 정서 중 하나로 들었으며, 출생 후 바로 생긴다고 보았다.[352] 그는 수치심을 고통스러운 정서로 정의했는데, 수유를 기대하고 있었는데 수유가 만족스럽게 채워지지 않은 경우처럼 기쁨과 기대가 미치지 못한 경우에 생긴다고 보

---

* 다양한 정서를 구별된 범주로 조직하고, 일반적인 반응과 연관시키려는 심리 분석의 한 분야다. 현대 정서 이론의 발달에는 실반 톰킨스의 두 권짜리 책 『정서, 상상, 의식(Affect, Imagery, Consciousness)』이 큰 영향을 미쳤다. 그에 따르면 정서는 구체적으로 "감정의 생물학적 부분"을 가리킨다. 그는 주로 인간 정서와 관련한 얼굴과 신체 표현의 역할을 분석했다.

았다. 톰킨스의 이론은 정서에 기초한 이론이므로 수치심이 존재한다고 증명해 내기 위해 어떤 특정한 인지적 내용을 제시할 필요가 없으며, 유아가 어떤 사고를 가지고 있다고 말할 수 있는지에 관한 질문으로 어려움을 겪지 않아도 된다. 하지만 대상관계 이론의 설명과 마찬가지로 내 설명은 수치심이 어떠한 사고를 필요로 한다는 것을 주장하기 때문에 그러한 질문과 대면해야 한다. 그래서 나는 (내 분석상) 수치심의 특징인 사고들이 이처럼 이른 시기에 존재한다고 보는 게 그럴듯하다고 생각하지 않는다. 물론 감정은 원초적 또는 시원적인 사고를 수반할 수도 있다. 예를 들면, 자신의 몸과 돌봄 제공자의 몸이 분리되어 있다는 사실을 확고하게 인식하기 전에도 초보적인 형태의 두려움을 가질 수 있다. 유아들도 그러한 초보적인 감정을 가질 수 있다. 그럼에도 수치심은 최소한 자기 자신의 존재에 대한 초기적 의식과 편안함과 영양을 제공하는 원천과 분리되어 있는 무력한 존재라는 초기적 의식을 필요로 한다. 프랜시스 브루첵(Francis Broucek)은 아이가 이러한 분리를 인식하고, 엄마와 공생하는 자궁과 같은 행복한 세계에서 살아가는 것을 멈추게 되면 곧 수치심이 생겨난다고 주장한다.[353] 그러나 나는 여기에 출생 후 세상은 정말 행복한 적이 없었다는 점을 덧붙인다.(스턴과 볼라스 그리고 다른 연구자들도 의견을 같이한다.) 유아는 좋은 일이 있다가 없다가 하는 것을 번갈아 경험하면서, 자신이 그러한 좋은 것을 통제할 수 있는 힘이 없다는 인식을 차츰 발전시키는 것이다. 그래서 나는 수치심이 다섯 살 즈음에 점차 등장하기 시작해서, 자신이 분리된 존재라는 의식을 갖게 된 후에야 완전한 감정이 된다는 견해를 피력하려 한다.

그 어떤 단순한 방식으로든 자존감이 줄어들어야 수치심이 생기는 것은 아니라는 점에 유념하길 바란다. 수치심은 어떤 의미에서는 중요한 배경으로 자존감을 요구한다.[354] 자신이 어떤 면에서 가치가 있다거나 심지어 완벽하길 원해야 자신의 가치 없음이나 불완전성을 보여 주는 증거를 감추거나 회피하려 할 것이기 때문이다.

일반적으로 기술하면, 내가 이해하기에, 수치심은 어떤 이상적인 상태에 도달하지 못한다는 생각에 반응하는 고통스러운 감정이다. 수치심을 분석하는 사람들이 일반적으로 동의하는 것처럼 수치심은 자아의 특정한 행위보다는 전체 자아와 관련된다. (뒤에서 말하겠지만, 죄책감은 그 사람 전체보다는 어떠한 행위를 일차적 대상으로 한다.) 수치심에 휩싸인 사람은 바라던 형태의 완전성 또는 완벽성을 결여하고 있어서 불충분하다고 느낀다. 물론 이런 형태의 완전성 또는 완벽성을 마땅히 자신이 가져야 하는 것이라고 이미 판단했을 것이다. 사람들이 다양한 형태의 이상적 특징을 가치 있다고 보고 열망하는 것처럼 인간 삶에서도 다양한 형태의 수치심이 존재한다. (정신분석가들은 일반적으로 수치심과 자아-이상을 연관시키면서 이러한 생각을 표현한다.) 그러나 유아가 피할 수 없는 나르시시즘적 좌절에 직면했을 때, 전형적인 유아의 원초적 나르시시즘이 원초적이고 널리 퍼진 형태의 수치심을 유발한다는 데 일반적으로 의견이 모아지고 있다. 지금부터 나는 이것을 '원초적 수치심'이라고 부른다.

모리슨은 이러한 유아적 형태의 수치심이 이후에도 일생 동안 지속적인 영향을 미친다는 점을 강조하면서 다음과 같이 말한다.

> 나르시시즘적 관심의 본질은 다른 누군가, 즉 '중요한 타자'에게 완전한 유일성과 하나뿐인 중요성을 지닌 존재가 되길 갈망하는 것이다. 이러한 갈망은…… "내가 [상담 치료사나 다른 사람에게] 유일하게 중요한 사람이 아니라면 난 아무것도 아닌 것처럼 느껴요."와 같은 환자들의 진술에서 나타난다. 그러한 감정은 공생적 융합, 전지전능함, 거대함에 대한 원초적인 환상(프로이트가 원초적 나르시시즘이라고 불렀던 것)과 함께 공명한다. 나르시시즘적 갈망은 자신의 상태와 지위를 강조한다. 하지만 역설적이게도 그것은 또한 자기가 유일하게 특별한 존재인 대상 또는 생명 유지를 위한 필요를 충족하는 데 있어 자기에게 장애물이나 경쟁 상대가 아닌 대상의 존재를 포함한다. …… 불가피하게 '수치심'은 나르시시즘적 좌절에 뒤따르게 된다. 환자들은 특별함을 상실했다고 인식했을 때 겪는 고통을 기술했다. "이러한 모욕은 내가 경험한 가장 고통스러운 감정이란 말입니다." …… 유일함에 대한 이와 같은 갈망은 그 본질상 결코 완전히 또는 오랫동안 충족될 수 없다.[355]

바꿔 말하면, 유아적 전지전능감, 그리고 (불가피한) 나르시시즘적 좌절과 연관된 원초적 수치심은 우리의 삶 속에 잠복해 있으며, 유아의 분리성과 자율성이 발달된 뒤에도 오직 부분적으로만 극복

된다.

　이 설명에서 수치심은 특정한 사회적 규범을 학습하기 전에 생기는 불충분함에 대한 인식이다. 물론 후에 사회적 학습을 통해 조절될 수는 있다. 결정적으로 수치심은 보다 일반적인 청중에 초점을 두지 않는다. 수치심과 함께 생기는 공허함과 좌절감은 유아와 돌봄 제공자라는 두 사람만의 관계 — 처음에는 공생적인 — 를 필요로 한다. 거하드 피어스(Gerhard Piers)는 수치심을 다룬 자신의 고전적 글[356]에서, 수치심은 좋은 것을 제공하는 원천에게 버림받을지 모른다는 두려움과 관련된다고 주장한다.[357] 이러한 고통은, 적어도 원초적 수치심과 관련해서는, 집단이 아니라 주로 자신에 대해 환상을 갖는 이상적 상태와 관련되어 있을 때 느낀다.[358] (나중에는 사회 집단과 관련해서도 버림받거나 배척받을지 모른다는 두려움을 종종 느낄 수 있다.[359])

　혐오와 마찬가지로 각각의 사회는 수치심을 다르게 경험할 여지를 가지고 있다. 수치심을 갖기에 적절한 경우에 대해 다른 시각을 가르치기도 하고, 수치심을 다른 감정과 연관시키는 방법도 다르다. 다시 한 번, 카스터의 연구는 로마인의 'pudor'[라틴어로 '겸손' 또는 '수치심']가 감정의 대상이나 여타 감정과의 관계 면에서 볼 때 다른 문화권에 존재하는 유사한 감정 형태와 미묘하게 다르다는 점을 보여 준다.[360] 그러나 수치심의 경우에는 문화를 뛰어넘는 유사성도 커 보이는데, 아마 혐오의 경우보다 클 것이다. 수치심은 생애 초기인 유아기의 경험에서 생겨나기 때문이다.

그렇다면 수치심은 왜 자주 성적인 것 그리고 우리의 신체 기관을 보이지 않게 숨기려는 욕구와 연결되어 왔을까? 앞에서 얘기한 것처럼, 아리스토파네스의 이야기는 우리의 성적인 본성이 [인간의] 유한성과 필요 상태를 보여 주는 하나의 표시라는 점을 암시한다. 셸러는 영향력 있게 [인간의] 불충분함에 대한 고통스러운 자각인 수치심이 성적인 것에 초점을 두는 이유는 성적 기관이 우리의 동물성과 유한성(우리가 부질없이 초월하려고 애쓰는 상태)을 나타내는 상징이기 때문이라고 설명한다.[361] 그래서 그는 수치심과 혐오가 밀접한 관련을 지닌다고 보았다. 나 같은 생각이다. 그러나 적어도 배변에 혐오를 느끼도록 배우기 전까지 분명 유아는 자신의 성적 기관에 대해 수치심을 느끼지 않는다. 일반적으로 성적 기관에 대한 수치심은 문화적으로 매우 다양하다. 나는 아리스토파네스처럼 수치심이 주로 완전함에 대한 보다 원초적인 갈망과 자신은 당연히 완전해야 한다는 인식과 연결되어 있다고 보는 편이다.[362] 삶의 어떤 지점에서 우리는 성적 기관을 통해 우리 자신이 지닌 불완전성의 고통스러운 측면에 주목하게 되며, (모리슨이 기술한 환자처럼) 원초적 수치심을 극복하지 못한 사람은 이상적인 성적 대상을 원하면서 유아적인 나르시시즘의 모습을 보이게 된다.[363] 그러나 나는 수치심이 다른 무엇보다, 또는 원래부터 성적이라고 생각해야 할 아무런 근거가 없다고 생각한다. 오히려 수치심은 나르시시즘과 버림받음이라는 널리 퍼진 주제와 연관되어 있는 것으로 보이며, 성적인 것은 이것이 나타나는 모습의 하나일 뿐이다.[364]

이러한 원초적 수치심은 자신의 욕구를 만족시켜 주지 못하는 사람에 대한 유아의 공격적인 소망과 긴밀하게 연결되어 있다. 그래서 원초적 수치심을 적절하게 관리하지 않으면 [다른 사람들과의] 사회적 상호 작용에서 일정한 어려움을 겪을 수 있음을 일상에서 살펴볼 수 있다. 또한 돌봄 제공자나 부모가 원초적 수치심이 [이후 삶 속에서] 표출되는 경로를 설정하는 데 있어 큰 차이를 낳을 수 있다는 점을 관찰할 수도 있을 것이다. 페어베언, 위니콧, 말러, 스턴이 다음에 이어지는 이야기를 다소 다르게 기술하고 있지만, 모든 사람의 설명에서 공통되는 부분을 추려 낼 수는 있다. 한 살에서 세 살 사이에 아이는 분리와 개별화를 시도하면서 차츰 세상 속으로 나가려고 한다.[365] 아이는 이 시기의 중요한 부분을 주로 '전환기 대상(transitional object)'*(돌봄 제공자의 정기적인 부재를 대신하고, 이를 통해 아이가 편안함을 찾을 수 있는 장난감이나 담요 등의 대상들)에 의존한다.[366] 어떤 시점에 아이는 돌봄 제공자와 더 넓은 세상 사이를 불안하게 오가는 것을 실험하면서 부모가 있는 가운데 혼자 놀 수 있는 중요한 능력을 발전시킨다.[367] 충분히 안정적인 돌봄을 받은 아이는 보통 돌봄 제공자가 온종일 함께 있지 않아도 괜찮다고 느낀다. 또한 돌봄

---

* 위니콧은 아이가 엄마와 융합되어 있다고 생각하는 절대적 의존기에서 상대적 의존기로 전환하는 과정에서 홀로 남겨지는 두려움을 극복하기 위해 특정한 대상에 애착을 보인다고 말한다. 아이가 잠자기 전에 안거나 빨 수 있는 담요나 장난감 등을 말하는데, 엄마가 외부에 존재하는 자신과 분리된 존재라는 것을 인식하게 되면서 느끼는 불안감을 이러한 대상에 대한 일체감을 통해 완화시키는 역할을 한다. 도널드 위니콧, 이재훈 옮김, 『놀이와 현실』(한국심리치료연구소, 1997). 1장 참조.

제공자가 있어도 혼자 놀면서 재미를 찾을 수 있게 된다. 이 시점이 되면 전에 없을 만큼 아이가 자신만의 경험 세계를 지닌 분리된 존재라는 분명한 의식을 갖게 되며, 돌봄 제공자를 자신과 다른 필요를 지니고 활동하는 분리된 사람으로 인식하게 된다. 적절한 반응과 안정적인 돌봄으로 아이의 전지전능감을 충족시켜 주는 부모(또는 돌봄 제공자)의 능력은 신뢰와 상호 의존이 점차 커 가는 발판을 마련해 준다. 다른 사람이 믿을 만하고 자신이 완전한 무력감의 상태에 놓이지 않을 것임을 이해하게 되면서, 아이는 차츰 자신의 전지전능감과 [돌봄 제공자가] 항상 자신의 곁에 있어야 한다는 생각을 이완시킬 수 있게 된다.

아이의 초기 감정이 지닌 양면성을 고려하면, 이러한 상태는 [내면적] 갈등 없이는 성취될 수 없어 보인다. 대략 이와 비슷한 시기에 아이는 사랑과 격노의 감정을 인식할 수 있게 되는데 (클라인이 좋은 가슴과 나쁜 가슴*이라고 표현한 것처럼) 과거에는 이러한 감정들이 [아이가 동일시하는] 세상의 여러 가지 측면을 대상으로 한 것이었다면, 이제는 같은 존재인 한 사람 전체를 향하게 된다. 나에게만 집중하고 있는 이상적으로 완전한 부모는 동시에 없애 버리고

---

* 유아는 자신이 관계하는 타인의 한 부분이나 한 가지 측면을 세상의 모든 것으로 생각하는데, 이를 '부분 대상(part-object)'이라고 한다. '좋은 가슴'이나 '나쁜 가슴'은 전형적인 부분 대상으로 아이의 정신적 삶에서 최초의 중심점이다. 가슴은 다른 특성을 전혀 포함하지 않은 먹여 주는 역할을 하는 엄마를 뜻한다. 라비나 고메즈, 김창대 외 옮김, 『대상관계이론 입문』(학지사, 2008), 66-67쪽 참조.

싶을 만큼 나를 좌절시키는 나쁜 부모이기도 하다. (두세 살 무렵) 아이가 자신이 그러한 부모를 사랑한다고 깨닫게 되면, 감정적 위기가 생길 수도 있다.

이러한 위기에 대해서는 할 말이 많지만, 수치심과는 다소 동떨어진 얘기가 될 수도 있다.[368] 그러나 진정 상호적인 관계를 형성하는 방향으로 나르시시즘을 극복할 수 있는 방법을 아는 것은 우리 주제에서도 중요한 부분이기 때문에 이에 대해 좀 더 언급할 수밖에 없다. 페어베언의 '도덕적 방어'*는 아이 인생의 이러한 특정 시기를 가장 잘 설명해 주는 것처럼 보인다. 사랑하는 부모를 자신이 해치고 싶어 한다는 사실을 인식하게 된 아이는 자신 안의 끝없는 어두움에 대한 생각으로 위협받고 있다고 느낀다는 것이다. 아이는 자신이 나쁜 요소를 지니고 있다고 보고, 아마 그것이 전적으로 나쁘다고 느낀다. 그러나 이때쯤이면 아이는 초보적인 수준에서 자기와 자신의 행동을 구분할 수 있게 된다. 그래서 아이는 완전한 상실

---

* 자신의 대상에게 있는 나쁜 요소를 자신이 대신 짊어짐으로써 나쁜 대상을 내재화하는 과정을 말한다. 자신의 부모가 나쁜 대상이라고 인정하기를 원치 않는 아이는 그 자신이 나쁘게 됨으로써 자신의 대상이 갖고 있는 나쁜 요소를 제거하고자 한다. 부모가 무조건적으로 나쁘다고 생각하는 것보다는 자신이 조건적으로(즉 도덕적으로) 나쁘다고 생각하는 것이 더 견디기 쉽기 때문이다. 이 과정에서 아이는 나쁨을 바로잡기 위해 자신의 좋은 대상을 내재화하고, 이렇게 내재화된 좋은 대상이 초자아 역할을 한다. 자신이 내재화한 나쁜 대상은 좋은 대상(즉 자신의 초자아)과 비교하여 조건적으로만 나쁘게 된다. 로널드 페어베언, 이재훈 옮김, 『성격에 관한 정신분석학적 연구』(한국심리치료연구소, 2003), 87-89쪽 참조.

감을 느끼지 않으면서 나쁜 행동을 속죄하려고 한다. (다른 사람의 도움으로) 나쁜 행동을 하는 것, 그리고 심지어 나쁜 행동을 원하는 것과 철저히 나쁜 존재가 되는 것이 같지 않다는 점을 이해할 수 있다는 의미에서 도덕성은 구원이 되는 것이다.

이 시점에서 아이는 돌봄 제공자를 완전히 통제하려는 자신의 욕구가 부적절하다고 보고 점차 단념할 수 있어야 한다. 이러한 단념은 어떤 의미에서는 아직 충분히 누리지 못한 더없이 행복한 시간과 자신의 파괴 능력을 아직 깨닫지 못한 순수한 시간에 대한 슬픔과 한탄을 동반할 것이다. 그러나 좋은 소망과 행복으로 나쁜 소망과 행동을 속죄할 수 있다는 점을 알게 되면서 아이가 창조성을 갖게 될 수도 있다. 클라인은 인간이 지닌 사랑과 창조성의 많은 부분은 아이가 세상의 중심이 되려는 욕구가 다른 사람에게 피해를 준다는 점을 깨닫게 된 순간으로 거슬러 올라갈 수 있다고 통찰력 있게 주장한다. 아이는 이제 다른 사람도 [분리된 존재로] 살아가고 자신의 계획을 세울 수 있는 권리를 지니고 있음을 인식하고, 이를 보여 주기 위해 다른 사람을 위한 일을 시작하게 된다.[369] 일반적으로 아이는 개인의 세상 속에서 살아가는 법을 배운다. 즉 다른 사람들도 정당한 요구와 다른 목적을 지니므로, 그러한 요구를 존중하기 위해서는 지나친 자신의 욕구를 절제해야 한다는 것이다. 사랑은 차츰 나르시시즘적 혼돈과 통제에 대한 갈망보다는 상호 교환과 호혜성 측면으로 이해된다. 이에 따라 자신은 거대함과 완벽함을 요구하는 존재가 아니라 불안전하고 부분적인 인간이라는 사실을 이해하고 받아들이게 된다.

　이상적인 이야기일지 모르지만 때로는 이렇게 진행되기도 한다. 이러한 발달에 대해서는 뒤에서 수치심과 죄책감을 비교하면서 좀 더 말하려고 한다. 그럼에도 초기의 나르시시즘이 인간 삶에 미치는 흔적은 깊다. 프루스트는 이러한 초기 나르시시즘은 결코 극복할 수 없으며, 나중에 생기는 모든 사랑은 본질적으로 [자신에게] 통제되길 거부한 어머니를 통제하려는 시도라고 여긴다. 이것은 너무 비관적인 생각이지만, 호혜성이 안정적인 인간 규범이 되고 대부분의 사람들은 자신의 불완전성, 통제력 결여, 유한성을 받아들일 것이라는 생각은 너무 낙관적이다. 어쨌든 자신이 원하고 가져야 한다고 생각하는 것(특히 불멸성)을 갖지 못하는 것은 그냥 나쁜 것이며, 인간 삶의 많은 부분은 이러한 고통스러운 상태에 붙들려 있다. 수치심과 나르시시즘이 어디서 잘못돼서, 어떻게 발달을 저해할 수 있는지 알기 위해 이 시점에서 몇 개의 개인 병력(病歷)을 살펴보는 게 도움이 될 것이다.

3 불완전함에 대한 거부: B의 사례

　위니콧 사후에 출간된 저작인 『안아 주기와 해석(Holding and Interpretation)』에 담긴 긴 분석의 단편은 내가 말한 '원초적 수치심'이 성인의 성격을 망가뜨릴 수 있는 상황을 흥미롭게 탐구하고 있다.[370] 젊은 남자 의대생인 환자 B는 자발성장애 또는 전혀 자신의 생각을 표현하지 않는 증상을 겪고 있었다. 다른 사람이 앞에 있으면 그는 대화나 활동을 시작할 수 없었고, 너무 지루해했다. 그가 다른 사람에게 무감각하고 생기 없는 사람임을 보여 주는 것은 항상 언어와 사고를 조심하면서 자신의 내적 세계에 대한 전지전능한 통제력을 유지하기 위해서였다.

정신분석 기간 동안 그가 유아기에 [아이의 필요에] 적절하게 반응하지 않는 양육을 받으면서 심한 불안을 겪었다는 사실이 밝혀졌다.[371] B의 어머니는 자신의 완벽성을 추구했고, 유아의 어떠한 필요 상태를 자신이 바랐던 완벽성을 이루지 못한 신호로 해석했다. (그녀는 이러한 완벽성을 흡사 아버지처럼 이상화된 남편이 강요한 것이라고 보았다.[372]) (남편을 이상화하는 경향이 있다는 것은 그녀가 남편을 사랑하지 않았음을 암시한다고 위니콧은 적고 있다. "실제 사람에 관심을 갖지 않고 그녀는 완벽함이라는 특성을 강조했다.") 숨 막힐 듯했던 안아 주기의 기억들을 떠올리게 되면서 환자는 모든 면에서 자신이 완벽성을 요구한다는 것 — 자신이 필요 상태에 놓인 아이라는 것을 인정하지 못해서 생기는 결과인 — 을 차츰 인식하게 되었다. 그의 어머니는 완벽성 — 그는 움직이지 말고 심지어 죽은 것처럼 있길 원한다고 느꼈다. — 을 원했기 때문에, 그는 자신이 다른 사람에게 의존하거나 다른 사람을 믿는 것을 용납할 수 없었다. 결국 그는 위니콧에게 "저에게 불완전은 거부해야 하는 것을 뜻합니다."라고 고백한다. 그러고 나서 "전 당신이 큰 문제를 초래하고 있다고 느낍니다. 전

인간인 적이 없어요. 그럴 기회를 놓쳤거든요."[373]라고 말한다. 자신의 불안함 때문에 조용하고 완벽한 아기일 때만 기뻐했던 그의 어머니는 인간다움을 보여 주는 표시를 거부했다. 생후 몇 개월 사이에 있었던 부모의 돌봄과 '안아 주기'의 성격이 자신의 인간적 필요 상태에 대한 아이의 태도를 형성할 수 있다. 인간의 필요 상태는 나쁜 게 아니며 무력한 몸은 기쁨과 관심의 원천이라는 인식을 낳을 수도 있고, 아니면 완전함만이 허용될 수 있는 상태이고 그 외 다른 것은 거부될 것이라는 메시지를 전달할 수도 있는 것이다.[374]

나의 앞선 분석 내용에서 보면 이 불행한 남자의 초기 감정에 어떤 일이 일어났던 것일까? 첫째, 그는 [어머니의 품에] 안겨 있다는 사실과 자신의 어머니가 이 의존적이고 도움을 필요로 하는 아이를 안아 주고 돌보길 원한다는 사실을 신뢰하지 못했기 때문에 사랑-감사와 분노의 역학을 상실했다. "끝없이 추락한다는" 느낌이 [정신 세계의] 이면에 잠재되어 있었던 것이다. 이러한 감정은 특히 강한 분노와 현실 속의 인간을 전혀 견디지 못하는 소유적인 사랑을 야기한다. 이 환자는 자신의 분노가 너무 두려워서 자꾸 자신을 재우려고 한다. 위니콧은 그에게 말한다. "이러한 수면 속에는 매우 큰 적개심이 감춰져 있다."[375] 둘째, 이러한 이유 때문에 그는 정상적인 아동의 상상력 놀이가 정지되었다. 신뢰와 안아 주기 속에서 생기는 상상력이 발달하지 않아서 환자가 자신을 드러내는 방법은 부자연스럽고 경직되어 있으며 완전히 비인격적이다. 개인적 관계에서 완벽하지 않은 일이 생길 수도 있는데, 이 환자는 "이런 일이 완전히 자신과 무관한 것처럼 여기고, 흥분하거나 분노하거나 크게 기뻐하는 감정이 전혀 없으며, 일어나 당신에게 폭행을 가하려고 하지도 않는다."[376] 이번에는 이처럼 경직된 비인격성이 사람들과의 관계를 규정한다. 정신분석 과정에서 지속적으로 나타나는 특징은 이 환자가 자신의 아내나 다른 사람에 대해 기술하지 못하고, 자주 사람들의 이름을 부르지 못한다는 점이다.[377] 위니콧은 실제 개인적 관계에서는 '미묘한 상호 작용'이 존재한다는 점을 말해 주면서 그와 어머니와의 초기 관계에는 이러한 요소가 결여되어 있으며, 그의 졸음은 어디서도 이러한 관계를 찾을 수 없다는 절망감을 표현하는 것이라고 얘기한다. 그러자 이 환자는 흥분하면서 대답했다. "제가 미묘한 상호 작용이라는 생각을 갖고 있었던 것은 확실해요. 이에 대해 실제로 알지는 못했지만 그와 같은 것을 찾으려 했다는 건 알고 있으니까요." 위니콧은 그가 이제 이를 달성했다는 점을 알려 준다. "우리 둘이서 미묘한 상호 작용이란 것을 하고 있다네. 미묘한 상호 작용의 경험이 자네에게 기쁨을 줄 것이라 믿네. 자네는 분명 이런 면에서 가망이 없다고 생각하고 있지만 말일세." 그는 "흥분된다고 말한 뻔했어요."라고 대답한다. 위니콧은 사랑은 많은 것을 의미하지만 "이러한 미묘한 상호 작용을 경험해야 한다네. 그리고 자네가 사랑을 경험하고 있고, 이런 상황에 빠져 있다고 말할 수 있어야 해."라며 얘기를 끝맺는다.

마지막으로 이 환자의 전 존재를 지배하는 또 다른 원초적 감정이 존재함을 알아챌 수 있다. 내가 '원초적 수치심'이라고 부르는 것으로, 자신이 인간이라는 바로 그 사실과 연관되어 있는 감정이다. 앞에서 말했지만 어떤 단순한 방식으로든 자존감이 낮아져야 수치심이 생기는 것은 아니다. 자신이 통제력이 없고 완벽하지 않다는 사실을 보여 주는 증거를 회피하거나 감추려고 하는 이유는 자신이 어떤 면에서 통제력을 가지거나 완벽하길 기대하기 때문인 것이다. 유아가 [자신의] 필요 상태에 수치심을 느끼지 않고, 두 명의 완벽하지 않은 존재 간의 장난스럽고 창조적인 '미묘한 상호 작용' 속에서 긍정적인 기쁨을 가질 수 있을 만큼 바람직한 발달 과정을 거치면 신뢰를 통해 전지전능감과 초월감을 점차 이완시킬 수 있게 된다. 이와 달리 B의 어머니는 완벽하지 않은 모든 것은 무가치하며, 자신의 아이가 안아 주고 편하게 해 주길 원하는 유아라는 이유만으로 가치가 없다고 생각했다. 그녀는 "나에게 완벽하지 않은 것은 거부해야 하는 것을 의미합니다."라고 말한다. 아이의 울음이나 젖을 달라는 아우성과 같이 인간의 결핍 상태를 보여 주는 표시들은 그녀의 눈에는 전부 무가치한 것으로 보였다. 그가 생각하기에 좋은 수유란 자신에게서는 완전히 지워진 것이었다. (그래서 그는 어머니의 머리카락에 숨이 막히는 꿈을 꾼다.) 그는 "어떤 것을 성취하는 방법은 한 가지밖에 없었어요. 완벽해지는 것이죠."[378]라면서 말을 끝마친다.

그 결과로 B는 다른 사람이 자신을 어떻게 볼 것인지에 집착하게 되었다. 자신을 완벽한 존재로 봐주길 원하지만, 다른 사람이 실제 자신을 보게 되면 완벽함을 보지 못할 것이라고 알고 있는 것이다.[379] 여기서 우리는 수치심에 대한 설명 속에 청중이 어떻게 들어오게 되는지 볼 수 있다. 돌봄 제공자와의 관계에 대해 B가 갖고 있던 생각이 B의 수치심을 불러일으키기 때문에 청중의 존재가 그러한 고통스러운 경험의 본질적인 특징은 아니다. 하지만 전지전능한 자아가 어린애처럼 형편없는 자아를 쳐다보는 비판적인 시선의 대행자가 되어 고통스러운 경험을 강화할 수는 있다.[380] 자신을 좀처럼 표현하려 하지 않는 B의 경직성은 자신의 내적 실재에 대한 전지전능한 통제력을 유지하려는 시도다. 그러면 의존적이고 다른 사람의 도움이 필요한 자아가 드러나는 수치심을 느끼지 않아도 되기 때문이다. 다른 사람이 없는 경우에도 이러한 수치심을 느낄 수 있다. 잠은 분노를 막기 위한 방어지만, 동시에 자신의 인간적인 부분을 드러내지 않기 위해 수치심이 선택한 반작용이기도 하다. 잠들어 있는 아기는 착하고 완벽한 아기이며, 그의 어머니가 원했던 아기다. 그래서 수치심은 실제 취약한 자신을 숨기고, 로봇처럼 진짜가 아닌 '거짓 자기(false self)'*가 전면에 나서게 한다.[381] 그 자신도

---

* '참 자기'(true self)가 침범되고 멸절되는 경험에 대한 유아의 방어를 표현하는 정신분석학 개념이다. 위니콧은 어머니가 유아의 욕구를 감지하지 못하거나 적절히 반응해 주지 못할 때 유아가 순응적 거짓 자기를 내세워 환경적 요구에 순응함으로써 위협에 처한 '참 자기'를 방어한다고 분석한다. 유아의 전지전능성에 응해주며 어느 정도 그것을 의미 있게 해 주는 '충분히 좋은' 어머니를 경험하지 못할 때 유아는 고립된 채 남게 되며, 상실감을 경험한다. 이 상실감이 오래 지속되면 결국 아이는 부모나 세계에 대해 가지고 있는 신뢰가 깨지게 되고, '거짓 자기'를 간직함으로써 자신의 '참 자기'를 보호한다는 것이다. 도널드 위니콧, 이재훈 옮김,

완벽해지길 바랐다는 점을 인정하자, 위니콧은 이러한 생각이 불안에 대한 방어라는 사실을 부드럽게 기억시켜 주었다. 그러자 환자는 다음과 같은 놀라운 이야기를 했다. "평등에 관한 놀라운 사실은 우리 모두가 아이라는 점입니다. 그래서 질문이 있는데, 아버지는 어디 있죠?"[382] 여기서 그는 잠시 동안 많은 아이가 유아기에 얻게 되는 신뢰와 즐거운 안아 주기의 상황에 도달하게 된 것이다.[383]

이 사례는 원초적 수치심을 강화 또는 약화시키는 상호 작용이 자신이 전지전능하지 않다는 사실에 대해 유아가 지니는 양면적 태도를 얼마나 더 나은 방향으로, 혹은 더 나쁜 방향으로 형성할 수 있는지 보여 준다. 자신의 약함과 무력함에 대한 원초적 수치심은 아마 감정 생활의 기본적이고 보편적인 특징일 것이다. 그러나 어떤 아이든 아이가 있다는 사실에 기뻐하고, 아이와의 상호 작용 과정에서 인간다워도 괜찮다는 의사를 표현하는 부모는 [아이가] 뒤에 갖게 되는 대상관계의 양가성을 누그러뜨린다. 이와 달리 B의 어머니는 원초적 수치심을 너무 강화시켜서 진짜 그는 심연으로 숨고 그 자리를 거짓 자기가 대신하거나, [분노를 막기 위해] 사려 깊게 잠을 자게 만들었다. B는 말한다. "흥분의 특징은 사적이지 않은 자극이라는 점이에요. …… 전 항상 여성과 성관계를 가질 때 두 사람만 있으니까 사생활이 없어서 어려웠어요. 그런 상황은 달갑지 않거든요."[384]

『성숙과정과 촉진적 환경』(한국심리치료연구소, 2000), 12장 참조.

물론 수치심은 다양한 형태로 생길 수 있다. 자신이 바라는 어떠한 이상은 항상 수치심의 가능성을 지닌다. 내가 '원초적 수치심' (완벽함을 원하고, 통제할 수 없거나 완벽하지 않은 것을 참지 못하는 것)이라고 부르는 것은 나르시시즘 또는 유아적 전지전능감과 밀접하게 관련된 특정한 형태의 수치심을 말한다. 수치심이 건설적인 역할을 할 수 있는 사례에 대해서는 뒤에서 다룰 예정이다. 내 설명에서 드러나듯 수치심의 원초적 형태는 도덕적·사회적 삶에서 계속되는 위험을 초래할 가능성이 매우 크다. B의 경우처럼 병리적 나르시시즘의 방향으로 발달이 왜곡된 사람의 경우는 특히 그러하지만, 어느 정도는 우리 모두에게 해당된다. 원초적 수치심과 공격성 ─ 병리적 나르시시즘을 수반하는 ─ 은 용인 가능한 수치심 속에 잠재되어 있다가 다양한 형태로 모습을 드러낸다. 그러한 형태 중에는 다른 사람에게 수치심을 주는 것도 포함된다.

　직계 가족은 건강한 형태든 그렇지 않은 형태든 수치심 발달에 영향을 주는 강력한 행위자다. 하지만 주변 사회 역시 또 다른 행위자이기도 하다. B의 사례에서는 수치심의 이상 발달에 대한 설명이 주로 그의 부모의 행위와 관련해서만 이루어졌다. 그렇지만 각각의 사회는 그들이 정상이라고 내세우는 발달 패턴의 형태 면에서 상이할 수 있다. 위니콧이 처방하는 것은 부모가 자신의 불완전함을 이해하고 제시하며, 불완전하다는 점에서 평등한 두 사람이 가질 수 있는 '미묘한 상호 작용' 속에서 아이가 기쁨을 느낄 수 있도록 양육하는 삶의 형태다. 예를 들면, 아이의 장난기와 창조적인 노력에 기뻐하는 모습을 보여 주는 것이다.[385] 이러한 가족적 또는 사회적 문화는 완벽하고 무정한 아버지가 위로부터 모든 의무를 규정하는 엄격한 체제에서나 찾아볼 수 있는 형태의 안전을 단념할 것을 요구한다.

B의 사례는 극단적인 경우다. 그래서 너무 보기 힘든 사례라서 일반적인 사회 이슈를 조명할 수 없다고 생각할 수도 있다. 그러나 많은 가족적·문화적 규범 속에 B의 어머니가 한 요구, 즉 도움을 받아서는 안 되며 도움을 필요로 하는 아이가 되어서는 안 된다는 요구가 조금씩은 존재한다는 점을 인정해야 한다. 낸시 초도로(Nancy Chodorow, 1944~)*는 그러한 요구가 세계의 다양한 문화권에서 남성들이 성장하는 과정에 내재해 있다고 주장한다.[386] 어머니에게 의존하는 것은 잘못된 것이고, 독립해서 스스로 삶을 꾸려 나갈 수 있어야 성숙한 인간이라는 가르침을 받으면서, 남성들은 자신이 지닌 받아들이는 능력과 놀이 능력에 대해 자주 수치심을 느끼도록 배운다. 반면 여성들은 성숙해서도 상호 의존 관계를 지속할 수 있고, 감정을 통해 필요를 표현하는 것이 적절하다는 메시지를 부모에게서 받을 가능성이 더 크다.

[지금까지의] B에 관한 논의에 비추어 보면, 초도로가 기술한

---

* 여성주의 사회학자이자 정신분석학자. 『모성의 재생산(The Reproduction of Mothering)』에서 여성의 어머니 역할이 세대에 걸쳐 재생산되는 방식을 분석하면서, 여성의 일차적 사회적 위치를 가정으로 한정시키고, 남성의 위치인 공적 영역과 구별 짓는 구조적 차이가 남성 지배를 강화한다고 주장했다.

남성들은 B처럼 극단적이지는 않다 하더라도 자주 다른 사람의 도움이 필요하다는 사실을 숨기고, 자신의 내적 세계를 돌보지 않고 이를 응시하길 외면할 것이다. 이는 악순환을 낳을 수 있는데, 자세히 살펴보지 않아 성장하지 않은 감정은 유아 수준에 멈춰 있기 때문에 수치스럽다고 느낄수록 그만큼 더 [겉으로] 드러나는 통제된 성인 자아와 조화를 이루지 못할 수 있다. 모리슨은 다음과 같이 적고 있다. "그래서 수치심과 나르시시즘은 서로에게 영향을 끼친다. 자기가 외롭고 분리된 작은 존재라는 사실을 경험하면, 그만큼 더 과장되게 자신의 이상과 하나된 완벽한 존재가 되길 추구하는 것이다."[387]

세상에 드러내 보이기 위해 능력과 정상성을 지닌 거짓 치장을 한 자기를 만들어 내는 환자들(전부는 아니지만 주로 남성들)의 사례를 다룬 임상 연구는 많이 있다. [이들은] 다른 사람의 도움을 필요로 하는 자신의 내적 측면을 잘 감춰서 발달시키지 않기 때문에 [자신의 이러한 측면을] 더욱더 수치스럽게 느낀다. 위니콧의 '거짓 자기' 개념과 볼라스의 '정상증후군인격(normotic personality)'*이라는 개념은 다른 방식으로 이 주제를 다루고 있다.[388] 정상증후군인격은 치료 과정에서 자주 접하게 되는 형태인데, 겉에서 보면 자신의 경

---

* 비정상적으로 정상적인 사람을 가리키는 개념이다. 정상 증후군 환자는 지나치게 건실하고, 안정적이며, 편안하고, 사회적으로 외향적이다. 하지만 근본적으로 주관적인 삶에 관심이 없고, 대상의 사물성과 그것의 물질적 현실 또는 물질적 현상과 관련한 '사실 자료'에만 관심을 갖는다. 크리스토퍼 볼라스, 이재훈·이효숙 옮김, 『대상의 그림자』(한국심리치료연구소, 2010), 8장 참조.

력을 매우 잘 꾸려 나가는 '정상적'이고 유능한 사람으로, 흔히 좋은 결과를 얻기 위해 삶을 지적인 측면에서 접근하는 경향이 있다. 그리고 결정적 의미에서 그 사람은 아직 '태어나지 않은' 존재라고 할 수 있는데, 어떤 면에서 보면 '정상적'이지만 다른 면에서는 '로봇과 같은' 모습을 보이기 때문이다. 감정적 인격과 자기에 대한 주관적 인식은 초보적 수준에 머물러 있다. 그러한 사람은 친구가 있기도 하고, 쾌활하며 가벼운 사회관계에 능숙할 수도 있다. 그러나 주관적 감정과 신뢰를 주고받는 친밀한 관계는 회피한다. 왜냐하면 자신의 내적인 필요에 귀 기울이고, 이를 소통하는 법을 배우지 않았기 때문이다. 같은 이유 때문에 이런 환자들은 대개 문학이나 시에서 전혀 즐거움을 느끼지 못한다. 적어도 내적 세계와 내적인 분투에 초점을 맞추고 있는 작품에 대해서는 그렇다. 볼라스는 이러한 증상의 근저에는 "(인간으로) '존재하는 것이 아니라' 존재를 지배하려는 충동"이 있다고 주장한다. 지배는 결코 실제로 이루어지지 않고, 모든 인간은 삶 속에서 끊임없이 자신의 불완전함을 떠올릴 수밖에 없기 때문에 그러한 환자들은 대개 우울증이나 공허함에 대한 치료를 받게 된다.

위니콧의 '거짓 자기' 개념은 약간 다르다. 그는 거짓 자기를 갖는 것이 꼭 병리적 현상은 아니라고 보기 때문이다. 위니콧은 우리 모두가 어떤 상황에서는 우리 자신에 관한 것을 감추려 하므로, 세상에 드러낼 수 있는 거짓 자기를 필요로 하고 사용한다는 점을 강조한다. 이것은 전혀 병리적이지 않으며, 실제로 심리적 건강 상태와 양립할 수도 있다. 그러나 건강한 사람의 경우 거짓 자기는 제한된 역할만을 수행한다. "공손하고 몸가짐이 바른 사회적 태도나 '속마음을 겉으로 드러내지 않는 것'"처럼, [거짓 자기는] 일반 사람들에게 우리의 눈물이나 필요, 취약성을 보이고 싶지 않을 때 우리가 사용하는 [자기] 보호 방식이다. 바꿔 말하면, 거짓 자기는 타당하고 제한된 형태의 사회적 수치심에 대한 일종의 방어다. 건강한 사람은 자신 안에 전지전능하지 않고 취약한 자아가 있다는 사실을 잘 알고 있고, 그러한 자아 속에서 즐길 수 있으며, 허물없는 친구들에게는 그러한 자아를 드러낸다.

이와 달리 많은 환자들은 [자신 안에] 취약한 자아가 존재하는 것 자체에 대한 원초적 수치심이 있어서, 거짓 자기가 [내면을] 완전하게 차지하고 있다. 그래서 그 자신이 내면 세계에 접근할 수도 없고, 다른 사람에게 이를 드러내지도 않는다. 위니콧은 이런 증상을 지닌 중년의 여성 환자에 대해 그녀는 "평생 동안 자신에게 존재하지도 않았던 감정을 가졌다."라고 기술한다.[389] 그녀는 유능하게 움직였지만, B처럼 자신이 지닌 인간적 실재를 느끼지 못했다. 그녀의 [인간적] 필요는 너무나 완벽하게 숨어 있어서 B처럼 인간다워질 기회를 놓쳐 버렸던 것이다.

컨버그는 거짓 자기와 참 자기의 변증법, 그리고 이것과 시의 역할과의 관련성을 보여 주는 놀라운 예를 들고 있다.[390] 자신의 내적 삶이나 다른 사람의 내적 삶에 대해 전혀 호기심을 가질 수 없었던 그의 환자는 자신은 오직 "강하고, 냉정하며, 유용한 사실"만을 받아들인다는 이유 때문에 시를 항상 경시했다. 어느 날 그는 안데르센의 동화 『나이팅게일』을 떠올렸고, 이 이야기는 며칠 동안 그를 사로잡았다. 이 동화는 보석으로 치장한 태엽인형을 좋아해서 살아 있는 새 나이팅게일을 팽개친 황제에 관한 이야기다. 병이 들어 황제는 나이팅게일의 노랫소리를 듣고 싶어 했지만 기계 나이팅게일이 고장 나서 위안을 받을 수 없었다. 죽음이 임박해 자신의 삶에 대해 처량하게 절망한 순간, 살아 있는 나이팅게일이 마침내 돌아와 그의 생명을 살려 낸다. 이 이야기에 너무 감동받은 나머지 환자는 자신이 [동화 속에 나오는] 황제 같다고 여겼다. 황제는 실제 자기보다 기계적이고 생기 없는 자기를 좋아했지만, 여전히 자신 안에 존재하는 살아 있는 자기를 몹시 만나길 원하는 존재라는 것이다. 그는 이렇게 결론지었다. "자신 안에 이처럼 착하고 용서해 주는 대상을 간직하고 있었기에 황제는 살아날 수 있었다." 그는 분명 그 자신이 완전히 죽지 않았음을 깨달았다. 황제처럼 그는 보석과 같은 완벽성을 위해서 [자신이] 경시해 왔던 것을 용서해 줄 수 있는 살아 있는 영혼을 그 안에 여전히 가지고 있었기 때문이다. 컨버그는 환자가 이전에는 멸시했던 글쓰기 형태를 통해 이러한 통찰을 얻을 수 있었다는 사실의 중요성을 언급하고 있다. 이 이야기에는 상상력의 내적 세계에 호소하고 강력한 감정을 불러일으키는 이야기 형태와, 필요, 감정적 메마름, 내적 생명력이라는 이슈를 다룸으로써 환자 자신이 자신의 내적 삶을 찾도록 돕는 구체적 내용이 모두 중요하다는 점을 말해 준다.

이러한 사례들은 수치심과 나르시시즘 문제가 다수 환자들의 치료에서 두드러진다는 점을 보여 준다. 컨버그와 모리슨은 다수의 병력들과 함께 이러한 현상을 상세하게 검토하면서, 병리적 수치심은 충분히 진단되지 않고 있지만 실제로는 아주 흔한 범주 — 특히 처음에 우울증이나 부적절한 분노 등과 같은 증상을 보이는 환자들의 경우에는 — 라고 주장한다.[391]

임상 연구 문헌은 거짓 자기가 이상 발달해서 위험한 상태에 있는 사람들에게 지적인 재능이 특히 위험을 초래할 수 있음을 반복적으로 강조한다. 지능이 높은 사람은 매우 강력하고 유능한 거짓 자기를 만들어 낼 수 있는데, 이것은 사람들을 삶에서 아주 동떨어지게 만든다. 게다가 거짓 자기는 성공을 거둠에 따라 더욱 강해진다. 삶이 계속되면서 차츰 거짓 자기는 지적인 활동과 자신의 감정이나 유약함에 대한 인식을 분리시킨다.[392] 반대로 임상 연구 문헌은 시와 같이 내적 세계의 기쁨을 배양할 수 있는 교육의 중요성을 강조한다. 그래서 나는 여기서 내가 특별히 관심을 갖고 있는 한 가지 사례를 덧붙인다. 이 주제와 관련해 존 스튜어트 밀이 『자서전』에서 말한 자신의 정신적 위기에 대한 설명이 중요하기 때문이다. I장에서 밝혔지만 밀의 자유에 대한 시각은 많은 부분에서 내 주장에 영향을 끼치고 있다. 그래서 이러한 시각이 우리가 지금까지 논의해 온 일부 문제를 이겨 내기 위해 놀랄 만큼 정직하고 의식적으로 애써 온 결과로 만들어졌다는 점을 아는 것은 중요하다. 나는 우리가 고찰해 온 심리학적 개념에 비추어 밀의 전체적인 성장을 살펴봄으로써 많은 것을 얻을 수 있다고 믿는다.

밀 자신의 유명한 기록과 다른 많은 증거가 입증하듯, 그는 아버지의 훈육을 통해 대단히 유능한 사람이 되었고, 강한 감정에 대해 수치심을 갖도록 배웠다.[393] 이러한 교육의 결과로 그는 점차 자신이 내적 통제력을 결여한 수동적이고 로봇 같은 존재라고 느끼게 되다.[394] 그는 통찰력으로써 이 모든 이야기를 우리에게 전해 준다.

밀의 유년 시절에 대한 증거와 출간 전에 삭제된 『자서전』의 [초고] 부분에서 우리는 그가 자신의 인격 속의 취약하고 타인의 도움을 필요로 하는 부분들에 대한 충분한 또는 안정적인 양육을 받지 못했다는 사실을 발견하게 된다. 밀의 어머니는 분명 두드러진 지적 관심이나 성취가 전혀 없는 여성이었고, 자식들을* 많이 두었기 때문에 삶에 매우 지쳐 있었다. 이런 이유들 때문에 제임스 밀은 그녀를 멸시했던 것처럼 보인다. 그는 아내가 자신의 뛰어난 학생[존 스튜어트 밀을 가리킨다.]과 많이 접촉하지 못하게 막았다. 그녀는 나이가 더 어린 자녀들과 시간을 보냈으며, 남편과 큰아들이 함께 있을 때면 형식적이고 어색한 상냥함을 보였다. 이러한 분위기 속에서 존은 분명 어머니와의 애정을 충분히 경험하지 못하다.[395] (아내인 해리엇의 설득으로 출간 전에 삭제된) 『자서전』 초고에서, 밀은 자신의 어머니에 대해 놀랄 만큼 가혹하게 이야기하고 있다.

---

* 제임스 밀(James Mill)과 그의 아내 해리엇 버로(Harriet Burrow)는 1805년에 결혼해서 아홉 명의 자녀를 두었다. 1806년 첫째 존 스튜어트 밀이 태어났다.

영국에서는 찾아보기 어렵지만, 정말 마음이 따뜻한 어머니가 계셨다면 우선 아버지가 완전히 다른 분이 되셨을 것이다. 그다음으로 아버지의 자식들도 사랑하고 사랑받으면서 자랐을 것이다. 그러나 물론 선의로 그러셨지만 어머니는 남편과 아이들을 위해 고단한 일을 하면서 삶을 보내는 법만을 알고 계셨다. 어머니는 아이들을 위해 하실 수 있는 일은 무엇이든 마다하지 않으셨고, 자녀들에게 상냥하셨기에 아이들은 무척 따랐다. 하지만 불행하게도 사랑과 존경을 받거나 순종을 받기 위해 필요한 자질은 없으셨다. 그래서 나는 사랑 없이 두려움 속에서 자랐고, 나의 도덕적 성장이 더딘 데에는 이러한 양육이 미친 효과가 적지 않고 지워지지도 않는다.[396]

B처럼 밀도 20대 초반에 우울증이라는 위기에 부딪혔다. 그는 일반적인 사회복지에 대해 고민하면서 아버지에게서 배운 분석 습관으로 이를 이겨 내려 했지만 소용이 없었다. 결정적인 전환점을 가져온 신비한 사건이 있었는데, 이 사건에 대해서는 다수의 해석이 존재한다.

우연히 장프랑수아 마르몽텔(Jean-Francois Marmontel)*의 『회고록』을 읽다 보니, 그의 아버지의 죽음, 그 가족들의 어려운 형편, 그리고 어린 소년이었던 그가 갑자기 고무되어서 자신이 [아버지 대신] 가족들

---

* 18세기 프랑스의 역사가이자 작가. 볼테르의 뒤를 이어 『백과전서(Encyclopedie)』의 문학 관계 항목을 집필했다. 1763년에 아카데미 회원이 되었다.

에게 모든 것이 되어 줄 수 있다고(그들이 상실한 모든 자리를 대신할 수 있다고) 느끼고 또 가족들이 그렇게 느끼게 했던 것을 적은 대목에 이르렀다. 그 광경이 생생하게 내 머리에 떠올랐고, 거기 감도는 감정이 내 마음을 사로잡아 나는 그만 감동하여 눈물을 흘렸다. 이 순간부터 내 부담은 차츰 가벼워졌다. 내 안의 모든 감정이 죽어 버렸다는 생각의 중압이 가셨다. 이제 나는 더 이상 희망 없는 사람이 아니었다. 통나무나 돌멩이 같은 존재가 아니었다.[397]

위기는 차츰 나아졌고, 밀은 윌리엄 워즈워스(William Wordsworth)* 시에서 큰 자양분을 발견한다. 그는 사회로 돌아오게 되었고, 몇 년 후 예술적·시적 취향을 지닌 몇몇 여성과 결실 없는 사랑에 빠지고 난 후, 어느 저녁 파티에서 해리엇 테일러 밀(Harriet Taylor Mill)**을 만나게 된다.

이제까지 마르몽텔 이야기는 주로 밀이 자신의 아버지가 죽기 바랐다는 관점에서 분석되었다. 이렇게 해석하는 사람들은 밀이 자

---

* 19세기 영국 낭만파 시인. 새뮤얼 테일러 콜리지와 함께 『서정 민요집』을 출판하여 영국 문학의 낭만주의 시기를 열었다. 시골의 가난한 사람들이 사용하는 소박하고 친근한 언어가 시에 알맞은 언어라고 여겨, 18세기식 기교적 시어를 배격했다.
** 존 테일러가 병으로 사망한 후 1851년 20년 지기인 존 스튜어트 밀과 재혼했다. 사회·정치철학과 윤리학에 일반적인 관심을 가졌고, 특히 여성의 권리와 교육에 관심을 기울였다. 밀의 주요 저서는 그녀의 손을 거쳐 출판되었고, 밀은 자신과 테일러의 생각을 따로 구분하는 것은 의미 없는 일이라고 생각했다. 결혼 후 7년 반 정도가 지나 남부 프랑스 여행을 떠났다가 폐충혈로 아비뇽에서 사망했다.

신을 마르몽텔과 동일시하며, 두려움의 대상인 아버지를 대신해서 가족을 돌보고자 하는 욕구를 표현하고 있다고 가정한다. 이러한 해석이 분명 전적으로 틀린 것은 아니다. 사랑과 존경을 표하는 말로 균형을 맞추고 있기는 하지만 아버지에 대한 적대감은 그의 서술 속에 담긴 명백한 감정이기 때문이다. 그러나 이러한 설명이 지니는 문제는 이 사건 전이나 후에 밀이 특별히 다른 사람을 돌보고 싶어 하지 않았다는 데 있다. 실제로 그는 다른 사람의 복지에 적극적인 관심을 쏟음으로써 자신의 우울증을 떨쳐 버리려 했지만 이러한 노력은 전혀 도움이 되지 않았다. 대신 그는 자기 자신, 특히 아버지에게 수치스럽게 여기도록 교육받은 [자기 안의] 감정과 주관적 느낌을 살피는 데 최대한 초점을 맞춘다. 나는 [마르몽텔의 이야기에서] 밀이 무엇보다 가장을 잃은 가족들에게 일체감을 느꼈다고 보는 게 훨씬 더 그럴듯하다고 생각한다. 이 가족들은 이제 그들이 필요로 했던 돌봄을 받을 수 있었을 것이다. 밀은 다른 사람이 자신에게 다음과 같이 말해 주길 상상한다. '당신이 [다른 사람의 도움을] 필요로 하는 건 당연해요. 곧 받을 수 있을 겁니다. 당신에게 필요한 돌봄을 말이죠. 사랑으로 보면 당신의 고통을 알 수 있어요. 당신의 모든 것이 될 누군가를 곧 만나게 될 거예요.

　『자서전』을 해석하는 사람들은 대체로 귀찮아서 하지 않지만, 마르몽텔이 쓴 원문을 살펴보면 이러한 해석[의 타당성]을 분명하게 확인할 수 있다. "한 방울을 눈물도 흘리지 않고" 그가 전하고 있는 말처럼, 마르몽텔은 자신이 가족들에게 위안이 될 수 있었던 것은 어렴사리 그가 자신의 감정을 통제할 수 있었기 때문이었다고 분명하게 밝힌다. 그가 위로의 말을 전하자 '그의 어머니와 어린 동생들은' 갑작스레 폭포수 같은 울음을 터뜨린다. 그는 이 눈물은 더 이상 비통한 애도의 눈물이 아니라 위로를 받아서 생긴 안도의 눈물이라고 말한다.[398] 밀이 [공감하고 있는] 감정적 위치는 분명 다른 사람의 도움을 필요로 하지 않는 독립적인 아들이 아니라 슬픔을 달래는 위로의 말을 듣고 안도감에 울음을 터뜨린 어머니와 동생들이다.

『자서전』에 나타나지만, 돌봄을 받길 원하는 밀의 소망은 자기 자신과 새로운 관계를 맺음으로써 어느 정도 성취되었다. 그는 이전에 자신에게 숨겨져 있던 측면을 받아들이고, 돌보고 키우며, 소중하게 여길 수 있게 되었다.[399] 그는 자신 안의 돌봄이 필요한 부분을 함양하는 일에 더욱 매진하고, 이를 위한 방편으로 워즈워스의 시에 눈을 돌린다. (이 일을 겪고 난 얼마 후에 쓴 벤담에 관한 뛰어난 글에서, 밀은 벤담을 자신의 감정을 함양하거나 시를 감상하는 법을 배우지 못한 아이와 같다고 기술한다.[400]) 또 곧이어 그는 (자신이 느끼기에) 어머니는 못해 줬지만 해리엇 테일러 ── 그녀의 편지가 보여 주는 것처럼 감정이 매우 풍부했던 그녀는 자신을 지적으로 방어하려는 존의 태도를 에둘러 가는 데 능숙했다. ── 는 어느 정도 자신을 돌봐줄 수 있을 것이라고 깨닫게 된다.[401] 영국보다 프랑스 문화에 강한 애착을 드러내는 진술로 보아 그가 감정을 자유롭게 표현하는 것이 큰 가치를 부여했음을 알 수 있다. 이러한 자유로운 감정 표현을 자기 안의 구속된 감정을 표출하는 것으로 여긴 듯하다. (아마 마르몽텔 이야기의 또 다른 측면은 『회고록』이 프랑스어로 쓰였다는 점일 것이다.) 자신의 철학적 경력 전반에 걸쳐 밀은 내적 세계를 인정하고 키우는 것에 큰 중요성을 부여한다. 또한 그는 정치적 자유의 풍토가 매우 중요하다고 느꼈는데, 이러한 풍토가 감정적으로 튼튼한 문화를 만들어낼 수 있을 것이라고 보았다. (이 점에 관해서는 6장과 7장에서 다시 다룰 예정이다.)[402]

이와 같은 일련의 사례들은 '정상적인' 삶, 심지어 뛰어난 성취를 이룬 삶을 살아가는 사람들에게서 다양한 형태로 나타나기는 하지만 유아적 나르시시즘, 수치심, 취약한 '참 자기'의 약함이 인간의 보편적인 문제임을 보여 준다. 인간 삶의 구조 속에 내재해 있는 이러한 긴장을 극복하는 것은 민감하고 위험한 문제다. 아마 누구도 이러한 긴장에서 완전히 벗어날 수는 없을 것이다. 그러나 '미묘한 상호 작용'이라는 위니콧의 생각에 담겨 있는 것처럼 절묘하게 균형을 이루려면 가정과 사회 측면에서 모두 [적절한] 양육이 이뤄져야 한다. 완벽성을 과도하게 강조하는 가정과, 지배적인 사회 행위자들이 결핍과 취약성을 수치스럽게 여기는 사회에서는 이러한 균형이 무너져서 공허함이 분노나 우울증 또는 이 둘 모두를 유발할 위험성이 크다.

가족과 사회가 다양한 방식 — 그러한 방식 중 일부는 매우 정교하다. — 으로 원초적 수치심을 조장할 수 있다는 점은 강조할 만한 가치가 있다. 다른 방식이긴 하지만 B의 어머니와 밀의 아버지처럼 명백하게 결함이 있는 부모들만 [아이의 심리적 균형을 무너 뜨릴 수 있는 것은] 아니다. 정상적이고 애정이 넘치는 부모들도 아 이의 나르시시즘을 과도하게 자극해서 아이의 자신에 대한 나르시 시즘적 환상을 되살릴 수 있다.

> 자식은 부모보다 더 좋은 시간을 누려야 하고, 부모가 생각하기 에 인생에서 아주 중요하다고 생각되는 필연적인 일들에 자식이 구속 받아서는 안 된다. 자식에게 질병이나 죽음이 닥쳐서도 안 되며, 재미 있게 못 놀게 하거나 아이의 기를 꺾는 일이 있어서도 안 된다. 그리 고 자식을 위해서라면 자연의 법칙이나 사회적인 법칙도 폐기될 수 있다. 진정으로 다시 한 번, 우리 스스로도 한때 꿈꿨던 "아기 폐하"의 지위를 자식이 누려야 하며, 자식이 모든 창조물의 중심이며 핵심이 되어야 하는 것이다. (……) 이 모든 것은 현실의 심한 압박 속에서 자 아의 불멸성이 위협을 받는 부모의 나르시시즘이 자식에게서 피난처 를 찾아 안정을 얻으려는 것에 불과하다.*[403]

정도는 다르지만 부모들은 대개 자신의 자녀들은 죽지 않을 것 이며 고통이나 고통스러운 한계를 경험하지 않을 것이라고 생각하

* 이 글은 프로이트가 쓴 「나르시시즘이란 개념의 도입에 관하여」(1914)에서 인 용한 것이다. 이 글은 프로이트의 주요 논문 가운데 하나로 꼽는다. 인용문의 번역 은 지그문트 프로이트, 윤희기·박찬부 옮김, 『정신분석학의 근본 개념』(열린책들, 2003), 69~70쪽을 참조하였다.

며, 이러한 믿음을 자녀에게 전달한다. 이것은 미국의 경우에는 좀 더 두드러질 가능성이 크다. 왜냐하면 완전무결한 개인을 유독 강조했고, 삶의 유한성이나 실패를 잘 받아들이지 못하며, 적절한 과학기술의 도움을 받으면 죽음이나 병에서 벗어날 수 있다고 생각하는 경우가 많기 때문이다. 이러한 환상들이 다른 사람의 도움을 그다지 필요로 하지 않고 자기 힘으로 살아가는 사람이 진짜 남자라는 널리 만연된 미국적 환상과 결합하면서, 고통스러운 사회적 긴장 요소를 낳고 있다.[404]

　이러한 사회적 긴장은 오늘날 특히 소년들의 삶에서 분명하게 드러난다. 여러 해 동안 남성 지배적인 환경 속에서 소녀들이 대면하게 되는 어려움에 주목한 연구가 이뤄지다가, 최근 몇 년 사이에는 소년들에게 두드러지는 발달 장애에 관한 연구가 폭발적으로 증가했다. 35년 동안 남학생들을 치료해 온 임상 심리학자인 댄 킨들론과 마이클 톰슨은 『아들 심리학(Raising Cain: Protecting the Emotional Life of Boys)』에서 미국 문화 속에서 소년들이 겪고 있는 곤경을 분석하고 있는데, 이들의 분석 방법은 앞에서 내가 제시한 주장과 일맥상통한 면이 크다.[405] 이들은 성적 차이에 대한 생물학적 설명에 조심스러운 태도를 보인다. 그들은 성적인 차이가 아마 존재할 것이라고 생각하지만, 소년들의 과도한 공격성이 [남성 호르몬인] 테스토스테론의 효과 때문이라고 생각할 수 있는 충분한 근거는 전혀 없다고 설득력 있게 주장한다. [이유는 다음과 같다.] 첫째, 사춘기 이전에 소녀 소년들의 테스토스테론 수준은 유사하지만 공격성 수준은 큰 차이가 있다. 둘째, 문제가 될 만한 공격성을 보이는 대부분의 소년들은 지배적 집단이 아니라 주로 '패배자들'이며, 지배적 집단의 소년들보다 테스토스테론 수치가 더 낮다. 생물학적 차이에서 생길 가능성이 높다고 생각되는 성적 차이는 두 가지다. 대체로 소년들은 언어 기술의 습득이 소녀들보다 다소 더디며, (어린) 소년들은 강한 신체 활동으로 에너지를 소진한 뒤에야 일에 집중할 가능성이 크다.

그러나 더 큰 문제가 되는 것은 양육과 문화가 만들어 내는 차이다. 무엇보다 아무도 소년들에게 자신들의 내적 세계를 탐구하고 표현하라고 말해 주지 않는다. 소년들은 감정 표현에서는 까막눈이다. 어른들이 그다지 기대하지 않기 때문이다. 킨들론과 톰슨이 인용하고 있는 실험은 이러한 차이를 보여 준다. 어린 소년들이 자신의 어머니에게 감정을 묻는 질문을 하면("조니는 왜 울어요?"), 어머니들은 짧고 대수롭지 않게 답변하는 경향이 있다. 반대로 어린 소녀가 질문하면 훨씬 더 긴 답변을 해 준다. 어머니들은 소녀들에게는 감정 표현에 관심을 갖길 기대하지만 소년들에게는 기대하지 않아서다. 취학 연령이 되면 소년들은 자신의 슬픈 감정에 둔감해지고, 다른 사람의 감정을 공감하는 데 큰 어려움을 겪는다. 소년들은 이미 슬퍼하고 [다른 사람의 도움을] 필요로 하는 것은 수치스럽다고 배운다. 소년들에게 항상 전해지는 메시지는 이겨 내고, 태연해지고, 남자가 되라는 것이다. 학교에서 많은 소년들은 다시 한 번 수치심을 겪는다. 통상 아이들이 그러하듯, 똑바로 읽지 못하거나 가만히 앉아 있지 못하면, 소년들은 학교 세계의 지배적인 조직에서 낙인찍히고 자신이 잘못되었다고 느끼게 된다. 그들은 소년들이 어떻게 느끼는지, 그들이 낙담했는지 분노로 가득 찼는지 이해하려 들지 않는다.

나중에 '잔인함의 문화'는 리더나 운동선수가 아닌 소년들을 낙인찍으면서 이러한 고통스러운 경험을 강화한다. 킨들론과 톰슨이 특히 문제가 있다고 여기는 소년 문화의 특징 중 하나는 여성적이라고 여겨지는 성격의 모든 측면(감정 특히 욕구, 슬픔, 동정심)을 폄하하는 경향이다. [이러한 측면을] 경멸하고 적대시하는 것은 좋고, '부드러운' 것은 나쁘다는 식이다. 실제로 미국의 일반적인 소년 문화에 대한 킨들론과 톰슨의 설명은 자유 군단에 속한 젊은 장교들에 관한 테벨라이트의 설명처럼 불길한 조짐을 느끼게 한다. 둘 다 비슷하게 여성적인 것에 대한 폄하와 연관되어 있기 때문이다. 그래서 소년들의 삶을 특징짓는 수치심의 다층적 경험은 여성을 향한, 자신의 취약한 부분을 향한, 종종 자신이 속한 문화의 지배적인 구성원을 향한 적대감으로 이어진다. 소년들은 이러한 갈등을 다룰 수 있는 내적인 자원을 키우지 않았기 때문에 흔히 자신들이 처한 문제가 무엇인지 표현하는 데 서툴다. 괴롭히는 아이든 괴롭힘을 당하는 아이든, 문제가 있는 소년들은 다른 사람이 어떻게 느낄 것 같은가라는 단순한 질문에도 잘 대답하지 못한다. 이러한 사실을 킨들론과 톰슨은 거듭 보게 된다. 종종 소년들은 이 질문이 화성에서 온 것인 양 반응한다. 이런 질문은 그들이 공유하는 문화에서는 생소하므로 어떤 의미에서는 실제로 그럴 것이다. 여성과의 관계에서 어려움을 겪고 있는 젊은 남성들이 많다는 사실은 전혀 놀랍지 않다. 소년들은 친밀함이 어떤 것인지 전혀 알지 못하며, 수음 과정에서 떠올리는 환상을 통해 [자신이 다른 사람에 대한] 통제력을 가지고 있고 완전무결하다는 기쁨을 느끼기 때문이다.

물론 소년들에 대한 이러한 서술은 여성에게 좋지 않은 일이 일어날 수 있음을 함축한다. 남성들이 '여성성'이라고 폄하하는 특징을 받아들이지 못해서 여성들이 너무 자주 피해자가 되고 있는 것이다. 게다가 수치심을 야기하는 문화적 이상은 여성들에게는 또 다른 파괴적 요소를 지니고 있다. 특히 여성의 아름다움에 대한 고정된 이상, 즉 날씬함을 바람직한 여성의 핵심적 요소로 지속적으로 강조한다. 사춘기 소녀들, 심지어는 사춘기 이전의 소녀들에게서 점차 늘어나고 있는 섭식 장애와 날씬함이라는 이상과의 관련성에 대해서는 많은 연구가 진행된 바 있다. 이러한 섭식 장애는 모리슨이 수치심의 이상 발달이라고 부른 것과 밀접하게 관련되어 있다. 그는 육체적으로 완전하지 않다고 상상해서 생기는 수치심은 유아적 수치심이라는 보다 초기적이고 일반적인 감정을 전달하는 수단이 된다고 주장한다. 이러한 문화적 규범은 유아기적 고통과 상호 작용하면서 유해한 결과를 초래하고, 파괴적인 형태의 나르시시즘 경향을 부채질한다는 것이다.[406] 몸에 대한 이러한 수치심은 자주 악순환을 초래한다. 자신의 몸을 다시 통제하고 자신이 원하는 완벽성을 성취하려면, [자신의 몸이] 적당하지 않다는 감정이 생겨 섭식 장애를 낳게 된다. 섭식 장애 자체 — 특히 폭식증으로 어려움을 겪으며 숨어서 음식을 토해 내는 경우에는 — 는 다시 수치심의 새로운 원천이 되며, 이러한 장애를 숨기려 할수록 수치심은 더욱더 커진다.[407]

이처럼 암울한 문화적 모습은 수치심과 이것의 역학에 관한 중요한 사실을 말해 준다. 즉 수치심이 초래하는 손상에 사회가 얼마나 많은 영향을 미치는가 하는 것이다. 어떤 의미에서 원초적 수치심은 피할 수 없는 필연적인 것이다. 그러나 소년들에 관한 킨들론과 톰슨의 주장, 모리슨과 파이퍼의 주장과 소녀들에 관한 다른 학자들의 주장은 [수치심이] 사회적으로 구성되는 측면을 보여 준다. 이들 저자는 일련의 문화적 문제들을 규명하고, 이를 해소할 수 있는 방법을 제안하고 있다. 그들이 제안한 방법은 밀이 제안한 방법과 다르지 않다. 감정을 더 배양하고, 상상력의 세계에 더 주목하며, 진정으로 공감하고 이해하려는 데 목적이 있다. 또한 자기 자신 안의 취약한 부분을 좀 더 들여다보고, 일반적이고 고정된 이상보다는 유연하게 자신에게 맞는 이상을 지니는 것이다. 교육적인 측면에서 밀의 처방은 지지를 받고 있다. 교육은 항상 내적 자아의 필요와 불안에 초점을 둘 필요가 있으며, 동시에 다른 사람의 필요를 인식할 수 있는 능력을 발전시켜야 한다. 서사 문학과 다른 예술 작품은 교육이 이러한 자료를 경시했을 때 배양되지 않을 수 있는 감정을 가볍게 두드린다. 교육은 삶의 어려움에 대한 자각을 길러야 하며, 협력하고 공감함으로써 인간은 어느 정도 이러한 어려움을 해결할 수 있고, '미묘한 상호 작용'을 통해 어느 정도만 무력함을 극복할 수 있다는 점을 알 수 있도록 해야 한다. 문학·예술·음악 작품은 (다른 목적 중에서) 이러한 목적에 따라 선택되어야 하며, 특히 사회 내에서 가장 취약하고 낙인찍힌 집단들의 경험에 주의를 기울여야 한다.[408]

그래서 인간의 삶이 모든 인간에게 부여하는 문제가 뿌리 깊은 것일지라도, 사회는 감정과 관련하여 젊은 사람들에게 '촉진적 환경'*을 만들어 줄 수 있으며 아니면 적어도 보완적 역할을 할 수 있을 것이다. (이 문제는 5장에서 다시 다룰 예정이다.)

4 수치심과 연관된 감정들: 모욕과 당혹감

사회적 이슈로 넘어가기 전에 몇 가지를 구분해 둘 필요가 있다. 수치심은 모욕이나 당혹감과 밀접하게 연관된 것처럼 보인다. 수치심과 연관된 감정에 대한 분류는 언어나 문화에 따라 다소 다르게 이해되고 있고, 이 절에서의 의견은 영미식의 이해에서 시작

---

* 도널드 위니콧이 『성숙 과정과 촉진적 환경』에서 사용한 표현이다. 절대적 의존 상태에서 상대적 의존 상태로 변해 가는 과정에서, 유아의 욕구를 미묘한 방식으로 부응해 주면서 성숙을 촉진시키는 바람직한 환경을 말한다. 촉진적 환경에서 유아는 자아의 통합, 신체와 정신의 교감, 대상관계의 확립을 이루게 된다. 여기서 너스바움은 좀 더 넓은 의미에서 이 말을 사용하고 있다.

하지만, 분류를 둘러싼 문제는 아마 대부분은 아닐지라도 많은 문화권에서 일정한 형태로 발생할 것이다. 나는 모욕을 수치심의 적극적이고 공적인 측면으로 이해한다. 누군가를 모욕한다는 것은 그사람을 수치심에 노출시키는 것이며, 누군가를 수치스럽게 한다는 것은 대부분의 경우 그 사람을 모욕하는 것이다. (적어도 수치심을 주는 것이 충분히 심하다는 가정에서.)[409] 물론 모욕이 항상 실제로 수치심을 초래하는 것은 아니지만, 수치심은 모욕을 주는 행위의 목적이라고 할 수 있다. 모욕감은 수치심과 매우 밀접하게 관련되어 있는 감정이라고 말할 수 있지만, 여기에는 모욕감을 느끼는 사람에게 어떤 것이 '가해졌다'는 사고가 추가된다.

윌리엄 밀러는 모욕은 희극의 세계에서 사용되는 것으로 과장되게 허세부리는 사람의 기를 꺾고 조롱하는 것을 말하는 반면, 수치심은 훨씬 더 심각한 문제라고 주장하면서 모욕과 적극적인 수치심 주기를 구분한다. 그래서 모욕을 떠올리면 웃음을 짓지만, 수치심 주기를 떠올리면 연민으로 기울기 쉽다는 것이다.[410] 그러나 나는 이러한 구분에 수긍이 가지 않는다. 사람들은 모욕당할 가능성이 있을 때 웃음을 보이지 않는다. 모욕은 특별히 심각한 창피를 당한 것이며, 사람들은 이를 두려워한다. 밀러 식의 용어 사용에 반대하는 다른 사람이 있을 수도 있다. 수치심과 모욕이 희극에서 사용되는 방식을 연구하는 것은 흥미로운 연구 주제이지만, 희극-비극이라는 구분이 모욕-수치심이라는 구분에 들어맞는다고는 생각하지 않는다. 좋은 사회란 구성원들이 모욕을 당하지 않도록 보호하는 사회다. 이것이 사회 규범에 관해 글을 쓰는 사람들에게는 자연스럽다. 이때 모욕은 개인의 존엄에 심각한 손상을 줄 정도로 욕보이는 것을 뜻한다.[411]

수치심을 주는 것과 모욕을 주는 것을 구분하자면, 수치심을 주는 것은 도덕적 비판이 정당한 경우들(아래 6절에서 다룰 것이다.)과 당사자의 인간성 자체를 욕보이지 않는 가벼운 경우들도 포함할 수 있는 보다 넓은 개념이라고 볼 수 있다. 모욕은 일반적으로 이를 당하는 당사자가 인간 존엄의 측면에서 다른 사람과 동등하지 않은 열등한 사람이라는 진술을 표현한다.

이와 달리 당혹감은 일반적으로 수치심보다 가벼운 상황이다. 당혹감은 수치심처럼 주관적인 감정 상태다. 그러나 수치심을 느끼는 대부분의 경우와 달리 당혹감은 순간적이고, 일시적이며, 사소하다. 이러한 차이가 생기는 한 가지 이유는 일반적으로 수치심은 이상이나 진지한 규범과 연관되어 있어서, 항상 넓은 의미에서 도덕적이기 때문인 것으로 보인다. 당혹감은 주로 어떤 사회적 상황의 특징을 다루며 상대적으로 일시적일 수 있고, 그래서 대체로 중요한 개인적 가치와 긴밀하게 관련되지 않는다. 그래서 가브리엘레 테일러(Gabriele Taylor)가 말한 것처럼 수치심은 깊숙이 자리 잡은 열망의 요소와 연관된다는 점에서 "보다 무겁고, 마음에 보다 큰 충격을 준다."[412] 실제로 당혹감은 결함이 있다는 인식을 전혀 수반하지 않을 수도 있다. 단지 어떤 것이 사회적으로 어울리지 않는다거나, 기대하거나 바라지 않았는데 갑자기 사회적 주목의 대상이 됐다는 인식만 존재할 수 있다. 그래서 사람들 앞에서 방귀를 뀌면 당혹스러울 수 있다. 방귀 뀌는 것이 정상적이고 심지어 즐길 만한 것이라고 생각해도 말이다. 속치마가 치마 아래로 흘러내려와 있음을 발견하면 당혹스러울 수 있다. 예의에 어긋나거나 단정치 못함을 나타내는 것이 아니어서 수치심을 일으키지 않더라도 그렇다. 어린 10대 소녀들은 자신의 가슴이 커지는 것에 대개 당혹감을 느낀다. 이에 대해 분명 수치심을 느끼지 않고 일반적으로 자긍심을 느끼지만 말이다. 이때 당혹감은 자신들이 새롭게 사회적으로 드러나는 것에 대한 불안감을 표현한다. 갑자기 자신들이 [성숙한] 여성처럼 보이게 되자 어찌할 줄 모르는 것이다. 다른 사람이 자신을 어린 소녀로 보는 데 익숙해져 있어서 자신에게는 어울리지 않는다고 생각하기 때문이다. 사람들은 종종 공개적으로 칭찬을 받을 때 당혹감을 느낀다. 이때 당혹감은 그런 칭찬이 자신에게 마땅하지 않다는 인식을 표현하지는 않는다. 단순히 다른 사람 앞에서 극찬을 받는 데에 불편함을 느끼고, 사회적으로 어색하고 [자신에게] 어울리지 않는다고 느끼는 것일 뿐이다.

이것은 당혹감과 수치심의 또 다른 차이를 펼쳐 보인다. 당혹감은 항상 사회적이고 맥락적이지만, 수치심은 반드시 그럴 필요는 없다. 수치심은 깊게 자리 잡고 있는 문제와 관련되기 때문에 세상이 [자신을] 바라보는 것과 무관하게 자기 스스로의 평가를 담고 있는 감정이라고 할 수 있다. 이와 달리 당혹감은 청중이 없으면 생기지 않는다. 당혹감은 청중의 속성에 대한 자신의 인식에 반응하는 것으로, 청중의 속성에 대한 인식이 바뀌면 달라진다. 그래서 마라톤 경주자들 사이에 있으면 땀투성이의 체취에 당혹감을 느끼지 않는 것처럼 경주 중에 소변을 보아도 당혹감을 느끼지 않는다. 만약 처한 사회적 상황이 달랐다면 이 일은 둘 다 당혹감을 줄 수 있다. (어느 경우에도 나는 두 가지 경우 모두에 수치심을 느끼지는 않을 것 같다.) 내가 화장실을 사용하고 있는 중에 낯선 사람이 들어온다면 당황하겠지만, 내 딸이나 파트너가 들어온다면 그리 당황하지 않을 것이다. 내가 어떤 사람과 이야기를 하고 있는데 그 사람의 이름을 잊어버렸다면 당혹스럽겠지만, 3자와 그 사람에 대해 이야기하고 있었다면 (일반적으로) 당혹스럽지 않을 것이다. 이름을 잊어버린 것이 적절한 주의력 부족이나 기억력 감퇴가 시작되었다는 비교적 심각한 개인적 결함을 드러낸다고 느낀다면 이 경우에는 수치심을 느낄 수도 있다.[413]

마지막으로 당혹감은 일반적으로 불시에 생기고, 의도적으로 부과되는 경우는 거의 없다. 만약 [누군가] 의도적으로 당혹감을 주었다고 생각하면, 모욕의 세계로 넘어가게 된다. 공원에서 소변을 보고 있는데 낯선 사람들이 보고 있다면 일반적으로 상당한 당혹감을 느낀다. 하지만 낯선 사람 앞에서 공개적으로 소변을 보도록 강요받는다면 이는 수치심과 모욕을 주는 것이다. 개인적인 신체 기능 사용을 자신의 마음대로 하는 것은 인간성의 본질에 속하고, 이를 강요하는 것은 그러한 선택을 부정하기 때문이다. 구멍 난 셔츠를 입는 것은 전혀 당혹스럽지 않을 수 있다. 왜냐하면 이것은 자신이 키워 온 성격을 의도적으로 표현하는 것일 수 있기 때문이다. 하지만 자신의 셔츠가 구멍 났다는 것을 모르고 온종일 돌아다녔다는 것을 알았을 때에는 당혹스럽기 마련이다. 경제적 궁핍 때문이든 일종의 처벌로 그렇게 하든, 다른 사람이 구멍 난 옷을 입고 돌아다니도록 강요한다면 이는 모욕을 주는 일이며, 존엄한 시민의 자격으로 마땅히 누릴 수 있는 일종의 자존감을 박탈하는 것이다.

5 수치심과 연관된 감정들: 혐오, 죄책감, 우울, 격노

수치심과 직접적으로 연관되지 않은 다른 감정과의 개념적이고 인과적인 관계도 분석해야 한다. 이러한 감정도 우리가 검토하게 될 공공정책의 이슈에 영향을 주고 있기 때문이다. 앞에서 분석했지만 수치심은 혐오와 구분되며, 많은 면에서 혐오보다 생산적이고 창조적일 가능성이 있는 감정이다. 2장에서 말한 것처럼 혐오는 우리 자신의 유한성을 떠올리게 하는 것과 자신을 오염시킬 수 있는 원천이 구체화되는 것에 초점을 둔다. 그래서 혐오는 우리를 실제로 우리 자신의 모습에서 멀어지게 하는 기능을 한다. 물론 혐오가 실제 위험 소지가 있는 것을 피하게 하는 현실적인 가치를 갖고 있기는 하지만, 로진의 연구가 보여 주는 것처럼 혐오는 개념적으로 위험에 대한 두려움과 다르며, [실제] 위험을 항상 잘 찾아내는 것도 아니다. 앞에서 말했지만 일반적으로 혐오는 깊이 자리 잡고 있으며, 본래부터 자기기만적인 감정이다. 좋게 작용하든 나쁘게 작용하든 간에 혐오는 무엇보다도 우리가 날마다 대면하기 힘든 우리 자신에 관한 사실을 감추는 역할을 한다.

수치심은 보다 더 미묘하다. 수치심은 다양한 형태의 목적과 이상을 지향하도록 우리를 자극하며, 그러한 목적과 이상의 일부는 소중한 가치를 지니고 있다. 이런 점에서 수치심은 본래부터 자기기만적인 감정이라고 볼 수 없으며, 자신이 될 수 없는 어떤 존재가 되려는 욕구를 항상 표현하지도 않는다. 수치심은 자주 우리에게 진실을 들려주기도 한다. 소중한 가치를 지니고 있는 목적이 있으며, 우리는 그러한 가치에 따라 행동하지 않고 있다는 것이다. 그리고 수치심은 대개 우리가 될 수 있는 어떤 존재, 즉 좋은 일을 하는 착한 사람이 되려는 욕구를 표현한다. 그래서 우리는 수치심이 도덕과 무관하며, 오직 사회적인 승인이나 비난과 연결된 감정이라고 생각해서는 안 된다. 이 지점에서 나는 수치심은 자주 도덕적 내용을 지닌다는 버나드 윌리엄스(Bernard Williams)의 견해에 동의한다.[414]

그럼에도 수치심은 완전해지고 완전한 통제력을 지니려는 원초적 욕구에 기원하기 때문에 다른 사람에 대한 폄하와 어떤 형태의 공격성 ─ 자아의 나르시시즘적 계획을 가로막는 장애물을 격렬하게 비난하는 ─ 과 연결될 가능성이 있다. 올바르게 유발된 수치심의 경우에도 한구석에는 나르시시즘과 이와 연관된 공격성이 항상 잠재해 있기 마련이다. 수치심을 이렇게 양쪽으로 나눠서 항상 유지할 수 있다면 현명한 사람과 사회가 되겠지만 말이다.

수치심을 죄책감과 대비하는 것이 일반적이므로 이쯤에서 계속되는 질문에 대한 나의 시각을 잠시 밝혀 두고 넘어갈 필요가 있을 것 같다. [수치심과 죄책감에 대한] 나의 분석은 혐오와 분노를 대비시킨 2장에서의 분석과 긴밀하게 연결되어 있다. 분노는 위해 또는 손상에 대한 반응이며, 부당함을 바로잡으려는 목적을 지닌다는 나의 말을 떠올려 주길 바란다. 나는 잘못을 저지른 사람이 자기 자신인 특정 경우에 죄책감이 생긴다고 주장한다. 죄책감은 일종의 자기 처벌적 분노이며, 자신이 잘못이나 위해를 저질렀다는 인식에서 생긴다. 수치심은 결점이나 불완전성에 주목하고 감정을 느끼는 그 사람 자체가 지니는 일정한 측면에 관심을 두지만, 죄책감은 어떠한 행위(또는 어떠한 행위를 바랐다는 사실)에 초점을 맞춘다. 죄책감은 행위자가 완전히 부적절하다고 보면서, 행위자 전체로 확장되지 않는다.[415] 2절에서 제시한 것처럼 발달적 측면에서 보면, 죄책감은 자신의 공격적 소망이 그래선 안 될 사람에게 위해를 주었다거나 그 사람을 대상으로 위해를 주려고 했다는 유아의 인식에서 기원한다. 죄책감은 부모와 같은 돌봄 제공자에게 [유아가] 갖는 양가적 인식에서 생기는 반응이다. 그러나 죄책감을 느끼는 시점에 유아는 이미 이러한 돌봄 제공자가 자신과 분리되어 존재하며, 자신의 방식으로 살아갈 권리를 지닌 사람이라는 사실을 인정하고 있다. 이러한 점에서 죄책감에 내재된 공격성은 수치심 주기에 담긴 공격성보다 더 성숙된 것이고, 창조적일 수 있는 가능성을 더 많이 가지고 있다. 수치심 주기는 나르시시즘적인 전지전능한 세계를 복원하려하지만, 죄책감은 분리된 대상 또는 사람의 흠 없는 상태를 복원하려는 목적이 있다. 그래서 페어베언이 '도덕적 방어'에 관한 자신의 글에서 분명하게 밝히고 있는 것처럼, 죄책감은 도덕적 요구를 수용하고 다른 사람의 권리를 인정하면서 자신의 요구를 제한하는 것과 연관되어 있다. 이러한 이유 때문에 클라인은 죄책감이 자신의 잘못을 바로잡으려는 생각과 관련된다고 주장한다. 아이는 이러한 계획을 통해 자신이 저질렀거나 저지르려 했던 잘못을 속죄하려 한다는 것이다.[416]

이러한 차이를 이해할 수 있는 방법 중 하나는 위니콧의 환자 B로 돌아가 보는 것이다. B는 완벽해져야 했기 때문에 자신의 공격성이 자신이 '저지른' 잘못된 '행위'였다는 사실을 납득할 수 없었다. 그는 자신의 나르시시즘을 버리지 못했기 때문에 아직 죄책감을 느낄 수 없었고, 자신의 공격성을 전체 자아를 지키기 위한 불가피한 잘못이라고 보았다. 이런 점에서 그가 느낀 수치심 —죄책감이 아닌 — 은 [자아를] 숨기고, 걸어 잠그는 원초적인 반응이라고 할 수 있다. 그는 자신의 분노에 대처할 줄 몰랐기 때문에 [내적인] 갈등 — 대부분의 아이들이 분노나 질투심을 느끼면서 겪는 — 을 경험하려 하지 않았다. B는 다음과 같이 결론짓는다. "이제야 갈등을 겪어 보는 게 나중에 도움이 된다는 걸 알았어요. (……) 결론적으로 나 자신의 문제는 해본 적이 없는 갈등을 어떻게 경험하느냐죠."[417] 위니콧은 "[자신의] 교정 능력에 대해 혼란스러워했다."라고 말한다. 그는 아직 "잘못을 바로잡는 법을 알려 줄 수 있는" 분노*를 경험하지 못했기 때문이다.[418] 그 결과 그는 완전히 도덕적 행동을 할 수 없었다. 도덕적 행동을 하려면 교정 능력을 사용할 수 있고, 다른 사람의 인간성을 존중하며, 다른 사람의 필요 상태에 주목할 수 있어야 하기 때문이다.

나는 죄책감이 잘못을 바로잡고, 용서하며, 공격성의 한계를 수용하는 태도와 관련되어 있으므로 창조적일 수 있는 가능성이 있다고 생각한다. 이와 달리 원초적 형태의 수치심은 도덕성과 공동체가 지니고 있는 모든 가능성에 위협이 되며, 실제로 창조적인 내면 생활을 가로막는다. 물론 죄책감이 과도해서 중압감을 줄 수도 있으며, 이 경우 [자신의] 잘못을 바로잡는 데 너무 집착한 나머지 건강하지 못한 자학적 모습을 보일 수도 있다. 반대로 나르시시즘적 요구를 이미 포기한 상황에서는 특정한 제한적 형태의 수치심이 소중한 이상을 추구하는 동기를 제공하는 건설적 역할을 할 수도 있다.[419] 그러나 유년기 중추적 단계에서 이 두 가지 감정의 역할로 볼 때, 나르시시즘과 연관되어 있는 수치심이 죄책감보다 발달에 보다 큰 위험을 초래할 수 있는 감정이라고 생각된다. 이러한 내 견해는 발달 과정에서 중요한 일의 하나는 유아가 전지전능감을 버리고, 대상 세계 속에서 살아가도록 만드는 것이라는 생각과 결합한다. 죄책감은 이러한 과제에 도움을 주는데, 죄책감에는 다른 사람은 권리를 지닌 분리된 존재이고, 해를 당해서는 안 된다는 큰 깨

---

* 자기 자신에 대한 분노인 죄책감을 말한다.

달음이 담겨 있기 때문이다. 반면 수치심은 다른 사람을 자기의 필요에 예속시키려 하므로 이러한 발달상의 과제를 완전히 무너뜨릴 위험이 있다. 내 설명이 옳다면, 법은 사회가 범죄에 대해 죄책감을 표현하고, 죄책감을 사회적인 동기로 활용하도록 하는 것이 현명할 것이다. 수치심은 보다 변하기 쉽고 신뢰하기 어려운 도구이기 때문이다.

'거짓 자기'와 '정상증후군' 인격을 검토하면서, 나는 이미 원초적 수치심과 우울증이 강한 관련이 있음을 시사했다. 이러한 관련성은 임상 연구 관련 문헌에 자세하게 기록되어 있다. 수치심을 느낀 사람은 [자신이] 불충분하다는 느낌이 떠나지 않고, 그러한 불충분함을 없앨 수 있는 확실한 방법도 전혀 떠오르지 않을 수 있다. 그렇게 되면 쉽게 [자기 안으로] 들어가 [마음을] 닫아 버리는 경우가 자주 생긴다. 보다 일반적으로, 만약 자아가 깊이 원하는 것이 성취할 수 없는 일종의 이상적인 공생 관계와 완전함이라면, 이러한 대상을 얻을 수 없다는 사실은 자신의 불완전한 인간 존재에 대한 수치심과 결합하여 완전히 공허하고 무의미하다는 의식을 낳게 된다. 우울증과 나르시시즘-수치심 간의 관련성을 광범위한 임상 연구를 통해 분석한 앨리스 밀러(Alice Miller)는 (B의 사례를 떠올리게 하면서) 원초적 나르시시즘 때문에 우울증이 생긴 환자는 슬퍼하는 능력을 습득하지 못하면 개선될 가망이 낮다고 주장한다. 완벽한 전체를 이루고 돌봄을 제공하는 대상과 완벽하게 융합될 수 있다는 환상을 버려야 한다는 것이다.[420]

밀러는 이런 환자들의 경우 우울증의 반대를 단순히 쾌활하거나 고통이 없는 상태로 이해해서는 안 된다고 강조한다. 이러한 상태는 완벽함에 대한 환상이 다른 형태로 바뀐 것일 수 있기 때문이다. 건강해지면서 환자가 "얻는" 것은 "전반적인 인간 경험이다. 여기에는 시기·질투·격노·혐오·탐욕·절망·슬픔이 포함된다." 다르게 표현하면, 로봇과 같은 거짓 자기가 아니라 자기 자신을 경험하게 되는 것이다.[421]

마지막으로 수치심과 나르시시즘적 격노의 관련성도 충분히 연구되어 있다. 내 분석에 따르면 원초적 수치심과 자기 안에 [무엇인가] 결여하고 있다는 사실에 대한 격노는 본래 강한 관련성을 갖고 있다. 자기가 불충분하다고 인식하는 자아는 이러한 조건을 비난할 수 있는 누군가를 찾는다. 유아의 경우에는 일반적으로 가까이에 죄인이 대기하고 있다. 자기가 강력하고 너무나 완전하다고 느낄 수 있도록 맡은 바 '일'을 다하지 않는 돌봄 제공자가 그 대상이다. 나르시시즘적 요구는 포기하기 어렵고 완전히 단념할 수도 없기 때문에, 이러한 태도는 이후 삶에서 쉽사리 격노로 바뀔 수 있다. 컨버그가 말했듯이 나르시시즘을 지닌 성인의 모든 전략 뒤에는 "좌절감을 안겨 주는 존재에 대한 무기력한 분노로 가득 차 있고, 자신과 같은 환자들처럼 증오와 복수심에 불타고 있다고 여겨지는 세상에 대해 두려워하는, 배고프고 몹시 성나 있으며 공허한 자아의 이미지"[422]가 자리하고 있다. 따라서 장애물에 의해 자신이 모욕당했다고 느끼는 환자들은 사소한 무시를 당해도 자주 과도한

격노를 표출한다.[423]

수치심에서 유발된 격노는 흔히 그 대상을 만들어 낸다. 주위 환경에 있는 가장 그럴듯한 대리인은 무엇이든 좌절을 안겨 주는 원천이 될 수 있다. 2장에서 얘기한 테벨라이트의 자유군단에 관한 연구로 돌아가 보자. 1차 세계대전에서 독일인이 겪은 모욕적인 패배의 결과로 수치심을 겪지 않을 수 있는 남성상이 필요했다.[424] 테벨라이트는 독일 장교들이 내면화했던 놀랄 만큼 이상적인 독일 남성상과 이것이 초래한 병리적인 격노에 대해 상세하게 증명해 보인다. 앞에서 살펴본 것처럼 이들은 무엇이든 할 수 있고, 어느 것에도 휘둘리지 않는 강건하고 강철 같은 남자가 되려는 목표를 가졌다.[425] 그러나 이러한 이상적인 자아상은 어떤 것과의 대비를 통해 자신을 정의해야 했다. 장교들이 자신의 어머니와 주위의 다른 여성들을 어떻게 기술했는지 연구함으로써 테벨라이트는 이러한 이상적인 남성상이 여성적인 것을 증오하고 폄훼하는 것과 밀접한 관련이 있음을 보여 준다. 여성성이 인간이 아닌 사람[이상적인 남성]이 지닌 강철 같은 자기 충족성에 위협이 된다고 본 것이다. 여성은 수치스럽고 혐오스러운 존재로 묘사되었다. 반대로 '강철 같은 남성'은 여성의 몸에서 태어나 단지 인간의 몸을 가지고 있을 뿐인 나이 든 남성의 특징인 여성에 대한 의존을 뛰어넘었다.[426] 이와 같이 수치심에서 유발된 격노는 여성만을 대상으로 삼지 않았다. 공산주의자, 유대인, 빈민 등과 같이 위협을 안겨 주는 사회 집단도 증오스러운 여성성이 확장된 것으로 그려졌다. 독일인 남성과 이들 집단 사이의 간극을 최대한 엄격하게 유지함으로써 그들은 전지전능성을 회복하려는 환상을 유지할 수 있었다.

이러한 사례는 너무 극단적으로 보일 수도 있다. 그렇지만 모든 사회는 완전무결함에 대한 요구에 익숙하며, 이런 생각과 충분히 연결될 수 있는 소수자에 대한 격노에도 익숙하다. 임상 연구를 통해 거듭 확인되는 사실은 발달 과정에서 나르시시즘에서 벗어나 다른 사람의 평등한 권리를 받아들이지 못한 사람들은 개인으로서든 집단으로서든 격노하기 쉽다는 것이다. 이러한 격노는 평등한 권리라는 관념에 기초하고 있는 사회에 위험을 초래할 수 있다.

6 건설적 수치심은 가능한가?

나는 수치심이 발달 과정과 도덕적 변화에서 건설적인 역할을 함으로써 때로는 도덕적으로 가치 있는 감정이 될 수 있다고 주장했다. 이러한 주장은 우리가 공공 정책에 대한 대안을 평가할 때 영향을 줄 수 있기 때문에 보다 충분히 검토할 필요가 있다. 그래서 먼저 어른의 경우에 [이러한 주장이 타당한지] 생각해 보고, 다음으로 아이의 발달 과정 측면에서 고찰해 보도록 하자. (아이들은 일반적으로 어른보다 불안정하고 원초적 나르시시즘의 뿌리에 더 가까이 있기 때문에 수치심을 사용하는 데 특별한 주의를 기울여야 한다.) 어른의 경우, 언제 수치심을 느끼는 게 바람직하다고 할 수 있을까? 지인이나 동료 시민이 수치심을 느끼도록 자극하는 것은 어느 경우에 바람직하다고 할 수 있을까?

바버라 에렌라이히의 『빈곤의 경제(Nickel and Dimed)』의 결론 부분에 있는 예민한 관찰에서부터 얘기를 시작해 보자. 이 책에서 에렌라이히는 자격증 없이 직업을 구하는 여성 행세를 하면서, [위장 취업을 통해 겪은 저임금 노동의 삶에 대해] 경험한 바를 기술하고 있다. 그녀는 일부러 세 개의 다른 주에서 [일자리를 구해] 살아 봤으며, 고되고 건강상의 악화를 초래하는 노동 생활 실태를 책에 담아 내고 있다. 이를 통해 근로 빈곤층에 충분한 주거와 고용 선택을 제공하지 못하는 것은 미국의 주요한 사회 문제가 되고 있다고 결론짓는다. 마지막 부분에서 그녀는 미국인들이 이 문제에 대해 충분히 죄책감을 느끼지 않고 있다고 보면서 다음과 같이 말한다. "죄책감은 필요한 만큼 더는 발전하지 못한다. 적절한 감정은 수치심이다."[427] [이 말에 담긴] 그녀의 의도는 무엇이었으며, 그녀가 생각한 수치심은 어떤 점에서 적절하다고 또는 바람직하다고 할 수 있을까?

에렌라이히는 아마 우리 사회에서 근로 빈곤층이 겪고 있는 곤경이 이들이 저지른 이러저러한 잘못에서 생기지 않았다는 점을 말하려 했을 것이다. 보다 잘사는 사람들이 "다른 사람의 저임금 노동"에 의존해서 살아간다는 사실도 마찬가지다. 이들의 곤경은 미국 사회에 깊이 뿌리박혀 있고 오래 지속되어 온 사고와 행태의 패턴에서 생긴다. 사치품을 선호하고, 일반적으로 재분배적인 과세에 대해 분개하며, 가난한 사람에게 빈곤을 초래했다고 믿는 태도가 그것이다. 이 외에도 많은 사례를 들 수 있다. 필요한 것은 이러저러한 유해한 행위에 대한 단순한 사과가 아니다. 이보다는 우리 자신을 성찰하고, 우리가 지닌 습관과 우리의 국민성을 재검토해야 한다. "다시는 A를 하지 맙시다."라고 말하기는 쉽다. 이제는 "더 이상 이런 식으로(탐욕스럽고, 물질 중심적이며, 평등을 적대시하면서) 살지 맙시다."라는 말이 필요하다.

개인이나 사회가 잘못된 방향으로 성품을 키워 왔을 때, 수치심의 공론화는 때때로 매우 적절하다는 것은 분명하다. 에렌라이히가 미국인들이 자신들의 성품을 성찰하고, 이 과정에서 발견한 것에 대해 수치심을 느끼도록 공개적으로 제안한 것은 바람직해 보인다. 여기서 내가 대답해야 하는 질문은 다음과 같다. 이와 같은 생산적 형태의 수치심은 원초적 수치심이나 이를 강화하는 위험한 형태의 수치심과 구분할 수 있을까? 그리고 에렌라이히가 말한 수치심은 정치적으로 매력적이라고 보고, 다른 경우의 수치심은 정치적으로 매력적이지 않다고 여기는 이유를 설명하지 않고 이 둘을 구분할 수 있을까?

우선 수치심 자체에 대해 생각해 보자. 어떤 사람이 에렌라이히의 책을 읽고 자신의 삶을 되돌아보면서 느끼는 수치심(잘못된 공동체의 규범에 자신이 개인적으로 연루되어 있거나 동참하고 있다는 데서 느끼는 수치심)은 가치 있는 도덕적·공적 규범, 즉 모든 사람과 사회가 열망하기에 적합다고 할 수 있는 규범과 연결되어 있다. 이때 수치심은 지나치게 탐욕스러웠고 동정심이 부족했다는 생각을 표현하며, 다른 사람을 등한시해서 생긴 불평등이 이 나라가 기초하고 있는 평등과 민주주의에 관한 사고를 약화시키고 있다는 생각을 담고 있다. 또한 수치심은 이 문제에 대한 관심과 이를 변화시키기 위한 자신의 정치적 참여가 부족했다고 느낀 나머지 생길 수도 있다. 물론 에렌라이히의 견해가 완전히 틀렸으며 가난한 사람 자신이 실제로 빈곤을 초래한다고 느끼는 독자도 있을 것이고, 이들은 수치심을 느끼지 않을 것이다. 독자들이 수치심을 느낀다면, 이것은 현재 자신의 기질과 정치적 입장을 뛰어넘어 광범위하게 공유되는 이상과 불일치하다는 점을 인식했기 때문이다. 만약 독자들이 이 책의 분석이 옳다고 받아들인다면, 미국인을 향해 수치심을 느끼라는 호소가 작용할 수 있으리라 기대할 수 있는 것도 이러한 이유에서다.

무엇보다 이러한 이상을 받아들이면서도 이를 실현하지 못해서 느끼는 수치심은 그 자체로 원초적 수치심을 강화하지 않는다. 오히려 실제로는 그 반대로 작용한다. 수치심을 느낀 사람은 자신의 내적 세계와 너무나 잘 맞는 편안한 나르시시즘적 신념에서 벗어나, 자신의 시간·노력·돈에 대한 다른 사람의 정당한 요구를 인정하고 있기 때문이다. 혼란을 느끼지 않고 자신의 방식대로 사는 것이 아니라 이 사람은 자신이 다른 사람의 실제 삶에서 멀어져 있었다는 사실을 인정하고 있는 것이다. 또한 나르시시즘에서 벗어나 '미묘한 상호 작용'을 키우기 위해 멈춰 서 있는 단계라고도 할 수 있다.

이 점이 중요한데, 동시에 이 사람은 인간이 공유하고 있는 일반적인 취약성을 인정하고 있다. 에렌라이히의 견해가 추구하는 전략은 바로 이와 같이 공통의 인간성에 대한 인식을 만들어 내는 것이다. 독자들이 지적이고, 열심히 일하며, 매력적이고, 신체적으로 건강하며, 출세했다고 생각하는 사람을 택해서 이 사람에게서 단지 학위와 자격증이 없어졌을 때, 같은 사람이 어떻게 혼자 힘으로는 탈출할 수 없는 비참한 세계로 내던져지는지를 보여 주고 있기 때문이다. 독자들은 자신을 에렌라이히와 동일시하거나 아니면 그녀보다 못하다고 생각할 것이다. (나 자신은 몸이 망가지지 않고 그런 생활을 견딜 수 있을지 모르겠다.) 이것은 독자들이 에렌라이히가 살아 본 사람들의 삶에 가까워지는 것을 말한다. 그들은 삶의 차이를 만드는 것이, 그리고 자신들이 보다 특권적 삶을 누리는 것이 재능이 아닌 환경의 차이라는 점을 알게 되는 것이다. 이러한 결과로 생기는 수치심은 자신들이 노동 계급 사람들보다 뛰어나며, 그들 자신과 가난한 노동자들은 공통성이 적다고 생각하는 (과거의) 경향에 대한 수치심을 포함한다.

그래서 우리는 에렌라이히의 사례를 옹호하면서 두 가지 연관된 사실을 말할 수 있다. 첫째, 이때 느껴진 수치심과 연관된 규범은 도덕적으로 바람직한 규범이며, 실제로 미국의 공유되는 정치적 관념의 기초이고, 정치적 목적을 달리하는 사람들도 함께할 수 있는 규범이다. 둘째, 에렌라이히의 책이 고쳐시키려고 한 수치심은 나르시시즘적 요소가 없을 뿐 아니라 실제로 나르시시즘과 반대된다. [왜냐하면 이 경우의 수치심은] 인간의 취약성에 대한 공통의 인식, 공동체의 모든 인간을 포함하려는 인식, 이와 연관된 상호 의존과 상호 책임이라는 관념을 강화하기 때문이다. 이러한 두 가지는 필요조건은 아니어도 성인이 경험하는 수치심이 가치 있는 것이 되기 위한 충분조건이다. 다른 성인이 이러한 수치심을 느낄 수 있도록 유도하는 것은 나무랄 데 없는 일이지만, 여기서 든 예처럼 이를 유도하는 과정에서 [상대방을] 욕보이지 않고, 모욕을 주지 않으며, 강제하지 않아야 한다. (그러한 동기가 자신에게서 비롯되는 게 가장 최선일 것이다.) 이러한 종류의 도덕적 수치심은 죄책감처럼 재통합과 [잘못에 대한] 교정과 연결될 가능성이 커 보인다. 사회 내의 다양한 계급 구성원이 보다 가까워지고 서로를 지지하게 되기 때문이다.[428]

이제 아이의 양육에 대해 생각해 보자. 나의 분석에 따르면 신체적이든 정신적이든 아이의 유약함과 관련된 수치심에 호소하는 것은 매우 위험할 수 있으며, [아이를] 쇠약하게 만드는 방법일 가능성이 크다. 아이는 항상 부모의 힘에 너무 취약하고, 한정된 도덕적 수치심을 주는 것도 고통스러운 모욕으로 받아들이기 매우 쉽기 때문에 나는 항상 아이를 키우는 과정에서 수치심은 위험하다고 말해 왔다. 아이에게 사랑을 표현하면서 잘못된 행위에 죄책감을 갖도록 해서 계속되는 습관을 고치려고 하는 경우조차도 어쩌면 아이의 품성을 떨어뜨릴 수 있다. 다른 한편으로는 앞에서 말한 에렌라이히 형태의 사례도 있을 수 있다. 아이에게 다른 사람의 필요를 등한시하는 습관이 있으며, 과대망상적이고 무신경하거나 [다른 사람에게] 도구적인 태도로 일관한다면, 죄책감만으로는 부족하며 오히려 행위의 특성이나 패턴에 초점을 맞춘 수치심이 도덕적으로 적절할 수 있다. 그러나 아이가 수치심을 느끼도록 부모가 조장하는 것이 적절한지의 여부는 또 다른 문제다. 말했지만 손상을 주는 모욕은 위험성이 크기 때문에, 잘못된 행위에 대해서만 죄책감을 느끼도록 하는 것이 현명하고 가장 [자녀를] 아끼는 방법일 수 있다. [아이의] 과대망상은 자주 두려움과 약함을 감추고 있으므로, 부모는 과대망상의 투영을 통해 불편하게 드러나는 아이의 숨겨진 취약한 부분에 사랑을 보여 줄 필요가 있다.

나르시시즘을 강화하지도 훼손하지도 않는 수치심의 사례에는 어떤 것이 있을까? 게으르고, 헌신이 부족하며, 귀중한 개인적 이상을 추구하지 못하는 것에 대한 수치심이 그렇다고 말할 수 있을까? 어른의 경우에는, 이러한 열망적 수치심이 건설적일 수 있다. 그렇지만 수치심을 느끼게 된 동기가 자신에게서 나오는 것이 가장 적절할 것이다. 낯선 사람은 어떤 사람이 자신의 개인적 이상에 따라 살고 있지 않다고 본인에게 말할 자격이 없다. 그러한 개인적 이상은 공유되는 정치 문화의 일부분이 아니기 때문이다. 친구들이 [수치심을] 유발하는 이야깃거리를 꺼내는 것은 가능해 보인다. 하지만 당신이 어떠한 결함이 있다고 생각한다는 사실을 그 친구에게 전달할 위험성이 항상 따르기 마련이다. 그래서 그 사람이 일반적으로 결함 있는 행동 패턴을 지니고 있다 하더라도, 특정한 행위에 초점을 맞추는 것이 보다 현명해 보인다.

어떠한 일을 함께하고 있는 상황에서는 실적이 낮아 "팀을 실망시키는" 모습을 보일 때에도 수치심을 느낄 수 있다. 특히 자기 스스로 수치심을 느낀다면, 이러한 수치심은 좀 더 헌신하고 좀 더 열심히 일하게 만드는 동기를 유발한다는 점에서 건설적일 수 있다. 그러나 다른 사람이 수치심을 유발한다면 그러한 수치심은 소용없어질 수도 있다. 팀의 감독은 선수들의 움직임이 망신스러울 만큼 형편없을 때 선수들이 수치심을 느끼게 해야 할까? 아마 이러한 경우에는 수치심이 대체로 적절하며 건설적일 수 있다. 반대로 이러한 종류의 수치심이 자신감을 심각하게 잃게 만들어 일을 더욱더 악화시킬 수 있다는 사실도 우리는 너무나 잘 알고 있다. 훌륭한 감독들은 적어도 공개적인 자리에서는 긴장을 풀어 주면서 자신감과 희망을 표현한다. 이 사실이 나에게는 흥미롭다.[429] 비록 수치심을 자극해서 감독이 단기적 결과를 얻어 낼 수 있을지는 몰라도 이것이 생산적이고 장기적인 전략이 되기는 어렵다.

아이들의 경우는 열망적 수치심도 매우 위험해 보인다. 특히 부모가 수치심을 유도하는 경우에는 더욱 그렇다. 부모는 자신들이 가치 있는 이상(근면이나 탁월성 같은)을 북돋아 주고, 아이들이 이러한 이상에 따라 행동하도록 독려하고 있다고 생각할지도 모르겠다. 그러나 대체로 실제로 벌어지는 일은 이와 다르다. 부모는 다른 재능과 바람이 있는 아이에게 [자신들의] 개인적 이상과 기대를 억지로 부과하고 있는 것이다. 아니면 아이에 대한 사랑과 수용이 부족하다는 사실을 표현하고 있는 것일 수도 있다. 그러한 이상이 (의식적 또는 무의식적으로) 부모가 지닌 계획이든 아니든, 아이는 [부모가 주는] 수치심을 [자신을] 사랑하지 않고 [애정을] 주지 않겠다는 뜻으로 받아들일 가능성이 매우 높다. 완벽성만이 [부모의] 사랑을 받을 수 있다는 생각을 갖게 되는 것이다. 다시 말하지만 아이에게 사랑을 표현하면서 [특정] 행위에 초점을 맞추는 것이 보다 건설적이고 분명한 메시지를 전달할 수 있다.

이것은 수치심을 느끼라는 다른 사람들의 호소에 꿈쩍하지 않고 사람들이 "수치심을 몰라야" 한다는 뜻인가? 나는 이러한 결론으로 이어지지 않는다고 생각한다. 젊은 사람이든 나이 든 사람이든, 사랑하고 존중하는 사람들이 자신에게 수치심을 느끼고 자신을 돌아보라고 말할 때 이러한 호소에 민감하게 반응하는 것은 적절해 보인다. 실제로 이상을 공유하는 사람과 그 사람이 지닌 선의 ─ 우리가 신뢰하라고 배운 ─ 에 대해 "수치심을 모르는" 사람이라면, 이는 그 자체로 나르시시즘을 드러내는 위험한 징후일 수 있다. 성숙한 인간이 된다는 것은 자신이 '도덕적으로' 불완전하다는 사실을 받아들이고, 다른 사람의 통찰력 있는 말을 귀담아들어서 귀중한 개인적 이상 ─ 도덕적 이상을 포함하는 ─ 을 향한 자신의 노력을 계속해서 개선해 나갈 수 있다는 점을 인정하는 것이다. 이것은 "미묘한 상호 작용"이 요구하는 한 가지 측면으로, 자신은 실제로 친구와의 상호 작용을 통해 도덕적인 깨달음을 얻을 수 있는 위치에 있다는 생각을 담고 있다. 사랑하는 사람들과 친구를 신뢰한다는 것은 어떤 점에서는 자기와 자신의 성격에 대한 그들의 견해를 고려한다는 뜻이다.[430] 개인적인 사이에서 어떤 사람이 자신의 성격을 비판해도 수치심을 느끼지 않는다는 것은 친밀함에 장애가 될 만큼 그 사람과 나 사이에 거리가 있다는 뜻이기도 하다. 친밀함 속에서 [다른 사람에게] 어느 정도 자신을 드러낼 때 수치심을 느낄 수 있는 것이다.

물론 이것은 다른 사람에게 수치심을 유발하는 것이 문제가 되는 이유를 말해 주기도 한다. 친밀한 관계를 맺으면서 자신의 취약성을 너무 많이 드러내게 되면 [상대방의 배신으로] 상처 입을 가능성도 더 커진다. 이런 이유에서 가치를 공유하고 존중하지 않는 사람과 친해지는 것은 분명 위험한 일이다. 예를 들면, 많은 여성들은 상호 존중하는 태도가 확립되지도 않았는데 친밀한 관계에서 마음을 열었다가 수치심에 큰 심리적 손상을 겪기도 한다.

수치심은 분명 건설적인 역할을 할 수 있다. 완전히 수치심을 느끼지 않는 사람은 좋은 친구, 좋은 연인, 또는 좋은 시민이라고 할 수 없으며, 수치심을 느끼도록 하는 것이 바람직한 효과를 가질 수 있는 경우도 있다. 주로 자기 스스로 수치심을 느끼는 경우에 바람직한 효과를 낳지만, 때로는 다른 사람이 수치심을 유발하는 경우도 그럴 수 있다. 그러나 수치심이 건설적인 역할을 하는 경우는 다른 사람이 수치심을 느끼도록 유도하는 것이 지니는 위험성을 보여 주기도 한다. 나르시시즘이 없거나 심지어 나르시시즘에 반대하는 생각을 담고 있을 수도 있지만, [깊이 들여다보면] 심연에 나르시시즘을 숨기고 있을 수도 있기 때문이다. 아이가 근면하게 지내도록 독려한다는 미명 아래 아이를 통제하고, 아이를 자신들이 지닌 이상적인 자기상처럼 만들려고 하는 부모가 그 예다. 그래서 수치심을 느끼게 하는 것은 사랑이나 우정이 깃든 관계에서 생기는 정중한 비판의 표현일 수 있지만, 사랑이나 우정도 나르시시즘의 위험에서 완전히 자유롭지는 않기 때문에 이 속에 수치심을 겪는 사람의 인간성 자체를 과소평가하는 미묘한 나르시시즘적 통제의 메시지가 담겨 있을 수도 있다. 이제 사회적 상호 작용에서 수치심이 하는 역할로 넘어가, 이러한 병리적 측면을 조심해야 하는 이유를 살펴보도록 하자.

7 스티그마와 소인(燒印): 사회적 삶 속의 수치심

모든 사회는 특정 사람을 정상이라고 지정한다. 고프먼이 신랄하게 주장하듯, 정상적인 것에서 벗어난 모든 것은 수치심을 일으킬 수 있는 이유가 된다. 사회생활을 하는 각각의 사람들은 정상성이라는 규범의 잣대로 세상을 내려다본다. 그래서 거울에 비친 자신의 모습이 그러한 규범에 부합하지 않을 때에는 수치심이 뒤따를 가능성이 크다. 사회적 수치심을 초래하는 많은 경우는 신체적인 것과 직접적으로 연관되어 있다. 다양한 종류의 장애가 있는 경우뿐 아니라 뚱뚱하고, 추하고, 어색할 때, 운동 경기에서 기술이 부족할 때, 매력적인 2차 성징의 특징이 없을 때 수치심을 느낄 수 있다. [사회적 수치심의] 다른 경우는 그 사람의 삶의 형태의 특징과 관련된다. 성적 소수자나 범죄자, 실업자는 이러한 낙인을 받는 주요 대상이다.

정상적인 것에서 벗어난 후자의 형태는 얼굴에 소인이 드러나지 않는다. 그 결과 각 사회는 눈에 보이는 표시를 부과하는 것이 편리하다는 것을 알아차렸다. '스티그마'는 사실 이러한 표시를 뜻하는 그리스어다.[431] 고대 그리스 세계에서 이 단어군(명사: stigma, 동사: stizó)은 소인이 아니라 문신을 가리켰는데,[432] 문신은 형벌의 목적으로 널리 이용되었다. 콘스탄티누스 황제의 칙령에서 알 수 있듯, 이러한 표시는 범죄자에게 수치심을 주기 위해 누구나 알아볼 수 있도록 얼굴에 행해졌다.[433] 많은 사회에서 비슷한 모습이 발견되는데, 일부 사회에서는 문신뿐 아니라 소인도 행해졌다. 소인이 특정한 범죄를 저질러 유죄가 입증된 사람뿐 아니라 노예, 빈민, 성적·종교적 소수자와 같이 다양한 바람직하지 못한 사람들에게도 행해졌음을 보여 주는 증거는 [역사의] 여러 곳에서 발견되고 있다.

사회가 소수자에게 낙인을 씌우는 과정에서는 어떤 일이 일어나는가? 이러한 행동은 내가 앞에서 개괄한 인간의 발달 과정과 어떤 연관성이 있는가? 현 시점에서는 이에 대해 주로 추정에 근거하여 설명할 수밖에 없지만, 적어도 우리는 혐오의 경우처럼 수치심을 어디에서나 나타나는 현상으로 이해하려고 노력해야 한다. 이 문제의 핵심에는 '정상'이라는 이상한 개념이 자리 잡고 있다. 이 개념은 두 개의 완전히 구분되어 보이는 사고와 연관되어 있다.[434] 하나는 통계적으로 빈번하다는 사고다. 즉 정상적인 것은 흔히 볼 수 있는 것으로, 대부분의 사람들이 갖고 있거나 행하는 것이다. 이러한 의미에서 '정상'의 반대말은 '흔치 않은'이다. 다른 하나는 바람직하거나 규범적이라는 관념이다. 정상적인 것은 적절한 것이며, 이러한 의미에서 '정상'의 반대말은 '부절적한', '나쁜', '수치스러운'이다. 일반적으로 낙인과 수치심에 관한 사회적 관념은 이 두 가지를 상당히 긴밀하게 연결시킨다. 대부분의 사람들이 하는 대로 행동하지 않는 사람은 수치스럽거나 나쁘다고 치부되는 것이다. [여기서] 궁금증이 생긴다. 왜 이처럼 특이한 방식으로 두 가지 관념을 연결시켜야 했을까? 일반적인 것이 좋을 수도 있고 나쁠 수도 있다는 점은 충분히 분명한 사실이다. 나쁜 등, 나쁜 눈, 나쁜 판단은 모두 매우 일반적이다. 상원의원 로먼 흐루스카(Roman Hruska)는 1970년 상원 토론에서 미국 연방대법원이 [일반 사람들이 지닌] 지적 평범성을 대변해야 한다고 주장했다가 당연히 조롱거리가 되었다. 밀의 주장처럼 인류 역사의 많은 진보는 다수가 살아가고 심지어 좋아하는 방식대로 살지 않은, 평범하지 않은 사람들에게서 나왔다. 그렇다면 왜 대부분의 사회는 일반적인 것을 정상으로 보는 관념을 지니고 있을까? 이때 일반적인 것은 다른 것을 낙인찍을 수 있는 대상으로 설정하면서 규범적인 기능도 수행한다.

일반적이라는 의미에서 정상이라는 것을 살펴본 고프먼의 주장을 떠올려 보면 이 질문은 좀 더 복잡해진다. 일반적이라는 생각은 어떤 사람에 대한 합성 사진처럼 실제로는 허구적인 구성물이다. 모든 면에서 '정상적인' 사람은 거의 존재하지 않는다. 특정한 한 가지 속성이 널리 퍼져 있는 것이라 하더라도, 이러한 속성의 전체 목록을 취합해 보면 이것을 모두 지닌 사람은 거의 없다. 기독교인, 쉰 살 이하의 사람, 이성애자는 모두 '일반적' 범주라고 할 수 있을 것이다. 그러나 이들 범주를 묶으면 교집합은 매우 적어진다. 고프먼의 목록*에 모두 해당되는 사람은 실제로 거의 드물며, [설령 있다 하더라도] 우리 모두는 머잖아 노인이라는 낙인찍힌 범주에 속하게 되기 때문에 너무나 일시적일 수밖에 없다. 그렇다면 왜 이처럼 달성하기 힘들고 어떤 의미에서는 모순적인 범주가 인간의 삶을 망쳐 놓을 수 있는 힘을 지녀야 하는가?

나는 일탈자를 낙인찍는 데 '정상'이라는 범주를 사용하는 것은 일정 정도 우리 모두에게 영향을 주는 원초적 수치심의 자연적 귀결로 이해해야 한다고 생각한다. 우리 모두는 좋은 것을 제공하는 원천을 완전히 통제하려는 유아기의 과도한 요구가 다양한 방식으로 충족되지 못한다는 사실을 알고 있다. 또한 우리는 자궁 또는 가슴과 하나가 된 유아기의 더없는 행복에 향수 어린 갈망이 있기 때문에 이를 대신해서 안정 또는 완전함을 제공해 주는 것을 필

---

* 앞에서 인용하고 있는 "젊은 기혼의 백인으로 도시에 살고 북부 출신이면서 이성애의 성향을 가진 신교도의 아버지로서, 대학 교육을 받고 완전 고용되어 있으며 적당한 몸무게와 키, 그리고 최근의 운동 경기에서 기록을 보유하고 있는 사람"을 말한다.

요로 한다. 그래서 자기 자신을 '정상'이라고 부르는 사람들은 자신을 둘러싼 모든 면에서 볼 때 일반적이며, 조금도 부족함이 없는 좋은 집단에 속해 있다는 생각에서 이러한 안정을 찾는다. 정상인들은 특정 부류의 사람들을 완전하고 좋은 사람으로 정의하고 그런 사람들로 자신을 에워쌈으로써, 위안을 찾고 안정이라는 환상을 얻는다. 정상성이라는 관념은 차이가 존재하는 세상에서 침입해 들어오는 자극을 덮어 주는 대리 자궁과 같은 역할을 한다.

그러나 이를 위해서는 어떤 다른 부류의 사람들을 낙인찍어야 한다. 정상인들은 자신의 신체가 파괴되기 쉽고 취약하다는 사실을 알고 있지만, 신체적으로 장애가 있는 사람들을 낙인찍을 때 자신의 인간적 유약함이 훨씬 더 낫다고 느낀다.[435] 그래서 자신은 정말 괜찮으며, 거의 불사신이라고 여긴다. 정상인들은 자신들이 많은 면에서 지적으로 결함이 많으며, 모든 인간은 지식이나 판단, 이해 면에서 부족함이 많다는 사실을 알고 있다. 그러나 주변의 지적장애자를 '저능아', '천치', '몽골인 같은 천치'(다운증후군 환자), '미친 사람'이라고 낙인찍으면서 자신은 현명하고 뛰어나다고 생각한다. 또한 정상인들은 [자신이] 다른 사람과의 관계에서 상처받을 수 있고, [관계의] 상실이나 배신이 누구에게나 영향을 줄 수 있다는 사실을 알고 있지만, 다른 집단을 도덕적으로 타락한 무리로 낙인찍을 때 자신들의 덕이 높다는 분명한 느낌을 받는다. 성적 관계에서도 모든 인간은 너무나 공격받기 쉽다고 느낀다. 특히나 성은 신체적으로나 감정적으로 취약한 부분이다. 그렇지만 정상인들은 특정 집단을 성적 일탈자로 규정할 수 있으며, 이를 통해 [성에 대해] 느끼기 마련인 수치심에서 벗어날 수 있다. 요약하면, 수치심을 외부 대상에 투영하고 다른 사람의 몸이나 얼굴에 소인을 찍음으로써 정상인들은 일종의 대리 행복을 얻는다. [외부를] 통제하고 완전무결해지려는 유아기적 소망을 만족시킬 수 있는 것이다. 그래서 고프먼은 낙인자는 "정상인과 대비되는" 존재라는 뜻깊은 주장을 펼친다.[436]

요컨대, 모든 사회가 관여하고 있는 낙인찍는 행동은 일반적으로 유아기적 나르시시즘과 자신의 불완전성에서 생겨난 수치심에 대한 공격적인 반응이라고 할 수 있다. 다수의 사람들은 다른 사람과 상호 의존적인 관계를 맺는 법을 배우고, 다른 사람이 자신과 분리된 존재라는 사실을 인정하면서 유아기적 나르시시즘을 다양한 측면에서 극복하지만, 이러한 인정에는 불안정한 면이 있다. 사람들은 여전히 유한하고 약한 존재가 되길 바라지 않는다. 그 결과 유약함 자체가 느껴지면 자기 보호적인 공격성으로 되돌아가는 강한 경향성을 지니는 것이다. 정상인은 곁에서 활동하는 장애인을 통해 자신의 유약함을 너무 많이 떠올리게 되기 때문에 얼굴에 유약함을 달고 다니는 사람들에게 공적인 수치심을 안겨서 시야에서 사라지게 하고 싶은 충동을 느낀다. 그래서 자기 안의 수치심은 자주 다른 사람에게 수치심을 안겨 주고 싶은 욕구를 유발하며, 취약한 사람과 집단에 낙인을 부과하기 위해 모욕을 주거나 적극적으로 수치심을 주는 행위로 이어진다.[437]

이러한 [나의] 생각은 임상 연구 문헌에서 충분히 검증된 바다.

거듭 말하지만 원초적 수치심이 병적일 정도여서 문제가 되는 환자들은 자신을 사회 규범에 맞는 '정상'으로 나타내는 데 관심을 보인다. 컨버그의 말처럼, "이들은 [사회 규범을] 따르지 않을 때 받을 수 있는 공격을 두려워하기" 때문이다.[438] 비슷한 시각에서 모리슨은 [자신이] '정상'이 아닌 '기묘한' 존재라고 느낄 때 자주 원초적 수치심을 경험한다고 말했다. 그래서 정상성은 자신을 숨기는 좋은 방법이다.[439] 정상인처럼 보이려고 하는 것은 거대하거나 완전무결한 존재로 여겨지고 싶은 대부분의 환자들의 목적과 일견 모순되는 것처럼 보인다. 그러나 고프먼도 같은 생각이지만, 정상이라는 사회 규범은 일반적으로 평균적인 사람이 지닌 취약함과 무관하다고 생각해야 한다. 정상은 철저히 규범적인 개념이고, 완벽함이나 완전무결성을 대신하는 것이다.

이러한 분석이 사회가 특정한 규범을 간직하고 사람들에게 이에 따르도록 요구하며 그렇지 않을 때 수치심을 안겨 준다면, 그러한 규범은 가치가 없고 좋지 않다는 결론으로 이어지지는 않는다. 앞에서 말했지만, 수치심은 좋은 이상과 관련해서는 귀중한 도덕적 기능을 할 수 있다. 그러나 수치심의 유아기적 기원을 고려하면 사회가 수치심을 주는 행위에 대해 마음 편히 신뢰하거나 액면 그대로 믿을 수 없다는 점을 알게 된다. 사회가 수치심을 주는 행위는 통제에서 벗어나기 쉬우며, 진정으로 가치 있는 규범 내에서 이를 적절하게 조정하기 어렵다. 도덕주의에 근거해 높은 이상을 외치는 이면에는 이러한 이상에 담긴 내용이나 그것의 규범적 가치와 근본적으로 무관한 훨씬 더 원초적인 형태의 욕구가 자리잡고 있을 가능성이 높다. 이러한 성찰이 우리로 하여금 도덕적 형태의 수치심 주기에 대해서도 보다 회의적인 시각을 갖게 하며, [도덕주의] 이상이 순수한 목적 이외에 얻고자 하는 것이 있는지 알기 위해 그러한 이상을 좀 더 엄밀히 살피고 분석하게 한다.

낙인찍는 행위의 핵심은 피해자를 비인간화하는 것이다. 얼굴에 소인을 찍으려는 충동은 이 주제에 관한 역사에서 반복해서 등장한다. 손이나 다리는 감출 수 있지만 얼굴은 눈에 보이기 때문이며, 또한 콘스탄티누스 황제의 말처럼 얼굴은 인간성과 개인성의 표시이기 때문이다. 그래서 로마인들은 이마에 범죄자의 이름이나 [자신이 받은] 처벌을 문신하는 수치심 형벌에 특히 열중했다.[440] 이러한 처벌은 고프먼이 '망가진 정체성'이라고 일컬은 영구적인 표시를 [그 사람에게] 남기는 행위였다. 이것은 또한 [인간으로서의] 고유성을 상실했다는 표기이기도 했다. 범죄자는 열등한 계급의 구성원으로 전락하며,[441] 얼굴에 새겨진 것은 그의 고유한 개성을 드러내기보다는 없애는 역할을 한다.[442]

개개인을 인지하지 못하거나 그들의 이름을 부르지 못하는 B가 지닌 수치심의 놀라운 반사 작용을 떠올려 보자. 필요를 낳는 원천을 통제하고 차단하고자 하는 욕구를 지닌 그는 다른 사람들을 자신의 계획을 방해하는 모호하게 다가오는 위협으로만 보았다. 그래서 그는 이들 각각이 지닌 질적 독특성을 볼 수 없었고, 그들이 분리된 존재라는 사실도 인정할 수 없었다. 많은 사회적 낙인의 기초가 되는 나르시시즘적 공격성도 마찬가지다. 이것은 문자 그대로 소인을 찍거나 아니면 단순히 다른 사람을 고유한 인간이 아닌 수 치스러운 집단의 구성원으로 분류함으로써, 그 사람이 인간으로서 지니는 개별성을 없애려는 충동을 담고 있다. 특정인을 '불구', '몽골인 같은 천치', '동성애자'로 분류함으로써 우리가 함께 공유하는 인간성과 그 사람의 개별성을 모두 부인하는 것이다. 이를 고프먼은 다음과 같이 말했다. "그의 존재는 우리 마음속에서 건전하고 평범한 인격체에서 더럽혀지고 무시되는 인격체로 전락하게 된다. (……) 정의상 우리는 낙인찍힌 사람들을 완전한 인간이 아니라고 생각한다. 이런 가정 아래 다양한 차별 행위가 이루어진다."[443]

유아 발달이라는 측면에서 공공 정책 이슈에 접근하게 되면 수치심을 주는 행위가 빈번히 일으키는 역학에 주의를 기울일 수 있는 장점이 있다. 또한 수치심을 주는 행위가 초래하는 비인간화 경향이 결코 우연이 아니며, 수치심이 지니는 표출적이고 억제적인 잠재력을 유지하면서 다른 한편으로 이러한 경향을 제거하기란 쉽지 않다고 보는 근거를 제공해 준다. 그것은 유아기적 나르시시즘 자체가 지니는 논리의 일부분이기 때문이다. 이제 이러한 문제점을 염두에 두면서, 법과 공공 정책의 이슈로 넘어가 보도록 하자.

5장 ——— 시민들에게 수치심을 주어야 하는가?

Quamdiu vixerit, habebit stigmam.
그는 살아 있는 한 처벌로 받은 문신을 하고 다닐 것이다.

페트로니우스, 『사티리콘』 45. 9.

Sit denique inscriptum in fronte unius
cuiusque quid de re publica sentiat.
이제 모든 사람이 국가에 대한 자신의 의견을
이마에 새기도록 합니다.[444]

키케로, 『카탈리나에 반대하여』 1. 32.

1 수치심과 '촉진적 환경'

　　사회는 시민들에게 수치심을 부과함과 동시에 수치심으로부터 시민들을 보호하는 보루를 제공하기도 한다. 법은 이 두 가지 과정 모두에서 부분적으로 중요한 역할을 한다. 품위 있는 사회는 시민들에게 수모나 모욕을 주기보다는 그들이 지닌 인간 존엄성을 존중할 것이라고 생각하는 사람도 있을 것이다. 또한 품위 있는 사회는 시민들이 일정한 형태의 수모나 모욕을 겪지 않도록 보호할 것이다. 이 장에서는 공적인 도덕성을 지탱하기 위한 법적 장치로 수치심을 사용해야 하는가라는 질문을 통해 공개적으로 수치심을 주는 것에 대해 검토하고자 한다. 그리고 다음 장에서는 시민들이 모욕을 겪지 않도록 법이 보호해 줄 수 있는 몇 가지 방식을 살펴볼 것이다. 시민들이 가장 겪지 않길 원하는 모욕의 형태 중 하나는 법에 기초한 것이거나 법으로 집행되는 것이기 때문에 이 두 가지 주제는 밀접하게 연관되어 있다.

법체계의 역할 중 이러한 측면을 검토함으로써 우리는 법이 신뢰와 호혜성을 지닌 삶을 위해 위니콧이 말한 '촉진적 환경'을 조성해 줄 수 있는 방법에 대해 질문하려 한다. 이를 통해 소중하게 간직해 온 자유주의적 규범의 심리적 토대를 탐구할 것이다. 그래서 먼저 유아 발달에 관한 우리의 주장으로 돌아가 보도록 하자. 비록 많은 다양한 주장 — 이러한 설명들의 다수는 내가 말한 심리적 설명과는 무관하다. — 이 뒤에 나오는 법에 대한 나의 설명을 뒷받침해 줄 수 있지만, [유아 발달에 관한] 심리적 설명은 [나의] 정치적 주장에 깊이와 힘을 더해 준다.

나르시시즘의 위험성과 과도함에 대해 기술하면서 위니콧과 페어베언은 건강한 감정 상태에 관한 일정한 기준을 서술하고 있다. 건강한 감정 상태란 비정상적으로 불안을 안겨 주는 쇼크를 경험하지 않은 사람에게서 나타나는 감정 발달이 정점에 도달한 상태를 말한다. 페어베언은 '독립'이라는 말 대신 '성숙한 의존'이라는 의미심장한 용어를 사용하면서, 이 말을 어린아이의 '유아기적 의존'과 대비시킨다.[445] 유아기적 의존 상태에서 아이는 자신을 몹시 절박하고 무력한 존재로 인식하며, 좋음을 제공하는 원천을 통제하고 통합하려는 욕구를 지닌다. 반대로 성숙한 의존(지금부터는 '성숙한 상호 의존'이라고 일컬을 것이다.) 상태에서 아이들은 자신이 사랑하고 계속 필요로 하는 사람이 분리된 존재이며, 단순히 자신의 의지에 따르는 도구가 아니라는 사실을 받아들일 수 있다. 아이들은 자신들이 어떤 면에서 돌봄 제공자에게 의존하고 있다는 점을 인정하며, 전지전능성을 고집하지 않는다. 또한 아이들은 이번에는 돌봄 제공자가 어떤 면에서 자신에게 의존하는 것을 허용하게 된다.

비록 분노나 질투, 시기를 느끼지 않고 이러한 사실을 받아들이게 되는 것은 아니지만 성숙한 어느 시점이 되면 아이들은 통제하려 하지 않으며 시기심이나 질투심을 버릴 수 있다. [대신] 평등과 호혜성의 발판 위에서 관계를 형성하기 위해 이때쯤이면 발달하는(부분적으로는 자신들의 죄책감과 슬픔 때문에 발달한) 감사와 관대함이라는 자원을 사용할 수 있게 된다. 아이들은 자신들이 항상 사랑과 안정을 필요로 한다는 점을 인정하지만, 소유하거나 통제하려는 질투 어린 시도 없이도 이를 추구할 수 있다는 점을 알게 된다. 페어베언은 어른의 사랑이 성취되는 것은 오직 이 시점이라고 강조한다. 왜냐하면 사랑이 가능하려면 대상이 분리되어 있다는 사실을 인정해야 할 뿐 아니라 이러한 분리성이 보호되길 바라야 하기 때문이다.

그러나 이러한 건강한 상태는 불확실하게만 성취되는 것이며, 개인적·사회적 힘에 의해 쉽게 불안정해지는 경향이 있다. 성인의 능력과 성숙성(그리고 실로 성숙하고 일반적인 사랑) 이면에는 성숙하지 못한 소망이 잠재해 있으며, 이것은 결코 완전히 없어지지 않는다. 들끓는 질투심, 세상의 중심이 되려는 요구, 지극한 행복과 편안함에 대한 갈망, 그 결과 자신의 주위를 '정상인'으로 에워싸고 취약한 사람이나 집단을 낙인찍으려는 욕구가 그것이다. 개인사나 가족사는 이러한 요구가 표출되는 방식에 영향을 줄 수 있다. 또한 [개인을] 에워싼 사회도 영향을 끼칠 수 있으며, 사회는 시민의 건강한 감정 상태를 위해 다양한 정도로 위니콧이 말한 '촉진적 환경'을 형성할 수 있다.

그렇다면 낙인과 수치심, 그리고 나르시시즘과 같은 이슈가 공공 정책과 관련해 함의하는 바는 무엇인가? 만약 우리가 다뤘던 유일한 이슈가 다른 사람을 낙인찍는 사람의 건강한 감정 상태였다면, 일부 자유주의자들은 시민의 삶에서 낙인찍는 행위가 끼칠 수 있는 영향을 완화함으로써 건강한 감정 상태를 증진시키는 일은 법과 공공 정책이 해야 할 역할이 아니라고 주장할 수도 있을 것이다. 만약 그러한 '정상인'들이 유아적 형태의 수치심을 행동으로 옮기고 성숙한 상호 의존 관계를 형성하지 못한다면, 이러한 자유주의자들은 이는 자신들이 선택한 삶의 방식의 일부이므로 법이 간섭할 문제가 아니라고 말할 것이다. 그러나 나는 이러한 자유주의자들도 법이 건강한 감정 상태를 증진시키는 역할을 해야 한다고 대답할 수 있다고 생각한다. 왜냐하면 건강한 감정 상태 속에서 자존감을 가지고 다른 시민과 상호 존중하는 관계를 맺을 수 있는 능력은 분명 '기본적 재화'이기 때문이다. 그래서 자유주의적 사회에서 살아가는 시민들이 이러한 능력을 활용할 수 있어야 한다는 생각은 타당하다.[446] 낙인을 찍는 사람과 그들의 정신 건강만이 우리의 관심사가 아니라는 점은 분명하다. 낙인찍힌 사람은 다른 사람의 낙인찍는 행위로 엄청난 피해를 본다. 때때로 그들은 자신의 잘못이 없는데도 법적 측면에서나 시민으로서 불리한 조건에 처하게 된다. 동의하지 않는 제3자에게 아무런 위해를 주지 않음에도 종교나 생활 양식이 소수자라는 이유로 법 아래에서 차별을 받는 것이다. 주택 구입이나 고용, 다른 사회적 기능에서 법적 근거가 없는 차별은 널리 퍼져 있어서 훨씬 더 빈번하게 발생한다. 대부분의 근대 사회에서 게이와 레즈비언은 오랫동안 이런 상황에 처해 있었으며, 키 작은 사람, 뚱뚱한 사람, 에이즈 양성자, 그 밖에 많은 다른 사람들도 비슷하다. 낙인의 대상이 된 집단에 속한 개별 구성원은 거의 항상 조롱이나 비아냥거림으로 고통을 겪으며, 이런 점에서 인간 존엄성과 개별성에 대한 훼손은 수치심을 주는 행위에 내재된 특성이라고 할 수 있다.

그러므로 상호 존중과 호혜성의 규범에 기초한 사회는 낙인의 유해한 영향을 어떻게 최소화할 것인지에 관심을 가질 매우 강한 근거를 지닌다. 비록 정치적 자유주의자들과 공동체주의자들은 많은 질문에서 의견을 달리하지만, 상호 존중과 호혜성이 매우 중요한 사회적 가치(미국과 같은 자유민주주의가 담고 있는 정치관의 핵심에 있는 가치)라는 점에는 아마 동의할 것이다.[447] 그래서 적어도 어느 선까지는 가치에 대한 타당한 불일치가 자유주의적 사회의 특징이라고 믿는 정치적 자유주의자들뿐만 아니라 사회의 동질성을 높여야 한다고 주장하는 공동체주의자들도 설득할 희망이 있는 주장을 펼칠 수 있으리라 생각한다.

한 가지 주안점은 처음부터 강하게 강조할 필요가 있다. 제도는 보다 넓은 범위에서 아이의 발달에 영향을 끼친다는 사실이다. 아이의 발달은 시민이 될 때까지 '사적 영역'에서 이뤄진다고 생각하지 않는 게 중요하다. 모든 단계에서 법과 제도는 좋든 그렇지 않든 아이의 발달에 영향을 끼친다. 젠더, 섹슈얼리티, 차별과 같은 문제를 둘러싼 사회의 공적 규범은 다양한 방식으로 부모의 삶에 영향을 주며, 이를 통해 아이의 삶에 작용한다. 아이가 성숙해지면서, 이들 규범은 보다 직접적으로 영향을 끼친다. 예를 들면, 앞에서 내가 초도로와 킨들론, 톰슨을 인용하면서 언급한 남성다움에 관한 규범은 사회적 규범과 제도를 배경으로 해서 부모와 친구들을 통해 아이에게 전달된다. 법과 제도가 이러한 규범에 영향을 끼칠 수 있는 방법은 다양하게 존재한다. 공식적·비공식적인 공교육, 남성들이 보다 충분히 보육에 참여할 수 있도록 유인을 제공하는 정책, 육아 휴가, 고용주들이 보다 유연한 노동 정책을 만들도록 하는 유인책 등을 예로 들 수 있다.[448] 자립보다 상호 의존을 강조하는 남성성에 관한 규범을 형성하는 것은 아이와 부모의 삶의 다양한 측면에서 다양한 수준으로 제도가 관여하게 되는 복잡한 일이다. 그래서 내가 지금부터 탐구하려는 법의 구체적 영역은 고려할 수 있는 전체 영역 중에서 작고 매우 명백한 부분에 불과하다고 할 수 있다.

첫 번째 질문은 수치심을 주는 행위에 법이 적극적으로 관여해야 하는가 하는 것이다. 만약 그렇다면 이것은 언제 좋은 역할을 하는가? 법이 노예 제도에 관여하지 말아야 하는 것처럼 법이 시민에게 수모나 모욕을 안겨 주어서는 안 된다는 사실은 상당히 명백해 보인다. 예를 들어 모욕을 받길 원한다는 시민이 있다 하더라도(그리고 모욕을 원하는 행위가 신체적 안전에 관한 일정한 선을 넘지 않고, 법이 일반적으로 개인적 관계에서 동의 하에 이루어지는 성인 사이의 일을 존중한다 하더라도), 원하는 사람들에게 모욕을 나눠주는 국가는 자유민주주의가 기초하는 존엄성과 평등에 관한 사상에 배치되는 것처럼 보인다. 법이 시민들에게 다음과 같이 말한다고 가정해 보자. "여기 1페니가 있습니다. 만약 당신이 1페니를 되돌려준다면 우리는 당신을 존중하겠지만, 이 돈을 차지한다면 우리는 당신에게 모욕적인 대우를 할 것입니다." 이러한 제안은 선택의 자유에 큰 가치를 부여하는 민주주의 사회에서도 받아들이기 어려울 것이다.[449] 우리는 존중받으려면 돈을 내야 하는 민주주의에서 살길 원하지 않는다. 그 돈이 별것 아니고, 국가가 그 돈을 준다 하더라도 말이다. 존중은 국가와 시민 간의 관계, 모든 시민 간의 관계에서 필수 조건이기 때문이다.

국가가 시민들에게 수치심을 안겨주는 행위를 할 수 있다고 보는 사람들도 이와 같은 자유주의적 국가상에 직접적으로 반대하지는 않는다. 대신 그들은 우리가 검토할 필요가 있는 두 가지 구분에 의존하는 것처럼 보인다. 하나는 형사 범죄자와 다른 시민을 나누는 것이고, 다른 하나는 단순히 모욕을 주는 수치심 주기와 건설적인 사회적 기능을 하는 수치심 주기를 구분하는 것이다. 그래서 자유민주주의에 관한 일반적인 생각을 토대로 처음부터 이들의 제안을 배격할 수는 없다. 이들의 제안을 보다 상세히 고찰할 필요가 있다.

2 수치심을 주는 처벌: 존엄성과 나르시시즘적 분개

수치심을 주는 처벌은 최근에 큰 관심을 끌었다. 이러한 관심은 부분적으로 수치심이 주는 부끄러움을 되살리고자 하는 보다 일반적인 보수주의적 바람에서 비롯된다. 공동체주의 이론가들은, 오늘날 시민들은 제어 장치를 상실했으며, 사회 무질서와 부패는 이 때문에 생긴다고 주장한다. 이런 점에서 우리가 일탈적인 방식으로 행동한 사람들 — 알코올이나 약물 관련 위반자, 미혼모, 복지에 의존해 사는 사람들 — 에게 낙인을 줄 때 사회 질서를 가장 잘 증진시킬 수 있고, 가족이나 사회적 삶과 연관된 중요한 가치를 유지할 수 있다고 여긴다.[450] 법으로 수치심을 주는 처벌을 도입해야 한다고 주장하는 케이헌이나 다른 사람들은 부분적으로 이와 같은 일반적 생각에 기초하고 있다.

케이헌은 처벌의 가장 기본적인 목적이 표출적 측면에 있다고 본다. 특정 부류의 범죄자들을 처벌함으로써 사회는 근간이 되는 가치를 표현한다는 것이다.[451] 그러므로 그는 수치심을 주는 처벌이 특별한 힘을 가진다고 주장한다. 공개적으로 어떤 사람에게 모욕을 줌으로써 [사회는] 어떠한 의사를 분명하게 표명하게 된다.[452] 그 사람은 숨을 수 없으며, 그의 범죄는 다른 사람의 시선에 노출된다. 반대로 징역의 경우는 모욕을 주기는 하지만 익명적으로 이루어진다. [범죄를 저지른] 사람은 모든 사람이 볼 수 있도록 내걸리기보다는 닫힌 문 뒤로 격리된다. 그래서 케이헌은 수치심을 주는 처벌이 금고형을 수반하지 않는 다른 '대안적 제재들'의 또 다른 대안이 된다고 강력하게 주창한다. 벌금을 내는 것은 [범죄를 저지른 사람에게] 모욕을 주지 않는다. 그래서 그는 벌금은 실제로 어떠한 형태의 행위가 망신스럽다는 사회적 의사를 수반하지 않는다고 주장한다. 주차 위반 딱지나 심지어 과속 딱지도 대수롭지 않게 여기며, 형벌을 모면했다고 생각하면서 망신스럽다고 느끼지 않는다는 것이다. (벌금이 가난한 사람들에게 부담이 된다는 사실을 그가 무시하고 있다고 지적할 수도 있을 것이다.) 케이헌은 사회봉사라는 대안은 더 나쁘다고 말한다. 왜냐하면 사회봉사는 망신스러운 일을 저지른 사람에게 보상을 주기 때문이다. 모욕을 받도록 하기보다는 이 사람에게 하기 좋은 일, 자신이 착하다고 느낄 수 있는 일, 다른 사람이 그를 좋게 여길 수 있는 일을 준다는 것이다.

여기에 더해 케이헌과 에치오니는 수치심은 매우 강력한 억제 효과를 가져온다고 말한다.[453] 성매매를 시도하는 사람들은 [경찰에게 적발시] 처벌의 일환으로 자신의 이름이 신문에 공개될 수 있다는 사실을 알면 이러한 불쾌한 일을 겪지 않으려고 성매매를 하려고 하지 않을 것이다. 음주운전자(DUI)임을 표시하는 번호판을 달고 1년 동안 운전해야 한다는 사실을 알고 있으면 그다음부터는 음주운전에 대해 다시 한 번 생각할 것이다. 또한 점심을 먹으로 호보른 시에 왔다가 노상방뇨를 하여 적발된 뉴욕의 한 사업가는 이곳에서는 노상방뇨시 벌금을 무는 것이 아니라 길바닥을 솔로 문질러 청소하는 공개적인 처벌을 받아야 한다는 사실을 알고 있었다면 거리에 소변을 보기 전에 한 번 더 생각했을 것이다.

이것은 그럴듯한 주장이다. 분명 수치심은 강력한 표출 효과와 억제 효과를 지닌다. 그래서 우리는 수치심을 주는 처벌이 불쾌하게 여겨진다는 단순한 사실보다는 이러한 형벌에 반대하는 이유를 보다 충분히 밝힐 필요가 있다. 이러한 처벌은 사회적 가치를 표현한다는 케이헌의 주장이 사실이라고 가정한다. 만약 수치심을 주는 처벌의 일차적 기능이 가치를 지닌 구체적인 특정 사회적 규범을 표현하고, 사람들(범죄자와 일반 대중 모두)에게 이러한 규범을 지켜야 할 매우 강력한 유인을 제공하는 것이라면, 이에 부합하는 강력한 표출적 사례들이 있을 것이다.

수치심을 주는 처벌이 구체적인 특정 규범에 확실하게 구속되어 있다고 가정하는 경우에도, 정치적 자유주의자들은 이런 식으로 집행되는 규범들이 실제 법으로 집행해야 할 규범인지 탐구해야 할 이유를 지닌다. 이러한 규범들은 자유민주주의에 관한 정치관의 중심에 있다고 할 수 있는가? 아니면 시민들이 타당하게 의견을 달리할 수 있는 것인가? 그렇다면 정치적 자유주의자들이 보기에 이러한 규범을 집행하는 것은 법의 역할이 아니라고 할 수 있지 않은가? I장에서 나는 행위에 대한 법적 규제의 필요조건으로 밀의 위해 원칙을 엄밀하게 수용하지 않는다 하더라도 정치적 자유주의자는 이 원칙에 매우 호의적일 것이라고 말한 바 있다. 그래서 정치적 자유주의자들은 수치심을 주는 처벌이 실제로 범죄로 볼 수 없는 행위를 처벌한다는 이유에서 여러 가지 이러한 형벌에 여전히 반대할 것이다. 왜냐하면 그러한 범죄들은 자기 본위적 행위를 수반할 뿐 동의하지 않은 제3자에게 전혀 피해를 주지 않기 때문이다. 예를 들면, 약물과 성행위를 다루는 많은 법들이 이 범주에 해당된다.

그러나 이러한 반대는 수치심 형벌 자체에 대한 반대라기보다는 '자기 본위적' 범주에 해당하는 모든 형태의 범죄에 대한 처벌에 반대하는 것이라고 할 수 있다. 그리고 우리가 종종 특정한 수치심 형벌(예를 들면, 성매매를 한 남성들의 이름을 인터넷이나 신문에 공개하는 것)에 반대하는 이유 중의 하나는 성매매를 범죄로 규정하는 것은 불안감을 주고, 가혹한 처벌이 뒤따르게 될 때에는 더 큰 불안감을 조성하기 때문이다. 따라서 자기 본위적 행위에 대한 처벌에 반대하는 이유와 수치심 형벌 자체에 대해 우리가 반대하는 이유를 구분할 필요가 있다. 지금부터는 동의하지 않은 당사자에게 위해를 주는(밀의 기준을 충족시키는) 범죄만을 살펴보도록 하자. 케이헌이 이 두 가지 범주의 범죄를 구별하지 못한 점은 유감스러우며, 우리가 그를 따를 필요는 없을 것이다. 그래서 음주운전, 절도, 사기, 유해한 성행위(예를 들면, 아동 성추행)와 같은 범죄와, 이와 연관된 다른 범죄에 대해 생각해 보자.[454] 이들 범죄는 실제로 처벌을 받을 만한 잘못된 행위라고 할 수 있다.

수치심과 죄책감을 구분하게 되면 우리의 형사 사법 체계가 지닌 속성상 순수한 수치심 형벌을 제도화하는 것이 불가능하다는 점에 주목할 필요가 있다. 앞에서 말했지만 죄책감은 행위와 관련된 반면, 수치심은 어떤 사람이 지닌 특성이나 특징과 관련된다. 우리의 사법 체계는 죄에 대한 책임이 있는 행위라는 생각에 기초한다. 그래서 적어도 처벌을 받는 단계에 이르려면 범죄자가 기소되어 범죄 행위가 유죄로 입증되어야 한다. 그리고 엄밀히 말해 이러한 처벌은 그러한 행위를 저지른 것에 대한 처벌이다. 따라서 범죄에 대한 기소, 공판, 유죄 판결이라는 절차를 마친 후에야 수치심을 가하는 처벌을 사용할 수 있다. 이는 시대와 장소에 따라 달랐다. 종교적 소수자, 이교도, '정상이 아닌 성애자'는 어떠한 행위에 대한 유죄 판결 없이도 공개적으로 수치심을 가하는 처벌을 받기도 했다.[455] 그래서 우리는 수치심을 주는 처벌이 혼합되어 있는 사법 체제에 대해 평가하고 있다고 말할 수 있다. [이러한 체제에서는] 공판을 거쳐 유죄가 확정된 사람에게 형벌 단계에서 수치심을 느끼게 한다. 많은 사람들이 수치심을 안겨주는 처벌을 수용할 수 있다고 생각하는 이유는 우리의 사법 체제 내에 이러한 처벌 방식이 혼합되어 있기 때문이라고 볼 수 있다.

최근의 문헌에서 수치심을 주는 처벌에 반대하는 다섯 가지 주장이 제시되었다. 4장에서 제시한 수치심과 낙인에 관한 설명을 연관시키면 이 주장이 보다 심화된 근거를 갖게 될 것이다. 이러한 설명을 지지하지 않고도 수치심을 주는 처벌에 반대할 수는 있을 것이다. 그러나 수치심과 낙인에 관한 설명은 힘을 실어 주고 내용을 덧붙여 줌으로써 이러한 주장을 받아들일 수 있는 새로운 근거를 제공해 준다.

제시된 첫 번째 주장은 수치심을 주는 처벌이 모욕을 주기 때문에 인간의 존엄성을 해친다는 비판이다.[456] 이 주장을 펼치기 위해 이러한 형벌을 받은 사람이 실제로 모욕감을 '느낀다고' 여길 필요는 없다. 그래서 수치심을 받는 대상이 된 집단이 자신들에게 부과된 표시에 자부심을 느낄 수도 있다고 해서(이러한 현상은 오늘날의 하위문화뿐 아니라 고대 로마에서도 발견된다.) 주장이 약해지는 것은 아니다.[457] 이 주장은 이러한 처벌 자체가 표현하고 있는 것, 즉 수모와 모욕을 주려는 의도에 초점을 맞추고 있다고 보는 게 올바른 이해다. 그래서 모든 시민이 자존감을 가질 수 있는 사회적 조건을 형성하려는 정치적 약속과 이러한 처벌은 상충한다. 우연한 이유로 [이러한 처벌을 받은] 사람이 모욕감을 느끼지 않을 수 있다고 해도 다르지 않다.

왜 수치심을 주는 것이 벌금이나 징역과 달리 인간 존엄성을 해친다고 가정해야 하는가? 수치심을 주는 형벌은 [잘못된] 행위에 벌을 주는 것이지 모든 사람에게 모욕이나 수모를 주지는 않는다는 주장이다. (내가 이 절의 마지막에서 주장하겠지만, 수치심 형벌 자체는 이러한 특성을 가질 수도 있다.) 그러한 형벌은 범죄에만 적용되며, 분명 범죄 사실에 대한 인정에 입각한다는 것이다. 역사적으로 보면 수치심 형벌은, 보통 일생 동안 한 사람에게 모욕적인 정체성을 안겨 주는 방식이다. 죄책감은 행위에 초점을 맞추는 반면, 수치심은 인격에 주목한다. 죄에 대한 책임을 묻는 처벌은 "당신은 나쁜 행위를 저질렀습니다."라고 표명하지만, 수치심을 주는 처벌은 "당신은 결함을 지닌 사람입니다."라고 표명한다. 이 두 가지 표명은 현재의 법률 상황에서는 구분하기 어려울 수도 있다. 수치심은 죄책감에 편승하고 있고, [수치심 처벌은] 유죄로 판명된 사람을 처벌하는 방식 중 하나이기 때문이다. 그러나 문신·소인·기호는 일탈자라는 정체성을 안겨 주는 것이며, 역사적으로 보면 공개적으로 한 사람의 망가진 정체성을 알리는 역할을 해 왔다. 시대와 장소에 따라서는 [수치심 형벌을 가할 때] 범죄 행위에 대한 사실 인정이 반드시 필요하지는 않았다. 직접적으로 그 사람이 지닌 정체성을 대상으로 했고, 문신과 주홍글씨처럼 보통 일생 동안 지울 수 없었다. 우리의 법률 체계와 같이 혼합되어 있는 경우에도 수치심은 이 사람이 어떠한 (타락한) 종류의 사람('술꾼', '나쁜 여자' 등)이라는 사실을 세상에 알리는 역할을 한다. 한 사람을 웃음거리로 만들어 공개적으로 비웃게 되면, 그러한 행위는 특정한 행위에 초점을 맞추는 것이 아니라 그 사람의 망가진 정체성을 조롱하는 것이 된다. 수치심 형벌에 반대하는 첫 번째 주장은 국가가 이러한 메시지를 전달하는 것은 모든 사람이 지닌 평등한 존엄성을 공적으로 적절하게 존중하는 것과 상충된다고 본다.

　이러한 주장은 여러 형태로 제시되고 있는데, 그중 하나는 범죄자의 실제 느낌을 다루고 있는 줄리아 애너스(Julia Annas)의 최근 주장이다.[458] 그녀는 문학과 역사에서 찾아낸 증거를 제시하면서, 수치심은 한 사람의 전체 인격을 대상으로 하기 때문에 특히 '마음의 상처'(오랫동안 자존감과 자신이 가치 있다는 느낌을 회복하지 못하는 것)와 연결되기 쉽다고 주장한다. 이러한 심리적 주장은 타당해 보이며, 수치심을 주는 형벌이 [인간 삶의] 중심이 되는 '기본적 선'을 박탈한다는 주장에 힘을 실어 줄 수 있을 것이다.

　이 시점에서 내가 개인적으로 경험한 바를 말해 볼까 한다. 어머니가 알코올 중독자였던 나는 어린 시절 어머니가 차에 음주운전자임을 표시하는 번호판을 달고 다닐 수도 있다고 생각했다. (어머니는 체포된 적은 없지만 분명 약간 취해서 운전을 하고는 했다.) 그럴 경우 어머니는 운전 교육이나 면허 정지, 그리고 다른 일반적인 처벌 방식을 통해 조용히 죄를 갚기보다는 어머니의 정체성을 영원히 망가뜨릴 수도 있는 공개적인 표시를 달고 다녀야 했을 것이다. 시간이 지나 이 번호판을 뗀 뒤에도 공동체 안에서 [그녀의 지위는] 손상된 채로 남아 있게 된다. 그녀는 영원히 '술주정뱅이 어머니'로 각인될 수 있는 것이다. 게다가 (어쨌든 그 차는 가족의 차였고, 그게 아니었더라도 사람들은 그녀의 가족 관계를 알고 있었으니) 아버지, 동생, 나도 열등한 정체성을 가진 존재로 각인될 수 있었다. 나에게 수치심 형벌과 죄책감에 기초한 형벌은 엄청난 차이가 있었다. 나는 그러한 수치심 형벌이 정말로 어머니의 정신을 망가뜨릴 것이라고 생각했다. 국가가 사생활과 존엄성을 보호하면서 동시에 근원적인 문제에 대한 처방을 제공하기보다 인간의 존엄성에 대한 존중을 결여한 채 이런 식으로 공개적으로 어떤 사람을 처단한다면 이는 잔인한 일이다.

이제 내가 제시한 수치심에 대한 설명을 토대로 존엄성에 대한 주장을 검토해 보도록 하자. 하위 집단에게 수치심을 줄 때 표현하는 것 중의 하나는 수치심을 겪는 사람의 인간성 자체에 대한 모욕이다. 고프먼의 용어를 빌려 표현하면, 수치심을 겪는 사람은 개별성과 존엄성을 지닌 고유한 인간이 아니라 인간 이하의 존재다. 보다 일반적인 면에서 보면 일탈자에게 수치심을 안겨주면서, 자신을 수치심을 느끼는 이들보다 위에 있는 '정상인'으로 내세우는 것이다. 이처럼 수치심은 사회 구성원을 서열화하는 작용을 한다. 그러한 표명은 실제로 표출적 힘을 지니며, 많은 사람들이 진심으로 느끼고 있는 것을 토로한다. 그럼에도 인간의 존엄성과 평등, 그리고 인간에 대한 존중이라는 생각에 기초하고 있는 자유주의 사회가 '법이라는 공적인 체제를 통해' 그러한 특정한 의사를 표현하는 것은 분명 적절하지 못한 면이 있다. 국가가 수치심을 주는 행위에 관여한다는 사실은 엄청난 차이를 만들어 낸다. [그렇게 되면] 사람들은 계속해서 다른 사람을 낙인찍을 것이고, 범죄자들은 그러한 낙인자가 될 가능성이 크다. 국가가 이처럼 모욕을 주는 행위에 참여하는 것은 자유주의 사회가 기초하고 있는 평등과 존엄이라는 관념을 심각하게 파괴하는 것이다.

수치심을 수반하는(수반하는 것으로 보이는) 처벌을 주창하는 사람들은 자신들이 제안한 처벌이 모욕을 준다는 사실을 부인한다. 뒤에서 이와 관련한 몇 가지 제안을 살펴보려고 한다. 여기서 나는 수치심을 주는 목적이 모욕을 주는 것이라는 사실을 인정하는 케이헌과 에치오니의 제안에 대해 비판을 전개한다. 존엄성에 대한 주장은 그들의 입장에 반대하는 강력한 근거가 될 수 있다. 국가가 공적으로 모욕감을 주는 것은 자유주의에 내재된 규범과 심각한 충돌을 일으키게 된다. 케이헌의 정책을 추동하는 기본적인 태도는 사람들을 두 부류로 나누는 것이다. [비난을 받는] 연약한 사람과 이런 망신스러운 몹쓸 인간을 위에서 내려다보며 비웃는 사람이다. 이처럼 사람을 위계짓고 구분하려는 태도는 인간 사회에서 지속되어 왔고, 아마 앞으로도 그러할 것이다. 하지만 자유주의적 국가가 [이런 역할을 하는] 대행자가 되어서는 안 된다. 이는 평등을 보호하는 국가의 역할을 심각하게 손상시키기 때문이다.

존엄성 주장을 전개하면서 지금까지는 내 주장의 근간이 되는 '원초적 수치심'에 관한 인과적 설명보다는 낙인과 낙인이 표현하는 것에 대한 분석에만 의존해 왔다. 이 정도로 그쳐도 좋을 것이다. 지금까지의 얘기로도 존엄성 주장은 충분히 강력할 수 있다. 그러나 내가 제시한 [심리적] 발달에 관한 설명을 받아들이게 되면, 존엄성 주장을 수용할 수 있는 추가적인 근거를 갖게 된다. 발달에 관한 설명에 따르면 수치심을 부과하는 사람들은 덕성이 높은 동기나 고상한 이상을 표현하기보다는 주로 자신이 지닌 인간적 약함을 회피하고, 인간 삶이 지니는 한계에 대해 분노를 표출하는 것이다. 그들이 지니는 분노는 실제로 부도덕과 악덕에 대한 분노가 아니다. 적어도 그것만은 아니다. 이러한 도덕주의 배후에는 타자에 대한 모욕과 비인간화를 동반하는 훨씬 더 원초적인 심리가 자리 잡고 있다. 그러한 방법을 통해서만 자아가 자신의 연약한 나르시시즘을 지킬 수 있기 때문이다. 그래서 우리는 가장 도덕적으로 구속되어 있는 수치심 처벌의 경우에도 존엄성을 주장하는 사람들이 정당하게 반대할 수 있는 비하와 모욕의 특성을 제거하기란 불가능하지는 않아도 쉽지 않을 것임을 보여 줄 수 있다. 원초적 수치심은 모욕을 통해서만 만족될 수 있기 때문에 원초적 수치심이 남아 있는 한, 수치심을 주는 처벌에서 모욕을 제거하기란 쉽지 않다. 케이헌은 수치심을 주는 처벌에서 모욕을 제거하려고 하지 않으며, 오히려 이를 강력하게 지지하는 편이다. 그래서 그의 제안은 존엄성 반박의 직접적인 공격을 받기 쉽다. 그러나 다른 공동체주의자는 도덕적으로 구속되어 있는 수치심 처벌은 모욕을 피할 수 있다는 주장을 펼 수도 있을 것이다. 여기서 발달에 관한 설명이 가치를 드러낸다. 수치심을 주는 것과 모욕을 주는 것의 관련성이 우연이 아님을 지적하기 때문이다. 그래서 만약 발달에 관한 이러한 설명이나 이와 유사한 설명이 적절하다고 생각하면, 우리는 적어도 존엄성 주장을 반박하는 견해에 훨씬 더 회의적일 수 있을 것이다. 이들은 수치심 형벌이 모욕을 수반하지 않는다고 주장하지만, 수치심에 기초한 형벌을 다양하게 사용하면 모든 시민의 자존감을 보장하는 사회적 조건은 실로 위태로워진다. 이 점은 명백하게 건설적인 역할을 하는 몇몇 수치심 형벌을 고찰하면서, 다시 얘기하도록 하겠다.

죄책감과 이에 입각한 처벌은 비슷한 문제를 유발하지 않는다. 죄책감은 [죄를 저지른] 사람과 그 사람의 행위에 대한 구분을 담고 있기 때문에 그 사람의 존엄을 존중하는 것과 완전히 양립할 수 있다. 행위 자체에 대해서는 가차 없이 처벌하면서도, 그 사람은 존중받을 자격이 있고 궁극적으로 사회에 재통합될 수 있다는 생각을 여전히 표현할 수 있는 것이다. 응보적 가혹함은 자신의 행위에 완전히 책임을 지게 하면서 그 사람에 대한 존중을 표현하는 하나의 '방법'이라는 게 실제로 칸트의 입장이었다. 자신의 범죄에 대해 책임을 지게 하면서 동시에 잘못을 교정하고 사회에 재통합될 수 있는 방법을 제공함으로써 우리는 교정 능력을 강화하게 된다. 이러한 교정 능력은 범죄자를 좋은 일을 할 수도 있는 사람으로 간주하는 과정에서 생긴다. 특정 범죄의 경우 사회봉사는 잘못을 교정하고, 사회에 재통합될 수 있는 가능성을 높이는 방법이 될 수 있을 것이다.

이제 제임스 휘트먼(James Whitman)이 제시한 수치심 형벌에 반대하는 두 번째 주장으로 넘어가 보자.[459] 휘트먼은 수치심을 주는 형벌은 일반적으로 일종의 인민재판과 같은 모습을 띠게 되며, 이러한 이유만으로도 문제가 있다고 주장한다. 수치심을 주는 과정에서 국가는 단순히 확립된 국가 제도를 통해 처벌을 부과하는 것만은 아니다. 국가는 대중이 범죄자를 처벌하도록 유도하는 것이다. 수치심을 주는 처벌은 '군중'이 우연히 싫어하게 된 사람에게 압제적인 행위를 하도록 유도하기 때문에 처벌 방식으로 신뢰할 수 없을 뿐 아니라 본질적으로 문제점을 지닌다. 인민재판은 자유민주주의 사회가 일반적으로 소중하게 여기는 공평하고, 심의적이며, 중립적인 재판이 아니다.[460]

4장에서 얘기한 낙인에 대한 설명을 떠올리면 존엄성 주장과 마찬가지로 이러한 주장도 힘을 얻을 수 있다. 일반적으로 사람들은 [자신이 지닌] 부족함에 대한 두려움 때문에 집단을 형성하며, 보다 힘이 약한 일부 집단과 비교하면서 자신들을 '정상인'으로 정의한다. 고프먼이 강력하게 주장한 것처럼 대체로 낙인과 수치심을 주는 행위가 이와 같은 집단 형성 과정과 결합하게 되면, 우리는 여기서 바로 이에 반대할 수 있는 보다 분명한 근거를 발견할 수 있다. 이러한 집단 자기보호 기제는 우리가 마땅히 법체계에 요구하는 공평하고 균형 잡힌 사법정의의 집행 형태와는 매우 다르다고 할 수 있는 것이다.

낙인에 대한 고프먼의 설명에 '원초적 수치심'에 대한 인과적 설명을 추가하면, 더 큰 힘을 얻을 수 있다. 사람들이 집단을 만들어 타자를 대상화하는 이유는 패배에 대한 일종의 비이성적인 두려움 때문이다. 이러한 두려움은 인간 삶이 수반하는 괴로움을 회피하고, 달성할 수 없는 견고함이나 안전함, 자기 충족성을 추구하는 보다 일반적인 태도의 일부분이라고 할 수 있다. 수치심을 주려는 욕구에 이러한 비이성적 태도가 뿌리내리고 있음을 인식하게 되면, 법체계가 수치심에 기초해서는 안 되는 이유가 훨씬 더 명확해진다. 혐오를 다루면서 얘기했지만 [그렇다고 해서] 모든 감정이 법적 규칙의 근거로서 신뢰할 수 없다고 주장하는 것은 아니다. 이 주장은 수치심이라는 특정한 감정의 기원과 작동에 관한 구체적인 주장이라고 할 수 있다.

세 번째 [반대] 주장은 수치심을 주는 처벌을 전혀 신뢰할 수 없다는 에릭 포스너(Eric Posner)의 역사적 주장이다.[461] 이 주장은 휘트먼의 주장과 밀접하게 관련되어 있기는 하지만 구분되는 견해라고 할 수 있다. 역사는 수치심을 주는 처벌이 사람을 잘못 대상화하고(하거나) 처벌의 정도를 정확하게 정하지 못하는 경우가 매우 잦았음을 보여준다. 그래서 수치심 처벌은 처벌이 지닌 억제 기능을 제대로 실행하지 못한다. 이것은 잘못된 행위가 아니라 단지 비호감 행위를 억제할 수 있으며, 훨씬 더 나쁜 다른 행위는 억제하지 못할 수 있다. 포스너(와 휘트먼)가 제시한 유럽의 다양한 사례에다가 나는 같은 사실을 분명하게 보여 주는 고대 로마의 증거를 추가하고 싶다. 후기 고대 사회에서 수치심을 가하는 형벌은 실제 범죄(절도, 사기 등)를 저지른 명백한 집단을 대상으로 도입되었지만, 얼마 되지 않아 당시에 평판이 좋지 않았던 모든 집단(성적 소수자와 기독교인들, 그리고 기독교 지배 시기에는 이교도들)에게 낙인을 씌우는 데 이용되었다.[462]

이러한 역사적 주장을 인민재판이라는 휘트먼의 주장과 관련시키면 수치심을 주는 행위가 신뢰할 수 없는 이유를 이해할 수 있게 된다. 이러한 행위는 중립적이고 공평한 정부의 대행자가 아니라 군중이 집행하기 때문에 부분적으로 신뢰할 수 없다. 군중이 처벌하도록 정부가 유도하게 되면, 불미스럽다고 여겨지는 사람을 대상화하는 일이 생길 수 있음을 예상할 수 있다. 그들이 아무런 잘못도 하지 않았거나 사소한 잘못을 했는데도 말이다.

역사적 증거 자체는 포스너 주장의 매우 강력한 근거가 된다. 그러나 역사는 애매한 부분이 있다. 자료는 항상 불완전하게 남아 있기 쉽고, 기록에 남아 있는 사례들이 얼마나 대표성을 지니고 있는지는 알기 어렵다. 그러므로 수치심을 주는 행위가 신뢰할 수 없으며, 실제 범죄의 본질과 정도에 잘 부합하지 않는 이유를 보여 주는 인과적 가설을 덧붙이는 것이 바람직할 것이다. 수치심과 낙인에 대한 나의 설명은 이러한 인과적 가설을 제공해 준다. 수치심[의 대상]이 실제 범죄자에서 단순히 [일반적이지 않은] 다른 정체성[을 지닌 사람]으로 비교적 빠르게 이동하는 것은 결코 우연이 아니다. 왜냐하면 수치심은 애당초 잘못된 행위에 초점을 맞추지 않기 때문이다. 수치심은 [정상에서] 벗어난 정체성을 지니고 있다고 여겨지는 사람 또는 이런 사람들로 이루어진 집단에 초점을 맞춘다. 이들을 대상화함으로써 지배적인 집단은 자신들을 정의하고, 보호하는 것이다. 이러한 [자기] 보호 뒤에 완전무결성과 나르시시즘적 승리를 추구하는 [심리적] 기제가 작동하고 있다는 점을 덧붙이면, 수치심을 주는 사람이 지니는 분노의 대상이 실제 범죄자에 국한되지 않을 것임을 알 수 있게 된다. '정상인'들에게 자신이 지닌 나약함을 떠올리게 할 수 있는 사람은 누구나 이른바 희생양이 될 수 있고, 공동체에서 배척당할 수 있는 것이다. 나르시시즘적 분노는 본래 비이성적(규범적 의미에서)이며 불안정하다. 그래서 그러한 분노가 도둑뿐 아니라 기독교인을 향하고, 위조범뿐 아니라 장애인을 대상으로 한다는 점은 전혀 놀라운 사실이 아니다.

네 번째 [반대] 주장은 수치심에 기초한 처벌이 강력한 억제 효과를 지닌다는 견해를 다루고 있다. 심리학자인 제임스 길리건(James Gilligan)은 경험적 사실은 이를 뒷받침하지 않으며 오히려 정반대의 결과를 초래한다고 주장한다. 모욕을 당한 사람은 전보다 소외되고 불안해지기 쉽다는 것이다.[463] 특히 케이헌이 수치심 처벌의 대상으로 여길 알코올중독자나 아동 성추행자 등에게 수치심은 자신들이 지닌 문제의 가장 큰 부분이다. 이런 사람에게 모욕을 주는 것은 [자신을] 방어하기에 너무나 유약한 사람의 자아를 파괴하기 쉽다. 그 결과 [자아를] 완전히 상실할 수도 있다. 자아가 상실되면 사회와 사회적 규범으로부터 소외감을 느낄 가능성이 크며, 범죄자가 폭력을 행사하기 쉽다면 더 큰 폭력으로 이어지기 마련이다. 이런 의미에서 범죄를 통제하기 위해 수치심을 사용하는 것은 휘발유를 이용해 불을 *끄겠다*는 것과 같다. 여기에 덧붙이고 싶은 관련 사실은 수치심을 겪은 사람은 다른 범죄자나 낙인찍힌 사람들처럼 공동체 내에서 전혀 존중받지 못할 수 있다는 점이다. 그래서 수치심은 자신을 반사회적 집단과 동일시하는 경향을 강화시킨다.

범죄학자 브레이스웨이트가 최근에 수행한 경험적 연구는 "낙인이 위법을 증가시킨다."는 사실을 보여 줌으로써 이러한 주장을 강력하게 지지해 준다.[464]

수치심 주기와 낙인에 관한 일반적인 생각을 담고 있는 이 주장도 4장에서 고찰한 수치심에 관한 심리학적 설명에서 새로운 힘과 [주장의] 깊이를 얻을 수 있다. 이미 연약한 자아를 지닌 사람이 수치심을 경험하게 되면 우울증(마음의 상처)과 공격성으로 이어지기 쉽다. 그래서 수치심을 강화하는 것은 폭력을 줄이기보다는 오히려 키우기 십상이다. 테벨라이트가 연구한 엘리트 독일군 장교를 떠올려 보자. 그들이 폭력적 이미지와 복수하려는 계획에 과도하게 집착했던 것은 1차 세계대전의 패배로 공개적으로 모욕을 당했다고 느꼈기 때문이다. 소년들에 관한 킨들론과 톰슨의 연구(그리고 컬럼바인 총기 난사 사건*에서 우리가 강렬하게 경험한 사실)도 같은 이야기

---

* 1999년 4월, 미국 콜로라도 주 제퍼슨카운티의 컬럼바인 고등학교에서 재학생이던 에릭 해리스와 딜런 크레볼드가 학교 구내에서 총기를 난사하고 폭발물을 터트려서 열세 명이 죽고 스물네 명이 중상을 입었는데, 이들은 자살했다. 불과 2년 전까지만 해도 평범한 고등학생이었던 해리스와 크레볼드가 문제의 길로 접어들게 된 계기는 학교에서의 또래 관계 부적응이었다. 해리스는 잦은 이사와 건강상의 문제로 친구 관계가 원만하지 못했고, 크레볼드 역시 컴퓨터에 빠져 있어서 따돌림을 당했다. 이들은 자신들이 세상으로부터 부당하게 배척당한다고 여겼고 그 때문에 좌절하고 분노했다. 이들은 주로 컴퓨터게임을 통해 분노를 해소했는데, 해리스가 같은 반 급우를 협박한 후 인터넷 접속을 차단당하자 1년간의 준비를 거쳐 총격 사건을 일으켰다. 이 사건으로 미국 내 총기 규제의 필요성, 학교 내 따돌림, 폭력물과 게임 등에 관한 사회적 논의가 이뤄졌다.

를 들려준다. 수치심을 주는 것은 범죄를 억제하기보다는 더 큰 폭력을 초래할 가능성이 크다는 것이다.

마지막 [반대] 주장은 잘 알려진 '사회 통제망 확대' 현상에 호소하면서 스티븐 슐호퍼(Steven Schulhofer)가 제시한 것이다.[465] 기본적인 생각은 수치심을 주는 처벌은 보다 많은 사람을 사회적 통제 아래 두려는 시도로 이어질 가능성이 크다는 비판이다. 이 주장은 수치심 처벌뿐 아니라 처음에는 유망했던 일부 다른 개혁안에도 해당된다. 처음에 이 개혁안은 (조기 가석방, 청소년 법원 등과 같이) 범죄의 수위가 낮고, 덜 위험한 범죄자들이 징역보다 가혹하지 않은 형을 받을 수 있도록 하는 방법으로 마련되었다. 그러나 이 안들이 전혀 기회를 잡을 생각이 없는 사람들, 특히 그러지 않았다면 감옥에 갔을 사람들에게 제안되면서 변화가 생기게 된다. 결국 이른바 '보다 가벼운' 처벌이 감옥에 가야 했을 사람들에게 내려지지 않은 것이다. 그 대신 이 처벌은 한정된 자원을 지닌 체제 내에서 가벼운 보호관찰을 받을 사람이나 아니면 기소조차 되지 않을 사람에게 적용된다. 수치심 처벌의 대상이 된 사람은 징역에서 벗어나는 대신에 피할 수 있었던 사회적 통제와 처벌 아래 놓이게 된다. 이러한 주장은 수치심 처벌이 진보적인 개혁 효과를 보기보다는 사회적 동질성과 통제를 높이는 수단으로 기능하게 될 것임을 시사한다고 할 수 있다.

이 주장은 수치심을 지지하는 케이헌의 주장과 긴장을 드러낸다. 왜냐하면 케이헌은 두 가지 생각을 오가면서 자신의 의견을 바꾸기 때문이다. 그는 수치심을 가하는 처벌이 가혹하다는 비판자들을 만나면, 자신의 제안이 징역형의 대안인 것처럼 얘기한다. 하지만 다른 상황에서는 일반적으로 기소되지 않는 위반에 초점을 맞추고(거나) 수치심 처벌을 벌금이나 사회봉사에 대한 대안으로 다루면서 사회적 통제를 가하려는 목적을 수용한다. [네 가지 다른 반대] 주장과 달리 이 견해는 수치심 처벌에 직접적으로 반대하지 않는다. 왜냐하면 여기에 사회적 통제가 늘어나는 것에 대한 규범적 판단을 결부시켜야 하기 때문이다. 그렇지만 이 주장은 수치심을 주는 것이 [처벌의 강도가] '가볍고' '진보적'일 수 있다는 주장에 심각한 우려를 제기한다. 존엄성 주장과 포스너의 주장까지 더하면 수치심 처벌의 범위와 한계에 대한 우려는 매우 심각해진다.

수치심이 지닌 심리적 측면을 고려하면 이러한 우려는 더욱 커진다. 사람들은 언제든 외부 대상에 수치심을 투영할 준비가 되어 있다. 다른 사람을 낙인찍는 방법으로 자신이 지닌 불확실성을 해소하는 것이다. 수치심 처벌이 수반하는 '사회 통제망의 확대'는 이러한 파괴적인 사회적 기제의 사례로 쉽게 짐작할 수 있다. 다음 절에서 살펴볼 '도덕적 공황'은 이러한 의심을 더욱 가중시킬 것이다.

지금까지 수치심 처벌에 반대하는 다섯 가지 주장을 살펴보았다. 각각의 주장 모두 그 자체로 힘이 있으며, 이러한 처벌이 나쁜 생각이라는 점을 우리에게 충분히 납득시킬 수 있다. 나는 내가 제시한 수치심에 대한 설명이 이러한 주장들의 추가적인 근거를 제공해 주며, 수치심 처벌이 자유주의 사회의 핵심 가치를 위협한다고 봐야 하는 이유를 한층 깊게 이해할 수 있게 해 준다고 주장했다.

[이러한 비판에 맞서] 수치심 처벌을 옹호하는 사람들은 빈번하게 이러한 처벌이 형벌의 네 가지 주요 목적(응보, 억제, 표출, 개심 또는 재통합)을 잘 수행한다고 답변한다. 수치심 처벌은 강력한 표출적 힘을 갖지만, 그것이 표현하는 내용은 존엄성과 동등한 가치라는 관념에 기초한 사회의 경우 심각한 문제를 초래한다는 점은 앞에서 이미 말한 바 있다. 수치심 처벌의 억제 효과에 대해서도 포스너와 길리건의 설득력 있는 주장을 통해 의문을 제기한 바 있다. 이제 응보와 개심에 대한 주장을 보다 자세히 살펴보도록 하자.

휘트먼은 수치심 처벌이 "훌륭하게 응보적"이라고 말했다.[466] 수치심 처벌에 관한 또 다른 선도적 분석가인 토니 마사로(Toni Massaro)도 같은 의견을 표명했다.[467] 물론 호보큰의 길바닥 청소 ─ 이러한 처벌들은 『신곡』의 지옥편에서 단테가 서술한 것과 유사한데, 해당 범죄에 절묘하게 들어맞는 것처럼 보인다. ─ 처럼 매우 놀라운 처벌도 있다. 케이헌이 들고 있는 악덕 집주인의 예도 마찬가지로 단테 식이다. 이 집주인은 쥐가 득실거리는 자신의 건물 중 하나에 일정 기간 동안 거주하라는 선고를 받았다. 그러나 이들 예 중의 일부는 수치심과 무관해 보인다. 악덕 집주인에 대한 처벌은 다른 사람들 앞에서 창피를 당한다고 설명하기에는 적합하지 않다. 사실 우리는 특별한 기호나 표시를 달고 다니는 경우처럼 그가 정말 수치심을 느꼈다고 추정할 수 있는 근거가 없다. 대중이 그러한 처벌을 집행하지도 않았으며, 누구나 볼 수 있도록 그가 드러내놓고 다닌 것도 아니었다. 또한 우리가 아는 한 '망가진 정체성'

의 표시 때문에 사람들과의 일상적인 교제가 영향을 받지도 않았다. 사실상 이 처벌은 완벽하게 죄에 대한 책임을 묻는 일반적인 응보적 처벌이라고 볼 수 있다. 자신의 잘못된 행위에 대한 응보로 그는 단순히 징역을 살기보다는 보다 적절하고 [죄에] 비례한다고 생각되는 처벌을 받은 것이다.

그러나 우리가 수치심 처벌을 받는 핵심적인 집단을 고려하면, 응보 — 가장 적절하게 이해된 응보 개념 — 라는 목적을 실제로 잘 수행할 수 있는지는 불확실해진다. 댄 마르켈은 근래에 쓴 탁월한 논문[468]에서 (허버트 모리스의 고전적인 논의[469]를 원용해) 처벌 이론에서 응보주의를 가장 잘 이해하는 방법은 무임승차와 평등한 자유에 관한 관점에서 생각하는 것이라고 주장한다. 우리는 모든 시민이 동등하며, 행위에 대한 동등한 자유를 향유해야 한다고 생각한다. 범죄자는 자신에게 평등하지 않은 자유의 영역을 요구한다는 점에서 이러한 기본적인 사회적 이해를 깨뜨린다고 볼 수 있다. 범죄자는 암묵적으로 다음과 같이 말한다. '나는 도둑질을 하겠지만 당신은 계속 법을 지키시오.' '나는 강간을 하겠지만, 누구도 나를 강간할 수는 없소.' 칸트가 주장했듯이, 이런 식으로 자신을 예외로 두는 사람은 인간성을 목적으로 존중하기보다는 단순한 수단으로 여긴다고 할 수 있다. (이것은 칸트의 보편법칙의 정식과 인간성 정식*을 연결시키는 최선의 방법이다. 우리가 다른 사람을 수단으로 사용하는지

---

* 칸트의 보편법칙의 정식은 "마치 네 행위의 준칙이 네 의지에 의해 보편적인 자연법칙이 되어야 할 것처럼 그렇게 행위하라."이며, 인간성 정식은 "네 인격 안의

확인할 수 있는 방법은 우리의 행위가 보편적인 자연법칙이 될 수 있는지 살펴보는 것이다.[470] 응보적 처벌은 범죄자의 불평등한 자유 요구를 기록에 올리는 것이다. 이것은 당신은 불평등할 자유를 요구할 자격이 없으며, 다른 사람에 대한 동일한 자유와 양립할 수 있도록 [자신의 자유가 갖는] 한계를 받아들여야 한다고 말한다.[471] 그러므로 응보적 처벌은 복수와는 다르다. 복수는 일반적인 사회적 평등에 거의 관심을 두지 않고 주로 개인적 동기에 기초하기 때문이다.

만약 우리가 이런 식으로 응보주의를 이해하게 되면, 마르켈이 주장하듯, 수치심 처벌이 전혀 응보적이지 않다는 점을 알게 된다. 수치심 처벌은 사람들과 그들의 자유가 동등한 가치를 지니고 있다는 인식과는 매우 다른, 위계나 비하와 연관된 것을 표현한다. 나의 설명으로 돌아가 보면 이 점은 매우 분명해진다. 수치심 처벌은 일탈 집단과 대비되는 상위 집단을 정의하는 것이 사실상 전부다. 수치심 처벌은 분명 복수에 대한 욕구를 표현할 수도 있고, 종종 이를 표현하기도 한다. 그리고 내가 주장한 것처럼 원초적 수치심과 복수심에 불타는 격노는 대개 강한 연관성을 지닌다.[472] 이런 점에서 수치심 처벌은 칸트가 말한 것과 같은 의미 ── 응보주의는 자유민주주의적인 사회가 옹호할 수 있는 강력한 처벌 이론이라는 의미 ── 에서는 "훌륭하게 응보적"이지 않다고 할 수 있다.

인간성뿐 아니라 모든 사람의 인격 안의 인간성까지 결코 단지 수단으로만 사용하지 말고, 언제나 동시에 목적으로 사용하도록 그렇게 행위하라."이다. 임마누엘 칸트, 이원봉 옮김, 『도덕 형이상학을 위한 기초 놓기』(책세상, 2002) 참조.

그렇다면 개심이라는 측면에서 보면 어떨까? 브레이스웨이트는 수치심을 주는 처벌이 범죄자로 하여금 자신이 저지른 범죄와 그것이 다른 사람에게 끼친 피해와 대면할 수 있게 하며, 궁극적으로 범죄자를 사회에 재통합시키는 역할을 한다고 주장한 바 있다.[473] 그는 이러한 목적을 증진시키기 위해 피해자와 가해자가 참여하는 일종의 "재통합을 위한 협의"를 진행한다.[474] 이러한 노력은 다양한 자유민주주의 사회에서 점차 일반화되고 있다.

　브레이스웨이트의 시각은 종종 케이헌과 에치오니의 입장과 같다고 이해되어 왔기 때문에 그의 주장을 정확하게 이해하는 것이 중요하다. 케이헌과 에치오니는 마치 의견이 일치되는 것처럼 그의 연구를 인용한다. 그러나 브레이스웨이트는 "수치심 처벌'을 지지하지 않는다고 말하면서 다음과 같이 적고 있다. "나는 1990년대 말에 있었던 미국 법에 관한 논쟁에서 수치심 처벌의 통과를 반대하면서 이 용어[수치심 처벌]를 사용한 것 외에는 내 글에서 이 말을 사용한 적이 없다."[475] 게다가 브레이스웨이트의 전체적인 처벌 이론은 "응보주의와 완전히 반대"된다. 그 대신 그는 개심이나 재통합과 같은 미래 지향적 문제에 초점을 두고 있다.* 규범적 측면에

---

* 일반적으로 응보주의는 "범죄자는 처벌받을 만하기 때문에 처벌받아야 한다."라는 관념에 기초하며, 어떤 종류의 선을 추구하기보다는 옳고 정당한 것을 실행하는 데 관심을 기울이는 과거 지향적 접근으로 이해된다. 브레이스웨이트는 페팃 필립(Philip Pettit)과 함께 쓴『단순 응보로는 안 된다(Not Just Desert)』에서 응보주의를 비판하면서, 미래 지향적인 접근을 통해 처벌을 정당화할 수 있는 공화주의적 처벌 이론이 필요함을 주장하고 있다.

서도 그는 사회적 동질성을 중심적인 목적으로 여기는 공동체주의 자가 아니며, 강한 공동체와 강한 개인을 모두 강조하는 공화주의 자다.[476] 그는 '공동체주의적'이라는 말을 서술적 의미에서 한 사회 내의 사회적 결속의 힘을 가리키는 변수로만 사용한다. 그는 사회 적 결속력이 매우 강한 일본과 같은 '공동체주의적' 사회가 지닌 일 부 측면에는 감탄하지만, 다른 측면에서는 결함을 발견한다. [사회 의] 동조 압력*으로부터 개인을 충분히 보호해 주지 못한다는 것이 다.[477] 그가 중시하는 합의 형태는 정치적 자유주의자들과 마찬가지 로 사회의 핵심적인 정치적 가치에 대한 합의다. 그리고 "근본적인 인권은 [범죄 피해자와 가해자 사이의] 회복 과정에서 허용될 수 있는 것에 대한 법률적 한계로 작용해야 한다."[478]라는 말에서 살펴 볼 수 있듯, 모든 사람에 대한 존중은 그가 지지하는 사회의 핵심 가치다. 이러한 일반적 배경에서 볼 때 제한된 범위에서만 수치심 을 처벌의 용도로 사용해야 한다고 보는 시각이 브레이스웨이트의 주장에 부합된다고 할 수 있다.

브레이스웨이트의 규범적 제안이 케이헌과 에치오니의 주장과 매우 다르다는 사실은 놀랄 일도 아니다. 첫째, 그는 피해자에게 위 해를 주는 범죄 ── '약탈 범죄'라는 말은 그가 사용하는 특징적인

---

* 내면적 소신에 상관없이 집단의 의견이나 견해를 따르도록 개인의 판단에 영향 을 미치는 사회적 압력을 말한다. 동조 압력이 미칠 수 있는 사회적 부작용에 대해 서는 카스 R. 선스타인, 박지우·송호창 옮김, 『왜 사회에는 이견이 필요한가』(후마 니타스, 2009) 참조.

표현이다. —— 의 경우에만 수치심을 주는 것이 적절하다는 점을 분명히 한다. 그래서 그는 밀의 원칙 내에서 출발한다고 할 수 있다. 둘째, 그는 낙인 효과가 있는 수치심 주기와 재통합을 증진시키는 수치심 주기를 매우 설득력 있게 구분한다. (수치심을 전혀 주지 않는 것보다 수치심을 주는 것이 좋을 수 있다는 사실을 때때로 언급하고 있기는 하지만) 그는 전자의 경우를 비판하고, 후자를 지지한다. 수년간 그가 실험해 온 제안은 피해자와 가해자가 대면하는 일종의 '재통합을 위한 협의'의 자리를 마련하는 것이다. 그는 이러한 노력을 기울이는 상황에서 [상대방에게] 모욕을 주는 것은 전적으로 받아들일 수 없다는 점을 충분히 분명하게 밝히고 있다.

브레이스웨이트의 책에는 그의 견해와 케이헌과 에치오니의 입장을 잘못 동일시하게 만드는 측면이 분명히 존재한다. 예를 들면, 그는 '공동체주의적'이라는 흔치 않은 말을 사용하고 있기 때문에, 규범적으로 공동체주의 정치철학에 공감하고 있다는 오해를 쉽게 살 수 있다.[479] 그러나 여기서 내가 주장한 견지에서 보면, 브레이스웨이트의 설명은 수치심과 죄책감을 분명하게 구분하지 못했다는 점이 문제의 핵심이다. 그는 사람보다는 행위에 초점을 맞춰, [죄를 저지른] 사람이 [자신의] 행위를 속죄할 수 있도록 하는 처벌을 지지한다. [이러한 처벌은] 용서가 이뤄지고 [범죄자가] 사회에 재통합되는 시발점이 된다. 그는 이러한 처벌이 [범죄자에게] 낙인을 주지 않고, 인간성을 상호 존중하는 분위기에서 이뤄져야 한다고 주장한다. 이들 주장은 모두 큰 호소력을 지니며, 나는 그

438

가 제시한 제안에 많은 부분 공감한다.[480] 그러나 이러한 주장이 도대체 수치심과 어떤 관련성을 갖는지는 너무나 불명확하다. 이러한 주장은 일반적으로 수치심보다는 죄책감과 관련된다. 마찬가지로 용서와 속죄라는 개념도 수치심보다는 죄책감의 세계에서 익숙한 용어다. 브레이스웨이트의 수치심 처벌과 마르켈의 대면적 응보주의 개념은 사실상 큰 차이가 거의 없어 보인다. 마르켈의 응보주의 개념은 다른 사람의 권리를 훼손하고, 불평등한 자유를 요구한 범죄자의 행위가 지니는 잘못을 그 사람에게 표현하는 것에 초점을 맞추며, 이것이 속죄와 용서의 시발점이 된다고 본다. 마르켈의 개념은 존중, 행위에 대한 책임, 그리고 이에 뒤따르는 사죄와 속죄라는 칸트적 세계에 정확히 위치한다. (칸트는 무작정 용서를 좋아하지 않았다. 용서는 칸트가 제시한 개념의 전형이 아니라 그가 지닌 하나의 특징이다.) 그래서 나는 잠정적으로 브레이스웨이트의 생각은 자신이 강조하듯 케이헌과 에치오니와 큰 차이가 있을 뿐 아니라, 수치심 처벌의 전통적인 개념과는 아주 무관하며 이보다는 죄에 대한 책임을 묻는 처벌의 세계에 속한다고 결론짓고자 한다. 브레이스웨이트 자신도 이 점을 인정하고 있음을 최근의 저작에서 살펴볼 수 있다. 그는 (일정한 한계 내에서) 자신이 지지하는 감정으로 단순한 '수치심' 대신에 '수치심-죄책감'이라는 용어를 사용하고 있으며, 관망자들이 지니는 감정을 기술하면서 "정의롭고 애정 어린 응시"라는 말을 쓰고 있다.[481]

그렇다면 건설적인 수치심 주기는 어떻게 볼 수 있을까? 4장에서 나는 죄책감으로는 불충분하며 수치심이 적절한 경우가 있다고 말한 바 있다. 나는 미국의 근로 빈곤에 대한 에렌라이히의 설명을 언급하면서, 대중이 수치심을 갖도록 유도한 정당한 사례의 하나로 소개했다. 미국인들은 자신들이 지닌 삶의 방식과 책임을 성찰할 필요가 있으며, 이를 통해 우리 사회의 중심적인 가치인 평등한 존중이라는 이상에 부합하는 생활을 하지 못했음에 부끄러움을 느껴야 한다. 비판적인 자기 성찰의 결과로 야기되는 이러한 종류의 수치심은 개혁을 추진하는 역할을 할 수 있다. (브레이스웨이트가 말한, 기본적으로 죄에 대한 책임을 묻는 처벌과 구분되는) 이러한 종류의 건설적 수치심 — 인간이 지닌 공통의 유약함을 인정하므로 나르시시즘적이지 않으며 실제로 나르시시즘에 반대되는 — 에 초점을 둔 처벌을 법적으로 실행하는 방법이 있을까? (죄에 대한 책임을 묻는 처벌과 달리) 그러한 수치심 처벌은 어떤 모습이며, 어떤 범죄를 대상으로 적용할 수 있을까?

법을 통해 개별 시민들에게 수치심을 부과하는 순간, 수모와 모욕을 줄 수 있다는 우려가 항상 문제시된다. [처벌 대상이] 매우 큰 힘을 지닌 사람이고, 나르시시즘과 완전무결함이라는 생각에 젖어 잘못을 저질렀기 때문에 에렌라이히가 말한 수치심을 갖도록 하는 것이 적절해 보이는 경우가 있을 수 있다. 하지만 이런 경우라 하더라도 유약한 개인에게 공적인 모욕을 주어 법을 통해 비난을 전달해야 한다는 생각은 바람직해 보이지 않는다. 최근에 있었던 두 가지 예를 살펴보도록 하자. 이들 예는 에렌라이히가 제시하는 이유에서 처음에는 공적으로 수치심을 주는 것이 매력적이라고 생각할 수 있는 경우다. 마사 스튜어트*는 내부거래 혐의로 기소되었다. (그녀는 형사상의 범죄가 아니라 입증책임**이 보다 낮은 민사상 범죄로 기소되었다.) 그녀가 살아온 삶은 나르시시즘으로 점철된 긴 찬가와 같았다. 그녀는 잡지의 기사와 TV 출현을 통해 여성의 삶과 가정은 완벽해야 한다는 잘못된 나르시시즘적 환상을 전파했다. 이러한 생각은 우리 사회에서 여성이 직면하고 있는 (노인 부양과 자녀 양육과 같은) 실제적인 부담에 주목하지 못하게 만드는 효과가 있다. 실제로 스튜어트는 자신의 가정이 완벽하기는커녕 엉망인 일반적인 여성들에게 수치심을 불러일으켜 산업적 성공을 거뒀다. 그래서 그녀가 일반적인 범죄자에 불과했다는 사실이 드러나 공개적으로 망신을 당하게 될 것이라는 사실이 유쾌한 일처럼 여겨지고 있다. 물론 죄가 있으면 처벌을 받아야 하는 것 아니겠냐고 말하는 사람도 있을 것이다. 그러나 이런 반응은 너무 성급한 것이다. 왜냐하면 검사는 발생한 많은 범죄 중에서 특정 범죄를 선택해야 하고, 검사가 스

---

* '살림의 여왕'으로 알려진 미국의 거물 기업가. 가정 살림에 관한 노하우를 정리한 잡지 《마사 스튜어트 리빙》을 만들어 많은 독자를 확보한 후, TV, 인터넷 마케팅, 소매, 출판 등의 사업을 진행하는 마사 스튜어트 리빙 옴니 미디어의 CEO가 되었다. 주식의 부당 내부거래 혐의로 기소되어 2004년 5개월 형을 선고받았다. 너스바움이 이 글을 쓴 시점은 스튜어트에 대한 공판이 진행되기 전이다.
** 증명책임이라고도 하며, 소송법상의 책임이 있는 사람이 자신의 주장을 증명할 수 있는 증거를 제시하지 못하면 패소의 부담을 갖는 것을 말한다. 대부분의 소송에서 입증 책임이 있는 쪽이 불리하다.

튜어트의 매우 경미하고 미심쩍은 사건에 관심을 갖다가 훨씬 더 심각한 다른 범죄자들이 기소되지 않았을 수도 있기 때문이다. 공개적으로 수치심을 주는 처벌이 이뤄졌다는 사실이 더 큰 문제다. 스튜어트의 경우에는 이것이 큰 부분을 차지했는데, 그녀는 [법정에서] 심문이 이뤄지기도 전에 수치심으로 인해 명성에 상당한 타격을 입었다.

이름이 알려지게 되면 대중에게 무작정 모욕을 당할 수 있는 위험이 있다. 이런 점에서 판사가 어떤 판결을 내리더라도 그녀가 이미 겪은 고통보다 크지 않을 것이다. 나는 그녀에게 일어나고 있는 일이 도덕적으로 볼 때 매우 불쾌하게 여겨지면, 법적인 기소와 [그녀의 사생활을 드러내] 공개적으로 수치심을 안겨주는 행위가 연결되어 있다는 점이 가장 큰 문제라고 생각한다. 예를 들면, 그녀의 일생에 대한 TV 특집이 방영된 다음 평일에 기소가 이뤄졌다. 이 프로그램은 그녀가 망신당하는 모습을 봤으면 하는 대중의 욕구를 부채질했다. 사람들은 그녀의 이른바 완벽함이 망가지는 모습을 보고 싶어 했기 때문에 그녀의 '몰락'에 기뻐했다. 그렇지만 이것이 네트워크 TV를 통해 그녀의 사생활을 천박하고 모욕적인 방식으로 내보내는 것의 구실이 될 수는 없다. 사실 TV 프로그램이 주는 기쁨 자체가 나르시시즘적이다. 시청자들에게 "그녀는 자신은 완벽하고, 당신은 엉망이라고 말했어요. 그런데 그녀가 엉망이 되면, (당신은 내부거래의 죄가 없으니까) 반대로 당신이 완벽해지는 겁니다."라고 말하고 있기 때문이다. 만약 판사가 처벌로

NBC 방송에 특집 프로그램을 제작하라는 판결을 내렸다고 해보자. 그랬다면 이것은 법률 체계를 엄청나게 남용한 결정이 되었을 것이다. 마치 삶이 예술을 본뜬 것처럼 [범죄에 대한] 기소가 TV 프로그램과 너무 밀접하게 관련되어 있었다면, 이는 마찬가지로 잘못된 일일 것이다.

법이 관여하지 않는 경우에도 공적인 수치심은 처음에는 건설적으로 보일지 몰라도 심각하게 불쾌한 측면이 있다. [공적인] 수치심을 경험한 다른 사람인 윌리엄 베넷*에 대해 살펴보도록 하자. 그는 최근 엄청난 노름꾼이라는 사실이 밝혀졌다. 그는 자신의 가족에게 해를 입힌 것도 아니고 종교적 규범을 위반한 것도 아니었지만, 그가 공공연히 덕성이 있는 사람처럼 처신했다는 이유로 사람들은 그를 위선자라고 여겼다. 나는 [그를] 위선자라고 비난할 수 있는지는 확신할 수 없지만, 적어도 그가 자신의 개인적인 재미를 위해 엄청난 재산을 탕진했다는 사실에는 나르시시즘적인 요소가 있으리라 생각한다. 그리고 베넷은 오랫동안 불완전한 것을 수치스럽게 생각하는 습관이 있었다. 그렇다면 그에게 공적으로 수치심을 주는 것이 옳은 일인가? 그리고 그런 이유가 있다면 [여기에] 법률 체계가 참여하는 것이 옳다고 할 수 있을까?

여기서 우리는 그가 아무런 법률도 위반하지 않았다는 불편한 문제에 직면하게 된다. 그래서 대중은 법률적 도움 없이 나서야 했

---

* 미국의 보수적 정치가. 1985~1988년까지 교육부 장관을 지냈으며, 부시 정부 아래에 전국약물단속정책국장을 지냈다.

을 것이다. [이 과정에서] 나는 불쾌하고 정말 끔찍하게 나르시시즘적인 광경을 보게 된다. 내가 보기에 베넷에게 수치심을 주고 있는 대다수의 사람들은 똑같은 도덕적 실수를 저지르고 있다고 생각되며, 이러한 잘못에 대한 책임이 있다. 이들은 가난한 사람을 돕기보다는 자신들의 개인적 기쁨을 위해 돈을 쓴다는 점에서 [베넷과] 다르지 않으며, 이는 대부분의 부유한 미국인들의 모습이다. 도박과 스키를 즐기면서 휴가를 보내는 것에 정말 큰 도덕적 차이가 있을까? 이런 점에서 수치심을 주는 것은 보이는 것처럼 나르시시즘에 반대되지 않는다. 수치심을 주는 것은 많은 측면에서 사람들 자신의 나르시시즘에서 벗어나기 어려운 면이 있다. 설령 베넷이 도박 과정에서 일정한 법을 위반했다 하더라도, 판사가 TV 황금시간대에 특별 프로그램(분명 짧은 시간 안에 만들 수 있는)을 내보내라거나 그가 저지른 수치스러운 일들을 보도하라는 결정을 내림으로써 대중이 일제히 외치는 수치심에 결합하는 것은 매우 부적절하다고 생각한다. 일반적으로 사적 행위에 대한 공적 개입은 공적인 의무의 실행과 연관되지 않은 경우, 나르시시즘적인 자기 방어의 불쾌한 모습을 띠기 마련이다.

이러한 개별 사례에 대한 검토를 통해 우리는 에렌라이히가 유도한 수치심이 건설적일 수 있었던 이유는 [이러한 수치심이] 완전히 일반적인 성격을 가지고 있으며 자신을 포함하기 때문이라는 사실을 알 수 있다. 스튜어트와 베넷에게 공적으로 수치심을 주는 행위는 이와 반대다. 사람들은 그들의 몰락에 기뻐하고, 그들을 비난하면서 결속한다. 이런 식으로 다른 사람에게 수치심을 주는 것은 나르시시즘을 강화하며, 자신이 완전무결하다는 사람들이 지닌 잘 못된 믿음의 버팀목이 된다. 이와 달리 에렌라이히의 제안은 포용 적인데, 그녀 자신을 비롯한 비교적 부유한 모든 미국인들에게 전 달된다. 게다가 에렌라이히의 제안은 비공식적이며, 그런 의미에서 온건하다고 할 수 있다. 이것은 독자들에게 [자신의 잘못을] 공개 적으로 고백하라고 강요하기보다는 [홀로 자신을] 성찰해 보라고 권한다. 이 과정은 조용하게 진행된다. 각각의 사람들은 자신의 개 인적인 양심에 따라 성찰하며, 선택한 경우에만 공적인 논의에 참 여한다. 그렇다면 강제적인 공적 처벌이 이와 같이 건설적일 수 있 는 방법을 생각할 수 있을까? 그러나 이러한 특징은 법 체제 내에 서는 포착하기 어려워 보인다.

이 이슈와 관련해 내가 생각할 수 있는 가장 가까운 형태는 에 렌라이히가 비판한 것과 같은 오만함과 나르시시즘이 드러나는 범 죄를 저지른 유력 조직들(기업이나 법률사무소)을 대상으로 한 수치 심 처벌일 것이다. 실제로 줄리아 애너스와 데버러 로드(Deborah Rhode)는 수치심 처벌이 개인을 대상으로 하는 것은 부적절하지만 위해를 저지른 조직에 적용되는 것은 적절할 수 있다고 주장한 바 있다.[482] 애너스는 조직은 [수치심 처벌로] 개인이 경험하는 깊은 상처를 겪지 않으며, 그 자체로 보호받아야 할 존엄성을 지니지 않 기 때문에 나쁜 평판으로 모욕을 당하는 것이 적절할 수 있다고 주 장한다. 전문가 행동 규범을 위반한 법률사무소를 염두에 두고 있는 로드는 잘못을 저지른 기업이 나쁜 평판을 받는 것은 수치심을 주는 행위가 이러한 제도적 맥락 밖에서 일어나게 된다는 점에서 비난할 수 없다고 말한다.

물론 타락한 기업과 법률 사무소에 공개적으로 수치심을 주는 비공식적인 방법도 있다. 어쩌면 언론과 공적 논의에서는 아마 그 이상이 있어야 할 것이다. 기업과 기업 임원 가운데 일부의 범죄 행위는 분명 나르시시즘적 자만이 큰 원인으로 작용했을 것이며, 완전무결성이라는 신화에 너무 사로잡혀 있는 미국인들에게 취약성을 지닌 인간이라는 공통의 인식을 강화하는 나르시시즘적이지 않은 수치심 주기는 바람직한 측면이 많다. 그러나 나는 법체계를 통해 [문제가 있는 조직에] 수치심을 주어야 하는지에 대해서는 확실한 입장을 취할 수 없다. 애너스와 로드는 분명 존엄성 이슈와 관련해 강한 주장을 펼칠 것이며, 비슷한 집단 사이의 나쁜 평판은 휘트먼이 가장 우려하는 인민재판의 형태가 아니다. 수치심이 더 많은 부작용을 초래할 수 있다는 우려는 알코올이나 약물로 문제가 있는 사람의 경우와는 달리 이러한 경우에는 아마 적용되지 않을 것이다. 수치심의 억제 기능이 일정하지 않다는 포스너의 우려가 여기에도 해당되는지는 불명확하다. 내 생각에는 수치심을 주는 행위가 단순히 전체 조직을 대상으로 하기보다는 이 조직이 저지른 잘못된 행위에 초점을 맞출 때 억제가 가장 잘 이루어질 수 있을 것이라 여겨진다. 이러한 점에서 수치심을 주는 처벌은 수치심과 죄책감의 경계선에 위치한다고 할 수 있다.

에치오니는 수치심 처벌이 전혀 불법으로 간주할 수 없는 행위를 대상으로 사용될 수 있는가라는 또 다른 흥미로운 질문을 제기한다. 그와 케이헌이 찬성하는 처벌의 한 가지 좋은 점은 분명하게 유죄로 입증된 행위를 대상으로 하기 때문에 순수한 의미의 수치심 처벌이 아니라는 점이다. 알다시피 시대와 장소에 따라서는 유죄가 입증되지 않은 사람에게 공개적으로 수치심을 주었으며, 이로 인해 이 사람들은 엄청난 피해를 입었다. 그러나 에치오니가 든 예는 처음에는 보다 더 매력적이다. 그는 도움을 주지 않은 행위에 초점을 맞추면서 나쁜 사마리아인법(bad Samaritan law)*은 아마 효력이 없을 것이며, 폭행을 당하고 있는 사람을 돕지 않은 사람을 처벌하는 좀 더 적당한 방법은 이런 사람들에게 나쁜 평판을 안겨 주는 것이라고 주장한다. 이러한 처벌은 다른 사람을 돕기 위해 위험을 감수하도록 권고하는 규범을 증진시킨다는 것이다. 그는 도움을 준 사람에게 좋은 평판을 주는 것에는 왜 주목하지 않느냐고 자유주의자들이 반론할 것이라고 예상한다. 그의 대답은, 사람들에게 좋은 평판을 얻으려는 욕구보다는 나쁜 평판에 대한 두려움이 더 큰 동기를 유발시킬 수 있을 것 같다는 것이다. 이러한 종류의 수치심 주기는 에렌라이히가 든 예를 매력적이게 만드는 다수의 특징들 ― 전부

---

* '착한 사마리아인법'으로 알려져 있다. 타인의 생명이나 신체에 중대한 위험이 발생하고 있음을 목격한 사람이 자신에게 특별한 부담이 생기지 않음에도 불구하고, 그 구조에 나서지 않는 경우에 처벌하는 형법 조항이다. 「누가복음」 10:30-33에 나오는 착한 사마리아인에 대한 예수의 비유에서 비롯되었다.

는 아니더라도 ── 을 지니고 있다고 말할 수도 있을 것이다. [구조에 나서지 않은 사람이 나쁜 평판을 받도록 하는] 것은 나르시시즘적이지 않으며, 둔감한 사람들이 [현 상태에] 안주하지 않도록 충격을 주려는 목적을 갖고 있기 때문이다.

그러나 에치오니의 심리적 주장은 추측에 불과하며, 그는 이에 대한 증거를 전혀 제시하지 않는다. 더 중요한 사실은 그가 '누가 공표하는 역할을 해야 하는가?'라는 핵심 질문을 피하고 있다는 점이다. 시민들이 이러한 정보를 퍼뜨리기 위해 협력하거나, 기자들이 도움에 나서지 않은 행위를 지속적으로 보도하는 것에는 분명 반대할 수 없을 것이다. 이것은 물론 수치심을 주는 처벌이 아니다. 그렇지만 국가가 실제로 여기에 관여하게 된다면, 그 근거는 무엇이 될 수 있을까? 만약 [형법에] 나쁜 사마리아인법이 없다면, 잘못된 행위를 대상으로 수치심 처벌을 부과할 때 국가가 전달하는 것은 무엇인가? 이는 불법이 아니고 우리가 불법으로 규정할 의사가 없는 행위를 처벌하는 게 되지 않을까? 그렇다면 이것은 상당히 이상한 의견이 될 것이다. 그리고 이러한 처벌은 어떻게 결정될 것인가? 공판과 증거는 있을까? 만약 그렇지 않다면 이 견해는 명백하게 수용할 수 없다. 만약 그렇다면, 우리는 불법적이지 않은 행위를 공판을 통해 심리하는 완전히 새로운 제도적 틀이 있어야 할 것이다. 에치오니가 실제로 제안하고 있는 것은 너무 불명확해서, 아직 평가할 수 있는 상황이 아니다.

징역이 아닌 제재 방식에 대해 사고하는 올바른 방법은 브레이스웨이트의 주장을 따르는 것이라고 생각된다. 우리가 어떤 처벌을 선택하든지 미래 지향적으로 개심과 재통합에 초점을 두는 것이다. 사회봉사는 이를 위한 노력이라는 점에서 많은 경우에 가치를 지닌다. 케이헌은 같은 이유에서 사회봉사를 싫어하지만 말이다. 사회봉사는 사람들에게 좋은 일을 하도록 하고 공동체와 새로운 바람직한 관계를 맺게 함으로써, 자신이 나쁘고 반사회적인 존재가 아니라 좋고 건설적인 역할을 할 수 있다는 인식을 강화시켜 준다. 약물이나 알코올 문제의 치료 프로그램과 성범죄에 대한 심리치료에서도 [이러한 측면은] 무엇보다 중요하다. 일반적으로 이러한 치료는 대상자들이 조심스럽게 수치심을 피할 수 있을 때 가장 큰 효과를 본다. 그래서 알코올 중독에 대한 가장 효과적인 치료 프로그램이 있는 [자조 단체인] AA(Alcoholics Anonymous)*는 단체 명을 따라, 회원들이 다른 회원의 정확한 이름을 공개적으로 사용할 수 없도록 하고 있다. 설령 어떤 사람과 친구가 되었다 하더라도 이 단체의 소속과 관련해서는 그 사람의 이름을 언급할 수 없다. 이 금지 규정은 매우 엄격하다. 예를 들어 어머니 친구 몇 분이 장례식장에서 어머니가 이 단체의 회원이었다는 사실과, 여기에서 겪은 개인적 경험을 나누고자 했을 때 [단체의] 허락을 받을 수 있을지 한동안 망설

---

* 알코올 중독 진단을 받은 중독자들이 술을 끊게 된 경험을 서로 나누고 격려하는 과정이 회복에 도움이 된다는 사실을 터득하여 1935년 세운 알코올 중독자 회복을 위한 자조 단체다. 12단계 회복 프로그램은 마약·도박·섹스 등 무려 73종의 회복 모임에 적용되어 왔으며, 전 세계적으로 조직망을 갖추고 있다.

이지 않을 수 없었다. 어머니 친구 분들은 말씀을 하셨고, 이는 규범을 위반한 보기 드문 경우였다.

사회봉사와 다른 회복적 사법(restorative justice)* 방식이 적절한 대안이 될 수 없는 범죄가 많다는 사실은 명백하다. 일반적으로 이러한 범죄의 경우는 수치심을 주는 처벌이 적절하지 않으며, 징역이 선택된다. 그럼에도 수치심을 주는 처벌을 옹호하는 사람들은 반대자들의 일관성 없음을 비판하기 위해 금고형의 모욕적 성격을 강조한다. 케이헌의 주장처럼 감옥을 거부하거나 아니면 공적으로 수치심을 주는 기호와 게시물 등을 수용하라는 것이다.

우리는 대다수의 사회와 미국에서 운영되고 있는 감옥이 [수감자들에게] 심각한 모욕을 안겨 주고 있다는 사실을 인정해야 한다. 그렇지만 감옥이 반드시 모욕을 주는 곳이어야 할까? 미국, 프랑스, 독일의 형벌 제도를 다양하게 비교·연구한 휘트먼은 유럽은 온건한 형벌을 지향하는 경향이 있으며, 인간의 존엄성을 존중하는 데 각별한 관심을 기울여 왔음을 확인시켜 준다.[483] 왜냐하면 유럽 역사에서 형벌은 계급으로 강하게 나뉘어 있었고, 낮은 계급일수록

---

* 응보, 억제, 교정, 사회 방어에 초점을 둔 전통적인 형사 사법의 문제점을 비판하면서 등장한 대안이다. 범죄를 사회적 신뢰를 깨뜨리는 행위로 이해하고, 범죄자와 피해자(또는 사회 공동체) 간의 갈등 해소를 통해 신뢰를 회복하는 데에 형사 사법의 목적이 있다. 가해자의 분명한 책임 인식, 사죄, 배상을 통해 피해자가 당한 물질적·정신적 피해를 회복하고, 당사자들이 서로 화해함으로써 범죄자가 다시 공동체에 재통합될 수 있도록 하는 데 관심을 기울인다. 이승호, 「회복적 사법과 우리나라의 형사 제재 체계」, 《형사법 연구》 19권 3호(2007), 339-357쪽 참조.

가혹한 처벌이 이뤄졌기 때문이다. 그래서 유럽의 현대 민주주의 국가들은 각각의 개인이 지닌 평등한 존엄성을 존중하는 데 집중해 왔으며, 형벌[의 적용과 집행]도 항상 이를 존중하는 데 관심을 가져왔다. 또한 보다 가벼운 형벌을 내리고 수감 조건을 개선하기 위해 노력을 기울여 왔으며, 수감자들도 대부분의 시민적 권리를 지닌다는 사실을 강조한다. 스칸디나비아 국가들과 독일, 몇몇 유럽 국가의 형벌 제도를 연구한 마리아 아르키맨드리토우의 새 책 『열린 감옥(The Open Prison)』도 비슷한 결론을 내린다. 그녀는 [연구 대상 국가들이] 수감자들에게 시민으로서의 기본적 권리 — 보건 의료 권리를 포함한 — 를 확장하고 있는 추세를 상세히 기록하고 있다.[484] 미국은 [이러한 추세에서 벗어나 있는] 예외적인 나라라고 할 수 있는데, 미국의 감옥들이 통탄할 만한 상황에 있다고 해서 감옥이 항상 모욕을 주는 곳이라고 생각해서는 안 된다.

　미국의 경우에도 수감자의 권리를 옹호하는 사람들은 법정과 대중의 사고에서 수감자들은 동물이 아니라 일정한 사생활 권리와 개인적 소유권이 있는 존재라는 사실을 확립하기 위해 오랫동안 캠페인을 벌여 왔다.[485] 우리는 혐오를 유발하는 화장실 시설이 "잔인하고 비정상적인 처벌"이라는 펜실베이니아 법원의 결정을 끌어내는 데 있어 인간 존엄성이라는 이슈가 중심적인 역할을 했음을 떠올려 볼 수 있다. 리처드 포스너 판사*는 최근에 쓴 매우 흥미로운

---

* 미국의 법률가이자 법 이론가. "세계에서 가장 뛰어난 법학자"로 평가받고 있으며, 1999년《뉴욕 타임스》는 그를 미국에서 가장 훌륭한 판사로 선정했다.

[반대] 의견에서 수치심과 관련해서도 같은 결론을 내리고 있다. 그는 남성 재소자들이 여성 간수가 보는 앞에서 옷을 벗고, 샤워하며, 화장실을 사용하게 하는 것은 잔인하고 비정상적인 처벌이라고 판결했다.[486] 이 과정에서 그는 재소자들의 지위에 대한 매우 중요한 발언을 하고 있다.

 1995년 [현재] 미국의 감옥과 구치소에 수용되어 있는 재소자들을 바라보는 방식에는 여러 가지가 있습니다. 한 가지 방법은 그들을 다른 종으로 보는 것입니다. 그들은 기생충과 같아서 인간 존엄성을 가지고 있지 않으며, 존중받을 자격도 없다는 시각입니다. [이런 시각에서는] 재소자들에 대한 모욕적이거나 야만적인 대우는 이슈가 되지 않을 것입니다. 특히 재소자들을 실험 대상으로 삼는 것에도 전혀 거리낌이 없을 것입니다. (······) 저는 미국의 감옥과 구치소에 있는 150만 명의 재소자들을 이런 식으로 바라보지 않습니다. 이것은 미국의 인구에서 결코 무시할 수 없는 숫자입니다. (······) 감옥과 구치소에 있는 상당수의 사람들(이 소송의 원고 측을 포함해서)은 유죄 판결을 받지 않은 사람들입니다. 그들은 단지 범죄 혐의를 받고, 공판을 기다리고 있는 사람들입니다. 그들 중 일부는 실제로 무고하다는 판결이 날 수도 있습니다. 유죄 판결을 받은 범죄의 다수도······ 적법한 행위와 묘하게 비슷한 피해자가 없는 범죄(예를 들면 도박 범죄 같은)입니다. (······) 하찮은 법도 어기는 것은 잘못입니다. (······) 그러나 감옥과 구치소에 있는 사람들을 복수심에 불타는 사람들과 자원이 빈약한 형벌 체제가 그들에게 주는 것을 받아 마땅한 인간쓰레기라고 결정하기 전에, 이러한 사람들의 특성에 관한 현실적인 개념을 가져야 합니다. 우리는 법을 준수하고, 존경할 만한 존재인 '우리'와 감옥과 구치소에 있는 사람들 사이에 있는 거리를 과장해서는 안 됩니다. 이러한 거리를 과장하면, 그러한 사람들이 기본적인 인간적 고려의 대상이라는 사실을 쉽사리 부정할 수 있습니다.

그러고 나서 포스너는 이 소송의 원고 측 [재소자들]이 당연히 낯선 사람들에게 자신의 개인적 모습을 감출 수 있는 권리를 지닌다고 주장한다. 자신을 감출 수 있는 권리는 인간 존엄성의 본질적인 부분이기 때문이다.[487] 포스너는 이 소송과 관련해서만 의견을 밝히고 있는 것이 아니라,[488] 미국의 감옥에 대해 근본적인 비판을 하고 있는 것이라고 할 수 있다. 그는 일차적으로 감옥에 너무 많은 사람이 수감되어 있다고 생각한다. 또한 재소자를 기생충처럼 여기는 생각이 만연돼 있는데, 이렇게 보게 되면 재소자가 인간이며 실제로 시민이라는 사실을 인정할 수 없게 된다고 여긴다. 그는 유대인 재소자들을 대상으로 한 나치의 의학 실험을 언급하면서 이 점을 강력하게 강조한다. 우리는 이러한 역사를 몹시 싫어하지만, 여전히 비슷한 방식으로 행동하고 있다.

징역 제도 전체가 기본적인 인간 존엄성과 존중에 위배된다고 생각할 필요는 없다. 일정 기간 동안 개인의 자유를 제한한다고 해서 이 사람이 완전한 인간이 아니라는 시각을 표현하는 것은 아니다. 감옥을 인간화하고, 재소자의 일정한 기본적 권리를 보호하는 것이 케이헌에게 대답하는 올바른 방향이다. 이 과정에서 가장 중요한 첫 번째 단계는 중범죄를 선고받은 사람들의 투표권을 평생 동안 박탈하고 있는 열 개 주의 이상한 정책을 재고하는 것이다.[489] 오늘날 생존해 있는 대략 51만 명의 아프리카계 미국인 남성들이 이 이유 때문에 선거를 하지 못하고 있다. 이는 미국 전체 아프리카계 미국인 남성 인구의 7분의 1에 해당되며, 플로리다 주와 앨라배마 주 아프리카계 미국인 남성 인구의 3분의 1에 해당된다. 게다가 95만 명이 넘는 아프리카계 미국인 남성들이 수감으로 인해 일시적으로 투표권을 행사하지 못하고 있다. 아프리카계 미국인은 미국 전체 인구의 12퍼센트를 구성하지만, 이러한 이유로 투표권을 박탈당한 420만 미국인의 3분의 1을 차지하고 있다.[490]

이러한 정책은 분명 [중범죄를 저지른 사람에게] 평생토록 수치심과 낙인을 주는 것이다. 유럽 국가들은 이러한 생각을 지지하지 않았는데, 의무투표제(Compulsory voting)*를 갖고 있는 나라들도 다른 나라와 마찬가지로 재소자에게 투표를 하도록 했다. 휘트먼은 설명 요인으로 인종이 갖는 중요성을 다소 저평가하기는 했지만, 유럽과 미국이 형벌 관행에 있어 중요한 차이가 있다는 점에

---

* 선거권을 의무적으로 행사하도록 하여, 정당한 이유 없이 선거에 참여하지 않은 사람에 대해 법률적 제재, 즉 벌금, 견책, 명단 공개, 선거권 정지 등을 부과하는 선거 제도를 말한다. 유럽에서는 벨기에·오스트리아·스위스·룩셈부르크 등에서 실시하고 있다.

주목해 왔다.[491] 투표권법(Voting Rights Act)* 이후 이러한 편법이 만들어지기 전까지는 아프리카계 미국인이 지니는 시민으로서의 평등한 존엄성을 부인하는 것은 쉽지 않았다. (이러한 편법이 법으로 만들어진 시점도 투표권법과 불길하게 맞아떨어진다.) 적어도 전국 단위의 선거에서 이러한 '남부 전략'이 작용했음은 분명하다. 어쨌든 우리의 상황은 계급으로 나뉜 사회의 유산을 씻고자 노력해 온 유럽 민주주의 국가들과는 차이가 있다. 실제로 미국의 많은 사람들은 인종으로 나뉜 사회를 유지하려 하며, 이러한 목적을 수행하기 위해 가혹한 징역살이와 이에 수반된 권리의 박탈을 강력한 무기로 사용하고 있다.

유럽의 추세를 따라 징역형을 재고한다는 것(만약 이렇게 하려는 대중의 의지가 형성될 수 있다면)은 감옥이 평생 동안 유지되는 낙인을 주는 곳이 아니라, 기본적으로 흥하지 않은 억제, 그리고(또는) 응보의 형태 ── 기왕이면 개심과 재통합을 목적으로 하는 프로그램과 결합된 ── 라는 사실을 확립하는 것을 말한다. 그러나 이러한 프로그램을 지지하는 대중적 의지는 존재하지 않는다. 미국에서는 인종적 소수자들이 완전하고 평등한 인간성을 갖는 사실을 아직 인정하지 않고 있기 때문이다.

---

* 1965년 아프리카계 미국인의 선거권을 박탈해 온 차별적인 선거 관행을 불법으로 간주하는 내용을 담은 기념비적 법안이다. 1964년 민권법(Civil Rights Act)과 더불어 마틴 루서 킹 등이 주도한 민권 운동의 결과물로, 아프리카계 미국인의 정치적 평등을 실현하는 계기가 되었다.

3 도덕적 공황: 게이 섹스와 '적대감'

자신에 대한 수치심은 쉽사리 일탈 집단에 대한 낙인으로 이어질 수 있다. 앞서 4장 5절에서 수치심과 공격성 간의 관련성을 검토하면서 이러한 역학의 예들을 살펴본 바 있다. 그리고 자유군단에 대한 테벨라이트의 연구(2장과 4장에서 논의한)는 어떻게 유약함 — 여성적인 것과 동일시되는 — 에 대한 수치심이 통제력을 지닌 남성이라는 정체성을 위협한다고 상징되는 집단(공산주의자, 유대인, 성적 소수자)에 대한 공격성으로 전환되는지를 보여 준다. 자유군단 장교들은 이들 집단이 자신들의 건강, 가치, 존재 자체를 위협하고 있다고 진정으로 믿었으며, '붉은 홍수' 등에 대한 그들의 공포는 공격성을 드러내는 캠페인으로 나타났다. 이러한 캠페인의 궁극적인 결과는 너무나 잘 알려져 있다.

이것은 결코 특이한 현상이 아니다. 실제로 사회학 분야에서는 이미 '도덕적 공황' 현상에 대한 연구가 활기를 띠고 있다. 도덕적 공황은 경찰과 관계 당국이 일탈 집단을 표적으로 해서 공세적인 조치를 취하는 현상을 말한다. 이러한 일탈 집단이 사회에 중대하고 즉각적인 위험을 초래하고 있다고 여겨지기 때문이다. 그러나 이러한 위험은 표적 집단이 지니고 있는 위험한 특성과 마찬가지로 대부분 추정에 의존한다. '도덕적 공황'이라는 용어를 만들어 내고 핵심 개념으로 다듬은 고전적 연구는 스탠리 코언의 『대중의 적과 도덕적 공황(Folk Devils and Moral Panic)』(1972)이다. 고프먼의 낙인에 관한 연구와 밀접하게 연관되어 있는 코언의 설명은 현재 논쟁 중에 있는 이슈에 일정한 함의를 지니므로 그의 주장을 좀 더 상세히 개괄하는 것은 의미가 있을 것이다.

영국의 동부 해안에 위치한 작은 휴양지인 클랙턴은 '공황'의 발단이 된 장소였다. 부활절* 일요일은 춥고 습기가 많은 날이었다. 대부분의 상점들은 문을 닫았다. 지루하고 화가 난 일부 청년들이 바이크와 스쿠터를 타고 거리를 오르내리며 고함을 질렀고, 창문을 깨뜨리고 해변의 오두막을 박살 냈다. 공중에다 대고 총을 쏘는 청년도 있었다. 대중은 청년들의 옷차림으로 두 집단을 구분하기 시작했는데, 한쪽은 모즈,** 다른 한쪽은 록커스(Rockers)***로 불렸다.

사건 자체는 그다지 놀랄 만한 일이 아니었다. 그러나 관심을 가질 다른 소재가 없었던 당시 언론은 이 사건을 선정적으로 보도했다. 한곳을 제외한 모든 전국 일간지는 "스쿠터 집단이 테러를 감행한 날", "해변에 밀어닥친 거친 녀석들"과 같은 머리기사를 쏟아

---

* 성 금요일부터 부활절 월요일까지 나흘간의 휴일을 보낸다.
** 1966년경 런던 카나비 스트리트를 중심으로 나타난 비트족 계보에 속하는 젊은 세대를 말한다. 원래 모즈란 'moderns'의 약자로 '현대인', '사상이나 취미가 새로운 사람'을 뜻했으며, 기성 사회에 적응하지 못한 젊은이들 사이에 나타난 문화다. 주중에는 일을 하고 주말에는 일탈을 즐기는 노동자 계급이 많았다.
*** 바이크족으로, 가죽 재킷을 입고 영국제 스포츠 모터사이클을 타고 다니며 록 음악을 즐겨 들었던 반항적인 청년 집단을 말한다. 카페에 모여서 음악 한 곡을 틀어 놓고 다른 카페까지 다녀오는 내기를 즐겨 해서 카페레이서라고도 한다.

냈다. 이러한 형태의 보도는 유럽은 물론 미국·호주·남아프리카까지 퍼졌다. 이러한 머리기사에 딸린 뉴스 내용은 주로 "마구잡이식 파괴", "전쟁", "시내를 때려 부수다", "고함지르는 폭도"와 같은 선정적인 표현을 써 가면서 참여한 사람의 숫자와 피해 정도를 과장했다. 언론은 문제 당일 날씨가 너무 좋지 않아서 인적이 드물었다는 사실은 말하지 않은 채, "인적이 사라진 해변"과 폭력을 피하려고 애쓴 "연로한 휴가객들"을 언급했다.

[언론은] 뒤에 일어난 사소한 사건도 마찬가지로 과장 보도했다. 《데일리 익스프레스》에 실린 다음 글이 전형적이다. "1964 청년들이 어제 마게이트와 브라이턴에 있는 해변을 점령해 전통적인 엽서에 나오는 경치를 피와 폭력으로 더럽혔을 당시, 아빠는 접의자에서 잠을 자고 있었고 엄마는 아이와 모래성을 쌓고 있었다." 신문들은 계속해서 루머를 사실처럼 보도했으며, 심지어 이미 사실이 아닌 것으로 판명된 이야기도 내보냈다. 시간이 흐르면서 대중은 모든 핵심적 측면이 거짓인 사건에 대해 하나의 도식을 갖게 되었다. [대중의 인식 속에서 이 사건들을 벌인 것은] 주로 다양한 노동 계급 청년들이 할 것을 찾아 무작정 모여든 조직적이지 않은 모임이 아니었다. 이들은 런던의 부유한 청년들로 이뤄진 조직적인 폭력단이며, 공포를 안겨 주고 폭력을 행사하려는 분명한 의도를 가지고 휴일에 휴양지를 급습한다는 인상을 갖게 되었던 것이다.

처음 불을 지핀 것은 언론이었지만, 이제는 대중의 인식 자체가 작용하기 시작했다. 대중 신화는 두 개의 '폭력단', 즉 모즈와 록커스라는 이미지를 지어냈으며, 이들은 [자신들을 나타내는] 특징적인 복장을 한다고 여겨졌다. [이에 대해] 코언은 "결국 상징과 꼬리표가 서술적이고 설명적인 힘을 갖게 된다."(41)라고 적고 있다. 영국 사회의 모든 부분에서 [이들이 초래하는] 위험이 논의되었으며, 이른바 위험 집단의 특징을 보여 주는 목록은 더욱 정교해졌다. 코언은 진행되었던 오류들을 요약해 보여 주면서 일탈 집단의 특징을 나타내는 다른 목록처럼 이 경우에도 "공상, 선택적인 오인, 의도적인 뉴스의 창작과 같은 요소들이 나타난다. 이 목록은 차분한 상황 파악이 아니라 날조된 뉴스다."(44)라고 결론짓는다. 이러한 목록은 급속히 가치 위기를 초래한다는 생각으로 이어져, 이들 집단이 우리가 소중히 여기고 있는 모든 것을 위협하고 있다고 여겨졌다. 이들 집단은 그 자체로서가 아니라 현대 사회가 지닌 부정적인 면을 상징하게 되면서 관심사가 되었다. 여기서도 테벨라이트가 연구한 자유군단의 사례와 유사한 면이 있다. "문명화된 정상적인 사회에 존재하는 안전장치가 없어져"[492] 비도덕적이고 인간 본래적인 것이 문명 자체를 위협하고 있다는 생각이 핵심을 이룬다는 점에서 그렇다. '거친 녀석들'과 '훌리건'이라는 말은 이러한 상황을 설명하는 데 사용되었으며, 코언이 주장하듯 "특정한 행위를 하거나, 특정한 옷을 입거나, 특정한 사회적 지위(청소년)에 속한 사람에게 귀속될 수 있는 합성된 낙인을 부여하는"(55) 역할을 했다.

이 과정의 다음 단계는 사회적 통제에 들어가는 것이다. 광범위한 오보, 잘못된 원인 귀착, 문명이 위협받고 있다는 대중적 히스

테리를 고려해 본다면, 이러한 사회적 대응이 특정 범죄의 본질과 심각성을 왜곡했을 것이라는 점은 불 보듯 뻔하다. 코언은 경찰, 법원, 지방 자치단체에 속한 시민단체가 한 역할을 검토하면서 개인의 권리를 침해한 너무 많은 사례가 있었음을 증명해 보인다. 비교적 사소한 범죄로 기소된 많은 청소년들이 3주 가까이 구치소에 수감되었으며, [이들에 대한] 보석을 기각한 것은 사회관계를 회복하기 어렵게 만든다는 점에서 가혹한 처사였다. 루이스 교도소에서 일주일을 보낸 청소년 두 명이 있었는데, 이들을 결국 방해죄로 각각 5파운드의 벌금에 처해졌을 뿐이었다. 대중의 두려움에 반응하려 했던 사법 체제가 사용한 다른 방법은 심한 선고를 내리는 것이었다. 어떤 어린 학생은 그간의 학교 생활 기록부의 내용이 성실하고 초범이었음에도 불구하고 "위협적인 행위를 취했다."(이 학생은 록커스 집단에 화장품 케이스를 집어던졌다.)는 이유로 단기 소년원 3개월 수감이라는 선고가 내려졌다. 마게이트에서는 치안판사*가 '위협적 행위'로 체포된 청년들에게 50~75파운드의 벌금을 부과했으며, 그들 중 한 명에게 3개월 징역형을 선고했다. 그는 일반 대중과 언론 미디어를 위해 준비한 다음과 같은 말로 이처럼 엄청나게 무거운 선고를 내리게 된 배경을 설명했다.

---

* 경미한 형사 사건을 처리하는 영국의 법원 제도. 법조인의 자격을 갖춘 유급의 전문 법관뿐 아니라 무보수의 일반 시민도 치안 판사로 임명되며, 배심원 없이 간이 절차로 재판을 진행한다. 이경재, 「영국 치안 판사 법원의 경미 사건 처리 제도」, 《형사정책》 20권 1호(2008), 127-151쪽 참조.

다수의 남녀 훌리건들이 이 도시의 공기를 오염시켰을 가능성은 없습니다. 우리가 이번 주말 지켜본 사실이고, 당신도 그중 한 사람일 겁니다.

긴 머리에, 정신이 불안정하고, 보잘것없는 이 폭력배들, 쥐새끼같아서 떼 지어 몰려다닐 때에만 용기가 생기는 이 톱밥 황제(sawdust Caesar)*들은 주민들의 생명과 재산을 해치려는 공공연한 의도를 가지고 마게이트에 왔습니다.

법이 우리에게 권력을 부여하는 한, 법원은 규정된 처벌을 사용하는 데 주저하지 않을 것입니다. 당신을 3개월 징역에 처하는 것은 유해한 바이러스에 감염된 기질을 지닌 당신을 비롯한 다른 사람들의 의욕을 꺾을 것입니다. (109)

청년들을 해로운 동물, 바이러스, 공기 오염으로 비유하는 이 말 속에 담긴 이미지는 독일의 반유대주의, 반공산주의 — 테벨리이트와 다른 사람들이 이 병에 대해 기록하고 있는 것처럼 — 이미지와 묘하게 유사하다. 이러한 이미지는 혐오를 일으킴과 동시에 [재판을 받는 청년에게] 수치심을 안겨 준다.

단순히 강경한 대응만으로는 공황을 해소할 수 없었으며, 범법

---

* 실제로 아무런 힘도 없는 허울뿐인 권력자를 말한다. 무솔리니를 가리키면서 사용되었는데, 처음에 많은 이탈리아인들이 무솔리니를 새로운 카이사르라고 보았지만 이탈리아 점령 후에는 합판으로 만든 지도상의 황제에 불과했다는 뜻으로 사용되었다.

자들에게 공개적인 모욕을 주어야 한다는 요구가 생겨났다. "일탈자들에게 꼬리표를 붙여야 하고, [누구나] 이러한 꼬리표를 볼 수 있어야 한다. 또한 공개적인 수모를 주는 일정한 의식에 이들을 참여시켜야 한다."(95) 이와 같이 수치심을 주는 방식에는 범법자의 아버지가 시간을 내서 자신의 아들과 함께 법정에 공개적으로 모습을 드러내도록 하는 것에서부터 [과거에] 잘못을 저질렀던 의심스러운 청년들의 바지 허리띠를 빼앗는 것까지 여러 가지가 있었다. "청년들은 바지가 흘러내린다고 불평하겠지만 그건 전적으로 그들의 문제입니다." 이 발언은 영국 경찰이 위기를 보고하면서 한 말이다. 흥미롭게도 미국 제2연방 순회 항소법원 수석판사인 에드워드 룸바드(J. Edward Lumbard)도 시카고범죄위원회 연설에서 미국 경찰이 지금보다 압수·수색할 수 있는 더 큰 권한을 가져야 한다고 주장하면서 감탄을 담아 이 말을 인용한 바 있다.[493] 그러한 처벌(또는 범죄가 일어나기 전이므로 억제)은 에치오니가 마약 범죄를 저지른 초범인 아프리카계 미국인 청년에게 제시한 처벌법과 동일하다는 점에 주목하기 바란다.

코언은 공황 상태에서 청년들에게 가해진 많은 잘못을 생생하게 보여 주고 있다. 흥미롭게도 강경 조치를 주장하는 사람들도 이 점을 부인하지 않는다. 그들은 당면한 사회적 위험의 심각성을 강조하면서 그들이 부과한 부적절한 엄벌을 정당화한다. [청년들이 저지른] 범죄는 단순 범죄가 아니라 치명적인 사회적 위협의 '일부'라는 것이다. 헤이스팅스(이스트서식스 주의 작은 도시)의 수석판사는 다음과 같이 말하고 있다.

> 부과된 형벌이 적당한지 생각할 때 이 도시의 무고한 시민과 방문객들에게 미치는 '전반적인 효과'를 고려해야 합니다. 개인들이 저지른 범죄 중에는 '그 자체로는' 그다지 심각해 보이지 않는 것도 있지만, 이러한 범죄들은 수천 명의 즐거움을 망치고, 상인들의 장사에 악영향을 주는 '일련의 누적된' 사건들의 '본질적인 부분'을 구성합니다. 헤이스팅스 법정은 항상 폭력적이고 난폭한 행동에 대해 단호한 입장을 취해 왔고, 그러한 태도를 바꿀 계획이 없습니다. 그러한 정책을 수행하면서 이런 경우에는 범법자들을 단죄하고 다른 법 위반자들을 효과적으로 억제할 수 있는 처벌(많은 경우 최고 수위의 형벌)을 부과할 것입니다.[494]

이러한 반응은 일반적으로 이런 유형의 범죄에 부과되는 형벌에 비해 지나치게 과중한 처벌을 받은 사람을 위로하려는 것이 아니다. 또한 무고한 사람에게 누명을 씌우는 (명백히 광범위한) 현상을 다루지도 않으며, (시카고에서 극찬을 받은 허리띠를 빼앗는 방안처럼) 명백히 적법한 행위를 하고 있는 청년들을 괴롭히고 표적으로 삼는 좀 더 광범위한 현상을 언급하지도 않는다.

도덕적 공황이라는 개념은 다른 많은 사회적 이슈를 분석하는 데 사용되어 왔다. 나흐만 벤예후다(Nachman Ben-Yehudah)는 이스라엘의 청년 마약 범죄자에 대한 반응을 분석하는 데 이 개념을 사용하고 있다.[495] 필립 젠킨스의 『도덕적 공황(Moral Panic)』은 정신병적인 성범죄자에 대한 두려움에 초점을 맞춘다.[496] 『위기 관리(Policing the Crisis)』에서 스튜어트 홀과 공저자들은 영국에서 '픽치기(mugging)'*라는 말이 등장하게 된 배경과 이와 연관된 도시 범죄에 대한 두려움에 관해 검토하고 있다.[497]

코언의 개념은 그 자체로도 유용하지만, 고프먼의 낙인에 관한 연구와 내가 제시한 수치심의 기원에 관한 인과적 가정과 결합시키면 더 많은 것을 얻을 수 있다. 고프먼의 연구는 도덕적 공황 현상을 비호감 '일탈' 집단을 낙인찍는 좀 더 일반적인 패턴의 사례로 볼 수 있게 한다. 그리고 인과적 설명은 왜 이러한 공황이 되풀이되는지 그 이유를 설명해 준다. 게다가 공산주의자와 유대인에 대한 독일인의 공격성을 연구한 테벨라이트의 자료 — 그가 나르시시즘과 여성 혐오 시각에서 설득력 있게 분석한 — 도 내가 말한 것처럼 코언이 확인한 현상의 사례가 된다. 왜냐하면 낙인의 대상이 된 이들 집단은 문화적 쇠퇴를 초래하는 위험한 원인이며, 신봉해 온 사

---

* 1972년 8월 15일, 영국의 빈민가 핸즈워스 지역에서 귀가 중이던 한 남성이 인종적 배경을 지닌 10대 세 명에게 치명적인 상해 및 절도 피해를 당한다. 언론은 이를 새로운 폭력 범죄인 '픽치기'의 등장을 알리는 것으로 보도했으며, "영국인의 삶의 방식"을 심각하게 위협하는 것으로 규정했다. 이후 1970년대 내내 비슷한 방식의 담론이 언론과 경찰, 법원에서 사용되었으며, 그 결과 보수적인 사회 통제가 일반화되었다. '도덕적 공황'에 사로잡힌 대중은 여기에 정당성을 부여했으며, 인종적 배경을 지닌 10대 청소년이 잠재적인 범죄자로 대중의 인식 속에 자리 잡게 되었다.

회적 가치의 전복자로 여겨졌기 때문이다.

원초적 수치심과 나르시시즘에 관한 나의 분석은 나르시시즘적인 불안과 공격성을 지닌 '정상인'들이 낙인찍힌 집단을 대상으로 결속함으로써 안정을 찾는 군중 심리를 유발할 가능성이 매우 높다는 사실을 시사해 준다. 이 도식에 코언의 분석이 덧붙이는 유용한 사실은 이러한 결속이 자주 도덕화된 형태를 띤다는 점이다. 앞에서 말했지만 '정상'이라는 범주는 이미 강한 규범성을 지니고 있으며, 많은 상황에서 '도덕적' 규범성을 드러낸다. '일탈' 집단에 대한 비난은 신봉해 온 도덕적 가치를 불러일으킬 때 효과적이다. 일탈 집단이 이러한 도덕적 가치를 위협한다고 주장하는 것이다. 코언이 보여 주는 것처럼, 어떤 정상적인 집단이 위협적인 악마 집단의 공격을 받고 있는 것으로 묘사하는 것은 적개심을 조장하고 자신의 안전을 지키기 위한 투쟁을 고취시키는 매우 강력한 방법이다.

현대 미국 사회에서 동성에 대한 끌림과 동성애 행위를 공동체 안에 수용하려는 투쟁만큼 힘겨운 이슈는 드물다. 이러한 투쟁은 많은 사회에서 진행되고 있지만, 미국은 이 이슈와 관련해 특히 어려운 시기를 보내 왔다. 거의 모든 면에서 유럽 국가들보다 더 큰 어려움이 있었다. 2장과 3장에서 말했지만 많은 미국인들에게 게이와 레즈비언은 역겨움을 불러일으키는 오염의 근원이며, (남성적인) 미국적 신체를 위협하는 존재로 여겨지고 있다. 그러나 혐오에 초점을 맞추고 있는 2장과 3장에서는 게이를 거부하는 현대인의 감정의 많은 영역을 다루지 않았다. 게이와 레즈비언에 대한 적대감이 항상 혐오 형태를 띠는 것은 아니다. 2장에서 나는 실제로 혐오가 주로 게이에 대한 남성들의 반응일 가능성이 크다고 밝힌 바 있다. 레즈비언 섹슈얼리티에 대해서는 비교적 다양한 범위의 감정이 나타나며, 일반적으로 여성들은 게이의 섹슈얼리티에 대해 혐오를 보이지 않는다. 그러나 혐오가 나타나지 않는다고 해서 강한 적개심이 없다고 말할 수는 없다. 동성애 남성·여성과의 만남이 고전적인 도덕적 공황으로 전환되는 과정에서 원초적 수치심이 어떻게 작용하는지 살펴볼 때 우리는 [전체] 그림의 또 다른 단편을 채울 수 있을 것이다.

동성애에 대한 도덕적 판단은 미국 사회에 만연해 있으며, 많은 부분 코언의 분석과 유사한 모습을 띤다. 게이들은 미국인들이 가치 있게 여기는 모든 것을 위협하는 존재로 간주된다. 특히 콜로라도 주 헌법 수정조항 2조에 대한 [연방대법원의] 공판이 보여 주듯이, 게이들은 일상적으로 가족의 적이자 아이들을 위협하는 존재로 그려진다. 수정헌법을 옹호하는 주정부는 이 법을 유지해야 하는 여섯 가지 서로 다른 '중차대한 이익'이 존재한다고 주장했다. 여기에는 주정부가 가족의 사생활을 보호하고, 이와 별도로 "아이들의 신체적·정신적 복지를 증진시키는" 데서 생기는 중차대한 이익도 포함된다. 또한 '공적 도덕성'의 중차대한 이익은 다른 모든 중차대한 이익에 배어든다. 예를 들면, 가족을 보호하는 데서 생기는 이익은 공적 도덕성에서 생기는 이익을 통해 퍼질 수 있다.[498]

1996년에는 결혼보호법(Defense of Marriage Act)*이 연방의회에서

압도적 다수로 통과되었는데, 이 법안은 (연방법을 통해) 결혼을 남성과 여성 간의 결합으로 정의하고 있으며, 어떤 주가 동성 결합을 합법으로 인정한다 하더라도 다른 주가 [그 효력을 인정하라는] 압력을 받지 않도록 하는 내용을 담고 있다. 이 법은 이름에서 알 수 있듯이, 동성 결합이 가능해지고 이를 공적으로 인정하게 되면 이성 간 결혼이 위협을 받게 된다는 생각을 담고 있다. 이 법에 대한 토론에서는 신봉해 온 가치와 미국 사회 자체의 생존에 지대한 위협이 된다는 불안감이 높은 수준의 수사적 표현으로 전달되었다. 그중 한 예로 웨스트버지니아 주 로버트 버드(Robert Byrd) 상원 의원이 본회의장에서 이 법에 관해 발언한 연설을 살펴보도록 하자.

대통령님, 우리는 지금 이곳에서 이 사안을 논의해야만 합니다. 우리는 지금 이 문제에 직면해 있고, 점점 더 가까워지고 있습니다. (······) 대통령님, 인간사의 연대기 전반에 걸쳐, 변화하는 가치 체계를 지닌 수십 개의 문명과 문화 속에서, 인류는 다음과 같은 사실을 발견했습니다. 남성과 여성 간의 항구적인 관계가 인간 사회의 안정성, 힘과 건강함을 가져다주는 근본 원리(법적으로 용인되고 사법적 보호를 받을

---

* 1996년 9월 빌 클린턴 대통령이 서명한 연방법이다. 상·하원 모두에서 다수로 통과되었다. 2011년 2월 오바마 정부는 결혼보호법 제3항이 헌법 수정조항 5조의 평등권 보호에 위배되므로, 더 이상 이 법을 옹호하지 않을 것이라는 입장을 밝혔다. 2013년 6월 연방대법원은 '미국 대 윈저 판결(United States r. Windsor)'에서 이 법의 3항을 위헌(5 : 4)으로 선고했다.

가치가 있는 관계)라는 사실입니다.

[결혼을 언급하는 성경 구절을 길게 읽은 후에] 대통령님, 그러한 유산을 존경하지 않고, 태초에 창조주가 세우신 전통을 더럽히기 시작한 사회에는 재난이 생깁니다.

[고대 도시 바빌론으로의 여행을 서술한 후에] 전 네부카드네자르 왕의 아들 벨사살이 귀족 천 명을 불러 큰 잔치를 베풀었던 곳에서 있었습니다. 아니면 적어도 그곳에 서 있다고 들었습니다. 벨사살 왕은 그의 부친이 예루살렘 성전에서 탈취하여 온 그릇을 썼습니다. 왕과 왕후, 후궁, 귀족들은 그 그릇으로 마셨습니다. 그때 왕은 사람의 손이 나타나, 촛대 앞에 있는 왕궁 석고 벽 위에 글을 쓰기 시작하는 것을 보았습니다. 그 손이 쓴 글자는 "메네, 메네, 데겔, 우바르신"입니다. 왕의 얼굴빛이 변하더니, 넓적다리의 힘을 잃고 무릎을 떨었습니다. 왕이 점성술사와 주술사, 마술사를 불러들여 말했습니다. "누구든지 이 글자의 뜻을 내게 말하여 보라." 그러나 그들은 어리둥절하며, 그 글자를 해석하지 못했습니다. (……) 다니엘이 이 글자를 풀이했는데, 그 뜻은 이러합니다.

"하나님이 이미 왕의 나라의 시대를 저울질하시어, 그것을 끝나게 하셨다. 왕을 저울에 달아 보니, 부족함이 드러났다. 왕의 나라가 둘로 나뉘어 메데스와 페르시아인에게 넘어갔다."

그날 밤 벨사살 왕은 메데스 사람 다리우스에게 살해되었고, 왕국은 나뉘었습니다. (구약성경 「다니엘」 5장 1~31절)

대통령님, 미국도 저울질을 받고 있습니다. 만약 동성 결혼이 받아들여지면, 미국은 다음과 같은 사실을 공식적으로 표명하는 것입니다. 아이는 어머니와 아버지를 필요로 하지 않으며, 두 명의 어머니 또는 두 명의 아버지로도 충분할 것이다.

　이것은 재앙일 것입니다. 미국의 많은 부분은 정신적 지주를 잃게 됩니다. 규범은 더 이상 존재하지 않습니다. 우리는 무서운 속도로 길을 잃어 가고 있습니다. 수천 년에 걸쳐 쌓아 온 것이 한 세대에 무너지는 것입니다.

　동료 의원 분들께 말씀드립니다. 우리의 자리를 지켜야 합니다. 지금이 바로 그 시점입니다. 주제는 적절합니다. 성경이 밝히고 있는 남성과 여성 간의 결혼이라는 가장 오래된 제도를 지켜 주십시오. 그러지 않으면 우리도 저울질을 받게 될 것이고, 부족함이 드러날 것입니다.

　이 외에 많은 다른 연설도 미국의 생존과 가장 오래되고 중요한 단위인 가족의 존재 자체에 대한 중대한 위협, 작정하고 전통적인 기준을 파괴하는 '동성애 집단'을 언급했다. 예를 들면, 애리조나 주 하원의원 애사 허친슨(Asa Hutchinson)은 "나는 우리나라가 많은 일을 견딜 수 있지만, 우리 사회의 근간을 이루는 가족 단위가 파괴되는 한 가지 일은 견딜 수 없을 것이라고 확신합니다."라고 말했다. 또한 오클라호마 주의 하원의원 톰 코번(Tom Coburn)은 "어떤 사회도 동성애로 바뀌고, 동성애가 초래하는 타락과 그것이 일으키는 것 속에서 살아남지 못했다는 게 사실입니다."라고 말했다. 코앞에 닥친 전국적 선거를 언급하면서, 많은 정치인들은 동성 결혼 이슈를 둘러싸고 폭풍 같은 두려움을 일으키는 데 혈안이 된 듯 보였다.

우리는 종교적 신념을 지닌 많은 사람들이 진심으로 동성애 행위가 비도덕적이라고 여기고 있기 때문에 여기서 조심스럽게 움직여야 한다. 우리는 종교적 신념이 원래 그 자체로 도덕적 공황의 사례가 된다고 말해서는 안 된다. 해당 종교의 전체적인 도덕적 가치를 살펴보면, [동성애 행위를 비도덕적이라고] 판단하고, 이것이 심각한 위협을 초래한다는 점을 수사적으로 강조하는 것이 코언이 분석한 현상과 관련된다는 점을 알 수 있다. 성경에서 동성애 행위를 비난하는 문장은 「레위기」(18:22)에 한 번 나오지만("너는 여자와 동침함 같이 남자와 동침하지 마라. 이는 가증한 일이니라."), 탐욕을 비난하는 문장은 신약과 구약에 수백 개가 있다. 그렇지만 탐욕스러운 사람이나 탐욕스러운 행위를 한 사람이 공동체를 감염시키고 우리가 신봉하는 가치를 전복시키기 때문에 공적 도덕성 면에서 긴급한 중요성을 지니므로 이 사람들의 평등한 시민권을 박탈해야 한다는 주장은 아직 듣지 못했다.

종교 신봉자들이라고 해서 반드시 동성애 관계와 결합을 비난하는 것은 아니다. 실제로 미국에서 공식적으로 동성 결혼을 인정하는 가장 큰 단일 단체는 종교 단체인 개혁파유대교(Reform Jews)*

---

* 유대교의 전통적인 신앙·율법·의식 중 많은 것을 수정하거나 포기함으로써 현대의 변화된 사회적·정치적·문화적 상황에 적응하려는 종교 단체다. 미국 유대교의 가장 큰 종파다.

다. 그리고 미국 내의 모든 주요 종교 종파는 비종교적인 집단과 마찬가지로 동성애와 관련한 이슈에 대해 폭넓은 입장을 취하고 있다.[499] 사실이 이와 같다면, 유대-기독교 종교와 가치를 내걸고 동성애 행위와 동성 결합을 비난하는 매우 수사적이고 공격적인 표명은 문제가 있어 보인다. 이른바 이러한 비도덕성의 사례로 빚어지는 [사회적] 위협이라는 것이 너무나 애매하게 남아 있기에 더욱 그러하다.[500]

게이와 레즈비언이 우리 공동체 안에서 차별을 받지 않고 공개적으로 살아가는 것이 왜 가족 또는 아이들에게 위협이 된다고 생각해야 하는가? 콜로라도 주의 주헌법 수정조항 제2조에 대한 재판관 재판(bench trial)*에서 베일리스(Bayless) 판사가 내린 의견처럼, 가족이 지니는 '중차대한 이익'은 가족을 옹호했던 행위를 통해 추구되었을 것이라고 보는 게 논리적이다. "가족의 가치를 증진시키고자 했다면, 다른 집단에 반대하기보다는 가족을 옹호하는 행위를 취했을 것이다." 그리고 왜 동성 간 결혼을 인정하는 것이 이성 간 결혼을 파괴할 것이라고 여겨야 하는가? 이러한 사고에 담긴 논리는 확인조차 하기 어렵다. 이성애자들의 결혼 제도에 대한 불만족이 너무나 크기 때문에 동성 결혼이 가능해지면 사람들이 모두 뛰

---

* 배심원 없이 판사만으로 진행되는 재판을 말한다. 미국에서는 당사자 요청이 없으면 대부분의 민사 재판은 재판관 재판으로 진행된다. 형사 재판의 경우, 배심 재판의 권리를 포기하면 재판관 재판으로 이뤄진다. 재판관 재판에서는 판사가 사실심리를 하는 배심원 역할을 한다.

처나가 동성 결합을 선택할 것이라는 생각일까? 이는 분명 가능성 없는 이야기다. 아니면 수치스러운 것과 접촉하게 되면 어떤 알 수 없는 방식으로 결혼 제도가 [질적으로] 저하되거나 품위가 떨어지고, 수치스러워진다고 생각하는 것일까? 이것은 '결혼 보호'라는 생각에 대한 보다 더 그럴듯한 해석으로 여겨진다. 그러나 어떤 '좋은' 것이 이른바 수치스러운 것과 가까워져서 수치스럽게 된다는 사고방식은 오염과 전염에 대한 사고가 핵심을 이루는 혐오에 담긴 신비적 사고를 떠올리게 한다. 유사한 사고방식이 낙인과 도덕적 공황에서도 자주 작동한다.

게이 결혼에 대한 공적 토론이 도덕적 공황의 양상을 보인다면, 실제로 무엇에 대한 공황인지 질문해 볼 필요가 있다. 코언의 연구는 사회적 변화의 시기에 사람들은 자신의 삶의 안정성을 염려하며, 가까이에 있는 기회를 이용해 보다 개인적이고 일반적인 불안감을 표출한다고 말한다. 마찬가지로 게이 결혼이 많은 이성애자들에게 위협적이라고 여겨진다면, 이는 어떤 식으로든 동성애 관계를 허용하는 분위기가 조성되는 것이 자신의 삶에 미칠 수 있는 변화에 대해 불안해하는 것이라고 추측해 볼 수 있다. [동성애 결혼에 대한] 토론은 이러한 관련성에 초점을 맞추면서 이성 간 결혼에 어떤 문제가 생기고 있다면, 아무튼 게이와 레즈비언의 탓이라고 주장했다. 그렇다면 이러한 연관성은 사실이라고 할 수 있을까?

이성 간 결혼 제도가 겪고 있는 어려움이 동성애 관계와 연관이 있다면, 이는 앤드루 코펠먼(Andrew Koppelman), 실비아 로(Sylvia Law),

캐스 선스타인(Cass Sunstein)이 기술하고 있는 것처럼, 간접적인 것일 뿐이다. 이들은 게이와 레즈비언에 대한 차별이 일종의 성차별이라고 주장한다. 왜냐하면 이들에 대한 차별은 전통적인 이성애 — 전통적인 결혼이 지니는 가부장적 속성을 포함한 — 를 떠받치는 역할을 하기 때문이다. 많은 대중의 상상 속에서 게이와 레즈비언은 출산 없는 섹스를 상징한다. 또한 전통적인 방식 — 분명 남성 지배적인 방식 — 으로 가족을 보살피려는 헌신이 없는 결혼을 상징한다.[501] (대부분의 게이와 레즈비언 커플이 과거의 결혼을 통해서나 인공 수정이나 입양을 통해 아이를 낳아 기르고 있으며, 미래에도 더 늘어나지는 않겠지만 상당수의 커플이 아이를 기르고 싶어 할 것이라는 점은 염두에 두지 않기를 바란다.) 게이 결합에 대한 인정이 전통적인 결혼 제도의 쇠퇴와 관련되는 점은 다음과 같다. 섹스가 결혼 제도 밖에서 이용 가능하다고 여겨지게 되면, 여성들은 결혼해서 아이를 양육하고 싶은 동기가 줄어들게 될 것이다. 또한 결혼이 대체로 가부장적이고 불평등한 제도로 지속되는 한, 여성들은 결혼과 양육을 원치 않을 수 있다. 유럽의 많은 국가에서 출산율이 급격히 줄어드는 이유는 여성들이 삶의 다른 기회가 있다고 생각하고 자신들에게 불리하게 작용할 수 있는 결합을 맺지 않으려 하기 때문이다. 많은 미국인들이 게이 결혼을 두려워하는 것은 이러한 결혼이 가부장적 통제를 벗어난 섹스(그러므로 여성)를 상징하기 때문이다. 통제력의 상실을 초래하는 변화에 대한 이러한 불안감과 신봉해 오던 가치의 쇠퇴는 쉽게 나르시시즘적 공포와 공격성을 일깨울 수 있다. 이런 점에서 게이 결혼에 대한 공황은 적어도 부분적으로는 남성 지배를 벗어나려는 여성에 대한 공황이라고 잠정적으로 추정해 볼 수 있을 것이다.

대부분의 현대 민주주의 국가들의 이혼 통계가 보여 주듯 결혼 제도가 실제로 어려움에 처해 있다면, 결혼을 돕기 위해 할 수 있는 많은 일이 있다. 이러한 많은 일은 여성들이 결혼을 다른 선택 지보다 매력적이라고 여길 수 있게 도와줄 것이다. 결혼보호법에 대한 상원 토론에서 존 케리(John Kerry) 상원의원은 다음과 같이 주장한다.

우리가 알고 있지만 무시하고 있는 진실은 미국에서 결혼 제도가 무너지고 있는 이유는 남성과 결혼하려는 남성들 또는 여성과 결혼하려는 여성들이 펼치는 대중 운동에 남성과 여성이 포위되었기 때문이 아닙니다. 사실은 남성과 여성이 결혼을 유지할 수 없어서 결혼이 붕괴하고 있습니다. 실제로 [결혼을] 위태롭게 하는 요인은 결혼한 많은 남성과 여성이 서로에게 갖는 태도에서 생깁니다. 동성이 아닌 다른 성을 가진 사람들의 관계에서 말이죠. (……) 이 법이 진정 결혼보호법이라면, 이 법은 남편과 아내가 되려는 사람들의 경험 학습을 늘려 줄 것입니다. 상담을 받을 여유가 있는 사람들뿐 아니라 결혼 생활에서 어려움을 겪고 있는 모든 사람에게 상담을 받을 수 있는 기회를 제공할 것입니다. 알코올과 약물 남용을 겪고 있는 사람, 어렸을 때 겪은 학대 경험의 충격이 사라지지 않고 끊임없이 위태롭게 맴도는 사람에게 치료를 제공할 것입니다. 또한 여성폭력방지법(Violence against

Women Act)*을 확대할 것이며, 주간보호(데이케어) 서비스**를 받고 싶어 하는 모든 가정에 이 서비스를 보장해 줄 것입니다. 고등학생들이 실제적으로 더 큰 삶의 선택권을 가질 수 있도록 학교 내 교과 과정을 확대할 것이며, 우리 아이들이 고등학교를 마치면 글을 읽을 수 있도록 할 것입니다. 입양 기회를 늘릴 것이고, 학대받는 아이들에 대한 보호를 확장할 것이며, 아이들이 돌아다니다 행여나 원치 않는 10대 임신을 하지 않도록 방과 후 할 일을 제공할 것입니다. 아이들이 건강하고 생산적인 성인으로 자라나고 건강한 성인 관계를 가질 수 있도록 보이즈 클럽과 걸즈 클럽, YMCAs와 YWCAs, 학교-직장 연계 프로그램이나 다른 대안을 확대할 것입니다. 하지만 우리 모두는 진실을 알고 있습니다. 실수를 할 수 있고, 결혼이 실패할 수도 있다는 사실입니다. 그렇지만 이것이 진정으로 미국에서 결혼을 보호하는 방법이라고 하겠습니다.

이와 같이 결혼 생활에 실제 도움이 되는 조치는 [이 법의 제정

---

* 여성에 대한 폭력을 방지하기 위해 1994년 제정된 연방법이다. 여성 폭력을 방지하기 위해 주정부를 비롯해 각 지방 자치 단체에 재정적인 지원을 제공하며, 여성 폭력의 피해자를 돕기 위한 프로그램을 운영하고 있다. 여성 폭력에 대한 처벌을 강화하는 한편, 피해자에 대한 보상을 의무화하는 규정을 담고 있다. 아울러 여성 폭력을 예방하기 위한 프로그램을 공식화했다. 이창무, 「미국의 여성폭력방지법 시행의 영향 및 효과에 관한 연구」, 《형사정책》 16권 1호(2004), 277-302쪽 참조.
** 다른 사람의 도움 없이 일상생활을 영위하기 어려운 미취학 아동·고령자·장애인 등을 주간 동안 돌봐주어, 가족의 부담을 덜어 주는 서비스다.

과정에서] 검토조차 되지 않았다. 결혼보호법은 전통적인 가치를 실제로 지원하기보다는 비호감 집단을 손상시키려는 목적을 갖고 있었기 때문에 전체적으로 부정적인 경향이 있었다. 동성애 이슈를 생각할 때 많은 사람이 갖고 있는 깊은 도덕적 이슈를 고려 대상에서 제외하더라도, 결혼보호법에 대한 논쟁을 둘러싼 공황이 단순히 도덕성과 가족에 관한 것만은 아니라고 판단할 수 있는 강력한 근거가 있다. 이 법은 적어도 부분적으로는 우리가 살펴보고 있는 원초적인 공격적 감정을 표현한다.

4장에서 얘기한 것처럼 성은 인간의 취약성과 불안이 크게 나타나는 영역이며, 그래서 수치심이 생기기에 알맞은 장소. 앞에서 말했지만 그렇다고 해서 '전형적인'(유일한 또는 주된) 장소는 아니다. 사람들은 자신의 섹슈얼리티에 대해 극도로 불안해하며, 이 영역에서 수치심의 위협을 받는다고 느낀다. 성적 완벽성이라는 생각이 대중문화를 가득 채우고 있어서, 비현실적이고 경직된 규범을 모두에게 장려하고 있는 미국과 같은 사회에서는 더욱 그러하다. 성은 개인적이고 속성상 완전히 통제할 수 없기 때문에, 통제할 수 없다는 사실과 친밀함이라는 생각 자체 — 통제력의 결여를 수반하는 — 로 어려움을 겪는 사람은 이 영역에서 더욱 위협받는다는 느낌을 받을 가능성이 크다. 이러한 모든 사실은 성과 관련된 영역에서 '도덕적 공황'이 특별히 자주 생길 수 있음을 예상케 한다.[502] 오래전 프로이트는 미국인들이 자신의 성생활을 유독 걱정하며, 수치심에 시달리는 모습을 보인다고 관찰한 바 있다. 또한 그는 미국인들은 자신의 성적 충동을 더 관리하기 쉬운 돈벌이로 전환시켰다고 덧붙였다. 독일에서 미국으로 망명한 철학자 테오도어 아도르노(Theodor W. Adorno, 1903~1969)*도 비슷한 관찰을 내놓는다. 그는 미국인들이 성과 관련해서 건강함이라는 규범에 사로잡혀 있으며, 자주 '건강한 성생활'에 대해 말한다고 느꼈다. 그는 [이렇게 되면] '성'이 지니고 있는 섹슈얼리티는 무력해진다."라고 말하면서, "성은 일종의 스포츠처럼 여겨지고 있어, 이와 다른 것은 무엇이든 과민증적 반응을 일으킨다."라고 했다.[503]

　　가족 또한 불안이 크고 통제하기 어려운 영역이다. 가족은 가장 친밀한 관계를 수반하기 마련이며, 우리는 가족을 통해 삶의 의미를 얻는다. 그렇지만 대다수를 차지하지는 않더라도 많은 가족 관계는 적개심, 양면성, 불안을 안고 산다. 그래서 수치심은 [가족이라는] 그림 속으로 다시 한 번 들어온다. 가족 내에서 우리 자신에게 부여한 역할들('좋은 아버지', '좋은 어머니')은 위안을 주는 소중한 규범이며, 자신을 정상으로 정의하는 데 필요한 값진 측면이다. 통제력을 상실하고 예기치 못한 일이 일어나면 너무 위태로워지기 때문이다. 사람들은 대체로 자신의 가족 역할이 부족하다는 사실을 알고 있다. 그래서 그럴수록 더욱 열심히 가족의 순수함을 떠받치려 애쓴다.

---

* 독일 태생의 사회학자·철학자로 비판이론을 제시한 프랑크푸르트학파 중 한 명이다. 1938년 미국으로 망명하여 자본주의 문화 산업에 내포된 대중 기만을 비판했다. 대표 저작으로 프랑크푸르트학파의 동료였던 호르크하이머와 함께 쓴 『계몽의 변증법』이 있다.

그래서 다음과 같이 가정해 볼 수 있는 충분한 근거가 있다. 동성 결혼과 게이와 레즈비언에 대한 차별금지법에 반대하는 공격적인 대중 운동의 많은 부분은 전혀 종교에 관한 것이 아니며, 원초적 나르시시즘의 공격적 형태의 요소를 수반한다는 것이다. 게이와 레즈비언에게 낙인을 안겨 줌으로써 가족과 성에 대한 통제력을 다시 발휘하길 바라기 때문이다. '결혼보호법'에 대한 토론에서, 몇몇 의원은 인종 간 결혼을 둘러싸고 일어났던 공황과 증오의 분위기를 유용하게 언급했다. 인종 간 결혼은 1967년 연방대법원이 주의 금지 조항을 위헌으로 판결하기 전까지 일부 주에서는 합법이었고, 다른 주에서는 불법이었다. 인종 간 결혼의 합법화는 '정상적인' 가족 구조를 송두리째 뒤집어엎는 도전이었다. 이는 특히 백인 남성에게 자신의 남성성에 대해 수치심을 느낄 수 있다는 점을 인식시켰다. 이러한 수치심의 위협을 피하려는 욕구에서 [인종 간] 구분선을 엄격하게 나누고자 했던 것이다.

동성 결혼에 대한 '도덕적 공황'에 담긴 이러한 사고의 증거로 한 가지 상당히 놀라운 예를 들어볼까 한다. 2001년 7월 나는 한 통의 편지를 받았다. 대체로 나는 대부분의 일괄 발송 우편물을 열어보지도 않은 채 버리곤 하는데, 겉봉에 빨간색 글씨로 '미국자유인권협회'(ACLU: American Civil Liberties Union)*를 저지하기 위한 전국 운

---

* "미국의 헌법과 법이 모든 사람에게 보장하고 있는 개인적 권리와 자유를 지키고 유지하는 것"을 목표로, 소송·입법 청원·시민 교육 등의 활동을 펼치고 있는 비영리 기구다. 시민의 자유가 위협받고 있다고 여겨지는 소송에 법률적 지원을 하고 있다.

동"이라고 쓰인 편지가 내 눈에 들어왔다. 편지를 다시 보았더니 대부분의 상업 광고물과는 달리 개인적으로 아는 사람을 가리키는 것처럼 '마사 너스바움 교수'라고 수신인이 적혀 있었다. 열어 보니, 안에는 법무장관을 역임한 에드윈 미즈(Edwin Meese)가 쓴 따뜻한 추천의 글과 함께 기독교 단체와 지도자들의 연합인 변호동맹기금(Alliance Defense Fund)*이 서명한 편지가 담겨 있었다. "친애하는 기독교인 친구에게"라는 말로 시작했는데, 이중적인 냉소**였다. 편지는 최근에 네브래스카 주에서 주민투표로 통과된 주헌법 개정안***에 대한 미국자유인권협회의 법적 도전에 대해 기술하고 있었다. 이 헌법 개정안은 동성 "결혼"과 "시민 결합(civil union)"****(편지에 큰따옴표

1920년에 설립된 후 2010년 현재 미국 전역에 걸쳐 회원 수는 50만 명이 넘는다.

* "전략, 양성, 자금 모금, 소송을 통해 진리를 듣고 말할 권리를 보호"하는 것을 목적으로 하는 보수적인 기독교 비영리 기구다. 30개가 넘는 보수적 기독교 단체 지도자들이 연합하여 1994년 설립했다. 낙태와 동성 결혼에 반대하고 있다.

** 너스바움은 유대교로 개종했으며, 이러한 보수적 단체에 비판적이라는 점에서 그러하다.

*** 네브래스카 주는 모든 형태의 동성 결합을 금지시키기 위해 2000년 11월 주헌법 개정안(Initiative Measure 416)을 주민투표에 부쳐 70 : 30으로 이를 승인했다. 동성애 단체들은 이러한 조치에 반발해 소송(Citizens for Equal Protection v. Bruning)을 제기했으며, 2005년 네브래스카 관할 지방법원 베이테일런 판사는 이 조치가 미국 헌법의 동등 보호 원칙 등에 위배된다고 판결했다. 그러나 2006년 제8 연방 순회 항소법원은 이 판결을 번복하여, 헌법에 배치되지 않는다고 결정하였다.

**** 시민 결합: 동성 결혼이 합법화된 매사추세츠 주 등에서 법적인 권리를 가진 동성 간의 결혼을 가리킬 때 사용하는 용어다. 동성애자들은 부부라는 말이 차별적이라는 이유로 사용하지 않는다.

로 되어 있다.)을 합법적으로 인정하는 것을 막기 위한 것이다. 편지는 우선 미국자유인권협회의 위선을 비난했다. 이 단체는 플로리다 주의 재검표*와 관련해서는 모든 사람의 표를 인정하는 것이 매우 중요하다고 말했으면서, 주민 투표를 통해 70:30으로 통과된 네브래스카 주 시민들의 표는 인정해서는 안 된다고 주장하고 있다는 이유에서다. 다수 투표로 변경할 수 없는 근본적인 헌법적 권리와 다수 투표가 주의 선거인단 투표를 결정하는 대통령 선거를 분명하게 구분하지 않는 영리한 수사법을 사용하고 있는 이 편지는 코언이 말한 왜곡하는 수사법 ─ 이 편지를 가득 채운 ─ 의 한 가지 사례라고 할 수 있다.[504]

이어서 편지는 미국자유인권협회의 캠페인이 성공했을 때 우리 사회에 생길 수 있는 모든 부작용을 열거했다. 이 공포스러운 목록은 코언과 테벨라이트가 기술한 내용을 연상시키는 비유적 묘사로 시작했다. "만약 미국자유인권협회가 네브래스카 주에서 성공을 거두면, 위험한 국가적 선례를 남기게 될 것입니다. 수문이 열려 모든 주에서 극단주의자들이 결혼 법을 타도하려 할 것입니다. 그

---

* 2000년 대선에서 플로리다 주의 선거는 흑인 저소득층 구역의 투표를 누락한 계표 부정, 혼란을 야기한 펀치형 투표 카드 등으로 많은 의혹을 낳았다. 민주당의 요구로 수작업을 통한 재검표가 부분적으로 이뤄졌고, 플로리다 주 대법원이 이 결과를 인정하자 부시 측은 연방대법원에 상고했다. 결국 연방대법원은 재검표를 중단시키고, 부시에게 근소한 승리를 안겨 주는 결정을 내렸다. 이로 인해 전국적으로 일반 유권자 투표에서 상대방(고어)보다 적은 표를 얻은 후보가 선거인단 투표에서 많은 수를 얻어 대통령에 선출되었다.

런 일이 일어나게 되면, 당신은 미국을 알아보지 못할 것입니다." 끔찍스러운 결과 중 하나는 시민 결혼권이 종교 지도자들에게 종교 의식을 거행하게 했던 것처럼 '목사들'이 '억지로' 동성 결합의 결혼식을 이행해야 할 것이라는 주장이었다.(변호동맹은 종교의 국교화 금지와 자유로운 신앙 행위의 권리를 규정한 수정헌법 제1조에 따라 오늘날에는 가톨릭 신부가 유대인의 결혼식을 주관하거나 자신이 지지하지 않는 신념과 배경을 지닌 사람의 결혼을 주관하도록 강요받지 않는다는 사실을 잊었던 것일까?) 특히 공포가 최고조에 이른 곳에서는 [다음과 같이 본심을] 드러냈다. "활동가들은 그들이 지닌 나머지 다른 의제를 추구할 수 있는 무한한 권력과 대담함을 갖게 될 것입니다. [이러한 의제에는] '증오 범죄'와 동성애 행위에 대한 공개적인 반대를 실제 범죄화하는 다른 법도 포함됩니다."

이 놀라운 문장은 실수처럼 보인다. 나에게 "기독교인 친구에게"라고 편지를 쓴 사람들은 자신들이 지지하고 있는 "동성애 행위를 공개적으로 반대하는" 방식이 증오 범죄 법령에 저촉될 수 있다는 사실을 분명 인정하고 싶지 않을 것이다. 아니면 이들은 [이 사실을] 인정하는 것일까? "증오 범죄"라고 큰따옴표를 한 점이 왠지 불길하다. 이 문장은 부주의해 보이지 않는다. 오히려 게이와 레즈비언에 대한 폭력은 정당한 저항 방식이고, 이런 행동에 "증오 범죄"라는 말 자체가 가당찮다고 생각하는 사람들에게 기민하게 호소하는 것처럼 여겨진다. 그렇다고 종교적 가치를 말하고 있는 것도 아니다. 기독교는 더더욱 아닌데, 기독교는 가장 보수적인 경우에도 일반적으로 죄인에 대한 사랑을 강조하기 때문이다. 여기서 우리는 원초적이고 위험한 형태의 나르시시즘적 공격성을 볼 수 있다.

이러한 폭력적인 적대감에 대한 올바른 처방은 무엇일까? 무엇보다 낙인찍힌 하위문화의 구성원들이 법의 평등한 보호를 받을 수 있도록 해야 한다. 다음 장에서는 소수자들이 수치심을 겪지 않도록 하는 적극적 조치를 검토할 것이다. 그러나 이 장에서 우리가 탐구하고 있는 내용과 관련해, 모든 시민에게 법의 평등한 보호를 보장하는 데 있어 꼭 필요한 조치는 단순한 편견에 기초하고 있으며 낙인을 안기는 법의 효력을 무효화시키는 것이다. 나는 결혼보호법을 둘러싼 토론의 성격을 고려할 때, 이러한 근거에서 결혼보호법에 반대하는 것이 올바르다고 생각한다.

이 법은 제정 과정에서 그다지 반대가 심하지 않았고, 압도적인 표결로 통과되었다. 그러나 연관된 다른 영역에서는 내가 주장하는 원칙이 인정되었다. 콜로라도 주 헌법의 수정조항 2조에 관한 공판에서 연방대법원은 (매우 예외적으로) 이 법이 단지 '적대감'에 기초하고 있기 때문에 '합리적 근거'가 부족하다고 판결했다. 수정조항 2조를 지지하는 사람들의 도덕화된 수사법에도 불구하고, 대법원은 수정조항의 동기가 되는 힘은 '적대감'이라고 주장했다. 지방정부 수준에서 게이와 레즈비언이 차별보호법의 혜택을 받지 못하도록 자격을 박탈하는 것은 법의 평등한 보호라는 개념에 담긴 기본적 사고와 배치된다는 게 재판부의 다수 의견이었다.

결과적으로 특정 부류의 사람들이 법의 구체적인 보호를 받을 수 있는 권리를 박탈하는 것은 우리의 사법 체계에서 전례 없는 일이다. (……) 이러한 법을 제정하는 것은 우리의 헌법적 전통 내에 있지 않다. 법의 지배라는 관념과 동등한 보호를 보장하는 우리 헌법의 중심에는 정부와 정부의 각 부분은 정부의 도움을 구하는 모든 사람에게 공평하게 열려 있어야 한다는 원칙이 자리 잡고 있다. (……) 정부의 도움을 얻는 데 있어 일반적으로 다른 모든 사람보다 특정 시민 집단이 더 큰 어려움을 겪어야 한다고 선언하는 법 자체는 문자 그대로의 의미에서 법의 동등한 보호를 부정하는 것이다.[505]

수정조항 2조는 "정당한 정부의 목적과 합리적 관계"를 갖지 않으며, "이 법이 영향을 끼치는 집단을 대상으로 한 적대감에서 만들어"졌다고 판결했다.[506]

이와 밀접하게 관련된 과거에 있었던 소송(실제로 대법원이 의회나 주민투표를 통해 정식으로 통과된 법을 '합리적 근거'가 부족하다고 결정한 매우 드문 사례 중 하나)은 낙인과 공황이라는 유사한 문제를 다루고 있는데, 대법원이 '로머 대 에번스' 판결(1996년 콜로라도 주 헌법의 수정조항 2조에 관한 연방대법원의 판결)에 따른 판례를 남겼다.[507] '클레번 시 대 클레번 생활회관'(3장에서도 언급한) 판결은 텍사스 시가 지적장애자를 위한 그룹홈의 허가를 내주지 않은 것과 관련되는데, 허가 거부는 이러한 사람들을 위한 그룹홈은 특별 허가를 받도록 한 텍사스 시의 토지용도지정법을 따른 것이었다.[508] (환자와 노인을 위한 그룹홈과 요양원은 허가를 받을 필요가 없었으며, "정신병자, 지적장애자, 알코올 중독자, 약물 중독자를 위한 그룹홈"의 경우만 허가를 받아야 했다.) 허가가 거부된 것은 분명 주변 집주인들이 두려움과 다른 부정적 태도를 표현했기 때문이었다. 게다가 시 당국은 이 지역은 '500년 된 범람원' 위에 위치하고 있어 위험할 수 있다고 주장했다. 홍수가 나면 지적장애자들이 신속하게 건물에서 대피할 수 없을 것이라는 이유에서였다. 그러나 연방대법원은 허가 거부가 "부당한 차별", "지적장애자에 대한 비합리적인 편견", "애매하고 획일적인 두려움"에 기초하고 있기 때문에 합리적 근거를 갖고 있지 않다고 판결했다. 이 소송에서도 법원은 합리성을 가장했지만 명백히 정상인의 편견이 담긴 주장을 기각했다. 재판부는 이 사건을 보고 공황에서 비롯되었음을 알았으며, 이를 분명하게 지적했다.

'로머' 판결에서도 연방대법원은 적대감에서 비롯된 법은 약한 합리적 기준도 충족시키지 못한다고 주장하면서 같은 전략을 취했다.[509] 우리가 분석한 도덕적 공황의 시각에서 보면 재판부는 전적으로 올바른 결정을 한 것이라 할 수 있다. 공적 합리성과 법의 동등한 보호가 의미하는 바가 있다면, 적나라한 두려움과 기피는 기본적인 혜택을 보류하는 충분한 법적 근거가 될 수 없다는 점이다.[510] 법의 동등한 보호를 빈틈없이 지키는 것은 품위 있는 사회가 해야 할 최소한의 약속이다. 품위 있는 사회는 비호감 집단이 낙인이나 이와 연관된 두려움이 초래하는 손상 효과를 겪지 않도록 보호하기 때문이다.

이제 다시 동성 결혼이라는 주제로 돌아와 보자. 결혼보호법 자체가 모든 시민이 지니는 동등한 존엄성을 위협한다고 할 수 있을까? 자신이 선택한 사람과 결혼할 수 있는 권리는 매우 기본적인 권리다. '러빙 대 버지니아' 판결에서 연방대법원은 버지니아 주의 인종 간 결혼 금지를 위헌이라고 선언하면서 이렇게 말했다. "결혼할 자유는 자유로운 사람이 예의 바르게 행복을 추구하는 데 있어 없어서는 안 될 중대한 개인적 권리 중 하나로 오랫동안 인정되어 왔다."[511] 적법 절차와 동등 보호를 근거로 [인종 간 결혼] 금지를 논박하면서, 재판부는 이 법령의 유일한 목적은 '백인 우월주의'를 지지하는 것이라고 평결했다. 재판부는 인종 간 결혼 금지가 중립적으로 기술 — 흑인은 백인과 결혼할 수 없고, 백인은 흑인과 결혼할 수 없다. — 되어 있지만, 이 법령은 사회적 위계를 강화하며 이는 동등 보호가 갖는 기본적 의미와 배치된다고 보았던 것이다.

이 두 개의 판결에 담긴 추론 방식을 동성 결혼 문제에 적용할 때 직면해야 하는 법률적 이슈를 탐구하는 것은 너무 멀리 가는 것일 수 있다. 그렇지만 '베르 대 르윈' 판결[512]에서 하와이 주 대법원이 주장한 것처럼, 이러한 추론 방식은 동성 결혼 문제에도 적용될 수 있어 보인다. 게이 결혼을 금지하는 법을 인종 간 결혼 금지처럼 위헌으로 보는 것이다.[513] 이는 조만간 판사들이 이렇게 판결할 것이라는 뜻은 아니며, 반드시 이렇게 판결해야 한다고 말하는 것도 아니다. 왜냐하면 위헌 판결에 대한 반작용으로 공황이 생겨 게이 결혼에 대한 저항이 더 커지는 것은 마땅히 고려해야 하기 때문이다.[514] 이것은 다만 동성 결혼을 금지하는 논리를 헌법적으로 수용할 수 없다고 말하는 것이다. 이러한 법은 어떤 사람들의 개인적인 선택이 다른 사람들의 선택보다 가치가 없다고 정의함으로써 [사회적] 위계질서를 강요한다. 또한 이 법은 결혼에 대한 전통적인 관념을 강요하여, 상투적인 성적 위계질서를 강조할 가능성이 매우 높다.

　다른 국가들도 이러한 문제들을 겪어 왔고, 결국 게이 결혼을 합법화하는 조치를 취했다. 유럽의 몇몇 국가는 동성 결혼을 합법화했고,* 많은 다른 나라들은 버몬트 주**처럼 시민 결합을 합법화했다. 특히 캐나다는 2003년 6월 온타리오 주 법원이 결혼을 남녀 간의 결합으로 정의한 것을 위헌이라고 선언했으며, 장 크레티앵 총리가 전국적으로 게이 결혼을 합법화하겠다고 밝힌 바 있다.*** 미국 시민들이 유럽과 캐나다의 변화를 살펴본다면, 이러한 진전 때문에 사회가 무너지지도 않고 큰 변화가 생기지도 않았다는 사실에 주목할 수도 있을 것이다.

---

* 유럽에서는 2015년 3월 현재 노르웨이·네덜란드·덴마크·룩셈부르크·영국·벨기에·스웨덴·스페인·아이슬란드·포르투갈·프랑스가 동성 결혼을 합법적으로 인정하고 있다.

** 버몬트 주는 2000년부터 동성 커플을 시민 결합으로 인정해 오다가, 2009년 9월 1일부터 동성 결혼 자체를 합법화했다. 미국은 2015년 3월 현재 서른일곱 개 주와 워싱턴 D.C., 연방정부 등에서 동성결혼이 합법적으로 인정되고 있다.

*** 캐나다는 2005년 7월 20일 시민결혼법(Civil Marriage Act)을 제정하여, 전국적으로 동성 결혼을 합법화했다.

그러나 이성간 결혼에만 제공되는 혜택이 동성 결혼에도 부여되어야 한다는 문제에만 공적 토론의 초점이 맞춰지는 것은 다소 불행한 일이다. 이 이슈를 제기하기에 앞서 선행되어야 할 질문이 있다. 현재 결혼이라는 하나의 제도가 지니고 있는 크고 이질적인 혜택을 유지해야 하는가라는 질문이다. 이러한 혜택은 이민·입양·상속에서부터 장례와 의료보험을 결정하는 증서에서 배우자가 갖는 특권에 이르기까지 광범위한 영역에 걸쳐 있다. 미국은 앞으로도 결혼의 지위에 대한 이분법적 접근을 유지해야 하는가? 아니면 프랑스가 최근에 채택한 것처럼 특정 목적을 위한 집단은 인정하지만 다른 목적의 경우는 인정하지 않는 좀 더 유연한 전략을 취해야 하는가?[515] 오로지 동성 결혼의 권리에만 초점을 맞추다 보니, 이와 같이 보다 큰 논쟁은 대부분 [공적 관심사에서] 배제되어 왔던 것이다.

사실 제도로서 결혼은 사랑과 함께 폭력을, 아이 양육과 함께 아이에 대한 학대와 멸시를 키워 왔다. 특히 이 제도는 일반적으로 여성과 아이들에게 불리하게 작용해 왔다. 이 제도는 계속해서 아이 돌봄에 대한 부담을 여성에게 지나치게 불균형적으로 떠맡기고 있으며, 오늘날 점점 커지고 있는 노인 돌봄의 부담도 여성들에게 전가하고 있다. 이러한 부담을 공유할 수 있는 사례는 많다. 확대 가족, 마을과 다른 지역 단위 모임을 통해 부담을 나눌 수 있으며, 공공 정책과 작업장 구조의 가시적 개혁도 도움을 준다. 우리는 미래에 가야 할 길을 계획할 때 이러한 모든 대안을 심사숙고할 필요가 있을 것이다. 그러나 게이 결혼에 대한 공포와 이에 대한 자연스러운 반작용 때문에 — 게이와 레즈비언의 평등한 결혼 권리에 초점을 맞추다 보니 — 공적으로 토론되어야 할 이와 같이 긴급한 문제들이 미뤄지고 있다는 사실은 불행한 일이다.

게이를 대상으로 한 법의 영역이 하나 더 있는데, 이에 대해 살펴보도록 하자. '클레번' 판결은 성인 시설에 대한 토지 용도 지정 문제에 대해 [다시 한 번] 생각해 보게 한다. 토지 용도 지정은 경우에 따라 공동체가 마음대로 판단할 수 있는 회색 지대가 될 수도 있는데, [다른 사람에게] 피해를 주는 행위가 아님에도 불구하고 이를 금지시킬 수 있기 때문이다. 내가 보기에 노골적인 성적 자료를 제공하는 시설물에 대한 토지 용도 제한에 대해서는 논의되지 않고 있다. 출판물에 대한 제한도 마찬가지일 것이다. 일반적인 결사의 자유를 고려한다면, 자신들이 속한 공동체 내에 허가될 수 있는 시설물을 결정하는 데 있어 거주자들이 적어도 일정 정도의 재량을 가져야 할 것이다. 그러나 '클레번' 판결은 공동체가 우연히 특정 집단에 대해 갖게 된 편견을 토지용도지정법으로 제정할 수 없다는 사실을 보여 준다. 노인과 신체 장애인을 위한 그룹홈은 허가해 주면서 지적장애자를 위한 그룹홈의 경우만 허가를 거부한 것은 법의 동등 보호 원칙을 거부한 위헌적 조치였다. [토지 용도 지정과 같은] 법의 영역에서 도덕적 공황이 크게 작용해서는 안 되는 것이다.

'클레번' 판결을 고려하면, 뉴욕 시의 게이 서점과 클럽에 대한 토지 용도 규제를 둘러싼 최근의 논쟁은 매우 흥미로운 문제를 제기한다. 마이클 워너*와 다른 게이 활동가들은 루돌프 줄리아니** 시 당국의 반응을 도덕적 공황이라는 용어를 사용해 '섹스 공황'이라고 불렀으며, 이에 반대하는 집회를 열었다. 이들은 섹스 공황의 [사례로] 최근의 여섯 가지 흐름에 주목했다. 첫째, 위생 규정 명목으로 게이 비디오 가게와 섹스 클럽을 폐쇄한 일. 둘째, 허드슨 강가 선창에 있는 전통적인 게이들의 만남 장소를 담으로 막고 순찰하는 일. 셋째, 주로 공개적으로 음란한 행위를 했다는 혐의로 만남을 찾는 게이 남성들에 대한 체포를 늘린 일. 넷째, 도시 내에서 이용 가능한 공공장소를 전반적으로 축소한 일. 다섯째, 카바레 영업 면허 세부 조항을 위반했다면서 술집, 댄스 클럽, 기타 밤 유흥업소를 단속한 일. 여섯째, '성인 사업'에 대한 규제를 늘리는 방향으로 1995년 토지 용도 지정 법령을 개정한 일이다. 이 개정 법령은 '성인 사업'을 좀 더 포괄적이고 애매하게 정의하고 있으며, 가난하고

---

* 미국의 문학 비평가이자 사회 이론가. 정상적인 성행위를 강화하고 당연시하는 전제에 저항하는 퀴어 이론과 퀴어 윤리가 이성애와 이성애적 사회에 대한 비판을 넘어 현존하는 사회 경제적 구조에 대한 비판적인 역할을 한다는 주장을 펼쳤다. 『정상이 지닌 문제(The Trouble with Normal)』라는 책으로 게이 공동체를 대표하는 인물이 되었다.

** 루돌프 줄리아니는 미국의 정치가·법률가. 특히 마피아 조직을 소탕하여 명성을 떨친 후, 1994년부터 2001년까지 시장을 지냈다. 뉴욕의 심각한 범죄 문제를 적극적으로 줄이는 성과를 보여 민주당 지지율이 높은 뉴욕에서 이례적으로 공화당 소속으로 시장에 재선되었다.

위험한 특정 지역에만 허가하고 있다. 그 밖에도 시설의 크기, 위치, 간판, 점검과 관련해 까다로운 제약을 두고 있다. 이러한 여섯 가지 변화는 "평범한 도시 생활에서 섹스와 관련된 일이나 시설이 눈에 덜 띄게 하고, 성인물을 원하는 사람들이 이를 더 찾기 힘들게"[516] 만드려는 목적을 지닌 정책의 일부였다.

이러한 흐름은 워너와 마찬가지로 나도 적절하지 않다고 생각한다. 물론 수많은 공동체 구성원에게 불쾌감을 주는 행위를 아이들이 저지르지 못하도록 방지하는 것은 분명 정당한 일이다. 그래서 "공개적인 음란 행위"를 막는 법과 성인 자료의 토지 용도 규제는 일정 정도 정당성을 지니고 있다. (나는 6장에서 이 주제를 다시 다룰 생각이다.) 그러나 '공개적인' 음란 행위라는 명목으로 처벌된 대부분의 행위는 외진 곳(대표적인 장소인 화장실 안이나, 한적한 숲 속)에서 일어난다. 매사추세츠 주는 최근에 새로운 경찰 정책을 발표했다. 여기에 포함된 주 경찰 정책 설명서에는 해변, 휴게소, 공원과 같은 공공장소에서의 성행위가 공개적으로 눈에 띄지 않게 이뤄질 경우에는 불법으로 간주하지 않을 것이라고 밝히고 있다.[517] 이러한 정책은 이와 관련한 서로 상이한 가치 간의 적절한 균형점을 제시하고 있다는 점에서 타당하다고 할 수 있다. 주 경찰 대변인인 로버트 버드(Robert Bird) 경감은 "주 경찰은 누구의 권리도 침해하고 싶지 않다는 것이 대전제입니다. 전 이러한 규칙이 그러한 권리가 정확히 무엇인지 명확히 하는 데 도움을 줄 수 있을 것이라고 생각합니다."라고 밝혔다. 반대로 현재 뉴욕의 상황은 불필요하게 구속적이며, 정책의 적용과 효과 면에서 암묵적으로 차별적이라고 할 수 있다. 이러한 정책은 명백히 게이를 겨냥해서 만들어졌기 때문이다.

이러한 예들은 행위에 대한 규제를 고려할 때, 공적인 것과 사적인 것을 나누는 친숙한 구분이 자주 부정적으로 작용한다는 점을 보여 준다. 한 장소에서 일어나는 행위가 동의하지 않은 당사자에게 영향을 준다는 의미를 기준으로 하면, '공적인' 장소가 ─ 공적으로 소유된 시설의 일부라는 의미에서, 그리고(또는) 들어가길 원하는 사람은 누구나 들어갈 수 있다는 의미에서(이런 의미에서는 사적 소유로 이루어진 대부분의 시설이 '공적' 설비다.) ─ 반드시 '공적'이라고 말할 수는 없다. '공적인' 행위가 매우 외진 곳에서 일어날 수 있으며, 이러한 행위는 매사추세츠 주 경찰 정책이 인정하는 것처럼 동의하지 않은 당사자에게 전혀 영향을 주지 않을 수 있다. 나는 6장에서 이 문제를 다루면서, '공과 사'라는 구분은 애매할 뿐 아니라 바람직하지 못한 지침을 제공한다고 주장할 예정이다. 이보다는 존 스튜어트 밀의 생각처럼 행위자와 이에 동의한 사람의 이익에만 영향을 주는 '자기 본위적' 행위와 동의하지 않은 다른 사람들에게 영향을 주는 '타인과 관련된' 행위를 구분하는 것이 바람직한 방향을 제시해 준다.

[뉴욕 시의] 이러한 정책들은 위헌이라고 할 수 있을까? 법률적 이슈는 '클레번' 사례보다 훨씬 더 불명확하다. 이들 규제의 효과는 차별적이지만, [법적 근거 자체는] 중립적으로 기술되어 있기 때문이다. 게다가 일반적으로 클럽과 성인용품 가게에 대한 규제는

시 공무원의 재량권이 큰 영역으로 알려져 있다. 이러한 점에서도 원고 측이 자주 허가가 났던 형태의 그룹홈을 허가해 주길 원한 '클레번' 사례와 매우 다르다. 이러한 이유와 그 밖의 다른 이유에서 볼 때 줄리아니 시장의 토지 용도 규제 정책을 '클레번' 사례에서의 주장을 가지고 헌법적으로 문제 삼는 것은 성공할 가능성이 낮아 보인다. 그러나 내 주장이 넌지시 비치고 있는 것처럼, 이 두 가지 사례에 담긴 이슈는 실제 매우 유사하다. 두 사례 모두 [사회의] 다수를 구성하는 사람들이 불편함을 주는 인간 행위의 측면을 숨기길 원하는 것과 관련된다. 이뿐 아니라 두 사례는 모두 수치심과 낙인에 관한 것이다. 게이들은 [수치심과 낙인이 갖는 부정적] 효과를 과도하게 경험해 온 반면, 이성애자 남성들은 [게이들과] 같은 정도로 자신의 성적 행위를 숨길 필요가 없었다. (자신은 정말 그렇지 않다는 듯이.) 이러한 사실로 미루어 보면 [두 가지 사례에 공통된] 이슈는 비호감 집단에 대한 부당한 낙인 형태 — 내가 이 장에서 줄곧 반대하고 있는 — 인 것으로 보인다. 게이 공동체는 목욕탕과 성인 시설 관련 문화를 둘러싼 도덕적 이슈에 대해 논쟁할 것이고, 또 논쟁을 지속해야 한다. 그러나 도덕적 논쟁이 적절하다고 여기는 것과 행위가 법으로 행위를 규제할 수 있다고 여기는 것은 별개의 문제다. 그래서 계속해서 수치심과 낙인을 둘러싼 이슈를 강조하고, 합의 하에 이루어지는 게이 성관계에 대한 법적 규제를 비판하는 것이 좋은 생각이다.[518]

동성애 행위와 동성애 관계는 우리 사회에 많은 불안을 야기하고 있다. 이러한 불안은 부분적으로 우리가 2장과 3장에서 검토한 신체와 신체적 경계에 관한 이슈가 원인이 된다. 또한 이러한 불안의 일부분은 이 장에서 내가 주장한 것처럼 신봉해 오던 가족 관계 양식에 대한 통제력 — 여성에 대한 가부장적 통제를 포함하는 — 상실에 대한 보다 일반적인 불안을 반영한다. 불안에 대한 반응으로 사람들은 흔히 법을 이용해 자신들이 두려워하는 것으로부터 자신을 보호하려 한다. 3장에서 검토한 소도미법이나 이 절에서 검토한 게이 생활을 다루는 다양한 법(결혼보호법, 콜로라도 주 헌법 수정조항 2조, 성인 시설에 대한 다양한 토지용도지정법)은 비호감 집단을 낙인찍으려는 이러한 욕구에서 출발한 것으로 보인다. 법이 모든 사회 문제를 해결할 수는 없을 것이다. 그러나 법은 완전히 평등하게 존중받는 사람과 그렇지 않은 사람에 관한 중요한 신호를 보낸다. 나는 특정 사람과 그들의 행위가 아무리 비호감을 사고 있다 하더라도, 품위 있는 사회는 [그들을] 낙인찍으려는 욕구를 가지고 법적 절차를 이용하는 것을 허용하지 않으며, 모든 시민에게 평등한 법적 보호를 제공하려는 태도를 고수할 것이라고 생각한다. 낙인찍으려는 욕구는 법의 합리적 근거가 될 수 없기 때문이다.

4 도덕적 공황과 범죄: 갱단 배회금지법

미국인들은 성적 타락과 가족의 붕괴를 두려워하지만, 범죄에

493

대해서는 훨씬 더하다. 실제로 섹스와 범죄는 핵심적인 도덕적 가치의 파괴를 두려워하는 현대인이 갖는 공황의 두 가지 중심축을 이룬다. 코언의 연구는 신체적으로 힘이 세고 비도덕적이라고 상상되는 청년 범죄자에 대한 관념이 쉽게 도덕적 공황을 일으킬 수 있음을 명확히 보여 주었다. 이로 인해 야기된 공황은 개인적 권리를 충분히 존중하지 않는 처방을 채택하는 것으로 이어질 수 있다. 그래서 최근 형법에서 가장 논쟁적인 이슈 중 하나에 이러한 통찰을 적용하는 것은 적절하다고 생각된다. 이것은 청소년 범죄자들을 표적으로 삼는 법과 방침이다. 야간통행을 금지하거나 비공식적으로 경찰들이 길거리의 청소년들을 붙들고 괴롭히는 것까지 [이를 위해] 다양한 방법이 동원된다. 이중에서도 특히 흥미롭고 논쟁적인 전략은 도심의 갱단을 대상으로 거리를 배회하지 못하게 하는 법을 통과시킨 것이었다.

1992년 시카고 시의회는 범죄 행위에 연루된 길거리 갱단이 도심에서 일으키는 문제들을 조사하기 위해 공청회를 열었다. 이들 갱단이 마약 거래, 운전 중 총기 난사, 공공시설물 파괴와 같은 광범위한 범죄 활동을 저지르고 있다는 증언이 이어졌다. 수많은 목격자들이 언급한 것 중 하나는 갱단이 단지 공공연히 거리를 배회해서 생기는 문제였다. [갱단이 거리를 활보하는 것은] 새로운 구성원을 모집하고, 구역의 지배권을 확립하며, 경쟁하는 갱단과 지역사회의 일반 시민들을 위협하려는 전략의 일환이었다. 이러한 우려에 대한 대처로 시의회는 '갱단 모임금지조례(Gang Congregation

494

Ordinance)'(흔히 갱단 배회금지조례로 알려져 있다.)를 통과시켰다. 이 법은 다음과 같이 기술하고 있다. "경찰관은 길거리 범죄 갱단이라고 타당하게 생각할 수 있는 사람이 한 명 이상 공공장소를 배회하는 모습을 목격한 경우, 이들 모두에게 해산하여 그 자리를 떠날 것을 명령할 수 있다. 이러한 명령을 즉각적으로 따르지 않은 사람은 이 항목을 위반한 것으로 본다." 또한 '배회'는 "뚜렷한 목적 없이 한 장소에 머물러 있는 것"으로 정의되었다. 이 법과 이를 담고 있는 경찰 지침은 곧 논쟁을 불러일으켰다. 1997년 10월 일리노이 주 대법원은 이 법을, 허용할 수 없을 만큼 애매하며 개인의 자유를 자의적으로 제한할 수 있다는 근거에서 위헌이라고 판결했다.[519] 1999년 6월 연방대법원은 이 판결을 인정했는데, 이 조례는 헌법에 맞지 않게 애매하며 이로 인해 헌법 수정조항 14조의 적법 절차 원칙에 위배된다고 보았다.[520]

이 조례에 반대하는 일차적인 주장은 상당히 분명하다. '배회' 용어가 너무나 애매하게 정의되어 있다는 것이다. 무해한 활동을 하는 일반 시민들의 "뚜렷한 목적 없이" 한곳에 머물러 있을 수 있기 때문이다. 조깅을 한 후에 잠시 쉰다거나, 비를 피한다거나, 친구를 기다린다거나 하는 등 말이다. 또한 마약 거래와 위협과 같이 유해한 목적의 행위를 이 법이 다루지 못할 수도 있다. 경찰이 이 사람이 갱단이라는 '타당한 믿음'을 가질 수 있을 만큼 가까이에 있을 수는 있을 것이다. 그러나 이러한 사실은 경찰관의 주관적인 판단에 달려 있기 때문에 확인하기는 쉽지 않다. 해산 명령 자체도 애매하다. 얼마나 멀리 가야 하는지 또는 얼마나 오랫동안 가야 하는지 불명확하다. 요약하면 형사 법령은 "일반적인 지능을 가진 사람들이 적법 행위와 불법 행위를 구분할 수 있는 합당한 기회를 가질 수 있도록 충분히 명확해야" 하는데, 갱단배회금지법은 이러한 기준을 통과하지 못한다는 것이다.[521]

게다가 배회금지법의 역사는 이런 식의 애매한 법은 자의적이고 차별적인 집행을 초래한다는 점을 보여 준다. 경찰관들은 어떤 사람들이 갱단이라고 타당하게 믿을 수 있는지에 관해, 그리고 "뚜렷한 목적 없이"라는 말뜻에 관해 절대적인 재량권을 갖는다.[522] 이 법이 상당히 애매할 뿐 아니라 일관성 없이 적용되어 왔기 때문에 이 조례를 담고 있는 경찰 지침도 이 문제를 해결하지는 못한다. 예를 들면, 경찰 지침은 "일반 대중에게 판매되는 옷을 입고 있을 수 있기 때문에 [입고 있는 옷만으로는 갱단의] 소속 사실을 확증하지 못할 수도 있다."라고 적고 있다. 그럼에도 불구하고, 지저스 모랄레스*를 체포한 경찰관은 그가 '갱스터 사도단'이라는 길거리 범죄 갱단을 나타내는 색깔인 검정색과 파란색으로 된 옷을 입고 있었다는 이유만으로 그를 갱단이라 믿었다고 증언했다.

---

* '시카고 대 모랄레스 판결(Chicago v. Morales, 1999)'의 원고다. 1993년 모랄레스는 배회금지조례에 따른 경찰의 해산 명령을 무시했다는 혐의로 시카고 근교에서 체포되어 유죄 선고를 받았다. 이에 모랄레스는 소송을 제기했고, 일리노이 주 대법원과 연방대법원의 위헌 판결을 받았다. 이 판결은 법이 일반적인 지능을 가진 사람이 무고한 행위와 불법 행위를 파악하지 못할 만큼 모호해서는 안 된다는 결정을 담고 있는 중요한 연방대법원 판례다.

길거리 갱단은 코언이 분석한 모즈와 록커스와는 매우 상이한 문제를 제기한다. 이들은 훨씬 더 위험하며, 입증된 것처럼 더 많은, 그리고 더 나쁜 범죄 활동을 저질렀다. 이들은 도심에 거주하는 주민들의 생명과 안전을 심각하게 위협하며, 거리를 배회하면서 구성원을 모집하고 겁을 준다. 이러한 행위의 일부는 [기존에 있는 법으로도] 이미 불법이지만, 사람들은 도심에 사는 이웃의 생명을 보호하기 위해 추가적인 수단이 필요하다는 도시 분위기에 공감을 표시할 수도 있을 것이다. 이러한 의미에서 보면, 모즈와 록커스에 대한 공황과 달리 갱단에 대한 공황은 합리적이라고 할 수 있다.

다른 한편으로, 두려움은 합리적이기도 하고 비합리적이기도 하다. 정당한 두려움의 요소는 인종과 나이에 기초한 낙인의 요소와 복잡하게 섞일 수 있다. 도심 거주자와 일반 대중이 지닌 갱단에 대한 두려움에는 경험과 증거에서 나온 정당한 두려움과 함께 공황이라는 요소가 포함되어 있음은 의심의 여지가 없다. 하나의 사회로서 우리에게는 위험한 약탈자라는 비합리적인 두려움 때문에 아프리카계 미국인 남성들에게 폭력을 저지른 죄의 역사가 있다. 이러한 비합리적 두려움은 정당한 두려움과 복잡하게 맞물릴 수 있으며, 이 두 가지 두려움으로 인해 모든 경찰서에 항상 존재하는 위험인 권력 남용이라는 일반적 경향을 승인할 수 있는 것이다. 배회금지법을 구실로 빈둥거리는 아프리카계 미국인 청소년들을 부당하게 표적으로 삼는 경찰관을 상상하기란 그리 어렵지 않다. 훌륭한 인격의 인종 차별적이지 않은 경찰관도 어떤 청년들이 갱단이라는 '합리적 믿음'을 가짐으로써 자신이 지닌 불안을 떨쳐 버릴 수 있다. 모랄레스를 체포한 경찰관도 분명 그러했다.

　도덕적 공황의 사회적 경향에 대해 알고 있고, 도덕적 공황이 자주 엉성한 고정관념과 낙인을 기초로 하여 작동한다는 점을 알고 있다면, 이러한 상황에서 우리는 다음과 같이 반응해야 한다. [법적 규제] 대상이 되는 유해한 행위가 분명히 존재하는지, 그리고 유해한 행위와 순수하게 하릴없이 돌아다니는 것을 구별하는 명확한 기준이 있는지 살펴야 한다. 자의성과 차별적인 낙인이 우려된다면, 분명한 법률적 기준을 세우고 이를 이행하는 과정에서 개인적 권리가 보호될 수 있도록 주안점을 두는 것이 당연한 대응일 것이다. 이런 점에서 수치심과 도덕적 공황을 고찰함으로써 얻어진 결론은 일리노이 주 대법원과 연방대법원 판결이 담고 있는 지혜를 뒷받침해 준다고 할 수 있을 것이다.

　그러나 이러한 결정은 공동체주의적 가치라는 이름으로 심한 비판을 받았다. 수치심에 기초한 처벌을 옹호하는 케이헌은 이 과정에서도 중심 인물이었는데, 이번에는 그와 책을 공동 집필한 아프리카계 미국인 법학자 트레이시 미어레스(Tracey Meares)가 함께했다. 미어레스와 케이헌의 주장은 다음과 같다. 법이 매우 인종 차별적으로 집행되고 아프리카계 미국인들이 정치 과정에서 과소 대표되던 1960년대에는 개인적인 권리 개념에 초점을 맞춰, 정부의 침해에 맞서 이를 강력하게 지지하는 것이 중요했다. 그러나 이제는 사정이 달라졌다. 아프리카계 미국인들도 정치에서 크고 영향력 있는 역할을 수행하고 있으며, 인종 차별적인 경찰의 모습도 과거보다 훨씬 줄어들었다. 하지만 동시에 도심 내에 있는 공동체는 갱단의 행위가 위협적이라고 느끼고 있다. 갱단 배회금지조례를 통과시킨 동력은 갱단 문제로 가장 직접적인 영향을 받는 가난한 사람들과 아프리카계 미국인 공동체에서 나왔다. 이러한 지역 사회 공동체는 공동체 구성원들이 어떤 권리를 가지고 있고, 또한 가지고 있지 않은지를 결정하는 데 있어 일정한 역할을 할 수 있어야 한다. 어떤 공동체가 정치적으로 유능하다면, 그리고 공동체 내에서 갱단 배회금지와 같은 제안이 가하는 부담을 떠맡을 준비가 되어 있다면, 그러한 공동체는 1960년대 관점에서 보면 [권리를] 제한하는 것처럼 보이겠지만, 새로운 방식으로 권리를 정의할 자격이 있다. 공동체 스스로가 권리를 다른 식으로 보길 원하는데 판사들이 오래된 권리 개념을 고집한다면, 이는 판사들의 온정주의(paternalism)*라는 것이다. 미어레스와 케이헌은 이러한 분석을 갱단 배회금지조례뿐 아니라 소탕(sweeps)** 정책(공영주택 단지 내에서 경찰이 영장 없이 [불

---

* 간섭 받는 사람의 의지에 반해 국가나 개인이 다른 사람을 간섭하는 것을 말한다. 일반적으로 이러한 간섭은 위해를 막아 준다거나 더 나은 상황을 가져온다고 여겨진다.

** 시카고 시에서는 시카고주택국이 운영하는 공영주택 단지 내의 폭력 문제가 거의 일상화되었다. 단지 거주자들의 안전을 요구하는 목소리가 커지자, 1993년 여름 시카고주택국은 단지 내에서 일어나는 총기 난사와 위협을 싹쓸이하기 위해 '소탕' 작전을 펼쳤다. 영장 없이 전 단지를 수색하고, 상당한 사유(probable cause) 없이 무

시에] 무기를 수색할 수 있도록 하는 것)에도 적용하고 있다. 그들은 전통적인 개인적 자유를 옹호하는 사람들은 대체로 이러한 정책에 반대하지만, 해당 공영주택 단지에 거주하는 사람들 다수가 이를 지지한다고 주장한다.[523]

미어레스와 케이헌의 주장에 대해서는 많은 경험적 질문이 제기될 수 있다. 예를 들면, 배회금지법의 가장 직접적인 영향을 받는 도심 공동체들은 얼마나 광범위하게 이 법을 지지하는가? (믿을 수 있는 증거는 얻기 어렵지만, 관련 시의원과 공동체 지도자들의 견해는 실제로 나뉘어 있었다.) 경찰의 인종 차별적 태도는 실제로 얼마나 많이 바뀌었는가? 소탕 정책에 대한 투표가 이뤄질 때 공영주택 단지 내 회의에 참석한 사람은 누구인가?[524]

이러한 질문들은 중요하지만, 좀 더 심도 있는 개념적 문제에 초점을 맞추기 위해 제쳐 두도록 하자. 다름 아닌, 이들이 말하는 '공동체'란 무엇인가라는 질문이다. 모든 공동체주의자들의 주장에 담긴 아킬레스건은 이처럼 가장 중요한 질문을 무시한다는 점이다. 가치의 동질성으로 명성이 자자한 작은 종교 공동체나 인종 공동체의 경우에도 그러한 명성은 대체로 해당 집단에 대한 잘못되고 미화된 개념에 기초하고 있기 마련이다. 프레드 크니스(Fred Kniss)는 미국 메노파교도 공동체에 대한 중요한 연구에서 이 점을 유려하게

기가 있다고 생각되는 임차인의 집 안 곳곳을 뒤지는 것이다. 이러한 정책은 시카고 주택국의 경찰력에 임차인의 집을 수색할 수 있는 광범위한 권한을 주고, 임차인의 사생활 권리를 침해하기 때문에 수정헌법 4조에 위배된다는 비판을 받았다.

보여 주었다.[525] 모든 공동체는 규범과 가치에 대한 차이를 지니고 있으며, 권력의 차이도 마찬가지다. 이 두 가지 형태의 차이는 자주 서로 연관되는데, 특정 '집단'의 '가치'로 내걸리는 것은 주로 집단 내 가장 지배적인 구성원들의 가치이기 쉽다. 예를 들면, 우리가 역사상 가장 인종적이고 종교적인 집단의 '가치'로 알고 있는 것의 대부분은 실제로 여성들의 시각보다는 집단의 남성 구성원들의 시각을 대변한다. 여성들의 시각은 역사의 침묵 속에서 복원하는 게 불가능할지도 모른다. 의견을 달리하고 상대적으로 권력이 없는 집단들(아이들, 노인, 평판이 좋지 않은 종교적·정치적·도덕적 관점을 지닌 사람들)은 이 '집단'이 대변하는 것의 일부로 인정되지 않을 수도 있다. 권력의 차이도 집단 구성원으로 인정되는 사람과 그렇지 않은 사람을 나누는 데 영향을 미친다. 집단은 낙인찍고 배척하는 방법을 통해 빈번히 내집단과 외집단의 경계를 정한다. 그래서 의견이 다른 하위 집단이나 소수자 하위 집단의 존재를 인정하기보다는 단순히 이들이 집단 구성원이 아니라고 부인하면 그만이다.[526]

게다가 공동체주의자들은 대체로 인종·장소 또는 공통의 문화나 언어로 이루어진 집단에 초점을 맞춘다. 그러나 다른 집단도 고려할 수 있는데, 공통의 취향이나 직업으로 묶인 집단, 문제를 공유하는 집단, 압제의 역사를 공유하는 집단 등이 그 예다. 이런 의미에서 보면 여성도 하나의 집단이라고 할 수 있는데, 전 세계에 걸쳐 공통의 이익을 공유하기 때문이다. 물론 공동체주의자들은 여성을 '공동체' —— 이러한 공동체가 지닌 가치를 유지해야 하는 —— 중 하나라고 생각하지 않겠지만 말이다. 다른 분산된 집단에는 노인들, 성적 소수자들, 아이들, 청소년들, 음악 애호가들, 동물 권리 옹호자들, 자연을 사랑하는 사람들 등이 있다. 이러한 사람들은 모두 공통의 이익과 가치를 지님에도 불구하고, 미어레스와 케이헌의 주장에서는 '공동체'로 여겨지지 않는다.

이러한 개념적 질문은 갱단 배회금지조례와 소탕 정책에 대한 미어레스와 케이헌의 주장이 안고 있는 문제점을 드러낸다. 이들의 주장 전반에 걸쳐 그들이 무엇을 공동체라고 생각하는지는 너무나 불명확하다. 시카고에 사는 모든 아프리카계 미국인들인가? 아니면 도심에 사는 가난한 아프리카계 미국인인가? 도심에 사는 모든 가난한 사람들인가?[527] 무엇을 [공동체로] 특징짓든 간에 배회금지조례의 이점에 대해 내부적 불일치가 존재한다는 분명한 증거가 있다. 다수의 아프리카계 미국인 시의원들은 이 조례에 찬성보다는 반대를 표했으며, 아프리카계 미국인 언론은 의견이 갈렸고, 많은 저명한 아프리카계 미국인 지도자들도 이 조치를 가차 없이 비판했다. (아무도 이들에게 질문할 의향이 없겠지만) 가장 관련이 있는 아프리카계 미국인 청소년들은 — 갱단이든 아니든 — 추정컨대 경찰이 마음대로 자신들을 괴롭히고 해산시킬 수 있게 하는 법령을 강하게 반대할 것이다. 그래서 '부담 공유'라는 매력적인 말이 적용될 수 있다면 아프리카계 미국인 공동체의 일부 성인 구성원들이 다른 구성원들에게 부담을 부과하는 상황일 것이다. 이 정책을 지지하는 시의원과 다른 공동체 지도자들은 분명 이러한 부담을 지지 않을 것이며, [이렇게 되면] 남성 청소년들이 거의 배타적으로 이러한 부담을 져야 한다. 만약 미어레스와 케이헌이 [자신들이 말하는] 집단은 갱단의 범죄 행위로 괴로움을 겪고 있는 사람들만을 포함하기 때문에 이러한 청소년들은 실제로 이 집단의 구성원이 아니라고 응답한다면, 그들은 부담을 공유한다는 자신들의 주장이 잘못되었음을 인정하는 셈이다. 이 정책이 주는 부담을 지는 사람들과 그것을 지지하는 집단의 구성원이 동일하지 않은 것이다.

소탕 정책은 같은 이슈를 훨씬 더 어려운 방식으로 제기한다. [소탕 정책에서 생기는] 부담을 공유하기로 동의한 집단은 이 문제를 논의하는 단지 내 회의에 나온 사람들이다. 주택단지, 분양 아파트, 조합 아파트 건물, 그 밖에 다른 집단 거주 시설에 살고 있는 사람들은 누구나 알고 있는 것처럼, 이러한 회의에 나타나는 사람들이 이와 연관된 모든 인물과 견해를 반드시 대표하는 것은 아니다. 참석하기 어려울 것 같은 사람들은 이 정책의 대상인 범죄자들에 국한되지 않는다. 밤에 일하는 사람들, 투잡족, 책임지고 아이를 돌봐야 하는 사람들, 모임을 좋아하지 않는 사람들, 데이트를 즐기기를 더 좋아하는 젊은 사람들, 자주 회의에 나타나는 사람들을 좋아하지 않는 사람들도 회의에서 보기 힘들 것이다. 또한 이 정책의 부담을 지려는 사람들은 이 정책을 지지하는 사람과 매우 상이할 가능성이 크다. 실제로 소탕이라는 전반적인 생각은 동의하지 않은 소수가 있을 수 있음을 가정한다. 수색을 받는 사람이 동의를 표시하면 수색이 항상 합법적이기 때문에 문제 될 게 없다. 제안된 정책에 담긴 새로운 점은 동의하지 않은 사람도 수색할 수 있다는 사실이다. 그렇지만 동의하지 않은 사람 중에는 숨기고 싶은 것이 있는 사람도 있을 수 있고, 단지 경찰의 눈을 피해서 잠옷 차림으로 집안을 돌아다니고 싶은 사람도 있을 것이다.

실제로 소탕 정책과 갱단 배회금지법은 서로 다른 권리를 지닌 두 부류의 사람들을 만들어 낸다. 좋은 사람이든 나쁜 사람이든 간에 도심에 살지 않는 사람들은 미어레스와 케이헌이 '1960년대식' 권리라고 부르는 오래된 권리 — 자의적으로 체포되지 않을 권리, 영장 없이 압수·수색을 당하지 않을 권리 — 를 지닌다. 반면, 우연히 도심에 그리고 공영 주택에 살고 있는 사람들은 보다 취약하고 줄어든 권리를 갖는다. 이들은 어쩌다 보니 나쁜 사람이 근처에 산다는 이유만으로 경찰에게 시달림을 당할 수 있고, 한밤중에 정당한 이유 없이 경찰이 자신들의 집에 들이닥칠 수 있는 것이다.

미어레스와 케이헌은 우리 사회가 좀 더 공정해졌고, 자의적이고 인종 차별적인 편견에 기초해서 사람을 괴롭히는 일이 줄어들었다고 전제한다. 이 그림 속에 수치심과 낙인에 대한 우리의 분석이 들어갈 수 있는 지점이 바로 여기다. 물론 우리는 이 주장처럼 경찰이 행동하지 않는다는 특정 증거를 제시할 수도 있을 것이다. 차에서 [피의자를] 체포할 때 경찰의 인종적 선입견이 작용하는 것을 분명한 예로 들 수 있다. 우리가 말한 주장을 토대로 보다 깊숙이 살펴보면, '정상인'이 소수자들에게 신뢰할 수 있는 행동을 할 가능성은 거의 없다. [특정] 행위에 낙인을 씌우는 인간의 심리적 동기와 이와 밀접한 관련이 있는 도덕적 공황에는 깊게 자리 잡은 이유가 존재하기 때문이다. 게다가 앞에서 말했지만 나르시시즘적 공격성이 갖는 문제는 오늘날 미국 사회에서는 특히 심각하다. 미국 문화는 통제와 완전무결함(특히 남성)이라는 관념에 특이한 애착을 갖고 있기 때문이다. 이러한 문제는 어느 정도 줄어들고 있기는 하지만 단시간 내에는 없어지지 않는다. 그래서 1960년대식 권리를 거부하는 것은 [아직은] 시기상조다. 우리는 범죄 행위에 단호하게 대처할 수 있고 또 그래야 한다. 그러나 이미 존재하는 법 — 괴롭힘과 협박을 막는 법을 포함해 — 의 테두리 내에서도 이렇게 할 수 있는 자원은 [충분히] 존재한다. 거리에서든 집 안에서든 그냥 아무 생각 없이 걷고 싶은 무고한 사람들을 끌어들일 수 있음에도 불구하고 대규모 소탕에 나서야 할 이유는 없다.

5 다른 경로를 통해 도달한 밀의 결론

다소 다른 경로를 거치기는 했지만 낙인과 도덕적 공황에 대한 고찰은 밀이 오래전 『자유론』에서 옹호했던 결론으로 이어진다. 다수 — 자신이 행하는 방식이 정상이라고 정의하고, 다른 사람에게 해를 입히는 — 의 압제를 막고 개인의 존엄성과 자유를 지키기 위해서는 항상적이고 주의 깊은 보호가 이뤄져야 한다. 이런 점에서 미어레스와 케이헌이 1960년대식이라고 부른 권리에 대한 [오래된] 생각은 현명한 우리의 헌법 전통과 마찬가지로 적절한 사고를 담고 있다고 할 수 있다. 사람들은 집단으로 단결해서 취약한 소수자들에게 폭력을 행사하려는 경향이 있기 때문이다. 수치심과 낙인에 대한 분석은 우리가 왜 이러한 모습을 대부분 또는 모든 인간 사회의 항구적인 특징으로 여겨야 하는지에 대한 보다 깊은 설명을 덧붙여 준다.

밀은 단순히 영국에서 낙인이 작동하는 방식을 관찰해서 어느 정도까지는 자신의 결론을 잘 끌어냈다. 그렇지만 그는 낙인찍기나 수치심 주기를 유발하는 힘에 대해서는 충분히 상세한 또는 깊은 심리학적 이해를 갖지 못했다. 그래서 그는 자신의 주장의 많은 부분을 다른 고려 — 많은 측면에서 설득력이 부족하다고 7장에서 주장할 예정이다. — 에 의지할 수밖에 없었다. 그렇지만 우리는 이제 보다 진전된 설명 — 한편에서는 사회학적이고(고프먼, 코언), 다른 한편에서는 심리학적인(위니콧, 모리슨) — 을 갖고 있다. 이러한 설명은 밀이 말한 문제점이 사라졌다고 생각하는 낙관적인 공동체주의자들과는 반대 생각을 지닌 밀의 정책들을 옹호하는 데 도움을 줄 수 있을 것이다.

낙인의 작동에 대한 일차적이고 가장 본질적인 해법은 개인적인 자유의 권리를 빈틈없이 강조하고, 모든 시민에게 법의 동등한 보호를 확고히 보장하는 것이다. 법은 국가 권력과 사회의 동조 압력이 지니는 자의적인 침해를 막고 개인을 보호하는 강력한 수단을 제공해야 한다. 집단 나르시시즘이 작용하고, 수치심을 부과하는 방식을 고찰하는 것은 왜 사회 속에서 개인이 항상 위험에 처할 수 있는지, 왜 밀이 말한 자유와 모든 시민의 평등한 존엄성을 주의 깊게 보호하는 것이 이처럼 중요한지를 깨닫는 데 도움이 된다. 지금까지 나는 반대하는 입장에서 최소한의 정책만을 지지해 왔으며, 법은 공적 처벌 체계의 일부로 수치심을 사용해서는 안 된다고 주장해 왔다. 또한 법의 일차적 또는 유일한 목적이 취약한 소수자들에게 낙인을 주는 것이라면, 이 법을 제정하는 것에 반대해야 하고 이미 법으로 제정되었다면 법적 효력을 없애야 한다고 말했다. 이것은 품위 있는 사회에 없어서는 안 될 부분이지만, 이것만으로는 결코 충분하지 않다. 그러므로 6장에서는 좀 더 적극적인 조치를 검토해 보도록 하자.

6장 ──── 수치심으로부터 시민을 보호하기

어떤 법원도 시각장애인이 아침에 일어나 아이의 등교를 도와주고, 아내에게
다녀오겠다고 말하고, 맹인견이나 지팡이 또는 길잡이 없이 일터를 향해 길을 걷고
버스를 탈 수 있다고 생각하지 않았으며, 어렴풋이나마 이런 생각을 비치지도 않았다.
만약 그에게 이런 습관이 있거나 이런 선택을 한다면, 종종 나무에 스치거나
[인도와 차도 사이의] 연석을 발로 차기는 하겠지만 말이다. 그럼에도 그는 확고한
걸음걸이와 분명한 태도로 걸어갈 것이다. 그리고 자신이 낸 세금으로 조성된 거리가
대중이 안전하다고 생각할 수 있도록 만들어지고 유지된다면 자신도 그러한 대중의
일부이고, 다른 사람과 이러한 세상의 일부를 공유하며, 자신 또한 이 세상 속에서 살아
갈 권리가 있다는 사실을 알고 있을 것이다.

제이커부스 텐브로익,

「세상 속에서 살아갈 권리: 장애인과 불법행위법」

내가 생각하기에 필수품이란 삶을 유지하는 데 없어서는 안 될 뿐 아니라 그 나라의
관습에 따라 그것이 없으면 견실한 사람의 체면이 깎이게 되는 상품을 말한다.
이를테면 아마포 셔츠는 엄밀하게 말해 생활필수품이 아니다. 그리스인이나
로마인에게는 아마가 없었지만 아주 편안하게 살았을 것이다. 그러나 오늘날에는
유럽의 대부분에서 견실한 일용 노동자라면 아마포 셔츠를 입지 않고 타인 앞에
나서는 것을 부끄럽게 여길 것이다. (……) 마찬가지로 잉글랜드에서는 관습적으로
가죽신을 생활필수품으로 여긴다. 성별에 상관없이 견실한 사람이라면 아무리
가난해도 가죽신을 신지 않고 타인 앞에 나서는 것을 부끄러워할 것이다.

애덤 스미스, 『국부론』, V. ii. k. 3

실직자라는 이름을 달고 다니는 것이 얼마나 힘들고 수치스러운 일인지 아는가?
외출할 때 나는 완전히 열등감에 사로잡혀 시선을 아래로 내리고 다닌다.
길을 걸을 때 나는 스스로 보통 사람들의 발뒤꿈치에도 못 미치며 모든 사람이 나에게
손가락질하는 것처럼 느낀다. 나는 본능적으로 사람 만나기를 기피한다.

고프먼, 『스티그마』에서 재인용

1 촉진적 환경 형성하기

지금까지 나는 법이 취약한 사람과 집단에게 낙인을 주는 일에 적극적으로 관여해서는 안 된다고 주장했다. 물론 품위 있는 사회는 여기서 더 나아가 이들 구성원이 수치심과 낙인을 겪지 않고 법적으로 존엄성을 보호받을 수 있는 방법을 모색할 필요가 있다. 품위 있는 사회가 여러 방향으로 우리를 이끌 수 있겠지만, 이것은 근본이 되는 공통적인 목적에 해당된다. 종교와 양심의 자유를 보호하는 법, 시민이 임의적인 압수·수색을 당하지 않도록 보호하는 법(5장에서 언급한), 잔인하고 수모를 안겨 주는 처벌을 금지하는 법(5장에서 부분적으로 다룬), 작업장에서 여성에 대한 성희롱을 방지하는 법, 여성의 존엄성에 대한 존중을 보여 주는 집행 절차와 더불어 강간을 막는 법, 문서 비방과 구두 명예훼손을 방지하는 법을 비롯한 다른 많은 법은 사회가 인간의 존엄성을 보호하는 곳이 되도록 하는 역할을 한다. 또한 이를 통해 시민들이 수치심과 낙인을 겪지 않고 살 수 있는 '촉진적 환경'을 형성한다. 이 장에서 나는 이와 관련한 이슈 중에서 몇 가지를 추려서 살펴볼 생각이다. 첫째, 나는 다른 사람과의 관계에서 수치심을 느끼지 않고 살 수 있는 기회를 제공해 주는 사회복지 체계의 역할을 간략히 다룰 것이다. 둘째, 차별방지법과 증오와 편견에 기초한 범죄방지법에 대해 살펴볼 것이다. 셋째, 개인 프라이버시에 대한 법적 보호의 몇 가지 측면을 검토할 것이다. 마지막으로, 현대 미국 사회에서 낙인의 중심적인 부분인 장애 문제로 넘어가, 장애를 지닌 시민들이 수치심을 겪지 않도록 보호하는 최근의 법률 개혁에 대해 살펴보려고 한다.

2 수치심과 괜찮은 생활 수준

전 사회를 통틀어 가장 낙인으로 가득 찬 생활 조건 가운데 하나는 빈곤이다. 가난한 사람들은 나태하고, 부도덕하며, 가치가 낮은 존재로 여겨지면서 일상적으로 기피당하는 존재가 되고 수치심을 겪는다. 미국의 경우는 특히 그럴 가능성이 크다. 빈곤이 게으름이나 의지력 부족으로 널리 여겨지고 있기 때문이다. 고프먼의 연구는 가난한 사람이 실업 상태에 있거나 교육을 받지 못했을 경우, 빈곤에 대한 이러한 일반적 낙인이 심해진다는 점을 우리에게 상기시켜 준다. 그리고 낙인은 가족 안에서도 일어난다. 아이들이 취학 연령에 이르면, 아이들의 부 또는 빈곤은 입는 옷, 점심 도시락의 음식, 어투, 방과 후 친구들을 데려가는 집 등 무수한 방식으로 드러나게 된다. 애덤 스미스가 설득력 있게 주장한 것처럼 빈곤은 절대적인 측면을 갖는다. 즉 [가난한 사람에게는] 음식, 주거, 의료와 같은 생활 필수품이 결여되어 있을 수 있다. 그러나 동시에 빈곤은 비교적이고 상대적인 측면을 지닌다. 그래서 충분히 먹고 지낼 곳이 있어도 사회적으로 괜찮은 생활 수준을 나타내는 품목의 일부를 결여한 경우가 있다. 스미스가 살았던 사회에서 아마포 셔츠와 가죽신이 이런 품목이었다면, 우리 사회에서는 아마 개인용 컴퓨터가 그러할 것이다.

이것은 광범위한 주제라서 이 책에서는 고작해야 언급만 하는 수준이지만, 이러한 품목을 갖지 못하는 것이 결함이 될 수 있다는 점은 말할 나위가 없다. 왜냐하면 이를 적절하게 다루지 못하는 것이 오늘날 미국에서 수치심과 낙인의 주요한 원인이 되고 있기 때문이다.

사회가 모든 시민의 괜찮은 생활 수준을 보장하는 데 관심을 가져야 하는 이유는 여러 가지가 있다. 수명, 건강, 교육 기회, 의미 있는 직업, 정신 기능을 발전시킬 수 있는 적절한 기회는 모두 본래적 중요성을 갖는다. 나는 다른 글에서 이들 질문을 다루면서, 최소한 공정하고 품위 있는 사회는 모든 시민에게 최소 한도의 핵심적 기회 또는 '역량'을 제공해야 한다고 주장했다.* 그러나 이 장에서 내가 주장하려는 목적에 맞게 나의 역량 목록 중에서 하나에만 초점을 맞추려 한다. "자존감을 갖고 모욕 없이 살 수 있는 사회적 기초를 갖는 것, 다른 사람과 마찬가지로 가치를 지닌 존엄한 존재로 대우받을 수 있는 것"이다.[530] 어떻게 이러한 역량을 보장받을 수 있는가? 그리고 이러한 역량을 보장하는 데 있어 사회경제적인 재정 지원의 일반 정책은 어떤 역할을 해야 하는가?

아이들이 적절하게 영양을 섭취하지 못하거나 의료 또는 주거 없이 성장하게 되면, 역량의 최소적 수준을 보장받지 못한다. 이것은 어느 사회든 생활에 필수적이다. 오늘날 미국에서는 몇 가지 추가적인 요건이 스미스가 말한 아마포 셔츠와 같은 역할을 한다. 이러한 요건은 낙인 없이 사회 속에서 존재를 인정받기 위해 필수적이다. 이러한 요건 중에서도 의무적인 무상 초·중등 교육, 그리고 이에 더해 고등 교육을 받을 수 있는 평등한 기회는 특히 중요하다. 적어도 성인 남성의 경우, 직업은 우리 사회에서 필수 요건이다. 비

---

* 역량 접근(capability approach): 너스바움은 인간의 존엄성에 대한 존중이라는 목적을 위해 모든 나라의 정부가 기본적으로 제공해야 할 사회적 최소 수준을 '중심적인 인간 역량(central human capabilities)'의 목록을 통해 제시한 바 있다. 그녀는 개발을 통한 '삶의 질'을 비교하는 준거로 1인당 국민 총생산(GNP)과 같은 경제 성장에만 초점을 두는 것을 비판하면서, 핵심적인 형태의 기능 또는 활동을 하기 위한 역량 또는 기회의 목록을 작성해야 한다는 '역량 접근'을 제시했다. 이때 역량이란 인간적인 삶을 영위하기 위해 필요한 최소한의 능력, 그리고 자신의 의지에 따라 자신이 원하는 바를 선택할 수 있는 능력을 말한다. 충분한 역량이 있음에도 불구하고 선택하지 않을 수 있는 가능성을 담고 있다.

록 일부 사회(예를 들면, 고대 그리스)에서는 생계를 위해 일하는 것이 비천하다고 생각해서 일이 있는 사람보다 일이 없는 사람의 지위가 높았지만, 우리 사회에서는 고프먼이 예로 들고 있는 것처럼 실업자는 스스로 수치심을 느끼고, 수치심을 안겨 주는 다른 사람의 눈을 피하려는 반응을 보인다.[531]

또한 낙인은 특정 맥락에서 비교를 통해 생기기도 한다. 예를 들면 청소년 문화에서는 부유하고 인기 있는 학생들이 입고 다니는 값비싼 옷을 입지 않는다는 이유만으로도 낙인을 받을 수 있다.[532] 그러나 여기서는 내가 주장하려는 바에 맞게, 비교를 통해 생기는 수치심의 상위 수준은 제쳐 두고 스미스가 말한 생계 수준에만 초점을 맞추도록 하자. 즉 다른 사람과 동등한 가치를 지닌 시민으로서, 다른 사람 앞에 수치심 없이 나서기 위해 필요한 최소 수준이다.

미국 사회의 경제적·교육적 불평등이 심화되면서 많은 미국인들이 빈곤이라는 이유만으로 낙인찍힌 삶을 살고 있다. 그들은 빈곤 때문에 적절한 의료와 주택, 충분한 교육 기회, 그리고 직업마저 없이 지내고 있다. 실제로 낙인을 주지 않는 저가 주택을 공급하는 문제는 그것만으로도 책 한 권을 쉽게 채울 수 있을 만큼 방대하고 흥미로운 주제다. 미국 대부분의 도시와 타운은 이 문제에 적절하게 대처하지 못했다. 내가 5장에서 언급한 에렌라이히의 『빈곤의 경제』는 많은 가난한 노동자들이 단지 임대 보증금을 낼 수 없어서 싸구려 모텔방과 같은 누추하고 낙인을 안겨 주는 주거 환경에 돈을 내고 살아갈 수밖에 없음을 보여 준다.[533] 가난한 거주자들에게 적절하고 괜찮은 안식처를 제공하기 위한 목적으로 진행된 그간의 공공주택 사업은 현재 이곳에 살고 있는 모든 사람에게 낙인을 안겨 주고 있다.[534] 수치심을 느끼지 않을 수 있는 주거 환경을 마련하는 것은 우리 사회가 다음 10년 동안 직면해야 할 가장 중요한 문제 중 하나다.

인간 존엄성을 유지하기 위해 [최저 생활 유지에 필요한] 기본적인 필수품을 일정 정도 공적으로 부양해야 한다는 헌법적 전통은 남아프리카공화국과 인도와 같은 극소수의 국가들만 지녀 왔다. 예를 들면, 인도에서는 그 누구도 적법 절차 없이 생명이나 자유를 박탈당할 수 없다(미국 수정헌법 14조와 유사한)는 헌법 조항을 단순한 생명이 아니라 인간 존엄성을 지닌 삶을 의미하는 것으로 해석해 왔다. 그래서 노숙자의 소지품을 빼앗는 것은 이 헌법 조항에 위배되는 것으로 여겨진다. 남아프리카공화국은 여기서 더 나가서 심각한 경우 괜찮은 주거를 지닐 적극적 권리를 인정해 왔다. 그리고 두 나라 모두 무상의 적절한 초·중등 교육을 받을 권리를 헌법에서 기본권으로 명시하고 있다. 보다 일반적으로 현재 국제 인권 운동은 사회·경제적 권리를 정치·시민적 권리만큼이나 중요한 인권으로 인정해 왔다. 실제로 정치·시민적 권리를 행사하기 위해서는 사회·경제적 요건이 필수적이기 때문에 이 두 가지 권리를 분명하게 구분하기는 어렵다. [예를 들어] 적절한 영양 섭취를 하지 못하거나 의료 혜택을 받지 못해 건강하지 못한 사람이 정치에 평등하게 참여할 수는 없을 것이다. [마찬가지로] 문맹인 사람이 정치·시민적 권리의 집행을 주장하며 경찰이나 법원을 찾아가기란 쉽지 않을 것이다.

인간의 존엄성을 위해 경제적 요건이 마련되어야 한다는 생각이 미국의 사고 전통에서 생경한 것은 아니다. 프랭클린 루스벨트 대통령의 '제2권리장전(Second Bill of Rights)'*은 물질적인 복지의 필수적인 측면을 모든 시민에게 제공하는 것에 초점을 맞췄으며, 린든 존슨 대통령의 '위대한 사회'** 정책도 그러했다.[535] 게다가 존슨 대통령 시절에 법원은 이러한 권리의 일부는 헌법적 보호를 받아야 한다는 방향을 취하기 시작했다. 1970년 윌리엄 브레넌*** 연방대법원 판사는 '골드버그 대 켈리(Goldberg v. Kelly)' 판결에서 다음과 같

* 1944년 미국의 프랭클린 루스벨트(1933~1945년 재임) 대통령이 연두교서 연설에서 주창한 경제적 권리의 목록이다. 그는 여기서 미국 헌법과 권리장전에 명시된 정치적 권리가 모든 국민의 평등과 행복을 보장하지 못함을 지적하면서 경제적 권리의 이행을 주창했다. 제2권리장전에는 생활 임금을 보장하는 일자리, 불공정 경쟁과 독점의 지배로부터 자유, 주거, 의료, 교육, 사회보장을 누릴 권리가 포함된다.
** 미국의 린든 존슨 대통령(1963~1969년 재임)이 1960년대에 추구한 빈곤 추방 정책 및 경제 번영 정책이다. 선거에서 승리한 후 1965년 1월 4일 최초의 연두교서 연설에서 존슨은 '위대한 사회'라는 자신의 이상을 표명하고 빈곤과의 전쟁을 선언했다. 그가 제창한 사회복지 입법 계획에는 교육에 대한 연방 지원 정책과 확대 사회 보장 계획을 통한 노인 의료 지원 정책, 그리고 주(州) 등록법에 따라 참정권이 박탈된 사람에 대한 연방 정부의 법적 보호 등이 포함되어 있었다. 이 입법안은 1964년 11월 선거에서 민주당이 압승함으로써 대부분 통과되었다.
*** 1956~1990년 미국 연방대법원의 대법관을 역임한 미국의 법률가. 자유주의적 견해를 대변하는 인물이었으며, 사형제에 반대하고 낙태권을 지지하는 진보적인 시각을 가졌다.

은 기념비적인 의견을 내놓았다. 이 판결은 복지권이 공청회 없이 축소될 수 없음을 확립하는 역할을 했다.[536]

이 나라가 세워질 때부터 국경 안에 있는 모든 사람의 존엄성과 복지를 증진시키는 일은 기본적인 약속이었다. 우리는 가난한 사람들의 통제력에서 벗어나 있는 힘이 그들의 빈곤을 초래한다는 점을 인정하게 되었다. (……) 생계에 필요한 기본적인 요건을 충족시켜 주는 복지를 통해 가난한 사람들은 그들이 지닌 영향력 내에서 다른 사람과 마찬가지로 공동체 생활에 유효하게 참여할 수 있는 동일한 기회를 얻게 된다. (……) 그래서 공적 부조는 단순한 자선이 아니다. 이것은 "일반적 복지를 증진시키고, 우리와 우리 후손에게 자유의 축복을 보장해 주는" 수단이다.[537]

브레넌이 복지라는 생각뿐 아니라 인간 존엄성을 근거로 주장을 펼치고 있다는 점이 중요하다. 그는 빈곤이 박탈에 그치지 않고, 수모를 안겨 준다는 점을 인정했다. 이 시기에는 연방대법원이 점차 가난한 사람이 지니는 일련의 경제적 권리를 우리 헌법이 보장한다는 점을 인정하는 방향으로 움직일 것처럼 보였다.[538] 브레넌은 적어도 이러한 복지 수급을 받을 권리의 일부를 헌법적으로 보호하는 데 분명 관심을 가졌다. 물론 이러한 복지 수급권은 한결같지는 않았지만 민주적으로 제정된 법안을 통해 폭넓게 보호받고 있었다.[539]

복지 수급권을 헌법에 명시된 인간 존엄성이라는 관념에 내재된 것으로 완전히 인정하려는 움직임은 일지 않았다. '레이건 혁명'*이 헌법 판결의 방향을 변화시켰기 때문이다. 그사이에 복지권에 대한 입법적 보호는 차츰 후퇴했다. 국가가 다양한 복지 계획을 실험하는 것은 분명 정당한 일이고, 바람직하다고도 할 수 있다. 그러나 더 우려스러운 것은 브레넌이 우리의 헌법적 전통의 핵심에서 찾아낸 존엄과 복지에 대한 '기본적 약속'에서 멀어지는 현재의 분위기다. 브레넌과 달리, 우리는 가난한 사람 스스로 빈곤을 초래했다는 결론을 내린 것처럼 보인다.[540]

이 글을 쓰고 있는 시점에도 증가하고 있는 실업은 빈곤과 밀접하게 연관되지만 동시에 구분되는 문제다. 광범위한 사회적 안정망을 가지고 있는 일부 사회도 완전 고용을 보장하지는 못한다. (이것은 핀란드의 경우에도 사실인데, 경제가 잘 돌아가지만 구할 수 있는 직업 ─ 예를 들면, 통신 기술 부문 ─ 은 노동 집약적인 일자리가 아니다.) 실업이 얼마나 큰 문제인지는 어느 정도 사회적 상황에 따라 다르다. 직업이 없다고 해서 낙인을 받지 않는다면, 실업 상태의 남성과 여성들은 계속 [취업을 위한] 교육을 받는 사회적 혜택을 이용할 수 있으며, 여전히 완전히 평등한 시민으로 제 역할을 할 수 있다. 그러나 대부분의 현대 사회에서 실업은 낙인의 대상이 된다. 가난한 사람들에게 열려 있는 다양한 직업(가정부를 비롯한 다양한 저임금 노동

---

* 민주당 우위 시대를 끝내고 공화당 우위 시대를 열었으며, 작은 정부와 큰 시장으로 대변되는 자유시장 경제 정책과 보수주의 정책을 추진한 로널드 레이건 대통령의 재임 기간(1981~1989년)을 말한다.

형태들)도 마찬가지다. 설령 특정 직업 형태가 이처럼 낙인을 받지 않는다 하더라도, 에렌라이히의 책이 보여 주는 것처럼 인격을 떨어뜨리는 비인간적인 대우를 받을 수도 있다. 또한 이러한 직업에 따라다니는 건강과 복지를 위협하는 요소들은 노동자가 인간 존엄성을 지닌 삶을 살 수 있는 여건을 축소시킨다. 그래서 인간적인 일자리를 제공하는 것은 어느 사회든 품위 있는 사회가 되려면 가장 우선적으로 다루어야 하는 이슈다.

앞에서도 말했지만 이를 둘러싼 이슈는 너무나 광범위하기 때문에 이 책에서 정책 지향적 조치를 다루기는 어렵다. 그렇다고 이를 생략하는 것은 터무니없을 것이다. 부유한 나라에 사는 사람으로서 다른 나라의 가난한 사람에게 갖는 우리 자신의 책임성 문제를 빠뜨리는 것도 마찬가지다. 전 세계의 무수한 사람들이 기아, 영양실조, 교육과 의료 부족으로 고통을 겪고 있으며, 미국과 이 나라의 부유한 기업들이 나선다면 많은 사람이 이러한 비참함에서 벗어날 수 있다. 이 책은 주로 법적 측면에 강조점을 두고 있기 때문에 수치심과 낙인 문제를 국내적 시각에서 접근하고 있다. 그러나 국가의 경계를 넘어선 정의의 문제(다른 글에서 내 연구의 주요 주제이기도 하다.)는 공공 정책을 통해 인간이 낙인찍힌 삶을 살지 않도록 보호할 수 있는 방법을 고려할 때 언급하지 않을 수 없는 이슈다.

우리나라 시민들만 생각해도 충분하지 않은데 다른 나라의 빈곤한 사람들을 생각하는 것은 터무니없다고 말할 수도 있을 것이다. 그러나 동료 세계 시민에 대한 우리의 책임을 얘기하기 전에 먼저 국내적으로 완전한 사회를 만들어야 한다고 하면서 이 문제를 선후 관계로 보는 것은 비생산적이다. 미국 기업들은 일상적으로 다른 나라에서 사업을 하고 있고, 이 과정에서 복지, 기회, 의료 혜택에 큰 영향을 주고 있다. 가령 우리나라가 완벽한 의료 체계를 갖추는 것이 우선이라고 하면서 낙인찍힌 삶의 주요한 원인의 하나인 지구적 에이즈 위기에 대처하지 않는 것은 엄청난 잘못을 저지르는 일이 될 것이다. 두 가지 문제는 상당 부분 별개이므로, (가령 제약 회사가) 에이즈 문제에 돈을 쓴다고 해서 국내 의료 체계에 쓰는 돈이 줄어드는 것은 아니다. 게다가 우리만큼 잘살지 않는 다른 나라들도 우리보다 예산의 더 많은 비율을 해외 원조에 기울이고 있다. 그렇다고 해서 이들 나라가 국내적 불평등 문제를 잘 다루지 못하는 것도 아니다. 우리가 만약 모든 사람이 인간 존엄성을 누리는 삶을 살 수 있는 기회를 갖는 세상을 목적으로 한다면, 이러한 문제들은 모두 함께 논의할 필요가 있을 것이다.

3 차별 금지, 증오 범죄

이제 우리가 주목해 온 보다 세부적인 문제로 돌아와 보자. 취약한 소수자들이 낙인을 받지 않도록 보호하려면 구체적으로 어떤 형태의 법률적 변화가 있어야 할 것인가? 5장에서 나는 비호감 소수자들에게 낙인을 주는 것이 주된 목적이거나 이론 효과가 있는 법을 제정해서는 안 되며, 이미 제정되었다면 무효화시켜야 한다고 주장했다. 그렇다면 이들 집단을 보호하겠다는 사회적 약속은 얼마나 더 확장되어야 하는가? 이것은 이 책의 범위를 넘어선 법적·도덕적으로 복잡한 이슈를 제기하는 엄청나게 큰 질문이다. 그래서 5장에서 다룬 두 가지 이슈로 돌아가 내 주장을 펼쳐 보려 한다. 하나는 범죄 혐의자의 개인적 권리가 침해당하지 않도록 보호하는 문제이고, 다른 하나는 게이와 레즈비언이 수치심을 겪지 않도록 보호하는 문제다.

5장에서 배회금지법을 검토하면서 제기한 첫 번째 문제에 대해서는 형사 피고인이 지닌 익숙한 일련의 권리를 옹호하는 것 외에 별도로 추가할 내용은 거의 없다. 5장에서 언급했지만 범죄자와 혐의자가 경찰력의 남용을 막는 일련의 보호를 받기까지는 오랜 시간이 걸렸다. 시카고 시의 갱단 배회금지법과 같은 새로운 법을 제정하거나 효과적인 법률 자문을 받을 수 있는 권리를 담고 있는 미란다 경고(Miranda warning)*와 같은 보장책을 서서히 약화시켜서 이들 보호 조치를 훼손해서는 안 된다. 이들 보호 조치를 강력하게 유지하는 것은 인종적 소수자들이 범죄 행위와 인종을 결부시키는 사회

---

* 미국의 수정헌법 제6조는 "공정한 재판을 받을 권리"를 명시하고 있으며, 이 권리에 따라 1966년 미국 대법원은 미란다 경고라는 피의자의 기본 권리를 판례(Miranda v. Arizona)로 확립했다. 수사 기관은 피의자를 구속할 때 "당신은 묵비권을 행사할 수 있고, 당신이 하는 말은 법정에서 불리한 증거로 사용될 수 있으며, 당신은 변호사의 도움을 받을 권리가 있다."라는 내용을 고지해야 한다.

적 낙인으로 손상을 받지 않도록 보호하는 가장 중요한 수단이다.

이와 관련해 현재 인종적 프로파일링(racial profiling)* 문제가 대중의 뜨거운 관심을 받고 있다. 물론 경찰은 범인을 찾을 때 다양한 방식으로 프로파일링 수사 기법을 활용한다. 예를 들면, 경찰이 찾아야 할 용의자의 범위를 좁히기 위해 심리 전문가는 연쇄살인범의 범행 수법을 체계적으로 파악한다. 이러한 프로파일링 수사에는 이의가 없다. 왜냐하면 저질러진 범죄에서 시작해서 역으로 추적하기 때문이다. 그러나 범죄 또는 최소한 발견된 범죄에 앞서 이뤄지는 프로파일링 방식은 (혐의자의) 범죄 의도 또는 범죄 행위에 대한 대용물로 다른 특성을 사용하므로 큰 문제점을 지닌다. 국가 안보를 주장하는 사람들이 이러한 정책을 강력하게 지지하는 사례도 있다. 광범위한 공항 수색 등에 필요한 시간과 돈이 부족하다는 이유로 아랍인과 아랍계 미국인들에 대한 최근의 프로파일링을 지지하는, 적어도 어느 정도 설득력 있는 주장도 보인다. 그렇다 하더라도 특정 집단의 모든 구성원에게 낙인을 안겨 주는 이러한 정책은 불공평하다고 할 수 있다. 이러한 정책은 경찰과 공안 보안 담당자들이 이런 사람들에게 불친절하게 행동하고, 그들이 완전히 평등한 시민(또는 방문객)이 아니라는 메시지를 전달하도록 조장할 수 있다. 그래서 나는 그러한 경우에 행해지는 프로파일링에도 반대한다. 용의자의 인종을 근거로 통행을 멈추고 차량을 수색하는 경우처럼, 인

* 경찰관이 한 개인의 범죄 행위 관여 여부를 확인할 때 개인의 행위나 정보에 기초하기보다는 인종을 핵심적 요소로 활용하는 것을 말한다.

종을 범죄의 대용물로 활용하는 것은 본질적으로 부적당하고 현명하지 못한 정책이라는 점은 훨씬 더 명확하다. 경찰이 수사 자원을 효율적으로 활용하려면 약물 수색의 경우 아마 일정한 프로파일링 수사 방식을 활용해야 할 것이다. 가령 노인 운전자의 차량 수색은 자원을 허비하는 일일 가능성이 크다. 나이와 차량 형태에 근거한 프로파일링은 문제가 되지 않겠지만, 존재하는 사회적 낙인을 따라 프로파일링이 이뤄진다면 공정성 면에서 심각한 문제를 초래할 것이다.

아프리카계 미국인을 범죄자로 낙인찍는 것은 미국 인종주의의 가장 추악하고 부당한 측면 중 하나이며, 이것은 5장에서 말한 중범죄 전과자의 인종적으로 불균등한 선거권 박탈과 밀접한 관련이 있다. 코넬 웨스트(Cornel Ronald West, 1953~)*부터 브렌트 스테이플스(Brent Staples, 1951~)**까지 주요 아프리카계 지식인들은 흑인을 [잠재적] 범죄자로 보는 사회의 직접적인 인식 때문에 겪는 고통과 고립감에 대해 생생하게 적고 있다. 웨스트는 정장을 입고 [뉴욕시 맨해튼의] 파크애비뉴에 있었는데, 택시를 잡을 수 없었다고 한다. 역사적으로 이러한 낙인은 폭력적인 사적 제재, 불공정한 재판, 고용 차별과 같은 중대한 위해 행위와 연결되었다. 만약 우리 사회

---

* 미국의 철학자, 작가, 비평가, 배우, 민권 운동 활동가. 그의 작품은 미국 사회의 인종, 젠더, 계급 문제에 초점을 맞추고 있다.
** 미국의 저널리스트. 《뉴욕 타임스》의 논설위원으로, 주로 정치와 문화적 이슈에 관한 글을 쓰고 있다.

가 인종적 화해의 과정을 추구하길 원한다면, 올바르고 신중한 것 같아도 인종적 프로파일링은 매우 어리석은 정책이 될 것이다. 인종적 프로파일링은 경찰 자원 면에서는 효과적일지 모르지만, 증거로서 그 효력이 설득력 있게 입증된 것도 아니다.[541] 또한 이러한 프로파일링은 인종을 근거로 법 앞의 평등이라는 중요한 요소를 사람들에게 적용하지 않기 때문에 본질적으로 불공평하다고 할 수 있을 것이다.

다음으로 게이와 레즈비언이 공적인 낙인을 받지 않도록 보호하는 문제에 대해 생각해 보자. 이 문제와 관련해 우리 사회는 최근에 차별금지법과 증오범죄법이라는 두 가지 조치에 의지해 왔다. 이 두 가지 영역 모두에서, 자유주의 사회가 직면하고 있는 문제는 자유주의자들과 대립되는 시각을 지닌 사람들의 표현의 자유를 침해하지 않고 어떻게 취약한 사람들을 보호할 수 있는가 하는 것이다. 다양한 형태의 공동체주의자들은 이 문제를 해소하려는 노력을 기울이지 않고도 취약한 사람들을 보호하겠다는 약속을 담은 법을 선호할 수 있다. 그들은 개인의 자유, 특히 생각과 말의 표현을 둘러싼 일련의 자유에 대해 자유주의자들만큼 깊은 헌신이 없기 때문이다. 이와 달리 자유주의자들은 일정한 한계 내에서 증오의 표적이 되는 사람뿐 아니라 증오로 가득한 발언을 하는 사람들까지도 보호하려는 태도를 지니고 있다.

사실 누구도 절대적인 표현의 자유를 누리지는 못한다. 공갈, 협박, 위증, 뇌물 수수, 무면허 진료, 대중을 호도하는 광고와 같은 다양한 표현 형태들을 범죄로 규정하는 것에 대해서는 광범위한 합의가 존재한다. 그렇지만 대부분의 상업적 표현과 다양한 예술 표현은 애매한 영역에 있기 때문에 이러한 표현 형태들이 수정헌법 I조*의 보호를 받아야 하는지, 어느 경우에 그러한지에 대해 논쟁이 있어 왔다. 정치적 발언의 경우도 수정헌법 I조의 폭넓은 보호를 받아야 한다는 점에 대해 우리 사회가 항상 동의해 왔던 것은 아니다. 지난 1918년 유진 뎁스(Eugene Debs)**가 I차 세계대전 중 군복무 거부 운동을 펼쳐 투옥되었을 때, 대법원은 전시 동안 반체제자의 정치적 발언은 수정헌법 I조의 보호를 받지 않는다고 판결했다. 지금은 시각이 다른데, 이러한 표현은 수정헌법 I조가 보호한다고 여기는 전형적인 예가 되고 있다. 수정헌법 I조가 규정하는 자유와 그 근거에 대한 정확한 설명과 다양한 형태의 상업적이고 예술적인 표현이 보호받는 정확한 범위에 대해서는 수많은 사람들의 견해가 엇갈리지만, 불쾌하고 대중적이지 않은 정치적 발언이 수정헌법 I

---

* "연방 의회는 국교를 정하거나 자유로운 신앙 행위를 금지하는 법률을 제정할 수 없다. 또한 언론·출판의 자유나 국민이 평화롭게 집회할 수 있는 권리 및 불만 사항의 해결을 위해 정부에 청원할 수 있는 권리를 제한하는 법률을 제정할 수 없다."
** 인디애나 주 출생의 미국 노동 운동 지도자. 기관차 화부로 있다가 1880년 기관차화부조합 서기장, 1885년 인디애나 주 의원이 되었다. 1893년 미국 철도조합 회장이 되어 다음 해 풀먼차량회사의 파업을 주도하여 투옥되었다. 1898년 사회민주당(1901년 사회당으로 바뀜)을 창설한 후, 1900~1920(1916년은 제외) 다섯 차례에 걸쳐 사회당 후보로 대통령에 출마했다. 특히, 1920년에는 I차 세계대전에 대한 반전 운동으로 투옥 중 입후보했다. 1905년 세계산업노동자조합(IWW) 창립에 공헌했으나, 급진주의에 반대하여 결별했다.

조가 보호하는 영역의 핵심에 있다는 점에 대해서는 이견이 없다. 오늘날 자유주의자들은 수정헌법 I조의 강한 보호가 매우 광범위하게 적용된다고 — 어쨌든 모든 정치적 표현과 많은 예술적 표현에 — 여기는 것 같다. 자유주의자들은 결사의 자유에도 상당한 중요성을 두는데, 결사의 자유는 차별 문제를 다룰 때 논란이 될 수도 있다. 어떤 클럽 또는 집단이 구성원의 행실이나 시각이 마음에 들지 않는다는 이유로 이들을 내몰고자 하는 경우가 그렇다.

표현의 자유와 결사의 자유라는 두 가지 중요한 가치와 관련해, 차별금지법은 적어도 어느 정도까지는 문제가 없어 보인다. 우리나라가 인종적 소수자와 여성들에게 이미 제공해 왔던 것과 마찬가지로, 고용과 공공 주택에서 게이와 레즈비언이 차별받지 않도록 보호하는 것은 인종주의적, 성차별적, 동성애 혐오적인 정치적 견해의 표현을 가로막지 않기 때문이다. 그래서 결혼보호법이 논쟁되고 있을 당시 에드워드 케네디 상원의원이 제안한 고용차별금지법안 — 차별 금지 목록에 성적 성향을 추가하는 내용을 담고 있다. — 은 논리적이고 실제로 필요한 조치였다. 이 법안이 이후 수년간 통과되지 않고 있다는 사실은 국가적으로 부끄러운 일이다.

차별 금지는 매우 복잡한 이슈로, 계속 논쟁이 되고 있는 영역이 있는데 종교 영역이 특히 그렇다. 종교는 인종, 성별, 성적 성향에 근거한 차별에 대한 일반적 금지에서 얼마나 면제되어야 하는가? (고용차별금지법안은 종교 단체와 이들이 운영하는 교육 기관, 소기업, 회원 전용 시설 클럽, 군대의 경우는 예외로 한다. 콜로라도 주 헌법 수정조항

제2조가 무력화시키려고 했던, 덴버 시의 차별금지법도 종교 단체를 예외로 하고 있다.) 하나의 나라로서 우리는 차별금지법의 예외 문제를 완전히 해결하지 못했으며, 정책적으로 일관된 모습을 보이지도 않고 있다. (예를 들면, 밥존스 대학은 인종 간 데이트를 막는 정책 때문에 세금 면제를 받지 못했지만, 대학 총장이 특정 수도회의 남자 성원이어야 한다는 학칙이 있는 종교 대학들은 세금 면제를 받고 있다.) 성적 성향에 관한 공적 토론이 인종과 젠더의 경우보다 훨씬 더 원초적인 수준에 머물러 있음은 분명하다. 우리는 사유지의 소유주들이 성적 성향을 이유로 게이 임차인들을 거부하는 사례와 같은 너무나 명백한 문제도 아직 해결하지 못했다. 종교 기관들이 성적 성향을 이유로 고용과 혜택에 차별을 두는 것을 어느 정도까지 허용해야 하는가에 관한 문제는 더 말할 것도 없다.

보이스카우트에 관한 최근의 연방대법원 판결은 결사의 자유라는 자유주의적 가치와 차별 금지라는 자유주의적 가치 사이의 깊은 긴장을 분명하게 보여 주었다.[542] 이 소송에서는 부분적이긴 하지만 결사의 자유가 승리를 거뒀다. 보이스카우트를 공적 시설이 아닌 사설 클럽으로 이해했기 때문인데, 잘못된 판단이다. 이 문제들은 풀기 어려운 영역이므로 우리는 이 문제와 씨름할 필요가 있을 것이다. 그러나 대체로 고용과 공공시설과 관련해 성적 성향에 근거한 차별을 금지하는 일반적인 정책은 평등한 보호라는 관념에 비추어 볼 때 최소한 도덕적으로 요구되는(아마 헌법적으로 요구되는)[543] 일이 분명해 보인다. 게이와 레즈비언이 인종적 소수자, 여

성, 장애인이 현재 받고 있는 것과 동일한 형태의 보호를 받아야 한다는 사실도 마찬가지다.[544]

　5장에서 말한 것처럼 게이와 레즈비언에 대한 차별은 여성에 대한 차별과 강한 연관성을 가지며, 너무 적게 연구된 주제인 젠더에 기초한 차별과도 밀접한 관련이 있다. 사람들은 너무 '남자 같이' 옷을 입은 여성이나 너무 '여자 같이' 옷을 입은 남성처럼, [일반적으로] 젠더에 부과되는 관습에서 일탈한 사람을 차별하거나 낙인찍을 수 있다. 우리의 법률 문화에서 지속되어 온 문제의 하나는 분명 젠더 고정 관념에 기초하지만 성별 그 자체에 근거한 차별과는 달라 보이는 차별을 정확히 어떻게 다룰 것인가 하는 점이다. 이러한 형태의 차별이 두 가지 다른 형태의 차별과 어떤 형식으로든 연관된 것은 분명해 보인다. 여성스럽게 행동한다는 이유로 남성을 해고하는 것은 여성적 속성을 폄하하는 것일 뿐 아니라 아마 그의 성적 성향을 비난하는 것이다. 또한 여성에게 좀 더 여성스럽게 행동하라고 말하는 것은 여성의 열등하고 폄하당하는 지위와 연관지어 젠더의 양상을 구체화하는 행위다. 비록 이 둘 사이의 연관성은 포착하기 어렵지만 말이다. 마지막으로 여성에게 더 남성처럼 행동하라고 말하는 것은 [남성이 지닌] 지배적인 속성만이 가치 있다는 내용을 전달하는 것이다. 이것은 고용주가 아프리카계 미국인 고용인에게 좀 더 '백인'처럼 행동하라고 말하는 것과 상당히 유사하다.[545]

　직업과 연관된 필요성이 있다고 정당화할 수 없는 이러한 요구들은 잘못된 점이 있다. 이러한 점은 더욱더 폭넓게 인정되고 있는데, 유명한 '프라이스 워터하우스 대 홉킨스(Price Waterhouse v. Hopkins)' 판결에서도 확인할 수 있다. 이 소송에서 연방대법원은 회계 업무에 지원한 여성에게 "좀 더 여성적으로" 걷고 옷을 입도록 권한 것은 용납될 수 없는 성 고정 관념이라고 판결했다.[546] 현행법이 이러한 형태의 차별을 얼마나 포괄할 수 있는지, 그리고 젠더에 근거한 차별을 다루는 새로운 법이 필요한지는 논쟁이 되고 있는 문제다. 법학자 메리 앤 케이스는 최근에 쓴 탁월한 글에서 사실상 현행 법으로도 모든 문제를 다룰 수 있다고 주장한다. 관습에 따른다는 이유만으로 고용인에게 자신의 성에 부합하는 젠더 규범에 순응하도록 요구하는 것은 "이미 연방대법원이 작성한 성 고정 관념 금지를 어긴 것일 뿐 아니라 평범한 표현으로 된 시민권법 제7절에도 위배된다. 이는 허용될 수 없는 불공평한 대우"[547]라는 것이다. 케이스는 또한 성별화된 특징에 기초한 '범주적' 차별, 예를 들면 특정 직업의 모든 노동자에게 성별에 상관없이 관습적으로 남성다운 특성을 드러내도록 하는 것도 허용될 수 없다고 말한다.

성적 성향에 기초한 차별과 밀접한 관련이 있는 또 다른 문제는 고프먼이 '은폐'라고 부른 문제다. 이 문제는 최근에 켄지 요시노가 쓴 법학 논문에서 상세히 다루고 있다.[548] 게이와 레즈비언이 자신들의 성적 성향을 밝히고 고용된 경우에도, 이들은 자신들의 성향을 '과시하지' 말라는 미묘한 요구를 들을 수 있다. 이들은 이성애자들에 비해 이러한 요구를 더 많이 받으며, 이는 아프리카계 미국인들에게 때때로 비공식적으로 전달되는 요구와 유사하다. 아프리카계 미국인들에게 자신들의 인종에 대해 대중이 지니고 있는 생각과 연관된 특성을 비하하고, 지배적인 인종의 행동을 본받으라고 하는 요구다. 이러한 요구는 낙인의 양상을 띤다. 취약한 집단에게 수치심을 부과하는 방법으로 낙인을 찍는 것이다. 레즈비언 어머니는 자신의 파트너를 언급하거나 학교 행사에 데려가길 꺼려 하는 자신을 발견할 수 있다. 그녀가 레즈비언이라는 사실을 학교 당국이 알고 있는 경우에도, 학교에서 아이의 위치를 위험에 빠뜨릴 수 있기 때문이다. 게이라는 사실이 널리 알려진 게이 남성도 높은 지위를 얻을 수 있다. 그러나 그 대신 자신의 파트너를 공식적인 행사에 데려오거나 그를 자신의 파트너라고 소개하지 못한다. 고프먼은 이러한 사례들을 맹인이 검은색 안경을 쓰게 되는 것에 비유한다. 맹인들은 일반인들이 자신의 눈을 보기 원치 않는다는 사실을 알고 있기 때문이다.[549] 모든 형태의 무감각과 냉담함을 법으로 규제해야 하는 것은 분명 아니다. 그러나 고용이 실제로 이러한 '은폐'를 조건으로 해서 이뤄지고, '정상인'이 아닌 게이에게만 불평등하게 적용된다면, 이는 차별금지법을 통해 법으로 규제되어야 하는 차별의 형태일 것이다.

5장에서 나는 증오 범죄를 막는 법의 인기가 늘어나는 것에 대해 불안을 표출하고 있는 모금 활동 편지를 분석한 바 있다. 증오 범죄법은 인종 편견, 젠더 편견, 또는 어떤 경우에는 성적 성향에 대한 편견에서 초래된 범죄에 대해 상향 조정된 처벌을 요구하고 있다. 이러한 법들은 복잡한 이슈들을 제기한다. 한편으로, 게이와 레즈비언이 그들을 지속적으로 위협하는 폭력으로부터 긴급한 보호를 받을 필요가 있다는 점은 의심의 여지가 없다.[550] 하지만 경찰은 흔히 현행 법도 집행하길 주저하며, 폭력을 저지른 가해자의 동성애 혐오적 감정에 너무 쉽게 공감한다. 다른 한편에서는 인종, 성별, 성적 성향에 기초한 증오 범죄를 유사한 다른 범죄(예를 들어 형제에 대한 증오심에서 유발된 범죄)보다 더 중대하게 다루는 것은 평판이 나쁜 정치적 견해를 처벌하는 것이라고 주장하기도 한다. 두 가지 행위의 유일한 차이는 동기의 속성에 있으며, 동기 면에서 중요한 차이는 전자의 경우에는 정치적 견해가 담겨 있다는 점이라는 것이다.[551]

나는 이러한 반박이 설득력이 없다고 생각한다. 차별금지법은 다양한 방법으로 취약한 사람들을 보호하고, 취약한 사람들을 희생양으로 삼는 사람들을 특별히 중대하게 처벌하겠다는 약속을 표현하고 있다. 예를 들어, "유달리 취약한 위치에 있는 피해자"를 협박한 사람은 연방양형기준(Federal Sentencing Guideline)*에 따라 더 높은 형량을 선고받는다. 포스너 판사는 미국에서 게이 남성은 이러한 범주에 속한다고 강력하게 주장하는 매우 흥미로운 의견을 내놓은 바 있다.[552] 취약한 위치에 있는 집단에 대한 증오 때문에 폭행이

---

* 양형의 정직성·통일성·비례성을 목표로 미국의 연방양형위원회(1984년 양형개혁법에 의해 설립)가 마련한 양형기준안이다. 중죄와 심각한 경범죄로 유죄를 받은 개인이나 조직에 적용된다.

나 살인을 저지른 사람의 행위도 이와 마찬가지다. 그는 유달리 취약한 위치에 있는 피해자에게 해를 입히는 범죄 방식을 선택한 것이라고 할 수 있다. 그래서 증오범죄법령은 연방양형기준에 따라가기보다 높은 선고를 받도록 규정할 것이다.

　나는 처벌받게 된 동기를 정치적 표현으로 보호해야 한다는 주장을 수용해서는 안 된다고 생각한다. 특정한 한 사람을 지구상에서 없애려는 소망은 분명 특정한 인지적 내용을 갖는다. 이 사람은 존재해서는 안 된다거나 고통을 당해야 한다는 생각이다. 우리는 감정이 인지적 내용을 가지고 있고 가질 수 있다는 점을 부인하면서 이 문제를 회피하려 해서는 안 된다. 게이가 고통을 당해야 한다거나 심지어는 증오 범죄가 억제되어서는 안 된다고 말하는 소책자(내가 받은 편지처럼)를 쓰는 사람과 그러한 범죄를 자행한 사람 간에는 엄청난 차이가 있다. 이러한 차이는 두 사람의 감정적 동기에 담긴 인지적 내용을 특징지운다. 나에게 모금 편지를 쓴 사람은 증오를 표현하고 있기는 하지만 범죄 의도를 보여 주는 증거는 없다. 그래서 이 사람의 발언은 표현의 자유로 보호받을 수 있고, 처벌할 수 없다. 반면, 증오 범죄를 저지른 사람은 자신의 정치적 견해에 더해 증오에 기초한 특정 형태의 범의를 지닌다. 이러한 범의는 본질적으로 행위를 겨냥한 것이고, 이는 소책자에 표현된 보호받는 견해의 범위를 벗어난다. 처벌 대상이 되는 것은 단순히 특정 형태의 견해가 아니라 특정 형태의 범죄 의도를 지닌 행위다. 연방대법원은 유사한 추론 방식을 사용해서 증오 범죄에 대한 상향 조정된 처벌

을 확인한 바 있다.[553]

　분명 이러한 구분은 내리기 쉽지 않고, 그래서도 안 된다. 수많은 나라에서 정치적인 증오 발언을 규제하고 있다. 예를 들어 독일에서는 반유대주의 자료를 유포하지 못하고, 증오에 기초해서 조직된 정당은 불법으로 간주된다. 과거 역사를 고려하면, 미국이 (바로 요즈음) 채택하고 있는 것보다 독일이 정치적 발언에 대해 좀 더 제한적인 태도를 취하는 것은 현명해 보인다. 그러나 독일의 경우에도 반유대주의 내용을 담고 있는 소책자를 쓰는 것 자체를 범죄로 규정하려는 시도는 없다. 이러한 자료가 유포되지 못하게 막는 것으로 충분하기 때문이다. 그렇다면 형법상의 유죄에 필요한 조건은 전통적인 의미에서의 범죄 행위라는 점에 대해 동의할 수 있을 것이다. 증오범죄법의 지지자들은 낙인받는 집단의 구성원에게 위해를 가하려는 의도를 지닌 행위를 가려내, 돈이나 질투심 또는 일련의 다른 동기에서 어떤 사람에게 위해를 가하려는 의도를 지닌 행위보다 더 중대하게 다뤄야 한다고 주장한다. 이러한 요구는 용인할 수 없는 방식으로 어떠한 발언을 처벌하려는 시도를 담고 있지 않다.

　증오범죄법으로 실제 무엇을 성취할 수 있는지 질문하는 사람도 있을 수 있다. 이렇게 반박하는 사람은 실제 문제가 현행 법을 잘 집행하지 않는 데 있다면, 보다 강력한 법을 제정하는 것이 문제를 해결하는 올바른 해결책이 아니라고 말할 것이다. 물론 이러한 반대는 내가 조금 전에 거부한 언론의 자유 측면에서의 비판과는

534

매우 다르다. 그러나 나는 이러한 반대도 마찬가지로 실패할 것이라고 생각한다. 이러한 법을 실험해 볼 때까지는 장담할 수 없겠지만, 증오 범죄를 특별히 중대하게 처벌하는 것은 억제 효과를 지닐 가능성이 크다. 게이와 레즈비언을 희생양으로 삼는 범죄자들은 대체로 자신의 신념에 따라 '게이 어젠다'에 반대하기 위해 이들을 죽이려고 하는 헌신적인 무법자들이 아니다. 게이에 대한 폭력 행위를 폭넓게 연구한 게리 데이비드 캄스톡(Gary David Comstock)에 따르면, 폭력을 일삼는 사람의 대부분은 특정한 정치적 목적을 갖고 있지 않은 말썽꾸러기 청년들이다. 이들은 단지 경찰이 보호하지 않을 사람을 골라 두들겨 패길 원한다.[554] 이들은 게이들을 척결해야 한다는 확고한 신념을 갖고 있지 않으며, 그들이 게이이기 때문에 이들을 선택하고 이런 생각에서 증오 범죄를 저지른다. 그래서 사회가 이러한 행위를 정말로 심각하게 받아들인다는 신호를 받으면, 적어도 그들 중 다수는 아마 다른 일을 하려고 할 것이다. 게다가 우리 사회가 이러한 범죄를 용납하지 않는다는 사회적 메시지는 보다 광범위한 결과를 가진다. 이것은 게이와 레즈비언 시민들이 지니는 평등한 존엄을 확인하고, 그들이 법 아래 완전히 동등한 존재임을 약속하는 방법이 된다. 증오 범죄에 대한 오랜 무관심 끝에 이런 메시지를 공표하는 것은 마땅히 해야 할 일이라고 여겨진다.

4 수치심과 개인 프라이버시

수치심은 숨김을 야기하며, 이는 사람들이 자신의 인간적 모습을 스스로에게 숨기는 방법의 하나다. 앞에서 내가 말했듯이 사람들은 취약한 위치에 있는 사람과 집단에게서 [자신이 지닌 취약함을 발견하고] 수치심을 느낀다. 그래서 이들에게 수치심을 안겨 줌으로써 수치심을 일으키는 부분을 숨기라고 요구한다. 사람들은 통제할 수 없는 성에 대해 불안을 느끼기 때문에 자신을 성적 '정상인'이라는 지배적인 집단에 위치시키려 하고, 성적 소수자에게 스스로를 감추라고 요구한다. 또한 육체적 취약성에서 생기는 불안 때문에 '장애인들'이 일반 대중의 눈에 띄지 않도록 몸을 숨기길 원한다.

지금까지 나는 자유주의적 사회가 이러한 요구를 거부하는 것이 중요하다고 강조했다. 지배적인 집단에 불안감을 안겨 준다는 의미에서만 위협적인 사람은 자신을 감추라는 처벌을 받아서는 안 된다. 일부 취약한 소수자에게 다수의 사람들이 불안감을 느낀다고 해서 소수자들에게 이에 대한 부담을 지게 하는 식의 책임 전가는 받아들일 수 없는 차별의 형태다. 그래서 나는 다른 사람에게 위해를 주지 않는 소수자들이 공적 세계 속에서 다른 사람과 나란히 살 수 있도록 하는 권리를 보호하는 것이 중요하다고 주장해 왔다. 다음 절에서 장애인에 대해 검토하면서 이 주장을 좀 더 펼쳐 볼 생각이다.

그러나 동시에 나는 자신에 대해서든 다른 사람에 대해서든 다루기 어렵고 수치심을 야기할 수 있는 인간성의 측면을 대면하고 검토할 수 있는 공간을 보호할 필요가 있다고 제안한 바 있다. 흔히 예술이나 문학을 통해 생기는 상상과 공상은 과도한 불안 없이 자신의 인간성이 갖는 다루기 어려운 측면을 탐구할 수 있는 방법이 되며, 이러한 탐구는 자신에 대한 인식을 보다 더 풍부하게 만들어 준다. 또한 이러한 자기 탐색은 타인의 경험을 상상할 수 있는 능력을 높여 준다. 이 두 가지 능력은 바람직한 인간관계를 맺는 데에도 중요하지만, 자유주의 사회가 건강하게 운영되기 위해서도 필요하다.

이 모든 것은 사회가 사람들이 자신에 대해 상상하고 탐구하는 공간을 보호할 필요가 있음을 시사한다. 자기 스스로와 다른 사람이 이러한 상상을 수치스럽다고 여기는 경우에도 마찬가지다.[555] 그래서 나는 개인 프라이버시의 영역, 특히 사람에 따라서는 수치스럽게 여길 수 있는 활동과 상상을 위한 프라이버시를 법적으로 보호하는 것이 중요하다고 생각한다.

비록 5장에서는 취약한 집단들에게 자신을 숨기라고 강요하는 특정 방식을 비판했지만(그래서 비호감 집단의 사람들을 지하로 들어가게 하는 공과 사라는 익숙한 구분을 사용하는 특정 방식을 비판했지만) 이제는 이 이슈의 다른 면을 살펴볼 필요가 있다. 즉 자유주의 사회는 자신들이 선택해서 하는 경우 수치스럽게 쳐다보는 다른 사람들의 눈초리를 피할 수 있도록 보호받는 일정한 공간을 시민에게 제공해야 한다는 것이다. 사회 집단들은 법의 도움이 있든 그렇지 않든 간에 계속해서 다른 사람에게 수치심을 부과하려고 할 것이다. 그래서 법은 단순히 이러한 행위에 동참하지 않는 것 이상의 역할을 해야 한다. 수치심은 특이한 사람과 행위에 항상 따라다니기 마련이므로 법은 수치심을 피할 수 있는 공간을 원하는 사람을 적극적으로 보호해야 하는 것이다.

이것은 광대한 주제로 언론법, 중상과 비방법, 사이버 공간법, 법 집행 기관의 감시 제한, 예술 표현의 자유 등과 연관되어 있다. 현재 주장하고 있는 내용과 관련해서는 철학자 토머스 네이글(Thomas Nagel)이 최근에 내놓은 제안을 검토하면서 이 문제에 다소 추상적으로 접근하는 것이 가장 바람직해 보인다.

「감춤과 드러냄」이라는 제목의 너무나 흥미로운 글에서 네이글은 내 주장과 같은 취지에서 다른 사람이 수치스럽거나 역겹다고 여길 수 있는 환상을 추구할 수 있는 공간을 갖는 것은 대부분의 사람들에게 중요하다고 말한다. 그리고 그는 많은 성적 행위는 이러한 환상과 밀접한 관련이 있다는 타당한 주장을 펼친다. 그다음 네이글은 공/사 구분이 지닌 한쪽 측면을 얘기하면서 다른 사람이 개인 프라이버시를 침해하지 못하도록 엄격한 제한을 두는 것을 옹호한다. 그러나 그가 주장하듯 공/사 구분은 다른 '얼굴'도 갖고 있다. 혼란을 초래할 수 있는 자료를 장벽 뒤에 숨기는 것의 중요성이다.

공/사 구분에는 두 가지 얼굴이 있다. 혼란을 초래할 수 있는 자료를 공적인 장 바깥에 두는 것과 외부적 시선이 안겨 주는 손상 효과로부터 사생활을 보호하는 것이다. (……) 이것은 동전의 다른 면이다. 공/사 구분은 공적인 영역에 혼란을 초래할 수 있는 자료가 노출되지 않도록 하지만, 동시에 사적인 영역이 견딜 수 없는 통제에서 벗어나게 한다. 공적인 검사 아래 놓이게 되어 우리의 개인적인 삶을 드러내라는 요청을 받게 될수록, 개인적 삶을 영위하는 데 필요한 자원은 점점 더 공통 환경의 집합적 규범의 구속을 받게 될 것이다.[556]

네이글은 분명 '정상'이라는 관념을 혼란을 막아 주는 하나의 건축물처럼 지지하고 있다. 그래서 그는 공/사 구분이 작동하는 불평등한 방식을 지지한다. 우리의 사적인 환상을 보호받고 감추길 원할 때 이를 (최대한) 보호받는 대가로 우리는 (모두) 어떤 사람들('비정상인')에게 공적인 시선에 띄지 않도록 자신을 감추라고 강요하는 체제를 지지해야 한다는 것이다. 이들이 자신을 감추길 원하지 않는 경우에도 말이다.

이 지점에서 뭔가 잘못되었다는 느낌을 갖게 된다. 선택의 자유와 평등이라는 두 가지 중요한 이슈가 그의 관점에서는 빠져 있다. 네이글이 사용하는 두 가지 '얼굴'이라는 비유는 대칭을 이루고 있는 것 같은 착각을 일으킨다. 그러나 공/사 구분은 양측에 대칭적으로 작용하지 않는다. 왜냐하면 '정상인'의 경우는 감추고 싶은 선택과 공개하고 싶은 선택을 모두 보호하지만, '비정상인'에게는 감추라고 요구하기 때문이다.[557] 그래서 "정상인들은 선택에 따라 자신들의 입맞춤을 숨길 수도 있고 사람들이 다니는 길거리에서 입맞

춤을 할 수도 있다. 이에 반해 불평등한 사회적 지위에서 시작하는 '비정상인'들은 길거리에서 입맞춤을 하고 싶어도 자신을 숨길 때에만 보호받는다. 네이글은 '정상인'들은 너무 많은 혼란을 견딜 수 없으므로 취약한 소수자에게 [혼란을 야기할 수 있는 것을] 감추라고 하는 개인 자유의 체계를 유지하기 위해서는 [어쩔 수 없이] 지불해야 하는 비용인 것처럼 말하고 있다.

이것이 미래를 내다보고 한 주장이라면, 우리는 역사를 살펴봄으로써 이를 검증할 수 있다. 나는 이러한 주장이 거짓임을 밝혀낼 수 있다고 생각한다. 먼 과거로 갈 필요도 없이, 여성들은 다리와 때로는 팔을 덮고 큰 천으로 하체를 둘러싸는 옷 속으로 자신의 섹슈얼리티를 숨겨야 했다. 또한 여성은 억지로 자신이 지닌 욕구와 자신이 실행하거나 적어도 그러길 원하는 행위를 감추는 식으로 처신해야 했다. 사회는 여성들에게 너무 많은 혼란을 감당할 수 없다고 말했다. 여성들의 다리가 세상에 노출되는 것을 견딜 수 없으니, 여성들에게 마치 다리가 없는 것처럼 행동하게 했다. 예술사가 앤 홀랜더의 말처럼, 20세기 이전 여성의 의복에 대한 관습적 규범은,

매우 오래 지속되어 온 여성에 대한 신화에 상응한다. 이 신화는 치명적으로 분리된 암컷 괴물인 인어에 대한 이미지를 떠올리게 했다. (……) 그녀의 목소리와 얼굴, 가슴과 머리카락, 목과 팔은 너무나 매력적이어서, 여성이 줄 수 있는 것 중에서 좋은 것만을 드러냈다. (……) 그러나 이것은 덫이다. 거품 아래, 사랑스러운 치마의 소용돌이

치는 물결 아래, 그녀의 숨겨진 몸(비늘 안에 갖춘 맵시 좋음과 바다 안쪽의 악취나는 불결함)은 불쾌감을 준다.

그러한 신화에서 명확히 벗어날 수 있는 분명한 복장을 추구하는 여성은 바지를 입어야 한다는 점은 조금도 이상할 게 없다.[558]

지금은 여성들이 바지를 입든 입지 않든 자신의 다리를 드러낼 수 있다. 그렇다고 해서 민주주의가 붕괴되지는 않았다. 홀랜더는 진정한 민주주의를 위한 전제 조건은 여성의 평등한 신체를 인정하는 것이었다고 타당하게 주장한다. 이를 위해서는 여성이 자신의 다리를 드러낼 수 있게 해서 의복에 대한 청교도적 관습을 뒤집어야 했다. 개인 자유를 중시하는 우리 사회에서는 실제로 겉으로 신체를 드러내지 않아야만 마음속에 있는 여성의 환상을 보호할 것이라고 말하지 않는다. 그러나 요즘에는 게이와 레즈비언에게 이렇게 요구하고 있다. 즉 사생활에서 그들의 합의에 의한 행위를 보호하는 게 할 수 있는 최선이라는 것이다. 하지만 게이와 레즈비언이 자신의 섹슈얼리티를 알리거나 이성애자들처럼 길거리에서 손을 잡고 다니기만 해도 사회가 붕괴될 것처럼 생각하는 것은 부적절해 보인다. 우리는 이런 일이 일어나고 있는 곳을 알고 있지만, 그곳에서 개인의 자유가 완전히 사라지지는 않았다. 여성의 바지처럼 여기서도 비슷하게 생각할 수 있다. 진정한 민주주의를 위해서는 모든 시민이 자신의 인간성을 완전하고 평등하게 드러낼 수 있어야 한다는 것이다.

물론 네이글은 서술적이거나 예언적인 주장을 펼치고 있지 않으며, 사회가 어떻게 해야 하는지에 관한 규범적 주장을 제시하고 있다. 사회는 모든 행위자가 [남의 눈을 피해] 은둔할 수 있는 자유의 영역을 '보호해야' 하며, 이른바 이러한 자유 체제의 대가로 소수자들에게 '혼란', 즉 '정상인'에게 거슬리는 행위를 자제하도록 '요구해야' 한다고 주장하는 것이다. 소수자에 대한 이러한 제한이 없으면 우리가 누리는 개인적 자유가 사라질 것이라고 겁주는 예언적 책략가를 제외하고는, 이러한 사회가 공정하거나 좋은 사회가 될 것이라는 생각에 아무도 지지를 보내지 않을 것이다. 이것은 밀의 생각을 뒤집은 것이다. 네이글은 다수에 의한 사회적 압제 — 밀이 혐오한 — 형태를 지지하거나 보호하지 않으면, 밀이 소중하게 여긴 자유의 일부를 우리가 누릴 수 없다고 말한다.

나는 네이글이 프라이버시와 공/사 구분이라는 애매한 개념을 사용하고 있기 때문에 그의 주장이 이처럼 불행한 방향으로 흘렀다고 생각한다. 프라이버시 개념은 여러 이유에서 오랫동안 비판의 대상이 되어 왔다. 그 이유 중 하나가 불명확성이다.[559] 경우에 따라 '프라이버시'가 '자유'나 '자율성'과 같은 뜻으로 사용된다. 그래서 피임과 낙태 영역에서는 프라이버시 권리가 사실 어떠한 형태의 선택의 자유를 가질 수 있는 권리로 가장 많이 이해되고 있다. 낙태와 피임이 특별히 [개인적인] 비밀이나 은밀한 일은 아니며, 실제로 프라이버시 권리는 광장에서든 가정에서든 피임약을 먹을 수 있게 보호한다. 다른 논의에서 '프라이버시'는 [남의 눈을 피하는] 은둔이나 은거를 의미한다. 예를 들면, 언론의 침해를 당하지 않을 권리는 사람들을 피해 은둔할 수 있는 공간을 가질 수 있는 권리를 말한다. 그러나 은둔은 자유와는 매우 다른 문제이며, 우리가 살펴본 것처럼 때로는 숨기고 싶지 않은 자신의 특정한 모습을 억지로 감추거나 숨겨야 할 수 있다. 은둔이 자유를 거부하는 것과 연결될 수도 있는 것이다.

　법의 이러한 영역을 분석하는 데 있어 핵심이 되는 개념은 자유다. 사람들은 자유롭게 무엇을 숨길 수 있어야 하는가? 그리고 무엇을 자유롭게 드러내거나 공개적으로 상연할 수 있어야 하는가? 이러한 자유의 문제와 관련해 우리가 정말 잘 생각해 볼 필요가 있는 대조는 공과 사라는 정의하기 어려운 구분이 아니다. 오히려 존 스튜어트 밀이 제시한 자기 본위적 행위와 타인과 관련한 행위의 대조가 도움이 된다. 전자가 행위자 자신과 동의한 타자의 이익에만 영향을 준다면, 후자는 동의하지 않은 타자의 이익에 영향을 준다. 게이의 성적 행위 ― 이 행위가 어디서 일어나든 ― 에 대한 규제를 고찰할 때 이러한 구분이 적절하다는 점은 앞에서 이미 말한 바 있다. 적절한 질문은 그 행위가 '공적'이라고 명명된 장소에서 일어났는가의 여부가 아니라, 그곳에 동의하지 않은 다른 사람이 있었는지, 있었다면 그들이 얼마나 영향을 받을 수 있었나 하는 것이다. 환상에 대한 네이글의 강력한 주장이 실제로 보여 주는 것은 동의한 타인이 있든 없든 간에 우리 모두가 자기 본위적 행위를 추구할 수 있는 개인적 자유의 영역이 있어야 한다는 사실이라고 생각한다. 이러한 정당한 자유의 영역은 그 자리에 있거나 있을 수 있는 동의하지 않은 타인에게 이 행위가 잠재적으로 해로운 영향을 줄 수 있는가라는 기준에 따라 제한되어야 한다.

이러한 구분에 대해 숙고해 보기 위해 나체 춤에 대해 생각해 보자. 주장을 전개하기 위해 공원에서 나체로 춤을 추지 못하게 하는 것은 허용할 수 있다는 점에 동의하자. 공원에는 아이들과 동의하지 않은 다른 사람들이 있기 때문이다. (이 이슈는 나중에 다시 살펴볼 것이다.) 반면 블라인드를 내리고 자신의 방에서 나체로 춤을 추는 행위를 법으로 규제할 수 없다는 점에 대해서는 아무도 이의를 제기하지 않을 것이다. (비록 성행위를 대상으로 한 많은 법이 이러한 제한을 지키지 않고 있지만.) 그렇다면 돈을 내고 들어가길 원하는 사람들만 입장하는 클럽은 어떠한가? 인디애나 주는 이러한 클럽에서의 나체 춤을 제한했다. 이에 대해 제7연방 순회 항소법원은 이러한 법이 표현의 자유에 대한 용납할 수 없는 제한이라고 선고했다.[560] 연방대법원은 이 판결을 파기했는데(세 명의 다른 대법관과 함께) 렌퀴스트 대법관은 '공중 도덕'의 중요성을 인용했다.[561] 반면 (화이트 대법관이 쓰고, 마셜, 스티븐스, 블랙먼 대법관이 함께한) 반대 의견은 밀의 핵심을 잘 드러내고 있다.

공원, 해변, 핫도그 노점과 같은 공공장소에 사람들이 나체로 돌아다니지 못하도록 금지하는 취지는 다른 사람에게 불쾌감을 주지 않기 위해서다. 그러나 이것이 극장이나 바에서 이뤄지는 나체 춤을 막는 목적이 될 수는 없다. 관람하는 사람이 전적으로 이러한 춤을 보기 위해 돈을 내고 동의한 성인들이기 때문이다. 이러한 상황에서 금지의 목적은 국가가 나체 춤이 유해한 메시지라고 전달한다고 생각해서 이로부터 관람객을 보호하려는 것이다. 이와 같다면, 금지 법령은 표현 행위와 무관하다고 볼 수 없다.[562]

다시 말해서, 동의한 사람에게만 영향을 끼치는 행위와 동의하지 않은 사람에게 (잠재적으로 유해한) 영향을 끼치는 행위를 구분하는 것이 중요하다.

이러한 주장은 3장에서 얘기한 혐오에 대한 주장과 유사하다. 클럽 안에서 일어나고 있는 일을 상상만 하는 사람들이 나체 춤을 수치스럽게 느낀다는 이유만으로 위해를 주거나 위협적이지 않은 행위를 제한하기는 어렵다. 밀의 구분에 따라 이 이슈를 살펴보면, 동전의 양면처럼 어쩔 수 없이 서로 연관된 두 가지 얼굴을 지닌 공/사 구분은 무너지게 된다. 한 영역에서 선택의 자유를 누리기 위해 다른 영역에서 억지로 [자신을] 숨겨야 하는 것은 아니다. 자기 본위적 행위에 대한 자유를 보호하는 것이 이러한 자유의 다른 측면으로서 비호감 소수자들이 원치 않는데도 자신의 행위를 '숨겨야만 하는' 결과를 수반한다고 생각할 이유는 전혀 없다. 이성애자 남성과 여성이 침해받지 않고 사랑을 나눌 수 있는 자유 ── 그들이 원하고 하고 싶을 때 ── 를 보호받는 것이 여성이 원치 않는 경우에도 자신의 다리를 감춰야 한다는 요건을 수반하지는 않는다는 점은 자명하다. [마찬가지로] 게이와 레즈비언이 대중의 눈총을 받지 않고 합의 하에 사랑을 나눌 수 있는 자유 —— 그들이 원할 때 —— 를 보호 받는 것이 다른 측면에서 그들이 하고 싶을 때 공공장소에서 입맞춤하고 손잡는 행위를 자제해야 한다는 요건을 수반하지는 않는다. 매사추세츠 주 경찰이 인정한 것처럼(5장 참조), 자신들의 모습을 감추기 위한 조치를 취해서 행위의 자기 본위적 속성을 유지한다면 자유를 근거로 해서 '공공장소에서' 동성애자들이 사랑을 나눠서는 안 된다는 주장을 펼치기는 어렵다.

네이글이 성적 표현에 적용한 공/사 구분은 근본적으로 차별적이다. 이러한 구분은 다수자에게는 그러지 않으면서 소수자에게는 자신을 숨기라고 요구하며, 개인 프라이버시 체계가 다른 측면에서 이를 요구한다고 주장하면서 이러한 제한을 두는 구실을 제공한다. 우리는 이 두 가지가 연관이 있다고 생각할 적합한 근거를 갖고 있지 않다. 우리가 실제로 해결할 필요가 있는 중요한 문제는 다른 사람에게 미치는 영향이다. 동의하지 않은 타자에게 어떤 형태의 영향을 줄 때 우리는 이를 정말 우려해야 하는가? 그리고 사람들이 이러한 위해 또는 추정되는 위해를 당하지 않도록 보호하기 위해 우리의 행위에 얼마만 한 제한을 허용해야 하는가? 그리고 개인 자유의 문제도 해결할 필요가 있다. 우리는 어떤 선택을 모든 시민에게 보장하길 원하는가? 그리고 이러한 자유에 대한 분석에서 은둔과 정보 프라이버시는 어떻게 나타나는가? 이 과정에서 우리는 가정을 특별하게 보호하는 것이 마땅하다고 결정할 수도 있지만, 보호받는 자유의 영역과 가정의 경계가 완전하게 일치하지는 않는다. 이런 점에서 '로렌스 대 텍사스' 소송에 대한 연방대법원 판결은 현명했다. 재판부는 가정 내에서 이뤄지는 합의 하의 성행위를 보호하는 것에 초점을 맞추고 있지만 판결문의 서두에 다음과 같이 적고 있다. "국가가 지배적인 존재가 되어서는 안 되는 우리의 삶과 생활의 다른 영역은 가정의 바깥에도 존재한다. 자유는 공간적 경계를 넘어 확장된다."

분명하게 짚고 넘어가야 하는 한 가지 이슈는 공공장소에서의 알몸 노출이라는 보다 일반적인 문제다. 나는 주장을 전개하기 위해 아이들을 포함한 다른 동의하지 않은 사람들이 있을 수 있다는 이유에서 공공장소에서 알몸 노출을 제한하는 것이 정당하다는 점을 인정했다. 그러나 다른 곳에서는 불쾌감을 준다는 이유만으로 위해를 주지 않는 행위를 제한할 권리는 없다고 주장한 바 있다. 예를 들면 3장에서 나는 생활방해법은 (일반적으로 적용되고 있는 방식처럼) 협소하게 해석되어야 한다고 주장했다. 혐오를 불러일으키는 행위 중에서 실제로 위험을 야기하거나 위해로 볼 수 있을 만큼 심각한 역겨움을 안겨 주는 경우만 규제해야 한다는 것이다. 일부 사람이 호감을 사지 않는 행위(예를 들면, 손을 잡고 있는 게이 커플)를 보고 혐오를 느낀다는 이유만으로 이러한 행위를 법으로 규제할 수는 없다. 수치심의 영역에서도 분명 비슷한 구분을 할 수 있다고 생각한다. 많은 사람들이 수치스럽다고 생각하는 행위가 동의하지 않은 사람들이 있는 곳에서 일어난다고 해서 모든 행위를 정당하게 규제할 수 있는 것은 아니다. 그렇지만 이러한 경계가 어떻게 나뉘는지는 결코 분명하지 않다.

한쪽에는 분명 위해를 줄 가능성이 있는 성적 행위가 있다. 아이들 앞에서 공개적으로 자위행위를 하는 사람은 아이들 입장에서는 위협으로 받아들여지거나 심리적 위해를 초래할 수 있다. 다른 한쪽에는 명백히 무해한 행위가 있다. 비록 한 번도 무해하다고 여겨지지는 않았지만 말이다. 짧은 반바지에 끈으로 묶은 상의를 입고 거리를 활보하는 사람이나, 공공장소에서 손을 잡고 있는 레즈비언 커플, 시내버스 안에서 아기에게 젖을 먹인 엄마의 경우가 그러하다. (실제로 이 여성들은 체포되었을 것이다.) 그러나 아이들을 놀라게 하거나 위협을 준다고 생각할 수 있는 성행위나 다른 행위가 없다면, 단지 옷을 입지 않고 돌아다니는 공공장소 알몸 노출이 무슨 문제가 되겠는가? 이는 매우 무해하다고 볼 수 있는데, 많은 다른 나라의 해변에서는 일상적으로 일어나고 있는 행위다. 그리고 사람들의 말에 따르면, 다들 알몸을 하고 있으면 알몸은 금방 대수롭지 않아진다고 한다. 나체촌에서 몸은 일상적인 상호 작용 속에서 성적인 자극을 주는 것으로 여겨지지 않는다. 그렇다면 여성들이 다리를 드러내는 문제도 이와 같은 게 아닐까? 사람들은 여성의 다리를 드러내는 것이 혼란스러운 성적 유혹이라고 생각할지 모르지만, 이것은 그들 자신들의 문제다. 그리고 만약 사람들이 자신의 종교적 신념을 언급한다면, 우리는 수영복을 입은 여성이나 공공장소에서 손을 잡고 있는 동성 커플에 대한 종교적 반대가 법률에 우선하지 않는다는 점을 지적할 것이다.

나는 공공장소에서 알몸 노출을 금지하는 법을 지지하는 근거가 설득력이 약하다고 생각하는 편이다. 그러나 많은 사람들은 어린아이에게 어른의 생식기를 보여 주는 것은 위해한 행위라고 정말로 믿고 있으며, 토지 용도 지정을 통해 나체주의자들이 모일 수 있는 일정한 해변이나 공원 공간을 만들어 준다면 알몸 노출 금지에 수반된 개인 자유에 대한 침해는 우려할 만큼 크지 않을 것이라고 생각한다.

보다 폭넓게 용인하는 방향으로 움직이고 있는 영역은 여성의 가슴 노출이다. 물론 보통의 수영복은 아주 조금이라도 가슴을 가려 준다. 그러나 유럽에서는 해변에서 가슴을 드러내는 행위를 광범위하게 허용하고 있으며, 일부 지역에서도 그렇다. 1996년 [캐나다의] 온타리오 항소법원은 대학생 그웬 제이콥스에 대한 음란 행위 유죄 판결을 뒤집었다. 그녀는 무더운 날 남성들은 셔츠를 벗을 수 있지만 여성들은 그럴 수 없다는 사실에 항의하기 위해 가슴을 드러내고 궬프 거리를 걸어 다녔다. 재판에서 그녀는 여성의 가슴은 남성의 것과 다를 바 없는 지방 조직에 불과하다고 주장했다. 법원은 이러한 추론을 받아들이지 않았지만, 밀의 추론 방식에 따라 그녀의 행위가 규제될 수 없다고 판결했다. "불쾌감을 느꼈다면 억지로 계속 그녀를 쳐다볼 필요가 없었다." 이러한 결정은 너무나 합리적이라고 생각되는데, 미국 내 일부 지역에서라도 이 영역에서의 자유를 실험하게 되길 희망한다.

549

이러한 문제들은 너무나 큰 영역이기 때문에 우리는 계속해서 이들 영역에서 발생하는 문제들과 씨름해야 한다. 이러한 문제와 관련해 프라이버시에 대한 단일한 개념, 그리고 공과 사라는 단일하고 명확하게 이해되는 구분이 좋은 지침을 제공해 줄 수 있다는 환상은 버리는 편이 좋을 것이다.

5 수치심과 장애인

신체적·정신적 장애를 지닌 사람보다 더 고통스러운 낙인을 받아 온 사회 집단은 없었다. 게다가 인종, 성별, 성적 성향에 기초한 모든 낙인에 진정으로 반대하는 사람들도 대부분은 '선천적으로' 다른 사람에 대한 일정한 차등 대우는 적절하다고 느낀다.[563] 코의 반을 절단한 후 집에서만 숨어 지낸 도버 부인(4장 첫머리 인용문 참조)은 사회에 나가지 않는 편이 낫다고 느꼈다는 점에서 전형적인 모습을 보인다. 사회로 나가면 인간이 아닌 존재처럼 여겨지게 될 것이기 때문이다. 사람들은 코가 반밖에 없는 사람을 쳐다보고 싶어 하지 않는다. 다운증후군 아이의 경우는 더욱 그러할 것이다. 이런 아이들은 시설로 보내졌으며, 각자의 고유한 인격과 이름, 진정한 인간성이 없는 '몽골인 같은 천치'로 여겨졌다. 고프먼이 말한 것처럼, 이러한 사람과의 상호 작용은 전적으로 낙인받는 특성을 중심으로 이루어진다. 이 사람이 지닌 완전한 인간성에는 초점이

맞춰지지 않는 것이다.[564]

장애인들이 자신의 사회적 상황에 대해 쓴 학문적 글이 늘어나면서, 장애인에게 부과되는 고립과 주변화, 일상적으로 겪는 모욕 정도를 가늠하는 것이 가능해졌다. 시각 장애인 법학자 제이커부스 텐브로익은 장애인이 공공장소에서 대면하는 제약에 대해 쓴 자신의 고전적인 글을 다음과 같은 각주로 시작하고 있다. 자신의 연구는 인용된 모든 학문적 자료보다 자신이 겪은 개인적 경험에서 나온 것이다.[565] 정치인이자 활동가인 제니 모리스는 열세 살 때 사고로 인해 걸을 수 없게 되었는데, 이전 친구들이 사고 이후 자신을 어떻게 완전히 다르게 대우했는지 적고 있다. 그들은 그녀가 개인적 관계를 유지할 수 있는 권한과 능력을 상실한 것처럼 행동했다.[566] 휠체어 사용자인 철학자 애니타 실버스는 어느 특이할 게 없는 날에 대해 기술하면서 자신의 책 『장애, 차이, 차별(Disability, Difference, Discrimination)』을 시작하고 있다. 그녀는 또 다른 휠체어 사용자인 철학자와 함께 비가 내리는 날 식료품점 밖에서 한참을 기다리고 있었다. 손님들이 카트를 주차장으로 끌고 가지 못하게 하려고 관리자가 장애인용 출입구를 열쇠로 잠가 놓았기 때문이었다. 심각한 인지 장애를 갖고 있는 다수의 사람들의 상황은 훨씬 더 나쁘다. 그들은 다른 사람처럼 인간성을 갖고 있다는 사실 자체, 세상 속에서 살아갈 권리가 있다는 점을 자주 부정당해 왔다. 부모들은 그런 아이들을 낳았다고 비난을 받는다. 이런 아이들의 삶 전체가 하나의 추악한 실수처럼 치부되는 것이다. 새로운 글들은 이러한 사실들을 분명하게 드러내는 데에도 도움을 주고 있다. 인지 장애를 가진 아이의 부모들이 쓴 글[567]이나 미첼 레비츠와 제이슨 킹슬리와 같이 인지 장애자 자신들이 다운증후군을 지닌 삶에 대해 쓴 글이 그러하다.[568] 이러한 글은 수치심과 낙인이 지니고 있는 만연한 효과 — 낙인자들에게 우리 눈에 띄지 않게 자신들을 숨기도록 강요하는 — 에 맞서는 중요한 부분이다.

이 이슈와 대면할 때 가져야 할 일차적인 사실은 익숙하지만 그럼에도 분명 반복할 필요가 있다. 이를 무시하는 주장을 너무나 많이 듣게 되기 때문이다. '선천적'이라는 말이 인간 행위와 무관하다는 뜻이라면, 핸디캡(handicap)*은 '선천적으로' 존재하지 않는다는 사실이다. 인간 기능의 일부 영역(들)에 생긴 손상은 인간의 개입 없이도 있을 수 있지만, 사회가 이러한 손상을 특정한 방식으로 다루는 경우에만 핸디캡이 된다. 일반적으로 모든 인간에게는 장애

---

* 손상(impairment)이나 장애(disability)를 가진 사람이 사회적 환경과 상호 작용하고자 할 때 직면하는 불이익의 수준을 강조한 장애의 개념이다. 세계보건기구는 1980년 장애 개념을 크게 손상·장애·핸디캡으로 분류했다. 손상은 질병, 상해, 선천적 기형 등으로 인해 만성적 또는 영구적으로 나타나는 심리적·생리적 또는 해부학적 구조나 기능의 손실을 말한다. 장애는 장기간 지속되는 신체적 또는 정신적 기능 장애로 인해 정상적인 사람이 일상생활 속에서 활동 수행 능력이 제한되거나 결여되는 것을 의미한다. 마지막으로 핸디캡은 기능 장애나 능력 장애 때문에 사회적 역할 수행이 제한되거나 불가능해지는 상태를 말하며, 환경적·사회적 수준의 장애를 뜻한다. 손상이 기능적 측면을, 장애는 개인적 측면을, 핸디캡은 사회적 측면을 강조하는 개념이라고 할 수 있다. 나은우·정한영, 「장애의 개념과 분류」,《대한의사협회지》52권 6호(2009), 537-544쪽 참조.

가 있다. 죽을 운명이고, 시력이 나쁘며, 무릎이 약하고, 등과 목이 안 좋고, 건망증이 있는 등 [누구나 어느 정도는] 장애를 안고 살아간다. 그러나 다수(또는 가장 강력한 집단)가 이러한 장애를 갖고 있을 때 사회는 여기에 맞춰서 적응한다. 그래서 우리는 거인족 사람만이 올라갈 수 있을 정도로 간격이 높은 계단이나 인간 귀에 들리지 않고 개의 귀에만 들리는 주파수의 악기를 연주하는 오케스트라를 찾지 않는다. 특정 사람이 엄청난 노력을 하고 집중적인 훈련을 통해 특정한 성취를 이뤄내더라도, 우리는 일반적으로 이 성취를 '정상적'인 일반인들에게 요구하지 않는다. 그래서 우리는 4분에 1600여 미터를 달릴 수 있는 사람만 일하러 갈 수 있는 세상을 설계하지 않으며, 우리가 4분에 1600여 미터를 갈 수 있도록 돕는 인공 기관(자동차, 기차, 버스)을 발전시킨다.[569]

그러나 우리 사회는 많은 사람들이 갖고 있는 장애에 대해 맞추려는 모습을 보이지 않았다. 그들이 지닌 손상이 일반적이지 않고, '비정상적인' 것으로 여겨지기 때문이다. 걷거나 달리는 사람과 같은 속도로 움직이기 위해 휠체어를 사용하는 사람과 자신의 발로 불가능한 것을 성취하기 위해 자동차를 이용하는 사람 사이에 타고난 '선천적인' 차이는 존재하지 않는다.[570] 두 경우 모두 인간이 갖고 있는 재주를 통해 개인이 할 수 없는 것을 보충한다. 차이가 있다면 차는 일반적이고 휠체어는 일반적이지 않다는 점이다. 우리 사회는 일반적인 것에는 자신을 맞추지만, 최근까지도 일반적이지 않은 것은 경시해 왔다. 우리는 길은 만들어도, (매우 최근까지도) 휠체어 경사로는 만들지 않았다. 게다가 시각 장애인은 [시각 기능] 손상이 있어서, 눈이 보이는 사람(다른 감각도 '정상적'으로 사용하는)보다 세상에 대처하기 위해 이용할 수 있는 수단이 적다. 실제로 시각 핸디캡의 많은 부분은 다양한 사회적 결정에 따라 달라진다. 일차적인 의사소통 방식은 청각이어야 하는가, 아니면 시각이어야 하는가? 컴퓨터 소프트웨어를 만드는 사람은 시각 장애 사용자를 위해 음성 운영 옵션을 갖도록 설계해야 하는가? 공동체는 시각 신호 체계와 함께 촉각 신호 체계에 투자해야 하는가? 거리는 시각 장애인이 맞닥뜨릴 수 있는 위험에 주의를 기울여 정비해야 하는가, 아니면 이런 사람들은 거리를 사용할 실질적 권리가 없다고 가정해야 하는가?[571] 흔히 손상을 지닌 사람들의 운명은 과학기술의 변화라는 운에 따라 큰 폭으로 변동한다. 그래서 점증하는 이메일 사용은 청각이 손상된 사람들에게 큰 도움을 주었다. 물론 이들의 복지를 위해 이 기술이 발달된 것은 아니지만 말이다. 일반적으로 최근까지는 건물, 통신 시설, 공공 시설을 설계하는 과정에서 손상을 갖고 있는 [사회적] 소수자의 복지는 거의 고려되지 않았다.

다음과 같이 질문해 보면 잘못된 점이 보인다. 왜 일반적이지 않다는 사실만으로 어려운 삶을 살아야 하는가? 그러나 대체로 '정상인'들은 자신이 완벽하게 제대로 되어 있다고 여기며, 특이한 장애를 지닌 사람*만이 결함을 지닌 사람이라고 생각한다. 특이한 장

* 너스바움은 자신이 완벽하다고 믿는 '정상인'의 생각과 달리 누구나 장애를 갖고 있다고 주장한다. 다만 그러한 장애가 '정상인'은 일반적이고, '장애인'은 특이

애가 있는 사람은 사과 한 묶음 속에 있는 썩은 사과나 건강한 먹거리 속에 있는 상한 음식과 비슷하다. 상한 음식은 어떻게 해야 할까? 건강한 먹거리를 오염시키지 않도록 한편으로 치워야(아니면 내다 버려야) 한다. 그리고 근대에는 학교와 공공장소에 장애(특히 정신장애)가 있는 사람이 섞여 있는 것을 이상하게 꺼려해 왔다. 이는 그들의 존재가 다른 사람의 삶을 망가뜨릴 것 같은 불편한 느낌을 무심코 드러내는 것이다. 그래서 우리 자신의 삶도 연약하고 장애를 지닌 삶이라는 사실은 보다 효과적으로 우리 시야에서 가려진다.[572] 휠체어를 사용하는 정치인 제니 모리스는 이러한 정책을 가리켜 '완벽함의 폭압'이라고 적절히 표현했다.[573]

이 점을 강조하기 위해 시각과 청각 소실, 지적장애와 같은 전형적인 장애에 전혀 나쁜 점이 없다는 급진적 논지를 수용할 필요는 없다.[574] 시각과 청각 소실, 이동 능력 손실 등을 막거나 치유할 수 있을 때에도 전혀 그런 시도를 해서는 안 된다는 입장을 받아들이기 어렵다. 이를 수용하지 않아도 우리는 장애를 지닌 많은 사람들이 대부분의 '정상인' 못지않게 너무나 가치 있는 삶을 지니고 있다는 점을 인정할 수 있다. (마찬가지로, 우리는 돈이 행복과 관련이 없다

하다는 점에서만 차이를 갖는다고 본다. 이를 강조하기 위해 그녀는 "일반적 장애를 지닌 사람"과 "특이한 장애를 지닌 사람"이라고 표현하고 있다. 또한 자신이 독립적이라고 믿는 생각과 달리 누구나 상호의존하고 있다는 점을 강조하기 위해 "일반적으로 의존하는 사람"과 "특이하게 의존하는 사람"(또는 "비대칭적으로 의존하는 사람")이라고 표현한다.

는 입장을 취하지 않고도 많은 가난한 사람들이 풍부한 가치를 지닌 삶을 갖고 있다는 점을 인정할 수 있다.) 우리는 몇 가지 중심적인 기능을 하는 역량은 일반적일 뿐 아니라 매우 유용하다는 ── 다양한 삶의 계획을 세우는 데 있어 갖고 있으면 좋은 ── 점을 인정할 수 있다. 이렇게 판단하는 과정에서 우리는 이런 능력들이 가치 중립적인 의미에서 '자연적'이라고 볼 수 있는가라는 논쟁적인 질문에 대해 어떤 입장도 취할 필요가 없다.[575] 이러한 논쟁적인 주장 없이도 우리는 보고, 듣고, 운신할 수 있는 것 등은 인간으로서 기능하기 위한 소중한 도구이며, 그래서 의료 체계가 증진시키려고 노력해야 할 타당한 것들이라고 말할 수 있다.[576] 그래서 이러한 기능들은 특정한 형이상학적 또는 '자연적' 지위를 갖느냐와 상관없이 정치적 가치를 지닌다.[577]

이러한 사고방식은 또한 다음과 같은 함의를 지닌다. 만약 개인이 손상 때문에 가장 일상적인 방식으로 이동이나 소통 등을 성취할 수 없을 때, 그러한 개인이 이러한 역량을 이용할 수 있도록 사회가 사회적, 교육적, 정치적 환경을 (재)설계해야 할 특별히 긴급한 이유를 지닌다는 것이다. 그러나 정상성이라는 허구는 너무 자주 다음과 같은 점을 이해하지 못하게 가로막는다. 계단, (촉각이 아닌) 시각 신호 체계, 전화와 같은 제도가 결코 필연적이거나 자연적이지 않으며, 이러한 제도들이 휠체어를 타거나 시각과 청각 등을 소실한 사람에게 엄청난 영향력을 갖는다는 사실이다.

완벽함과 결함에 대한 이와 같은 잘못된 생각은 결과적으로 두 가지 세상을 만들어 냈다. 평범한 시민들의 공적인 세계와 장애인들의 숨겨진 세계다. 장애인들은 암묵적으로 공적 세계에 거주할 권리가 없다고 여겨진다. 그래서 우리는 장애인이 인간으로서, 그리고 평등한 가치를 지닌 시민으로서 지니는 가장 기본적인 권리는 텐브로익이 말한 "세상에서 살아갈 권리"라고 말할 수 있다. 이것은 구체적인 수준에서 많은 것을 의미한다. 휠체어를 타고 대중교통을 이용하는 것, 일반적으로 개가 금지되는 곳에 안내견의 출입을 허용하는 것, 촉각 신호 체계 등이 여기에 포함된다. 그러나 이것은 보다 일반적으로 한 사람의 시민으로 대우받을 수 있는 권리를 뜻한다. 그래서 공공장소가 이 사람을 고려해 설계되고, 이 사람의 이익을 보존할 필요가 있다. 이러한 보다 일반적인 권리 중에서 가장 중요한 권리는 일할 수 있는 권리이며, 정치적·사회적 삶에 효과적으로 참여하기 위해 필요한 수단을 가질 수 있는 권리다.[578]

3절에서 주장했듯이, 특정 집단에게 공적으로 수치심을 주는 행위에 맞서는 가장 기본적인 전략은 차별금지법을 제정하는 전통적인 민권 운동이다. 1990년 제정된 미국장애인법(Americans with Disability Act)은 여러 측면에서 민권 운동을 장애인을 대상으로 확장했으며, 심각한 손상을 지닌 사람들에게도 노동 세계와 공적 활동의 개방성을 보장해야 한다는 생각을 제도화했다. 이 법은 장애인의 시민적 평등이 불리한 사회적 장치와 무능력자라는 잘못된 허구 때문에 오랫동안 침해되어 왔다고 보았으며, 장애인을 보호받는 집단으로 설정하고 있다. 그리고 고용주에게 장애인 노동자들의 필요를 "합리적으로 수용"하도록 요구한다. 그래서 민권 운동의 중심적인 전략은 적어도 일부 장애를 지닌 시민들에게 확장되었다.

그러나 장애인법과 이를 둘러싼 입법 전통은 많은 모호성을 안고 있다. 이 법의 손상에 대한 설명은 보호 대상을 "그러한 개인의 주요한 삶의 활동 중 하나 또는 그 이상을 상당히 제한하는" 손상을 지닌 사람으로 국한하고 있다. (이러한 손상의 병력을 갖고 있거나 손상을 갖고 있다고 '간주되는' 개인도 보호를 받지만, 이 조항에서 말하는 손상은 주요한 삶의 활동을 상당히 제한하는 것 중 하나이어야 한다.) 이렇게 범주를 정하는 것은 널리 퍼져 있는 낙인의 원천 가운데 일부를 방치하게 된다. 예를 들면, 비만을 갖고 있는 사람 중 적정 체중의 100퍼센트 이상이 아닌 사람은 이 법의 적용을 받지 않는다. 이런 점에서 장애인법에 담긴 심각한 손상에 대한 의학적 이해 방식은 비합리적 ─ 명확한 생물학적 조건에 기초할 수도 있고 그렇지 않을 수도 있는 ─ 낙인을 막고자 하는 민권 운동의 목적과 충돌한다. (인종에 기초한 차별을 불법으로 인정하기 위해 인종이 생물학적으로 두드러진다는 점 ─ 이는 사실과 다르다. ─ 을 인정해야 할 필요는 없다.) 게다가 간질약물 치료와 다른 교정 치료 덕분에 잘 기능하고 있는 사람은 낙인과 차별을 받을 수 있는 취약한 위치에 있음에도 불구하고 명백히 보호 대상에서 제외되어 있다. 이러한 사람들은 여전이 비합리적인 낙인과 차별의 표적이 될 수 있음에도 불구하고 법적 보호 대상이 되지 않고 있다. (이들은 교정 치료를 받았지만 주요한 삶의 활동에 영향을 끼치는 장애를 가지고 있는 것으로 간주된다고 주장함으로써 이러한 공백은 어느 정도 메워질 수 있다.[579]) 게다가 "주요한 삶의 활동"이라는 개념 자체가 명확하지 않아서 법원이 이론적이지 않은, 그리고 어떤 경우에는 임시변통적인, 설명을 할 수 있는 상당한 여지를 남겨 두고 있다.[580] 많은 사람들을 취약하게 만들고, 특별한 작업장 조건을 필요로 하는 상황에 처하게 하는 질병들 — 예를 들면, 당뇨병과 관절염 — 은 [적절한] 조치를 통해 삶의 질에 영향을 주는 것을 막을 수 있지만 장애인법에 명백히 포함되지 않는다.

마지막으로 고용주들이 이행해야 하는 이 법의 "합리적 수용"이라는 개념도 불명확하고 그 자체로 논쟁적이다. 왜냐하면 인종적 소수자를 수용하는 데 너무 큰 비용이 든다는 사실을 고용주들이 입증할 수 있는 경우, 인종적 차별과 관련해 책임을 지지 않기 때문이다. 요컨대, 이 법은 '정상인'의 필요를 중심으로 해서 직업세계가 편성되는 것을 여전히 허용하고 있으며, 장애인을 수용하기 위해 필요한 특별한 변화를 이러한 기준치 대비 비용 — 너무 크면 감당하지 않을 수 있는 — 으로 여기고 있다고 하겠다.

이러한 개념상의 어려움은 언급할 필요가 있으며, 추가적인 고찰과 관심의 대상이 되어야 한다. 존재하는 사회적 낙인의 대상 전반을 보호하지는 못해도 대부분의 장애인을 강력하고 확실하게 보호하는 것이 매우 바람직하다는 점은 분명해 보인다. 문제는 내가 선호해 온 분석에서 낙인이라는 개념 자체가 너무 광범위하다는 데 있다. 고프먼이 말했듯이, 낙인자와 "정상인"은 서로의 일부다. 이러한 분석에 따르면 보호받는 집단을 구분하는 것은 어느 정도 자의적일 수 있으며, 관련한 다른 유사한 사례들은 특별한 보호를 받지 못하고 방치될 수 있다. 반면 적당히 과체중인 사람, 키가 작은 사람, 매력적이지 않는 사람을 포함할 정도로 보호받는 집단을 넓게 정의하게 되면 이 개념은 법적으로 작동할 수 없으며, 보호받는 집단이라는 관념 전체가 논쟁에 휘말릴 수 있다.[581] 우리는 차별금지법이 무딘 도구라는 사실을 잘 알고 있다. 이 법은 취약한 위치에 있는 사람들을 평등하게 보호하지 못하며, 그들 중 많은 사람을 보호하지 못한다. 그러나 [이 법이] 장애인의 일부만을 보호한다 할지라도 이러한 보호가 갖는 가치는 크다. 이러한 보호가 사회적 태도에서 점차 유익한 변화를 가져올 수 있으리라 기대할 수 있기 때문이다. 비공식적으로 이뤄지는 도덕 교육과 사회적 논쟁을 통해 우리는 [보호받는 집단에 대한] 보다 광범위한 개념에 도달할 수 있으며, 이를 통해 장애인법의 보호를 받지 못하는 집단들(뚱뚱한 사람, 키 작은 사람 등)이 낙인을 받는 것에 반대할 수도 있을 것이다.

이 이슈에 관해 논쟁할 때, 우리의 정치 문화가 지니고 있는 보다 일반적 특징 중에 장애인에 대한 낙인을 초래하는 것이 있는지 자문해 볼 필요가 있다. 나는 일반적 특징 중에 "완벽함"—자기 충족, 능력, 완전무결함(이라는 허구)—을 강조하는 미국 문화를 지적한 바 있다. 이제는 여기서 좀 더 나가서, 완벽함이라는 허구와 밀접한 관련이 있는 다른 것을 얘기해 보려고 한다. 이것은 우리가 갖고 있는 사회 정의에 관한 이론에 엄청난 영향을 끼쳐 왔고 지금도 끼치고 있다. 나는 이것이 일반적으로 장애인에 대한 우리의 태도에 중대한 영향을 끼치고 있다고 주장한다. 변화된 사회 상황에도 불구하고 여전히 '생산적'이라고 생각될 가능성이 낮은 인지 장애인의 경우에는 특히 그러하다. 이것은 능력 있고 독립적인 성인만 시민으로 보는 신화다. 이러한 생각은 서양 정치사상의 역사에 깊이 뿌리내려 있는 사회 계약 이론에서 사용되어 왔다. 결론인 다음 장에서 이 문제에 대해 좀 더 얘기하겠지만, 정신적으로 핸디캡이 있는 사람을 향한 낙인의 뿌리 깊은 원천에 대한 이해를 돕기 위해 여기서 언급할 필요가 있을 것이다.

존 로크(John Locke)는 사회계약 당사자를 "자유롭고, 평등하며, 독립적인" 존재로 가정했다.[582] 현대의 사회 계약 이론가들도 명시적으로 이러한 가정을 취하고 있다. 데이비드 고티에(David Gauthier)는 일반적이지 않은 필요를 지닌 사람은 "계약 이론에 기반을 둔 도덕 관계의 당사자가 아니다."라고 말한다.[583] 이것과 매우 다르고 도덕적으로 훨씬 더 풍부한 이론이기는 하지만, 롤스의 "질서정연한 사회"의 시민도 "일생 동안 완전히 협력하는 사회 구성원"이다.[584] 그리고 여기서 제시된 협력 관계는 계약 당사자들 간의 상호 이익을 위한 것이기 때문에 협상 당사자가 아닌 사람들을 위한 제공은 그들이 동의하는 기본적인 제도적 구조의 일부가 아니라 나중에 생각하는 것이 된다.[585]

대부분의 사회 계약 원리들은 '정상적인' 사람의 필요에 대해서는 지원하지만, 최초에 기본적인 정치적 원칙을 고안하는 과정에서 비대칭적이거나 일반적이지 않게 의존하고 있는 사람의 시각은 줄곧 배제하고 있다. 모든 시민이 겪는 일생의 한 단계인 유년기나 노년기의 필요에 대해서도 마찬가지다. 고프먼은 이 과정 속에 '정상인'을 낙인자와 분명하게 구분하려는 대중적 허구가 존재한다고 말한다. 하지만 사실 정상인과 낙인자는 서로의 다른 면일 뿐이다. 이런 점에서 독립적인 성인이라는 허구는 완벽함이라는 허구의 다른 모습이라고 할 수 있으며, 그 자체로 일반적이지 않은 필요를 지닌 사람을 능력 등이 부족한 의존적인 존재로 간주하는 수단이 된다.

어느 정도까지는 이러한 인식이 잘못되었다고 주장할 수 있다. 신체적으로 손상이 있는 사람들을 지원하는 사회적 환경이 마련된다면 매우 능력 있고 생산적인 시민이 될 수 있다. [장애인에 대한] 특별 대우를 불쌍한 피해자들에게 거저 주는 것처럼 여기는 생각에 반대하면서, 장애인 권리 주창자들이 이렇게 주장하는 것은 매우 중요한 일이다. 그렇지만 신체 장애인을 지원하는 환경을 만들기 위한 사회적 변화는 상당한 비용이 들고, 사회적 생산성을 떨어뜨린다. 그래서 독립성과 생산성이라는 관념에 기초한 사회는 너무나 쉽게 이러한 변화를 폄하하는 쪽으로 기울 수 있다.

심각한 정신장애가 있는 사람들이 처한 상황을 고려할 경우, 우리는 훨씬 더 완강한 문제에 부딪히게 된다. 주요한 사회계약 이론가들의 계약 당사자에 대한 정의에서 살펴볼 수 있는 것처럼, 이들은 일반적으로 사회 계약 당사자로 전혀 여겨지지 않는다. 그래서 기본적인 사회 구조는 이들을 포함하지 않고 설계되며, 그들의 필요는 나중에 생각하는 것으로 남겨져 있다. 실제로 완벽성이라는 허구의 한 형태인 독립성이라는 허구는 정신장애인이 지닌 비대칭적 필요를 [사회적으로] 인정하지 못하도록 하는 데 효과적으로 작용한다.

7장에서 좀 더 일반적인 주장을 전개하겠지만, 특이한 장애를 지닌 사람들이 처한 상황에 접근하는 생산적인 방법은 우리 모두가 많은 손상을 지니고 있다는 점을 인정하는 데서 시작한다. 그리고 삶은 "정상적인" 필요를 갖는 기간뿐 아니라 평범하지 않고 비대칭적인 의존을 갖는 기간 — 얼마간 오래 지속되는 — 을 포함한다는 점을 인정해야 한다. 이러한 의존 기간 동안 '정상인'의 상황은 하나 이상의 측면에서 특이한 장애를 지닌 사람이 처한 상황에 가까워진다. 이것은 우리가 '정상인'이 자존감을 지닐 수 있는 사회적 조건을 형성하고자 할 때, 평생 동안 장애를 안고 살아가는 사람들의 자존감을 함께 사고해야 하고, 그들이 지닌 완전한 인간성과 개별성을 인정하고 뒷받침할 수 있는 방법을 고안하기 위해 노력해야 함을 뜻한다. 그들을 생각하는 것이 곧 우리 자신을 생각하는 것이기 때문이다. 그래서 그들과 우리에 대해 올바르게 사고하기 위해서는 시민을 독립적인 협상자로 보는 관념을 다른 것으로 대체할 필요가 있다. 유능하면서도 도움을 필요로 하는 존재라는 좀 더 복잡한 이미지로 시민을 생각하는 것이다. 이러한 존재는 [유아기의] 무력함에서 '상호 의존' 관계로 이행하며, 불운한 경우 종종 다시 무력한 상황으로 돌아가기도 한다.

이러한 관념은 장애인에 대한 공공 정책을 사고하거나, 보다 일반적으로 정의론을 고민할 때 얘기할 수 있는 부분이 많다.[586] 7장에서 나는 이러한 이슈들이 사회 계약 원리보다 "역량 접근"에 기초하여 사회 정의를 설명하는 것을 선호하는 강력한 근거를 제공해 준다고 주장할 것이다.[587] 그러나 현재 나의 관심은 특정 형태의 자유주의 정치 이론을 추천하는 것이 아니다. 나는 수치심이라는 이슈가 인간의 평등한 존엄과 가치에 기초한 자유주의 사회의 전망에 영향을 주는 방식에 관해 이야기하고 있다. 그래서 여기서 나는 심각한 정신장애를 지닌 아동의 교육 문제에만 초점을 맞추려 한다. 그리고 미국 법 중에서 장애인교육법의 역사를 검토하면서 이 이슈에 접근해 보려고 한다.

특이한 정신장애를 지닌 아이들에 대한 우리의 대우는 많은 불평등을 안고 있었다. 이런 아이들은 자주 필요한 의료와 치료를 받지 못한다. (인지 무능력에 대한 잘못된 가정 때문에 사람들은 이들이 인지 잠재력을 증대시킬 수 있는 물리 치료의 형태를 필요로 한다는 점을 인식하지 못했다. 예를 들면, 다운증후군의 아이들은 근육 치료를 통해 적극적 학습 능력을 키울 수 있으며, 이를 통해 자신의 세계를 영위할 수 있다.) 게다가 인지적 손상을 갖고 있는 아이들은 다양한 신체 장애를 지닌 사람보다 기피되고 낙인받아 왔다. 그들 중 대다수는 이들이 지닌 잠재력을 계발하려고 전혀 노력하지 않는 시설에 위탁되어 왔다. 그리고 이들은 지속적으로 "세상에 살아갈" 권리가 없는 존재처럼 여겨진다. 장애인법이 통과되기 전에 있었던 의회 청문회에서는 다양한 기피 사례들이 인용되었으며, 그중에는 침팬지를 성나게 할 수 있

다는 이유로 동물원 입장조차 거부당한 다운증후군 아이의 사례도 있었다.[588]

그러나 가장 극심한 공백은 아마 교육 분야였을 것이다. 정신장애를 지닌 아이들은 교육시킬 수 없다거나 비용을 들일 가치가 없다는 낙인을 받으면서, 적절한 교육에 대한 접근이 거부되어 왔다. 나와 같은 세대의 어른들은 '특별' 아동을 위한 교실이 일반적으로 학교의 지하층에 숨겨져 있었던 사실을 떠올릴 수 있을 것이다. 그래서 '정상' 아동들은 이 아이들을 볼 수 없었다. 지적장애를 지닌 아이들이 공립학교에서 완전히 거부당한 사례도 많다. 초창기 법원 판례들은 이러한 거부를 옹호했다. 예를 들면, 1892년 매사추세츠 주 대법원은 케임브리지의 공립 학교들이 지적장애 진단을 받은 존 왓슨의 입학 거부 결정을 지지했다. 왓슨의 외모와 이상행동(학교들은 이러한 행동이 유해하거나 반항적이지 않다는 점을 인정했다.)이 다른 아이들에게 지장을 줄 수 있다는 이유에서였다.[589]

1970년대 초 지적장애인 권리 주창자들은 이러한 상황에 체계적으로 도전하기 시작했고, 두 가지 큰 파장을 일으키는 승리를 얻어 냈다. '펜실베이니아 지적장애아협회 대 펜실베이니아(Pennsylvania Association for Retarded Children v. Pennsylvania)' 소송에서 연방지방법원은 펜실베이니아 주 공립 학교들이 지적장애아들에게 "무상의 적절한 교육"을 제공하도록 하는 동의 판결(consent decree)*을

---

* 민사 소송을 종료하거나 형사고발을 철회하는 대가로 소송 당사자들 사이에 자발적으로 합의한 내용이 이서된 법원 명령이다. 일반적인 동의 판결의 경우, 피고인

내렸다.[590] 원고 측은 교육을 받을 수 있는 권리는 기본적인 권리이므로, 학교 체제가 적법하게 지적장애아를 거부하기 위해서는 "중차대한 이익"이 존재함을 입증해야 한다고 주장했다. 그러나 법원은 원고 측의 위헌 주장이 덜 엄격한 합리성 기준 심사(Rational-basis Test)*에 적용된다고 보아 원고 측의 [입증] 책임을 경감시켰다. 다시 말해, 원고 측은 평등 보호라는 주장을 펴기 위해 교육이 평등한 권리임을 입증할 필요가 없었다. (그래서 이 판결은 1985년 연방대법원의 '클레번' 판결의 전조라고 할 수 있다. 이 소송에서 재판부는 정신장애아에 대한 배척이 합리적 근거를 결여하고 있다고 판결했다.) 결국 공립 학교의 지적장애아에 대한 배척이 적법 절차와 평등 보호 원칙 모두에 저촉된다는 원고 측의 주장이 승리를 거두었다.

같은 해 '밀스 대 교육 위원회(Mills v. Board of Education)' 소송에서 컬럼비아 특별구 미 지방 법원은 컬럼비아 특별구 공립 학교들의 배제 결정에 이의를 제기한 지적장애아 집단의 손을 들어주는

측은 원고 측이 불법이라고 주장하는 행위를 중지하겠다는 데 동의하고, 미래에 해당 행위를 금지하는 법원 명령에 동의한다. 동의 명령(consent order)이라고도 한다.
* 미국 연방대법원이 제정된 법에 대한 위헌 여부를 심사할 때 사용하는 단계적 심사 기준 중 하나로, 가장 엄격하지 않은 기준이다. 이 기준은 차별 혐의 계층에 근거하지 않거나 기본적인 권리에 연관되지 않은 법률, 일반적으로 경제 관련 법 또는 사회 보장 관련 법의 심사에 적용된다. 이 기준에서는 어떤 법률이 '정당한' 정부의 목적에 '합리적으로' 연관되어 있는 수단이라면 합헌으로 판단할 수 있다. 이상경, 「미국 연방대법원의 헌법 재판권의 범위와 삼중 위헌 심사 기준론에 관한 소고」,《세계헌법연구》 제13권 2호(2007), pp. 130-131 참조.

판결을 내렸다. 이 소송의 원고측은 펜실베이니아 소송의 원고 집단보다 더 많은 수로 구성되어 있었으며, 광범위한 학습 장애 아동들도 포함되어 있었다. '브라운 대 교육 위원회 판결'*이 담고 있는 내용을 장애아의 상황에 의식적으로 적용한 분석을 통해 법원은 무상의 적절한 공교육을 거부한 것은 평등 보호 위반이라고 결정했다.[591] 이에 더해 재판부는 재정 부족이 이러한 평등 보호 위반의 사유가 될 수 없다고 결정했다. "부족한 재정 때문이든 행정적 비효율성 때문이든, 불충분한 컬럼비아 특별구의 공립 학교 체계가 정상적인 아이보다 '예외적' 또는 핸디캡을 지닌 아이에게 보다 심한 영향을 주는 것은 분명 허용될 수 없다." 법원은 의미심장하게도 내가 2절에서 언급한 '골드버그 대 켈리' 판결을 인용하고 있다. 복지권에 관한 이 소송에서 대법원은 "[복지 수급자의] 지불금이 잘못된 방식으로 종료되지 않아서 생기는 주의 이익은 재정적·행정적 부담이 늘어나는 것을 막으려는 주의 다른 관심보다 훨씬 중대하다."라고 판결했다. 컬럼비아 특별구 지방 법원은 "마찬가지로, 배제된 아이들을 교육하는 데서 생기는 컬럼비아 특별구의 이익은 재정적

---

* 미국 캔자스 주 토피카에 살고 있던 여덟 살배기 초등학생 린다 브라운은 피부색이 다르다는 이유로 집 근처의 학교를 두고 멀리 떨어져 있는 학교에 다녀야 했다. 이에 린다의 아버지 올리버 브라운은 소송을 제기했고, 1954년 5월 17일 연방 대법원은 공립 학교의 인종 차별은 위헌이라고 결정을 내렸다. 아무리 평등한 시설과 교육을 제공한다고 해도 인종을 분리시켜서 운영한다는 것 자체가 인종을 차별한다는 이유에서였다. 이 판결은 1896년 인종은 분리하되 평등한 교육을 가르친다는 '플레시 대 퍼거슨(Plessy v. Ferguson)' 판결을 뒤집은 기념비적 결정이다.

자원을 보존하는 데서 생기는 이익보다 분명 중요할 것이다."라고 논리적인 판단을 내렸다.

이 두 가지 판결은 교육에 대한 접근 보장과 재정 확보와 관련해 전국적인 논쟁을 불러일으켰다. 1975년 의회는 '밀스' 판결의 내용을 연방법으로 규정하는 전장애아동교육법을 통과시켰다. 이 법은 광범위한 지적장애아들에게 무상의 적절한 공교육을 받을 수 있는 강제력을 지닌 권리를 부여했으며, 주정부가 자신들의 헌법적 의무를 이행할 수 있도록 이용 가능한 자금을 운영하도록 하고 있다.[592] 이 법은 수정을 거쳐 1997년 장애인교육법으로 정교해졌다.

장애인교육법은 인간의 개별성이라는 단순하지만 뜻깊은 개념에서 시작한다. 이 법은 다양한 형태의 장애인을 얼굴 없는 집단으로 보지 않고, 실제로 다양한 필요를 지닌 개인이라고 가정한다. 그래서 [각자의 개별성을 고려하지 않고] 장애인들을 집단으로 묶어서 처방하는 것은 부적절하다고 본다. 이런 점에서 이 법의 중심적인 생각은 개별화 교육 프로그램(Individualized Education Program)이라고 할 수 있다. 개별화 교육 프로그램은 "각각의 장애아를 위해 개발·점검·수정하는 서면 자료"로 정의할 수 있다. 이 법은 주정부가 도움을 받지 못하고 있는 모든 장애아를 확인하고 찾아내기 위한 적극적인 조치를 취하도록 하고 있다. 또한 지역 학구가 장애아의 평가와 교육적 배치에 관련한 결정에 부모의 의사를 반영할 수 있게 광범위한 절차적 보장책을 규정하고 있으며, 학부모가 학적부를 이용하고 적법 절차에 따른 심리와 사법 심사에 참여할 수 있는 권리를 보장하고 있다.

일반적으로 이 법은 주정부가 장애아의 필요를 적절하게 충족시켜 주는 "최소 제한 환경"*에서 이들을 교육시키도록 의무화하고 있으며, 장애아를 [보다 통합적인 환경에 배치하여] '주류화'하게 했다. 장애인 권리 주창자들은 주류화 방식이 새롭게 포함된 장애아들에게 도움이 되지만, 다른 아이들도 특이한 장애를 지닌 아이들과 한 반에서 지내면서 인간성과 인간의 다양성에 대해 배울 수 있는 이점을 지닌다고 말하면서 이를 옹호해 왔다. 그러나 장애아의 개별성 인정이 가장 중요한 핵심이기 때문에 주류화 교육보다 특수 교육이 아이에게 더 이롭다고 판단될 경우에는 주정부가 이러한 특별한 배치를 지원하도록 하고 있다.

대비되는 두 가지 사례는 부모와 학교가 함께 협력할 때 개별화 교육 프로그램이 어떻게 작동할 수 있는지 보여 준다. 다운증후군의 버루베의 아들 제이미는 일리노이 공립 초등학교에서 성공적으로 '주류화'되었다. 그는 교실을 활력을 주는 곳으로 생각하며 인지 능력의 향상을 이루고 있다. 교사와 학생들도 그의 부드러운 성격에 잘 응답해 주고 있다. 교사는 제이미 덕분에 자신과 학생들이

---

* 미국 장애인교육법에 명시된 법적 용어로, 장애 학생에 대한 교육 환경은 아동의 개별적인 필요에 따라 이루어져야 하지만 "적절한 교육 제공에 필요한 최소한의, 그리고 합리적 제한 이상으로 개인의 권리와 자유를 제한하는 환경이어서는 안 된다."라는 개념이다. 장애 아동이 또래의 비장애 아동, 가정, 지역 사회에서 가급적 분리되지 않도록 해야 한다는 내용을 담고 있다.

인간에 대해 너무 많은 것을 알게 됐다고 강조한다. 이와 달리 아스퍼거증후군(고기능 자폐증의 하나)이 있는 나의 조카 아서는 주정부의 지원금으로 사립학교에서 교육받고 있다. 그가 가진 장애 때문에 다른 아이들과 한 반에 있을 때 한 사람으로 성장하기 어렵기 때문이다. 그는 사물을 다르게 보지는 않지만, 다르게 행동한다. 그래서 '나쁜 아이들'에게 오해를 사거나 '정상적인' 아이들에게 놀림을 받기 쉽다. 하지만 아스퍼거증후군이 있는 다른 아이들과 지내는 학교에서는 그가 지닌 높은 인지적 잠재력을 계발할 수 있으며, 인생 처음으로 진정한 친구를 만날 수도 있다.[593]

장애인교육법은 정신장애아와 신체 장애아도 권리를 지니며, 그들 또한 개별성을 지닌 존재이고, '정상인'들과 같은 교실을 사용할 권리가 있다는 점을 사회에 표명한다는 점에서 낙인을 약화시키는 데 많은 도움이 된다. 교사와 학부모가 잘 협력해야 하지만, 학교와 교사에게 압력이 가해지고 주정부가 [장애아들의 권리를] 인정하고 관심을 가지면서 낙인받아 왔던 아이들의 풍토가 벌써 크게 변화되었다는 점은 분명하다. 자신의 아들의 삶을 생생하게 적은 글에서 버루베는 제이미와 같이 스스로를 돌보고, 다른 사람의 보살핌을 받는 한 아이를 키우는 성취에 대해 적고 있다. 이 아이는 특수한 취향과 변덕스러운 유머 감각을 지닌 특별한 아이일 뿐, "몽골인 같은 천치"로 불리는 얼굴 없는 집단의 성원이 아니다. 낙인자에게 낙인을 안겨 줄 때 이 사람이 지닌 개별성이 자주 부인되기 때문에 처방 자체가 개별성을 인정하는 것에 초점을 맞춰 이뤄지는 것은 적절하다고 할 수 있다.

이론적으로 보나 실천적으로 보나 장애인교육법이 완벽하지는 않다. 실천적인 면에서 이 법은 재정 부족 문제를 안고 있다. 이 법이 연방기금을 명시하고 있지만, 예상된 금액이 실제로 충당되지는 않았다. 게다가 취지와 달리 이 법이 실행되는 방식은 거의 개별화되어 있지 않으며, 공통적인 혼란이 발견되고 있다. 아스퍼거증후군의 경우 최근 [교사들이] 실적을 올리지 않아도 인정을 받을 수 있게 되어 아서가 혜택을 받았다. 이 경우에는 교육자들이 기꺼이 특별한 아이에게 도움이 될 수 있는 것을 찾아봐 줄 것이다. 마지막으로 아이의 장애를 잘 알아보고, 지역의 학교 체계에 열정적으로 촉구할 수 있는 부모를 둔 아이가 더 좋은 결과를 얻을 수 있기에 법의 실제 이행은 자주 불평등하게 이뤄진다. 그래서 다른 많은 부모들은 실패했는데, 대학 교수인 버루베와 대학원 학위를 취득한 전문 음악인인 나의 자매가 학교 체계를 유리하게 이용하는 데 성공을 거뒀다는 사실은 결코 우연이 아니다. 장애아 부모에게 인터넷은 정보를 얻고 교환하는 매우 중요한 자원이다. 이런 점에서 '정보 격차'도 결과의 불평을 초래할 수 있다는 점에서 마땅히 우려할 수 있는 부분이다.

이론적인 측면에서도 장애인교육법은 심각한 문제점을 안고 있다. 이 법은 우리가 지금까지 살펴본 널리 퍼진 인지 장애뿐 아니라 다양한 '특수 학습 장애' — 발병 원인과 병의 특징이 거의 알려져 있지 않은 — 도 포괄하고 있다. 특수 학습 장애는 일반적으로 학생의 진짜 능력을 숨기는 특수한 손상으로 개념화할 수 있는데, 지적장애나 자폐증과는 큰 차이가 있다. 그래서 '학습 장애' 진단은 '진짜 능력'(주로 IQ 테스트로 측정)과 한 가지 이상의 과목에서의 학업 성취 간의 불일치 정도에 근거해서 내려진다. 실제로 학습 장애를 지닌 아이와 더디게 배우거나 재능이 부족한 아이를 구별하기란 매우 어렵다. 학습 장애라는 개념 틀도 확실하지 않다. 이 이론은 특정한 손상을 보이는 생리적 원인이 있다고 하지만, 그러한 원인이 광범위한 손상의 탓으로 인정될 수 있는지는 분명하지 않다. 그럼에도 장애인교육법에 담긴 재정적 장려책은 학군들이 연방기금을 따내기 위해 학습 장애아들을 선별하는 동기를 제공하고 있다. 이런 식의 분류가 마냥 아이들에게 도움이 되는 것은 아니다. 분류 자체가 낙인을 줄 수도 있으며, 항상 유용한 치료 과정을 밟는 것도 아니다. 게다가 이러한 분류는 학교에서 어려움을 겪지만, 학습 장애로 타당하게 분류될 수 없는 아이들에게 불공평하게 작용할 수도 있다. 우리는 모든 아이들이 자신의 인지적 잠재력을 발휘할 수 있도록 도움을 받아야 한다고 생각한다. 그러나 분류가 자의적으로 이뤄지는 경우가 적지 않아서, 일부 아이들이 다른 아이들보다 더 큰 도움을 받고 있다.[594] 그렇지만 학군들이 자금 지원 대상에 가능한 많은 아이들을 포함시키기 위해 느슨한 분류 체계를 적용하고 있기 때문에 실제로 이러한 결함은 다소 완화되어 왔다.[595]

이것은 모두 어렵다. 사실 가장 좋은 방법은 모든 아이들이 자신의 개별적인 필요에 맞춘 효과적인 개별화 교육 프로그램을 갖는 것이다. 하지만 정신장애아들의 개별화 교육에 특별히 초점을 맞추는 것은 정당해 보인다. 이런 아이들은 자주 개별성을 완전히 부정당해 왔기 때문이다.

아직 불완전하기는 하지만 장애인교육법은 우리 사회가 자랑할 만한 성취다. 장애인법과 더불어 이 법은 오랫동안 장애인들(어른과 아이 모두)을 에워싸 온 수치심과 낙인의 구조에 대한 도전을 나타내며, 대체로 처음으로 이들에게 평등한 시민으로 세상을 살아가고 자신의 잠재력을 계발할 수 있는 권리를 부여하고 있다. 비용이 많이 드는 다른 사회 재구조화 프로그램처럼 이 법도 현재 위협을 받고 있다. 유럽과 미국에서 유능한 성인이라는 허구를 점점 더 지지하면서, 이른바 "스스로 값을 지불"하지 못하는 사람들을 돌보는 비용을 공개적으로 규탄하고 있기 때문이다.

우리는 장애인교육법과 장애인법이 요구하는 특별한 지원 구조에 드는 비용이 '자연적'이지 않다는 점을 다시 한 번 기억해야 한다. 그러한 비용은 장애인과 이른바 비장애인 간의 사회 이전의 차이에서 생기지 않는다. 이것은 우리가 사회를 평균적인 사람, 즉 우리가 '정상'이라고 오도하여 부르는 사람에 맞게 세상을 설계해 왔기 때문에 생기는 비용이다. 우리는 완벽성이나 완전무결함이라는 나르시시즘적 허구로 정당화하면서, 사회 제도가 지배 집단의 필요에 입각해 조직되어 온 결과 좀 더 큰 취약성을 안게 된 다수의 사람들이 지니는 세상 속에서 살아갈 권리를 부정해서는 안 된다.

아마 고전적 자유주의 전통의 가장 큰 통찰은 각각의 인간을 너무나 귀중하고 광대하고 깊은 존재이며, 단지 전통이나 가족의 생활 양식을 계승하는 사람이 아니라 독자적인 삶을 살 수 있는 상상력을 지닌 존재로 보았다는 데 있을 것이다. 자유주의 사회에서 이러한 통찰은 지속적이고 완전하게 실행되지 않았다. '정상인'을 불편하게 만드는 유약함을 지닌 사람들에게 낙인을 안겨 주면서, 유아기적 나르시시즘이 정치적 힘으로 발휘되는 것을 허용하고 있기 때문이다. 그러나 자유주의 사회는 유아기적 나르시시즘을 억제할 수 있으며, [누구나] 다른 면에서는 장애인이라고 할 수 있는 사람들이 "미묘한 상호 작용"을 하며 살아갈 수 있는 '촉진적 환경'을 형성할 수 있다. 그러나 자유주의는 두려움을 안겨 주기도 한다. 위니콧의 환자 B는 다음과 같이 말한다. "평등에 관한 놀라운 사실은 우리 모두가 아이라는 점입니다. 그래서 질문이 있는데, 아버지는 어디 있죠? 우리 중에 아버지가 있다면 우리가 어디 있는지 알 텐데요." 마찬가지로 우리 중 누군가는 '정상적'이고 독립적이며 생산적인 시민이고, 다른 누구는 수치심 때문에 눈을 내리깐 사람이라면, 우리는 우리가 어디 있는지 [분명하게] 알 수 있을 것이다. 그러나 자유주의 사회는 [인간 삶에 내재한] 더 불확실하고 두려운 것을 받아들이는 사회이며, 성인기와 유아기가 결합되어 있다는 것을 인정하고, 완벽함이라는 허구가 아닌 열망이 있는 사회다.

7장 ──── 인간성을 숨기지 않는 자유주의

계속해서 치마 길이를 줄이는 것은
여성을 근대화시키는 데 있어 가장 필요한 조치였다.

앤 홀랜더, 『성과 의복』

이들 가운데 대다수의 사람들이 자기가 좋아하지 않는
행동은 전부 자신에게 해를 주는 것으로 생각하며 극단적인
거부감을 숨기지 않는다. 마치 몹시 완고한 신자가 다른
사람들의 종교적 감정을 무시한다고 비난을 받자 오히려
그들이 이상한 의식과 교리를 고집함으로써 자신의
감정을 무시한다고 반박하는 것처럼 말이다. 그러나 도둑이
지갑을 훔치고 싶어 하는 욕망과 주인이 그것을 지키고
싶어 하는 욕망이 같을 수 없듯이, 어떤 사람이 자신의 의견에
대해 가지는 감정과 그것 때문에 상처를 받는 다른 사람의
감정을 같이 취급할 수는 없다.

존 스튜어트 밀, 『자유론』

이른 아침의 아담처럼 푹 자고 나서 생기 도는 모습으로
거처에서 걸어 나와 지나가는 나를 보고, 내 목소리를 듣고,
다가와 나를 만져 보라. 내가 지나갈 때 그대의 손바닥으로
내 몸을 만져 보라. 내 몸을 두려워하지 말고.

월트 휘트먼, 「이른 아침의 아담처럼」

1 정치적 자유주의와 혐오, 그리고 수치심

이 책 전반에 걸쳐 우리는 혐오와 수치심에 대한 분석을 정치적 자유주의라는 생각과 연결시켜 왔다. 정치적 자유주의는 인간의 존엄성이라는 관념과, 호혜성과 상호 존중으로 대변되는 사회관계를 바탕으로 하는 사회 질서에 대한 사고다. 이때 상호 존중이란 인간의 삶을 구성하는 궁극적인 선에 대한 다양한 관념을 존중하는 것을 포함한다. 감정에 대한 분석과 정치적 자유주의라는 개념은 서로를 조망하는 데 도움을 준다. 정치적 자유주의라는 사고방식에 내재된 이상을 살펴봄으로써 우리는 혐오와 수치심이 법의 토대로서 두드러진 역할을 하게 될 때 직면할 수 있는 위험을 분명하게 확인할 수 있다. 이 두 감정이 법적 규제의 근거로 사용되면, 서로 다른 방식이기는 하지만, 상호 존중을 해칠 수 있기 때문이다. 동시에 혐오와 수치심에 대해 고찰함으로써 우리는 정치적 자유주의라는 이상을 보다 더 완전하게 이해할 수 있다. 나르시시즘, 동물성과 유한성에 대한 기피, '정상'에 대한 불안한 집착은 인간 사회에서 공통적으로 발견할 수 있는 특징이라고 할 수 있다. 이러한 특징들이 호혜성과 존엄성에 대한 존중이라는 이상을 훼손시킬 수 있다는 점을 알게 될 때, 우리는 왜 이러한 이상이 중요한지, 이러한 이상이 정치적 자유주의의 핵심에 자리를 잡도록 하는 것이 결코 작은 일이 아니라는 것을 새롭게 알 수 있게 된다.

실제로 혐오와 수치심이 일으키는 위험들은 많은 측면에서 자유주의 사회가 추구하는 가치와 특히 상충된다는 점을 알 수 있다. 이러한 감정들은 대체로 생활 방식의 특징을 이유로 개인이나 집단을 예속시키려 하기 때문이다. 다양한 정치관 중에 종교적·성적 소수자를 비롯한 다른 정체성을 지닌 소수자들에 대한 예속을 긍정하는 것도 있을 수 있겠지만, 정치적 자유주의는 이러한 예속이 모두 심각한 문제가 있다고 본다. 정치적 자유주의는 기본적으로 모든 사람에 대한 평등한 존중 ──사람들이 가치 있다고 여기는 것에 대해 다양한 포괄적 시각이 존재할 수 있음을 존중하는 것을 포함한── 을 근간으로 하기 때문이다. 여성, 유대인, 정신·신체 장애인에 대한 예속은 이러한 핵심적인 신념에 배치되므로, 모든 사람을 평등하게 존중하는 정치 질서에 특히 지장을 준다. 예속은 모든 사회에 있는 취약한 위치의 개인에게 고통을 주며, 자유주의 사회의 경우에는 핵심적인 정치적 가치를 위협한다. 혐오와 수치심의 작동

방식을 검토함으로써 우리는 이러한 감정이 완전히 자유롭게 행사되지 못하도록 막는 장치를 마련해야 한다. 처음에는 이러한 감정들이 긍정적인 역할을 할 수 있다고 생각될지 모르지만 말이다.

　단순히 상호 존중을 약속하고, 사람들과의 관계에서 이에 따라 행동한다고 해서 자유주의적인 사회를 형성할 수 있는 것은 아니다. 인간의 심리가 단순하고 인간의 심리 속에 상호 존중을 지속적으로 가로막는 힘이 없다면, 일은 이렇게 간단할지도 모른다. 그러나 혐오와 수치심에 대한 분석 ── 이 책에서 제시된 분석은 분명 이에 대한 더 많은 분석의 일부에 불과하다. ── 은 일반적으로 인간이 자신이 지닌 유한성과 동물성 때문에 어려움을 겪는다는 사실을 보여 준다. 이러한 어려움은 내적인 긴장을 일으키는 것에 그치지 않고 다른 사람에 대한 공격성으로 표출된다. 그래서 존중과 호혜성의 이상이 지배적인 가치로 자리를 잡으려면 이들 감정이 자주 수반하는 나르시시즘과 인간 혐오의 힘과 싸워야 한다. 이 과정을 통해 우리는 이 두 가지 감정의 법적 역할에 제한을 두어야 하는 명확한 이유에 대한 통찰을 얻게 될 것이다. 또한 평등한 존중의 가치가 제도와 개인 행동에 영향을 줄 수 있을 만큼 사회에 확산되도록 하기 위해 자유민주주의 국가가 취해야 할 보다 일반적인 과제를 이해할 수 있을 것이다.

2 자유를 옹호하는 밀의 주장에 대한 재검토

존 스튜어트 밀은 언론과 결사의 자유를 주장하고, 행위를 법적으로 규제하기 위한 필요조건으로 '위해 원칙'을 옹호한 것으로 알려져 있다. 지금까지 나의 주장은 이러한 밀의 주장을 여러 차례 스쳐 지나왔다. 혐오와 수치심에 기초한 법 제정의 문제점을 검토하면서, 나는 밀의 시각이 올바르다고 가정하지는 않았다. 그렇지만 내가 내린 결론은 밀의 생각과 상당 부분 일치한다. 그래서 여기에서는 밀과 내가 어떤 다른 경로를 통해 유사한 결론에 도달했는지 살펴보려고 한다. 나는 밀이 자신의 원칙을 옹호하기 위해 필요한 가장 중요한 부분을 제시하지 않았다고 생각한다. 상호 존중과 호혜성이라는 자유주의적 규범을 옹호하려면 밀의 공리주의적 주장에서 벗어나 훨씬 더 많이 나아가야 한다. 내가 앞에서 말한 것처럼 혐오와 수치심에 대한 우리의 분석은 상호 존중과 호혜성을 주장하는 데 있어 일정한 시사점을 줄 수 있다. 여기서 나는 이러한 분석을 통해 밀이 했던 방식보다 설득력 있고 일관된 자유주의적 방식으로 그가 가진 생각의 적어도 일부 관점을 옹호할 수 있다는 주장을 펴려고 한다.

밀은 공리주의 철학자였다. 많은 측면에서 공리주의에 대한 벤담의 해석에 비판적이긴 했지만, 그는 사회 원칙을 옹호하는 최선의 방법은 최대 다수의 최대 행복을 가져온다는 점을 보여 주는 것이라는 확신을 버리지 않았다. 그렇지만 그는 행복을 벤담보다 폭넓게 이해했으며, 쾌락에도 질적인 차이가 있음을 인정했다. 실제로 그는 행복을 탁월성에 부합하는 다수의 기능으로 이해하고, 쾌락을 그러한 활동 또는 이에 뒤따르는 것과 같다고 본 아리스토텔레스적 시각을 지지했다.[596] 또한 그는 [쾌락의 총합을] 사회적으로 계산할 때 일부 쾌락을 완전히 배제했다. 그래서 밀은『자유론』과『여성의 종속』에서 자신이 제안하는 개혁안에 대해 많은 사람들(『여성의 종속』에 담긴 제안에 대해서는 대부분의 남성들)이 매우 불쾌하게 여길 것이라는 사실을 계산에 넣지 않는다. 이런 점에서 가학적이고 악의적인 선호를 사회적 복리 기능의 계산에서 완전히 배제해야 한다는 밀의 주장은 고전적인 벤담 식 공리주의에 대해 현대 공리주의자들이 제기한 주요 비판 중 하나를 예상하고 있다고 말할 수 있다.[597]

게다가『자유론』에서 밀은 "나는 효용이 모든 윤리적 문제의 궁극적 기준이 된다고 생각한다. 그러나 이 효용은 진보하는 존재인 인간의 항구적인 이익에 기반을 둔, 가장 넓은 의미의 개념이어야 한다."(서문)라고 말하고 있다.[598] 이것은 모든 이익과 만족이 평등하지 않으며, 어떤 이익과 만족은 사회적 효용을 정의할 때 특별히 더 중시됨을 뜻한다. 이 문제에 대한 그의 설명은 체계적이지 않지만, 어떤 만족은 배제하고 다른 만족은 특별히 중요하게 다룬다는 점에서 사회적 효용에 대한 밀의 생각은 벤담보다 제한적이라고 분명하게 말할 수 있다.

또한 밀은 앞에서 인용한 문장이 있는 단락에서, 자신은 "효용과 무관한 추상적인 권리에 관한 생각이 이러한 나의 주장을 펼치는 데 도움이 될 수 있는 부분을 포기"할 것이라고 선언한다. 그렇지만 잘 알려진 것처럼 밀은 『공리주의』 5장뿐 아니라 『자유론』에서도 권리라는 개념을 두드러지게 사용하고 있다. 『자유론』에서 위해 원칙은 다른 사람의 "법으로 부여받은 권리"에 대한 침해라는 측면에서 반복적으로 정의되고 있다. 효용이 윤리학의 최종적인 심판자라는 밀의 입장과 권리의 중요성이 어떻게 일치되는지는 지속적인 해석을 낳고 있는 문제다. 그렇지만 여기서 모든 대안적인 해석을 살펴볼 필요는 없을 것이다. 밀이 '권리'라는 개념을 매우 중요한 이익, 즉 적어도 "진보하는 존재인 인간의 항구적인 이익"의 중요한 부분을 구성하는 이익을 뜻하는 말로 사용하고 있다고 보는 것은 이 문제에 대한 가장 타당한 해석이라고 할 수 있다. 그래서 그는 『자유론』에서 위해 원칙을 정의하면서, 사회 속에서 살아간다는 사실은 개인의 행위에 일정한 기본적인 요건을 부과한다고 말한다. 첫 번째 요건은 "다른 사람들의 이익, 좀 더 구체적으로 말하면, 명시적인 법 규정 또는 암묵적인 이해에 따라 개인의 권리로 인정되어야만 하는 특정 이익을 침해해서는 안 된다."(4장)는 것이다. 그는 이러한 이익을 '권리'라고 부르면서 중심적 역할을 부여하고 있으며, 모든 사람이 이러한 이익을 보호받아야 한다고 말하고 있다. 유감스럽게도 그가 이러한 권리를 빠짐없이 열거하고 있지는 않지만, 『공리주의』 5장에서 개인의 안전과 소유는 중심적인 권리에 해당한다는 점을 밝히고 있다. 권리는 효용과 분리되어 있지 않기 때문에 어떠한 권리를 옹호하기 위해서는 이러한 권리가 개인의 행복에서 담당하는 역할을 먼저 보여 줄 수 있어야 한다.[599] 그러나 이들 권리는 어떤 면에서는 절충 불가능한 것이어야 한다. 모든 사람에게 보장되어야 할 만큼 사회적 효용에 중요하기 때문이다.

밀은 사회적 효용이라는 개념이 개인적 효용을 바탕으로 어떻게 정의될 수 있는지에 대해 명확한 설명을 제시하지 않았다. 사회적 효용은 단순히 [개인적 효용의] 총합인가? 아니면 전체의 행복을 보장하기 위해서는 소수 집단의 기본적 권리가 일정 수준 이상 보장되어야 하는가? 이런 점에서 밀의 사유 속에서 권리가 차지하는 위상이나 권리 보호 문제는 불명확할 뿐 아니라 [논리가] 불안정하다. 개인의 경우에는 권리가 행복에 도움이 된다는 점을 꼭 보여줄 필요는 없다.(개인의 권리나 이러한 권리의 실현은 개인의 행복을 구성하는 요소이기는 하지만 권리와 행복은 완전히 다른 목적을 지닌다.) 그러나 [사회적 측면에서는] 모든 개인의 권리를 보호하는 것이 사회적 효용에 기여한다는 사실을 입증해야 한다. 이 문제에서 벗어나는 유일한 길은 처음부터 사회적 효용을 모든 사람의 권리에 대한 보호를 포함하는 것으로 정의하는 방법일 것이다. 그러나 사회적 효용을 이렇게 정의하게 되면 행복 또는 만족에 초점을 두고 있는 고전적 공리주의에서 너무나 멀어지게 된다. 밀은 고전적 공리주의와 근본적으로 단절하려는 기미를 전혀 보이지 않는다. 그러나 권리 보호가 사회적 효용 — 최대 다수의 최대 행복 또는 만족으로 이해되는 — 에 도움이 된다는 점을 보여 주는 것은 어려운 과제로 남아 있다. 존 롤스부터 리처드 포스너에 이르기까지 많은 현대 자유주의 사상가들이 사회 정의를 개념화할 때 공리주의를 배격한 것은 이러한 이유 때문이다. 그들이 보기에 공리주의에서는 근본적 권리와 자유의 위상이 너무 불확실하다는 것이다.[600] 공리주의자들은 권리 보호가 실제로 사회적 효용에 도움이 될 것이라고 말하면서 항상 경험적 근거를 제시한다. 그러나 양심의 자유와 같은 중요한 문제를 이처럼 빈약한 토대에 의존해서는 안 된다는 롤스를 비롯한 다른 사상가들의 주장은 타당하다고 볼 수 있다.

밀의 학설이 타인에 대한 위해라는 정의에 담긴 권리(개인과 재산의 안전) 개념과 관련해 이러한 문제점을 안고 있다면, 『자유론』에서 주장하는 (언론과 결사의) 자유와 관련해서도 유사한 문제점이 있다. 이러한 자유와 관련해 밀은 권리에 직접적으로 호소함으로써 얻을 수 있다고 생각하는 이점을 포기한다. 그 대신 밀은 개인적 효용의 일정한 총합인 사회적 효용 ─ "진보하는 존재인 인간의 항구적인 이익"이 중심적인 역할을 하는 ─ 에 기초해 자유를 옹호하는 방법을 선택한다. 폭넓게 개인적 자유를 지지하는 그의 주장은 두 부분으로 나뉜다. 첫 번째 부분(『자유론』 2장)에서 밀은 사회적 효용에 도움이 되는 진리를 근거로 들며 자유를 옹호한다. 이러한 방식을 "진리에 기초한 정당화"라고 부르도록 하자. 두 번째 부분(『자유론』 3장)에서 밀은 개인이 자기 발전을 이루고 (특히 뛰어난 개인을 통해) 인류가 더욱 고귀해질 수 있다고 주장하면서 자유의 역할을 옹호한다. 이러한 방식을 "개인에 기초한 정당화"라고 불러 보자. 이러한 주장을 각각 차례대로 살펴보면서, 이를 통해 밀이 자유에 자신이 원하는 안정된 위상을 성공적으로 부여하고 있는지, 이와 별도로 두 가지 정당화 방식을 자유주의 사회에서 정치적 자유를 옹호하는 적절한 주장으로 볼 수 있는지 검토해 보도록 하자.

진리에 기초한 정당화는 다음과 같다. 자유로운 의견의 표현을 막는 것은 첫째, 억누르려는 의견이 옳은 것일 수 있기 때문에 사회에 좋지 못하다. 둘째, 그러한 의견이 완전히 옳지는 않다 하더라도 진리의 일부분이라도 담고 있을 수 있으며, 지배적인 의견이 지닌 오류를 바로잡는 데 도움이 될 수 있다. 셋째, 그 의견이 전혀 진리를 담고 있지 않더라도, 사회적 논쟁을 불러일으킴으로써 우리가 진리에 도달하는 데 도움을 준다. 넷째, 기존의 생각이 완벽하게 옳다 하더라도, 토론을 거듭하고 비판에 맞서는 게 더 좋을 수 있다. 단순한 편견으로 여겨지는 의견은 활력을 잃게 되고, 시간이 지남에 따라 실제로 의미하는 바가 잊혀지기 때문이다.

이것은 모두 타당한 주장이다. 그러나 밀의 주장은 그가 인식하지 못하는 것처럼 보이는 몇 가지 문제점을 안고 있다. 첫째, 그의 주장은 자유로운 사회에서 증오 발언(hate speech)*이나 이와 연관된

---

* 특정한 그룹의 사람들(인종, 성, 연령, 민족, 국적, 종교, 성 정체성, 장애, 언어 능력, 도덕관 또는 정치적 견해, 사회적 계급, 직업 및 외모, 지적 능력, 혈액형 등)에 대한 편견, 폭력을 부추길 목적으로 이루어지는 의도적인 폄하, 위협, 선동 등을 담은 발언을 말한다. 증오 발언은 공공장소에서 이루어지는 구두 연설에서 문자 언어를 통해 이루어지는 출판물까지 범위가 다양하다.

정치적 발언을 어떻게 다루어야 하는가와 같은 어려운 문제를 해결하지 못한다. 독일은 (정치적 발언을 포함해) 반유대주의 발언이 아무런 사회적 효용을 갖지 않는다고 결정해 왔다. 그렇지만 독일의 특수한 역사를 고려하면 이러한 결정이 잘못되었다고 단정짓기는 어렵다. 밀의 입장을 취하는 사람들은 긴박한 폭력의 위험성이 있는 경우는 [언론과 결사의 자유가 허용되어서는 안 되는] 예외라고 하겠지만, 독일의 반유대주의에 대한 거부는 이러한 경우로 보기 어렵다. 반인종주의와 인간의 품위라는 진리의 경우에도 이러한 종류의 자극적인 도전을 받아야 할 필요가 있을까? 이런 점에서 밀의 진리에 기초한 정당화는 너무 포용적이라고 볼 수 있으며, 실제로 진리나 사회 복리를 증진시키지 않는 발언을 옹호할 수 있다.

삶의 다른 영역을 보면, 의료와 건강 문제에 관한 발언은 유례없이 자유로운 발언을 관대하게 보호하는 미국의 경우에도 제한을 두고 있다. 무면허 진료와 사기성 상업 광고는 규제 대상이 된다. 밀은 정치적 발언과 상업적 발언을 구분하지 않고 있으며, 일률적으로 높은 수준의 보호를 받아야 함을 시사한다. 그러나 광고주들이 자신의 사업에 대해 하고 싶은 대로 주장을 할 수 있게 하고, 무면허 의사가 아무런 제약 없이 진료를 할 수 있게 하는 것이 과연 진리에 도움이 될지 의문이다. 이런 점에서도 밀의 정당화는 너무 포용적이라고 할 수 있다.

[보호 기준이 너무 포용적이어서] 밀의 주장을 통해 발언을 또는 가치가 낮은 발언을 선별할 수 있을지 의문이다. 어쨌든 밀은 이

러한 까다로운 문제를 실제로 대면하지 않았다. 다른 측면에서 의문을 제기할 수도 있는데, [보호되어야 함에도 불구하고] 밀의 주장을 통해 사실상 보호받지 못하는 사례가 있을 수도 있다. 인간 자유의 일부 핵심적 영역이 진리와 진보를 가장 잘 가져온다는 우연적인 사실에 의해 좌우되기 때문이다. 밀은 자유에 대한 자신의 일반적 옹호를 뒷받침하기 위해 유럽에서의 과학의 진보를 언급한다. 그렇지만 [자유에] 제약이 많은 [사회적] 풍토에서 과학이 발전한다는 사실을 발견했다고 가정해 보자. 이러한 사실에 근거해서 정치적인 표현의 자유나 언론의 자유와 같이 명백히 중요한 부분에서 밀의 원칙을 포기하는 것이 타당하다고 볼 수 있을까? 이것이 바로 롤스를 비롯한 여러 학자들이 공리주의의 일반적인 정당화 방식에서 위험한 부분이라고 보는 지점이다. 이러한 정당화 방식에서는 인간의 중요한 이익이 이러한 이익과 우연히 관계되거나 간접적으로만 관련되는 일반적인 사회적 사실에 좌우된다. 그러나 인간의 중요한 이익은 그 자체로 중요하다고 할 수 있다.

게다가 각각의 개인이 지니는 권리의 문제는 여기서 다시 문제를 일으킨다. 일반적으로 우리가 표현과 언론의 자유가 사회 복리를 증진시킨다는 점에 대해 확신한다 하더라도, 특정 사회 구성원의 발언을 제약할 때 전체적 또는 평균적 복리가 보다 더 또는 훨씬 더 증진될 수 있는 경우도 있을 것이다. 밀은 색다른 얘기를 하는 비범한 사람을 제약하는 것을 우려한다. 주장을 전개하기 위해 우리가 이러한 제약이 어리석다는 사실을 인정하다고 가정해 보자.

그러면 색다른 내용이 전혀 없는 평범하지만 비호감을 사는 사람의 경우는 제약할 수도 있을 것이다. 이러한 제약은 사회적 효용을 증진시킨다. [이 사람의 표현의 자유를 제한한다고 해서] 새로운 통찰을 놓치는 것은 아니며, 자신이 싫어하는 사람의 이야기에 귀 기울일 필요가 없으므로 다수는 더 행복해질 수 있다. 이에 대해 밀의 입장을 취하는 사람들은 자유는 복리의 수단일 뿐 아니라 개인 복리의 구성 요소이기도 하다고 대답할 것이다. 이 경우에도, 비호감 소수자의 발언을 일정 정도 제약함으로써 사회적 복리를 증진시킬 수 있다. 이는 뭔가 이상하다는 느낌을 준다. 전체 행복을 위해 소수의 권리를 희생할 수 있게 되면, 공리주의는 시민의 평등을 너무 가볍게 다룰 수 있는 것이다.

그 자체로 중대한 이러한 이슈들은 또 다른 문제에 주목하게 한다. 나는 이것이 진리에 기초해 자유를 정당화하는 밀의 주장에 대한 가장 중요한 비판이라고 생각한다. 개별 시민을 전체 복리의 수단으로, 실제 한 세대를 다음 세대의 진보를 위한 수단으로 간주하기 때문에 '잘못된 방식'의 정당화라는 주장이다. 모든 인간은 존엄성을 지니므로 존중받아야 하며, 정치는 모든 시민이 평등하게 지니는 존엄성을 기초로 해야 한다는 생각에서 출발하게 되면, 밀이 잘못된 길로 가고 있다는 사실을 알게 될 것이다. 그는 진리가 개인의 자존감과 번영에 좋기 때문에 바람직하다고 생각하기보다는 개인의 번영과 존엄성을 추상적으로 이해되는 진리에 종속시킨다. 롤스의 『정의론』은 "모든 사람은 전체 사회의 복리라는 명목으로 유린될 수 없는 정의에 입각한 불가침성을 갖는다."[601]라는 칸트의 직관을 담은 생각에서 시작한다. 이러한 생각을 통해 우리는 불가침성이라는 견지에서 사회 제도를 숙고하고, 각각의 시민을 다른 목적을 위한 수단이 아닌 목적 그 자체로 대우하게 된다. 또한 어떠한 자유와 기회에 대한 요구는 사회의 전반적인 복지와 진보라는 매우 간접적인 고려에서 비롯하기보다는 불가침성에 대한 사고에서 직접적인 힘을 얻게 된다. 권리에 대한 관념이 보수적이고 종파적인 교리를 선전하는 방법으로 느슨하게 퍼져 있었던 정치 분위기 속에서 활동했던 밀과 벤담은 권리라는 애매한 개념보다는 효용에 초점을 맞추는 것이 더 많은 것을 얻을 수 있다는 생각을 가졌던 것으로 보인다. 아마 이들은 불가침성이라는 관념에 대해서도 마찬가지로 거리낌을 가졌을 것이다. 그러나 사실 정치는 일정한 도덕적 사고가 존재하는 어딘가에서 시작해야 한다. 그래서 칸트-롤스적인 출발점은 많은 면에서 행복에 대한 밀의 생각보다 분명하고 유용하다. 행복에 대한 밀의 생각은 너무 불명확해서, 현대의 논평자들조차도 행복이 실제로 무엇인지에 대해 의견이 분분하다.

마지막으로 롤스의 정치적 자유주의 입장에서 밀의 주장에 대해 제기할 수 있는 반대가 하나 더 있다. 정치적 자유주의는 시민 간의 호혜성과 상호 존중에 기반한다. 시민을 존중한다는 것은 시민이 지닌 포괄적 교리를 존중한다는 뜻이다. 정치적 자유주의를 추구하는 사회는 삶에 대한 타당한 포괄적 교리 — 종교적이고 세속적인 — 의 다원성을 유지하고, 국가가 이를 존중한다는 전제에 기초한다. 시민들이 핵심적인 정치관을 구성하는 도덕적 원칙을 수용할 수 있다면, 나머지 부분에서 어떤 종교적 또는 세속적 가치관을 가지고 있든 사회적 합의를 이룰 수 있다는 것이다. 그러나 사회가 이와 같은 '중첩적 합의'에 토대를 두기 위해서는 정치적 자유주의자들이 도덕적·정치적 원칙을 제시할 때 신중을 기해야 한다. [사회 속에 존재하는] 경합하는 교리를 수용하려면, 시민들이 타당하게 다른 의견을 표현할 수 있는 (형이상학적·종교적 등의) 문제에 대해 특정 입장을 지지하는 내용을 정치관에 담아서는 안 된다. 이러한 문제에는 신과 종교에 관한 모든 문제, 인간의 불멸성 또는 영혼의 속성과 존재와 같이 이와 연관된 다른 형이상학적 교리, 그리고 정치적 영역의 바깥에 놓인 윤리적·미적·심리적 교리가 포함된다.

이러한 제한 때문에 롤스는 정치관에 담긴 도덕적·정치적 명제가 '진실'이라고 주장하는 것조차도 꺼려한다. 이들 명제는 단지 타당하거나 아니면 '가장 타당할' 뿐이라는 것이다. 그렇다고 해서 이들 명제가 일정한 객관성을 갖지 못하는 것은 아니다. 다만 정치적 객관성은 궁극적인 진리와 주의 깊게 구분되는 것이다. 일부 정치적 자유주의자들은 정치관을 형성하는 교리를 충분히 진실이라 말할 수 있다고 주장하면서 롤스와 의견을 달리한다. 그러나 이들도 협소한 범위 내에서만 객관적으로 타당한 지위를 갖는다는 주장을 펼칠 수 있다는 그의 생각에는 동의한다.

그래서 모든 정치적 자유주의자들은 진리를 증진시킨다는 이유로 정치적 가치를 지지하는 주장을 펼치지 않는다. 진리가 정치관을 벗어난 형이상학적이고 윤리적 문제를 포함한다고 여겨지지 않는 경우도 그렇다. 과학적 진리는 다를 수 있다. 나는 롤스의 입장을 따르는 사람들이 어떠한 정책을 지지하는 이유 중 적어도 하나로 이 정책이 과학적 진리를 증진시킨다는 대답을 하지 못할 까닭이 없다고 생각한다. 적어도 롤스 자신은 일반적으로 진리를 말하지 않는 태도를 취하지만, 과학의 경우는 제외하고 있는 것처럼 보인다. 그러나 표현의 자유가 형이상학적·도덕적 진리를 증진시킨다고 주장하는 것은 타당한 다원주의라는 생각을 무시하는 것처럼 보일 수 있으며, 동료 시민이 자신을 경시한다고 느낄 수 있는 위험성이 큰 영역에 무모하게 뛰어드는 것일 수 있다.

밀은 이러한 모든 고려를 완전히 의식하지 못하고 있다. 그는 정치적 자유주의자들의 특징이라고 할 수 있는 다른 사람의 종교적 교리에 대한 세심한 존중을 보여 주지도 않는다. 그는 사회가 진리인 것 — 과학·도덕·종교에서 — 을 계산하길 원할 뿐이다. 그의 주장은 이들 영역이 지닌 두드러진 차이를 전혀 고려하지 않고 있다. 물론 타당한 다원주의라는 생각은 밀 이후의 세계 — 특히 인종적·종교적 다원성이 큰 나라들 — 에서 가장 완전하게 체계화되었다. 그렇지만 이러한 사고의 흔적은 거슬러 올라가면 기원전 3세기 인도의 아소카 왕 칙령[602]에서, 그리고 서양에서는 키케로가 자신의 친구 아티쿠스(키케로 자신과는 매우 다른 삶에 대한 포괄적 교리를 갖고 있었던 에피쿠로스 학파*의 사람)에게 보낸 편지[603]에서도 발견할 수 있다. 밀은 타당한 다원주의라는 생각에 거의 무관심했을 뿐 아니라 자신과 생각이 다른 교리를 존중하려 들지도 않았다. 『자유론』에서 그는 칼뱅주의를 "꽉 막혀 답답하기 이를 데 없는 유형의 인간 성격"에 좋은 '폐쇄적인' 이론이라고 말하길 주저하지 않는다. 그리고 「종교의 효용」과 같은 글에서 종교의 사회적 역할에 대한 그의 부정적 시각은 극명해진다. 당시 밀과 같은 무신론자들이 직면해야 했던 많은 정치적 불이익을 고려하면, 그가 다원주의 사회에 필요한 상호 존중의 형태를 이해하고 있다고 느끼지 못해도 그의 맹렬한 감정에 동감할 수는 있을 것이다. 나는 [다원주의 사회에서는] 상호 존중을 위해 종교의 형이상학적 주장이 해롭다는 점을 보여 주거나, 형이상학적 주장이 거짓임을 보여 줄 수 있는 진리와 객관성에 대한 어떤 공적인 시각을 채택해서는 안 된다는 롤스의 생각에 동의한다.[604]

그러나 밀은 개인 자유의 보호와 관련해 내가 개인에 기초한 정당화라고 부른 다른 주장을 펼치고 있기도 하다. 그래서 우리는 이러한 정당화가 진리에 기초한 설명과 동일한 결함을 갖고 있는지 살펴볼 필요가 있다. 『자유론』 3장에서 제시되고 있는 개인에 기

---

* 사모아 출생의 아테네인 에피쿠로스의 가르침에서 출발한 철학. 모든 정신적 관심을 행복을 얻고 유지하는 것에 두었고, 육체적 고통과 두려움을 없애 최고의 쾌락, 즉 영적으로 동요가 없는 상태(ataraxia)를 추구하였다. 욕구를 줄인 간소하고 소박한 삶을 살았으며, 정치에 참여하는 것보다 관조적인 삶을 가치 있게 여겼다.

초한 정당화는 자유가 개인의 잠재력을 발전시키기 위한 필요조건이라는 주장이다. 행위에 대한 법적 규제가 적을 때 "인간을 인간이 이를 수 있는 최선의 상태에 최대한 가깝게 끌어올리는"(3장) 조건이 마련된다는 것이다. 밀은 사람들이 권위가 있는 것 또는 지배적으로 받아들여지는 견해에 따라서만 행동한다면, 인간이 지닌 선택하고 식별하는 능력은 발휘되지 않을 것이라고 주장한다. 관습에 따라 살아가는 사람은 "원숭이의 흉내 내는 능력 이상을 필요로 하지 않는다." 그러나 "근육과 마찬가지로 사람의 정신이나 도덕적 힘도 자꾸 써야 커진다." 그래서 사회가 개인이 자신의 능력을 발전시킬 수 있도록 주위 환경을 마련해 주지 않으면, 개인의 발전에 실제 손실이 있게 된다. 앞으로 살펴보겠지만, 이러한 주장은 두 가지 구분되는 요소를 가지고 있다. 나는 이를 각각 '완전주의*적 요소'와 '분배적 요소'라고 부른다.

밀이 인정하듯이, 다른 사람에게 위해를 주는 행위를 막는 법도 개인이 선택할 수 있는 일부 영역을 차단한다. 그러나 그는 이러한 법이 다른 사람이 발전할 수 있는 기회를 희생하며 행사되는 "[자기] 발전의 수단"을 잠재적 범죄자에게서 빼앗는 것이라고 주장한

---

* 인간의 탁월성에 관한 특정 이념을 극대화하는 것을 개인적·제도적 목적으로 하는 철학적 입장이다. 롤스를 비롯한 정치적 자유주의자들은 인간적 탁월성의 내용을 국가가 정하고 제도적으로 극대화할 경우, 일부 집단의 선호와 관점이 시민들에게 강요되거나 스스로 향수하지 못할 활동을 위해 그들이 희생할 가능성이 존재한다고 비판한다. 따라서 이들에게 완전주의는 정치적 원리로서 거부된다. 주동률, 「자유주의와 완전주의」,《철학》73권 1호(2002), 171-196쪽 참조.

다. 밀은 모든 사람이 자기 발전의 조건을 평등하게 주장할 수 있기 때문에 다른 사람의 자유와 발전을 희생하면서까지 더 큰 자유를 주장하는 것은 부당하다고 가정하는 것처럼 보인다. 이것은 충분히 그럴듯한 주장이지만, (곧 살펴볼 것처럼) 공리주의가 지닌 생각과 쉽게 조화되지 않는다.[605] 이것은 칸트적 색채가 강한 주장이기 때문이다.

자신이 주장한 여러 곳에서 밀은 천재성을 지닌 사람들에 대한 특별한 관심을 보여 준다. 관습적인 규범을 억지로 고수하게 하면 천재가 인류에게 줄 수 있는 혜택이 없어질 수 있다는 것이다. 이 지점이 바로 밀의 개인에 기초한 정당화의 완전주의적 요소다. 그는 천재들은 "다른 사람들보다 더 개인적"이어서, 관습적인 삶의 방식에 자신을 맞추는 것을 더 불편해하기 때문에 다른 사람보다 훨씬 더 많은 자유를 필요로 한다고 주장한다. 또한 그는 이러한 천재들은 다른 사람에게 도움을 주며, 현재의 사회 조건은 "평범한 사람들이 최고 권력"을 차지하고 있어서 이들이 기여할 수 있는 소중한 부분을 가로막고 있다고 말한다. 이러한 발언들을 통해 그는 자유는 주로 다른 사람에게 혜택을 주는 소수의 탁월한 사람들의 발전을 촉진하기 때문에 유용하다는 생각을 내비치고 있다. 밀은 여기에 시간이 흐르면서 인류라는 종의 진보를 가져온다는 생각을 덧붙인다. A라는 시점에 탁월한 사람들이 기여한 바 덕분에 인류는 B라는 시점에 일반적으로 더 나아진다는 것이다. 이를 통해 "인간은 고귀하고 아름다운 사색의 대상이 되며…… 인류의 일원이라는 사실에 한껏 자부심을 느끼게 되면서…… 인간의 삶도 풍요로워지고 다양해지며 활력이 넘치게 된다." 밀은 이와 같은 완전주의적이고 불평등적인 생각을 너무나 소중하게 여긴다. 그래서 그는 종의 향상을 위해 일정한 사회적 무질서를 참아 내라고 독자들에게 자주 요구하고 있는 것처럼 보인다.

개인에 기초한 주장에 담긴 밀의 이러한 완전주의적 요소는 내가 옹호해 온 자유주의 형태 — 상호 존중과 평등한 가치에 바탕한 — 와 잘 어울리지 않는다. 밀의 완전주의가 일부 탁월한 사람을 위한 특별한 예외가 아니라 자유의 보편적인 조건을 실제로 정당화할 수 있는지 보여 주는 일은 쉽지 않다. 완전주의적 주장에 기초해서 전체 인구에 대한 자유의 확장을 옹호하기 위해서는, 특별하게 대우해야 할 만큼 뛰어난 개인을 조기에 또는 정확하게 알아보기 불가능하다는 주장을 펼쳐야 한다. 그래서 이들은 오직 일반적인 자유를 향유할 수 있는 조건에서만 [자신의 잠재력을] 발전시킬 수 있다는 것이다. 그러나 이것의 진실 여부는 논쟁의 여지가 있다. 고대 그리스에는 노예 제도를 이용해 이득을 얻는 탁월한 개인들이 다수 존재했다. 다수의 탁월한 남성들 — 밀은 다음의 사실을 인정한 최초의 남성일 것이다. — 은 여성에게 자유가 부여되지 않는 조건에서 자신의 능력을 발전시켰으며, 이들은 보통 여성에게 전혀 자유가 없는 상황이 자신들이 능력을 펼치는 데 뛰어난 이점으로 작용한다고 여겼다. 일반적으로 밀의 세대 이전에는 보편적인 자유가 부여된 시기가 없었지만, 천재들이 출현했다. 우리가 천재들에 대해 갖고 있는 사실상 거의 모든 경험적 증거들은 자유가 상당히 제한되어 있던 시기에 만들어진 것이다.

더욱이, 천재들은 보편적인 자유의 조건을 필요로 한다는 결론이 도출될 수 있다 하더라도, 이것은 결코 모든 사람에 대한 자유의 확장을 정당화하는 올바른 '종류'의 주장이라고 보기 어렵다. 여기서도 일부 사람들은 다른 사람의 목적을 위한 수단으로 이용되기 때문이다. [천재가 아닌] 일반적인 사람이나 이들의 후손이 자유를 누리는 천재의 발견을 통해 간접적인 혜택을 얻길 원할 수는 있다. 그렇다고 해서 밀의 주장이 이들 보통 사람들을 [동등하게] 존중하고 있다고 말하기는 어렵다. 그러나 이러한 완전주의적 요소가 밀의 개인에 기초한 정당화 주장의 전부는 아니다. 이와 별도로 그는 모든 인간은 자기 발전을 위해 자유를 필요로 하며, 누구나 자기 발전을 촉진할 수 있는 조건을 요구할 수 있다고 말한다. 이것은 내가 이 주장의 분배적 요소라고 부르는 것이다. 완전주의적 주장을 전개한 후, 그는 다음과 같이 자유에 대해 보다 포용적인 주장을 제시한다.

그러나 내가 관습을 뛰어넘는 독립적인 행동을 강조하고 있지만, 그렇게 해야만 좀 더 나은 행동 양식, 그리고 사람들이 널리 따라야 할 만큼 가치 있는 관습을 창조할 가능성이 커지기 때문만은 아니다. 또한 확실한 정신적 탁월성을 지닌 사람들만 자신의 삶을 자기 방식대로 살아가겠다는 정당한 요구를 할 수 있는 것도 아니다. 모든 인간의 삶이 어떤 특정인 또는 소수 사람들의 양식에 맞춰 정형화되어야 할 이유는 없다. 어느 정도의 상식과 경험을 지닌 사람이라면 누구든 자기 방식대로 자신의 삶을 설계하는 것이 가장 바람직하다. 그 방식 자체가 최선이기 때문이 아니라 [스스로 결정한] 자신의 방식이기 때문에 그렇다. (……) 같은 것이라 하더라도, 이 사람의 정신적 성장에는 도움이 되지만 저 사람에게는 방해물이 되기도 한다. (……) 각자의 경우에 맞는 다양한 삶의 형태가 허용되지 않으면, 인간은 행복의 공평한 몫을 얻을 수 없다. 또한 제각기 타고난 소질에 맞게 정신적·도덕적·미적 재능을 발전시키지도 못한다.

분명 밀은 위해 원칙에 표명된 것처럼 모든 시민이 자기본위적 행위의 자유에 대해 '정당한 요구'를 할 수 있다고 생각했다. 그 이유는 개인의 행복과 자기 발전에서 찾을 수 있어 보인다. 자유는 각각의 개인이 삶의 번영을 이루기 위해 필요하다. 삶을 가꾸는 방식은 저마다 매우 달라서 어떠한 하나의 방식이 이 사람들에게는 맞아도 다른 사람에게는 맞지 않을 수 있으며, 맞지 않는 사람들은 충분한 자기 발전을 이루지 못하고 있다고 생각할 수 있기 때문이다.

이 지점에서 밀은 『자유론』에서 펼치고 있는 주장 가운데 자유주의자가 수용할 수 있는 정당화에 가장 가까워진다. 자유주의자들(롤스 식의 정치적 자유주의자들도)은 공정한 사회란 일정한 혜택과 부담을 분배하는 체계이며, 그러한 혜택('기본적 재화'의 작은 목록)은 다양한 교리를 지닌 모든 사람이 정치적 합의를 이루고자 할 때 동의할 수 있는 본질적인 부분이라는 생각에 동의한다. 게다가 롤스는 이러한 '기본적 재화', 그중에서도 중요한 자유가 시민이 자신의 삶에 대한 계획을 세우고 발전시킬 수 있는 필요조건이라고 분명하게 밝힌다.[606] 밀은 자기 발전이라는 생각을 표현하는 데 있어 롤스보다 훨씬 완전주의적인 측면이 강하다. 밀은 단순히 행복이 아니라 "제각기 타고난 소질에 맞는 정신적, 도덕적, 미적 재능의 추구"에 대해 얘기한다. 이때 '재능'의 완전한 발전이라는 생각은 정치적 자유주의가 적절하다고 보는 수준 이상으로 어떠한 단일하고 분명한 윤리적, 미학적 가치관을 수반할 가능성이 크다.

그럼에도 밀의 주장에서 이러한 분배적 요소에 대한 수정된 해석은 올바른 길을 가고 있는 것처럼 보인다. 롤스 식으로 자유를 옹호하는 사람들도 왜 자유가 중요한지, 왜 자유가 사회적인 기본적 재화의 목록에 있어야 하는지에 대해 얘기해야 한다.[607] 이 질문에 대한 그럴듯한 답변은 자유는 능력 있는 사람들이 자기 방식대로 삶의 계획을 세우고 선택하도록 하는 역할을 한다는 것이다. 이것은 다른 영역에 대해서는 의견을 달리하더라도 우리 모두가 동의를 표할 수 있는 인간관의 일부다. 삶의 계획을 선택하려면 자유가 있어야 한다는 말은, 롤스의 사고에서나 연관된 다른 자유주의 사고에서, 누구나 그러한 자유를 정당하게 요구할 수 있다는 말의 다른 표현이다. 즉 인간에게는 자유를 필요로 하는 어떤 침해할 수 없는 영역이 있다는 것이다. 다시 말해, 자유에 대한 주장은 사회 전체의 이익이라는 모호한 개념이 아니라 각각의 인간이 그 자체로 목적이라는 생각에 호소해야 한다는 것이다.

이 주장에는 설득력이 있지만, (앞에서 언급한 것처럼) 밀의 공리주의와 완전히 양립할 수 있는지는 분명하지 않다. 개인적 수준에서는 양립할 수도 있을 것이다. 개인의 행복에 대한 밀의 생각은 (아마) 아리스토텔레스의 영향을 크게 받고 있어서, 인간이 지닌 능력을 펼치고 발전시키는 것 자체를 목적으로, 적어도 행복을 구성하는 일부분으로 여기기 때문이다. 그러나 사회적 수준에서는 익숙한 문제가 다시 발생한다. 공리주의적인 근거에서는 더 많은 사람에게 보다 많은 자기 발전의 기회를 줄 수 있다면, 일부 소수의 사람들에게 자기 발전의 공정한 기회를 제공하지 않는 것이 받아들여질 수 있는 것이다. 밀은 사회 구성원의 절반을 차지하는 여성에게 자기 발전의 기회를 주지 않는 것은 너무 많은 사회적 손실을 가져온다고 그럴듯하게 말할 수 있다. 그러나 그는 다수의 사람에게 유용한 경우, 소수 집단(예를 들면, [주로 여성인] 간병과 육아를 강요받는 노동자 집단)에 대한 항구적인 예속을 막을 수 있는 분명한 방법이 없어 보인다. 자기 발전에 대한 '정당한 요구'라는 그의 개념은 이러한 생각과 충돌하며, 마찬가지로 여성 해방을 지지하는 그의 주장은 공리주의적 사고에 전혀 의존하지 않고 있다. 공리주의적 사고에서 벗어날 경우 밀의 주장은 다른 종류의 이론 ── 내용상 모든 개인은 불가침성을 지니며 그 자체로 목적이라는 칸트적 주장에 가까운 ── 으로 성격이 바뀌게 된다.

이제 지금까지의 주장을 정리해 보자. 『자유론』에 담긴 밀의 주장은 사회적 동조, 동료 집단의 압력, 관습적 도덕의 입법화가 개인의 자기 발전에 어떤 지장을 줄 수 있는지 보여 준다는 점에서 큰 가치를 지닌다. 밀은 행위에 대한 법적 규제를 제한해야 하는 근거를 타당하게 제시하고 있으며, 이러한 제한을 위반한 법들이 인간에게 어떻게 위해를 가할 수 있는지 설득력 있게 보여 주고 있다. 그러나 자유를 정당화하는 밀의 주장은 우리가 원하는 바와 다르다. 정치적 자유주의의 핵심적 사고(평등한 존중, 호혜성, 개인의 불가침성)에 관심 있는 사람에게 진리에 기초한 그의 주장은 별반 도움이 되지 않는다. 첫째, 진리에 기초한 주장은 구체적이지 않으며, 혐오 발언이나 가치가 낮은 발언(상업적 발언)과 같은 어려운 문제를 고려하지 않고 있다. 이런 점에서 기본적인 취지에 동의하는 사람들에게도 상세한 지침을 제공해 주지 못한다. 둘째, 손상되기 쉬운 우연적인 사실에 기초해 주장을 펴고 있으며, 자유와 같은 중요한 영역을 애매한 경험적 사실에 근거하고 있다. 셋째, 목적과 수단이 전치되어 있는 것처럼 보인다. 사람을 목적으로, 사회적 조건을 개인의 발전을 위한 수단으로 생각하기보다는 진리를 목적으로, 개인의 자유를 단순히 이를 위한 수단으로 여기는 것이다. 마지막으로, 그의 주장은 다원주의적인 자유주의 사회에서 정치관의 핵심에 포함되어서는 안 되는 논쟁적인 형이상학적 문제에 대해 특정한 입장을 취하고 있다.

자기 발전에 기초한 밀의 주장은 이보다 훨씬 더 낫다. 물론 이 주장에 담긴 완전주의적 요소는 진리에 기초한 주장과 유사한 문제점을 일으키는 것이 사실이다. 모든 사람을 위한 일반적인 자유 정책이 단지 소수의 탁월한 사람의 창의성을 위한 도구로 전락하는 것이다. 이러한 천재들도 분명 시간이 흐르면서 인류라는 종의 일반적 향상을 위한 수단으로 여겨지게 된다. 그러나 모든 개인은 자기 발전의 조건을 "정당하게 요구"할 수 있다는 분배적 요소를 담고 있는 주장은 이러한 결함을 갖고 있지 않으며, 인간과 자기 발전에 대한 정치적 관점 ── 다원주의 사회에서 여러 시민이 모두 지지할 수 있는 ── 을 통해 완전주의적이지 않은 방식으로 의견을 전개할 수 있다. 물론 이러한 주장을 완전하게 전개하기 위해서는 공리주의를 포기해야 할 것이다. 밀이 제시한 수정된 공리주의도 마찬가지다. 그러나 내용상 밀의 시각을 취하는 주장을 제시할 수는 있을 것이다.

여기서 우리는 데블린과 같은 사람이 제시하는 정책 ── 문제가 되는 행위가 아무런 위해를 주지 않음에도 [이를 규제하기 위해] 관습적인 도덕성에 근거해 법을 제정하려 하는 ── 에 대해 자유주의자들이 불편해하는 핵심적인 지점에 도달했음을 느낄 수 있다. '자기 본위적' 행위에 대한 법의 침해는 사람들이 '정당하게 요구' 할 수 있는 것, 즉 삶에 대한 자신의 계획을 발전시키고 펼칠 수 있는 공간을 박탈한다. 이런 점에서 밀이 끌어들인 사회적 효용과 종의 진보라는 사고보다 사람에 대한 존중이라는 사고가 밀의 입장과 유사한 정책을 정당화하는 올바른 기초가 될 것이다.

3 혐오와 수치심에 반대하는 이유

이 책에 담긴 혐오와 수치심에 대한 주장은 방금 기술한 자유에 대한 자유주의적 옹호와 어떻게 연결되는가? 시적으로 다시 표현하자면 이 장의 첫머리에 인용하고 있는 위해 원칙을 옹호하는 밀의 글과, 여성의 몸에 대한 혐오와 수치심을 떨쳐 버리는 것을 여성 평등과 관련시키고 있는 홀랜더의 글, 미국인들에게 움츠러들지 말고 자신의 몸(과 유한성)을 받아들이도록 유도하는 휘트먼의 짧은 시는 어떤 관련성이 있는가? 여기서 나는 이 책에서 제시한 심리학적 주장이 위해 원칙과 유사한 정치적 원칙을 옹호하는 데 있어 밀 자신의 주장보다 강력한 논거를 제시해 줄 수 있다고 말하려 한다.

인간은 인간이라는 존재 자체(한편으로 지적이고 재간이 있지만, 다른 한편으로는 연약하고 취약하여 죽음 앞에 무력한 존재)에 대해 깊은 불안을 갖고 있다. 우리는 이러한 다루기 곤란한 조건을 수치스러워하며, 다양한 방법으로 이를 숨기려고 한다. 그러한 과정에서 우리는 인간의 연약함에 대한 수치심과 우리의 동물성과 유한성의 징후에 대한 혐오를 키우고 가르친다. 혐오와 원초적 수치심은 인간의 발달 과정에서 어느 정도는 피할 수 없는 부분일 것이다. 게다가 혐오는 위험을 피할 수 있게 하는 유용한 역할을 하며, 원초적 수치심은 적어도 사람들이 높은 성취를 이룰 수 있게 자극하는 보다 생산적이고 어쩌면 건설적인 수치심과 밀접하게 연관되어 있다.

그러나 이러한 두 가지 감정은 개인적 삶과 개인이 구성하는 사회적 삶 모두에서 쉽사리 문제가 될 수 있다. 특히 두 감정은 지배적인 집단이 다른 집단을 예속시키고 낙인찍는 사회적 행위 양식과 연결된다. 혐오의 경우, 동물성과 유한성에 대한 행위자 자신의 두려움과 연관된 속성은 힘이 약한 집단을 대상화해서 투영되며, 이들 집단은 지배적인 집단이 자신에 대한 불안감을 표출하는 수단이 된다. 예속된 집단과 그 구성원들의 몸은 혐오스럽다고 여겨지기 때문에 예속된 집단의 구성원들은 일반적으로 다양한 형태의 차별을 경험한다. 수치심의 경우, 무력감과 통제력의 결여가 불러일으키는 보다 일반적인 불안은 완전무결함(또는 유아기에 존재했을 가능성이 큰 완전함에 대한 환상의 회복)에 대한 추구로 이어진다. 지배 집단은 자신들이 지닌 안정적인 통제력을 다양한 방식으로 위협한다고 여기는 하부 집단에 낙인을 안겨 줌으로써 통제하고 있다는 겉모습을 얻게 된다. 하부 집단은 무질서와 혼란을 일으키는 사회적 불안의 초점이 되어서 낙인을 받을 수도 있고, 아니면 그냥 단순히 '정상'이 아니라는 이유에서 낙인을 받을 수도 있다. 지배 집단은 '정상'이라는 편안함을 안겨 주는 허구를 통해 더욱더 효과적으로 [자신이 지닌 불안을] 숨길 수 있다.

낙인을 안겨 주는 행위가 곳곳에 편재되어 있고 뿌리가 깊다는 점을 고려하면, 모든 개인을 동등하게 존중하고자 하는 사회에서는 혐오와 수치심이 법적 잣대로서 부정적으로 작용할 가능성이 크다. 물론 수치심이 긍정적으로 작용하는 수치심도 있을 수 있다. 그러나 이러한 수치심과 부정적 형태의 수치심을 구분하기란 매우 어려우며, 긍정적인 수치심도 부정적인 형태로 바뀌는 경우가 자주 발견되기 때문에 처벌이나 법 제정 과정에서 수치심을 두드러지게 사용하는 것은 사람들에게 차별과 낙인을 유도할 가능성이 있다.

그래서 우리는 『자유론』에 담긴 밀의 진단과 어느 정도 유사한 문제에 도달하게 된다. '정상인'의 특이한 사람에 대한 압제, 지배적인 사회 규범이 법으로 부과될 때 이에 순응하지 않는 사람들의 삶에 미치는 손상 효과가 그것이다. 우리는 이러한 문제에 대해 밀과 다른 경로를 통해 접근해 왔다. 밀은 규범이 작동하는 방식을 관찰했을 뿐, 사람들이 왜 이런 식으로 행동하는지 질문하지 않았다. 설령 그가 이런 의문을 가졌더라도, 그가 알았던 심리학적 지식을 가지고는 이에 대해 쉽게 답변할 수 없었을 것이다. 그는 개인적으로 통찰력을 지닌 사람이었지만, 그가 알았던 심리학은 그의 아버지에게서 배운 꽤 빈약한 경험주의였다. '연합주의(associationism)'* 라고 불리는 이 심리학은 모든 감정과 다른 태도가 하나의 것과 다른 것이 결합되어 만들어진 산물이라고 보았다. 이러한 시각에서는 혐오와 원초적 수치심이 작동하는 방식을 충분히 설명하지 못한다. 4장에서 말했지만 이러한 심리학을 가지고는 자신의 정신적

---

* 사람의 의식 요소가 연합 과정을 통해 결합되며, 사람의 행동은 자극과 반응의 연결로 이루어진다는 종래의 고전적·정통적 심리학 입장이다. 영국 경험론의 영향을 받아 발전했으며, 이후에는 조건 반사학, 행동주의 이론으로 발전했다. 의식 내용과 반응을 요소 단위로 분해하여 기계적으로 결합하는 경향 때문에 심적 활동의 전체적·내적 구조 연관을 중시하는 입장에게서 비판을 받았다.

위기에 대한 중요한 문제도 파악하기 어려웠을 것이다.

적어도 우리가 고찰한 내용은 『자유론』에서 밀이 몰두했던 문제에 대해 그보다 더 심도 있는 설명을 제공해 준다. 이러한 설명은 그러한 문제가 왜 실제로 보편적으로 나타나고 심각한 문제인지, 어느 정도 그러한지 보여 준다. 또한 인간의 삶이 실제로 구조적인 문제를 안고 있어서 이를 쉽게 떨쳐 버릴 수 없음을 깨닫게 한다. 이런 점에서 혐오와 수치심에 대한 심리학적 설명은 관습적인 규범에 기초한 법과, 이러한 법을 뒷받침하는 역할을 하는 감정에 대해 불신할 수밖에 없는 보다 깊이 있고 안정된 근거를 제공해 준다고 할 수 있다. 그의 독자들은 밀이 살았던 당시의 영국 사회의 규범이 잘못되었기 때문이라고 쉽사리 결론 내릴 수 있었을 것이다. 그러나 우리는 지금 규범이 올바른 사회에 살고 있지만, 법 제정의 근거로 수치심과 혐오를 거리낌 없이 사용할 수도 있다.[608] 도덕적 진보에 대한 확신을 지닌 케이헌은 실제로 혐오와 수치심이 이러한 진보를 가져올 수 있는 소중한 감정이라는 생각을 갖고 있다.

우리의 설명은 또한 밀의 진리에 기초한 정당화와 개인에 기초한 정당화의 완전주의적 측면이 야기하는 문제를 피하면서 행위에 대한 법적 규제에 제한을 두어야 하는 이론적 근거를 제공해 준다. 우리는 인간의 존엄성과 모든 개인의 평등한 가치를 고려할 때, 법의 기초로 혐오와 수치심이 결함을 지니고 있음을 확인할 수 있다. 이 과정에서 사회적 효용, 진리를 향한 진보 또는 인간 종의 향상이라는 관념을 끌어올 필요는 없다. 이러한 관념들은 밀의 주장에서 중요한 역할을 하고 있지만, [다원주의라는] 현대의 자유주의적 맥락에서는 큰 문제가 된다.

그렇다면 우리의 설명은 밀의 위해 원칙 또는 이보다 더 약한 원칙 — 예를 들면, 다양한 자기 위해의 형태를 온정주의적 측면에서 금지하는 것과 양립할 수 있는 — 을 지지하는가? 나는 법이 일정한 위해 형태를 대상으로 해야 하고, 다른 사람에게 위해를 주는 행위의 경우에만 규제해야 한다고 말했다. 그러나 순수하게 혐오와 수치심에 호소하는 것이 문제가 있다고 지적했을 뿐, 아직 온정주의자들에 대해서는 대답하지는 않았다. 이들은 일정한 형태의 위해는 타인에게 행해지는 위해처럼 심각하다고 볼 수 있으며, 이러한 위해의 심각성이 약물 사용이나 자살 등을 막는 온정주의적인 법을 정당화해 준다고 여긴다. 나는 이 경우에도 밀의 입장을 지지하지만, 그 이유를 제시하려면 내가 이 책에서 제시하려는 것보다 훨씬 더 분명한 정치 이론이 필요하다. 공공 정책에서 온정주의의 역할에 대해서는 의견을 달리하고 있지만,[609] 내가 『여성과 인간 개발 (Women and Human Development)』— 자유주의적 국가는 존엄성을 지닌 삶에 대한 사고와 연관된 핵심적인 인간 역량의 목록을 인정하는 것에 기초해야 한다고 주장하는 — 에서 제시한 다양한 제안을 수용할 수도 있을 것이다.

내가 분석한 혐오와 수치심에 기초한 공포증적 반응 때문에 '자기-위해'라고 불리는 경우도 분명 존재한다. 그래서 이러한 감정을 근거로 제시할 수 없다면 위해라고 주장할 수도 없다. 때때로

606

우리가 약물 사용에 이런 식으로 반응하는 것이 옳다고 느끼는 데에는 이유가 있다. 그렇지만 약물 사용에 반대하는 사람은 실제로는 당사자 자신이 입을 수 있는 위험이 아니라 [약물 사용자에 대한] 혐오와 낙인에 초점을 맞춘다. 예를 들면, 약물 사용을 두려워하는 사람들은 약물 사용이 실제로 갖는 위험성과 일반적으로 아무도 반대하지 않는 축구나 운전과 같은 다른 일이 갖는 위험성을 비교하려 들지 않는다. 흡연은 다른 사람에 대한 위해(간접흡연) 문제와 함께 '위해로서의' 혐오 ― 생활방해법을 검토하면서 우리가 제시한 의미에서 ― 라는 문제를 제기한다. 흡연은 일부 사람에게 혐오감을 주고, 주위 환경을 즐기는 데 지장을 초래한다는 것이다. 그러나 이러한 이유들을 들여다보면 흡연에 반대하는 대중의 반응은 보다 '추정상'의 혐오와 낙인, 그리고 수치심의 요소를 안고 있기도 하다. 혐오와 수치심은 일부 비호감을 사는 습관을 비난 대상으로 지목하는 데 자주 이용되며, 이 과정에서 자기 위해의 위험성을 안고 있는 유사한 다른 행위들은 무시된다.

이러한 어려움에도 불구하고, 우리는 적어도 혐오와 수치심이 약물, 흡연, (권투와 같은) 위험한 스포츠의 규제에 대한 사람들의 관심을 촉구하는 유일한 이유가 되어서는 안 된다는 점에 동의할 수 있을 것이다. 자유주의 국가는 기본적 재화로서 생명과 건강의 중요성을 인정하며, 모든 시민이 이에 대해 동의할 수 있다. 그러나 우리가 혐오와 수치심이 지니는 해로운 영향력을 없앤다 하더라도, 밀의 원칙이 올바르다는 점을 납득시키기 위해서는 더 많은 주장이 필요하다. 나는 '역량'이 정치 행위의 적절한 목적이 되어야 한다는 생각을 옹호해 왔다. 역량이란 '기능성'이 아니라 이를 선택할 수 있는 기회를 말한다.* 다시 말해, 생명과 건강에서부터 정치 참여에 이르는 영역에서 무대가 일단 충분히 갖춰지면, 그 기능의 선택 여부의 문제는 개인에게 맡겨야 한다. 그래서 나는 아이들을 대상으로 한 온정주의적인 조치(예를 들면, 의무 교육)는 지지하지만, 소수의 예외를 제외하고는 의무 투표나 의무 건강 진단과 같은 성인을 대상으로 한 온정주의적인 조치에는 반대한다.[610] 그러나 나의 일반적 접근에 동의하면서도 많은 사람들은 건강을 해치는 위험한 활동에 대해 나보다 더 온정주의적인 입장을 취할 준비가 되어 있다. 인간의 자유와 선택을 충분히 존중하기 위해 필요한 것을 좀 더 분명히 하려면 계속해서 더 많은 주장을 펼쳐야 할 것이다.

그렇지만 이러한 주장을 전개하는 것은 분명 이 책이 의도하는 제한된 목적을 뛰어넘는 일이다. 나는 밀의 원칙에 대한 보다 두드

---

* 기능(functioning)은 '처해 있는 상황과 행하는 활동(beings and doings)'을 말한다. 처해 있는 상황은 충분한 영양 상태를 유지하는 것, 쾌적한 곳에서 거주하는 것, 교육을 받는 것, 글을 깨우치는 것, 사회 안전망의 보호를 받는 것 등을 예로 들 수 있으며, 행하는 활동은 여행하는 것, 아이를 돌보는 것, 투표하는 것, 자선 단체에 기부하는 것 등을 예로 들 수 있다. 기능에는 좋은 것도 있고 나쁜 것도 있으며, 그 자체로 좋고 나쁨을 판단할 수 있는 것도 있지만 사회적 맥락이나 규범에 따라 판단이 달라지는 것도 있다. 반면, 역량(capabilitiy)은 어떤 사람이 기능을 성취할 수 있는 실질적 자유 또는 기회를 말한다. 예를 들어, 여행하는 것은 기능이지만, 실제로 여행을 선택할 수 있는 기회는 이에 상응하는 역량이다. Ingrid Robeyns, "The Capability Approach," *Stanford Encyclopedia of Philosophy*(2011) 참조.

러진 비판을 통해 그의 원칙을 부분적으로 옹호하려는 목적이 있었다. 그러나 추가적으로 풀어야 할 문제는 아직 남아 있으며, 기본적으로 내가 여기서 제시한 주장에 수긍하는 사람 중에서도 타당한 차이를 지닌 사람이 있을 것이다.

나는 혐오와 수치심이 강력한 동기가 될 수 있음을 부정하지는 않았다. 경우에 따라 이들 감정은 케이헌의 생각처럼 일정하게 바람직한 역할을 할 수도 있다. 그러나 나는 자유주의 사회는 이러한 감정에 대해 우려할 만한 특별한 이유가 있다고 말했다. 자유주의 사회는 모든 사람의 평등한 가치와 이와 연관된 존엄성, 존중, 자존감과 같은 개념에 큰 중요성을 두기 때문이다. 그러나 이 두 가지 감정은 사회적 위화와 밀접한 연관성을 가지고 있으며, 사람들의 가치에 차이가 있다는 신념을 표현하는 대중문화와 결합되어 나타난다.

4 자유주의의 여러 형태와 감정

혐오와 수치심에 대한 분석은 이들 감정이 사회적 위계를 만들어내는 유해한 방식과 관련이 있음을 보여 줌으로써 현재 유행하고 있는 일부 자유주의의 형태를 비판하는 데 도움을 준다. 기본적으로 자유주의 국가와 공동체주의적 도덕 감정을 새롭게 결합하려는 케이헌과 에치오니의 시도는 대중의 마음을 끌고 있다.[611] 그러나 우리의 분석은 수치심과 혐오를 공적인 동기로 활용하는 것은 낙인과 사회적 위계화를 조장할 위험성이 있음을 보여 준다. 이러한 시각을 자유주의의 한 형태로 부르는 게 적절한 것인지도 의문시되어야 한다.[612] 이러한 시각은 분명 밀이 자유와 상충한다고 비판한 보수적 도덕주의와 많은 공통점을 지니고 있다.

6장에서 언급한 것처럼 우리가 분석한 관점에서 볼 때, 매우 다르긴 하지만 사회계약이라는 보다 오래되고 큰 영향력을 지닌 사회관계에 대한 사고방식도 문제가 있어 보인다. 사회의 기본적 구조를 힘과 능력이 대체로 비슷한 독립적인 성인 간의 계약으로 보는 주요 사회계약 이론가들의 관점은 상당한 설득력이 있다. 또한 이러한 전통은 존엄성과 호혜성에 대한 자유주의적 사고를 심화시키는 데에도 큰 기여를 해 왔다. 그러나 케이헌과 에치오니가 주장하는 시각보다 훨씬 더 미묘한 방식이긴 하지만, 이들 이론은 평등과 독립성을 강조하고, 사회 계약의 목적을 상호 이익에 둠으로써 낙인을 조장할 수 있다. 이러한 시각은 독립적인 성인이 전형적인 시민을 대표한다고 보고, 모든 시민은 능력이 대략 비슷하다고 간주하기 때문에 삶의 일부분 또는 전 생애에 걸쳐 일반적이지 않은 장애가 있거나 비대칭적으로 의존하는 사람들에 대한 낙인을 불러올 수 있는 것이다. [사회계약 이론에 담긴] 사회의 가장 기본적인 정치적 원칙은 [능력이 동등한 시민 간의 계약을 가정하기 때문에 다른 사람에게] 비대칭적인 도움을 받아야 할 필요가 있는 대상을 고려하지 않으며, [이처럼 절대적 도움이] 필요한 사람들을 평등하게 존중받을 가치가 있는 존재로 여기지 않게 한다. [그래서 사회계약 원리에 따라] 사회의 기본적 구조를 설계한 후에 [절대적 도움이] 필요한 사람들을 고려하게 되면, 일반적인 장애를 지닌 사람(이른바 이들 '정상인'은 자신을 '몸이 건강한' 사람으로 부르길 좋아한다.)이 특이한 장애를 지닌 사람을 [자신과 완전히 다른 존재로] 구분하게 만들 위험성이 있다.[613]

공동체주의적 자유주의와 계약론적 자유주의는 다른 측면에서는 차이가 있지만, 모두 낙인이라는 문제를 해결하지 못한다. 내 분석은 이것이 공통적인 이유에서 연유할 수 있음을 시사한다. 두 가지 이론이 사용하고 있는 인간에 대한 정치적 관점은 인간성에 내재한 깊은 긴장과 어려움을 직시하지 못하고 있다. 그 대신 이 이론들은 우리가 이러한 어려움을 회피하고 이를 다른 사람에게 고정시키도록 미묘하게 조장한다. 케이헌과 에치오니는 시민을 올바른 방향으로 유도하기 위해 수치심을 안겨 줄 필요가 있는 — 배변 훈련을 위해 강아지의 코에 오줌을 문지르는 것처럼 — 무질서하고 불량한 아이들과, 자신을 완전히 통제할 수 있는 선량한 어른으로 구분한다. [이들과 같은 시각을 갖게 되면] 인간이란 약하고 불완전한 존재라는 사실을 거부하고, 자신이 지닌 불완전함에 대한 두려움을 공개적인 지탄의 대상이 되어 수치심을 느끼도록 해야 한다고 여기는 다른 대상에 투영하여 해소하려고 할 수 있다. 다른 (내 생각에, 더 훌륭한) 이유 때문이기는 하지만, 사회계약 전통도 유사한 구분을 조장한다. '독립적인' 시민과 장애로 인해 '정상적인' 시민의 범주에 들지 못하는 사람을 구분하는 것이다.

　이런 점에서 우리 모두는 언젠가 죽는 퇴화하는 몸을 갖고 있으며, 누구나 도움을 필요로 하는 장애를 지닌 존재 — 어느 측면에서 어느 정도인지는 다르지만 — 라는 사실을 이해하는 인간에 대한 정치관이 필요해 보인다. 이러한 정치관은 우리가 여기서 개괄한 심리적 사실 때문에 사회관계에서 발생할 수 있는 위험을 잘 인식하고 있어야 하며, 이것을 주의 깊게 다룰 수 있어야 한다. 또한 다양한 종류의 시민들이 존엄성과 상호 존중하에 함께 살아갈 수 있도록 '촉진적 환경'을 조성하기 위해 노력해야 한다.

　나는 정치적 자유주의에 대한 롤스의 생각에 동의를 표하면서, 자유주의적 정치관은 특정 시민들이 지닌 한 가지 포괄적 교리에 속하는 종파적인 형이상학적 이론에 기초해서는 안 된다고 주장했다. 일반적으로 정치적 자유주의는 원칙과 교리의 목록에서 간결성을 추구한다. 시민들이 가질 수 있는 모든 주요 종교와 인생에 대한 다른 포괄적 교리의 지지를 받을 수 있는 도덕적 교리의 바탕 위에 정치를 구축하길 원하기 때문이다. 롤스는 이와 같은 포괄적 교리를 존중한다는 것은 정치적 자유주의가 [시민의] 심리와 관련해서도 간결해야 함을 뜻한다고 타당하게 말한 바 있다. '타당한 정치심리'는 시민들 사이에 심각한 논쟁을 불러일으킬 수 있는 시각을 포함하거나 특정한 종교적 교리와 연관되어서는 안 된다는 것이다. 그렇다면 이 책의 분석을 통해 내가 제시한 생각은 이러한 기준을 충족시킨다고 할 수 있을까?

일반적인 측면에서 나는 그렇다고 생각한다. 혐오에 관한 내용들은 실험 연구뿐 아니라 매우 다른 학설을 지닌 사람들의 관련된 이론을 통해서도 뒷받침된다. 실제로 혐오에 대한 규범적 입장이 나와 정반대인 밀러의 경우도 내가 제시한 기본적 분석에는 동의한다. 이러한 분석에는 특정 종교를 지지한다는 의미에서 종파적이라고 볼 수 있는 내용은 없다.

수치심에 대한 나의 분석은 실험과 사회학적 자료에도 바탕하고 있기는 하지만 주로 정신분석학적 자료에 의지하고 있는데, 정신분석학을 높이 평가하지 않는 사람도 다수 있다. 그러나 내가 여기서 사용한 정신분석학 자료들은 과학으로 받아들이지 않더라도—유능한 의사들은 정신분석학의 주장에 점차 관심을 두지 않고, 위니콧에 대해서는 더더욱 관심이 없을 것이다. 그러나 위니콧은 수치심에 대한 내 설명에서 중심이 되는 인물이다. (설득력 있는 인문학적 해석으로 볼 수 있는 내용들이다.) 위니콧은 항상 정신분석을 시나 문학과 밀접하게 연관되어 있는, 창의적인 이해 방식의 하나라고 보았다.[614] 나는 위니콧의 접근 방식의 도움을 받아 플라톤이나 루크레티우스의 글과 마찬가지로 정신분석학적 자료를 통찰력 있고 인간적으로 현명한 사람들이 인간의 조건에 관해 기술한 이야기로 보고 사용해 왔다. 위니콧의 지혜는 환자들을 치료하는 과정에서 터득한 것인데, 이 점에서만 철학자나 시인과 다르다. 그러나 나는 이러한 점 때문에 오히려 우리의 주목을 더 크게 끄는 주장을 들려주고 있다고 생각한다.

이를 토대로 내가 제안한 수치심에 대한 분석은 수치심에 관한 주요한 종교적인 관념과 상충되는가? 완벽성은 인간의 목적으로 타당하지 않으며 부적절하다는 점을 강조할 때에는 분명 충돌하지 않는다. 혹여 인간을 존중할 가치가 없다고 보는 종교적 시각이 있다면, 이것은 수치심과 낙인에 대한 나의 분석을 관통하는 인간 존엄성에 대한 존중이라는 규범적 사고와 충돌할 것이다. 그러나 하나의 정치적 관념으로서 인간 존엄성에 대한 사고는 알려진 모든 형태의 정치적 자유주의의 중심축이며, 정치적·자유주의적 사고의 기초를 형성하는 핵심적인 도덕적 관념에 타당하게 포함될 수 있다. 이때 인간의 존엄성은 형이상학적 사고가 아니라 정치적 교리의 도덕적 부분으로 긍정된다. 어떠한 궁극적인 형이상학적 의미에서 인간의 삶이 그다지 존귀하지 않다고 주장할 수 있을지 모르지만, 어떤 종교든 정치적 교리로 이러한 생각을 받아들일 수는 있을 것이다. 그러나 나는 대부분의 주요 종교들이 근대 인권 개념의 핵심에 놓인 인간 존엄성이라는 관념을 이미 받아들이고 있다고 생각한다.[615] 대부분의 주요 종교들은 인권이라는 사고를 지지하며, 인권 개념이 인간의 약함과 불충분함에 관한 종교적 가르침과 모순된다고 여기지 않는다.

그래서 나는 이 책에서 제시한 심리학적 사고는 다양한 종교적 교리를 가지고 있는 사람들에게 폭넓게 수용 가능하고, 정치적 자유주의 사회를 지탱하는 기본적인 부분을 형성하는 핵심적 교리의 일부분으로 받아들여질 수 있다고 생각한다. 분명 흥미로운 내용에 대해서는 어떤 측면에서 논쟁이 있을 수 있으며, 전혀 이견이 없다고 말할 수 있는 경우에만 정치적 자유주의를 주장할 수 있는 것은 아니다. 그러나 지극히 평범한 것과 심각한 분열을 일으키는 것 사이에는 일정한 간극이 있기 마련이며, 나는 이 책에서 제시한 분석이 그러한 간극을 메울 수 있다고 생각하고 또 그러하길 희망한다.

혐오와 수치심에 대한 나의 분석은 인간 존엄성에 대한 존중이라는 자유주의적 사고와 충돌하는 특정 형태의 자유주의(또는 케이헌과 에치오니의 자유주의)를 거부해야 함을 시사한다. 그럼 반대로 이러한 분석은 우리가 지지해야 하는 자유주의에 대한 특정한 해석이 있음을 말해 주는가? 나는 그렇다고 생각한다. 만약 우리가 일차적으로 이 책의 주장과 부합할 수 있는 인간에 대한 정치관을 고찰한다면, 그러한 시각은 인간의 능력뿐 아니라 불완전성과 필요, 그리고 때때로 비대칭적 필요를 함께 강조할 필요가 있다. 시민을 '정치적 동물'이라고 보는 아리스토텔레스의 생각은 우리가 여기서 진단한 문제들을 뛰어넘으려 할 때 큰 시사점을 제시한다. 왜냐하면 이 개념은 인간이 다른 동물과 마찬가지로 도움을 필요로 하는 유한한 몸을 지니고 있다는 점을 강조하기 때문이다. 그렇지만 동시에 인간이 여타 동물과 다른 특성(과 문제)을 지니고 있으며, 잠재적으로 사회적 어려움을 겪을 수 있는 원인을 안고 있다는 사실을 무시하지 않는다.[616] 아리스토텔레스는 인간을 도움을 필요로 하지만 동시에 능력 있는 동물로 본다. 이때 능력과 존엄성은 동물적 속성에 철저하게 의존하며, 물질적 환경의 충분한 지원을 받을 수 있을 때에만 능력을 발휘할 수 있다. 이러한 물질성과 필요에 대한 강조는 개념적으로 유용하다. 물질적인 것에 대한 필요를 우리 자신에 대한 당혹스럽고 모욕적인 사실로 생각하지 않도록 도와주기 때문이다. 그 대신 물질성과 필요는 그 자체로 인간이 가지는 존엄성의 특정한 형태의 일부가 된다.

인간에 대한 이러한 정치관에 기초할 경우, 정치가 분배하는 좋은 것(복지)을 단순히 자원이나 물질 ── 그 자체로 일정한 좋음이나 가치를 가진 것처럼 ── 로 보기보다는 서로 맞물려 있는 인간 역량의 집합으로 생각하는 것이 자연스러울 것이다. 이때 인간 역량이란 어떤 구체적 형태의 기능을 선택할 준비가 되어 있고, 그러한 기능을 실제로 사용할 수 있는 사람의 상태를 말한다. 인간을 본질적으로 물질적이고, 유한하며, 도움이 필요한 존재라고 보면, 정치의 일차적인 역할은 인간이 기능을 선택할 수 있도록 인간의 필요를 뒷받침하는 것이라고 보는 정치관에 자연히 끌리게 된다. 정치의 목적을 시민들에게 기본적인 핵심적 역량을 제공하는 것이라고 보는 시각으로, 이러한 핵심적 역량은 헌법에 명기되거나 아니면 다른 방식을 통해 모든 시민의 기본적인 권리로 제시될 수 있다. 이런 점에서 자유주의의 기초에 대해 아마르티아 센(Amartya Sen, 1933~)*

---

* 인도의 경제학자·철학자. 1998년에 노벨 경제학상을 수상했다. 후생 경제학의 대표적인 학자다. 그는 역량 접근을 통해 빈곤이 단순히 소득이 낮다는 것을 의미하기보다는 "기본적인 역량의 박탈"이며, "개인이 소유한 역량이란 그가 가치 있다고 여기는 삶을 영위하기 위해 누리는 실질적 자유"라고 주장했다. 그의 역량

과 내가 다른 방식으로 발전시킨 '역량 접근법'은 자유주의 사회의 분배적 역할을 구체화하는 방식으로 매력을 지닌다.

역량은 내재적 측면을 지니고 있다. 즉 개인 자신이 (교육, 의료, 감정적 지원 등을 통해) 해당 기능의 형태에 참여할 준비가 되어 있어야 한다. 또한 역량은 외재적 측면도 지니고 있다. 내적으로 자유롭게 말하거나 생각할 준비가 되어 있는 사람도 사회적·제도적 장치가 미비한 경우 이를 실행하지 못할 수 있다. 그래서 정치가 중심적인 인간 역량의 집합을 증진시켜야 한다는 주장은 큰 노력을 필요로 한다. 즉 정치는 내가 다른 글에서 '결합된 역량'(필수적인 기능을 실행하기에 적합한 외부적 조건과 결합된 내재적 측면)이라고 일컬은 것을 분배해야 한다. 정치는 사람들이 이처럼 기능할 수 있는 수단을 발전시키고, 실제로 기능을 발휘하는 조건에 놓일 수 있도록 충분한 자원 및 교육을 비롯한 다른 물질적·제도적 지원을 보장해야 한다는 것이다.

그래서 내가 다른 곳에서 훨씬 더 상세히 기술한 '역량 접근'은 인간과 물질적·사회적·정치적 환경 사이의 복잡한 상호 의존 형태

접근에 대한 보다 자세한 설명은 Amartya Sen, "Capability and Well-Being," Martha Nussbaum and Amartya Sen eds, *The Quality of Life*(Oxford: Oxford University Press, 1993) 참조. 역량이라는 개념을 센이 국가 간 비교를 위한 의미에서만 사용한 반면, 너스바움은 사회정의에 관한 최소주의적 이론으로 사용하고 있다. 그녀는 인간의 존엄성이라는 개념에 자신이 제시하는 열가지 핵심적 역량이 내재되어 있다고 보고, 모든 사람에게 이러한 역량을 최소한의 적절한 수준으로 보장해야 한다고 주장한다. 둘 사이의 차이점에 대해서는 Nussbaum(2003a) 참조.

를 분명하게 해 준다.[617] 이러한 접근은 특히 사회가 인간다움을 숨기고 이를 위해 수치심과 혐오를 불러일으키기보다는(동물성, 죽을 운명, 유한성을 포함하는) 인간다움을 인정하려 할 때 사회의 핵심을 제공해 주기에 적합하다. 그렇지만 역량 접근이 인간 삶의 이러한 특징을 잘 다룰 수 있는 유일한 자유주의적 접근 방식이라고는 볼 수 없으며, 이러한 입장을 강하게 취하고 있는 것 중의 하나라고 할 수 있을 것이다.

역량과 기능이라는 생각에 기초한 정치적 자유주의 사회에서 특별히 중요한 도덕 감정은 무엇일까? 특히, 법을 제정할 때 어떠한 감정에 의존해야 하는가? 나는 분노와 분개는 위해나 손상에 대한 반응이기 때문에 핵심적인 감정이 될 수 있다고 생각한다. 자유주의적 관점에서 볼 때 인간의 가장 두드러진 사실은 다른 사람에 의해 상당한 손상을 입을 수 있는 취약한 존재라는 점이다. 앞에서 얘기했지만 분노하는 모든 경우를 신뢰할 수 있는 것은 아니다. 신뢰할 수 있으려면, 심각하게 손상당한 것은 무엇인지, 아니면 그러한 손상이 실제로 일어났는지에 대한 정확한 시각에 바탕을 두어야한다. 그러나 분노에 담긴 구체적인 판단을 비판적으로 평가하면, 이것이 의존하기에 적합한 '종류'의 감정임을 알 수 있다. 존엄성, 자기 발전, 개인 행위의 자유에 초점을 둔 자유주의 사회는 위해를 억제할 필요가 있기 때문에, 위해에 대응하는 한에서 분노는 입법의 신뢰할 수 있는 지침이 되어 줄 수 있을 것이다.

마찬가지로 인간의 삶이 상당한 위험 요소를 간직하고 있고, 언제든 가장 소중한 것을 상실할 수 있다는 점을 이해하는 시민에게는 초점이 올바르다면 두려움과 슬픔도 적절한 감정이 될 것이다. 이들 감정은 모든 사람에게 자원이 안전하고 공평하게 분배되고 있는지, 그리고 이러한 분배를 담당하고 있는 제도가 안정적인지에 대해 시민의 관심을 유발할 수 있다. 같은 이유로, 다른 사람과의 상호 의존과 사회 제도를 통해 인생에서 많은 좋은 것들을 경험하는 시민들에게 감사와 사랑이라는 긍정적 감정은 중요하다. 이러한 감정은 모두 처한 환경에 부합할 수도 있고 그렇지 않을 수도 있으며, 좋은 근거에 기초할 수도 있고 그렇지 않을 수도 있다. 그러나 이러한 감정들은 자유주의 사회의 시민들이 주로 경험할 수 있고, 그러한 사회가 적절한 방식으로 촉진해야 하는 감정의 '형태들'이다.

I장에서 다룬 또 다른 중요한 자유주의적 감정은 동정심이다. 동정심은 다른 사람이 커다란 역경이나 손실을 겪었다는 사고를 수반하며, 이러한 손실에 도움을 주는 행위를 촉진하는 데 두드러진 역할을 한다. 특히 역량 접근에 기초한 자유주의 사회가 특별한 관심을 갖는 역량 부재의 사례들 ── 질병, 이동성 상실, 친구와 가족의 상실, 노동과 활동 영역의 상실 ── 도 동정심을 일으키는 전형적인 경우다. 일반적으로 비극적인 희곡이 유도해 내는 동정심은 이러한 손실을 심각하게 여기며, 이러한 손실이 고통을 겪는 사람 자신의 책임(또는 주된 책임)이 아니라는 판단을 담고 있다.[618] 이러한 점에서 동정심은 그러한 손실을 방지하거나 교정하는 귀중한 사회적 동기를 제공해 준다. 2001년 출간된 감정에 관한 책에서 나는 자

유주의 사회에서 동정심의 역할을 보다 상세히 분석했다. 그리고 동정심이 오류에 빠지기 쉽기는 하지만 자유주의 사회가 이용할 수 있고, 나아가 교육시킬 수 있는 귀중한 감정이라고 주장했다.[619] 나는 I장에서 법률 체계 내에서 동정심이 바람직하게 사용될 수 있는 몇 가지 예를 제시한 바 있다.

그러나 분노와 마찬가지로 동정심도 잘못 발휘될 수 있다. 손실의 정도나 책임의 여부에 대한 판단에서 실수가 있을 수 있는 것이다. 게다가 동정심은 낯선 사람이나 멀리 떨어져 있는 사람을 배척하고 가까운 사람에게 초점을 맞추기 때문에 대체로 관련된 사람의 범위에 착오가 있을 수 있다. 이러한 점에서 동정심은 모든 인간 삶이 지니는 동등한 가치를 가르치는 공평한 도덕적 원칙과 충돌하기 쉽다. 그러나 이러한 문제에 대한 해법은 동정심을 버리는 것이 아니라 이를 교육하고 확장시키는 것이 되어야 한다고 생각한다. 바람직한 교육이 수반된다면, 동정심은 법률 체계의 여러 측면 — 특히 근본적 권리의 표명과 관련하여 — 에서 좋은 지침을 제공해 준다. 이 책에 담긴 주장은 이러한 교육이 주로 인간의 약함, 의존성, 장애에 대한 사고를 포함해야 한다는 생각을 담고 있다. 이러한 사고에서는 관객이 비극적 영웅을 불쌍한 피해자로 보듯 장애인을 불쌍한 피해자로 여기지 않는다. 동정심 어린 반응 자체는 기능을 제한하는 장애물을 만난 사람들이 보여 주는 용기와 능력에 대한 감탄을 수반할 수 있으며, 실제로 자주 그렇다.[620]

이 책의 분석은 감정과 다양한 형태의 정치조직과의 관계가 동일하지 않음을 보여 준다. 자유주의 국가는 분노와 동정심(분노, 슬픔, 사랑, 감사와 함께)과 밀접한 관련성을 지닌다. 반면 수치심과 혐오와는 훨씬 더 관계를 맺기 어렵다. 혐오는 개인의 삶에서 완전히 없앨 수 없으며, 사회적 삶에서도 불가피하게 어느 정도는 남아 있게 될 것이다. 그러나 자유주의 사회에서 혐오를 통한 [사회적] 위계화는 설 자리가 없다. 특정한 형태의 수치심은 사람들이 가치 있는 형태의 활동을 하도록 자극하기 때문에 사람들의 개인적 삶에서 소중한 도덕 감정일 수 있다. 그러나 수치심을 처벌에 사용하는 것은 심각한 문제를 지니며, 모든 시민의 존엄성을 평등하게 존중하는 것과 양립하기 어렵다. 자유주의 정치 체제는 전통적으로 멸시받아 온 시민 집단을 세력화하고 이들에 대한 존중을 증진시키는 공적 행위를 통해 차이를 지닌 사람들에게 사회적으로 부과되는 수치심에 맞서야 할 것이다.

우리는 감정에 대한 복잡한 분석을 통해 밀과 아주 다른 경로를 밟아 그의 결론과 매우 흡사한 곳에 도달했다. (아버지의 이론을 물려받은) 밀은 감정을 행동 상태에 따라 기계적으로 의식 없이 발현되는 것으로 보았다. 그러나 제임스 밀의 감정에 대한 단순한 시각은 묘한 차이를 잘 잡아내고, 인본주의적이며, 인간의 복합성을 인정할 수 있었던 그의 아들의 사상과 잘 부합하지 않았다. 그럼에도 불구하고 이것은 밀이 공식적으로 지지한 감정에 대한 시각이다. 그가 자신의 발전을 보다 복잡한 측면에서 기술하고 있고, 특히 해리엇과의 서신 교환 속에서 자신의 감정을 지속적으로 표현 — 감정에 대한 단순한 시각으로 결코 설명할 수 없는 방식으로 ── 하고 있지만 말이다. 밀은 공식적으로 감정에 대한 이러한 시각을 고수했기 때문에 자신이 『자유론』에서 주목했던 동조와 낙인 문제가 지니고 있는 일부 측면을 분명하게 표현하지 못했다. 그래서 그가 제시한 자유를 옹호하는 일련의 주장은 심각하게 불완전할 뿐 아니라 종교적 다원주의를 존중하는 현대 자유주의 입장에서는 받아들일 수 없는 측면도 지니고 있다.

　나는 이 책에서 밀이 예상치 못했을 새로운 부분에서 그의 일반적 입장을 지지하는 분석을 제시하고 했다. 감정에 내재된 인지적 구조를 상세히 분석함으로써 ── 감정에 이러한 흥미로운 인지적 구조가 결여되어 있다는 생각과 달리 ── 우리는 모든 개인의 동등한 존중과 자유를 가로막는 장애물을 새롭게 이해할 수 있다. 또한 이를 통해 이러한 장애물을 [없애기보다는] 만들어냈다고 생각되는 감정에 토대하여 도덕주의적인 주장을 펼치는 자유주의적 시각에 반대할 수 있는 근거를 갖게 된다. 앞에서 여러 번 말했지만, 혐오와 수치심을 거부하는 주장을 편다고 해서 법의 도덕적 한계에 관한 완전한 자유주의 이론을 제시할 수 있는 것은 아니다. 법적 규제에 관한 자유주의 이론의 골격을 갖추려면 그에 앞서 온정주의에 관한 다른 주장과 처벌의 속성에 대한 일반적인 긍정적 해석을 검토해야 할 것이다. 그러나 자유주의에 반대하는 사람이나 심지어 자신이 자유주의에 우호적이라고 하는 사람들조차도 혐오와 수치심을 자신의 주장의 근거로 제시하고 있는 상황에서, 인간의 존엄성을 보호하길 원한다면 이들 감정에 의지하는 것이 위험할 수 있다는 점을 보여줄 수 있었다면 일정한 [학문적] 기여를 한 것이라고 생각한다.

보다 일반적으로, 인간 삶에 내재된 깊은 어려움 — 이러한 어려움 때문에 공적인 감정으로 혐오와 수치심에 의존하게 된다. — 을 고찰함으로써 우리는 적어도 자유주의 사회가 소중히 여기고 나아가 발전시켜야 하는 일정한 역량의 윤곽을 볼 수 있게 되었다. 지배하기보다는 상호 의존하는 관계를 즐길 수 있는 능력, 자신과 다른 사람의 불완전성과 동물성, 유한성을 인정할 수 있는 능력이 그것이다. 사회는 공교육과 일반적인 공적 제도의 설계, 공적 문화를 통해 이러한 능력을 더욱 증진시킬 수 있고, 이를 바탕으로 불평등하고 위계적인 사회관계의 형성을 줄일 수 있다.[621]

상담이 끝난 9개월 후 환자 B는 위니콧에게 편지를 보냈다. 이 편지에서 우리는 과거 그의 특징이었던 경직성과 수치심을 전혀 발견할 수 없다. 그 대신, 그는 삶의 불확실성을 받아들이고 있다.

위니콧 박사님께

(……) 그 이후 제가 뭘 하고 있을지는 저도 확신이 서지 않네요. 아직은 먼 훗날을 계획할 수 없으니까요. 상담을 그만두고 싶은 충동을 여러 번 느꼈고, 지금도 그러고 싶은 생각이 간절해요. 하지만 전 충분한 치료가 이뤄지지 않았다는 것을 깨닫고 있어요. 그래서 선생

님과 다시 시작할 것인지, 그게 더 이상 불가능하다면 다른 사람과 다시 시작할 것인지 결정해야 할 거예요. 제가 이러한 생각을 상당히 쉽게 받아들일 수 있다는 건 커다란 진전이 아닐까 해요.

우리가 다시 함께할 수 있을지 몰라서 이 기회를 빌려 선생님이 하신 일에 대해 제가 너무나 감사하고 있다는 말씀을 전하고 싶어요.

안녕히 계십시오.

"더 이상 불가능하다면"이라는 구절에는 특별한 뜻이 담겨 있다. 위니콧은 오랫동안 심장 질환을 겪고 있었는데, B는 심각한 병으로 생각했던 모양이다. 실제로 그는 얼마 후 세상을 떠났다. 여기서 B는 정신분석학자의 유한성, 나아가 자신의 유한성을 받아들이고 있다. 그는 사랑(위니콧과의 대화 속에서 즐겼던 '미묘한 상호 작용')이라는 불완전하고 유한한 존재와 관계하고 있다는 점을 인정하면서, 인간의 사랑에 대한 자신의 새로운 이해를 보여 주고 있다.

누구나 아마 어떤 면에서는 장애를 안고 있다고 할 수 있는 사람들이 함께 자유주의 사회를 형성하고자 할 때, 삶이란 불완전하고 불확실하다는 사실을 솔직하게 받아들이는 데에서 시작하는 것은 바람직해 보인다.

주(註)

1   이들 예는 Kahan(1996)에서 가져온 것이다.

2   Bérubé(1996)와 Nussbaum(2002b)의 논의 참조.

3   *Commonwealth v. Carr*, 580 A.2d 1362, 1363-65(Pa. Super. Ct. 1990). Brenner(1995)와 Kahan and Nussbaum(1996)의 논의 참조.

4   *Miller v. California*, 413 U.S. 15, 93 S. Ct. 1607(1973).

5   Mison(1992). 좀 더 자세한 논의는 3장 참조.

6   Etzioni(2001, 37).

7   Sanders(1989, 183)에서 재인용. 출처는 《하퍼트 쿠랑(*Hartford Courant*)》의 1996년 4월 19일자, C6의 기사다. 그러한 제안의 의도가 낙인을 찍는 것이든 미래의 성적 파트너에게 경고를 주는 것이든 간에 그것이 갖는 효과는 분명 [사회적] 낙인이다. 버클리는 여성이나 어린아이, 에이즈 양성이나 다른 전염병을 소지한 "정상적인" 남성에게도 유사한 문신을 하자고 제안하지는 않았다.

8   Massaro(1991, 1997), Markel(2001).

9   E. Posner(2000), Whitman(1998).

10 Rawls(1971), Bérubé(1996).

11 예를 들면, 휘트먼은 자유주의적 전통 내에 수치심을 일으키는 처벌을 주

지 않아야 한다고 볼 수 있는 충분한 근거는 전혀 존재하지 않는다고 주장한다.(Whitman, 1998) 다른 관점에서 케이헌은 수치심을 일으키는 처벌이 비자유주의적이라는 주장을 거부하는 것으로 보인다.(Kahan, 1996·1998·1999)

12 Devlin(1965), Miller(1987). 아마 밀러는 합의에 의한 동성애를 금지해야 한다고 보는 데블린의 가장 유명한 권고를 지지하지는 않을 것이다. 비록 그가 구체적인 법률적 판단을 내리지는 않았지만, 일반적으로 그는 자신이 성(性)과 성적 성향에 근거해서 차별하는 입장에 반대한다고 적고 있다.

13 Kahan(1999).

14 이와 같은 입장은 데블린에 반대하는 드워킨(Dworkin, 1977)의 주장에서도 나타난다. 드워킨은 데블린의 "도덕적 지위" 개념을 철저하게 심사할 필요가 있다고 주장한다. 그는 우리가 이성에 따른 판단만을 법의 적절한 근거로 받아들이고, 그러한 과정에서 이성과 감정을 분명하게 구분한다고 말한다. "만약 동성애에 대한 나의 시각이 개인적인 감정 반응에 근거한다면……그러한 근거는 거부될 것이다. (……) 실제로, 우리가 평상어로 공포증(phobia) 또는 강박관념(obsession)으로 기술하려는 것은 이러한 입장(어떠한 실천이나 설명할 수 없는 상황에 대한 격심한 감정적 반응)이다(250)." 드워킨은 감정적 반응에 타당한 근거를 부여할 수 있다면 이러한 감정들은 용인 가능하다고 말한다. 그러나 그는 일관되게 이성을 감정적 반응 자체와 구분해서 바라보고 있다. 그가 "단순한 감정적 반응"(ibid)이라고 부른 것은 그 자체로 아무런 근거를 수반하지 않는다. 이후에도 그는 이러한 생각을 반복해서 드러내는데, "단순히 내 감정을 전하는 것만으로는 그 문제를 해결할 수 없다."(252)라는 말에서도 엿볼 수 있다. 그는 데블린의 잘못은 단순한 감정적 반응이 충분히 도덕적 위치를 차지할 수 있다고 여긴 것이라고 결론짓고 있다. 나는 드워킨이 주장한 내용의 많은 부분에 감탄을 표하지만 그의 주장은 모든 감정을 '단순한 감정'으로 치부하고, 감정에 도덕적 근거를 포함한 적절한 근거를 포함할 수 있다는 점을 부인함으로써 너무 많은 것을 날려 버렸다고 생각한다.

15 이러한 생각은 감정과 믿음, 감정과 가치 사이의 관련성에 대한 체계적인 설명과 함께 Nussbaum(2001a)에 아주 길게 기술되어 있다. 이 책은 여러 가지

면에서 나의 두툼한 분량의 앞선 저작과 접점을 가질 수밖에 없다. 이 책에서 제기되는 많은 점들에 대한 보다 광범위하고 상세한 철학적 주장을 바라는 독자는 방금 말한 책의 논의를 병행해서 읽기 바란다.

16 Nussbaum(1994), chaps. 10-12; Nussbaum(2001a), chap. 1 참조.

17 이러한 입장의 대표적인 예는 Posner(1990), chap. 5다. 포스너는 홈스의 영향을 받았다고 말한다. 그가 편집한 Holmes(1992, 160-77, 237-64) 참조.

18 비록 복잡함과 정교함의 수준에서 차이가 있기는 하지만, 이러한 사실은 많은 동물도 마찬가지다. Nussbaum(2001a) 참조.

19 이와 연관된 고등교육에 관한 설명은 Nussbaum(1997)을 참조.

20 Winnicott(1994) 4장에서 논의.

21 물론 여기서 나는 『국가(*Republic*)』 4권에서 플라톤이 비자유주의적 국가에 대해 말하는 방식을 차용했다.

22 *Small v. Commonwealth*, 91 Pa. 304, 306, 308(1879).

23 *State v. Norman*, 378 S.E.2d 8, 9, 11, 13(N.C. 1989); id. at 17, 21(Martin, J., dissenting).

24 *Woodson v. North Carolina*, 428 U.S. 280, 303(1976).

25 *California v. Brown*, 479 U.S.(1986), 538 ff.

26 Ibid., 538.

27 다수 의견을 낸 판사들은 배심원들이 이러한 구별을 쉽게 이해할 것이라고 주장한다. 반면 반대 의견을 낸 판사들은 검사들이 사실상 모든 동정심을 버릴 것을 요구하고 있다고 말하면서 검찰이 배심원들을 혼란스럽게 할 가능성이 있다고 주장한다. 그들은 혼란을 초래할 수 있는 검찰의 여러 행위를 언급하고 있다.

28 분개와 징벌적 손해 배상 간의 관련성에 대해서는 Sunstein, Kahnemann, and Schkade(1998)과 Sunstein et al.(2002) 참조.

29 오늘날 '열정'이라는 말은 일반적으로 감정의 강한 하위 부류를 의미하지만, 이 말은 프랑스어 'passions'처럼 보다 일반적인 용어로 사용되었다. [외부의] 사물에 의해 영향을 받는 상태를 지칭하는 지극히 일반적인 의미를 가지고

있던 고대 그리스어 '*pathē*'도 이러한 경험들의 집합을 의미하는 보다 좁은 의미로 사용되었다. 이후의 사상가들은 그들이 어떤 용어를 사용하든지 간에 기본적으로 이러한 전통을 따르고 있다.

30 일반적으로 철학적 전통은 말하고 쓰는 일상적인 방식에 주의를 기울인다. 이것은 이러한 방법 때문에 동시대인들에게 많은 비판을 받았던 고대 그리스의 스토아학파에게는 분명한 사실이었다(Nussbaum, [1994], chap. 10 참조).

31 인도와 중국의 이론적 전통과 다양한 문화의 인류학적 자료에 대해서는 Nussbaum(2001a) 참조.

32 예를 들면, 놀람이나 '깜짝 놀람'은 감정으로 분류될 때도 있고 그렇지 않을 때도 있다. 호기심, 경탄, 존중도 마찬가지다. '사랑'은 감정으로 불리기도 하고 복잡한 관계를 나타내기도 한다. 사랑의 이러한 측면들이 어떻게 연관되는지에 대해서는 차이가 있다.

33 상세한 설명은 Nussbaum(2010a), chap. 2 참조.

34 Ibid. 분노는 인과적인 사고를 요구한다. 즉 [분노가 생기려면] 다른 사람 '때문에' 피해를 입었다고 생각해야 한다. 다른 관점에서 볼 수 있는 사고 능력이 동정심에 미치는 역할에 관해 내가 '일반적으로'라고 말한 이유는 다른 글(Nussbaum, 2001a)에서 살펴본 것처럼 이러한 능력이 반드시 필요하다고 생각하지 않기 때문이다. 우리는 동물이 느끼는 고통을 적절한 방식으로 상상할 수 없지만 동물의 고통에 대해 동정심을 가질 수 있다.

35 *Rhetoric* II.1-11.

36 Ibid., II.5 참조.

37 Ibid., II.2-3 참조.

38 Nussbaum(2001a), chap. 1에서 이에 대해 좀 더 자세히 말하고 있다.

39 Smith, *The Theory of Moral Sentiments*, Section II, chap. 1.

40 이와 연관된 현상은 오랫동안 짜증을 내다가 분노가 생기는 경우일 것이다. 그러나 이것은 화를 내지 않다가 화를 내게 되는 과정의 마지막 단계라고 할 수 있다.

41 Graham(1990)의 정교한 논의 참조. 나는 이러한 구분을 Nussbaum(2001a),

chap. 2에서 좀 더 상세히 논의하고 있다.

42 *On Anger* III.36 ff.

43 *Nicomachean Ethics* VII.5, 1149a8. 아리스토텔레스는 쥐 소리만 나도 무서워하는 사람은 "짐승 같은 유형의 겁 많음"을 지니고 있다고 말하면서, 질병이 전염될 가능성 때문에 족제비를 두려워하는 사람의 경우 ― 이 사람의 두려움은 분명 타당하다. ― 와 대비시킨다. 족제비에 대해 별로 아는 게 없기 때문에 이러한 대비에 대해 추가적으로 언급하지는 않겠다.

44 평가적 판단이 참일 수도 있고 거짓일 수도 있다고 생각하지 않는 사람은 이 지점에서 정확성 또는 적절성이라는 보다 약한 개념으로 대체할 수 있다.

45 내 딸이 4학년이었을 때(매사추세츠 주 케임브리지에 있는 정치적으로 올바른 학교를 다녔는데) 조너선이란 아이가 자신을 모욕했다고 불평하면서 집에 돌아왔다. "조너선이 누군데?"라고 물었더니 딸아이는 다양하게 그를 표현했다. 그는 목소리가 크고, 빨리 달리며, 키가 크고, 여학생들을 괴롭히는 아이라는 식이었다. 한참 대화를 나눈 후에야 나는 그가 아프리카계 미국인이라는 사실을 깨달았다. 나라면 그를 표현하는 데 가장 먼저 이 사실을 말했을 수도 있었을 것이다. 케이헌은 일리노이 주 힌스데일에 있는 자신의 아들 유치원 수업에 대해 적고 있다. (옷이 아니라) 자신의 피부색을 말하는 게임이 진행되고 있었는데 아이들은 문자 그대로 이 질문을 해석했다. 한 명의 아이도 피부를 '흰색'이라고 대답하지 않았고 대부분의 아이들이 '복숭아색'이라고 답변했다. 아프리카계 미국인 여자 아이 한 명도 자신의 팔을 보고 똑같이 대답했다.

46 이러한 도덕적 변화 과정은 머독(Iris Murdoch)이 뛰어나게 기술하고 있다. Murdoch(1970) 참조.

47 카에 대한 의심은 Pohlmann(1999) 참조. 그의 분석은 3장에서 추가적으로 논의될 것이다.

48 이에 대한 좋은 설명은 Sherman(1999) 참조.

49 아리스토텔레스가 인간이 아닌 동물에 대해 강렬하고 매우 정교한 관심을 가졌으며, 인생의 상당 부분을 동물을 해부하고 그들의 행동을 관찰하는 데 보

냈다는 사실을 고려하면 이는 이상한 일이다.

50 완벽한 일관성을 지니고 있는 것은 아니다. 감정을 충동으로 간주하는 기계적 시각의 증거는 Kahan and Nussbaum(1996) 참조.

51 심리학자 리처드 래저러스(Richard Lazarus)는 다음과 같이 요약하고 있다. "우리가 어떤 감정으로 반응할 때……그러한 반응은 중요한 가치 또는 목적과 연관되어 있으며, 그러한 가치 또는 목적이 위험에 처해 손상되고 있다는 것 또는 진전되고 있다는 것을 우리에게 알려 준다. 감정적 반응을 통해 우리는 어떤 사람이 맞닥뜨린 상황 또는 일반적인 삶 속에서 중요시하는 것에 대해 많은 것을 알 수 있다. 또한 그 사람이 자신과 세계를 어떻게 이해하는지, 위해·위협·힐난에 어떻게 대처하는지도 알 수 있다. 심리학의 다른 어떤 개념도 개인이 생명과 특정한 물리적·사회적 환경에 어떻게 관계하는지를 이처럼 풍부하게 드러내 주지는 못한다."(Lazarus, 1991: 6-7)

52 예외의 경우는 Kahan and Nussbaum(1996) 참조.

53 Sir Michael Foster, Crown Cases 292(1898)[귀를 친 경우]와 *Stewart v. State*, 78 Ala. 436, 40 (1885)[얼굴을 친 경우]를 비교.

54 *Regina v. Mawgridge*, 84 Eng. Rep. 1107, 1115(1707)와 *Rex v. Palmer*, 2 K. B. 29, 30-31(1913)을 비교.

55 *Maher v. People*, 10 Mich. 212, 221-22(1862).

56 *Commonwealth v. Carr*, 58 A.2d 1862, 1363-65(Pa. Super. Ct. 1990).

57 이러한 항변을 [살인 행위 자체를] 정당화하는 것으로 보거나 아니면 면죄부를 주는 것으로 이해해야 한다는 드레슬러(Dressler, 2002)의 주장은 잘못된 방식으로 이 문제를 제기하는 것으로 생각된다. 드레슬러는 그러한 행위가 정당화되지 않으면, 감정 자체도 정당화될 수 없다고 보았다. 그러나 우리는 이것을 구분할 수 있다고 여긴다. 감정 그 자체(극단적인 분노)는 처한 상황을 근거로 정당화될 수 있다. 비록 완전히 "이성적인 사람"은 자신의 극단적인 감정을 다른 방식으로 다룰 수도 있었기 때문에 범죄 그 자체는 단지 (부분적으로만) 면죄될 수 있지만 말이다.

58 *Small v. Commonwealth*, 91 Pa. 308(1879).

59 모범형 법전에서 찾을 수 있는 다른 접근 방식은 "극도의 감정적 동요"로 충분하다고 보고, 피고인에 대한 공격적 행위라는 요건을 폐지하는 것이다. 이 원리를 적용한 전형적인 사례(*State v. Elliott*, 411 A.2d 5[conn. 1979])에서 자녀 양육권 문제, 최근에 구입한 집을 유지하지 못하는 무능력, 자신의 형에 대한 굉장한 두려움이 겹쳐서 너무 흥분한 나머지 도발이 없는데도 형을 쫓아가 총을 쏜 한 남성은 자신의 '동요'를 근거로 과실치사죄로 경감받았다. 이러한 접근에 대한 비판과 다른 사례에 대해서는 Kahan and Nussbaum(1996, 322-23) 참조.

60 이러한 사실을 고려해 보면 도발을 근거로 한 죄의 항변을 완전히 폐지하는 것이 보다 낫지 않을까? 스티븐 모스(Stephen Morse)는 그렇다고 주장한다. "이성적인 사람은 그들이 얼마나 도발을 느꼈든 간에 살인을 저지르지는 않는다. (……) 사실상 모든 인간은 격노해 봤기 때문에 알고 있지만 격노했을 때에도 살인을 하기란 쉽지 않다."(Morse, 1984, 33-34). 그렇지만 내가 조금 전에 기술한 자녀의 죽음을 알게 된 부모의 사례는 어쩔 수 없는 것으로 여겨진다(정신장애로 판단력을 잃은 상태에서만 살인이 완전히 항변될 수 있다고 주장하는 모스의 경우도 이에 동의할 것이다.

이러한 상황에서 살인을 저지른 사람에 대해 동정심을 보이지 않는 사회가 오히려 이상하게 보일 것이다. 이러한 상황에서는 이성적인 사람도 정상적인 자기 통제력을 상실하고 성급하게 행동할 '수도 있는 것이다.'(이 원리에 대한 페미니스트의 비판은 다른 측면의 문제를 제기해 왔다. 이 원리가 남성의 사회화 과정의 일부인 특정 형태의 행위에 구실을 제공한다는 것이다. Dressler(2002)와 Nourse(1997) 참조. 이러한 우려는 분명 그러한 항변을 제한해야 하는 근거가 된다. 예를 들면, 아내의 정부를 살해한 남편의 사례를 [충동적 과실치사 원리의] 전형적인 사례로 간주하지 않는 것이다. 도발을 형사적 범죄인 경우로만 한정하자는 너스의 제안은 흥미롭다. 비록 이 나라의 섹스법을 고려하면 그녀가 따르는 구분을 정확하게 포착하지는 못하겠지만 말이다.

61 *U.S. v. Peterson*, 483 F.2d 1222(1973).

62　Blackstone, *Commentaries* IV, chap. 14. III, chap. I장도 참조. "저항이 단순한 방어와 예방이라는 한계를 넘지 않도록 해야 한다. 그렇지 않으면 피고인 자신이 폭행자가 될 수도 있다."

63　블랙스톤은 이미 믿음과 감정이라는 두 측면에서 정당방위를 분석한 바 있다. *Commentaries* III. chap. I 참조.

64　*People v. Goetz*, 68 N.Y.2d 96, 497 N.E.2d 41(1986).

65　하지만 법원은 타당성 검증을 적용하면서 피고인이 당면한 모든 환경을 고려해야 한다는 사실을 유지했다. 그러한 환경에는 피고인의 신체적인 특징과 그의 믿음에 타당한 기반을 제공하는 과거의 특정한 경험이 포함될 것이다.

66　다음과 같은 예 참조. N. H. Rew. Stat. Ann. Para. 627.4 (II) (b) (c) (1986); N.Y. Penal Law para. 35.15(McKinney, 1987); Tex. Penal Code Ann. Para. 9.32 (West, 1994).

67　*Beard v. U.S.*, 158 U.S. 550, 561(1895) (Harlan, J.) (*Erwin v. State*, 29 Ohio St. 186, 193, 199에서 인용) (1876). 대법관 할란은 치명적인 무력을 사용하기 전에 "벽으로 물러선다."는 생각을 받아들이는 영국의 태도와 지배적인 미국의 태도를 대비하고 있다.

68　빌(Joseph H. Beale, Jr.)의 초기 비판은 Beale(1903) 참조. 그는 "진정 명예로운 남성, 정말 품위 있고 고결한 남성"은 물러서는 비겁함을 후회하겠지만, "자신의 손에 동료의 피를 묻혔다는 생각"을 훨씬 더 후회할 것이라고 말한다.

69　*People v. Tomlins*, 107 N.E. 496, 497(N. Y., 1914) (Cardozo, J.).

70　Kadish and Schulhofer(1989: 874-75)의 요약 참조.

71　Maguinga(1991) 참조.

72　*State v. Stewart*, 763 P.2d 572(1988).

73　이 분야의 가장 영향력 있는 저작은 Walker(1980)이다.

74　*State v. Kelly*, 478 A.2d 364(1984).

75　Kahan and Nussbaum(1996: 349-50)의 논의 참조. 소지한 총기 수가 더 적었음에도 불구하고 유죄를 선고받은 고츠(Goetz)의 판결과 비교.

76　Sheridan Lyons, "Court Panel to Probe Judge in Sentencing," *Baltimore Sun*, 20

October 1994, 1B.

77 "She Strays, He Shoots, Judge Winks," *New York Times*, 22 October 1994, A22.

78 Kahan and Nussbaum(1996: 346-47) 참조.

79 Texas Panal Cod art. 120 (1973년 폐기).

80 알슐러(Albert Alschuler)가 케이헌(Dan M. Kahan)에게 보낸 서신(May 1995, *Columbia Law Review* 파일). 알슐러는 텍사스 주 형법에 대한 포괄적인 개혁의 일부로 "간통법" 폐지를 제안한 위원회의 공식 리포터였다.

81 *Regina v. Mawgridge*, 84 Eng. Rep. 1107, 1115(1707).

82 따라서 도발 행위가 항상 범죄 행위일 필요는 없으며, 모든 범죄 행위가 타당한 도발의 근거가 되는 것도 아니다. 그러나 범죄성은 분명 이성적인 사람이라면 누구나 이로 인해 도발될 수 있을 것이라는 생각에 기여하고 있다.

83 Kahan and Nussbaum(1996) 참조.

84 여기서 나는 Nussbaum(2001a, chaps. 6-8)에 담긴 보다 상세한 분석을 따르고 있다.

85 아리스토텔레스의 용어인 '*eleos*'는 일반적으로 '연민(pity)'으로 번역되지만, Nussbaum(2001a), chap. 6에서 제시한 이유 때문에 나는 '동정심(compassion)'이라는 용어를 선호한다. 그리스어처럼 동정심이라는 단어에는 영어의 "연민"이라는 말에 종종 담겨 있는 우월성이나 내려 보는 듯한 태도를 시사하는 의미가 담겨 있지 않다.

86 Batson(1991).

87 Nussbaum(2003b) 참조.

88 Clark(1997).

89 캘리포니아 주 대법원 판결을 인용하고 있는, *California v. Brown*, 479 U.S. 540 (1987). 캘리포니아 주 대법원 판결은 헌법적 요건을 분명하게 주장한 초기의 판례인 *Woodson v. North Carolina*, 428 U.S. 280 (1976)을 인용하고 있다.

90 *California v. Brown*, 538.

91 Ibid., 541-42.

92 Ibid., 553.

93 Ibid., 555.

94 이 논쟁에 대한 요약은 이 입장에 대한 적절한 비판을 제시하고 있는 Bandes(1999) 참조.

95 Bandes(1997) 참조.

96 보다 최근의 언급은 Etzioni(2001) 참조.

97 이러한 입장에 대해서는 Rawls(1971, 1996) 참조.

98 나는 다른 글들에서 정치적 삶에 대한 이러한 시각을 옹호한 바 있다. Nussbaum(1999a, 2000, 2002) 참조.

99 이것은 Kahan and Nussbaum(1996)에서 이뤄진 응답이다.

100 "타당한 불일치"는 라모어의 표현이다. 롤스는 "타당한 다원주의"라는 용어를 사용한다.

101 Rawls(1996), Larmore(1987, 1996) 참조. 이 시각은 롤스가 쓴 같은 이름의 책과 주로 관련지어 생각하지만, "정치적 자유주의"라는 용어와 [이것이 담고 있는] 중심적인 생각은 라모어가 먼저 발전시켰다. 롤스도 그의 독창적인 역할을 인정하고 있다.

102 나는 기본적 재화의 목록을 형성하는 가장 좋은 방법은 핵심적인 형태의 기능(functioning)이나 행위를 하기 위한 '역량(capabilities)' 또는 기회의 목록을 작성하는 것이라고 주장해 왔다. 내가 작성한 '중심적 역량' 목록에는 형법에서도 분명 중심이 되는 생명, 건강, 신체 보전, 소유권 등과 같은 항목이 포함된다.

103 유사한 접근에 대해서는 Mill(1861), chap. 5 참조.

104 Nussbaum(201a), chap. 8 참조.

105 Mill(1859).

106 자유에 순위를 두는 문제에 대해서는 Nussbaum(2003a) 참조. 나는 "중심적인 인간 역량"과 결부된 핵심적인 자유의 집합을 특별하게 보호할 것을 주장한다.

107 Mill(1859). 여기서 언급된 권리들은 아마『공리주의』5장에서 논의된 권리로 이해해야 할 것이다(Mill 1861). 이것은 생명과 소유권의 안전을 지키기 위한

기본적 권리를 말한다. 내가 말한 모든 어려움에 대한 보다 추가적인 논의는 Nussbaum(2002a) 참조.

108 내가 여기서 정치적 자유주의의 특징을 설명하는 데 사용해 왔던 구절을 이용하고 있지만, 밀이 정치적 자유주의자였음을 뜻하는 것은 아니다. 일반적으로 그는 '포괄적 자유주의자(comprehensive liberal)'로 이해되고 있다. 왜냐하면 그는 자율성을 국가가 전면적으로 증진해야 할 가치라고 생각하고 있는 것처럼 보이기 때문이다. 이러한 생각은 특정 종교적 전통에 대한 모욕을 수반하는 경우도 있다. 칼뱅주의를 경시하는 『자유론』 3장의 언급에 분명히 드러나는 것처럼 특정 종교 형태에 대한 밀의 태도는 그다지 정중하지 못하다. 그러나 모든 형태의 사고와 표현, 그리고 "자기본위적" 행위를 강력하게 보호하려 했다는 사실을 고려하면, 그의 시각이 실제로 정치적 자유주의자들과 다른 것인지 내게는 명확하지 않다. 두드러진 차이가 나타난다면, 공교육이 확립되는 방식과 공무원들이 자신이 지닌 공적 자격 내에서 표현할 수 있는 가치에 관한 문제일 것이다.

109 이러한 점들에 대한 추가적인 논의들은 Nussbuam(2002) 참조. 전형적으로 밀의 입장을 취하고 있는 곳은 켄터키 주다. 이 주는 술의 개인적 소비를 금지한 법령을 ('주' 헌법을 근거로) 위헌이라고 판결한 19세기 말경에 밀의 위해 원칙을 수용했다. 보다 최근에 켄터키 주 대법원은 켄터키 주의 소도미법(동성 커플의 성행위를 금지하는 법)을 무효로 하면서 이러한 판례들을 활용했다.

110 *Barnes v. Glen Theatre*, Inc., 501 U.S. 560 (1991). 비록 렌퀴스트가 법정 의견을 쓰기는 했지만, 이 판결에서는 두 개의 보충의견이 있었을 뿐 다수 의견이 없었다.

111 나는 Dworkin(1987)에서 제시된 번역을 사용했다. 이 번역은 일반적으로는 완화되어 있는 마지막 저작의 공격적인 함의를 정확하게 전달하고 있다.

112 이 주제를 출중하게 다루고 있는 연구인 Miller(1997) 참조. 이 연구는 뒤에서 종종 언급될 것이다.

113 Hyde(1956)에서 인용한 윌스(Wills) 판사의 선고.

114 Devlin(1956, 17). 동성애 행위에 대한 데블린의 입장은 실제로 복잡했다. 그는 '항문 성교(소도미)'와 같은 보다 심각한 위반에 대해서는 감금을 지지했지만, '저속한 행위(gross indecency)'와 '강제 추행(indecent assault)'과 같은 덜 심각한 위반은 청소년을 대상으로 저질러지지 않았다면 [법 집행을] 폐지해야 한다고 주장했다. 이러한 그의 입장은 오직 "분명하고 극악 무도한 사례"의 경우에만 기소될 수 있다는 생각을 담고 있는 것으로 보인다. 그리고 그는 '항문 성교'의 경우에도 심한 처벌은 지지하지 않는다고 덧붙였다(v-vi). 그러나 그는 동성애에 대해서는 매우 가혹한 태도를 드러낸다. 그는 [동성애에] 동의한 성인들을 "중독자들"이라고 부르면서 다음과 같이 말한다. "나는 동성애가 일반적으로 비참한 삶의 방식이며, 할 수 있다면 거기에 빠지지 않도록 젊은이들을 구제하는 것이 사회의 의무라고 주장한 모든 사람의 견해에 동의한다"(v). 보다 자세한 논의는 이 장의 2절 참조.

115 Miller(1997), chap. 7.

116 Kass(1998, 19).

117 *Miller v. California*, 413 U.S. 16, 93 S. Ct. 2607(1973), n. 2. 다수 의견은 대법원장인 버거 판사가 작성했다. 이 판결에서 대법원은 *Roth v. U.S.* 15 487, S. Ct. at 1310(1957) 판결에 사용된 음란물에 대한 정의―"호색적인 관심"에 대한 호소만을 언급하고 있는―를 수정했다. 대법원은 여기에 담긴 정의가 "전통적으로 영어에서 사용되어 온 '음란'에 대한 정확한 의미를 반영하지 않는다."라고 주장한다. 사전의 정의에 대해서는 3장에서 추가적으로 논의할 것이다.

118 Mison(1992) 참조.

119 Devlin(1965, 13, 16).

120 Kass(1998, 19).

121 Miller(1997, 194). 밀러의 주장에서 분개, 공포, 비극적 감정이 아니라 혐오만이 이러한 역할을 해야 하는 이유는 분명하지 않다.

122 Kahan(1998: 1624). 케이헌은 밀러의 의견에 동의하면서 "근대 자유주의의 도덕적 특징은 (단호하고 강경한 판단을 내리는 것이) 아니다."라고 덧붙이

고 있다. 이러한 이상한 결론은 자유주의는 관용과 상호 존중을 소중하게 여
긴다는 주장에 의해서만 뒷받침되는데, 타협 없는 분명한 도덕적 판단은 [이
러한 자유주의 가치와] 어긋나는 것이 아닐까?

123 Kahan(1998: I648).

124 Devlin(1965: I6).

125 Hart(1963) on I3 n. I에 대한 응답 참조.

126 Devlin(1965: I3).

127 연관된 응답에 대해 Hart(1963) 참조.

128 Devlin(1965: I06). 밀에 대한 에세이에서.

129 Ibid., III.

130 아이러니하게도 데블린은 시카고 대학 법학 전문 대학원 에른스트 프로인트
강좌로 처음 열린 강연에서 이러한 주장을 펼쳤다. 모든 반체제자의 법률적
권리를 용감하게 지지했으며, 미국에서 최초로 유대인 법학 교수가 된 프로
인트는 전시에 유진 뎁스(Eugene Debs)와 같은 정치적 반체제자들의 언론의
자유를 지지한 것으로 유명하다.

131 폴웰은 또한 하나님이 우리가 [동성애를] 묵인하는 것에 분노해서 보호를 철
회했다는 생각을 넌지시 언급했다.

132 성매매에 대한 그의 언급의 일부에서 이러한 생각을 엿볼 수 있다(각주 I2
참조). 그러나 이러한 생각은 분명하게 발전되지 않았으며, 이성애자들의 비
상업적 성행위에 대해서도 언급된 바가 없다.

133 Devlin(1965: I5).

134 Ibid., I7.

135 Ibid.

136 Kass(1998: I9).

137 "우리의 몸"을 "단순히 자율적인 합리적 이성의 도구"로 여길 경우 발생할
수 있는 위험에 대해 말할 때 카스의 주장은 보다 많은 논쟁의 소지를 갖게
된다. 이 말은 신체는 실제로 인간의 범위를 넘어서는 목적을 가지고 있다는
생각을 함축하고 있기 때문이다. 그러나 혐오에 대한 주장에 초점을 맞추기

위해 이 말이 지닌 문제는 그냥 지나가도록 하자.

138 Kass(1998: 19).

139 Ibid., 18.

140 Ibid., 18-19.

141 Ibid., 18.

142 Miller(1997: 9).

143 Kahan(1999a: 64). 케이헌은 '대화 명제'라는 또 다른 명제도 밝히고 있다. 사회는 지지하는 행위나 사람의 구체적인 서열을 변화시켜 고상함과 저열함에 대한 사회적 판단을 전달하기 위해 혐오를 이용한다는 주장이다. 내가 이 명제를 그냥 지나치는 이유는 이것이 법률 규제의 근거로 혐오를 사용해야 한다는 생각을 전혀 지지해 주지 못하기 때문이다.

144 주디스 슈클라(Judith Shklar)에 의지하고 있는 Miller(1997).

145 『혐오의 해부』 다음에 쓴 글에서 밀러는 사실상 카스와 동일한 입장을 지지하던 도덕적 명제를 포기한 것으로 보인다. 그는 다음과 같이 말한다. "인간이 되는 것에는 일정하게 큰 제약이 있으며, 우리는 위험한 방식으로 그러한 제약을 억누르고 있을 때 이러한 점을 우리에게 알려 주는 어떠한 감정을 가지고 있다. 이것이 혐오, 공포, 섬뜩함이 하는 역할의 일부다."(Miller, 1998: 87)

146 밀러에 대한 보다 상세한 논평은 Kahan(1998)을, 밀러의 사고에 대한 논의를 포함한 보다 종합적인 글은 Kahan(1999a) 참조.

147 여기서 '전형적'이라는 말을 로진과 나는 두 가지 뜻으로 사용한다. 하나는 이러한 요인이 어디에서나 혐오를 야기한다는 의미다. 다른 하나는 사람들이 일반적으로 혐오를 설명하거나 왜 특정한 사물이 혐오스러운지 말할 때 이러한 요인들을 중심적인 일반적인 사례로 언급한다는 뜻이다.

148 로진은 혐오의 다양한 측면에 대한 많은 글을 출간해 왔다. 그의 관점에 대한 포괄적인 설명은 Rozin and Fallon(1987) 참조. 아울러 Rozin, Haidt, and MaCauley(2000) 참조. 이를 다룬 앞선 시기의 영향력 있는 연구는 Angyal(1941) 참조.

149 Menninghaus(1999: 7).

150 Rozin, Haidt, and MaCauley(2000: 639).

151 Darwin(1872).

152 이러한 대비는 기호(taste) 자체는 완전히 '육체적(brutish)'이지 않으며, 자주 인지적 내용을 수반한다는 Korsmeyer(1999)에 담긴 설득력 있는 주장에도 불구하고 유지되고 있다.

153 Rozin and Fallon(1987: 24) n. 1. 그러나 유감스럽게도 Haidt, McMauley, and Rozin(1994)에 소개된 'D-척도'가 항상 이러한 구분을 보여 주는 것은 아니다. [이 논문에서] "요리사가 감기에 걸렸다는 사실을 알게 된다면 아마 자신이 아끼는 식당에 가지 않을 것이다."라는 문항에 "그렇다."라고 대답한 응답자는 혐오 점수를 얻었다. 그렇지만 [혐오 때문이 아니라] 요리사가 지닌 세균의 '위험' 때문에 그렇다고 대답했을 수도 있다. 몇 가지 질문은 다른 측면에서 혼돈을 유발한다. "동물에게서 성적 기쁨을 추구하는 사람들은 비도덕적이라고 생각한다"라는 질문에 긍정적인 답변을 한 응답자들은 +의 혐오 점수를 얻었다. 하지만 그렇다고 답변한 이유는 이러한 행위를 혐오해서가 아니라 동물에게 위해를 줄 수 있다고 생각했기 때문이었을 수도 있다. 또 "특정한 상황에서는 원숭이 고기를 먹을 수도 있다."라는 문항에 "아니오."라고 대답한 사람들은 +의 혐오 점수를 얻었다. 그런데 응답자는 원숭이 고기에 혐오감이 있어서가 아니라 채식주의자여서 도덕적 이유로 모든 고기를 거부하는 것일 수도 있다.

154 Rozin, Haidt, and McCauley(2000: 640) 참조.

155 Ibid. 이들은 비록 이러한 믿음이 때때로 '전통문화'의 특징이라고 생각할 수 있지만, 실제로는 상식 속에 깊이 자리 잡고 있음을 지적한다. 만약 두 가지 것이 섞여 있다면, 그 산물은 두 가지 모두와 공통점이 있을 것이다.

156 Angyal(941); Rozin, Haidt, and McCauley(2000: 640) 참조.

157 Miller(1997); Rozin, Haidt, and McCauley(2000).

158 오크라를 혐오스럽다고 여기는 사람도 있다. 철학자 머피(Jeffrie Murphy)는 이 식물이 "점막같이 보이는 것"을 지니고 있어서 동물과 같은 인상을 줄 수 있기 때문일 것이라고 말한다. 내가 아이였을 때 비슷한 반응을 가졌던 것이 생

각난다. 지금은 오크라(인도 카레의 주요 재료 중 하나인데, 볶으면 대개 점성이 사라진다)가 요리해서 먹는 가장 좋아하는 음식 중 하나이지만 말이다.

159 Ortner(1973)를 인용하고 있는 Rozin and Fallon(1987: 28). 모유는 또 다른 흥미 있는 사례지만, 결국에는 로진의 주장을 반박하는 사례가 되지 못한다고 생각한다. 로진과 밀러 등은 배변도 자신의 아이들이 이것을 만지고 있을 때에는 혐오스럽지 않다는 점을 분명히 하고 있다. 어머니들은 혐오를 느끼지 않고 모유를 만질 수 있지만, 이를 본인에게 먹으라고 하면 혐오를 일으키는 것으로 보인다. 맥개리(Elizabeth McGarry)는 공항 안전 요원들이 자신의 수하물 속 모유병에 담긴 모유를 마셔 보라고 했을 때 "매우 거북하고 당혹스러웠으며, 혐오스러웠다."라고 대답했다(*U.S. News and World Report*, 19 August 202, 4). 모유가 관련 없는 사람, 특히 남성에게 혐오와 엄청난 불안을 초래하는 것은 훨씬 더 분명하다. 그래서 모유를 먹이는 많은 어머니들의 삶을 어렵게 만들고 있지만 공공장소에서의 모유 수유는 금지되어 있다. 단순히 당혹스럽기 때문에 이를 금지하는 것은 아니다. TV 드라마 「못 말리는 번디 가족(*Married with Children*)」의 유명한 에피소드가 있다. 마시와 그녀의 페미니스트 친구는 번디가 일하는 신발 가게에서 모유 수유를 할 수 있는 권리를 주장한다. 그러자 그는 "이건 아니죠."라며, 모임에 속한 뚱뚱한 남자들을 데려와서 추하고 혐오스러운 모습을 다른 사람에게 내보이는 것이 당연하다는 듯 여성들에게 그들의 똥배를 드러내 보인다.

160 Angyal(1941)을 인용하고 있는 Rozin and Fallon(1987: 28).

161 Miller(1997: xiv).

162 데프레(T. Despres)를 인용하고 있는 Rozin and Fallon(1987).

163 *Masonoff v. DuBois*, 899 F. Supp. 782, D. Mass(1995).

164 Freud(1905, 1908, 1930, 1965). 프로이트의 관점에 대한 좋은 설명은 Miller(1997)와 특히 Menninghaus(1999)에게서 찾을 수 있다.

165 Becker(1973: 31).

166 Becker(1973: 33). "혐오에 대한 모든 책이 적어도 부패한 시신에 관한 책은 아니다."라는 Menninghaus(1999: 7)의 말 참조. 베커는 죽음에 대한 두려움이

어린아이들에게도 전가된다고 여기지만, 우리는 꼭 그렇게 생각할 필요가 없다. 왜냐하면 우리는 어린아이들의 혐오가 그들의 부모가 지닌 두려움에 의해 유발된 것으로 설명할 수 있기 때문이다.

167 Rozin, Haidt, and McCauley(2004: 645)와 비교. "우리 자신을 동물과 구별하려는 욕구를 추동하는 것은 동물적 유한성에 대한 두려움일 수 있다."

168 Douglas(1966).

169 더글러스에 관한 훌륭한 비판은 Kim(2001) 참조. 나는 많은 부분 이 연구에 의존하고 있다. Miller(1997: 47)도 참조.

170 킴이 제기한 두 가지 다른 걱정들은 덜 중요해 보인다. 열악한 신체적 위생 관념은 로진의 신체 배설물 이론으로 정확히 설명할 수 있으며, '비자연적' 성행위에 대한 혐오는 사회적 교육의 큰 영향을 받기 때문에 혐오의 '원초적' 대상에 속하지 않는다고 말할 수 있다.

171 이러한 법칙은 유명 인사의 소장품이었던 물건을 소유하거나 만지려고 하는 모습, 그들이 묵었던 곳에서 숙박하려는 모습에서 드러나는 것처럼 적극적인 측면도 있다.

172 Rozin, Haidt, and McCauley(1999: 435).

173 Rozin, Haidt, and McCauley(2000: 640).

174 Ibid., 638 참조.

175 Rozin, Haidt, and McCauley(2000)도 혐오의 확장을 제한하는 데 있어 '경계 긋기'의 중요성을 강조한다. 우리는 식당 주방에서 음식을 준비한 사람과 같은 사항에 대해서는 생각하지 않도록 배운다.

176 Rozin and Fallon(1987): Rozin, Haidt, and McCauley(2000: 641).

177 Rozin, Haidt, and McCauley(2000); Freud(1910)과 비교.

178 Rozin, Haidt, and McCauley(2000: 646) 참조.

179 Ibid.

180 Ibid., 647과 Rozin, Fallon, and Mandell(1984) 참조. 밀러(Miller, 1997)는 자신의 아이들에 대한 다음과 같은 이야기를 적고 있다. "나의 딸 중 하나는 배변 훈련을 마치고 난 직후에 자신의 배변에 너무 불쾌감을 느껴서, 자신의 손이

오염될까 두려워 씻는 것을 거부했다. 그리고 세 살배기 아들 중 한 명은 화장실에 다녀온 후 팬티뿐 아니라 변기에 앉았을 때 팬티 위에 입었던 바지까지도 벗어서 내놓았다. 하루에도 수차례 옷을 갈아입었던 것이다. (……) 네 살배기 아들 루이는 목욕 중에 자신의 몸속은 씻을 수 없으니 매우 더러울 것이라고 말했다. 예리한 독자는 아이들이 아버지를 꼭 닮았다는 점을 알아챌 수도 있을 것이다"(13, 270) n. 46).

181 *Republic* IV.

182 Kaster(2001).

183 Seneca, *De Ira*, 1.3.3, 1.2.3b. 첫째는 아리스토텔레스의 관점에 대한 세네카의 해석이며, 둘째는 포시도니우스(Posidonius)의 해석, 셋째는 데오게네스 라에르티우스(Diogenes Laertius)와 스토바이우스(Stobaeus)의 정의다. *Stoicorum Veterum Fragmenta* III.395-97 참조.

184 Aristotle, *Rhetoric* II.2.1378a31-33. 그는 이러한 욕구에는 고통이 수반된다는 점을 덧붙였으며, 부당함을 자신과 자신의 가족에 대한 부적절한 '경멸'이라고 구체화하고 있다.

185 예를 들면 스피노자는 "분개는 다른 사람에게 피해를 준 사람에 대한 증오"라고 적고 있다. *Ethics* III, *Definition of the Emotions*, 20.

186 분노에 대한 아리스토텔레스의 설명을 옹호하고 발전시켰으며, 최근의 실험 연구 결과가 이를 뒷받침하고 있음을 보여 주는 연구로는 Lazarus(1991: 217-34) 참조. 분노가 "타인의 비난받을 만한 행위에 대한 추궁"을 수반하는 것으로 정의한 연구에는 Ortony, Clore, and Collins(1988)가 있으며, 사회적으로 형성된 규범이 분노의 발생에 미치는 역할을 강조하는 연구로는 Averill(1982)이 있다.

187 *Rhetoric* II.3.

188 Adam Smith, *The Theory of Moral Sentiment*, I.ii.2.1.

189 스미스는 이러한 사실을 사랑을 다루는 대부분의 진지한 문학 작품이 연인의 독특한 개성에 행복하게 빠져들기보다는 연인의 곤경에 집중하고 있다는 사실과 연관시킨다. 그는 전자는 일반적으로 희극에서 나타난다고 주장한다.

Nussbaum(1990), "Steerforth's Arm" 참조.

190 어느 날 새끼 박쥐 한 마리가 매사추세츠 주 케임브리지에 있는 우리집 주방 배수관에 머리를 내밀고 있었다.(어떻게 들어왔는지 모르지만 집 안에 있다가 2층 욕실의 배수관을 타고 들어와 파이프를 타고 내려온 것이었다.

나는 공포와 혐오에 휩싸여 진저리쳤고, 청소를 도와주시는 분에게 도와줄 수 있냐고 물었다. 그녀 역시 공포와 혐오로 뒷걸음질쳤다. 우리는 함께 어떻게 해서 박쥐를 조리 냄비 속에 집어넣은 후 뚜껑을 덮은 채 바깥에 내다 놓았다. 잔디 위 인도에 냄비를 두었는데, 박쥐가 기어나왔다. 정원에서 일하던 이웃은 "어머 귀여운 녀석을 보렴! 너 정말 괜찮니?" 하고 소리쳤다. 나중에 그 조리 냄비를 내다 버리고 싶은 강한 충동을 느꼈지만, 냄비를 소독했다는 사실을 간신히 스스로에게 납득시켰고, 아직도 그 냄비를 사용하고 있다. 저녁 식사 손님들에게도 이 사실을 말하지 않는다.

191 수정조항 제2조는 주 전체의 주민 투표를 통해 승인된 주 헌법 수정조항으로, 지방정부들이 성적 성향을 근거로 한 차별을 금지하는 법안을 제정하지 못하도록 하는 내용을 담고 있다. 미연방대법원에서 최종적으로 위헌 판결이 내려졌다. *Romer v. Evans*, 116 S. Ct. 1620 (1996).

192 1994년 10월에 있었던 수정조항 2조에 대한 소송에서 내가 개인적으로 들었던 윌 퍼킨스(Will Perkins)의 증언.

193 극단적인 스토아학파는 이를 부인할 것이며, 항상 자신의 통제 안에 있는 덕성만이 가치 있다고 여길 수 있는 유일한 것이라고 말할 것이다.

194 *LaReau v. MacMougall*, 473 F.2d 974, C.A. 2(1972) 참조. 법원은 재소자에게 "감옥에 갇혀 자신의 배설물과 함께 지내며 먹고, 자도록" 강제하는 것은 너무 모욕적이고 [인격을] 저하시키기 때문에 허용될 수 없다고 평결했다.

195 *On Liberty*, chap. 4.

196 Rozin, Haidt, and McCauly(2000).

197 Ibid 참조. 이것은 혐오의 확장이 일어나는 일반적인 경우다.

198 마르샬크(Max Marschalk)에게 말러가 보낸 편지. Deryck Cooke, *Gustav Mahler* (Cambridge: Cambridge University Press, 1980)에서 인용.

199 나는 Nussbaum(2001a), 14장에서 2번 교향곡 3악장에 대해 검토한 바 있다.

200 이 점에 관한 유용한 논의는 브루어(Talbot Brewer)에 힘입은 바 크다.

201 브루어는 『짜라투스트라는 이렇게 말했다』에 담긴 니체의 혐오에 대한 호소를 언급하고 있다. 혐오에 대한 호소와 이에 뒤따르는 불가능한 '초인'의 이미지 — 일반적인 인간적 연약함을 결여하고 있는 — 는 내가 위험하다고 생각하고 있는 것이다.

202 Kahan(1999) 참조. 케이헌의 주장이 지닌 문제점은 어느 사회나 고정된 양의 혐오를 가지고 있으며, 혐오의 강도나 양은 아니지만 혐오의 대상은 바뀔 수 있다고 가정하는 것처럼 보인다는 사실이다. 그는 이러한 주장에 대해 아무런 증거도 제시하지 않고 있다.

203 Weininger(1906: 306-322) 참조.

204 Theweleit(1987; 1989: 160) vol. 2, 참조.

205 Ibid., 160-62.

206 예를 들면, Glover(2000), Adorno et al.(1950) 참조.

207 베를린에 있는 역사 박물관에는 이러한 동화책들이 잘 전시되어 있다. 비슷하게, 인도의 전통적인 카스트 제도하에서 불가촉 천민들은 상위 신분들의 동물적 측면들(그들이 만들어 내는 신체 배설물을 말한다.)로 오염된 유사 동물적인 존재로 여겨졌다.

208 Proctor(1999: 46-48).

209 보야린(Boyarin, 1997)은 그러한 인식 속에는 핵심적 사실이 존재한다고 말한다. 유대인들은 앉아서 일하는 학자적인 직업을 높이 평가해 왔을 뿐 아니라 그러한 직업에 필요한 일련의 남성적 규범을 발전시켜 왔다는 점에서 그러하다. 최소한 두드러지고 오래 지속되어 온 유대인 전통에서 규범적인 유대인 남성은 부드럽고, 사려 깊으며, 자상하고, 재미있는 존재로 여겨지는데, 이는 '강철 남성'과 매우 다르다. 보야린은 이처럼 여성화된 규범을 갖고 있다고 해서 유대교가 실제로 여성의 열망을 더 많이 지지하거나 다른 종교보다 덜 가부장적이지는 않았다고 강조한다.

210 예를 들면, Gilman(1991) 참조.

211 Geller(1992) 참조. 여성 혐오주의자와 반유대주의자뿐 아니라 주요 유대인 지식인들도 이러한 대중적 시각을 조성하고 부추겼다. 프로이트와 플리스 (Fliess) 사이의 서신 교환에 대한 겔러의 논의 참조.

212 Miller(1997: 109-142).

213 이러한 생각은 대부분의 이성애자 남성들이 사정 후 여성의 성기를 입으로 애무하는 것을 명백히 싫어하는 모습에서도 분명히 나타난다. 비록 이 점에 대해서는 일화적인 증거 이외에 다른 것을 발견하기 어렵지만, 그러한 혐오 는 '여성스러워'진다는 생각과 연관되어 있는 것으로 보인다. 이 글을 읽은 게이 남성은 다음과 같이 적고 있다. "흥미롭게도 나 자신과 나의 동성 연인 의 경험을 돌이켜보면 나 자신이나 그 친구의 정액에서 아무런 혐오감도 느 끼지 않았다(안전한 섹스와 HIV 바이러스의 전염에 대한 타당한 우려를 제 외하고는)."

214 혐오의 이러한 측면들을 다루고 있는 소중한 자료로는 Dworkin(1988) 「반감 (Repulsion)」과 「오물/죽음(Dirt/Death)」 참조. 2장 첫머리에 있는 두 개의 인 용문은 이 책에서 인용한 것이다.

215 Weininger(n.d., 300). 톨스토이 소설 속에 나오는 살인자 남편처럼, 바이닝거 는 남성들이 성적 욕구와 인류가 지속되어야 한다는 전반적인 생각을 극복 해야 한다고 주장한다. "모든 형태의 생식력은 역겨움을 준다. (……) 인류가 지속되어야 한다는 생각은 논증할 가치가 없다. 인류를 지속시키려 하는 그 사람 자신이 지닌 문제와 죄, 바로 그러한 문제와 죄를 영속시킬 것[이기 때 문]이다."(346) 그는 오직 [성행위의] 일반적인 단념이 여성을 단순한 성적 지위에서 해방시킬 것이며, 여성들이 인간이 되도록 할 것이라고 말한다. 그 러한 미래에 "남성들은 남성스러운 여성에 대한 혐오를 극복해야 할 것이다. 왜냐하면 이것은 단지 [남성의] 이기심에 불과한 것이기 때문이다. 만약 여 성이 논리적이고 윤리적인 존재가 되어 남성처럼 될 수 있다면, 그들은 더 이 상 남성의 계획하에 있는 좋은 대상에 그치지 않을 것이다. 그렇다고 이것이 남성다워진다는 이유로 여성에게 특정 행위를 못하게 하거나 여성을 남편과 아이의 필요를 충족시켜 주는 존재로 묶어 두는 현재의 관행에 대한 충분한

이유가 되지는 않는다."(340)

216 1920년대와 30년대의 반유대주의 소설 속에 담긴 유대인 여성들을 연구한 레이철 너스바움(Rachel Nussbaum)의 미출간 원고. 바이닝거도 이러한 생각을 가지고 있다. 유대인이 여성이라면, 유대인 여성은 가장 관능적이고 육감적이며 '오달리스크적(odalisque)' 존재라는 것이다. 흑인 여성에게도 이와 연관된 고정 관념이 있다.

217 Hollander(1994).

218 그래서 출산을 위한 성행위가 [인간의] 유한성이나 세대의 순환과 더 강한 연관성을 지님에도 불구하고 (남성들에게) 동성 간의 성행위에 대한 생각이 출산을 위한 성행위에 대한 생각보다 훨씬 더 큰 혐오를 일으킨다는 사실은 놀라운 일이 아니다. 왜냐하면 이성 간의 성행위에서 남성은 자신이 아닌 보다 열등한 존재(동물로 여겨지는 여성)가 오염을 유발하는 신체 분비물을 받아들인다고 상상하지만, 동성 간의 성행위에서는 그 자신이 오염될 수 있다고 상상하기 때문이다. 이것은 경계 긋기의 필요성을 더 강하게 불러일으킨다.

219 좀 더 자세한 설명은 Nussbaum(2003c) 참조.

220 힌두교 민족주의의 창시자인 골왈카르(Golwalkar)는 독일 국가 사회주의를 숭배하고 찬양했는데, 그래서 그의 상상과 유대인에 대한 독일인의 상상이 친화성을 지닌다는 점은 우연이 아니다. 물론 그가 나치즘의 영향을 받았는지, 아니면 그 전에 존재하던 어떤 친화성 때문에 나치즘에 끌렸는지는 말하기 어렵지만 말이다.

221 Sarkar(2002) 참조.

222 Miller(1997), chap. 7 참조. Elias(1994) 참조. 엘리아스에 대해서는 Kim(2001: 158-65)을 참조.

223 Brunn(1993) 참조. 브룬은 심지어 오늘날에도 이를 분리하지 못하고 있다고 말한다. 우리는 수세식 화장실에 수질이 높은 물을 허비하기 때문이다.

224 또한 간디는 실제적인 위험 측면에서 상위의 신분이 하위의 신분보다 덜 깨끗하다고 말한다. 콜레라가 발생한 기간 동안 그는 돌아다니며 자신이 거주하는 지역의 다양한 주민의 화장실 습관을 살펴본 후 불가촉 천민은 괜찮다

고 생각했다. 왜냐하면 그들은 거주 공간에서 멀리 떨어진 들판에서 배변을 보지만, 상층 신분 가족들은 집 옆을 따라 흐르는 도랑에 침실용 변기의 내용물을 처리하기 때문에 감염될 위험이 매우 높았다. 그의 자서전 참조.

225 Nussbaum(2001a), chap. 15 참조.

226 Reynolds(1995: 346) 이하 참조.

227 Ellis(1890), in the Norton Critical Edition of Whitman(812). 엘리스는 여기서 몸에 대한 휘트먼의 태도와 스위프트의 태도를 대비하고 있는데, 휘트먼이 아닌 스위프트가 "어느 정도는 깨닫고 있고, 어느 정도는 위장한, 오늘날 대부분 사람들의 견해를…… 대변하고 있다."라고 말한다.

228 이 이슈에 대한 좀 더 폭넓은 논의는 Kahan and Nussbaum(1996: 306-323) 참조.

229 *Maher v. People*, 10 Michap. 212, 220(1862).

230 *Rivers v. State*, 78 So. 343, 345(Fla. 1918).

231 1장과 Kahan and Nussbaum(1996) 참조.

232 *Commonwealth v. Carr*, 580 A.2d 1362, 1363-65(Pa. Super. Ct. 1990). 사건 개괄은 Brenner(1995) 참조. 이 사건의 법률적 측면은 Pohlman(1999) 참조. 스파이서 (Spicer) 판사는 식하고 사려 깊은 인상적인 성격의 소유자로 보인다. 이 소송은 결국 카가 배심 재판 권리를 포기하고, 대신 사형을 면하기로 합의해서 해결되었다. 재판관 재판에서 그는 종신형을 선고받았고, 현재도 복역 중이다. 폴먼은 도발 항변은 피고인 측 변호사가 선택한 전략이었음을 지적한다. 펜실베이니아 주 애덤스 카운티의 매우 보수적이고 동성애 공포적인 여론 분위기를 부분적으로 고려한 것이었다. 피고인 측 변호사들은 나중에 이 범죄는 증오 범죄라기보다는 계급 범죄에 가까웠다고 표명했다. 그는 애처로운 외톨이이자 유랑자였지만 피해자들은 부유한 중산층 여성이었고, 그날 사건 전 그들이 마주쳤을 때 자신을 모욕적으로 대우하는 것처럼 느꼈다는 것이다. 투옥 중인 카를 인터뷰한 후 폴먼은 이 범죄는 성범죄로 봐도 무방할 것이라고 결론내린다. 카는 여성들을 강간하고자 했으며, 누가 있다는 것을 알지 못하고 그녀들이 알몸으로 야영지를 돌아다닐 때부터 지켜봤고 수음을 했다는

사실을 인정했다. 그리고 나서 그는 강간에 대한 생각을 버렸으며, 다른 방법으로 접근하는 것이 두려웠다고 말한다. 폴먼은 이러한 성적 동기가 혼란을 야기했으며, 이처럼 매우 이상한 정신적 기인을 격노시켰다고 믿고 있다. (이러한 점에서 피고인은 한정책임능력을 항변하길 원했지만, 정신 의학적 증거가 이를 충분히 입증해 주지 못했다.

233 카의 사례는 남성이 지닌 혐오는 여성 동성애자보다는 남성 동성애자를 대상으로 한다는 나의 일반적 주장에 해당하지 않는다. 실제로 여성 들간의 성교는 흔히 남성들을 자극하는 것으로 알려져 있다. 그래서 이것이 남성들을 겨냥한 포르노의 주요 요소다. 카의 심리학적 이력 — 어머니가 동성애자였다는 주장을 포함해 어릴 때 어머니가 자신을 버렸고, 동성애자 남성이 자신을 학대했던 일 — 은 추정상 이러한 예외적 사례를 설명해 준다. 그러나 폴먼이 제시한 것처럼 이러한 전체 설명이 항변을 위한 조작인지는 우리가 설명할 필요는 없을 것이다.

234 Mison(1992) 참조.

235 *State v. Volk*, 421 N.W.2d 360(Minn. 1988).

236 드레슬러(Dressler, 1995)는 미슨(Mison, 1992)이 검토한 사례 중 일부는 보다 더 애매하다고 주장한다. 유혹을 받지 않은 A가 B의 사타구니를 만지거나, 포옹 중에 B를 덮친 사례가 그러하다. 이러한 사례들은 공격성과 비공격성의 선을 긋기가 어렵다. 비록 아마 둘 다 비위협적인 행위로 분류되어야겠지만 말이다. 유혹 때문에 주먹이 오가는 난투가 벌어지고, 그 뒤에 살인을 불러온 폭행이 저질러진 사례들은 훨씬 더 어렵다.

237 570 N.E.2d 918(Ind. App. 1991). Mison(1992)의 논의 참조.

238 추정컨대, 피해자는 가해자가 펠라치오에 대한 관심을 드러낸 것이 어쩌면 일종의 성적 상호 관계를 제안하거나, 아니면 적어도 알몸을 보고 싶다는 관심을 표현한 것으로 이해했을 것이다.

239 Mison(1992, 134-135)과 Comstock(1981) 참조. 그러나 '동성애적 구애'라는 항변은 '동성애 공황' 항변과 구분되어야 한다. 후자는 한정책임능력 항변이지 격정 상태 항변이 아니다. 그리고 여기에는 발생한 폭력은 잠재적 동성애

자에 대한 정신병적 반응이라는 생각이 수반된다.

240 I장 참조. 우리는 그러한 감정과 감정이 생긴 후 일어난 행위를 구분해야 한다. 도발이 그러한 감정을 '정당화해' 준다고 말할 수 있는 것처럼, 감정은 적절하다고 할 수 있다. 그럼에도 폭력적 행위는 정당화될 수 없다. 성난 사람은 법에 호소해야 한다. 그래서 폭력적인 행위와 관련해 항변은 오직 (부분적인) 면죄부를 줄 뿐이다.

241 I장 참조. 우리는 충동적 과실치사 항변이 공격적인 남성적 행위를 자극할 수 있는 위험성이 있다는 견지에서 이를 제한하거나 축소해서 생각할 수 있을 것이다. Dressler(2002), Nourse(1997) 참조.

242 Mison(1992: 177).

243 최근까지도 남부에서는 흑인 남성이 백인 여성을 쳐다보는 것조차 때때로 형사 범죄로 여겨져 왔다. Nussbaum(2001a), chap. 15 참조. 1951년 노스캐롤라이나 주 얀시빌에서 잉그러햄(Mark Ingraham)이라는 흑인이 폭행으로 기소되었다. "추파를 던지는 식으로" 열일곱 살의 백인 소녀를 쳐다본 것은 강간하려는 의도를 지녔다는 것이었다. 검찰은 그가 "눈으로 이 사랑스러운 어린 소녀의 옷을 벗겼다."라고 주장했다(잉그러햄에 대한 유죄 판결은 뒤에 번복되었는데, 흑인들이 배심원에서 배제되었기 때문이었다. 1953년 앨라배마 주 애트모어에서는 맥쿼터(McQuirter)라는 이름의 흑인이 같은 죄로 유죄를 선고받았다. 단지 백인 여성 곁에서 너무 가까이서 걸었다는 이유에서였다. 주 항소법원은 피고인의 정신 상태를 평가할 때 인종적 요소들이 고려되었을 것이라고 여겼다. *McQuirter v. State*, 63 So. 2d 388. 비록 이러한 사례들은 직접적으로 혐오를 수반하고 있지 않지만, 위협적인 또는 오염시킬 수 있는 행위로 인식되는 것과 현재의 사회적 편견이 매우 밀접한 관련을 지니고 있음을 보여 준다. 인종 간 결혼 문제에서 자주 드러나는 것처럼 이러한 사례들도 오염에 대한 사고를 분명 수반하고 있을 가능성이 크다.(나는 흑인 하인들이 우리가 사용하는 화장실을 같이 쓰지 못하게 하는 가정에서 자랐다.)

244 413 U.S. 15, 93 S. Ct. 2607(1973).

245 캘리포니아 형법에서 인용하고 있는 *Miller n. I.*

246 *Miller* n. 2. '호색적 관심'에 대한 호소만을 언급하고 있는 '로스 대 미국(*Roth v. US.*)' 판결은 "전통적으로 영어에서 사용되어 온 의미는 '음란함'에 대한 정확한 뜻을 반영하지 않는다."고 정의하고 있다.

247 각주 2.

248 엄밀하게 말하면, 버거는 "포르노적인" 것을 "음란한" 것의 하위 범주로 제시한다. 그것은 섹스를 다루는 음란한 자료로 이루어진다. 그래서 그에게는 해당 법률적 원리와 무관한 외설의 다른 범주들(아마 혐오스러운 물질이나 피와 응혈을 다루는 것이 아닐까?)이 있을 수 있다.

249 *U.S. v. Guglielmi*, 819 F.2d 451 (1987). 피고인 측은 이 기준이 동물 성애자에게 상대적으로 적용된다 하더라도, 그 자료에는 그런 요소가 없기 때문에 "평균적인 동물 성애자"를 흥분시킨다고 결론내리지 못할 것이라는 주장을 덧붙였다. 그들은 동물 성애자들은 동물에 따라 선호가 다르고, 대부분은 선호하는 동물이 있다는 동물 성애 전문가의 증언을 제출했다. 그래서 이 집단의 '평균적인' 구성원은 아무도 논쟁이 되는 일련의 자료에 성적 흥분을 느끼지 않을 것이라는 것이다.

250 Ibid., 454.

251 Miller(1997); Dworkin, "Repulsion" and "Dirt/Death" in Dowrkin(1987).

252 James Douglas, *Sunday Express*.

253 가장 많은 비판을 받은 다른 부분은 레오폴드 블룸이 자위를 할 수 있게 거티 맥도웰이 자신의 몸[종아리]을 보여 주는 장면이다. 또한 (미혼) 여성의 섹슈얼리티에 대한 자극적 표현도 비판의 초점이 되었다.

254 휘트먼의 시에 대한 반응은 Nussbaum(2001a), chap. 15 참조.

255 Mackinnon(1987), chaps. 11–16; Mackinnon(1989), chap. 11; Dworkin(1989) 참조. 매키넌은 실제로 포르노그래피는 "도덕적" 이슈가 아니라고 말한다. 왜냐하면 그녀는 포르노그래피가 "도덕적" 이슈라는 주장을 도덕법 전통에서 이해하고, "도덕적" 분석을 [여성의] 예속에 주목하는 자신의 분석과 대비시키기 때문이다. 일반적으로 매키넌은 도덕성의 문제와 평등과 예속에 관한 정치적 질문을 분리하여 생각한 마르크스를 따르고 있다. 나는 평등을 도덕

적 규범이라고 말하지 않아야 할 이유는 전혀 없으며, 오히려 그렇다고 말해야 할 이유가 많다고 생각한다. 그래서 나는 이러한 의미에서 그녀의 입장을 하나의 도덕적 입장으로 기술한다.

256 Rawls(1996: 340-348).

257 예를 들어, Sunstein(1993) 참조.

258 미니애폴리스와 인디애나폴리스의 법령을 둘러싼 공청회에 대해서는 Mackinnon and Dworkin(1997) 참조.

259 Ibid.

260 인과 관계와 연관된 이슈들에 대한 정교한 철학적 연구는 Eaton(manuscript) 참조.

261 포르노그래피에 대한 법률적 정의를 텍스트에 적용하는 데 있어 평균적인 사람들이 겪는 어려움에 대해서는 Lindgren(1993) 참조. 특정 부분만 뽑아서 보면, 여성에 대한 학대가 나쁜 것임을 보여 주는 성적으로 솔직한 여성주의 소설과, 폭력적이고 성차별적인 내용을 담은 포르노그래피를 구분하기는 어렵다. 이를 구분하는 측면에서는 매키넌과 드워킨의 정의가 다른 것보다 조금 더 낫지만, 이는 아마 린드그렌이 A. 드워킨의 소설에서 전형적이지 않은 구절—여성이 성행위에서 주도권을 쥐고 있는—을 선택했기 때문인 것으로 보인다. 예를 들면, 『자비(Mercy)』에 나오는 많은 구절은 더 큰 맥락에서 보지 않으면, 매키넌-드워킨 정의에 따라서도 분명 포르노적인 것으로 여겨질 것이다. 그러나 그들은 전체 작품의 의미에 호소하는 것은 거부되어야 한다고 주장해 왔다. 포르노 작가들이 무해하거나 고양시키는 이야기 틀 속에 폭력적이고 성차별적인 포르노그래피를 넣어 법령의 의도를 피해 가지 않을까 우려했기 때문이다. 그러한 정의 자체에 대해서는 MacKinnon(1987: 262) 참조.

262 *Dworkin v. Husler Magazine*, Inc., 867 F.2d 1188(9th Cir. 1989).

263 Hornle(2000) 참조.

264 "Die nach 33a der Gewerbeordnung erforderliche Erlaubnis zum Betrieb einer sogenanaten Peep-Show muss versagt werden," BVerwGE 64, 274 Peep-Show(1981), Casebook Verfassungs 82(1991)에 재인쇄. 이 사례에 대한 흥미로

운 논의는 Kadidal(1996) 참조.

265 "Art. I Abs. I des Grundgesetzes schützt den personalen Eigenwert des Menschen. Die Menschenwürde is verletzt, wenn die denzelne Person zum Objekt herabgewürdigt wird."

266 "[W]eil das blosse Zurschaustellen des nackten Körpers die menschliche Würde jedenfalls dann unberührt lasse."

267 "Die Würde des Menschen ist ein objektiver, unverfügbarer Wert."

268 그러나 나는 시민들이 공공장소에서 모욕당할 수 있는 선택을 할 수 있어야 한다고 생각하지는 않는다.

269 2장 논의 참조.

270 *Loving v. Virginia*, 388 U.S. I(1967) 3, I심법원 인용.

271 완전한 목록은 Posner and Silbaugh(1996) 참조. 그러나 소도미법과 관련한 상황은 다수의 주들이 이 법을 폐지함에 따라 급속하게 바뀌어 왔다.

272 487 U.S. I86(1986).

273 엄격하게 말하면, 이 수정조항은 동성애 행위 자체를 제한하지는 않았지만 지방 자치 단체가 게이와 레즈비언이 주거와 고용 등에서 차별 대우를 받지 않도록 보호하는 조례를 통과시키지 못하게 차단했다. 수정조항의 지지자들은 동성애 행위의 비도덕성에 호소하면서 이를 옹호했다.

274 I심 재판부는 주정부가 "중차대한 이익"을 보여 주었다고 교시했다. 비록 연방대법원에 가서 수정조항이 합리적 근거(심사의 보다 낮은 수준)를 결여하고 있다고 주장했고, 결국 재판부가 이 점을 인정했지만 말이다. *Romer v. Evans*, II6 S. Ct. I620(1996).

275 852 P.2d 44(Hawaii, I993).

276 1994년 I0월 내가 직접 들었던 윌 퍼킨스(Will Perkins)의 증언. 미국의 동성애에 대한 편견과 중세의 반유대주의 간의 유사성에 대해서는 Posner(1992: 346)와 Boswell(1989: 205-208) 참조.

277 이와 관련하여 흥미를 끄는 것은 수정조항 제2조에 대한 재판관 재판에서 제시된 하비 맨스필드(Harvey Mansfield)의 증언이다(Deposition 8 October I993,

Civil Action 92 CV 7223). 맨스필드는 서양 철학의 "위대한 책들"을 전거로 들면서 게이와 레즈비언들은 사회 내의 다른 집단보다 불행하다고 여러 차례 주장했다. 그가 게이와 레즈비언들을 아프리카계 미국인이나 여성들과 비교하자(게이들이 덜 행복하다.) "흑인 여성"에 관한 질문을 받았다. 더는 위대한 책들에서 끌어와 주장을 펼칠 수 없자, 그는 캠퍼스를 거니는 행복한 흑인 여성들을 본 적이 있다고, 하버드 대학 교수로 있을 당시 자신이 경험한 사실에 호소했다. 이 점에 대해 원고 측 변호사는 행복해 보인 흑인 여성들이 레즈비언이 아닌지 어떻게 알았냐고 질문했다. ("질문: 좋습니다. 당신이 하버드에서 본 행복한 흑인 여성이 동성애자인지 아닌지는 알 수 없었을 것 아닙니까? 그렇죠?/ 대답: 그건 모르죠. 남성과 함께 있어야 행복감이 느껴지는 것은 아닐 테니까요."; 왜 불행이 불행한 사람들(각주에서 말한 동성애자를 일컫는다.)을 차별하는 사회적 환경이 잘못되었음을 보여 주는 것이 아니라 그들이 뭔가 잘못되었음을 보여 주는 표시가 되어야 하는지는 아무도 설명하지 않았다.)

278 Hyde(1956: 399).

279 마찬가지로 퀸즈베리 후작은 와일드가 자신의 아들 및 다른 사람들과 벌인 행동을 언급하면서 혐오라는 말을 반복적으로 사용했는데, "혐오스러운 행위", (와일드가 보시에게 보낸) "혐오스러운 편지"라는 표현을 썼다. Ellman(1987: 447) 참조. 두 번째 형사 재판이 끝났을 때 그는 와일드를 "제정신인 범죄자가 아니라 완전히 정신이 병든 성도착자"로 봐야 한다 — 그래서 그를 정상적인 인간 사회에서 훨씬 더 철저히 격리해야 한다. — 는 내용을 담은 편지를 언론에 보냈다(Ellman, 478).

280 "저속한 행위"에 대한 법령은 항문 성교에만 적용되었던 소도미법과는 달랐다.

281 이 남성들은 대개 실제 성매매에 종사하지 않았으며, 그들의 직업은 마부, 신문 판매원, 사환, 점원, 하인, 제본사 등이었다. 몇 명은 문학이나 연극에 대한 열망을 지니고 있었다. 와일드는 그들에게 멋진 옷, 은으로 된 담배 케이스, 지팡이, 연극표, 자신의 책들의 초판 등을 선물했다. 테일러가 와일드에게 소

개해 준 파커 형제는 남창에 가까웠다. 와일드에 부정적인 증언을 주도한 사람 중 한 명인 찰스 파커는 해고된 하인이었으며, 테일러와의 관계가 끝난 후 군에 입대했다.

282 *Locke v. State*, 501 S.W.2d 826, 829(Tenn. Ct. App. 1973) (반대 의견)(이 소송은 여성의 성기를 입으로 자극하는 행위가 주 법령이 규정하는 "본성에 반하는 범죄"에 포함되는가에 관한 것이었다. 이것은 반대 의견이었으며, 시체 성애조차도 혐오스럽기는 해도 테네시 주에서는 불법이 아니었다는 사실에 호소했다. 1989년 테네시 주는 시체 성애를 금지하는 법을 제정했다. Ochoa and Jones(1997) 참조.

283 Posner and Silbaugh(1996: 213-216). 다음은 시체 성애를 금지하는 법이 제정된 주들이다. 괄호 안은 법이 제정된 해다. 앨라배마 주(1980), 알래스카 주(1978), 코네티컷 주(1975), 인디애나 주(1993), 미네소타 주(1967), 네바다 주(1983), 뉴멕시코 주(1973), 뉴욕 주(1965), 노스다코타 주(1973), 오하이오 주(1978), 오리건 주(1993), 펜실베이니아 주(1972), 테네시 주(1989), 유타 주(1973), 위스콘신 주(1987).

284 *People v. Stanworth*, 11 Cal. 3d 588, 604 n. 15, 114 Cal. Rptr. 250, 262 n. 15, 522 P.2d 1058, 1070 n. 15(1974). (강간죄는 살아 있는 피해자가 있어야 하지만, 사체는 보건 및 안전법의 "훼손" 규정에 따라 보호된다). 다른 판례법은 "훼손"을 사지 또는 신체의 다른 주요 부분들의 절단으로 정의내리고 있다. Ochoa and Jones(1997: 544) 참조. 따라서 포스너와 실보는 캘리포니아 주에는 시체 성애를 규제하는 법이 없다고 보았다.

285 *People v. Kelly*, 1 Cal. 4th 495, 3 Cal. Rptr. 677, 822 P.2d 385(1992). 법원은 강간 범죄의 본질적 부분은 "'가해자에 대한 분개와 강간 피해자의 감정에 있다.'……죽은 사람의 몸은 분개 감정을 갖지 않는다."라고 판결했다. 그러나 법원은 피고인이 중죄 모살의 책임이 있다고 보았다. "살아 있는 피해자를 강간하려다가 피해자가 사망하여 죽은 시신과 성교한 경우는 실제 강간이 아니라 오직 강간 미수를 저질렀다고 할 수 있다. 그러나 중죄 모살 범죄가 성립하며, 특수 강간 상황에 해당된다."

286 캘리포니아 주 검사와의 인터뷰를 인용한 Ochoa and Jones(1997: 549), n. 63) 참조.

287 그래서 우리는 "그리고 그대 시신에 대해 말하자면, 나는 그것이 좋은 거름이라고 생각한다. 하지만 그것이 나를 불쾌하게 하지는 않는다."(『나 자신의 노래』 49.1291)라는 시 속에 담긴 휘트먼의 생각과 같은 입장을 취할 필요는 없다. 다음의 시편도 참조. "나는 내가 사랑하는 초원에서 자라도록 먼지 속에 나 자신을 맡긴다. / 만일 그대가 나를 다시 원한다면 그대의 구두창 밑에서 나를 찾길"(『나 자신의 노래』 52.1339).

288 Wis. Stat. Ann. 940.255(1987). Posner and Silbaugh(1996: 216) 참조.

289 관련 철학적 문헌들에 대한 개관은 Nussbaum(1994, chap. 6)을 참조.

290 Wis. Stat. Ann. 940.255(1987). Posner and Silbaugh(1996: 43) 참조.

291 테네시 주의 법령. 비슷한 표현이 앨라배마 주("일반 가족이 지닌 감각을 위반하는"), 오하이오 주("이성적인 공동체가 지닌 감각을 위반한다고 그가 알고 있는"), 펜실베이니아 주("이성적인 가족이 지닌 감각을 위반한다고 그가 알고 있는")에서도 사용되고 있다. 모든 주의 법령이 "가족이 지닌 감각"을 언급하고 있다.

292 대표적인 예는 *Baltimore v. Warren Mfg.*, 59 Md. 96(1882) 참조. 이 사례는 위험성이 존재하거나 소유물에서 "불쾌한 맛이나 냄새"가 나는 것만으로도 충분히 생활 방해가 성립함을 보여 준다.

293 *Commonwealth v. Perry*, 139 Mass. 198(1885). 주정부는 다음과 같이 주장했다. "앞서 말한 냄새는 앞서 말한 주택에 거주하는 일부 사람들에게 불쾌함, 메스꺼움, 혐오감을 주었으며, 때로는 냄새가 너무 심해서 거주자들 중 일부는 창문과 문을 닫아야 했다. 이 냄새는 돼지에게서 나는 자연스러운 냄새로, 증인들은 '돼지 냄새', '500배 번식한 돼지 냄새', '돼지우리 냄새'라고 기술했다. 전술한 돼지에게 구정물, 밥찌꺼기, 깨끗하지 않은 음식은 전혀 먹이지 않았으며, 좋은 곡물과 사탕무 등의 야채만 먹였다는 점은 인정되었다."

294 *Kriener v. Trukey Valley Community School Dist.*, 212 N.Y.2d 526(Iowa, 1973). 한 증인은 하수 때문에 자신의 집 쪽으로 바람이 불면 밥을 먹을 수가 없었다고 증언했

다. "글쎄, 제 기억에는 여러 번 저녁 먹으러 집에 갔어요. 하지만 도저히 먹을 수 없었어요. 제가 고기나 다른 것을 튀긴다면 그건 그냥 아침 간식용이에요. 먹는 것을 단념하고 생각 안 하는 것보다는 나으니까요."

295 *Baldwin v. Miles*, 20 S. 618, Conn. 1890.

296 여러 용수권 판례 중 *Trevett v. Prison Association of Virginia*, 98 V. 332(1990)에서 인용.

297 *State v. Morse*, 84 Vt. 387(1911). 보다 앞선 판례는 *Dunham v. New Britain*, 55 Conn. 378.

298 473 U.S. 432(1985).

299 인용된 말은 *Maynard v. Cartwright*, 486 U.S. 356, 108 S. Ct. 1853(1988)에서 문제가 된 오클라호마 주 법령에서 가져온 것이다.

300 *Godfrey v. Georgia*, 46 U.S. 420, 100 S. Ct. 1759, 64 L. Ed. 398(1980).

301 Ibid. at 428-29, 100 S. Ct. at 1764-65.

302 Maynard v. Cartwright, 1859 참조.

303 Johnson(2002) 참조.

304 '타자화'와 지나치게 가혹한 형벌 사이의 관련성에 대해서는 Schulhofer(1995: 850-854) 참조.

305 *Nicomachean Ethics* VII.5, 1148b24. 인육을 먹는 사람과 임신 중인 여성의 배를 갈라 그 안에 있는 태아를 먹은 사람들도 비슷한 범주에 넣고 있다. 모두 "짐승과 같은 악덕"이라고 부르지만, [유비적으로만 비슷할 뿐] "[윤리적인] 악덕과는 종류"가 다르다.

306 슐호퍼(Schulhofer, 1995)는 비록 현재 미국 배심원들이 이처럼 [범인에 대해] 거리를 두는 반응 — 이는 극히 가혹한 처벌로 이어진다. — 을 보이는 경향이 있지만, 정신 이상 항변이 받아들여진 경우는 매우 드물다고 주장한다. 그래서 이러한 주장은 우리의 현 상황에 바로 적실성을 갖는 주장이라기보다는 케이헌에 대한 인신공격성 응답이라고 할 수 있다.

307 물론 우리는 동물이나 어린아이들에게 화가 날 수도 있다. 그러나 이 과정에서 우리는 일반적으로 이들이 선택과 자기 통제라는 인간이 지닌 능력을 지

닌다고 믿는다. 그러한 믿음이 합리적이든 비합리적이든 말이다.

308 Goldhagen(1996).

309 브라우닝(Browning, 1992)은 동료 집단의 압력에 굴복하는 것과 같은 보통 사람들의 반응이 갖는 역할, 비겁자로 여겨지지 않고 망신을 당하지 않으려는 욕구 등을 강조한다.

310 힐베르크(Hilberg, 1985)는 유대인을 기생충 또는 죽은 물체와 유사한 존재로 여기면서, 의도적이고 이데올로기적으로 냉대하는 태도에 담긴 심리적 중요성을 강조한다.

311 바르토프(Bartov, 1991)는 잔악한 행위를 수행하는 집단이 만들어지는 데 있어 이데올로기가 미친 영향을 강조한다. Bartov(1996a) 참조.

312 Goldhagen(1996: 15).

313 골드하겐의 책(Goldhagen, 1996)에 대한 서평인 Bartov(1996b) 참조. 바르토프는 이 책이 지닌 학문적 결함에도 불구하고 뜨거운 환대를 받을 수 있었던 이유 중의 하나는 이 책이 위안을 주는 잘못된 메시지를 담고 있기 때문이라고 보았다. 골드하겐(*New Republic*, 23 December 1996)과 바르토프, 브라우닝(*New Republic*, 10 February 1997)이 주고받은 논쟁과 볼프강 조프스키의 『강제수용소(*The Concentration Camp*)』에 대한 바르토프의 서평(*New Republic*, 13 October 1997) 참조.

314 이러한 성찰에 대해서는 Glover(2000) 참조.

315 Bartov(1996b: 37-38) 참조. "우리는 독일인이 정상적인 괴물이었으며, 나치 정권의 유일한 역할은 독일인이 지닌 악한 욕구를 실행할 기회를 제공한 것이었다는 명제에서 벗어날 수 있게 된다. (……) 골드하겐은 실제로 그들이 이미 믿고 있던 것을 듣기 원하는 대중에게 호소하고 있다. 그렇게 함으로써 유대인 학살은 너무나 어둡고 끔찍해서 우리 시대와의 관련성을 상실한 극히 단순한 해석들로 환원될 수 없다는 사실을 흐리게 한다." 이 이슈를 검토해 준 레이철 너스바움에게 고마움을 전한다.

316 Kahan(1998, 1999). 케이헌은 이 소송에 어느 정도는 관심이 있다는 점을 분명히 한다. 왜냐하면 사형과 관련된 사례가 아니어서 사형 적용이 지닌 애매

성과 선별성이라는 골치 아픈 문제를 피하고 혐오라는 이슈에 초점을 맞출 수 있기 때문이다.

317 *Beldotti v. Commonwealth*, 669 N.E.2d 222(Mass. Ct. App. 1996).

318 그 물건들이 아마 다시는 벨도티의 수중에 들어가지 않을 것이라는 사실은 이러한 해석에 문제가 되지 않는다. 이는 케이헌에게도 마찬가지다. 우리 둘 다 그의 소망대로 대리인에게 물건을 돌려주는 것은 그가 그 물건들을 자신의 마음대로 할 수 있게 하는 일이라고 생각하기 때문이다.

319 Sunstein, Kahnemann, and Shkade(1998) 참조. 이들은 다양한 종류의 사례를 검토하도록 설계된 실험에 참여한 배심원들에게서 징벌적 손해 배상 사례들에 대한 분개의 판단과 순위 매김은 놀랄 만큼 일정하고, 예측 가능하게 나타난다고 말한다. 이와 반대로 보상금 지급의 사례들은 전혀 일정하지 않았다.

320 이것은 돈이나 다른 소유물―범행 당시 그가 이 물건들을 사용했다 하더라도―을 그에게 돌려주는 것은 분개를 일으키지 않을 것이라는 나의 주장에 부합한다. 성적인 소지품들은 이 범죄가 지닌 특정한 성격과 끔직한 야만성과 밀접하게 관련되어 있지만, 다른 물건들은 그렇지 않기 때문이다. 돈은 현대 사회에서 좋든 나쁘든 모든 행동에 필요하므로, 범죄 그 자체와 관련성을 갖지 않는다.

321 Goffman(1963: 128). 그는 자신이 든 예를 훨씬 더 강력하게 해 줄 다른 낙인의 원천인 소득을 빠뜨리고 있다. '완전 고용되어 있는' 대학 졸업자가 접시를 닦고 있다면 부끄러워할 것이다.

322 Ibid., 129, 135.

323 Scheler(1957: 55-148).

324 Bérubé(1996); Minow(1990); Wasserman(1998) 참조.

325 Whitman(1998); Massaro(1991, 1997); Braithwaite(1989, 1999).　　브 레 이스웨이트는 스스로 수치심을 가하는 형벌이라고 부른 처벌을 옹호하지만, 낙인을 주지 않고 재통합을 증진시키는 형벌만을 지지한다는 점을 강조한다. 5장에서 나는 브레이스웨이트가 실제로 수치심과 죄책감을 혼동하고 있으며, 그가 옹호하는 처벌은 사실 한 개인에게 수치심을 주는 것이라기보다는 어떤

행위에 대한 죄책감에서 생기는 속죄로 간주되어야 한다고 주장할 것이다.

326 이와 같이 래슈의 입장을 간결하게 정리한 생각은 Massaro(1997: 645-680) 에서 가져왔다. 수치심을 칭찬하는 보수적 저널리즘에 관해서는 마사로 글의 각주 2~3 참조.

327 Etzioni(2001: 37-47).

328 Kahan(1996

329 Kahan(1996: 633).

330 이 설명은 Nussbaum(2001a), chap. 4에 있는 유아기와 유년기의 감정 발달에 관한 좀 더 자세한 설명에 근거하고 있다. Winnicott(1965: 1986) 참조.

331 Morrison(1986a, 1986b, 1989); Kernberg(1985).

332 이 절은 Nussbaum(2001a), chap. 4와 어떤 점에서는 중첩되지만, 나는 많은 점들을 다시 생각했다.

333 만약 그랬다면, 어머니의 건강하지 못한 상태와 영양 부족은 태어나기 전 많은 세상의 아이들에게 분명 영향을 끼칠 것이다.

334 이 장의 첫머리 인용문 참조.

335 Bollas(1987: 13-29).

336 Seneca, *Medea*, 329-330 참조.

337 나는 독자에게 생후 8주 안에는 아직 자신을 분명한 주체로 경험하지 못한다는 점을 상기시키기 위해 이러한 이상한 표현법—유아보다는 유아의 경험 세계를 주제로 하는—을 선택했다. Stern(1985: 1990), chap. 3과 비교.

338 Stern(1977, 1985, 1990); Mahler(1968, 1979); Mahler, Pine, and Bergman(2000).

339 Bowlby(1973, 1980, 1982); Lopez and Brennan(2000).

340 Fairbairn(1952); Winnicott(1965, 1986); Kernberg(1985); Bollas(1987).

341 Morrison(1986a, 1986b, 1989). 모리슨은 코헛(Heinz Kohut)을 따르고 있지만 대상관계 이론에도 상당 부분 의존하고 있다. 수치심에 관한 그의 책은 자기의 복원에 관한 코헛의 주제에 어느 정도 빚지고 있지만, 주로 대상관계 이론의 전통에 놓여 있다.

342 Nussbaum(2001a)에서 나는 위에서 언급한 이론가들과 마찬가지로 편안함에 대한 욕구는 섭취에 대한 욕구와 구분되며, 똑같이 일차적이라고 주장한다.

343 Stern(1990)에 실린 '폭풍 같은 배고픔(hunger storm)'에 대한 기술은 분명하게 표현하기 어려운 초기의 경험을 언어로 옮긴 좋은 시도다.

344 공생적 관계에 대해서는 Mahler(1979); Mahler, Pine, and Bergman(2000) 참조.

345 Mahler(1979); Balint(1953) 참조.

346 Klein(1984, 1985) 참조.

347 Bollas(1987: 29)의 다음과 같은 말도 참조. "변형은 욕구 충족을 의미하는 것이 아니다. 욕구 충족은 단지 부분적으로만 성장을 촉진할 뿐이며, 어머니의 변형적 기능 중 하나는 유아를 좌절시키는 것이다."

348 아리스토텔레스에 관해서는 1, 2장에서 전개된 분노에 대한 설명 참조.

349 Nussbaum(2001a), chap. 10 참조.

350 'Aidoia'는 '수치스러운 부분들'을 뜻한다. 라틴어 'pudenda'와 현대 언어의 유사한 표현과 비교해 보기 바란다. 아리스토파네스에게 생식기에 대한 수치심은 성(性)에 관한 것이라기보다는 세상에 대한 무력감에서 생기는 것이다. 잘린 부분과 생식기는 무력감을 나타내는 하나의 표시이다. 이러한 생각은 수치심을 성행위에 관한 것으로 보는 생각—성행위를 수치스럽다고 보는—과 대비된다. 에덴동산 이야기에서의 수치심을 사생활, 의지에 대한 육체의 반항 가능성, 신성한 명령에 대한 불복종의 가능성의 발견이라고 보는 벨레만(Velleman, 2002)의 생각과도 다르다. 내가 보기에 성적인 문제에서 육체를 통제하지 못해서 생기는 수치심은 다양한 수치심 중의 하나일 뿐 어떤 의미에서든 성적 수치심 전부를 포괄하지 않는다. 수치심의 보다 기초적 또는 원초적인 경험은 일반적으로 외부적 선을 통제하지 못하는 것과 관련되어 있다.

351 수치심에 대한 근본적인 논의는 Morrison(1986a, 1989), Wurmser(1981), Piers(1953) 참조.

352 Tomkins(1962-63).

353 Broucek(1991).

354 Deigh(1996: 226-247)에 있는 통찰력 있는 논의 참조.

355 Morrison(1989: 48-49).

356 Piers and Singer(1953)에 있는 Piers의 글.

357 Piers(1953: 11·16).

358 테일러(Taylor, 1986)는 수치심을 매우 정교한 형태의 관점적 사고와 연결시킨다. 이들 사고는 실제로 성인이 지닌 수치심의 많은 경우에 중요한 역할을 할 수 있다. 그러나 고통스러운 감정 자체가 존재하기 위해 필요한 것은 아니다.

359 수치심과 사회적 배척 사이의 관련성을 놀랍도록 잘 다루고 있는 연구는 Kilborne(2002) 참조. 이 연구는 수치심과 자신의 체면에 대한 두려움 간의 연관성에 초점을 맞추고 있다.

360 Kaster(1997)는 '퓨도(pudor)'와 수치심의 관계, 우애 속에서 퓨도의 역학 등을 검토하고 있다. 카스터는 특히 "윗자리와 존경의 측면에서" 파악된 사회 질서와 로마인의 수치심 사이의 관계에 주목하고 있다.

361 Scheler(1957).

362 이것은 기독교 사상사의 창조론에 대한 해석 방식 중 하나다. 사과가 아담과 이브에게 드러내는 것은 그들의 유한성과 취약성이다. 그들의 섹슈얼리티는 이러한 유한성과 취약성의 한 측면에 불과하다.

363 이러한 형태의 수치심을 다층적으로 강력하게 파헤친 연구는 Velleman(2002) 참조. 그의 분석과 나의 분석의 차이점에 대해서는 Nussbaum(2001a), chap. 10) 참조.

364 그래서 말러, 스턴, 보울비 같은 실험 연구자들처럼 일반적인 대상관계 이론가들은 유아기의 양면성을 설명할 때 성적 욕구보다는 통제·관심·경쟁과 같은 문제에 강조점을 둔다.

365 말러(Mahler, 1979)는 발달의 이러한 측면을 연구한 주요 이론가다.

366 이 개념에 대해서는 Winnicott(1965) 참조.

367 Ibid.

368 이 이슈는 Nussbaum(2001a), chap. 4에서 충분히 다루고 있다.

369 Klein(1985).

370 Winnicott(1986)은 이 사례의 초기 분석을 싣고 1972년에 출간된 논문의 일부에 글을 덧붙인 것이다. 그가 처음 분석을 시작할 당시 환자의 나이는 열아홉 살이었으며, 그녀 자신이 위니콧에게 상담을 받았던 그의 어머니의 부탁을 받았다. [진료 후] 그는 건강을 되찾았다. 8년 후 위니콧은 B의 발달 과정을 연구하고 싶다고 그의 어머니에게 편지를 썼고, 그녀와 인터뷰를 진행했다. 그녀는 정신분석을 통해 어머니로서 자신이 [아이를] 돌보는 과정에 문제가 있었음을 깨닫게 되었고, 이러한 병리에 대해 기술했다. 어느 정도 시간이 지난 후 수련의가 된 청년은 신경 쇠약으로 입원하게 되었다. 위니콧은 그를 방문했고, 일주일 후 환자는 정신분석에 들어갔다. 6개월간의 정신분석 진행을 하면서 다섯 차례 중요한 만남을 가진 후 위니콧은 어렵긴 하지만 일어난 일들을 기억하는 게 불가능한 일은 아니라고 말하면서 다양한 기록을 남겼다. 두 번째 정신분석을 마치고 14년이 지난 후 위니콧은 B에게 안부를 묻는 편지를 보냈고, 그는 직장과 생활 모두에서 잘 지냈다고 답했다. 이 분석의 내용은 Nussbaum(2001a), 4장에서 다루고 있지만, 여기서 다시 다루어도 무방할 만큼 중요성을 지닌다.

371 Winnicott(1986: 10). 수유가 끝나면 언제 다시 이런 좋은 일이 일어날지 전혀 알 수 없었던 것처럼, 환자는 만족감을 느낀 뒤 절멸의 두려움을 느꼈다. 정신분석 과정을 통해 밝혀진 B의 유아기에 대한 해석은 그의 어머니와 위니콧의 인터뷰에서 확인되었다. 인터뷰에서 그녀는 다른 정신분석가와의 상담을 통해 발견한 사실에 대해 얘기했다. 인터뷰에서 그에게 얘기했던 것처럼 그녀는 어머니 역할을 하면서 완벽함을 엄격하게 요구했고, 아이의 분리된 삶을 허용하지 않았음을 알게 되었다. 그녀는 아이가 죽은 사람처럼 있는 게 완벽하다고 생각했다. 이 상황에서 아이는 더는 아무것도 요구할 수 없었다.

372 그의 어머니는 불안해하기는 했지만 전혀 소극적인 사람은 아니었다. 사람에 따라서는 그녀가 눈부시다는 인상을 받기도 했다. 그녀의 사망 소식을 듣고 B에게 보낸 마지막 편지에서 위니콧은 "그녀는 정말 인간적 매력을 지닌 분이

었네."라고 적었다.

373 Winnicott(1986: 96).

374 Nussbaum(2001a)의 내용처럼 다른 요인들이 과도한 수치심을 낳을 수도 있다. 장애인이라는 사회적 낙인을 예로 들 수 있다. 이 이슈는 6장에서 다룬다.

375 Winnicott(1986: 172). 163쪽에 나오는 "분노할까 두려워 어려움이 있다."는 표현 또한 참조.

376 Ibid., 123.

377 Ibid., 96. "제가 그녀에 대해 기술할 수 있을지 모르겠어요. 전 당신이 여자로서 그녀에게 관심이 없다고 여겨 왔거든요. 그리고 전 항상 사람들을 기술하는 데 어려움이 있어요. 사람의 성격이나 머리색 같은 것을 기술하지 못하겠어요. (……) 사람 이름을 부르는 것도 자꾸 꺼려져요."

378 Ibid., 97.

379 Ibid., 97 참조. 여기서 그는 여성들이 자신을 완벽한 연인으로 바라봐 주길 원하지만, 그가 인간으로 보인다는 사실을 깨달았을 때 절망에 빠져 포기한다고 적고 있다.

380 이에 대해서는 Taylor(1985)에 반대하는 Piers(1953)에 동의한다.

381 '거짓 자기'에 대해서는 이 절 뒷부분의 논의 참조.

382 Winnicott(1986: 95).

383 Ibid., 174와 비교. 여기에서 환자는 위니콧에게 화를 내면서 자신이 "어린 시절 놀이의 도깨비" 같다고 말한다. 위니콧은 기쁨을 표현하면서 "그래 자넨 나와 놀이에 도달할 수 있게 되었네. 내가 도깨비인 놀이지."라고 대답했다.

384 Ibid., 166. 초기의 애착 문제와 모호함이나 불확실성을 참아 내지 못하는 것 — 특히 낭만적 삶에서 — 간의 관련성에 대해서는 Lopez and Brennan(2000)에 담긴 실험 자료 비교.

385 이러한 주제를 보다 광범위하게 다루고 있는 Winnicott(1965)도 참조.

386 Chodorow(1978).

387 Morrison(1989: 66).

388 Winnicott(1965: 140-152); Bollas(1987: 135-1156).

389 Winnicott(1965: 142).

390 Kernberg(1985: 259-260).

391 Morrison(1989) 참조. 광범위한 임상 사례를 담고 있는 Wurmser(1981)도 참조.

392 Winnicott(1965: 144).

393 Mill(1873: 56). 그는 제임스 밀은 모든 종류의 열정적인 감정과 "감정을 고양시키기 위해 말이나 글로 표현한 모든 것을" 경멸했다고 적고 있다. "그는 근래에 감정이 너무 강조되고 있는 것은 고대의 도덕 기준에 비해 현대의 도덕 기준이 잘못된 방향으로 나간 것이라고 보았다. 그는 이러한 감정은 칭찬과 비난의 적절한 주제가 될 수 없다고 여겼다." "내 아버지의 가르침은 감정을 저평가하는 경향이 있었다."(97) 이것은 "시에 대한 저평가와 일반적으로 인간 본성의 요소로서 상상력에 대한 저평가"로 이어졌다.

394 이러한 생각은 『자서전』의 출간된 부분에서도 분명히 알 수 있지만, 출간 시 삭제된 부분에서 가장 분명한 진술을 찾을 수 있다.

유년 시절 줄곧 항상 강한 의지의 지배하에서 지냈던 것은 분명 강한 의지에 호의적이어서가 아니다. 나는 직접적인 명령이나 하지 않은 일에 대한 질책의 형태로 해야 할 일을 듣는 데 너무 익숙해져서 도덕적 행위자로서 나의 책임을 방기하고 나의 아버지에게 의존하는 습관이 생겼다. 내 양심은 그의 목소리 말고는 나에게 아무 말도 하지 않았다. 하지 말아야 할 일은 주로 아버지가 계율로 정해 두었고, 이를 어기면 엄하게 집행되었다. 내 마음대로 움직이지도 못했기 때문에 내가 해야 할 일은 아버지가 나한테 말해 줄 때까지 기다려야 했다. 아버지가 나한테 말하는 것을 참거나 잊어버리면, 해야 할 일은 보통 그대로 남아 있었다. 그래서 나에게 뒷걸음질 치고, 다른 사람의 주도를 따르기 위해 기다리며, 도덕적 자발성이 없는 습관이 생겼다. 또한 다른 사람이 호소해서 일깨워 주지 않으면 도덕의식, 더 크게는 지적 능력이 멈춰 버렸다. 이처럼 도덕적 자발성이 크게 약해진 것은 내가 받은 교육의 다른 부분에서 얻은 도덕적 또는 지적 혜택의 부작용이기도 하다.

395 Mrs. Mill에 대한 몇 가지 관련된 텍스트는 Packe(1954) 참조.

396 Packe(1954)에서 인용. 밀의 유년 시절에 대한 수많은 증거를 통해 애정을 주고받을 줄 몰랐고, 고된 공부로 자신을 보호하려 했던 한 아이의 모습을 확인할 수 있다. 열네 살 때 프랑스에 있는 벤담의 동생(새뮤얼 벤담) 부부를 방문했을 당시에 관해 남아 있는 기록은 특히 흥미롭다. (사람과의 접촉을 피하는 제러미와 달리 매우 세속적이고 재미를 추구했던) 벤담 부부가 존과 함께 즐거운 시간을 보내려는 계획을 세울 때마다 그는 불안해하면서 자신의 장서속에 틀어박혀 이를 계속 거부한다. 결국 이들 부부는 툴루즈로 이사 갈 준비를 하기 위해 책을 모두 상자에 담아야 한다고 말해 보자는 유쾌한 생각을 짜낸다. 이 시기에 존은 극장에 가 보기도 하고, 산속을 장시간 걷기도 한다. 이후 밀의 일생 동안 자연은 감정 표현을 보상하는 원천이 된다. 그는 사람들보다는 초목과 함께 있을 때 훨씬 더 감정적으로 편안함을 느꼈다. 해리엇은 항상 예외였다.

397 Mill(1873: 117).

398 Marmontel(1999, 63). "'Ma mère, mes frères, mes soeurs, nous éprouvons, leur dis-je, la plus grande des afflictions; ne nous y laissons point abattre. Mes enfants, vous perdez un père; vous en retrouvez un; je vous en servirai; je le suis, je veux l'être; j'en embrasse tous les devoirs; et vous n'êtes plus orphelins.' Àces mots, des ruisseaux de larmes, mais de larmes bien moins amères, coulèrent de leurs yeux. 'Ah! s'écria ma mère, en me pressant contre son coeur, mon fils! mon cher enfant! que je t'ai bien connu!'"

399 Morrison(1986: 370)의 다음과 같은 표현 참조. "죄책감의 교정 수단은 용서이며, 수치심은 치유 반응으로 받아들임 — 약하고 결함이 있으며 불충분한 자신을 — 을 추구하는 경향이 있다."

400 Mill, "Bentham." "그에게는 인간 본성이 지닌 가장 자연스럽고 강력한 감정 중 하나인 동정심이 전혀 없었다. 그는 동정심이 발현되는 중대한 경험을 전혀 겪지 못했으며, 자신을 미루어 다른 사람의 마음을 이해하고 다른 사람이 지닌 감정에 자신을 이입하는 능력이 상상력의 결핍으로 인해 상실되어 있었다. (……) 그는 내적 경험도 외적 경험도 갖지 못했다. (……) 죽을 때까지

그는 소년이었다."

401 어머니에 대한 밀의 가멸차고 경멸적인 태도는 쭉 지속되었으며, 이 점은 그의 성품에서 가장 호감이 안가는 측면 중 하나다. 해리엇과 결혼한 후 어머니를 찾아뵈라고 그녀가 거듭해서 다정하게 얘기했음에도 그는 이를 거부했다. [어머니가] 자신을 등한시했다고 여긴 밀은 어머니의 건강이 급속도로 악화되고 있다는 해리엇의 얘기를 듣고도 아무런 대꾸도 하지 않았고, 찾아뵙지도 않았다. 그는 다른 사람 ― 심지어 친척들의 경우에도 ― 과 사람 냄새 없이 너무 지적인 측면에서만 관계하려는 경향에서 벗어나지 못했다.

402 자유에 관한 사고와 깊은 감정의 연관성에 관해서는 1870년 밀의 방문 기록을 담고 있는 『앰벌리 글들(*Amberley Papars*)』의 구절이 의미심장하다. 저녁 식사 후에 밀은 초대 손님들에게 셸리(Shelley)의 『자유의 송가(*Ode to Liberty*)』 속에 나오는 구절을 낭독한다. "그는 너무 흥분해서 앞뒤로 몸을 흔들며 움직이다 감정에 벅차 거의 숨 막힐 듯 자신에게 말했다. '너무 과할 뻔했군!'"

403 Morrison(1986: 33-34).

404 Kernberg(1985: 235)와 비교. "이러한 환자들의 가장 큰 두려움은 다른 누군가에게 의존하는 것이다. 왜냐하면 의존하는 것은 [누군가를] 증오하고 시기하며, 착취·학대·좌절을 겪어야 하는 위험에 자신을 노출시키는 것을 의미하기 때문이다."

405 Kindlon and Thompson(1999).

406 Morrison(1986a: 19, 86-89).

407 Pipher(1994) 참조.

408 교육에 관한 이러한 생각은 Nussbaum(1995, 1997, 2003b)에서 보다 충분하게 다루고 있다.

409 유사한 설명은 Morrison(1986a) 참조.

410 Miller(1993: 131-136).

411 예를 들면, 마갈릿(Margalit, 1996)은 모욕을, 이를 당한 사람이 겪는 일정 수준 또는 일정 형태의 인간성 훼손과 연관시킨다.

412 Taylor(1985: 69) 참조.

413 그래서 나는 동료인 조지브 스턴(Josef Stern)의 이름을 제이콥(Jacob)으로 여러 차례 불렀다는 사실에 당혹감뿐 아니라 수치심을 느꼈다. 이 수치심은 내가 이러한 실수에 대해 그럴듯한 설명을 제시할 수 있게 되자 사라졌다. 그는 [이러한 실수를] 이해했고, (내 생각에) 재미있다고 생각했으며 자신에 대한 칭찬으로 여겼다. (나는 어린 시절에 조지프 스턴이란 이름으로 예수 탄생 장면을 연상했다. 그러다 기독교를 거부하면서 제이콥이라는 이름은 나의 유대교 개종 사실을 떠올리게 한다. 지금은 이런 일이 생겨도 단지 당혹스러울 뿐이다.

414 Williams(1993); Annas(manuscript) 참조.

415 Taylor(1985), chap. 4와 Piers(1953), chaps. 1-2의 분석 참조.

416 Fairbairn(1952), Klein(1984, 1985). 이들의 시각에 대한 좀 더 상세한 설명은 Nussbaum(2001a), chap. 4 참조. 테일러(Gabriele Taylor)는 Taylor(1985: 90)에서 이 점을 명쾌하게 지적했다. "죄책감이 행위나 태만함에 집중하게 되면, 수치심의 경우와 달리 응분의 대가를 치르는 것이 당연하다는 생각이 그 속에 자리 잡게 된다. 잘못을 저질렀으면 처벌을 받기라도 해서 그것을 '바로잡을' 수 있는 방법이 있다. 그러나 어떻게 내가 지금 나라는 사람을 바로잡는 것이 가능한가? 자신에게 할 수 있는 조치는 아무것도 없다. 할 수 있는 것은 없으며, [자기 안으로] 물러나서 눈에 띄지 않는 게 최선이다. 이것이 수치심을 느낄 때 생기는 일반적인 반응이다. 처벌도 용서도 여기서는 기능할 수 없다."

417 Winnicott(1986: 165).

418 Ibid., 29.

419 피어스(Piers, 1953), chap. 4에 의하면, 이러한 관계는 죄책감과 수치심이 서로를 유발한다는 사실 때문에 더 복잡해진다. 가령, C가 [자신의] 공격적인 충동(또는 행위)에 죄책감을 느낀다고 가정해 보자. [이 경우] 그는 자신의 공격성을 억제하려는 반응을 보일 것이다. 그러나 때때로 이러한 억제는 "본래의 파괴성을 독단적인 태도로, 더 병리적인 경우에는 독단적인 '행위'로" 확장시킨다. C는 이제 자신이 소극적이고 쓸모없다고 느낀다. 그리고 자신이 불충분하다는 이러한 느낌은 특히 사회적 규범을 배경으로 수치심을 유발한

다. 수치심은 다시 환상이나 행위를 통해 과잉 보상적인 공격성으로 이어지며, 또다시 죄책감을 유발한다.

420 Morrison(1986, 323-347).

421 A. Miller(1986: 342).

422 Kernberg(1985: 232).

423 두 명의 이러한 환자에 대해서는 Morrison(1989: 103-104) 참조.

424 Theweleit(1987, 1989).

425 좀 더 광범위한 논의는 Nussbaum(2001a) 참조.

426 2장에서 살펴본 에른스트 윙거의 논의 참조.

427 Ehrenreich(2001: 220-221).

428 카뮈에게서 발견할 수 있는 비슷한 건설적 수치심의 사례에 대해서는 Constable(1997) 참조.

429 그사이 선수 자신들은 자신들의 나쁜 경기 내용에 대해 수치심을 표현했다.

430 유사한 주장은 Williams(1993: 102) 참조. 그는 애정의 결속보다는 존중과 공유되는 가치에 초점을 맞추고 있다. 칼훈(Calhoun, 2003)은 이처럼 자신이 존중하고 돌보는 사람에게만 한정하는 것은 너무 제한적이라고 주장한다. 그녀는 우리가 사회적 세계를 공유하고 있는 사람들 앞에서 수치심을 느낄 수 있어야 하며, 인종주의적 또는 성차별적 관점을 지니고 있어서 우리의 품위를 떨어뜨리는 사람들도 우리가 공유하는 사회적 세계의 일부분으로 보고, 그들의 관점을 진지하게 고려해야 한다고 말한다. 나는 그녀의 글에 탄복하고 이 제안이 흥미롭다고 생각하지만, 동의하지는 않는다.

431 수치심을 주는 형벌에 관한 용어들은 Jones(1987, 2000) 참조.

432 Jones(2000) 참조. '*stizein*'은 "바늘로 찌르다."는 뜻이며, 영어 '*sting*'과 '*stitch*', 독일어 '*stechen*(바늘로 찌르다)'과 '*sticken*(수를 놓다)'이라는 단어와 연결되어 있다.

433 이 장의 첫머리 인용문을 참조. Gustafson(1997)에서 인용.

434 Warner(1999)에 담긴 탁월한 논의도 참조.

435 동시에 '정상인'들은 자신이 속한 집단의 다른 구성원들이 이러저러한 종류의 약함을 가지고 있다는 이유로 그들을 폄하하려 하며, 그들을 '비정상'이라

는 범주로 밀어 내린다.

436 Goffman(1963: 6).

437 Ibid.

438 Kernberg(1985: 232).

439 Morrison(1989, 116-17) 참조.

440 로마 시대 후기의 이러한 처벌 방식을 상세히 설명하고 있는 Gustafson(1997) 참조.

441 Gustafson(1997: 86). 문신은 일반적으로 노예에게 어울리는 것으로 여겨졌다. 따라서 범죄자나 다른 비호감 집단의 구성원에게 문신을 새기는 행위는 노예에 가까워지게 만들기 때문에 직접적으로 그 사람의 신분을 떨어뜨린다.

442 두 명의 이단 수도사 얼굴에 열두 줄의 단장격 시구를 새겼다는 놀라운 얘기가 전해진다. Gustafson(1997)에 소개되어 있으며, 동로마제국 때 기록인 *Life of ichael the Synkellos*(Cunningham trans.)라는 책에 바탕하고 있다. "그래서 제독은 이들의 얼굴에 [문신을] 새기라고 명령했다. (……) 집행자들은 앞으로 나와 두 명의 성인을 각각 긴 의자 위에 눕히고 얼굴 위에 새기기 시작했다. 오랜 시간 동안 그들의 얼굴 위에 바늘을 찔러서 단장격 시구를 새겼다."

443 Goffman(1963: 3·5).

444 용어는 Gustafson(1997)과 Jones(1987) 참조. 'inscriptum'은 일반적으로 '문신을 새긴'이라는 뜻이다. 구스타프슨과 존스는 문신이 형벌 표시(그리고 노예 표시) 방식으로 다양하게 사용되었다고 설득력 있게 주장한다. 반면 소인은 드물게만 사용되었던 것으로 보인다. 여기서 키케로의 제안은 은유적이라고 할 수 있는데, 그는 단순히 문신을 하기보다는 이 공모자들을 사형에 처하길 원했다는 점에서 그러하다. 그는 다른 사람들에게 어느 한쪽을 분명하게 택하길 원하고 있다. 공모자들에 대한 사형을 지지하거나 자신이 그들의 동조자임을 고백하라는 것이다.

445 Fairbairn(1952). 위니콧의 '절대적' 의존과 '상대적' 의존이라는 용어와 비교.

446 롤스(Rawls, 1971·1996)는 자존감의 사회적 조건을 가장 중요한 기본적 재화라고 보았다. 중심적인 인간 역량에 대한 나의 연관된 설명은

Nussbaum(2000a) 참조. 중심적인 인간 역량에는 자존감의 사회적 기초뿐 아니라 건강한 감정 상태를 위한 능력도 포함된다.

447 적어도 에치오니와 케이헌처럼 내 주장에서 고려하고 있는 공동체주의 사상가들의 경우에는 사실이다. 데블린도 마찬가지일 것이며, 캐스의 경우도 그러할 것이다.

448 J. Williams(1999) 참조.

449 Nussbaum(2000a), chap. I 참조.

450 케이헌과 에치오니가 어떤 사례를 염두에 두고 있는가는 흥미로운 질문이다. 둘 다 명시적으로 알코올과 약물 관련 범죄에 초점을 두고 있다. 그러나 케이헌은 수치심을 겪는 사람이 유력한 사람—노상 방뇨한 사업가와 성매매를 한 부유한 남성—인 사례를 선호한다. 에치오니는 케이헌보다 수치스러운 범죄 목록에 미혼모를 포함시킬 가능성이 높다. 현재 일어나고 있는 '파렴치함'을 비판하는 많은 공동체주의자들은 분명 미혼모 사례에 집중하고 있다.

451 Kahan(1996).

452 수치심을 주는 것과 모욕을 주는 것을 구분하는 브레이스웨이트와 달리, 케이헌은 모욕을 찬성하는 것에 대해 우려를 갖지 않는다.

453 이것은 Etzioni(2001)에서 수치심을 주는 처벌을 지지하는 중심 논거다.

454 이러한 각각의 사례에서 수치심을 주는 처벌이 실제 어떻게 사용되는지에 관한 예는 Kahan(1996: 631-634) 참조.

455 Gustafson(1997)과 E. Posner(2000) 참조.

456 Massaro(1991·1997) 참조.

457 기독교인들이 문신을 이용한 방식에 대해서는 Gustafson(1997) 참조. 기독교인들은 문신을 긍정적인 상징으로 여겼고, 그래서 자발적으로 몸에 문신을 하기도 했다.

458 Annas(manuscript).

459 Whitman(1998).

460 공평한 근거에서 국가가 처벌을 집행해야 한다는 주장에 대해서는 Markel(2001) 참조.

461 E. Posner(2000).

462 Gustafson(1997)과 Jones(1987) 참조.

463 Gilligan(1996); Massaro(1991) 참조.

464 브레이스웨이트와의 서신(2002년 4월).

465 슐호퍼와의 대화(2002년 6월). 그는 이러한 현상은 보호 관찰 개혁을 비롯한
다른 개혁안에 관한 문헌들에서 일반적이라고 말한다.

466 Whitman(1998).

467 Massaro(1991).

468 Markel(2001).

469 Morris(1968).

470 괄호 안의 얘기는 마르켈이 아닌 나의 견해다. 이는 『도덕 형이상학을 위한
기초 놓기』에 대한 나의 해석이며, 그와는 무관하다.

471 마르켈과 모리스의 분석은 이보다 훨씬 더 상세하다. 나는 대략적인 요약만
을 제시했을 뿐이다.

472 이것이 마사로가 의도했던 것이다. 그녀는 응보주의와 복수를 혼용하고 있다.

473 Braithwaite(1989).

474 Braithwaite(1999).

475 브레이스웨이트와의 서신(2002년 4월).

476 Braithwaithe(1989: 185). "좋은 사회란 형법을 포함한 특정한 핵심적 가치에
대해서는 합의가 있지만, 그 이외의 영역에서는 갈등을 촉진하는 제도를 지
닌 사회다. (……) 좋은 사회가 합의해야 할 핵심적 가치에는 자유, 다양성의
증진, 건설적인 갈등이 있다."

477 Braithwaite(1989: 158).

478 Braithwaite(2002: 13).

479 브레이스웨이트는 에치오니가 이렇게 오해해서 자신에게 "공동체주의자 선
언"에 서명해 달라는 연락을 취해 왔으며, 자신은 이를 거절했다고 얘기해 주
었다.

480 브레이스웨이트는 우리 둘이 의견을 달리하는 중심 영역은 응보주의에 관한

것이라고 생각한다. 자신은 응보주의에 완전히 반대하지만, 나는 칸트처럼 제한된 의미로 응보주의를 이해하면서 이에 찬성한다는 것이다. 아래에서 얘기하지만, 내가 찬성하는 응보주의와 그가 지지하는 피해자와 가해자간의 대면이 그렇게 큰 차이를 갖고 있는지는 확실치 않다.

481 J. Braithwaite and V. Braithwaite(2001) 참조.

482 Annas(manuscript); 2001년 6월 4일, 이 장에 대한 로드(Rhode)의 코멘트.

483 Whitman(2003).

484 현대 그리스어로 쓴 Archimandritou(2000). 이 책의 주장에 대한 나의 지식은 저자와의 대화를 통해 얻었다.

485 Nussbaum(1995), '허드슨 대 팔머(*Hudson v. Palmer*)' 판결에 대한 논의 참조. 재소자의 사생활 권리를 포함하고 있는 '존슨 대 펠란(*Johnson v. Phelan*)' 판결에 대한 포스너의 매우 흥미로운 (반대) 의견도 참조.

486 *Johnson v. Phelan*, 69 F. 3d 144 (1995).

487 존슨은 아프리카계 미국인이었고, 대부분의 여성 간수들은 백인이었다. [반대] 의견을 내면서 포스너가 이러한 사실을 언급하지는 않았지만, 이 점이 그의 사고에서 중요하게 작용했다고 나에게 말한 바 있다.

488 그의 의견은 다수 견해가 되지 못했다. 이스터브룩(Easterbrook) 판사는 원고에게 불리한 판결을 내렸으며, 3인 재판부의 마지막 한 명은 정신적 장애를 겪고 있었던 선임 판사였다. 그는 자신이 포스너 판사를 지지하고 있다고 생각하면서 이스터브룩 판사에게 투표했다.

489 문제의 10개 주는 앨라배마, 플로리다, 아이오와, 켄터키, 메릴랜드(두 번째 유죄 판결 후), 미시시피, 네바다, 뉴멕시코, 버지니아, 와이오밍이다. 델라웨어 주는 최근에 이러한 제한을 철폐했다. 다른 많은 주도 부분적으로 선거권을 제한하고 있다. 예를 들면, 텍사스 주에서는 감옥에서 출소한 후 2년간은 선거권을 행사하지 못한다. 대부분의 주들은 현재 수감 중인 재소자에게 선거권을 주지 않고 있다.

490 이 자료는 Human Rights Watch(1998)와 《로스앤젤레스 타임즈》 1997년 1월 30일자에서 인용. 이러한 관찰과 함께 중범죄와 경범죄라는 범죄 분류에 대

해서도 연구할 필요가 있다. 몇 개 주에서는 경범죄에 대해서도 투표권을 박탈하지만 중범죄와 경범죄의 구분은 일반적으로 중요한 의미를 갖는다. 인종에 따라 자주 특정 약물 범죄는 경범죄로, 다른 것은 중범죄로 분류한다. 이 이슈에 대해서는 Fletcher(1999) 참조.

491 Whitman(2003).

492 Cohen(1972). 1964년 『*Police Review*』에 실린 글에서 인용하고 있다.

493 Cohen(1972: 95), Lumbard(1964: 69)에서 재인용하고 있다. 룸바르드는 이 형벌을 영국 경찰이 유머 감각을 가지고 있다는 표시로 이해한다.

494 Cohen(1972: 106)에서 재인용. 강조는 원문 그대로임.

495 Ben-Yehudah(1990).

496 Jenkins(1998).

497 Hall et al.(1978).

498 *Evans v. Romer*, 56쪽의 피고인 측 변론 요지서. 1-2쪽의 변경 또는 수정 판결을 위한 피고인 측 재심 신청서. 이러한 추론은 2쪽에 있는 정부의 이익으로서 '도덕성'이 갖는 법적 지위에 관한 원고 측 보충 각서를 통해 다음과 같은 비판을 받고 있다. "도덕적 규범은 어떤 식으로든 공공 복지와 공공 질서의 보존과 연관이 있을 때에만 정당한 공적 목적이 된다."

499 미국의 주요 종파들의 다양한 견해에 대한 보다 상세한 검토는 Olyan and Nussbaum(1998) 참조.

500 당시 적어도 5개 유럽 국가들이 동성 간의 가정 내 파트너십 — 대부분의 결혼 혜택을 제공하는 — 을 인정하고 있었음에도 불구하고, 어떤 사회도 동성 결합을 합법화하지 않았다고 거듭 주장한 것도 이상했다. 지금은 그 수가 더 많아졌으며, 네덜란드는 전면적으로 동성 결혼을 합법화했다.

501 Koppelman(2002) 참조. '베르 대 르윈' 소송에서 하와이 주 대법원은 다수 의견으로 게이 결혼을 지지하는 결정을 내렸다. 이 과정에서 (보다 이전에 쓴 원고에 담긴) 코펠먼의 주장이 수용되었다. *Baehr v. Lewin*, 852 P.2d 44(Hawaii 1993 Law(1988)와 Sunstein(2002) 참조.

502 Warner(1999), chap. 1를 참조.

503 Warner(1999: 22)가 인용하고 있는 "Sexual Taboos and the Law Today."

504 물론 근본적인 헌법적 권리가 수반되는지의 여부는 아직 해결되지 않은 문제다. 주민 투표에 대한 미국자유인권협회의 이의 제기는 그러한 권리가 수반되므로 [변호동맹기금의] 편지글처럼 미국자유인권협회의 행위에 위선이 존재하지 않는다고 보았다.

505 *Romer v. Evans*, 116 S. Ct. 1628(1996).

506 Romer, 1622, 1628.

507 합리적 기초 심사는 대체로 덜 엄격한 편이다. 일반적으로 어떤 법이 평등 보호라는 근거에서 위헌으로 판결되면, 그것은 보다 엄격한 수준의 심사를 통과하지 못했기 때문이다. 인종과 성에 기초한 분류를 수반하는 법은 이처럼 보다 엄격한 시험을 통과해야 한다. 그러나 성적 성향은 아직 미국 연방대법원에서 보다 강화된 심사를 받아야 하는 '차별이 의심스러운 분류'로 인정되지 않고 있다.

508 473 U.S. 432(1985).

509 Sunstein(1999: 148) 참조. "'클레번' 판결과 '로머' 판결 모두에서 연방대법원은 정치적으로 호감을 사지 못하는 집단이 비합리적인 증오와 두려움의 결과로 응징당하고 있다는 점을 우려했다. 많은 사람들은 (동성애처럼) 지적장애도 전염이 되고 무섭다고 생각하는 것처럼 보인다."

510 '로머' 판결에서 인용하고 있는 *Department of Agriculture v. Moreno*, 413 U.S. 528 참조. 이 판결은 가정의 다른 구성원들 중 누구와도 관계가 없는 가족 성원을 포함하고 있는 가정에 푸드 스탬프를 제공하지 않도록 한 의회의 결정과 관련된다. 연방대법원은 이 법의 입법 연혁이 '히피'와 '히피 공동체'에 [스탬프 제공을] 차단하려는 욕구를 보여 준다고 기록했다.

511 388 U.S. 1(1967).

512 852 P. 2d 44(Hawaii, 1993).

513 Nussbaum(1999a), chap. 7과 Koppelman(2002), chap. 6에 담긴 결혼보호법이 지니는 헌법적 문제에 대한 포괄적인 분석 참조.

514 Sunstein(1999) 참조.

515 Warner(1999)와 Nussbaum(2000a), chap. 4 참조.

516 Warner(1999: 159).

517 Andrea Estes, "Massachusetts State Troopers Look the Other Way on Public Sex," *Boston Globe*, 2001년 3월 2일.

518 그래서 내 주장은 동의하지 않는 행위나 에이즈를 속인 행위에는 적용되지 않는다. 이런 행위는 명백히 밀의 의미에서 '자기 본위적'이지 않기 때문이다.

519 *Chicago v. Morales*, 177 Ill.2d 440, 687 N.E.2d 53.

520 *Chicago v. Morales*, 527 U.S. 41, 119 S. Ct. 1849.

521 *Chicago v. Morales*(Illinois).

522 Ibid.

523 Meares and Kahan(1998a, 1998b, 1999).

524 Mears and Kahan(1999)에 담긴 응답과 Alschuler and Schulhofer(1998) 참조.

525 Kniss(1997).

526 Alschuler and Schulhofer(1998: 240)와 비교.

인종이나 지리상의 위치가 한 사람의 공동체를 완전히 정의하는 것은 아니다. 공동체의 정체성은 다양한 조합 ─ 종교, 인종, 민족성, 거주, 부(富), 젠더, 성적 취향, 직업, 신체 장애, 나이, 그리고 (특히 시카고에서는) 정당과 선거구 조직 ─ 이 만들어 내는 다양한 특징에 따라 결정될 가능성이 크다. 시카고에 있는 공동체는 실제로 셀 수 없을 만큼 많다. (……) 일반적으로 외부자가 입법 조치로 어떤 공동체가 가장 큰 영향을 받을지 결정하고, (……) 비공식적이고 조직되지 않은 공동체의 경계를 긋거나, 공동체 구성원의 지배적인 감정을 평가할 수 있는 방법은 없다. 그래서 공동체 개념은 창조적으로 새롭게 정의하고, 조작적으로 정의할 수 있는 거의 무한한 기회를 제공한다.

527 시카고에서는 이것이 특히 긴급한 질문인데, 멕시코인 공동체가 크고 아프리카계 미국인 공동체에 매우 적대적인 경우가 많기 때문이다.

528 고프먼이 인용한 원문은 *Journal of Social Psychology* 6(1935)에 실린 자와드스키(S.

Zawadski)와 라자스펠드(P. Lazarsfeld)가 쓴 글이다.

529 TenBroek(1966). 텐브로익은 다음과 같이 말하면서 자신의 고전적인 논의를 시작한다. "여기서 표현된 시각들은 모든 각주 참고 문헌을 모아 놓은 것보다 장애인으로서 그가 겪은 개인적 경험을 통해 입증된다고 생각한다."

530 Nussbaum(2000a, 2003a).

531 물론 일하지 않는 사람은 부유한 사람에, 일하는 사람은 가난한 사람에 해당되며, 일을 하든 안 하든 오늘날 가난한 사람에게는 낙인을 찍는다. 그러나 종교 개혁과 개신교가 노동을 가치의 원천으로 강조하면서 유럽 사회에 생긴 변화를 저평가해서는 안 된다. 그리스의 귀족 남성은 어떤 일이든 가능한 피하려 했으며, 일(예를 들어 정치)을 하고 있더라도 노동이 아니라고 정의했다. 한편, 그의 아내는 재산을 경영할 수 있었으며, 너무 많은 재산을 경영하는 것은 낙인받는 행위였다. 일하지 않는 가난한 사람은 낙인이라는 측면에서 보면 [일하는 가난한 사람보다] 어떤 점에서는 더 나았다. 왜냐하면 걸인 취급을 받으면, 이 사람에게는 일반적으로 이해되는 의무가 느껴졌기 때문이다. 돌아온 오디세우스가 양치기나 돼지치기 행세를 하지 않고, (전에 왕이었다고 말하는) 걸인으로 식탁을 돌아다닌 점에 주목할 필요가 있다. 아마 돈을 버는 일자리는 영웅에게 훨씬 더 많은 낙인을 안겨 주었을 것이다.

532 Kindlon(2001), Frank(1999) 참조.

533 Ehrenreich(2001).

534 Sennet(2003) 참조.

535 루스벨트의 시각에 대해서는 캐스 선스타인의 출간 진행 중인 저서에서 많은 도움을 받았다.

536 397 U.S. 254(1970).

537 Ibid., 265.

538 복지 수급을 위한 주 거주 요건을 무효화한 판결인, *Shapiro v. Thompson*, 394 U.S. 618 참조.

539 골드버그 판결에서 대법관 블랙은 반대 의견을 표명하면서 복지권은 미국에서 하나의 실험이며, 이러한 실험은 입법부를 통해서 가장 잘 실행되고 있다

고 주장한다.

540 미국인들이 가난한 사람에게 동정심을 갖지 않는 이유에 대해서는 Clark(1997) 참조.

541 이 점에 대해서는 나의 동료인 하코트(Bernard Harcourt)의 미출간 원고의 도움을 받았다.

542 *Boy Scouts of America v. Dale*, 530 U.S. 640(2000).

543 Sunstein(2001) 참조.

544 이것은 물론 혼합된 목록인데, 이 목록의 성원들은 다양한 수준의 보호를 받고 있기 때문이다. 그래서 내 주장은 (일부러) 애매한 형태를 취하고 있다.

545 '여성적' 직업에서 드물게 찾아볼 수 있기는 하지만, 남성에게 더 여성스럽게 행동하라고 말하는 경우는 많이 접하기 어렵다. Case(1995) 참조.

546 490 U.S. 228(1989).

547 Case(1995), 4.

548 Yoshino(2002).

549 Goffman(1963: 102-104).

550 Comstock(1991)과 Nussbaum(1999a). chap. 7의 나의 논의 참조.

551 로널드 드워킨은 대화 중 이 점을 나에게 말해 주었다.

552 *U.S. v. Lallemand* 989 F.2d 936(7th Cir. 1993). 이 소송의 쟁점은 결혼한 동성애자에게 의도적인 협박을 가한 랠리맨드가 "유달리 취약한 위치에 있는 피해자"를 선택했다는 이유에서 연방 양형 기준에 따라 상향 조정된 처벌 대상이 되는가의 여부였다. 협박의 모든 피해자가 유죄 비밀을 갖고 있는 사람들이었다는 점을 고려하면, 두 명의 성장한 아이가 있는 결혼한 공무원 — 협박하는 요구를 하면서 랠리맨드가 접근했을 때 자살을 시도한 — 인 이 사람의 특이한 점은 무엇이었을까? 포스너는 자신의 성적 비밀을 다른 것보다 수치스럽게 여기는 현재 미국의 풍습에 답이 있다고 주장한다. 이러한 환경은 "협박 피해자 중 특히 영향을 받기 쉬운 대상에게 악의적으로 집중"하게 한다. 나와 대화 중 포스너는 피해자가 아프리카계 미국인이었고, 가난에서 벗어나 공동체 내에서 존경받는 위치로 신분 상승한 사람이었다고 말해 주었다. 비록 포

스너는 이러한 이슈들을 자신의 의견에 반영하지 않았지만, 이러한 이슈들은 그의 사고에 영향을 주었다.

553 *Wisconsin v. Mitchell*, 113 S. Ct. 2550(1993).

554 Comstock(1991).

555 코넬(Cornell, 1995)은 이 공간을 "상상적 영토"라고 그럴듯하게 부른다.

556 Nagel(1998: 17·20).

557 5장에서 논의한 Yoshino(2002) 조.

558 Hollander(1994: 61-62).

559 Nussbaum(2002b) 참조.

560 *Miller v. Civil City of South Band*, 904 F.2d 1051(7th Cir. 1990) 참조.

561 수터 대법관이 개별 의견을 내놓았기 때문에 이 소송에서는 다수 의견이 없었다.

562 *Barnes v. Glen Theatre, Inc.*, 501 U.S. 520(1991).

563 예를 들면, 이런 생각을 옹호하고 있는 네이글의 최근 글(Nagel, 1997) 참조.

564 Goffman(1963: 19).

565 TenBroek(1996), 주 529 참조.

566 Morris(1991, 1992).

567 Bérubé(1996)와 Kittay(1999).

568 Levitz and Kingsley(1994).

569 나는 이 예를 Silvers(2000)에서 가져왔다.

570 달리기 선수들이 알고 있는 것처럼, 마라톤의 휠체어 참가자는 일반적으로 달려오는 사람보다 빠른 시간에 코스를 완주한다.

571 이것은 텐브로익의 불법행위법에 대한 검토(TenBroek, 1966)에서 핵심적인 주제. 그는 다양한 사례를 통해 시각 장애인이 낮에 겪는 일과 눈이 보이는 사람이 밤에 겪는 일의 유사점을 보여 준다. 이는 공동체가 포용적인 방향으로 정책 결정을 내리는 데 큰 도움을 주었다. 낮과 마찬가지로 밤에도 거리를 안전하게 지나다닐 수 있어야 하는 것처럼, 눈이 보이는 사람뿐 아니라 시각 장애인도 거리를 다닐 수 있어야 한다는 것이다. 태만과 적절한 돌봄에 대한

정의는 시각 장애인이 적어도 지팡이를 갖거나 개를 데리고 공공시설을 사용할 수 있는 권리를 인정하기 위해 발전되어 왔다. 시각 장애인이 지팡이나 개의 도움 없이 이러한 시설을 이용할 수 있는 권리는 논쟁이 계속되고 있다.(6장의 첫머리 인용문 참조)

572 Wasserman(1998) 참조. 실버스의 입장을 따르는 그는 스스로에게 물어볼 수 있는 좋은 질문은 만약 특이한 장애가 일상적이라면, 세상이 어떻게 될 것인가라는 질문이라고 말한다. 대부분의 사람이 휠체어를 이용하는 데도 우리는 계속해서 경사로보다 계단을 만들 수 있을까?

573 Morris(1992).

574 이러한 설명은 Amundson(1992, 2000a, 2000b)에서 제시되고 있다.

575 대니얼스(Daniels), 부어스(Boorse) 등에 대한 아먼드슨의 비판 참조.

576 이것들을 위치시키는 방법에 대해서는 Silvers(1998) 참조.

577 이것은 Nussbaum(2001a)에서 내가 취하는 입장이다.

578 Kavka(2000)과 L. Becker(2000) 참조.

579 Silvers(1998) 참조. 그러나 법원은 장애인법의 '간주되는'이라는 조목을 다른 곳에서 해석해 온 것처럼 주요한 삶의 활동에 영향을 주는 장애를 가진 것으로 '간주되는'이라는 뜻으로 해석해 왔다. 그래서 비만 때문에 능력이 없는 것으로 '간주되는' 사람은 매우 극단적인 경우를 제외하고는 이 조항의 적용을 받지 않게 된다.

580 예를 들면, 에이즈는 삶의 주요한 활동 중 생식에 제한을 준다는 이유에서 장애로 여겨져 왔다. 잘못된 결론은 아니지만, 이러한 결론에 이르는 가장 적절한 방법은 아니라는 느낌이다.

581 (Wasserman, 2000)에서는 이렇게 장애인법을 확장해도 소송이 폭주하지는 않을 것이라고 주장한다. 왜냐하면 사람들은 자신이 뚱뚱하다거나 키가 작다거나 매력이 없다고 선언하는 소송 당사자로 나서는 것을 쑥스러워 할 것이기 때문이다. 그래서 그는 가장 심각한 사례만 남게 될 것이라고 말한다. 그러나 소송을 좋아하고 고백 문화가 있는 오늘날 미국에서 그가 말하는 것처럼 다들 입장 표명을 삼가지는 않을 것 같다.

582 Locke, *Second Treatise on Government*, chapter 8.

583 고티에(Gauthier, 1986: 18)는 한 사회 내의 복지의 "평균적인 수준을 떨어뜨리는 모든 사람"에 대해 말하고 있다.

584 Rawls(1996: 183 and passim).

585 실직자가 겪는 낙인에 대한 마음을 울리는 1인칭 설명은 Goffman(1963: 17) 참조. "실직자라는 이름을 달고 다니는 것이 얼마나 힘들고 수치스러운 일인지 아는가? 외출할 때 나는 완전한 열등감에 젖어 시선을 밑으로 깔고 다닌다. 길을 걸을 때 나는 자신이 보통 사람의 발뒤꿈치에도 못 미치며 모든 사람이 나에게 손가락질하는 것처럼 느껴진다. 나는 나도 모르게 사람 만나기를 기피한다."

586 2002년 11월 캔버라에 있는 호주 국립대에서 한 태너 강좌("Beyond the Social Contract: Toward Global Justice")에서 나는 이들 이슈를 상세하게 다루고 있다. 이 글은 하버드 대학 출판부와 계약되어 있다.

587 Nussbaum(2000a) 참조.

588 Francis and Silvers(2000: xix).

589 *Watson v. Cambridge*, 157 Mass. 561(1893). 왓슨은 "일상적으로 단정하게 자신의 신체를 돌볼 수 없다."라고 얘기되었다. 자주 인용되는 유사한 경우는 비티(Merritt Beattie)의 사례다. 비티는 명백히 지적장애아가 아니었지만, 마비로 인해 "교사와 학생들에게 우울감과 혐오감"을 준다고 여겨지는 증상을 갖고 있었다(*State ex Rel. Beattie v. Board of Education of the City of Antigo*, 169 Wisc. 231[1919]). 위스콘신 주 대법원은 비티에 대한 거부를 지지했다.

590 343 F. Supp. 279(1972).

591 343 F. Supp. 866(D.C.C. 1972). 기술적으로, 이 행정구의 법적으로 특이한 상황 때문에 법원은 수정헌법 5조에 규정된 적법 절차 위반이며, 교육에 적용한 평등 보호 조항은 "이 행정구에 구속력을 갖는 적법 절차의 한 구성 요소"라고 결정했다.

592 이 법의 배경과 역사에 대해 매우 유용한 얘기를 들려준, 이 법안을 기초한 사람 중 한 명인 브래드마스(John Brademas)에게 감사를 전한다. 그 이후의 교

육 개혁에 관한 논의는 Minow(1990: 29-40) 참조.

593 Bérubé(1996)와 Nussbaum(2001b) 참조. 나는 제이미의 아버지가 책에 적고 있는 당시의 제이미를 기술하고 있다.

594 Kelman and Lester(1997) 참조. 이들은 미시시피 주의 특수 교육 교사의 말을 인용하고 있다.

[분류에서] 소외된 아이들이 있냐고요? 그렇습니다. (……) 전 매년 우리가 그렇게 방치하고 있다고 생각해요. 우리가 어딘가에 있는 이러한 공백을 메우지 못하고 있다는 점을 알기 위해 재평가를 할 생각입니다. "우리는 이미 그렇게 했잖아요? 그는 특수 학습 장애로 판단할 수 있는 성취 기준에 한참 못 미치지 않았나요?" (……) 전 어쩐지, 언젠가는 우리가 이 아이도 우리 아이이고, 필요한 것은 이 아이를 교육시키는 것이라고 말하게 될 거라 생각해요. 정규 교사가 그를 특정 과목의 학습을 돕기 위한 수업에 데려가든, 특수교육이든, Chapter One이든 [이 아이들에게는 교육이] 필요합니다.

595 이것은 켈먼과 레스터가 학습 장애 아동의 장애인교육법 적용에 관해 광범위한 연구를 한 후 내린 결론이다.

596 물론 이러한 두 가지 해석은 『니코마코스 윤리학』 7장과 10장에 담긴 아리스토텔레스의 쾌락에 대한 두 가지 해석에 대응된다. 밀은 여기에 담긴 유명한 사고의 영향을 크게 받았던 것으로 보인다. 『공리주의』에서 그는 쾌락의 속성이 분명하지 않다는 점에 우리가 관심을 갖도록 하고 있으며, 쾌락을 어떠한 종류의 활동으로 보는 입장에서 분명하게 분석하고 있는 글도 있다. 그러나 그는 쾌락의 개념적 분석에 지속적인 관심을 쏟지 않았으며, 그의 입장을 정확히 규정하기도 어렵다.

597 Nussbaum(2000a), chap. 2에 담긴 하사니(Harsanyi), 브란트(Brandt) 등이 취한 시각에 나의 논의를 참조.

598 쪽수 병기가 도움이 될 수 있을 만큼 충분히 널리 사용되는 단일한 판본이 없기 때문에, 『자유론』을 언급할 때에는 몇 장인지만 언급한다.

599 그러나 항구적인 이익의 만족 또는 그러한 이익에 따르는 구속받지 않는 기능은 밀의 시각에서 볼 때 단순히 행복의 수단이기보다는 행복의 구성 요소일 것이다.

600 Rawls(1971); Posner(1995).

601 Rawls(1971: 3).

602 Nussbaum(2000a), chap. 3 참조.

603 특히 *Ad Att.* I.17(편지 17이라는 번호는 베일리[D. Shackleton Bailey]가 새로 러브[Loeb] 고전선을 편집하고 번역하면서 매긴 것이다.) 참조. 이 편지에서 키케로는 자신과 친구 사이에 완벽한 신뢰가 있음을 분명하게 밝힌 후에 둘이 갈라지는 단 한 가지는 '인생관의 선택(*voluntatem institutae vitae*)'이라고 말한다. 그는 자신은 야망(*ambitio*) 때문에 공적인 봉사에 높은 가치를 부여하는 인생관을 선호했지만, 아티쿠스의 경우는 "누구도 이의를 제기할 수 없는 추론(*haud reprehendenda ratio*)"을 통해 에피쿠로스 학파의 교리에 따라 "고결한 은거(*honestum otium*)"의 삶을 선호했다고 말한다. 우리는 여기서 두 가지 관점이 모두 타당하다는 생각을 분명하게 읽을 수 있다. 키케로는 자신의 친구가 지닌 교리를 고결하다고 부르면서 충분히 존중하는 태도를 보여 주고 있다. 또한 야망이라는 동기를 언급하면서 자신의 선택에 동의하지 않는 것도 타당할 수 있음을 부드럽게 말하고 있다.

604 Nussbaum(2001c) 참조.

605 그러고 나서 밀은 범죄자들도 손실을 겪는다고 주장한다. "이기적 요소를 억제함으로써 자신의 본성이 지닌 사회적 요소를 더욱 발전"시킬 수 있는 기회를 놓치기 때문이다. "다른 사람을 위해 엄격한 정의의 규칙을 따르다 보면 타인의 이익을 목표로 삼는 감정과 능력을 발전시킬 수 있다." 이러한 옹호 방식은 밀의 입장에서 보면 실수일 수 있다. 행위를 제약할 때 인간이 가장 잘 발전할 수 있다는 점을 인정하게 되면, 밀은 반대자들이 그의 주장 전체를 약화시키는 데 사용할 수 있는 주장(간통법이 부부간의 사랑을 발전시킨다든지, 도박법이 건전한 노동 능력을 증대시킨다는 등의)에 빠지게 되기 때문이다.

606 Rawls(1996).

607 우리가 자유를 단지 사람들의 행복을 위한 수단이 아니라, 이를 구성하는 일부분이라고 생각하더라도 마찬가지일 것이다. 우애에 대한 아리스토텔레스의 설명을 생각해 보자. 그는 우애가 그 자체로 좋은 것이라고 분명하게 주장한다. 그러나 지금까지 그의 논의의 대부분은 우애의 도구적 혜택에 초점이 맞춰지고 있다.

608 밀은 올바른 규범도 논쟁을 통해 자극이 필요하다고 주장한다. 그러나 내가 말했듯이, 이것은 설득력이 큰 주장이라고 보기 어렵다.

609 Arneson(2000)과 Nussbaum(2000c)에 담긴 나의 대답 참조.

610 Nussbaum(2000a), chap. I 참조. 인간 존엄성의 영역에 있는 것은 예외로 한다. 나는 국가가 시민에게 단지 존엄한 대우를 받을 수 있는 기회를 제공하는 것이 아니라, 시민을 존엄하게 대우해야 한다고 주장한다. 예를 들면, 시민들이 존엄한 대우를 받기 위해 I센트를 내야 한다면, 이를 내지 못하는 시민들은 공무원들에게 모욕을 당할 수도 있다. 내 관점에서 볼 때 이는 부적절하며, 자유주의 국가의 가장 기본적인 의무를 심각하게 위반하는 것이다.

611 "1960년대 방식의 권리"에 대한 케이헌의 최근 비판(5장 참조)은 그가 전통적인 권리 장전을 지지하는지에 대해 분명 의심을 갖게 한다.

612 이들이 권리장전을 폐기하자고 말하지는 않았지만, 두 사람 모두 일반적으로 자유주의자들이 해석하는 것보다 이를 훨씬 더 협소하게 해석하자고 제안하고 있다.

613 5장 참조. 이 문제들은 『사회 계약을 넘어(Beyond the Social Contract)』라는 가제로 현재 출간 준비 중인 내 책의 테마다.

614 Rodman(2003) 참조. 그는 (자신의 목소리로) 이러한 주장이 분석자의 거짓 자아 활동을 증명하는 방어 기제라고 말한다.

615 Maritain(1995) 참조. 그는 세계 인권 선언의 배경이 되는 인간은 어떠한 수단 또는 도구 이상의 존재라는 생각은 모든 시각 ─ 종교적이든 세속적이든 ─ 에서 받아들여질 수 있다고 주장한다.

616 Nussbaum(2000b) 참조.

617 특히 Nussbaum(2000a) 참조.

618 Nussbaum(2001a), chap. 6 참조. 아리스토텔레스는 비극적 동정심을 '*anaitios*', 즉 나쁜 사건에 대한 (주된) 책임이 없다는 사고를 가지고 정의하며, 다른 주요 사상가들도 이를 따르고 있다. '비극적 결함'이 영웅의 몰락을 야기한다는 생각은 후대에 이루어진 아리스토텔레스에 대한 기독교적 오독이다. 이러한 개념이 일부 기독교적 비극의 구조를 설명해 줄 수 있지만 말이다.

619 Nussbaum(2001a), chaps. 6-8.

620 Nussbaum(2001a), chap. 8 참조.

621 구체적인 제안에 대해서는 Nussbaum(2001a), chap. 8 참조.

참고 문헌

Adorno, Theodor, et al. (1950). *The Authoritarian Personality*. New York: Harper and Row.

Ahmed, Eliza, Nathan Harris, John Braithwaite, and Valerie Braithwaite (2001). *Shame Management through Reintegration*. Cambridge: Cambridge University Press.

Alschuler, Albert W., and Stephen J. Schulhofer (1998). "Antiquated Procedures of Bedrock Rights? A Response to Professors Meares and Kahan." *University of Chicago Legal Forum* 1998: 215-44.

Amundson, Ron (1992). "Disability, Handicap, and the Environment." *Journal of Social Philosophy* 23: 105-18.

_____ (2000a). "Biological Normality and the ADA." In Francis and Silvers (2000): 102-10.

_____ (2000b). "Against Normal Function." *Studies in History and Philosophy of Biological and Biomedical Sciences* 31C: 33-53.

Angyal, Andras (1941). "Disgust and Related Aversions." *Journal of Abnormal and Social Psychology* 36: 393-412.

Annas, Julia (manuscript) (2000). "Shame and Shaming Punishments." Paper for the Workshop on Law and Social Control, University of Minnesota, November.

Archimandritou, Marta (2000). *The Open Prison* (in Modern Greek). Athens: Ellinika Grammata.

Arneson, Richard J. (2000). "Perfectionism and Politics." *Ethics* 111: 37-63.

Averill, James R. (1982). *Anger and Aggression: An Essay on Emotion.* New York: Springer.

Baker, Katharine K. (1999). "Sex, Rape, and Shame." *Boston University Law Review* 79 (1999): 663-716.

Balint, Alice (1953). "Love for the Mother and Mother Love." In Michael Balint, ed., *Primary Love and Psychoanalytic Technique.* New York: Liveright.

Bandes, Susan A. (1997). "Empathy, Narrative, and Victim Impact Statements." *University of Chicago Law Review* 63: 361-412.

_____, ed. (1999). *The Passions of Law.* New York and London: New York University Press.

Bartov, Omer (1991). *Hitler's Army.* New York: Oxford University Press.

_____ (1996a). *Murder in Our Midst: The Holocaust, Industrial Killing, and Representation.* New York: Oxford University Press.

_____ (1997b). Review of Goldhagen (1996). *New Republic,* 29 April, 32-38.

_____ (1997). Review of W. Sofsky, *The Conncentration Camp. New Republic,* 13 October.

Batson, C. Caniel (1991). *The Altruism Question: Toward a Social-Psychological Answer.* Hillsdale, NJ: Lawrence Erlbaum Associates.

Beale, Joseph H., Jr. (1903). "Retreat from a Murderous Assault." *Harvard Law Review* 16: 567-82.

Becker, Ernest (1973). *The Denial of Death.* New York: The Free Press.

Becker, Lawrence (2000). "The Good of Agency." In Francis and Silvers (2000): 54-63.

Ben-Yehuda, Nachman (1990). *The Politics and Morality of Deviance: Moral Panics, Drug Abuse, Deviant Science, and Reversed Stigmatization.* Albany: State University of New York Press.

Bérubé, Michael (1996). *Life As We Know It: A Father, a Family, and an Exceptional Child.* New York: Pantheon.

Bollas, Christopher (1987). *The Shadow of the Object: Psychoanalysis of the Unthought Known.* London: Free Association Books.

Boswell, John (1989). "Jews, Bicycle Riders, and Gay People: The Determination of Social Consensus and Its Impact on Minorities." *Yale Journal of Law and Humanities* 1: 205-28.

Bowlby, John (1982). *Attachment and Loss.* Vol. 1: *Attachment.* 2d edition. New York: Basic Books.

_____ (1973). *Attachment and Loss.* Vol. 2: *Separation: Anxiety and Anger.* New York: Basic Books.

_____ (1980). *Attachment and Loss.* Vol. 3: *Loss: Sadness and Depression.* New York: Basic Books.

Boyarin, Daniel (1997). *Unheroic Conduct: The Rise of Heterosexuality and the Invention of the Jewish Man*. Berkeley and Los Angeles: University of California Press.

Bradermas, John (1982). *Washingto, D. C., to Washington Square: Essays on Government and Education*. New York: Weidenfeld and Nicolson.

Braithwaite, John (1989). *Crime, Shame, and Reintegration*. Cambridge and New York: Cambridge University Press.

_____ (1999). "Restorative Justice: Assessing Optimistic and Pressimistic Accounts." *Crime and Justice* 25: 1-127.

_____ (2002). *Restorative Justice and Responsive Regulation*. Oxford and New York: Oxford University Press.

Braithwaies, John, and Valerie Braithwaite (2001). "Shame, Shame Management and Regulation." In Ahmed, Harris. Braithwaite and Braithwaite (2001).

Brenner, Claudia (1995). *Eight Bullets: One Woman's Study of Surviving Anti-Gay Violence*. Ithaca, NY: Firebrand Books.

Broucek, Francis (1991). *Shame and the Self*. New York: Guilford Press, 1991.

Browning, Christopher (1992). *Ordinary Men*. New York: HarperCollins.

Bruun, Christer (1993). *The Water Supply of Ancient Rome: A Study of Roman Imperial Administration*. Helsinki: Societas Scientiarum Fennica.

Calhoun, Cheshire (2003). "An Apology for Moral Shame." *Journal of Political Philosophy* 11: 1-20.

Case, Mary Anne C. (1995) "Disaggregating Gender from Sex and Sexual Orientation: The Effeminate Man in the Law and Feminist Jurisprudence." *Yale Law Journal* 105: 1-104.

Cavell, Stanley (1969). "The Avoidance of Love: A Reading of *King Lear*." In Cavell, *Must we Mean What We Say?*. New York: Charles Scribner's Sons: 267-353.

Chodorow, Nancy (1978). *The Reproduction of Mothering: Psychoanalysis and the Sociology of Gender*. Berkeley and Los Angeles: University of California Press.

Clark, Candace (1997). *Misery and Company: Sympathy in Everyday Life*. Chicago: University of Chicago Press.

Cohen, Stanley (1972). *Folk Devils and Moral Panics: The Creation of the Mods and Rockers*. London: MacGibbon and Kee.

Comstock, Gary David (1981). "Dismantling the Homosexual Panic Defense." *Law and*

Sexuality 2: 81-102.

Comstock, Gary David (1991). *Violence Against Lesbians and Gay Men*. New York: Columbia University Press.

Constable, E. L. (1997). "Shame." *Modern Language Notes* 112: 641-65.

Cornell, Drucilla (1995). *The Imaginary Domain: Abortion, Pornography, and Sexual Harassment*. New York and London: Routledge.

———— (2001). "Dropped Drawers: a Viewpoint." In *Aftermath: The Clinton Impeachment and the Presidency in the Age of Political Spectacle*. Ed. Leonard V. Kaplan and Beverley I. Moran. New York: New York University Press: 312-20.

Crossley, Mary (2000). "Impairment and Embodiment." In Francis and Silvers (2000): 111-23.

Damasio, Anthony R. (1994). *Descartes' Error: Emotionn, Reason, and the Human Brain*. New York: Putnam.

Darwin, Charles R. (1965[1872]). *The Expression of the Emotions in Man and Animals*. Chicago: University of Chicago Press.

De Grazia, Edward (1992). *Girls Lean Back Everywhere: The Law of Obscenity and the Assault on Genius*. New York: Random House.

Deigh, John (1994). "Cognitivism tin the Theory of Emotions." *Ethics* 104: 824-54.

———— (1996). *The Sources of Moral Agency: Essays on Moral Psychology*. Cambridge: Cambridge University Press.

De Sousa, Ronald (1987). *The Rationality of Emotion*. Cambredge, MA: MIT Press.

Devlin, Patrick (1965). *The Enforcement of Morals*. London: Oxford University Press.

Douglas, Mary (1966). *Purity and Danger*. London: Routledge and Kegan Paul.

Dressler, Joshua (1995). "When 'Heterosexual' Men Kill 'Homosexul' Men: Reflections on Provocation Law, Sexual Advances, and the 'Reasonable Man' Standard." *The Journal of Criminal Law and Criminlogy* 85: 726-63.

Dressler, Joshua (2002). "Why Keep the Provocation Defense?: Some Reflections on a Difficult Subject." *Minnesota Law Review* 86: 959-1002.

Dworkin, Andrea (1987). *Intercourse*. New York: Free Press.

———— (1989). *Pornography: Men Possewwing Women*. New York: E. P. Dutton.

Dworkin, Ronald (1977). "Liberty and Moralism." In Dworkin, *Taking Rights Seriously*.

688

Cambridge: Cambridge University Press: 240-58.

Eaton, Anne (manuscript) (2001). "Does Pornography Cause Harm?" Presented at the annual meeting of the Eastern Division of the American Philosophicla Association.

Ethrenreich, Barbara (2001). *Nickel and Dimed: On (Not) Getting By in America*. New York: Metropolitan Books.

Elias. Norbert (1994). *The Civilizing Process*. Cambredge, MA: Blackwell.

Ellis, Havelock (1890). "Whitman." Extract from *The New Spirit*. In *Norton Critical Edition of Whitman*, ed. Sculley Bradley and Harold W. Blodgett, New York and London: W. W. Norton, 1973: 803-13.

Ellman, Richard (1987). *Oscar Wilde*. London: Penguin.

Etzioni, Amitai (2001). *The Monochrome Society*. Princeton: Princton Univerisy Press.

Fairbairn, W.R.D. (1952). *Psychoanalytic Studies of the Personality*. London and New York: Tavistock/Routledge.

Feinberg, Joel (1985). *The Moral Limits of the Criminal Law*. Vol. 2: *Offense to Others*. New York: Oxford University Press.

Fletcher, George (1999). "Disenfranchisement as Punishment: Reflection on the Racial Uses of Infamia." *UCLA Law Review* 46: 1895-1907.

Francis, Leslie Pickering, and Anita Silvers, eds. (2000). *Americans With Disabilities: Exploring Implications of the Law for Individuals and Institutions*. New York and London: Routledge.

Frank, Robert (1999). *Luxury Fever*. New York: The Free Press.

Freud, Sigmund (1905). *Three Essays on the Theory of Sexuality*. In *The Standard Edition of the Complete Psycholocial Works of Sigmund Freud*. Vol. 7. Ed. James Strachey. London: Hogarth Press: 125-245

———— (1908). "Character and Anal Erotism." In *Standard Edition* 9, 169-75.

———— (1910). *Five Lectures on Psychoanalysis*. In *Standard Edition* 11, 3-56.

———— (1915). "Mourning and Melancholia." In *Standard Edition* 14, 239-58.

———— (1920). *Beyond the Pleasure Principle*. In *Standard Edition* 18.

———— (1930). *Civilization and Its Discontents*. In *Standard Edittion* 21, 59-145.

———— (1985). *The Complete Letters of Sigmund Freud to Wilhelim Fliess, 1887-1904*. Ed. and trans. Jeffrey M. Masson. Cambridge, MA: Harvard University Press.

Garvey, Steven (1998). "Can Shaming Punishments Educate?" *University of Chicage Law Review*

65: 733-94.

Gattrell, V.A.C. (1994). *The Hanging Tree: Execution and the English People, 1770-1868*. Oxford and New York: Oxford University Press.

Gauthier, David (1986). *Morals By Agreement*. New York: Oxford University Press.

Geller, Jay (1992). "(G)nos(e)ology: The Cultural Construction of the Other." In *People of the Body: Jews and Judaism from an Embodied Perspective*, ed. Howard Eilberg-Schwartz. New York: State University of New York Press.

Gilligan, James (1997). *Violence: Reflections on a National Epidemic*. New York: Vintage Books.

Gilman, Sander (1991). *The Jew's Body*. New York: Routledge.

Glover, Jonathan (2000). *Humanity: A Moral History of the Twentieth Century*. New Haven: Yale University Press.

Goffman, Erving (1963). *Stigma: Notes on the Management of Spolild Identity*. New York: Simon and Schuster.

Goldhagen, Daniel Jonah (1996). *Hitler's Willing Executioners: Ordinary Germans and the Holocaust*. New York: Knopf.

Goldhagen, Daniel Jonah, Omer Bartov, and Christopher Browing (1997). An exchange. *New Republic*, 10 February.

Graham, George (1990). "Melancholic Epistemology." *Synthese* 82: 399-422.

Gustafson, Mark (1997). "*Inscripta in fronte*. Penal Tattooing in Late Antiquity." *Classical Antiquity* 16 (1997): 79-105.

Haidt, Jonathan, Clark R. McCauley, and Paul Rozen (1994). "A Scale to Measure Disgust Sensitivity." *Personality and Individual Differences* 16: 701-13.

Hall, Stuart, Chas Critcher, Tony Jefferson, John Clarke, and Brian Roberts (1978). *Policing the Crisis: Mugging, the State, and Law and Order*. London: MacMillan.

Hilberg, Raul (1985). *The Destruction of the European Jews*. New York: Holmes and Meier.

Hollander, Anne (1994). *Sex and Suits: The Evolution of Modern Dress*. New York: Farrar, Straus, and Giroux.

Holmes, Oliver Wendell, Jr. (1992). *The Essential Holmes*. Ed. Richard A. Posner. Chicago: University of Chicage Press.

Hornel, Tatjana (2000). "Penal Law and Sexuality: Recent Reforms in German Criminal Law." *Buffalo Criminal Law Review* 3: 639-85.

Human Rights Watch (1998). *Losing the Vote: The Impact of Felony Disenfranchisment Law in the U.S.* Available online from Human Rights Watch at *humanrightswatch. org.*

Hyde, H. Montgomery (1956). *The Three Trials of Oscar Wilde.* New York: University Books.

Ignatieff, Michael (1978). *A Just Measure of Pain: The Penitentiary in the Industrial Revolution, 1750-1850.* New York: Pantheon.

Jenkins, Philip (1998). *Moral Panic: Changing Conceptes of the Child Molester in Modern America.* New Haven and London: Yale University Press.

Johnson, Mark L. (2001). Comment on sentencing and equal protection. *University of Chicago Legal Forum.*

Jones, Christopher P. (1987). "*Stigma*: Tattooing and Branding in Graece-Roman Antiquity." *Journal of Roman Studies* 77: 139-55.

_____ (2000). "Stigma and Tattoo." In *Written on the Body*, ed. Jane Caplan. Princeton: Princtton University Press: 1-16.

Kadidal, Shayana (1996). "Obscenity in the Age of Mechanical Reproduction." *American Journal of Comparative Law* 44: 353-85.

Kadish, Sanford H., and Stephen J. Schulhofer (1989). *Criminal Law and Its Processes: Cases and Materials.* 5th ed. Boston, Toronto, and London: Little, Brown and Company.

Kahan, Dan M. (1996). "What Do Alternative Sanctions Mean?" *University of Chicago Law Review* 63: 591-653.

_____ (1998). "*The Anatomy of Disgust* in Criminal Law." *Michigan Law Reivew* 96: 1621-57.

_____ (1999a). "The Progressive Appropriation of Disgust." In Bandes (1999): 63-79.

_____ (1999b). "Unthinkable Misrepresentations" A Response to Tonry." *UCLA Law Review* 46: 1933-40.

Kahan, Dan M., and Martha C. Nussbaum (1966). "Two Conceptions of Emotion in Criminal Law." *Columbia Law Review* 96: 269-374.

Kahan, Dan M., and Eric A. Posner (1999). "Shaming White-Collar Criminals: A Proposal for Reform of the Federal Senencing Guidelines." *Journal of Law and Economics* 42: 365-91.

Kaster, Robert A. (1997). "The Shame of the Romans." *Transactions of the American Philogical Association* 127: 1-19.

_____ (2001). "The Dynamics of *Fastidium*." *Transactions of the American Philogical Association*

131: 143-89.

Kavka, Gregory S. (2000). "Disability and the Right to Work." In Francis and Silvers (2000): 174-92.

Kelman, Mark (2000). "Does Disability Status Matter?" In Francis and Silvers (2000): 91-101.

Kelman, Mark, and Gillian Lester (1997). *Jumping the Queue: An Inquiry into the Legel Treatment of Students with Learning Disabilites.* Cambridge, MA, and London: Harvard University Press.

Kernbergn, Otto (1985). *Borderline Conditions and Pathological Narcissism,* Northvale, NJ: Jason Aronson.

Kilborne, Benjamin (2002). *Disappearing Persons: Shame and Appearance.* Albany: State University of New York Press.

Kim, David Haekwon (2001). *Mortal Feelings: A Theory of Revulsion and the Intimacy of Agency.* Ph. D. Dissertation, Syracuse University, August 2001.

Kindlon, Daniel J. (2001). *Too Much of a Good Thing: Raising Children of Character in and Indulgent Age.* New York: Miramax.

Kindlon, Daniel J., and Michael Thompson (1999). *Raising Cain: Prothctin the Emotional Life of Boys.* New York: Ballantine Books.

Kittay, Eva Feder (1999). *Love's Labor: Essays on Women, Equality, and Dependency.* New York and London: Routledge.

Klein, Melanie (1984). *Envy and Gratitude and Other Works 1946-1963.* London: The Hogarth Press.

_____ (1985). *Love, Guilt, and Reparation and Other Works 1921-1945.* London: The Hogarth Press.

Kniss, Fred (1997). *Disquiet In the Land: Cultural Conflict in American Mennonite Communities.* New Brunswick, NJ: Rutgers University Press.

Kohtu, Heinz (1981a). "On Empathy." In *The Search for the Self: Selected Writings of Heinz Kohut: 1978-1981,* ed. P. H. Orstein. Madison, CT: International Universities Press, Inc: 525-35.

_____ (1981b). "Introspection, Empathy, and the Semicircle of Mental Health." In *The Search for the Self: Selected Writings of Heinz Kohut: 1978-1981,* ed. P. H. Orstein, Madison, CT: International Universities Press, Inc: 537-67.

_____ (1986). "Forms and Transformations of Narcissism." In Morrison (1986): 61-88.

Koppelman, Andrew (2002). *The Gay Rights Question in Contemporary American Law.* Chicago: University of Chicago Press.

Korsmeyer, Carolyn W. (1999). *Making Sense of Taste.* Ithaca, NY: Cornell University Press.

Larmore, Charles (1987). *Patterns of Moral Complexity.* New York: Cambridge University Press.

_____ (1996). *The Morals of Modernity.* New York: Cambridge University Press.

Law, Sylvia A. (1988). "Homosexuality and the Social Meaning of Gender." *Wisconsin Law Review:* 187-235.

Lazarus, Richard S. (1991). *Emotion and Adaptation.* New York: Oxford University Press.

LeDoux, Joseph (1996). *The Emotional Brain: The Mysterious Underpinnings of Emotional Life.* New York: Simon & Schuster.

Levitz, Mitchell, and Jason Kingsley (1994). *Count Us In: Growing Up with Down Syndrome.* New York: Harcourt Brace.

Lindgren, James (1993). "Defining Pornogrphy." *University of Pennsylvania Law Review* 141: 1153-1276.

Lopez, Frederick G., and Kelly A. Brennan (2000). "Dynamic Processes Underlying Adult Attachment Organization." *Journal of Counseling Psychology* 47: 283-300.

Lumbard, J. Edward (1965). "The Citizens' Role in Law Enforcement." *Journal of Criminal Law, Criminology and Police Science* 56: 67-72.

MacKinnon, Catharine A. (1987). *Feminism Unmodified: Discourses on Life and Law,* Cambridge, MA: Harvard University Press.

_____ (1989). *Toward a Feminist Theory of the State.* Cambridge, MA: Harvard University Press.

MacKinnon, Catharine A., and Andrea Dworkin (1997). *In Harm's Way: The Pornography Civil Rights Hearings.* Cambridge, MA: Harvard University Press.

Maguigan, Holly (1991). "Battered Women and Self-Defense: Myths and Miscon-ceptions in Current Reform Proposals." *University of Pennsylvania Law Review* 140: 379-486.

Mahler, Margaret S. (1968). *On Human Symbiosis and the Vicissitudes of Individuation.* Vol. I: Inafntile Psychosis. New York: International Universities Press.

_____ (1979). *The Selected Papers of Margaret S. Mahler.* Vol. 1: *Infantile Psychosis and Early Contributions.* Vol. 2: *Separation-Individuation.*

693

Mahler, Margaret, Fred Pine, and Anni Bergman (2999 [1975]). *The Psychological Birth of the Human Infant: Symbiosis and Individuation.* First paperback edition. New York: Basic Books.

Mandler, George (1975). *Mind and Emotion.* New York: Wiley.

———— (1984). *Mind and Body: Psychology of Emotion and Stress.* New York: Norton.

Margalit, Avishai (1996). *The Decent Society.* Trans. Naomi Goldblum. Cambridge, MA: Harvard University Press.

Maritain, Jacques (1953). *Man and the State.* Chicago: University of Chicago Press.

Markel, Dan (2001). "Are Shaming Punishments Beautifully Retributive?" Retributivism and the Implications for the Alternative Sanctions Debate." *Vanderbilt Law Review* 54: 2157-2242.

Marmontel, Jean-François (1999). *Mémoires.* Paris: Mercure de France.

Massaro, Toni (1991). "Shame, Culture, and American Criminal Law." *Michigan Law Review* 89: 1880-1942.

———— (1997). "The Meanings of Shame: Implications for Legal Reform." *Psychology, Public Policy and Law* 3: 645-80.

———— (1999). "Show (Some) Emotions." In Bandes (1999): 80-122.

Meares, Tracey, and Dan M. Kahan (1998a). "The Wages of Antiquated Procedural Thinking: A Critique of *Chicago v. Morales.*" *University of Chicago Legal Foum* 1998: 197-259.

Meares, Tracy, and Dan M. Kahan (1998b). "The Coming Crisis of Criminal Procedure." *Georgetown Law Journal* 86: 1153-84.

———— (1999). "When Rights are Wrong." In Symposium, "Do Rights Handcuff Democracy?" (with respondents). *Boston Review* 24: 4-8, respondents 10-22, response by Meares and Kahan 22-23.

Menninghaus, Winfried (1999). *Ekel: Theorie und Geschichte einer starken Empfindung.* Frankfurt: Suhrkamp.

Mill, John Stuart (1838). "Bentham."

———— (1859). *On Liberty.*

———— (1861). *Utilitarianism.*

———— (1873). *Autobiography.* (Posthumously published.)

Miller, Alice (1986). "Depression and Grandiosity as Related Forms of Narcissistic

Disturbances." *In Morrison* (1986): 323-47.

Miller, William I. (1993). *Humiliation*. Ithaca, NY: Cornell University Press.

_____ (1997). *The Anatomy of Disgust*. Cambridge, MA: Harvard University Press.

_____ (1998). "Sheep, Joking, Cloning and the Uncanny." In *Clones and Clones*, ed. Martha C. Nussbuam and Cass R. Sunstein. New York: Norton: 78-87.

Minow, Martha (1990). Making All the Difference: *Inclusion, Exclustion, and American Law*. Ithace, NY: Cornell University Press.

Mison, Robert B. (1992). "Comment: Homophobia in Manslaughter: The Homosexual Advance as Insufficient Provocation." *California Law Review* 80: 133-37.

Morris, Herbert (1968). "Persons and Punishment." Originally publisher in *The Monist* 52. Repprinted in *Punishment and Rehabilitation*, ed. Jeffrie Murphy. 3d edition. Belmont, CA: Wadsworth Publishing Company, 1995: 74-93.

_____ (1971). *Gulit and Shame*. Belmont, CA: Wadsworth Publishing Co.

Morris, Jenny (1991). *Pride Against Prejudice*. Philadelphia: New Society Publishers, 1991.

_____ (1992). "Tyrannies of Perfection." *The New Internationalist*, 1 July, 16.

Morris, Norval, and David J. Rothman, eds. (1998). *The Oxford History of the Prison: The Practice of Punishment in Western Society*. New York and Oxford: Oxford University Press.

Morrison, Andrew P. (1986a). *The Culture of Shame*. London and Northvale, NJ: Jason Aronson.

_____ (1986b). "Shame, Ideal Self, and Narcissism." In Morrison (1986): 348-72.

_____ (1989). *Shame: The Underside of Narcissism*. Hillsdale, NJ: The Analytic Press.

_____, ed., (1986). *Essential Papers on Narcissism*. New York and London: New York University Press.

Morse, Stephen J. (1984). "Undiminished Confusion in Diminished Capacity." *Journal of Criminal Law and Criminnology* 75: 1-34.

Murdoch, Iris (1970). *The Sovereignty of Good*. London: Routledge.

Murphy, Jeffrie G., and Jean Hampton (1988). *Forgiveness and Mercy*. Cambridge and New York: Cambridge University Press.

Nagel, Thomas (1997). "Justice and Nature." *Oxford Journal of Legal Studies* 17: 303-21.

_____ (1998). "Concealment and Exposure." *Philosophy and Public Affairs* 27: 3-30.

Nourse, Victoria (1997). "Passion's Progress: Modern Law Reform and the Provocation

Defense." *Yale Law Journal* 106: 1331-1443.

Nussbaum, Martha C. (1990). *Love's Knowledge: Essays on Philosophy and Literature*. New York: Oxford University Press.

———— (1994). *The Theraphy of Desire: Theory and Practice in Hellenistic Ethics*. Prinction: Princeton University Press.

———— (1995). *Poetic Justice: The Literary Imagination and Public Life*. Boston: Beacon Press.

———— (1997). *Cultivation Humanity: A Classical Defense of Reform in Liberal Education*. Cambridge, MA: Harvard University Press.

———— (1998). "Emotions as Judgments of Value: A Philosophical Dialogue." *Comparative Criticism* 20: 33-62.

———— (1999a). *Sex and Social Justice*. New York: Oxford University Press.

———— (1999a). "'Secret Sewers of Vice': Disgust, Bodies, and the Law." *In Bandes* (1999): 19-62.

———— (1999c). "Invisibility and Recognition: Sophocles' *Philoctetes* and Ellison's *Invisible Man*." *Philosophy and Literature* 23: 257-83.

———— (2000a). *Women and Human Development: The Capabilities Approach*. Cambridge and New York: Cambridge University Press.

———— (2000b). "The Future of Feminist Liberalism." *Proceedings and Addresses of the American Philosophical Association* 74: 47-79.

———— (2000c). "Aristotle, Politics, and Human Capabilities: A Response to Antony, Arneson, Charlesworth, and Mulgan." *Ethics* 111: 102-40.

———— (2001a). *Upheavals of Thought: The Intelligence of Emotions*. Cambridge and New York: Cambridge University Press.

———— (2001b). "Disabled Lives: Who Cares?" *New York Review of Books* 48, 11 January 34-37.

———— (2001c). "Political Objectivity." *New Literary History* 32: 883-906.

———— (2002a). "Millean Liberty and Sexual Orientation." *Law and Philosophy* 21: 317-34.

———— (2002b). "Sex Equality, Liberty, and Privacy: A Comparative Approach to the Feminist Critique." In E. Sridharan, R. Sudarshan, and Z. Hasan, eds., *Indis's Living Constitution: Ideas, Practices, Controversies*. Delhi: Permanent Black: 242-83

———— (2003a). "Capablities as Fundamental Entitlements: Sen and Social Justice." *Feminist*

Economics 9: 33-59.

_____ (2003b). "Compassion and Terror." *Daedalus* (Winter) 10-26.

_____ (2003c). "Genocide in Gujarat: The International Community Looks Away." *Dissent* (Summer) 61-69.

Oatley, Keith (1992). *Best Laid Schemes: The Psychology of Emotions*. Cambridge: Cambridge University Press.

Ochoa, Tyler Trent, and Christine Newmans Jones (1997). "Defiling the Dead: Necrophilia and the Law." *Whittier Law Review* 18: 539-78.

Olyan, Saul, and Martha C. Nussbaum, eds. (1998). *Sexual Orientation and Human Rights in American Religious Discourse*. New York: Oxford University Press.

Ortner, Sherry B. (1973). "Sherpa Purity." *American Anthropologist* 75: 49-63.

Ortony, Andrew, Gerald L. Clore, and Allan Collins (1988). *The Cognitive Structure of Emotions*. Cambridge: Cambridge University Press.

Packe, Michael St. John (1954). *The Life of John Stuart Mill*. New York: Macmillan.

Piers, Gerhart, and Milton B. Singer (1953). *Shame and Guilt: A Psychoanalytic and a Cultural Study*. Springfield, IL: Charles C. Thomas.

Pipher, Mary (1994). *Reviving Ophelia: Saving the Selves of Adolescent Girls*. New York: Putnam.

Pohlman, H. L. (1999). *The Whole Truth? A Case of Murder on the Appalachian Trail*. Amherst: University of Massachusetts Press.

Posner, Eric A. (2000). *Law and Social Norms*. Cambridge, MA: Harvard University Press.

Posner, Richard A. (1990). *The Problems of Jurisprudence*. Cambridge, MA: Harvard University Press.

_____ (1992). *Sex and Reason*. Cambridge, MA: Harvard University Press.

_____ (1995). *Overcoming Law*. Cambridge, MA: Harvard University Press.

Posner, Richard A., and Katharine B. Silbaugh (1996). *A Guide to America's Sex Laws*. Cambridge, MA: Harvard University Press.

Proctor, Robert N. (1999). *The Nazi War on Cancer*. Princeton and Oxford: Princeton University Press.

Rawls, John (1971). *A Theory of Justice*. Cambridge, MA: Harvard University Press.

_____ (1996). Political Liberalism. Expanded paperback edition. New York: Columbia University Press.

697

Reich, Annie (1986). "Pathologic Forms of Self-Esteem Regulation." In Morrison (1986): 44-60.

Reynolds, David S. (1995). *Walt Whitman's America: A Cultural Biography*. New York: Knopf.

Rodman, F. Robert (2003). *Winnicott: Life and Work*. Cambridge, MA: Perseus Publishing.

Rozin, Paul, and April E. Fallon (1987). "A Perspective on Disgust." *Psychological Review* 94: 23-41.

Rozin, Paul, April E. Fallon, and R. Mandell (1984). "Family Resemblance in Attitudes to Foods." *Developmental Psychology* 20: 309-14.

Rozin, Paul, Jonathan Haidt, and Clark R. McCauley (1999). "Disgust: The Body and Soul Emotion." *Handbook of Cognition and Emotion*. Ed. T. Dalgleish and M. Power. Chichester, UK: John Wiley and Sons, Ltd.: 429-45.

_____ (2000). "Disgust." *Handbook of Emotions, 2d Edition*. Ed. M. Lewis and J. M. Haviland-Jones. New York: Guilford Press: 637-53.

Sanders, Clinton R. (1989). *Customizing the Body: The Art and Culture of Tattooing*. Philadelphia: Temple University Press.

Sarkar, Tanika (2002). "Semiotics of Terror." *Economic and Political Weekly*. 13 July.

Scheler, Max (1957). "Über Scham und Schamgefuhl." *Schriften aus dem Nachlass*. Band I: *Zur Ethik und Erkenntnislehre*. Bern: Francke: 55-148.

Schulhofer, Steven J. (1995). "The Troubel with Trials; the Troubel with Us." *Yale Law Journal* 105: 825-55.

Sennett, Richard (2003). *Respect in a World of Inequality*. New York: W. W. Norton.

Sherman, Nancy (1999). "Taking Responsiblity for Our Emotions." In *Responsibility*, ed. E. Paul and J. Paul. Cambridge and New York: Cambridge University Press: 1999: 294-323.

Silvers, Anita (1998). "Formal Justice." In Silvers, Wasserman, and Mahowald (1998): 13-145.

_____ (2000). "The Unprotected: Construction Disability in the Context of Antidiscrimination Law." In Francis and Silvers (2000): 126-45

Silvers, Anita, David Wasserman, and Mary Mahowald (1998). *Disability Difference, Discrimination: Perspectives on Justice in Biothics and Public Policy*. Lanhan, MD: Rowman and Littlefield.

Spierenburg, Pieter (1984). *The Spectacle of Suffering: Executions and the Evolution of Repression.* Cambridge and New York: Cambridge University Press.

Stern, Daniel N. (1977). *The First Relationship: Infant and Mother.* Cambridge, MA: Harvard University Press.

———— (1985). *The Interpersonal World of the Infant.* New York: Basic Books.

———— (1990). *Diary of a Baby.* New York: Basci Books.

Strawson, Peter (1968). "Freedom and Resentment." In Strawson, *Studies in the Philosophy of Thought and Action.* New York and Oxford: Oxford University Press: 71-96.

Sunstein, Cass R. (1993). *Democracy and the Problem of Free Speech.* New York: The Free Press.

———— (1997). *Free Markets and Social Justice.* New York and Oxford: Oxford University Press.

———— (1999). *One Case at an Time: Judicial Minimalism on the Supreme Court,* Cambridge, MA: Harvard University Press.

———— (2001). *Deseigning Democracy: What Constitutions Do.* New York and Oxford: Oxford University Press.

Sunstein, Cass R., Daniel Kahnemann, and David A. Schkade (1998). "Assessing Punitive Damages (with Notes on congniton and Valuation in Law)." *Yale Law Journal* 107: 2071 ff.

Sunstein, Cass R., Reid Hastie, John W. Payne, David A. Shkade, and W. Kip Viscusi (2002). *Punitive Damages: How Juries Decide.* Chicago: University of Chicago Press.

Taylor, Gabriele (1985). *Pride, Shame and Guilt: Emotions of Self-Assessment.* Oxford: Clarendon Press.

tenBroek, Jacobus (1966). "The Right to Be in the World: The Disabled in the Low of Torts." *California Law Review* 54 (1966): 841-919.

Theweleit, Klaus (1987, 1989). *Male Fantasies.* Trans. S. Conway. Two Volumes. Minneapolis: University of Minnesota Press.

Tomkins, Silvan S. (1962-63). Affect/Imagery/Consciousness. Vols. 1 and 2. New York: Springer.

Tonry, Michael (1999). "Rethinking Unthinkable Punishment Policies in America." *UCLA Law Review* 46: 1751-91.

Tonry, Michael, and Kathleen Hatlestad, eds. (1997). *Sentencing Reform in Overcrowded Times: A Comparctive Perspective.* New York and Oxford: Oxford University Press.

Veatch, Robert M. (1986). *The Foundations of Justice: Why the Retarded and the Rest of Us Have Claims to Equality.* New York and Oxford: Oxford University Press.

Velleman, J. David (2002). "The Genesis of Shame." *Philosophy and Puliic Affairs* 30: 27-52.

Walker, Lenore (1980). *Battered Woman,* New York: Perennial.

Warner, Michael (1999). *The Trouble with Normal: Sex, Politics, and the Ethics of Queer Life.* New York: The Free Press.

Wasserman, David (1998). "Distributive Justice." In Silvers, Wasserman, and Mahowald (1998): 147-208.

_____ (2000). "Wtigma without Impairment: Demedicalizing Disability Discrimination." In *Francis and Silvers* (2000): 146-62.

Weininger, Otto (1906). *Sex and Character.* London and New York: William Heinemann and G. P. Putnm's Sons. (Based on 6th German edition.)

Whitman, James Q. (1998). "What Is Wrong with Inflicting Shame Sanctions?" *Yale Law Journal* 107: 105 ff.

_____ (2003). *Harsh Justice: Criminal Punishment and the Widerning Divide between America and Europe.* New York and Oxford: Oxford University Press.

Whitman, Walt (1973). *Leaves of Grass. Norton Critical Edition.* Ed. Scolley Bradley and Harold W. Blodgett. New York: W. W. Norton.

Williams, Bernard (1993). *Shame and Necessity.* Berkeley and Los Angeles: University of California Press.

Williams, Joan (1999). *Unbending Gender: Why Family and Work Conflict and What to Do About It.* New York and Oxford: Oxford University Press.

Winnicott, Donald W. (1965). *The Matruational Processes and the Facilitating Environment: Studies in the Theory of Emotional Development.* Madison, CT: International Universities Press, Inc.

_____ (1986). *Holding and Interpreation: Fragments of an Analysis.* New York: Grove Press.

Wollheim, Richard (1984). *The Thread of Life.* Cambridge, MA: Harvard University Press.

_____ (1999). *On the Emotions.* New Haven: Yale University Press.

Wurmser, Leon (1981). *The Mask of Shame.* Baltimore: Johns Hopkins University Press.

Yoskino, Kenji (2002). "Coverning." *Yale Law Journal* III: 760-939.

Young-Bruehl, Elizabeth (1996). *The Anatomy of Prejudices.* Cambridge, MA: Harvard University Press.

고귀함과 연약함의 공존

조계원

인간의 취약함에 주목한 정치철학자

길 맞은편에서 지적장애인이 내 쪽을 향해 걸어오고 있다. 크게 내색하지 않지만 혐오스러워 눈이 찡그려지고, 나에게 다가올까 봐 마음 한편이 불안해서 일정하게 거리를 둔다. 저런 불쌍한 사람들은 제발 눈에 띄지 않게 집에 그냥 있었으면 좋겠다고 혼잣말을 한다. 이런 나에게 누군가 다가와 질문한다. "그러는 당신은 '장애인'이 아닌가요?" "당신은 모든 면에서 완전한 '정상'이라고 말할 수 있나요?" "당신도 갑작스러운 사고를 당하거나, 나이가 들어 늙으면 누군가의 돌봄에 절대적으로 의지할 수밖에 없는 사람이 되지 않을까요?" 이러한 질문들로 우리의 마음을 불편하게 하는 정치철학자가 있다. 바로 이 책의 저자 마사 너스바움이다.

너스바움은 고대 그리스와 로마의 철학을 바탕으로 인간의 통제력이 미치지 않는 사건 앞에 인간이 얼마나 취약한지에 관심을 가졌고, 이를 자유주의 정치 이론으로 발전시킨 정치철학자다.* 그녀의 사상은 동물의 운동을 사고(thought)와 욕구(desire)의 상호작용으로 이해한 아리스토텔레스의 저작에 대한 해석에서 출발한다.** '정치적 동물(zoon politikon)'이라는 아리스토텔레스의 유명한 말에 대한 너스바움의 설명도 인간이 지닌 군집성을 강조하는 공동체주의자들의 해석과 다르다. 그녀는 인간도 '동물'이라는 점, 다른 동물과 마찬가지로 욕구를 지닌 유한한 몸을 지니고 있다는 점을 강조한다. 이런 점에서 우리가 지닌 동물적인 몸은 모욕적이고 부끄러운 사실이 아니라 인간이 가지는 존엄성의 일부로 여겨진다. 그렇다고 해서 너스바움이 인간이 여타 동물과 다른 능력을 지니고 있다는 점을 부정하지는 않는다. 다만 인간이 지닌 능력은 동물적 속성에 철저하게 의존하며, 물질적 환경이 충분히 뒷받침될 때에만 발휘될 수 있다고 보는 것이다.

이러한 생각은 그녀의 자유주의 정치 이론으로 이어진다. 인간을 어떻게 이해할 때 우리는 모든 인간의 평등한 존엄성을 존중하는 자유주의 사회를 이룰 수 있을까? 우리는 왜 다른 사람을 존중

---

* 너스바움의 개인적 삶과 학문적 이력에 대해서는 그녀와 나눈 대담과 함께 상세히 소개된 바 있다. 인간의 흠결에 대한 철학적 성찰과 그녀의 자유주의 이론에 대해서는 곽준혁(2010)을 참조하길 바란다.
** 너스바움은 아리스토텔레스의『동물의 움직임에 관하여(De Motu Animalium)』에 관한 해석으로 1975년 하버드 대학에서 박사 학위(고전 철학)를 받았다. Nussbaum(1978) 참조.

하고 배려해야 하는가? 그녀는 이 답을 우리 모두가 너무나 불완전하고 취약한 인간이라는 점을 인정하는 데서 찾는다. 자신의 감정과 내면을 들여다보면, 그 속에 너무나 약하고 다른 사람의 이해와 관심을 필요로 하는 존재를 발견할 수 있다. 이런 점에서 인간을 존중한다는 것은 누구나 삶의 불확실성 속에서 취약한 존재로 살아간다는 사실을 인정한다는 뜻이다. 또한 품위 있는 사회란 이러한 인간성을 부정하지 않고, 개인이 지닌 '역량'이 발현될 수 있도록 '촉진적 환경'을 제공하는 사회라고 할 수 있다.

이 책에서 너스바움은 크게 두 가지 정치 이론적 입장을 비판하고 있다. 하나는 전통적인 사회적 규범의 중요성을 지나치게 강조함으로써 개인의 자유를 약화시키는 공동체주의에 대한 비판이다. 공동체주의는 사람들을 '정상'과 '비정상'으로 구분하여, 차이를 지닌 사람에 대한 사회적 낙인을 조장할 위험성을 지니고 있다. 다른 하나는 공리주의와 사회계약론에 기초한 자유주의다. (존 스튜어트 밀과 존 롤스가 각각을 대변한다.) 공리주의적 자유주의는 인간 그 자체를 목적으로 다루는 것이 아니라 사회 진보를 위한 수단으로 볼 수 있다는 문제점이 있다. 또한 사회 계약론에 기초한 자유주의는 시민을 자율적이고 독립적인 성인으로 가정함으로써 장애 때문에 '정상적인' 시민의 범주에 들지 못하는 사람들을 배제할 수 있다. 너스바움은 우리 모두는 언젠가 죽는 퇴화하는 몸을 갖고 있으며, 누구나 타인의 도움을 필요로 하는 장애를 지닌 존재라는 사실을 자신이 주장하는 자유주의의 인간관으로 제시한다.* 이것은 인간의 삶이란 불완전하고 불확실하다는 사실을 솔직하게 받아들이는 데에서 시작한다.

현실 문제와의 대면: 혐오와 수치심의 법적 역할

너스바움은 철학을 뛰어넘어 고전학·문학·법학·교육학·경제학 등에 걸쳐 폭넓은 학문적 성과를 보여 주고 있을 뿐 아니라 공적으로 중요한 이슈에 대해 활발하게 발언하고, 정책적 대안을 모색하는 실천적 지식인이기도 하다. 이런 점에서 그녀가 지닌 영향력은 압도적인 학문적 성과만이 아니라 지적인 폭넓음과 상아탑을 뛰어넘어 일반 대중에게 다가서려는 태도에서 기인한다고 할 수 있다. 너스바움은 자신이 좋아하는 스토아 사상가인 세네카의 말을 인용해 철학자를 '인류를 위한 법률가'로 규정한다. 그리고 철학이 반드시 인간의 삶을 개선하려는 목적을 가져야 하는 것은 아니지만, 뛰어난 정치철학 저작들은 인간이 처한 곤경에 관여하고 이를 개선하려는 목적을 지녔다고 말한다(Boynton, 1999). 철학자는 다양

---

* 너스바움의 인식론적 입장은 반공리주의적인 윤리 사상의 기초로 아리스토텔레스를 재해석한 것에 기초한다. 이러한 입장은 가치의 이질성과 비교 불가능성을 주장하고, 삶의 다양성에 유연하게 대응할 수 있는 '인간의 잘 삶(human flourishing)'에 대한 보편 이론을 추구한다. 이것은 "문화 상대주의가 아니면서도 절대적 진리를 고집함으로써 다양성을 파괴하는 형이상학적 본질주의도 아닌 새로운 형태의 보편주의다"(곽준혁, 2010: 275).

한 방식으로 현실 생활에 기여할 수 있지만, 무엇보다 중요한 이슈를 바라보는 관점을 제시함으로써 이러한 역할을 한다. 이를 통해 일반 대중은 당면한 문제를 보다 잘 이해할 수 있고, 자신이 지닌 판단을 반성적으로 성찰할 수 있다는 것이다. 그녀는 자신의 저작을 통해 중요한 현재 이슈에 철학적으로 접근하는 방식을 전달하고자 하며, 그래서 어떤 의미에서든 '정치적'이지 않은 글은 거의 쓰지 않는다고 말한다(Miller, 2002: 40).

이 책은 너스바움의 이러한 면모가 잘 드러나는 저작이다. 이 책은 앞선 저작(『사고의 격변』)에서 제시한 감정에 대한 인지주의 이론을 바탕으로 한다. 감정은 단순히 신체적 반응이나 정서적 감각에 그치는 것이 아니라 믿음의 집합으로 이루어져 있으며, 중요한 대상에 대한 평가적 판단을 수반한다는 해석이다.* 그녀는 이러한 해석을 혐오와 수치심에 적용하여 이 두 가지 감정에 담긴 인지적 내용을 분석함으로써 인간의 존엄성을 존중하는 자유주의 사회에서 혐오와 수치심이 법적 역할을 담당해서는 안 된다는 주장을 전개한다. 이 두 감정은 공통적으로 인간이 인간임을 숨기고 부정하려는 인지적 판단과 욕구를 수반하기 때문에 사회 내에서 취약한

---

* 너스바움은 감정이 외부적 대상(매우 중요한 의미를 갖지만, 그 자신이 완전히 통제할 수 없는)에 대한 평가적 판단을 담고 있다고 보는 그리스와 로마의 스토아주의를 비판적으로 계승하고 있다. 그리고 감정에 대한 이러한 이해가 영미의 형법 전통에 깊이 배어있다고 본다. 감정에 대한 인지주의 이론에도 여러 갈래가 있고 논쟁되는 지점이 많기 때문에 너스바움의 해석이 인지주의 이론을 대변한다고 보기는 어렵다. 인지주의 이론에 관한 보다 자세한 설명은 Deigh(2008, ch. 3)를 참조.

위치를 지닌 집단을 배척하는 데 사용될 가능성이 높다는 이유에서다. 너스바움은 감정을 배제한 법은 바람직하지 않으며 생각할 수도 없다고 말한다. 그래서 각각의 감정이 담고 있는 인지적 내용을 주의 깊게 살펴 이것이 법적 근거로 적합한지 따져 보는 것이 중요하다. 그녀는 혐오와 수치심이 형법에서 형량을 결정하거나 범죄에 대한 항변이나 법적 규제의 근거 등으로 다양하게 사용되고 있다는 점에 주목했고, 다양한 사례를 파고들면서 일관되게 자신의 주장을 전개하고 있다.

혐오는 인간이 지닌 동물성과 유한성을 떠올리게 하는 대상(신체 분비물)을 대면했을 때 생기며, 오염물이 자신의 몸 안으로 삼투된다는 사고에 기초한다. 너스바움은 "혐오의 사고 내용은 전염에 대한 신비적 생각과 순수성·불멸성·비동물성 ― 우리가 아는 인간 삶의 선상에 놓여 있지 않은 ― 에 대한 불가능한 열망을 담고 있기 때문에 전형적으로 비합리적이다."라고 말한다. 그래서 혐오는 혐오스러운 것을 자신에게서 멀리 떨어뜨리고, 구별하려는 태도로 이어진다. 예를 들면, 흉악 범죄에 대한 엄벌주의(강한 응보주의)를 추동하는 대중적 감정의 하나는 범죄자에 대한 혐오다. 사람들은 끔찍한 살인자나 아동 성범죄자를 '인간쓰레기'나 '더러운 벌레'처럼 여긴다. 흉악 범죄가 일어나면 자신이 지닌 인간적 약함을 숨기기 위해 범죄자의 이른바 '비정상성'을 강조하는 것이다. 그러나 너스바움은 범죄자의 잘못에 대해 분노해야지, 이들을 혐오해서는 안 된다고 말한다. 혐오는 상대방도 평등한 시민적 지위를 갖는 존재라는 사고를 수반하지 않으며, 자신 안의 약함과 문제를 반성적으로 보지 못하게 하기 때문이다. "우리는 사람들과 그들의 행위를 주의 깊게 구분해서, 그들이 저지른 나쁘거나 유해한 행위를 비난해야 한다. 그렇지만 그들이 성장하고 변화할 수 있다는 점에서 인간으로서 그들에 대한 존중은 유지되어야 한다." 그래서 그녀는 특정 범죄가 특별히 혐오스럽다는 이유로 가중 처벌하는 것에 반대한다. (실제로 사형 판결의 근거에는 이러한 혐오스러움에 대한 판단이 중요하게 작용한다.) 혐오 반응은 어떠한 사람이 실제로 저지른 위해와 무관할 수 있기 때문에 혐오가 어떠한 행위를 범죄 행위로 규정하는 일차적 근거가 되어서는 안 되며, 형법에서 죄를 가중시키거나 경감하는 역할을 해서는 안 된다고 주장하는 것이다.

수치심은 자신이 완벽하길 기대하지만, 약하고 불충분하다는 판단을 내포한다. 너스바움은 정신분석학의 대상관계 이론을 끌어와 '원초적 수치심'에 담긴 인지적 내용을 설명한다. 원초적 수치심은 유아 자신이 전지전능하고 모든 것을 완전하게 통제하고 있다고 생각하던 시기에서 벗어날 때 생기는 불안과 연관되어 있다. 유아기가 지난 후에도 모든 인간은 평생 동안 어느 정도는 이러한 원초적 수치심을 안고 살아간다. 대체로 사람들은 다른 사람을 일탈자로 낙인찍고 우리 자신을 '정상인'으로 규정함으로써 이러한 불안을 해소하려 한다. 특정 집단의 사람들에게 '도덕적 공황'을 느끼고, 수치심을 안겨 주려는 것도 이 때문이다. 이러한 원초적 수치심은 다른 사람에게 의존하지 않는 완전한 존재가 되려는 열망을 담고 있기 때문에 규범적으로 적절하지 못할 뿐 아니라, 다른 사람의 권리와 필요를 인정하지 않는 태도와 연관되어 있다는 점에서 법적 근거로도 신뢰하기 어렵다는 게 너스바움의 주장이다. 그래서 그녀는 범죄자 신상 공개와 같이 수치심을 주는 처벌에 반대한다. 이러한 처벌은 대상이 되는 사람이 지닌 평등한 인간 존엄성을 부정하기 때문이다. 대신 시민들이 수치심과 낙인을 겪지 않도록 보호하는 사회가 되어야 한다고 말한다. 모든 사람이 가난 때문에 모욕과 낙인을 받지 않도록 물질적 삶의 조건을 보장하는 사회, 타인에게 위해를 주지 않는 성적 취향 때문에 차별을 받지 않는 사회, 우리 모두가 장애를 안고 있다는 점을 인정하고 신체적·정신적 특이 장애를 지닌 사람을 공동체 안으로 수용하는 사회가 그것이다.

법학 교육에서 인간성에 대한 이해가 중요한 이유

미국의 법조인 양성 교육은 학부가 아닌 대학원에서 시작한다. 미국에서 법학은 분쟁과 갈등에 대한 해답을 제공하는 실용적인 학문인 동시에, 다양한 분야의 학문적 성과를 종합하는 지적 체계이기도 하다. 법학 교육에서 인문학적 소양이 중요한 것도 이러한 이유에서다. 우리는 법학을 공부할 때 법적인 문서를 어떻게 판단할 것인가를 배우지만, 이 과정에서 법이 현실과 연결되어 있다는 점을 망각하기 쉽다. 그렇지만 인간과 사회에 대한 폭넓은 이해가 있다면 이해 당사자들 간에 대립하는 문제를 보다 심도 있게 이해할 수 있고, 인간의 자유를 보다 적게 훼손할 수 있다. 현실에서 대면하는 문제들은 때론 너무나 복잡하게 얽혀 있기 때문에, 이러한 문제들을 변론하고 한정하려면 인문학적 능력이 요구된다.

너스바움은 미국의 법학 전문 대학원이 머리가 좋고, 유능하며, 적극적인 사람을 선발하기 때문에 보다 신중하게 삶의 복잡성을 고려하는 인간으로 키워 낼 수 있도록 교육 커리큘럼을 짜는 것이 중요하다고 말한다. 그녀는 야심차고 이상적인 젊은이들이 법학 교육을 받고, 보다 협소하고 도구적인 목적만을 지닌 법률가가 되는 것을 우려한다.(Nussbaum, 2003: 279) 법률가는 공적 생활의 방향을 설정하는 데 있어 큰 역할을 할 수 있는 영향력을 지닌 시민이다. 그래서 단순히 법을 적용하는 기계적인 능력을 갖춘 전문가가 아니라 법이 공적 삶에 미치는 규범적인 역할을 충분히 인식하는 책임 있는 시민을 길러 내는 것이 중요하다. 이를 위해서는 정확하고 광범위한 정보를 사용해야 하고, 반대편의 주장을 존중해야 하며, 성찰하고 심의하는 능력이 있어야 하고, 삶에 대한 호기심이 있어야 한다. 그러나 순전히 기술적이고 도구적인 교육만으로는 이러한 능력을 배양할 수 없으며, 전문적 역할을 수행하는 과정에서 이러한 능력을 발휘하기 어렵다.(Nussbaum, 2003: 271-272) 이에 대한 대안으로 너스바움은 법학 교육이 추구해야 하는 세 가지 핵심적인 가치를 주장한다.*

첫째, 스스로 자신이 지닌 사고를 반성적으로 검토할 수 있는 능력이다. 일반적으로 법학 교육에서는 '소크라테스적 방법'이라는 이름으로 논리적 능력과 수사학적 설득력을 강조하지만, 이것은 소크라테스가 요구한 바가 아니다. 소크라테스는 다음과 같이 말한다. "저 자신과 다른 사람에 대해 대화를 나누고 검토할 때 여러분이 들었던 덕과 다른 것들을 매일 논의하는 것이 인간에게 가장 좋은 것이 될 수 있으며, 검토되지 않은 삶은 인간이 살 만한 가치가 없는 것이라고 말한다면, 여러분은 납득하지 못할 것입니다. 여러분을 설득하기란 쉽지 않겠지만, 확언컨대 이것이 인간이 되는 방식입니다."(*Apology* 38a) 이때 소크라테스가 말하는 '검토하는 삶'이란 자신이 속한 사회의 전통을 비판적으로 성찰함으로써 공동체가 추구해야 하는 정의와 가치에 대해 숙고하는 것을 말한다. 법률가에게 중요한 것은 어떤 사건이 실제 무엇에 관한 것인지 진지하고 꼼꼼히 탐구하고, 여기에 담긴 규범적이고 윤리적인 차원을 포착해낼 수 있는 추론 능력이다. 이러한 이유 때문에 최근에는 미국의 법학전문대학원 과정에서 도덕철학자와 함께 공동 수업을 진행하는 경우가 늘어나고 있으며, 도덕·정치철학 수업이 점차 큰 역할을 하고 있다.

둘째, 자국 중심적 관점에서 벗어나 지구적 차원에서 비교 시각을 가지고 사고할 수 있는 능력이다. 현재의 비교법, 국제법 수업으로는 지구적 상호 의존이 심화되어 가고 있는 세계에서 진행되는

---

* 이 세 가지 가치는 너스바움이 『인간성 함양』에서 제시한 것을 Nussbaum(2003)에서 법학 교육에 맞게 다소 수정한 것이다.

일들을 파악하기에 불충분하다. 국경이라는 경계를 넘어 사고할 필요성이 커지고 있는 만큼 학생들이 국제법의 역사, 국제기구와 국제협약, 국제 인권, 국제기업법 등에 친숙해질 수 있도록 수업을 보강하고, 개발도상국이 처한 다양한 문제를 자세히 접할 수 있도록 해야 한다. 또한 환경법·교육법·빈곤법 등을 지구적 관점에서 볼 수 있도록 교육할 필요가 있다. 다른 사회와 문화에 대한 이해를 넓혀 가는 과정에서 학생들이 자국의 법률 체계에 대한 새로운 시각을 얻고, 인류 공동체에 대한 책임감을 키워 나갈 수 있을 것이다.

셋째, 다른 사람이 처한 곤경을 공감할 수 있는 서사적 상상력이다. 비록 법학전문대학원의 교육이 전문가를 키우는 학습 과정이긴 하지만, 다른 사람이 겪는 고통·분노·두려움·슬픔 등을 상상할 수 있는 능력은 법에서도 중요한 역할을 한다. 사건에 대한 사실적 지식은 일어난 상황이 담고 있는 의미를 진심으로 이해할 수 있는 능력이 없으면 올바르게 발휘되기 어렵다. 더구나 서사적 상상력은 지적으로 뛰어나고 유능한 사람들에게는 결여되기 쉬우므로, 커리큘럼을 계획할 때 특별히 고려할 필요가 있다.

이 책에서 저자가 이러한 교육적 가치를 직접적으로 언급하고 있지 않지만, 이러한 생각은 형법에서 감정의 역할을 다루는 이 책 전반에 흐르고 있다. 너스바움의 작가로서의 장점은 다양한 사례나 서사적 자료를 사용해서 문제를 생생하게 기술하기 때문에 독자들이 마치 희곡을 읽는 것처럼 문제의 중간에 놓일 수 있게 된다는 점이다. 이 때문에 글을 읽으면서 내가 지닌 습관·사고·감정을 반성적으로 검토할 수 있다는 장점이 있다.* 또한 독자들은 이 책을 통해 추론 능력과 서사적 상상력을 가지고 복잡한 문제를 풀어 나가는 방법을 배우고, 인간성에 대한 보다 깊은 이해에 이를 수 있을 것이다.

한국 사회에 주는 함의

일상적으로 사용되는 언어나 다른 사람에 대한 태도를 통해 볼 때 오늘날 한국 사회에서 사람들의 공격성이 점점 더 커지고 있다는 사실은 쉽게 체감할 수 있다. 더 큰 문제는 이러한 공격성이 정의롭지 못한 사회 구조에 대한 분노가 아니라 주로 경쟁에서 밀려난 사람이나 자신보다 약한 대상에 대한 멸시와 폭력 형태로 드러난다는 점이다. 이것은 경쟁을 지나치게 강조하고, 개인의 열등감을 키우는 사회 구조가 만들어 낸 결과물이다. 경쟁이 이뤄지는 조건이 너무나 불평등함에도 불구하고, 경쟁의 결과에 대한 모든 책임을 개인이 져야 하는 사회는 강함과 힘을 숭상하고, 부드러움과 약함을 두려워하는 사회심리를 유발한다. 공격성이 자신이 지닌 약함을 감추려는 욕구를 반영한다는 너스바움의 분석을 고려한다면,

---

* 특히 너스바움의 주장은 페미니즘적 시각을 강하게 반영하고 있기 때문에 남성으로서 나 자신을 돌아보게 했다. 너스바움의 페미니즘은 자유주의 전통 내에서 성차별에 기초한 불평등을 비판하려는 시도를 담고 있다.

한국 사회에는 자신이 처한 어려움을 이해받지 못하고 있는 개인들이 그만큼 많다는 소리다. 경쟁에서 살아남을 수 있는 완벽성을 과도하게 강조하고, 유약성을 수치스럽게 여기는 사회는 삶의 공허함이 크고 이것이 폭력이나 우울증을 유발할 가능성이 큰 것이다.

이러한 한국 사회에 너스바움이 던지는 메시지는 강력하다. 단순히 공정한 '경쟁'을 하는 사회는 개인이 느끼는 무력감을 완화시켜 줄 수 없다. 누구나 자신의 삶을 설계하고 선택할 수 있는 충분한 '역량'을 제공하는 사회, 경쟁에서 밀려난 사람이나 경쟁 자체를 할 수 없는 사람도 적절한 삶의 기회를 얻고 존중받는 사회, 가난·장애·성적 취향 때문에 수치심을 겪지 않는 사회에서만 개인이 지닌 공격성은 줄어들 수 있다. 좌절감을 안겨 주는 세상에 대한 무기력한 분노를 공동체에 대한 애정으로 전환시키기 위해서는 인간의 유약성에 대한 공통의 인식을 바탕으로 상호 의존과 상호 책임이라는 관념을 키워야 한다. 한 사람이 누리는 행복이 전적으로 그 사람의 '운'에 맡겨진 사회는 결코 바람직한 사회가 아니다. 우리는 누구나 행복을 누릴 자격이 있음을 약속하고, 내가 겪는 불행이 반드시 내 책임만은 아니라고 말해 주는 사회를 원한다. 그래서 우리는 우리 사회가 어떤 사회이길 바라는지 끊임없이 캐물어야 하고, 지속적으로 현실의 사회 구조를 바꿔 나가야 한다.

민주주의는 단순히 일련의 제도로만 구성되지 않는다. 그것은 인간성에 대한 이해와 서로에 대한 신뢰와 존중에 토대를 둔다. 민주주의란 평등한 사람들 사이의 상호적인 대화이며, 이것은 다른 사람의 문제를 비난하기보다는 자신의 오류 가능성과 부족함을 인정할 때 가능하다. 인간의 취약함을 이해한다는 것은 다른 사람의 잘못에 분노하되, 자신도 그럴 수 있다는 점에 대해 스스로 경계한다는 뜻이다. 완벽함이라는 허구를 버리고, 나 또한 많은 불완전함을 안고 있다는 점을 인정하는 것이다. 너스바움은 우리에게 고귀함과 연약함이 공존하는 그 자체로서의 인간을 바라보게 한다. 이를 통해 우리 자신도 언젠가 또는 언제든 취약해질 수 있으며, 사회속에서 가장 취약한 위치에 놓인 사람의 처지가 곧 나와 내가 아끼는 사람의 상황이 될 수 있다는 사실에 눈을 돌릴 수 있을 것이다.

이 책의 번역은 나에게는 하나의 도전에 가까웠다. 정치 철학을 전공하고 있기는 하지만, 너스바움에 대해 충분히 알지 못했던 나로서는 공부를 해 가면서 번역해야 했다. 더구나 법학적 지식이 거의 없었기 때문에 부담은 더욱 컸다. 최선의 번역자는 아니지만 성실한 번역자는 되어야 한다는 책임감으로 번역에 임했다. 이 책은 현실적인 문제를 다루고 있지만, 체계적인 학문적 내용을 담고 있기 때문에 쉬운 책은 아니다. 그렇지만 인문학과 사회 과학의 다양한 분야가 빚어내는 폭넓은 지적 세계를 경험할 수 있는 흥미로운 책이기도 하다. 이 책의 가치를 알고 번역을 권유해 주신 곽준혁 선생님께 감사드린다. 그리고 무명의 대학원생을 믿고 1년 넘게 기다려 준 민음사 양희정 부장님께도 감사드린다. 많은 시간을 공유해 온 후배이자 친구인 송석주와 봉재현은 번역된 초고를 함께 읽으며

오류를 지적해 주었다. 이들의 변치 않는 우정에 고마움을 전하고
싶다.

참고 문헌

곽준혁. 「문화적·정치적 경계를 넘어 인간의 삶을 생각한다: 마사 너스바움 교수와의 대화」『경계와 편견을 넘어서』(한길사, 2010)

Deigh, John(2008). *Emotions, Values, and the Law*. Oxford: Oxford University Press.

Boynton, Robert(1999). "Who Needs Philosophy?: A profile of Martha Nussbaum." *The New York Times Magazine* (November).

Miller, Margaret A.(2002). "Philosophy in the Public Interest: An Interview With Martha C. Nussbaum." *Change* 34: 39-43.

Nussbaum, Martha C.(1978). *Aristotle's DE MOTU ANIMALIUM*. Princeton: Princeton University Press.

Nussbaum, Martha C.(2003). "Cultivating Humanity in Legal Education." *The University of Chicago Law Review* 70: 265-279.

나 자신과 타인의 불완전성을
인정할 수 있는 능력

김영란

(서강대학교 법학대학원 석좌교수)

30년 가까이 판사로 일해 오면서 어떤 기준으로 사건을 판단하는 것이 옳은지 늘 혼란스러웠다. 도제처럼 선배들 어깨 너머로 배워서 이런저런 판단을 해왔지만 그 판단이 내심에서 어떤 절차를 거쳐서 나왔는지를 딱히 설명할 방법이 없었다. 대법관의 임기를 마친 후 불문법(보통법)이 지배하는 나라인 미국으로 가서 찾아보고 싶었던 것은 이런 문제에 대한 답이었다. 우리나라와 미국에서 판사들이 복잡한 사건을 판단하는 프로세스에 차이가 있는가, 그리고 차이가 있다면 어떤 것인가 하는 문제를 성문법 국가에서 교육받은 판사로서 불문법 국가에서 다시 살펴보고 싶었던 것이다. 미국에 가서 자료도 수집하고 현장도 살펴보겠다는 계획은 국민권익위원회의 위원장으로 취임하게 되면서 좌절되었다. 그러나 마음속에는 항상 판사들이 법을 적용하는 문제를 더 깊이 들여다보고 싶다는 욕구가 남아 있었다.

그러던 중 우연히 마사 너스바움의『시적 정의』를 만나게 되었다. 너스바움에 대해서는 아마르티아 센의 책을 통하여 어렴풋이 알고 있었을 뿐이었는데,『시적 정의』를 읽고는 너스바움의 사상에 매료되어 그녀의 저서들을 계속 주시하게 되었다. 너스바움의 철학은 항상 개별성을 중시하고 있고, 이를 스스로 형이상학적 본질주의에 대응하여 내적 본질주의라고 부른다.『시적 정의』에서도 법적 판단에서 개별성을 강조하고 있다. 너스바움은 미국 연방대법원의 대법관인 스티븐 브레이어가 인사청문회에서 했던 말을 인용하고 있는데, 여기서 다시 소개하고 싶다. 브레이어는 먼저『제인 에어』에 대한 길버트 체스터턴의 글을 소개한다. "지금 보이는 도시의 집들은 다 똑같이 생겼지만, 브론테가 말해 주고 있는 것은 그들이 결코 똑같지 않다는 것이다. 각각의 집과 사람들은 서로 다르고 또 제각기 다른 이야기를 갖고 있다. 그 각각의 이야기들은 인간의 정념에 관한 무언가를 내포하고 있다." 브레이어는 그래서 "문학이 이따금씩 우리를 고층탑 밖으로 나갈 수 있게 도와주는 하나의 길이라고 생각합니다."라고 말했다. 이런 개별성을 놓친다면 아무리 탁월한 판사라 하더라도 재판을 받는 당사자들을 승복하게 만드는 판결을 하기는 어려울 것이다. 그리고 이러한 개별성은 감정이라는 요소를 통하여 다른 사람들과 상호작용을 하게 된다. 감정에 영향을 받지 않는 재판관이나 배심원이 더 중립적이고 더 훌륭한 것처럼 평가되는 현실에 대하여 너스바움은 미국 연방대법관을 인용하면서 이의를 제기하고 있는 것이다.

그런데 너스바움의 주장에 더 고개를 끄덕이게 하는 점은 그녀가 애덤 스미스에게서 빌려온 '분별 있는 관찰자'를 법적 판단의 주체로 설정하는 부분이었다. 분별 있는 관찰자란 "자신이 목격하는 사건에 개인적으로 연루되지는 않지만 그들을 염려하는 친구로서 그들에게 관심을 갖는" 존재이다. 자기 앞에 놓인 상황에 대한 객관성은 유지하면서 그러한 상황에 처한 사람들 각각의 처지와 느낌을 생생하게 상상할 수 있는 능력을 가진다. 이런 분별 있는 관찰자가 감정을 편향되지 않도록 여과시켜 좋은 길잡이가 될 수 있도록 해준다는 것이다.

그리고 문학 작품을 읽는 것이 이런 가상의 관찰자라는 입장을 정립할 수 있도록 해준다고 한다. 인간의 삶에 대해 소설가적 방식으로 생각하는 능력은 재판을 구성하는 데 중심 부분은 아닐지라도 필수적인 부분이라고도 한다.

소설을 읽는 독자와 같은 관점이 바로 재판관의 관점이라는 너스바움의 주장이 내게는 '판사들은 무엇으로 판단하는가?' 하는 문제에 대한 매우 설득력 있는 답으로 다가왔다. 나는 어릴 때부터 소설을 탐독해 왔고, 힘들 때마다 소설 읽기에 빠져들었다. 소설 읽기는 세상과 나의 불일치, 나의 대외적 인생과 마음속 인생의 불일치를 확인하고 감수하도록 하는 원인 제공자이면서 치유자이기도 하였다. 판사 생활을 그만두고 읽게 된 너스바움의 『시적 정의』는 이런 내게 그동안의 소설 읽기가 판사 생활에 중요한 소금의 역할을 해 왔다고 말해준 책이다. 세상과 나의 불일치가 아니라 분별 있는 관찰자의 관점을 키워나가는 과정이었던 것이다.

　실제로 판사로서의 내 삶 속에서 소설 읽기가 너스바움이 말하고 있는 "다양한 사람들의 주장을 적절하게 숙고하면서 모든 사물들이나 특성에 넘치지도 부족하지도 않은 적당한 비율을 부여하는 데 가장 탁월한 문학적 재판관"에 얼마나 가까이 다가갈 수 있도록 해 주었는지는 모르겠다. 그러나 너스바움의 견해는 재판이라는 업무를 일상으로 하고 있는 많은 판사들에게 하나의 탁월한 기준을 제시해 줄 수 있다고 생각한다.

　『시적 정의』가 나온 지 9년 후에 출간된 『혐오와 수치심』에서 너스바움은 먼저 감정을 배제한 순수한 법률 세계는 가능하지 않다는 주장을 더 구체적이고 깊이 있게 다루고 있다. 예를 들어 폭행에 대한 분노나 자신의 생명이나 평판에도 해를 끼칠지 모른다는 두려움은 타당한 감정으로서 (규범 속에 담겨) 법적 판단의 대상이 되어야 한다고 주장한다. 그리고 형사소송의 양형 단계에서 무분별한 동정심에 기초하여서는 안 되지만, '모든' 동정심을 배제하는 결정을 해서도 안 된다고 주장한다.

　반면 혐오와 수치심은 분노나 두려움과는 다르다고 본다. 혐오는 자신을 오염시킬 수 있는 것에 대한 거부의 표현이고, 혐오의 대상은 오염물질로 여겨지므로 사라져버리길 원하는 것이 된다. 오염을 일으키는 존재의 제거라는 도취된 환상 속에서 공격성과 혐오가 드러나는 것이다. 역사적으로 유대인, 여성, 동성애자, 불가촉천민, 하층계급 사람들이 모두 혐오의 대상이었다. 이런 혐오를 근거로 폭력을 정당화할 수는 없다. 그리고 이처럼 혐오는 경계를 만들어 내므로, 악한 사람들을 혐오스럽다고 보면서 손쉽게 우리 자신과 그들을 분리시킬 수 있다. 나치즘을 현재의 우리와는 전혀 닮지 않은 혐오스러운 괴물들이라고 치부해 버리면, 우리 자신 안에 있는 악에 대해 주의를 기울일 수도 없고 우리 사회에 비슷한 현상이 재발하는 것을 막을 수도 없게 된다.

수치심은 자신이 약하고 불충분하다는 깨달음을 수반하는 고통스러운 감정이므로 수치심 주기는 '당신은 결함을 지닌 사람'이라고 표명하는 것이다. 지배적인 집단은 그들의 기준으로 정상과 비정상을 구별하고 비정상인들로 이루어진 집단을 대상화한다. 따라서 수치심은 사회 구성원을 서열화하는 작용을 한다. 그런데도 국가가 수치심을 주는 행위에 관여하게 되면 사람들은 계속해서 다른 사람을 낙인찍을 것이어서 인간의 존엄성과 평등, 인간에 대한 존중이라는 자유주의 사회의 기초가 크게 흔들릴 수 있다. 결국 혐오와 수치심은 지배적인 집단이 다른 집단을 예속시키고 낙인찍는 사회적 행위 양식과 연결되는 감정이므로 법적 잣대로서는 적절하지 않다는 것이다.

흥미로운 부분은 학대받는 여성과 정당방위에 관련된 너스바움의 주장이다. 학대받는 여성이 자신의 배우자를 살해한 경우의 80퍼센트는 직접적인 위협이 있는 경우이지만 그렇지 않은 경우도 있다. 그렇다면 학대하는 남편에 대한 두려움 속에서 사는 여성은 배우자가 잠들어 있거나 한눈팔고 있는 경우에만 무사히 자신을 방어할 수 있다고 생각하므로, 남편이 잠들어 있을 때 살해한 것도 정당방위가 될 수 있는가? 우리나라의 경우 그런 사정은 살해의 동기에 참작할 사유만 될 뿐 정당방위를 인정한 사례는 없으며, 미국도 우리와 큰 차이는 없는 것 같다.

"이 사건에서 변호인이 내세우는 바와 같은 사회심리학자의 견해(이른바 '학대나 폭력의 지속적인 재경험')나 오랜 기간 남편으로부터 폭력이나 학대에 시달려온 피고인의 특별한 심리 상태를 수긍하더라도, 그러한 사정만으로는 이 사건의 범행 당시에 객관적으로도 형법 제21조 제1항에 규정된 정당방위로 인정되기 위한 요건인 자기 또는 타인의 법익에 대한 '현재의 부당한 침해'가 현존하고 있었다고 보기는 어렵다."는 판결이 전형적인 것이다.(대전지방법원 2006. 10. 18. 선고, 2006고합 102 판결 등.)

10여 년 동안 지속적이면서도 일방적으로 피해자로부터 당해온 가정폭력이나 학대 때문에 형성된 '중등도 우울증 에피소드' 또는 그로 인한 충동조절장애 등으로 말미암은 심신미약의 상태에서 범행을 저질렀다는 등의 이유는 양형상의 참작사유가 되어 형의 집행이 유예되었을 따름이다.

너스바움은 정당방위 이론이 주로 다른 남성의 폭력적인 위협을 받고 있는 남성이 처한 상황을 다루기 위해 만들어졌기 때문에 학대받는 여성의 상황이나 여건을 구제하는 데에는 매우 부적합하다고 말한다. 학대받는 여성들은 자녀의 안전에 대한 두려움을 느끼고 감정적으로 소진되고 무력한 상태가 되기도 하므로, 역사적으로 정립된 정당방위 이론을 그대로 적용하는 것이 타당한지 의문이 있다는 것이다. 학대받는 여성에 대한 심리학적 연구를 활용하여 정당방위의 적용을 확장할 필요는 없는지 생각해 보아야 할 시점이다.

또한 수치심 주기와 관련하여 흔히 떠오르는 경우는 성범죄자에게 전자장치를 부착하게 한다거나 신상을 공개하는 문제이다. 헌법재판소는 특정강력범죄를 저지른 사람에게 전자장치를 부착하는 법률은 헌법에 반하지 않는다고 결정하였다.(헌법재판소 2012. 12. 27. 선고 2010 헌바187 결정.) 그중 수치심 주기와 관련된 판단 부분을 보면, "국가가 자신의 위치를 추적한다는 사실로부터 오는 자존감이나 명예감의 실추, 심리적 위축감은 전자장치의 부착이 직접적 목적으로 하는 불이익이 아니고 성폭력범죄의 재범 방지를 위한 조치에 따라 불가피하게 발생하는 사실상의 부수적 결과일 뿐이다."라는 것이었다.

이어서 나온 헌법재판소 결정(헌법재판소 2013.10.24. 선고 2011 헌바106,107 (병합) 결정)에서는 아동·청소년 대상 성폭력범죄를 저지른 자의 신상정보공개 제도가 합헌이라고 하였다. "신상정보공개 제도에 의하여 공개되는 정보는 대부분 형사재판에서 유죄가 확정된 형사판결이라는 공적 기록의 내용 중 일부로, 이를 정보통신망에 공개한다고 하여 아동·청소년 대상 성폭력범죄자의 인격권 등이 과도하게 제한되는 것이라고 보기는 어렵다."는 것이다. 이에 대하여 두 명의 헌법재판관이 반대의견을 내었다.

신상정보공개 제도는 '현대판 주홍글씨'에 비견할 정도로 수치형과 흡사한 특성을 지닌다. 공개적으로 범죄인의 체면을 깎아내려 그에 대한 대중의 혐오를 유발하고 그 결과 세인의 경멸과 사회적 배척이 가해지도록 하는 수치형은, 범죄행위의 반가치와 범죄인 인격의 무가치를 혼동한다는 심각한 문제점을 안고 있다. 수치형은 범죄인을 하나의 인격체로서가 아니라 범죄 퇴치의 수단으로 취급하고 그를 대중의 조롱거리나 경멸의 대상으로 만들어 사회적으로 매장하려는 의도가 짙다. 이는 단지 범죄인의 인격을 황폐화시키는 것에서 끝나는 것이 아니라, 사회 전체에 인간존엄성에 대한 불감증을 만연시킬 수 있다. 더군다나 정보통신망을 통한 신상정보공개 제도는 단순히 성폭력범죄 전과자에 대한 낙인이나 배타의식을 넘어 공개 대상자의 정상적인 사회 복귀 자체를 원천 봉쇄할 수 있다는 점에서 '형벌을 통한 교화'라는 근대 형법의 기본 정신마저 훼손한다.

이들은 또한 "이는 비록 범죄인이라도 그가 지니는 인간으로서의 기본적인 존엄과 가치를 보장하는 것이 국가적 의무임을 천명한 우리 헌법의 이념에 배치되는 것이다."라고 주장하여, 너스바움의 견해에 근접하고 있다. 신상공개가 오로지 수치심을 주는 것만을 목적으로 한다고 볼 수는 없지만, 너스바움의 견해가 아니더라도 공개 대상자의 정상적인 사회 복귀 자체를 원천 봉쇄하지 않고도 제도의 목적을 달성할 수 있는 방법은 없는지 계속 연구해 볼 과제이다.

너스바움은 존 롤스의 정치적 자유주의의 입장에 동감하면서, 모든 개인의 동등한 존중과 자유를 가로막는 장애물을 없애기보다는 만들어내는 데 일조하는 일부 감정들이 제도적 토대로 고려되는 것은 위험할 수 있다고 주장한다. 그리하여 너스바움은 "지배하기보다는 상호 의존하는 관계를 즐길 수 있는 능력"과 "자신과 다른 사람의 불완전성과 유한성을 인정할 수 있는 능력"을 증진시켜 불평등하고 위계적인 사회관계를 줄여 나가야 한다는 결론을 이끌어 내고 있다.

너스바움의 견해에 설득당하지 않기도 힘들지만, 법적 판단의 내부에서 일어나는 일들을 아리스토텔레스로부터 최근의 인지심리학적 이론에 이르기까지 광범위한 자료를 활용하고 구체적인 사건들을 예로 들면서 상세하고 구체적으로 논증하려는 시도 자체에 감탄하지 않을 수 없다. 이 분야에서의 후속 연구가 계속 번역되기를 기다리던 내게는 정말 흥미진진한 독서 경험이었다.

김영란
서울대학교 법대를 졸업하고 대법원 재판연구관, 사법연수원 교수, 대전고등법원 부장판사 등을 거쳤다. 2004년 우리나라 최초의 여성 대법관이 되었으며, 사회적 약자의 목소리를 대변하는 판결을 통해 '소수자의 대법관'이라 불렸다. 2012년에는 국민권익위원회 위원장으로서 '부정 청탁 및 금품 등 수수의 금지에 관한 법률', 일명 '김영란법'을 입법하는 데 주력했다.

혐오와 수치심

인간다움을 파괴하는 감정들

1판 1쇄 펴냄 2015년 3월 15일
1판 12쇄 펴냄 2022년 12월 26일

지은이 마사 너스바움
옮긴이 조계원
발행인 박근섭, 박상준
편집인 양희정
펴낸곳 (주)민음사

출판등록 1966. 5. 19 (제16-490호)
(우편번호 06027) 서울특별시 강남구 도산대로1길 62(신사동) 강남출판문화센터 5층
대표전화 02-515-2000 팩시밀리 02-515-2007
www.minumsa.com

한국어 판 ⓒ (주)민음사, 2015. Printed in Seoul Korea
ISBN 978-89-374-3154-8 93100

옮긴이 조계원

고려대학교 사회학과를 졸업하고, 정치외교학과에서 박사학위(정치사상)를 받았다.
「한국 사회와 애국심」, 「세계시민주의와 애국심」, 「옌푸(嚴復)와 번역의 정치」(공저) 등의
논문을 썼고, 『공화주의와 정치이론』을 공역했다.